中央广播电视总台年鉴
2023

中央广播电视总台年鉴编委会 编

中国国际广播出版社

中央广播电视总台年鉴（2023）编委会

主　任：慎海雄　中宣部副部长，中央广播电视总台党组书记、台长兼总编辑

副主任：王晓真　中央广播电视总台党组成员、副台长、机关党委书记

　　　　胡劲军　中央广播电视总台党组成员、副台长

　　　　邢　博　中央广播电视总台党组成员、副台长

　　　　范　昀　中央广播电视总台党组成员、副总编辑、CGTN 总编辑

编　委：（以姓氏笔画为序）

王　璐	王全杰	王晓斌	牛道斌	申　勇	朱焰焰	任学安	刘晓龙
刘智力	齐竹泉	闫帅南	安晓宇	许　强	李　挺	杨　华	杨继红
吴朝晖	何新宇	张国飞	张宇清	周振红	姜文波	姜海清	姚永晖
骆红秉	夏勇敏	钱　蔚	徐　进	高　伟	高华中	黄永国	麻　静
梁　红	梁建增	彭健明	董为民	蔡　俊	滕云平	潘晓闻	薛继军

中央广播电视总台年鉴（2023）编辑部

主　　　编：王晓真

常务副主编：梁建增

副　主　编：杨　华　张利生　窦小文　苏晓春

编辑部主任：谢宝军

编辑部副主任：贾　健　任永雷　徐　琰

责　任　编　辑：郑根岭　王小珍　肖丽林　王　健　张　栎

图　片　编　辑：何　琳

编　　　务：刘　毅　姜峥嵘

编　　　审：蒋生元　孙树凤　刘　亮

编辑说明

《中央广播电视总台年鉴》是由中央广播电视总台主管、中央广播电视总台年鉴编委会主持编纂、中国国际广播出版社出版的大型资料型工具书。

本年鉴以丰富翔实的图文资料，全方位客观记录中央广播电视总台（简称"总台"）事业、产业方面的新发展、新经验和新成果，旨在为总台员工及社会各界人士提供总台改革发展创新的权威信息，具有较强的史料价值。

一、本年鉴按年度编辑出版。已出版有2018—2019卷、2020—2021卷、2022卷。本卷即2023卷是总台2018年成立后的第四部年鉴。除前两卷都是两年合卷之外，此后每年出版一卷，国内外公开发行。

二、本年鉴采用分类编辑法，以栏目为单元刊发相关资料。

三、2023卷主要刊登2023年的资料。

四、2023卷内容分为图片纪事和文字内容两部分。其中，图片纪事部分涵盖总台年度大事、重大采访报道活动以及事业发展、产业经营等方面情况；文字内容部分分为五编：领导讲话及文章、组织机构、工作概况、统计数据、大事记。

五、与此前三卷不同的是，2023卷第三编"工作概况"部分，新增加了总台31个国内地方总站和8个海外总站的内容。

六、本年鉴刊登的所有信息资料均由总台相关部门、单位提供。

七、本年鉴除目录外，另有索引检索方式。

中央广播电视总台领导

慎海雄

中宣部副部长

中央广播电视总台党组书记、台长兼总编辑

王晓真	**胡劲军**	**邢 博**	**范 昀**
中央广播电视总台党组成员、副台长、机关党委书记	中央广播电视总台党组成员、副台长	中央广播电视总台党组成员、副台长	中央广播电视总台党组成员、副总编辑、CGTN总编辑

中央广播电视总台编务会议成员

薛继军　编务会议成员

姜文波　编务会议成员

李　挺　编务会议成员

黄传芳　编务会议成员

刘晓龙　编务会议成员

彭健明　编务会议成员

图片纪事

重要会议……………………… 2	国际传播……………………… 72
重要活动……………………… 7	对外交流……………………… 81
重大报道……………………… 18	产业发展……………………… 94
精品力作……………………… 47	队伍建设……………………… 102
新媒体传播…………………… 65	

2023年1月10日，中央广播电视总台2023年工作会议召开。中宣部副部长，中央广播电视总台党组书记、台长兼总编辑慎海雄（左五）代表总台党组作题为《牢记习近平总书记殷切嘱托 全面学习贯彻落实党的二十大精神 奋力打造具有强大引领力、传播力、影响力的国际一流新型主流媒体》的讲话

2023年2月15日，中央广播电视总台2023年技术工作会议召开。中宣部副部长，中央广播电视总台党组书记、台长兼总编辑慎海雄（左四）代表总台党组作题为《坚持科技创新主旋律 深度赋能总台高质量融合发展》的讲话

重要会议

2023年2月16日，中央广播电视总台2023年经营工作会议召开。中宣部副部长，中央广播电视总台党组书记、台长兼总编辑慎海雄（左四）代表总台党组作题为《坚定信心 抢抓机遇 奋发有为 全力推动总台经营工作高质量发展》的讲话

2023年4月12日，中央广播电视总台学习贯彻习近平新时代中国特色社会主义思想主题教育动员大会召开。中宣部副部长，中央广播电视总台党组书记、台长兼总编辑慎海雄（右三）主持会议并作动员讲话

2023年3月17日，庆祝中央广播电视总台成立五周年座谈会召开

2023年3月17日，中宣部副部长，中央广播电视总台党组书记、台长兼总编辑慎海雄在庆祝中央广播电视总台成立五周年座谈会上传达习近平总书记对总台工作的重要指示

重要会议

2023年5月1日，中央广播电视总台《新闻联播》栏目开播45周年座谈会召开

2023年5月1日，中宣部副部长，中央广播电视总台党组书记、台长兼总编辑慎海雄在中央广播电视总台《新闻联播》栏目开播45周年座谈会上传达习近平总书记重要指示和中央领导同志批示要求

2023年5月5日，中央广播电视总台2023年党的建设工作会议召开。中宣部副部长，中央广播电视总台党组书记、台长兼总编辑慎海雄（左七）代表总台党组作题为《牢记习近平总书记殷切嘱托 全面贯彻落实党的二十大精神 以高质量党建推动"两个维护"再上新台阶》的讲话

2023年10月13日，中央广播电视总台《高端访谈》栏目开播一周年座谈会在北京举行。中宣部副部长，中央广播电视总台党组书记、台长兼总编辑慎海雄主持会议，并与中央和国家有关部门代表、专家学者及《高端访谈》主创团队座谈

重要活动

2023年1月14日，总台主办的首届中国电视剧年度盛典在北京举行

2023年1月18日，总台2023年央视综合频道CCTV-1重点节目片单发布活动在北京举行。中宣部副部长、中央广播电视总台党组书记、台长兼总编辑慎海雄（左五）出席，并与住房和城乡建设部副部长秦海翔（右四），文化和旅游部副部长、国家文物局局长李群（左四）等共同发布2023年央视综合频道20档重点节目片单

2023年1月18日，总台数字文化艺术博物馆"央博"平台上线暨"央博新春云庙会"发布仪式在北京举行。中宣部副部长，中央广播电视总台党组书记、台长兼总编辑慎海雄（左五）出席活动，并与全国政协常委、民盟中央副主席、中国美术馆馆长吴为山（右四）等嘉宾共同启动项目

2023年2月17日，纪录·时代答卷——2023年"大片看总台"发布活动在北京举行

2023年3月6日，"春暖花开正当时——中央广播电视总台精品节目澳门展映暨赛事媒体权利授权仪式"在北京举行。图为澳门特别行政区行政长官贺一诚（左三），中宣部副部长、中央广播电视总台台长兼总编辑慎海雄（右三），国务院港澳事务办公室副主任杨万明（左二）出席活动并致辞。总台副台长邢博（右二）出席活动

2023年3月24日，总台发展历史陈列馆开馆仪式在光华路办公区举行。中宣部副部长，中央广播电视总台党组书记、台长兼总编辑慎海雄出席并致辞

重要活动

2023年3月31日，总台国家电子竞技发展研究院揭牌仪式在北京举行

2023年4月22日，总台和北京市人民政府主办的第十三届北京国际电影节开幕

2023年4月23日，总台2023主持人大赛启动发布会在北京举行

2023年4月26日，总台广东总站暨粤港澳大湾区总部运行揭牌仪式在广州举行

2023年5月27日，总台"央博"数字文化艺术博物馆"何以文明——中华文明探源工程成果数字艺术大展"在北京正式启动。中宣部副部长，中央广播电视总台党组书记、台长兼总编辑慎海雄（左四）出席活动并与嘉宾共同启动展览

2023年5月30日，总台与中国人民大学合作共建的"新时代国际传播研究院"正式成立。中宣部副部长，中央广播电视总台党组书记、台长兼总编辑慎海雄（左）与中国人民大学党委书记张东刚共同为研究院揭牌

重要活动

2023年5月31日，总台"你好童年"六一快乐季启动仪式在北京举行

2023年6月9日，总台和上海市人民政府主办的2023年上海国际电影电视节、第二十五届上海国际电影节金爵盛典开幕

2023年6月9日，总台主管主办的期刊《中国广播》正式更名为《中国视听》，这是我国首本国家级视听杂志。中央广播电视总台党组成员、副台长王晓真（左三）出席启动仪式

2023年7月12日，总台举行成都大运会前方报道团出征仪式。中宣部副部长，中央广播电视总台党组书记、台长兼总编辑慎海雄作动员讲话，并向转播报道团队和技术保障团队授旗

2023年7月18日，成都大运会国际广播中心运行启用。中宣部副部长，中央广播电视总台党组书记、台长兼总编辑慎海雄（左三）出席活动并致辞

2023年7月20日，总台主办的第二届全球媒体创新论坛在上海举行

重要活动

2023年7月25日，在巴黎奥运会迎来倒计时一周年之际，总台"从北京到巴黎——中法艺术家奥林匹克行"主题活动在北京启动

2023年8月28日，总台和吉林省人民政府主办的第十八届中国长春电影节在吉林省长春市开幕

2023年9月1日，总台杭州亚运会系列主题活动启动。图为中宣部副部长，中央广播电视总台党组书记、台长兼总编辑慎海雄（左五）出席杭州亚运会国际广播中心启用仪式

2023年9月4日，总台"丰收中国"融合传播行动暨"三农"主题重点项目发布仪式在北京举行

2023年9月8日，总台首届青年京剧演员大会暨重点戏曲节目发布仪式在北京举行。图为中宣部副部长，中央广播电视总台党组书记、台长兼总编辑慎海雄（左五），文化和旅游部副部长卢映川（右四），总台党组成员、副台长王晓真（右三）等共同启动总台首届青年京剧演员大会

2023年9月25日，总台和福建省人民政府、陕西省人民政府共同主办的第十届丝绸之路国际电影节启动仪式在福建省福州市举行

重要活动

2023年10月9日，总台与"一带一路"媒体新一轮合作启动仪式在北京举行。中宣部副部长、中央广播电视总台台长慎海雄（左七），哈萨克斯坦文化和信息部信息委员会主席叶尔多斯·纳什拉利（右六），文化和旅游部副部长饶权（左六），中央广播电视总台副台长邢博（右五），副总编辑范昀（左四）等出席活动

2023年10月11日，总台和上海市人民政府共同主办的2023科创大会在上海举行

2023年11月6日，总台金融街观察点揭牌仪式在北京举行。中宣部副部长，中央广播电视总台党组书记、台长兼总编辑慎海雄（左四），北京市委副书记、市长殷勇（右四），中国人民银行行长兼国家外汇管理局局长潘功胜（左三）出席活动

15

2023年11月16日至18日，由总台、中国文学艺术界联合会、中共广东省委宣传部指导，中央新闻纪录电影制片厂（集团）、中国电影家协会等主办的第二届华语纪录电影大会在珠海举行。图为11月18日举行的第二届华语纪录电影大会"金海鸥"推优盛典暨闭幕式

2023年11月24日，中央广播电视总台国家应急广播中心工作机制揭牌暨全民安全公开课全媒体行动启动仪式举行。图为应急管理部党委书记、部长王祥喜（右），中宣部副部长，中央广播电视总台党组书记、台长兼总编辑慎海雄为国家应急广播中心工作机制揭牌

2023年12月2日，总台首届"中国ESG（企业社会责任）榜样"年度盛典在北京举行

重要活动

2023年12月15日，总台举行"龙年大剧看总台"电视剧片单发布活动

2023年12月22日，总台举行纪录大时代——2024"大片看总台"纪录片片单发布活动

2023年12月25日，"大地欢歌迎新春 五谷丰登庆丰年"——2024年全国"村晚"示范展示活动启动。中宣部副部长，中央广播电视总台党组书记、台长兼总编辑慎海雄（左），中宣部副部长、文化和旅游部党组书记孙业礼出席

17

聚力打造"头条工程"

2023年2月5日起，《新闻联播》栏目持续推出《新时代新征程新伟业》等专栏，展现多地贯彻落实党的二十大精神的实践。图为2月5日播出的《上海：家门口的"幸福地图"》

2023年2月25日起，《新闻联播》栏目推出系列报道《总书记的人民情怀》，系统梳理党的十八大以来习近平总书记将以人民为中心的发展思想贯穿于治国理政始终的生动实践。图为3月7日播出的《总书记与我们在一起》专栏《在助力经济高质量发展中担当作为》

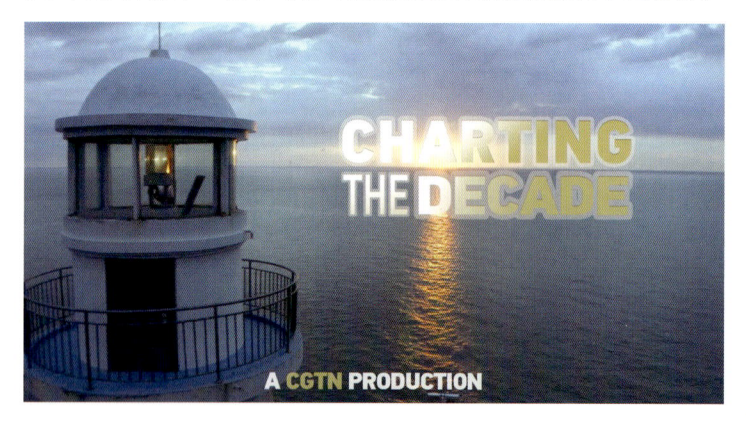

2023年2月27日，纪录片《绘制十年》(《领航》国际版)在CGTN首播，展现新时代十年来中国的发展经验。该片获第二十届中国(广州)国际纪录片节组委会特别推荐优秀纪录片奖

2023年3月17日起，央视网持续推出系列融媒体报道《跟着习主席看世界》，通过习近平主席在外交舞台上提出的中国方案，阐释大国外交的内在逻辑

2023年8月1日，国际在线《讲习所》栏目推出《【讲习所·中国与世界】维护世界和平 中国军队不辱使命》，讲述党的十八大以来，中国军队在习近平强军思想的引领下，积极参与国际维和、海上护航、人道主义救援等行动，彰显中国军队以实际行动维护世界和平的大国担当

重大报道

2023年3月20日,《平"语"近人——习近平喜欢的典故》(第二季)俄语版在俄罗斯开播上线。图为俄罗斯国家台"俄罗斯24"新闻频道播出的预告片

2023年3月20日至22日,国家主席习近平对俄罗斯进行国事访问。23日,新闻中心ToSun记者团制作推出《时政Vlog｜金色大门、水晶吊灯、绿色饮料,我在克宫里看到了什么?》

2023年3月23日起,在习近平主席出访美国期间,中国之声推出5期时政专栏《大国外交微观察》

19

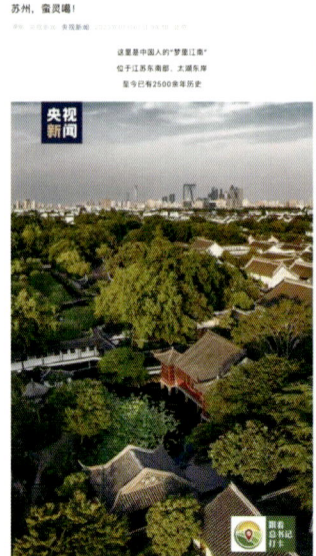

2023年5月13日起，央视新闻新媒体推出《跟着总书记打卡》系列专栏，全年推出河北、陕西、山西、江苏等地区风物特稿16期

2023年5月31日起，英语环球节目中心推出系列时政微视频《经典里的中国智慧》（第二季），以习近平总书记引用的诗词典故为切入点，向全球受众推荐、诠释中国典故与智慧

2023年8月29日至9月15日，环球资讯广播推出系列报道《听习近平讲述文物里的文明互鉴》，阐释习近平总书记在文化传承发展座谈会上重要讲话的重要启示和强烈共鸣

2023年6月至12月，欧洲拉美地区语言节目中心创新运用AI技术推出36期系列融媒体产品《践行》，聚焦绿水青山、共同富裕、人类命运共同体等主题

重大报道

2023年11月11日起，《东方时空》栏目播出3期系列报道《大国来信》，聚焦中美民间友谊。图为10月31日，《大国来信》编导采访美中航空遗产基金会主席杰弗里·格林（右一）

2023年11月13日，央视新闻新媒体推出的时政纪录片《时时放心不下的牵挂——习近平总书记在北京河北考察灾后恢复重建工作纪实》在CCTV-1综合频道、CCTV-13新闻频道及多个新媒体平台播出

2023年12月8日起，亚洲非洲地区语言节目中心推出系列专题片《典籍里的新思想》，以典籍哲思为切入点，阐释习近平新时代中国特色社会主义思想的历史根基和时代意义

2023年12月31日，新闻中心推出《独家看点｜习主席书架上的照片记忆》。图为产品启用开屏海报设计

学习贯彻习近平新时代中国特色社会主义思想主题教育宣传报道

2023年4月1日,《新闻联播》栏目卡片类时政海报产品"学习卡"升级改版,持续推出组图海报产品,广泛宣传习近平新时代中国特色社会主义思想的深刻内涵和重大意义

2023年4月19日起,《新闻联播》栏目推出《学习贯彻习近平新时代中国特色社会主义思想主题教育》专栏报道,集中展现各地区、各部门开展主题教育的工作进展和实际成效

2023年4月20日起,中国之声在《新闻和报纸摘要》栏目推出100期《学思想 强党性 重实践 建新功》专栏,记录全国各地广大党员干部有序开展主题教育的生动场景

重大报道

2023年5月3日起,《新闻联播》栏目新开《学思想 强党性 重实践 建新功》专栏,报道各地各部门扎实开展学习贯彻习近平新时代中国特色社会主义思想主题教育,坚持以学促干的举措和成效

2023年5月15日至12月31日,环球资讯广播推出系列报道《引领中国特色大国外交阔步前行——2023年中国元首外交纪实》,反映中国特色大国外交在2023年为维护世界和平、促进共同发展做出的新贡献

2023年10月17日起,央视网推出《非凡新时代》系列微纪录视频,彰显中国特色社会主义的强大生机活力,展现祖国日新月异的巨大变化

以学铸魂 以学增智 以学正风 以学促干

开展这次主题教育,根本任务是坚持学思用贯通、知信行统一,把新时代中国特色社会主义思想转化为坚定理想、锤炼党性和指导实践、推动工作的强大力量,使全党始终保持统一的思想、坚定的意志、协调的行动、强大的战斗力,努力在以学铸魂、以学增智、以学正风、以学促干方面取得实实在在的成效。

——2023年5月1日出版的《求是》杂志发表习近平的重要文章

2023年8月10日,央广网"头条工程"《看图学习》栏目重点集纳习近平总书记重要讲话金句,推出图片产品《看图学习|学思用贯通 知信行统一 总书记推动主题教育走深走实》

2023年8月27日,央视新闻新媒体推出主题报道《"启"飞记|坚守中国"大飞机梦"》

全国两会报道

2023年3月4日至11日，中国人民政治协商会议第十四届全国委员会第一次会议在北京召开。总台多平台全媒体直播报道

2023年3月5日至13日，中华人民共和国第十四届全国人民代表大会第一次会议在北京召开。总台多平台全媒体直播报道

重大报道

2023年3月4日至5日，全国政协十四届一次会议、十四届全国人大一次会议在北京开幕，总台多平台全媒体直播报道。图为新闻中心时政摄像记者在会议现场进行拍摄工作

2023年3月11日，中国人民政治协商会议第十四届全国委员会第一次会议在北京闭幕。图为新闻中心记者在人民大会堂外采访政协委员

2023年3月13日，总台时政报道团队全程直播报道十四届全国人大一次会议记者会

25

2023年3月1日至4日，港澳台节目中心推出《共话大湾区》《奋进春天里 两会进行时》《大湾仔跑两会》《台籍代表履职记》等两会系列报道

2023年3月3日至10日，国际在线推出7期融媒体产品《奋进的中国人·两会新面孔》，以新当选全国人大代表中的青年基层代表为主要拍摄对象，反映新时代青年的精神风貌

2023年3月5日起，新闻中心联合新闻新媒体中心，每天推出融媒体特别报道《两会你我他》。图为环球资讯广播记者采访巴基斯坦记者

2023年3月6日，央视网推出两会谈话融媒体节目《中国神气局》，将数字虚拟主播小C与中国发展成就的真实场景进行巧妙融合

重大报道

2023年3月7日至13日，5集特别节目《两会在线》在CCTV-12社会与法频道播出。图为主持人在节目中采访最高人民法院民事审判庭第一庭庭长陈宜芳（左）

2023年3月10日，国际在线《国际3分钟》栏目围绕两会主题邀请外籍观察员解读政府工作报告

2023年3月12日，新闻中心《两会1+1》栏目"瞬间"版块播出《两会上的"三大通道"》

第三届"一带一路"国际合作高峰论坛报道

2023年10月18日,第三届"一带一路"国际合作高峰论坛在北京举行。国家主席习近平出席论坛并发表题为《建设开放包容、互联互通、共同发展的世界》的主旨演讲。当日,《新闻联播》栏目播出《习近平出席第三届"一带一路"国际合作高峰论坛开幕式并发表主旨演讲》

2023年10月18日,中宣部副部长,中央广播电视总台党组书记、台长兼总编辑慎海雄(右八)指导第三届"一带一路"国际合作高峰论坛总台报道工作并与员工合影

重大报道

2023年9月22日至10月20日，环球资讯广播播出《十年扬帆再起航》系列报道，配合报道第三届"一带一路"国际合作高峰论坛

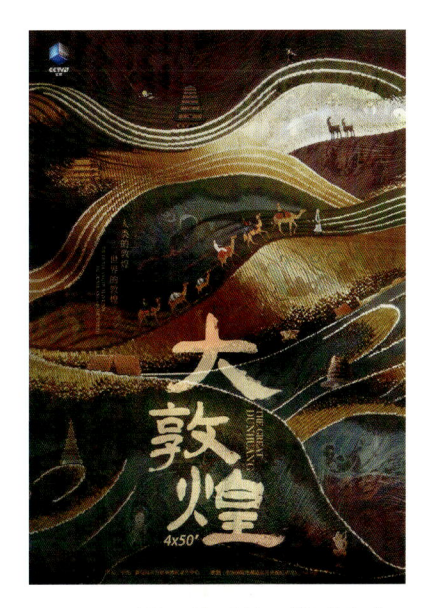

2023年10月16日，第三届"一带一路"国际合作高峰论坛期间，由中国国际电视总公司制作的4集纪录片《大敦煌》在CCTV-9纪录频道首播。该片以世界的目光、国际化的视角重读敦煌，展现了文明互鉴、文化融合、美美与共的文明价值观

2023年10月18日，第三届"一带一路"国际合作高峰论坛举行期间，总台主持人康辉在习近平主席与普京总统会谈前录制《大国外交最前线》

2023年10月18日，英语环球节目中心记者直播报道第三届"一带一路"国际合作高峰论坛

2023年10月18日，中国之声现场直播第三届"一带一路"国际合作高峰论坛

29

共建"一带一路"倡议提出十周年宣传报道

2023年9月3日，总台与马来西亚国家新闻社共同制作的《丝路上的新征程》特别节目第二期《中马合作共赢》在马来西亚国家新闻社电视台播出

2023年10月5日至20日，《新闻联播》栏目推出《丝路画卷》主题报道，展现"一带一路"共建国家深度合作、互利共赢的发展成果

2023年10月11日，6集纪录片《通向繁荣之路》在CCTV-1综合频道首播，全面梳理共建"一带一路"倡议提出十年来的重要进程和重大成果，展现中国与共建国家携手走向现代化的壮阔画卷

重大报道

2023年10月17日起，8集纪录片《一带一路上的中国名片》在CCTV-4中文国际频道播出，展现十年来共建"一带一路"倡议取得的丰硕成果。图为总台摄制组在西藏自治区山南市拍摄

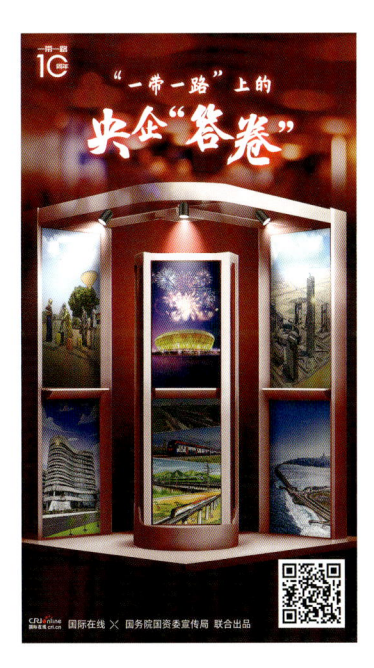

2023年10月18日，国际在线推出H5互动产品《【"一带一路"十周年】"一带一路"上的央企"答卷"》，向中外网友展示十年来共建"一带一路"倡议带来的福祉

2023年10月18日，文艺节目中心推出的融媒体节目《丝路繁花——共建"一带一路"倡议十周年音乐会》在CCTV-15音乐频道、央视频、央视网等平台播出，展示"一带一路"共建国家的独特风情

2023年12月24日，纪录片《美好的时光》在CCTV-12社会与法频道、央视频、央视网播出。节目以100位老挝学子乘坐中老铁路列车、探索中国山河为视角，带领观众一同见证共建"一带一路"的温情故事

31

中国—中亚峰会报道

2023年5月18日至19日，首届中国—中亚峰会在陕西省西安市举行，国家主席习近平主持峰会并发表主旨讲话。总台多平台全媒体报道

2023年5月17日，《焦点访谈》栏目播出《中国—中亚：更加紧密的命运共同体》，回顾中国同中亚五国共建"一带一路"合作取得的成就。图为新闻中心记者采访中国国际问题研究院副研究员苏晓晖（左）

2023年5月18日，新闻中心记者与外国志愿者探访中国—中亚峰会新闻中心

2023年5月18日至19日，总台时政报道团队在转播车内制作中国—中亚峰会视音频信号

2023年5月19日，新闻中心在央视新闻新媒体推出第41期《时政画说》，用光影瞬间记录中国—中亚峰会现场点滴

重大报道

《高端访谈》

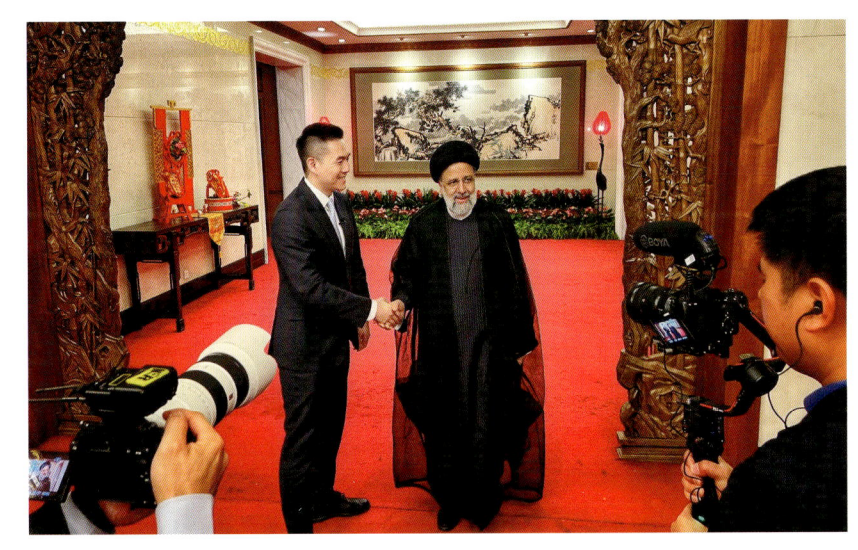

2023年2月15日,《高端访谈》主持人专访伊朗总统莱希

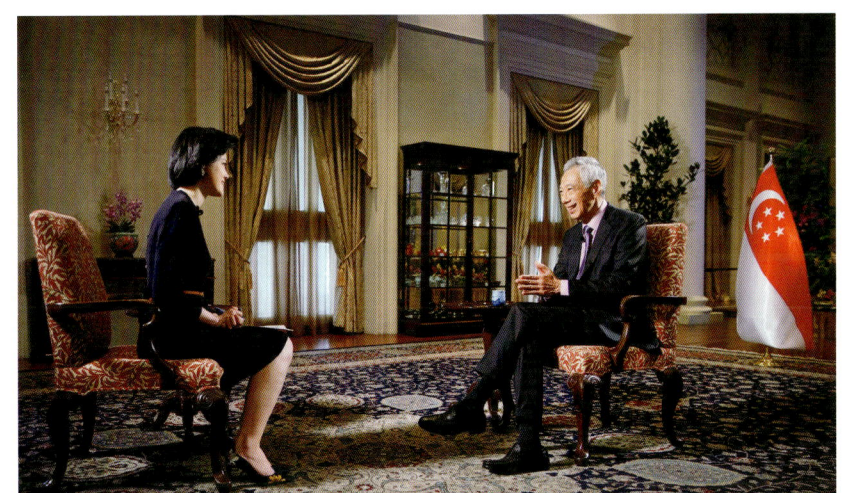

2023年3月17日,《高端访谈》主持人专访新加坡总理李显龙

2023年6月27日,《高端访谈》主持人在第十四届夏季达沃斯论坛开幕式后独家专访世界贸易组织总干事伊维拉（前排右）

33

2023年9月25日,《高端访谈》主持人专访叙利亚总统阿萨德

2023年10月10日（当地时间）,《高端访谈》主持人专访俄罗斯总统普京

2023年10月10日,《高端访谈》主持人专访斯里兰卡总统维克拉马辛哈

重大报道

航天成就报道

2023年5月7日,天舟六号船箭组合体转运至发射区。新闻中心记者在海南文昌航天发射场现场报道

2023年6月4日,神舟十五号载人飞船返回舱在东风着陆场成功着陆。英语环球节目中心记者在现场报道

2023年10月31日,神舟十六号载人飞船返回舱在东风着陆场成功着陆。新闻中心前方报道团队在东风着陆场直播采访航天员景海鹏

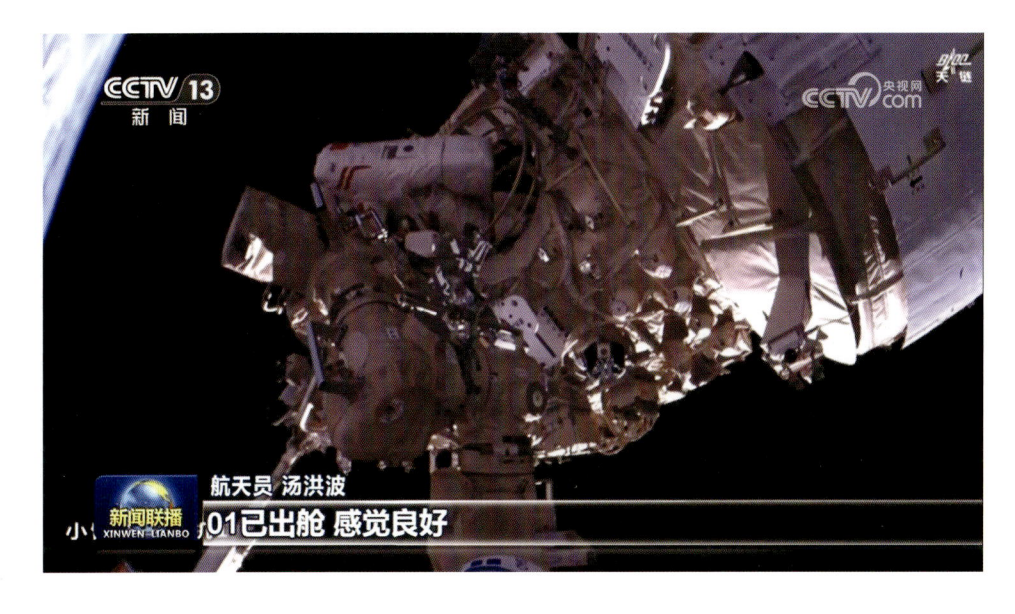

2023年12月22日,《新闻联播》栏目播出《神舟十七号航天员乘组圆满完成第一次出舱活动》,报道航天员汤洪波打开舱门完成大机械臂与小机械臂的级联组合臂任务

35

重大体育赛事报道

杭州第 19 届亚运会、第 4 届亚残运会报道

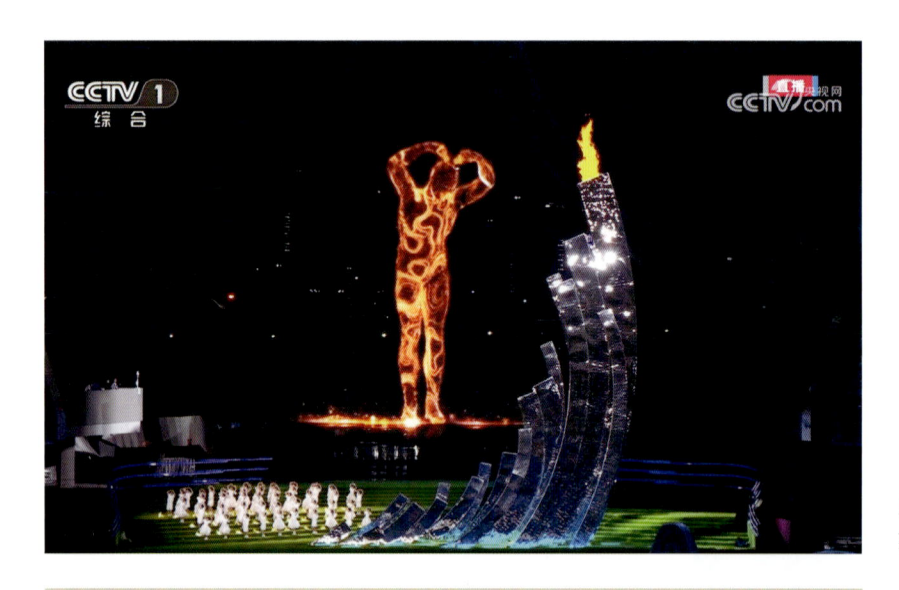

2023年9月23日，杭州第19届亚运会开幕。总台多平台全媒体对开幕式进行直播报道

2023年9月23日，总台转播杭州第19届亚运会开幕式首次实现4K/8K制作

2023年9月23日，中宣部副部长，中央广播电视总台党组书记、台长兼总编辑慎海雄检查杭州第19届亚运会开幕式直播报道准备工作

重大报道

2023年9月23日，上海总站推动"百城千屏"项目直播杭州第19届亚运会开幕式，打造杭州第19届亚运会户外8K观赛矩阵，实现亚运会相关内容在全国28个省（自治区、直辖市）90个城市的710余块户外大屏上进行规模化联播。图为江苏省无锡市中央车站大屏直播亚运会开幕式

2023年9月26日，总台技术团队在中国杭州电竞中心进行杭州第19届亚运会电竞项目副场地公共信号制作

2023年9月26日，总台报道杭州第19届亚运会游泳比赛

中央广播电视总台年鉴（2023）

2023年9月30日，总台报道杭州第19届亚运会田径比赛，中国队包揽男女百米冠军

2023年9月至10月，《新闻1+1》栏目持续推出特别节目《亚运1+1》。图为9月29日，主持人白岩松在前方演播室采访杭州第19届亚运会申亚大使罗雪娟（右）

2023年10月7日，新闻中心记者在杭州奥体中心游泳馆采访跳水冠军王宗源（右）

2023年10月5日，体育青少节目中心记者拍摄杭州第19届亚运会攀岩比赛

2023年10月8日，中国之声现场直播杭州第19届亚运会闭幕式

重大报道

2023年9月6日，亚洲非洲地区语言节目中心发布亚运会主题系列产品《我的亚运搭档》，加大对杭州第19届亚运会的海外推介力度

2023年9月23日，新闻中心ToSun记者团制作杭州第19届亚运会时政报道《时政Vlog｜什么"神仙饮品"让国际奥委会主席巴赫直呼"舍不得喝"》，记录国际奥委会主席巴赫对中国茶文化的喜爱

2023年9月23日至10月8日，新闻新媒体中心推出杭州第19届亚运会直播特别节目《潮涌杭州 亚运来了》，央视新闻记者采访中国游泳队队员汪顺

2023年9月22日，央视体育客户端直播报道杭州第19届亚运会女足小组赛首战中国女足VS蒙古女足比赛

2023年9月至10月，创新发展研究中心"CMG观察"公众号推出《亚运会开幕式播报什么样？来听康辉刘欣现场说》《当"话筒"遇到"火炬筒"》《开闭幕式总导演沙晓岚：展潮涌，总台助，亚运逐浪莲花中》等节目，报道总台转播亚运会的幕后故事。图为总台主持人采访杭州第19届亚运会开闭幕式总导演沙晓岚（左）

39

2023年10月22日，杭州第4届亚洲残疾人运动会（简称"亚残运会"）开幕。总台多平台全媒体对开幕式进行直播报道

2023年10月25日，新闻中心摄像记者现场拍摄杭州第4届亚残运会中国男子轮椅篮球队比赛

2023年10月23日，总台报道杭州第4届亚残运会田径项目女子200米T36级决赛，史逸婷获该项比赛冠军

2023年10月23日，总台报道杭州第4届亚残运会女子100米仰泳S6级决赛

重大报道

第 31 届世界大学生夏季运动会报道

2023 年 7 月 28 日，第 31 届世界大学生夏季运动会（简称"大运会"）在四川省成都市开幕。总台多平台全媒体对开幕式进行直播报道

2023 年 7 月 28 日，"百城千屏"超高清传播平台全面开展第 31 届世界大学生夏季运动会传播，全国 23 个省（自治区、直辖市）88 个城市的 690 余块户外大屏实现组网。图为四川省成都市春熙路大屏直播大运会开幕式

2023 年 7 月 29 日，总台技术人员在大运会主媒体中心进行网球赛事的 8K 节目制作

2023 年 8 月 4 日，英语环球节目中心记者主持新媒体直播《大运会夜聊》，和来自美国、德国等国家的青年运动员共话大运会

41

其他体育赛事报道

2023年5月14日至21日，2023年苏迪曼杯世界羽毛球混合团体锦标赛在江苏省苏州市举行，中国羽毛球队实现三连冠，总台派出70余人完成本次转播任务。图为总台记者采访羽毛球混双冠军郑思维（右二）、黄雅琼（右一）

2023年12月4日至10日，2023年成都国际乒联混合团体世界杯在四川省成都市举行，体育青少节目中心联合技术局完成此次比赛的信号制作。图为总台记者采访乒乓球混合团体冠军马龙（左）

2023年12月8日，2023—2024赛季国际滑联短道速滑世界杯（北京站）比赛开赛。图为体育青少节目中心报道团队正在拍摄比赛

其他重大报道

2023年4月8日至10日，中国人民解放军东部战区按计划在台湾海峡和台岛北部、南部、台岛以东海空域组织环台岛战备警巡和"联合利剑"演习。4月8日，军事节目中心《正午国防军事》栏目首发消息《东部战区组织环台岛战备警巡和"联合利剑"演习》

2023年4月10日，第三届中国国际消费品博览会（简称"消博会"）暨全球消费论坛在海南省海口市开幕。图为新闻中心记者在消博会食品馆采访

2023年5月1日，位于塔里木盆地的中国石化"深地一号"跃进3-3井正式开钻施工，向设计深度9472米挺进。这一深度刷新了亚洲最深井纪录，为我国进军万米深地提供了核心技术和装备储备。图为新闻中心记者在"深地一号"跃进3-3井平台上进行连线直播

2023年5月23日,"巅峰使命"珠穆朗玛峰科学考察队员成功登顶。图为总台直播报道团队登顶后合影

2023年6月27日至29日,第十四届夏季达沃斯论坛在天津举行。图为新闻中心记者在论坛开幕式现场报道

2023年7月18日至27日,为纪念抗美援朝战争胜利70周年,10集融媒体短纪录片《中华好儿女》在CCTV-7国防军事频道、央视频等平台同步推出,节目首次利用4K/8K超高清彩色修复技术,对珍贵历史影像进行画质增强、色彩还原。图为3月25日,总台拍摄团队在广西南宁采访抗美援朝老兵陈记诗

2023年7月31日,北京市门头沟区短时暴雨引发山洪,位于深山的玉皇庙社区多栋民房受损,连接外界的唯一道路严重损毁,成为救援"孤岛"。图为8月6日,新闻中心直播报道团队报道山洪灾情、各方救援和物资送达情况

重大报道

2023年9月2日至6日，2023年中国国际服务贸易交易会在北京举行。9月2日，新闻中心在北京首钢园区搭建的前方演播室推出特别节目《相约服贸 共赴未来》

2023年10月29日至31日，第十届北京香山论坛在北京举行。10月29日起，军事节目中心《正午国防军事》栏目连续4天推出第十届北京香山论坛特别报道

2023年11月5日至10日，第六届中国国际进口博览会在上海举行。图为新闻中心记者在技术装备展区进行融媒体特别直播《"进宝"探宝》

45

2023年11月23日，CCTV-13新闻频道直播报道第十批在韩中国人民志愿军烈士遗骸回国仪式

2023年12月18日，在庆祝改革开放45周年之际，新闻新媒体中心和上海总站联合推出特别直播《必由之路丨改革开放再出发 万千气象新征程》

2023年12月18日，甘肃省积石山县发生里氏6.2级地震。总台派出报道组前往灾区及时进行报道

2023年12月27日至29日，新闻中心联合吉林总站报道查干湖冬捕情况，解析查干湖传承千年的渔猎文化和年年有"鱼"的产业发展密码

精品力作

2023年1月21日，《2023年中央广播电视总台春节联欢晚会》向全球直播，全媒体累计触达受众162.16亿人次，海内外传播效果均创历史新高

《2023年中央广播电视总台春节联欢晚会》节目《我和爷爷踩高跷》

《2023年中央广播电视总台春节联欢晚会》舞蹈节目《碇步桥》

47

《2023年中央广播电视总台春节联欢晚会》微电影《我和我的春晚》

《2023年中央广播电视总台春节联欢晚会》节目《一带繁花一路歌》

《2023年中央广播电视总台春节联欢晚会》歌曲节目《早安，阳光》

精品力作

2022年12月31日至2023年1月1日，文艺节目中心制作的《启航2023——中央广播电视总台跨年晚会》在CCTV-1综合频道、CCTV-3综艺频道、音乐之声、文艺之声、央视频等平台同步播出

2023年1月14日，《中央广播电视总台2023网络春晚》在CCTV-1综合频道、CCTV-3综艺频道及央视网、央视频、央视新闻等总台新媒体矩阵同步播出

2023年1月22日，《中央广播电视总台2023年春节戏曲晚会》在CCTV-1综合频道、CCTV-11戏曲频道并机播出。晚会主场地设在浙江温州，首次在户外录制

49

2023年2月5日,《2023年中央广播电视总台元宵晚会》在CCTV-1综合频道、CCTV-3综艺频道、音乐之声、文艺之声、央视频等平台同步播出

2023年3月17日,《2023扬帆远航大湾区音乐会》在CCTV-1综合频道、CCTV-3综艺频道、CCTV-15音乐频道、音乐之声、文艺之声、大湾区之声、香港之声、央视新闻、央视频、央视网、云听等平台同步播出

2023年5月1日,《中国梦·劳动美——2023五一国际劳动节"心连心"特别节目》在CCTV-1综合频道、CCTV-3综艺频道、CCTV-15音乐频道、文艺之声、央视新闻、央视频、央视网、央广网、云听等平台同步播出

精品力作

2023年5月4日，由文艺节目中心制作的《奔跑的青春——2023五四青年节特别节目》在CCTV-1综合频道、CCTV-3综艺频道、CCTV-15音乐频道及央视新闻、央视频、央视网等新媒体平台同步播出

2023年8月22日，《如七而遇 漫歌今夕——2023中央广播电视总台七夕特别节目》在CCTV-1综合频道、CCTV-3综艺频道等平台同步播出

2023年6月22日，2023端午特别节目——大型交响诗《碧水长歌颂端阳》在CCTV-1综合频道、CCTV-3综艺频道、音乐之声、经典音乐广播、文艺之声、央视新闻、央视频、央视网、云听等平台同步直播

2023年9月29日，《2023年中央广播电视总台中秋晚会》在CCTV-1综合频道、CCTV-4中文国际频道等电视频道并机播出，同时通过文艺之声、华语环球广播等广播频率和央视新闻、央视网、CGTN新媒体等平台同步播出

2023年1月1日至31日，31集《提振信心在行动》系列短视频在央视新闻新媒体推出，记录了各地"起跑即冲刺、开局即决战"的状态和劲头

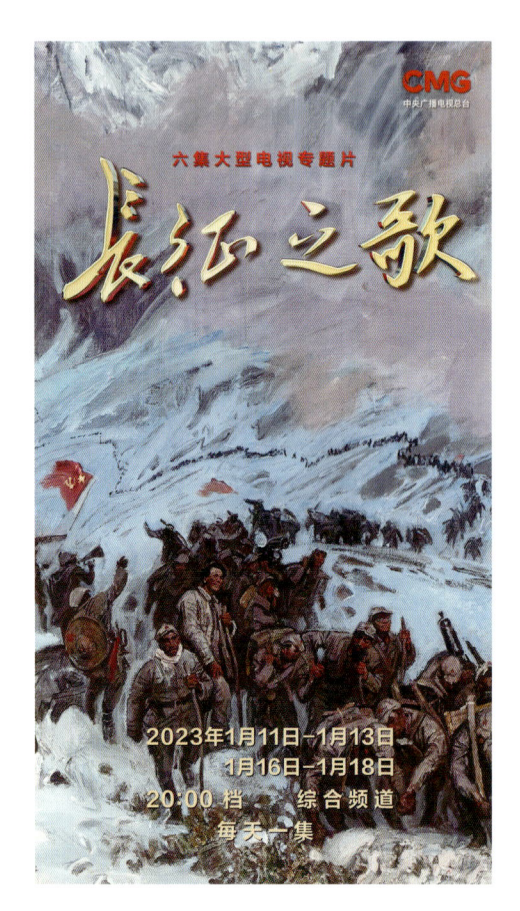

2023年1月14日，系列报道《春天 我想对你说》在CCTV-13新闻频道首播。图为首期节目《老周的浪漫出租车》

2023年1月11日至18日，社教节目中心推出的6集大型电视专题片《长征之歌》在CCTV-1综合频道播出。节目深入贯彻落实党的二十大精神，以建设长征国家文化公园为依托，聚焦讲好长征故事，大力弘扬长征精神，全景反映新时代新长征的新成就

2023年1月21日，大型文化系列节目《古韵新声》在CCTV-1综合频道播出。节目以"文物话春节 古韵迎新年"为主题，结合10件与春节有关的文物进行创意设计

精品力作

2023年1月25日至2月3日，《2023中国诗词大会》在CCTV-1综合频道播出

2023年2月13日至4月3日，14集纪录片《美术里的中国》（第三季）在CCTV-1综合频道播出，向世界彰显中华民族的文化之美、艺术之美

2023年2月16日至25日，大型文化节目《大师列传》（第二季）在CCTV-10科教频道播出，在央视频、央视网同步上线，呈现当代文化艺术名家的艺术之路

2023年2月至3月，CCTV-2财经频道《对话》栏目推出《老友记》系列节目，邀请六位中国经济界领军人物分享心路历程，以及面对未来的新赛道、新梦想

2023年3月17日，CCTV-4中文国际频道《鲁健访谈》栏目播出《对话〈流浪地球2〉（上）》。图为访谈过程中，导演展示电影中使用的机械手臂

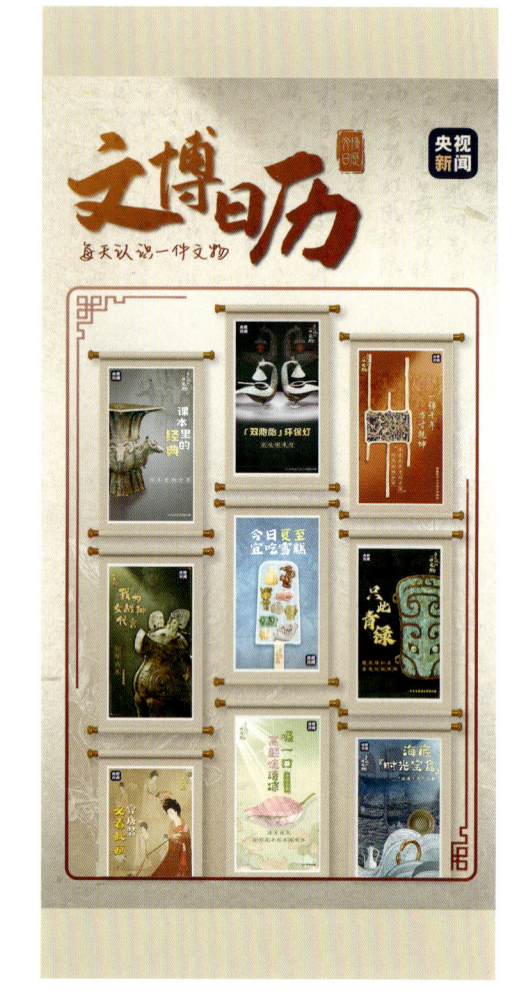

2023年3月21日起，央视新闻新媒体联合全国博物馆推出文博科普产品《文博日历》，每日科普一件文物

2023年4月9日，《典籍里的中国》（第二季）收官。图为收官之作《备急千金要方》

精品力作

2023年4月18日，英语环球节目中心推出的科学纪录片《人类碳足迹》获2023年纽约国际电影电视节纪录片银奖，讲述人与自然和谐共生的故事

2023年5月14日，围绕"千万工程"实施二十年这一重要节点，《新闻联播》栏目在《新思想引领新征程》专栏播出《"千万工程"实施二十年 描绘村美人和共富新画卷》。图为新闻中心记者在浙江省莫干山采访独立策展人李松柏（左）

2023年5月23日，《焦点访谈》栏目播出调查报道《填坑？挖坑！》，揭露河北省遵化市河东村日强铁选厂在没有相关手续的情况下，以回填砂坑为由，进行长达八年的非法盗采

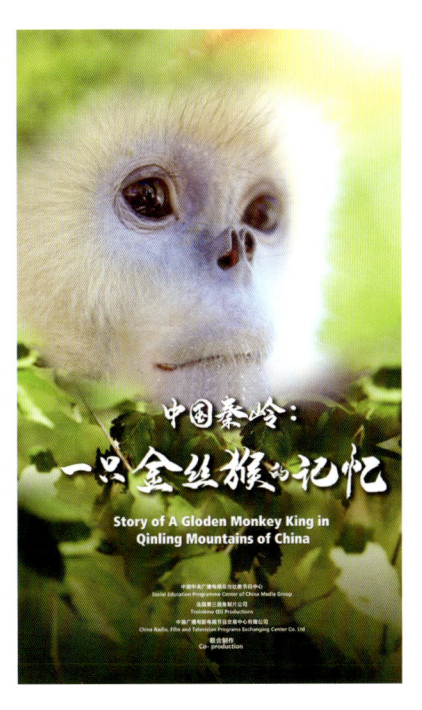

2023年5月22日，社教节目中心推出的纪录片《中国秦岭：一只金丝猴的记忆》在CCTV-10科教频道播出

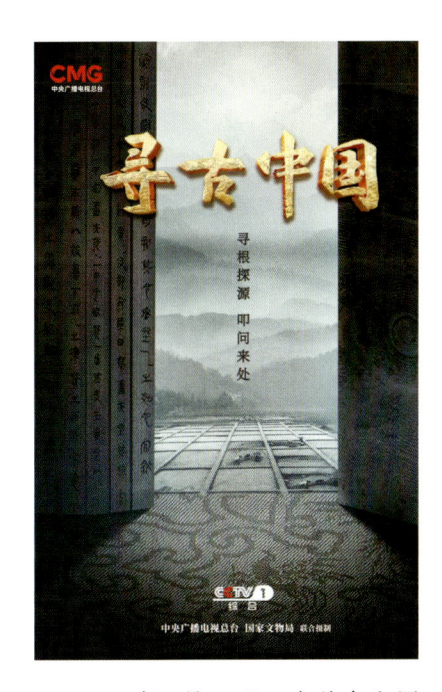

2023年5月26日，由总台和国家文物局联合摄制的大型系列纪录片《寻古中国》在CCTV-1综合频道首播，弘扬中华优秀传统文化，增强中华文明传播力影响力

55

2023年6月2日,《中国书法大会》在CCTV-1综合频道首播,深入挖掘中国书法文化,全景展现汉字发展史、中国书法史

2023年6月17日,财经节目中心推出的大型米食文化探寻节目《中国米食大会》在CCTV-2财经频道首播,展现各地丰富多彩的米食美味

2023年7月14日,12集原创大型融媒体节目《中国短视频大会》在CCTV-2财经频道、央视频、央视网首播

精品力作

2023年8月1日至4日，由中央军委政治工作部、中央广播电视总台、中央网信办联合出品，军事节目中心承制的8集思想解读类融媒体节目《逐梦》在CCTV-1综合频道播出。图为第1集《充满光荣和梦想的远征》

2023年8月5日，总台与文化和旅游部联合推出的文旅探访节目《山水间的家》（第二季）在CCTV-1综合频道首播

2023年8月11日至11月10日，大型饮食文化探索节目《一馔千年2023》在CCTV-3综艺频道、央视频同步播出。图为8月25日播出的"馔家族"厨艺大比拼中，"拔丝流星雨"现场剧照

2023年8月9日，影视剧纪录片中心出品的6集纪录片《大运河之歌》在CCTV-9纪录频道播出，通过专家解读、相关人物采访、各种珍贵考古资料和遗迹文物来讲述大运河的故事

2023年8月27日至9月3日，纪录片《山海经奇》（1—8集）在CCTV-9纪录频道播出，以创新视角重释天下奇书，讲述凝于血脉之中的中华文化传统

2023年9月1日，《2023开学第一课》在CCTV-1综合频道播出。节目以"强国复兴有我"为主题，邀请"八一勋章"获得者、时代楷模、党的二十大代表、航天员、科学家等，以奋斗者的第一视角鼓舞广大青少年博学笃行

2023年9月15日，15集大型纪录片《新丝路上的交响》在CGTN首播，将镜头对准普通人，发现不平凡的故事

2023年9月22日，《2023年中国农民丰收节晚会》在CCTV-1综合频道、CCTV-17农业农村频道同步播出，首次邀请5位中国育种专家与学生同台进行特别的"种子交接仪式"

精品力作

2023年10月2日，英语环球节目中心推出的人文纪录片《最忆是杭州》在CGTN首播，并通过68种语言对外传播平台向全球发布，讲述杭州历史文化故事

2023年10月5日，总台与文化和旅游部联合推出的国际文化交流节目《美美与共》在CCTV-1综合频道首播，央视频、央视网同步推出

2023年10月9日，民族语言节目中心推出的哈萨克语纪录片《百川汇流》在哈萨克语节目新媒体端播出。图为节目组在喀什市拍摄维吾尔族十二木卡姆艺术传承人（右）现场演奏

2023年11月10日,《宗师列传·唐宋八大家》在CCTV-1综合频道、央视频同步播出。图为主持人带领嘉宾饰演的柳宗元来到当代柳州,体验柳州螺蛳粉

2023年11月13日,6集微纪录片《加快形成新质生产力》在CCTV-2财经频道首播,呈现新材料、新能源、高端装备等战略性新兴产业在迈向高质量发展进程中勃发的新质生产力

2023年11月16日,英语环球节目中心法语部制作的湿地保护公益广告《"肾脏"救援》获第30届中国国际广告节"黄河奖"重大主题视频类金奖

精品力作

2023年11月23日，由总台与住房城乡建设部联合推出的纪录片《文脉春秋》在CCTV-1综合频道、央视频、央视网同步播出，展现中国国家历史文化名城的文化脉络、特色格局、市井生活

2023年11月24日，《非遗里的中国》（第二季）在CCTV-1综合频道播出。节目在全国各省打造非遗街区，以互动体验方式呈现当地多项非遗项目

2023年11月25日，《简牍探中华》在CCTV-1综合频道播出，"简"述历史，"牍"懂中华，还原简牍背后的历史原貌和文化精神

2023年11月26日，6集文献纪录片《赤诚》在CCTV-1综合频道播出，突出反映习仲勋同志为中国人民解放事业和新中国诞生，为社会主义革命和建设事业，为改革开放和建设有中国特色社会主义事业，建立的不可磨灭的历史功勋

2023年12月10日起，融媒体报道《"拼"在2023》在《朝闻天下》《晚间新闻》等栏目播出，讲述不同行业奋斗者面对困难迎难而上的精彩故事

2023年12月16日至18日，《中国式现代化万千气象》直播特别节目在CCTV-13新闻频道播出

精品力作

2023年12月23日，首档向全世界传播中医药文化的大型文化节目《中国中医药大会》在CCTV-1综合频道播出，全景式呈现中医药蕴藏的中华优秀传统文化的智慧结晶和精华

2023年12月25日，大型系列纪录片《农耕探文明》在CCTV-1综合频道播出。该节目首次系统展现中国重要农业文化遗产的保护传承、开发利用和创新成果，生动呈现中华农耕文明生生不息的基因密码

2023年12月26日至31日，6集纪录片《重庆谈判》在CCTV-10科教频道播出。图为摄制组采访原中国民主同盟主席张澜孙女、十一届全国政协副主席张梅颖（右一）

2023年12月30日，大型美食文化节目《三餐四季》在CCTV-1综合频道播出。节目探寻11个集文化历史、现代发展、美景美食于一身的魅力古镇，共谱"三餐四季"的专属古镇地图

2023年1月14日至2月3日，电视剧《狂飙》在CCTV-8电视剧频道播出。该剧获第28届上海电视节白玉兰奖最佳中国电视剧，2023年全国电视剧收视率排名第一

2023年12月12日，重大革命历史题材电视剧《问苍茫》在CCTV-1综合频道黄金档播出。该剧讲述了以青年毛泽东为代表的早期共产党人探索中国革命道路的艰难历程

2023年12月27日，电视剧《繁花》在CCTV-8电视剧频道播出

新媒体传播

2023年，时政评论类栏目《央视快评》以多屏传播的全新传播方式，深入阐释习近平总书记重要讲话、重大活动和重要指示，特别是在国家主席习近平赴美国旧金山举行中美元首会晤期间，《央视快评》积极发声，获中央网信办推荐全网通发

2023年，《大湾区之声热评》栏目紧贴国家、香港地区热点事件，在重要时间节点推发评论，引导舆论。图为4月16日，《大湾区之声热评》栏目播出的《国家安全是香港稳定繁荣的基石》

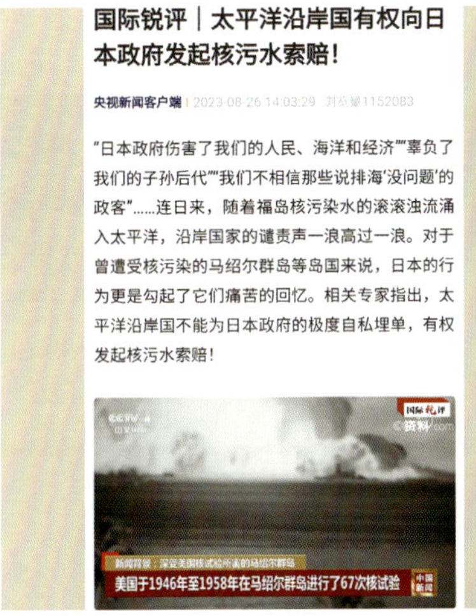

2023年，总台新媒体国际时事评论栏目《国际锐评》坚持主动宣介与鲜明亮剑并重、讲好中国故事与驳斥抹黑攻击并重，共发240多则文字评论与视频产品，被CNN、CNBC、BBC、法国24台等外媒广泛转载引用。图为2023年8月26日《国际锐评丨太平洋沿岸国有权向日本政府发起核污水索赔！》

2023年，《总台海峡时评》栏目在重要事件、重要节点主动发声，在涉台舆论斗争中发挥引导作用。图为"看台海"微信公众号针对赖清德窜美事件连续播发3篇评论，被境内外300多家媒体关注报道和转载转引

65

2023年,《玉渊谭天》栏目紧扣中国式现代化时代命题,持续聚焦中美高层会晤、中国经济、对台、南海等涉及国家重大核心利益的焦点议题,全网平台累计触达量超130亿人次,超500篇报道被全球800多家媒体使用超15 000次

2023年,港澳台节目中心策划推出涉台深度言论栏目《日月谭天》,关注台海热点,发布深度评论文章48篇和短视频650余条,包括台湾媒体在内的境内外1200余家媒体转发转引,全网阅读量超过1亿人次

2023年8月,短视频栏目《主播说联播》推出《主播说一周》子栏目,对当周主题内容进行再梳理、再传播,围绕习近平总书记的重要讲话精神,解读大政方针,传递主流声音

新媒体传播

2023年1月5日起，央视频推出原创IP融媒体直播节目《国之大雅·二十四节气》，让观众在欣赏中国社会现实图景的同时，领略中华节气文化的独特韵味

2023年1月26日，财经节目中心推出大型融媒体活动《寻百强 看中国》

2023年2月17日，央视新闻新媒体推出大型融媒体行动《"县"在出发》，用县域实践报道丈量中国式现代化的铿锵步伐

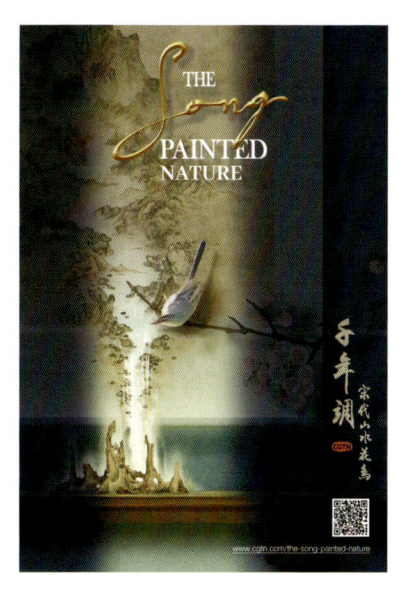

2023年1月22日，英语环球节目中心数字特展项目《千年调·宋代山水花鸟》上线，通过形式、内容、技术等多维度的创新叙事和表达，对外宣介中华优秀传统文化

2023年2月4日，云听原创交互式移动互联网融媒体产品《中国节气大会》上线，以非遗知识和方言传承为主体内容

67

2023年3月3日，央视网推出创意微视频《AI绘意中国》，通过人工智能（AI）问答及绘画等创新技术，辅以有趣有料的问答串联，凸显可亲可爱且奋进的中国形象

2023年5月4日，央视新闻新媒体推出《相对论》节目，记者蹲点采访报道淄博烧烤

2023年3月4日，国际在线策划推出H5小游戏《看"建"我的2023》

2023年3月25日，经济之声《王冠红人馆》栏目成功上线总台首个常态化运行的元宇宙直播间"红人馆元宇宙"

2023年4月26日，华语环球节目中心推出融媒体节目《早安中国》，2023年共推出250期

新媒体传播

2023年7月29日，科普互动类新媒体节目《顶级实验室》第三期《在地下700米捕捉宇宙中的"幽灵粒子"》在央视新闻新媒体多个平台播出，首次将增强现实技术搬到地下700米处，呈现未来中微子探测器的工作状态

2023年7月至10月，在第31届世界大学生夏季运动会、杭州第19届亚运会、第4届亚残运会期间，融合发展中心组织开展"象舞指数"评议活动，发布系列榜单和评议文章

2023年8月8日，"CMG戏曲"新媒体频道在央视频上线

2023年8月17日，英语环球节目中心多语种客户端全新升级上线，首次融合英语、西班牙语、法语、阿拉伯语、俄语五语种报道资源，实现从单一英语客户端到多语种客户端的转变

2023年11月6日，农业农村节目中心推出的晚会类节目《2023网络丰晚》在央视频上线首播

2023年12月6日至14日，新闻新媒体中心围绕中央经济工作会议推出10集系列短视频《新说中国经济》，从外贸、消费、农业、工业等领域进行经济解读

2023年9月29日至10月6日，央视频推出8天不间断陪伴式直播——《美丽中国说：可爱的国 美丽的家》国庆直播特别节目，总台主持人带领观众云游神州，领略家国之美

2023年10月8日，英语环球节目中心《视点》栏目发布杭州第19届亚运会闭幕式爆款短视频《名场面再现：康辉、刘欣催三次，运动员们继续欢乐继续舞！》

新媒体传播

2023年，创新发展研究中心《中国电视报》发起的大型融媒体互动活动"在中国大地上边走边跳"在广西南宁及北海、贵州榕江、四川遂宁、山东乐陵、河南三门峡、吉林长春举办。图为吉林长春活动现场

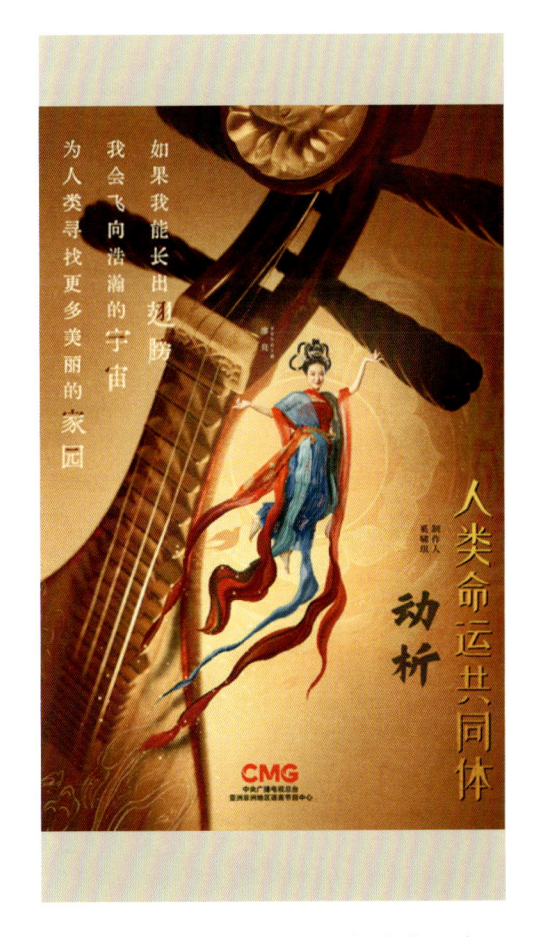

2023年，亚洲非洲地区语言节目中心推出23种外语版的新媒体产品《动析人类命运共同体》，将AI等新技术和真人演绎结合，把中华优秀传统文化精髓转化为精美的视觉呈现

2023年12月31日，央视新闻新媒体推出跨年特别节目《中国UP！》，邀请嘉宾分享向上的故事，与观众共赴2024年

2023年，英语环球节目中心音频节目部推出精品播客融媒体产品《中国民间故事》（第三季），向海外青少年用户讲述中华优秀传统文化故事

71

2023年2月3日，一列载有危险品的火车在美国俄亥俄州东巴勒斯坦镇发生脱轨事故，总台北美总站记者第一时间抵达现场报道

2023年2月6日，土耳其发生里氏7.8级地震。图为新闻中心记者跟随中国救援队在土耳其地震现场进行报道

2023年2月24日，英语环球节目中心《对话》栏目组赴乌克兰拍摄俄乌冲突一周年特别节目《冲突与秩序：俄乌危机再观察》

国际传播

2023年2月28日，总台北美分台《全球财经》栏目推出"中国式现代化与世界新机遇"美国专场研讨会暨特别节目《中国新活力》

2023年3月17日，在伊拉克战争20周年之际，英语环球节目中心推出3集系列纪录片《山河破碎20载》，通过伊拉克人民的声音还原战争伤痕

2023年3月22日，在习近平总书记提出构建人类命运共同体理念十周年之际，英语环球节目中心俄语部推出专题片《来自地球村》，讲述全球各地温暖、真实的人物故事

73

2023年3月29日，英语环球节目中心《视点》栏目播出评论专题片《为民主还是伪民主：美国民主 深度扫描》，深度揭批美式民主的沉疴痼疾及其给世界带来的种种祸乱，揭示美国"伪民主、真霸权"的本质

2023年4月6日，英语环球节目中心评论部推出电视专题片《"蔡氏骗局"：窜美卖台何时休》，揭露蔡英文窜美卖台的恶行

2023年5月18日，亚洲非洲地区语言节目中心发布多语种系列产品《我的中国式现代化生活》

国际传播

2023年6月9日，中国与洪都拉斯建交后，洪都拉斯总统卡斯特罗首次访华，英语环球节目中心记者第一时间在各社交媒体平台发布消息

2023年8月8日（当地时间），美国夏威夷毛伊岛发生火灾。图为总台北美总站记者第一时间抵达现场报道

2023年6月24日至7月8日，围绕福岛核污染水排海，总台亚太总站先后制作了2集新闻纪录片《排海之争》和《核素之问》，以科学、客观的视角对核污染水问题进行全面调查与报道

2023年8月18日，在中美"八·一七"公报发表41周年之际，纪录片《台湾——美国遏制中国的棋子》在CGTN播出。该片汇集美国前国务卿基辛格及中美权威专家见解，向全球观众呈现中美两国在台湾问题上不同历史时期的较量和博弈

75

2023年8月31日，在美军从阿富汗全面撤离两周年之际，英语环球节目中心推出纪录片《阿富汗之殇——美式民主改造的失败》

2023年9月7日，印尼乃至东南亚的第一条高铁雅万高铁开通运行，总台亚太总站推出新媒体系列视频《行走雅万》

2023年9月8日（当地时间），摩洛哥马拉喀什发生里氏6.8级地震，总台中国国际电视台欧洲分台报道员在震中马拉喀什现场报道

国际传播

2023年9月16日，英语环球节目中心推出原创融合报道《寻找小行家》，讲述中国少年在多个文化艺术领域追逐梦想、绽放才华的故事。图为第1集《大凉山的篮球梦》

2023年10月7日，英语环球节目中心推出共建"一带一路"特别节目《传承中国》。图为节目组在福建省泉州市拍摄《海丝系列 福船水密隔舱技艺》

2023年10月8日，华语环球节目中心《今日关注》栏目在CCTV-4中文国际频道播出节目《哈马斯发动数千枚火箭弹突袭 以色列正式宣战》

77

2023年10月9日，以色列南部城市阿什凯隆遭火箭弹袭击，总台记者成为第一批抵达现场的外国媒体记者

2023年10月27日，总台中东总站记者在以色列南部遭哈马斯突袭的定居点进行现场报道

2023年10月15日起，国际传播规划局与欧洲新闻台共同推出《中欧非遗》海上丝绸之路篇特别节目

国际传播

2023年11月11日，纪录片《炮火之下》在CGTN首播，真实记录巴以冲突下的民众之困，以此呼吁冲突双方立即实行人道主义休战，尽快实现和平

2023年11月13日，国际传播规划局与CNN合作推出《人类文明新形态——中国式现代化》国际版《我们的现代化故事》

2023年11月25日，欧洲拉美地区语言节目中心世界语部推出5集系列报道《Yummy Shanny新疆行之寻味喀什》，反映新疆民众安居乐业、蓬勃向上的精神面貌

79

2023年11月16日，英语环球节目中心推出电视专题片《跨越太平洋：问道中美》，紧扣中美元首旧金山会晤主线，探寻两国如何在新时期走出大国关系相处新范式

2023年，国际在线《国际漫评》栏目以"国际视野，中国立场"为宗旨，聚焦对美西方舆论斗争，共推出163期。图为2023年3月15日漫画作品《制造和平威胁》

2023年11月18日，由中国国际电视总公司策划的中美合拍纪录片《镜观中国》在国家地理频道播出，呈现中国式现代化建设的鲜活风貌和中国社会发展的蓬勃生机

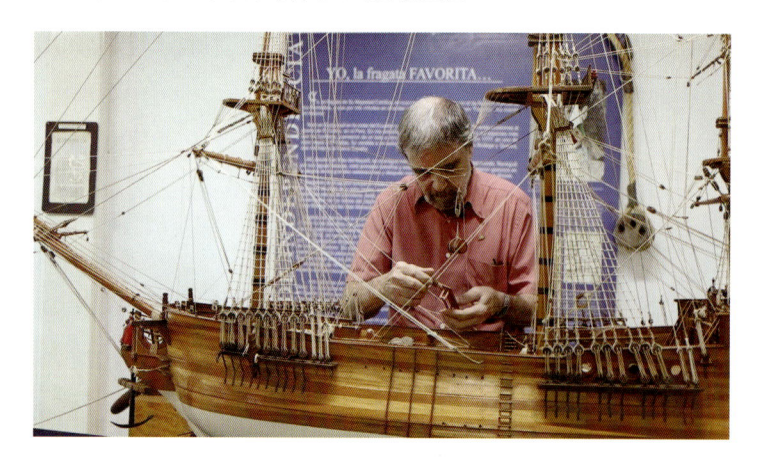

2023年12月25日，英语环球节目中心西班牙语部推出2集纪录片《筑梦蓝海》，围绕海上丝绸之路在拉美的历史印记、中拉经贸往来、共建"一带一路"等主题，传递互利合作、发展共赢的美好愿景

2023年，央视网熊猫频道《国宝面对面》栏目通过移动直播形式，使用5G、4K、VR、AI等新技术讲述全球大熊猫的生活境况及更多珍稀动植物的神奇故事，全年海外总浏览量达3.6亿人次

对外交流

会谈·合作

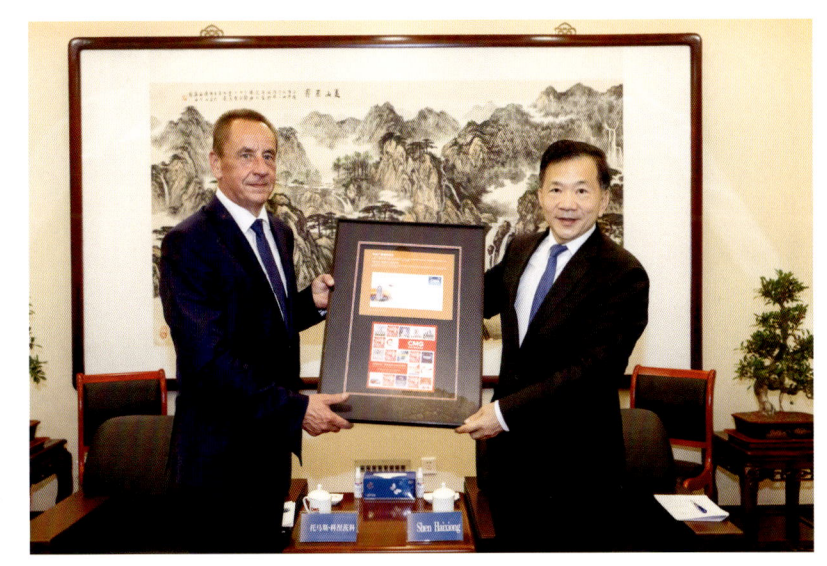

2023年3月29日，中宣部副部长、中央广播电视总台台长慎海雄（右）会见国际皮划艇联合会主席托马斯·科涅茨科

2023年5月6日，中宣部副部长、中央广播电视总台台长慎海雄（右）会见国际奥委会主席巴赫一行。总台正式受邀成为巴黎奥运会主转播机构并举行签约仪式

2023年5月8日，中宣部副部长、中央广播电视总台台长慎海雄（右四）会见委内瑞拉南方电视台台长比列加斯（左四）一行

81

2023年6月7日，中央广播电视总台副台长邢博（右）会见到访的俄罗斯总统国际文化合作事务特别代表什维德科伊一行

2023年6月26日，中宣部副部长、中央广播电视总台台长兼总编辑慎海雄会见来访的中宣部副部长、国家广播电视总局局长曹淑敏一行。中央广播电视总台副台长王晓真、胡劲军、邢博参加会见

2023年6月29日，中宣部副部长、中央广播电视总台台长兼总编辑慎海雄（左三）与香港特别行政区行政长官李家超（右三）会谈

对外交流

2023年7月18日，中央广播电视总台副台长王晓真（前排右）会见维也纳爱乐乐团主席丹尼尔·弗洛绍尔（前排左）

2023年8月15日，中宣部副部长、中央广播电视总台台长慎海雄（右五），副台长邢博（右四）会见美联社社长戴茜薇（左五）一行

2023年8月20日（当地时间），中宣部副部长、中央广播电视总台台长慎海雄（前排右）在南非会见非洲广播联盟首席执行官贾卡（前排左）

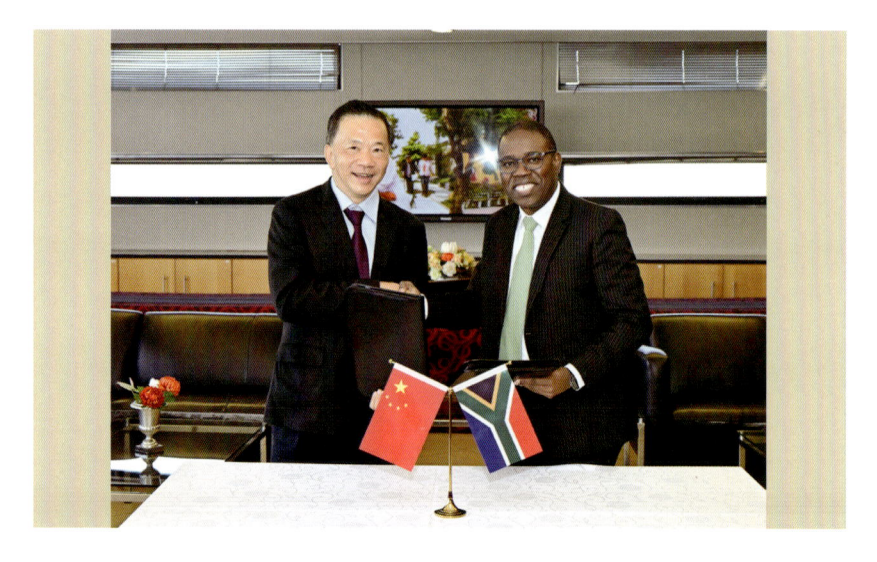

2023年8月23日（当地时间），中宣部副部长、中央广播电视总台台长慎海雄（左）在南非与约翰内斯堡大学校长姆佩迪代表双方交换合作协议

2023年8月23日（当地时间），中宣部副部长、中央广播电视总台台长慎海雄（左）在约翰内斯堡与南非足协主席乔登交换合作备忘录

2023年10月9日，中宣部副部长、中央广播电视总台台长慎海雄（右二）会见路透社社长巴斯科伯特（右一）一行

对外交流

2023年10月23日（当地时间），中宣部副部长、中央广播电视总台台长慎海雄（左）与2024巴黎奥组委主席托尼·埃斯坦盖在巴黎签署合作备忘录

2023年10月23日（当地时间），中宣部副部长、中央广播电视总台台长慎海雄（左）与法国职业足球联盟主席樊尚·拉布吕纳在巴黎签署合作备忘录

2023年10月23日（当地时间），中宣部副部长、中央广播电视总台台长慎海雄在卢浮宫会见法国文化部部长马拉克

2023年10月26日（当地时间），中宣部副部长、中央广播电视总台台长慎海雄（左）与世界知识产权组织总干事邓鸿森在瑞士日内瓦签署合作意向书

2023年10月27日（当地时间），中宣部副部长、中央广播电视总台台长慎海雄（左）与国际奥委会主席巴赫在瑞士洛桑国际奥委会总部签署合作备忘录

2023年10月28日（当地时间），中宣部副部长、中央广播电视总台台长慎海雄（右）与国际奥林匹克学院院长科维洛斯在希腊签署合作备忘录

对外交流

2023年10月28日（当地时间），中宣部副部长、中央广播电视总台台长慎海雄（右）与中希文明互鉴中心希方理事会主席维尔维达基斯在希腊签署合作备忘录

2023年10月30日（当地时间），中宣部副部长、中央广播电视总台台长慎海雄（右）在希腊会见希腊旅游部长基法洛扬尼

2023年11月10日，中宣部副部长、中央广播电视总台台长慎海雄（左）与美国网球协会首席执行官洛·谢尔通过视频连线签署合作备忘录

87

2023年11月10日，中宣部副部长、中央广播电视总台台长慎海雄（左）与北美职业冰球联盟总裁加里·贝特曼通过视频连线签署合作备忘录

2023年11月14日，中央广播电视总台与印尼美都电视台签署合作协议，中央广播电视总台副台长胡劲军（左）出席签约仪式

2023年12月6日，中宣部副部长、中央广播电视总台台长慎海雄（前排右）会见今日俄罗斯国际媒体集团总裁基谢廖夫（前排左）

对外交流

交流·论坛

2023年2月14日，总台主办的2023丝绸之路电视共同体高峰论坛在北京举行

2023年3月21日（当地时间），总台中东总站与阿联酋趋势研究与咨询中心联合举办"中国式现代化与世界新机遇"阿联酋专场研讨会

2023年3月22日（当地时间），中宣部副部长、中央广播电视总台台长慎海雄在莫斯科参加"中国式现代化与世界新机遇"中俄媒体圆桌会。图为慎海雄（右）接受全俄国家电视广播公司记者采访

2023年3月28日（当地时间），总台特古西加尔巴记者站在洪都拉斯总统府举行揭牌仪式，这是总台在海外设立的第191个记者站点

2023年3月31日，总台主办的"第三届中欧音乐节暨中西建交50周年音乐会"在西班牙巴塞罗那举行。音乐会特别节目在CCTV-15音乐频道、总台音乐频率、央视频等多平台播出，并陆续登陆西班牙和欧洲多国主流媒体平台

2023年5月25日（当地时间），由总台欧洲拉美地区语言节目中心塞尔维亚语部和塞尔维亚国际政治经济研究所共同主办的"普遍安全，共同发展——构建人类命运共同体十周年"主题研讨会在贝尔格莱德举行

对外交流

2023年6月6日，由总台和广西壮族自治区人民政府共同主办的2023"东盟伙伴"媒体合作论坛在广西壮族自治区南宁市举行

2023年8月14日，由总台非洲总站和非洲广播联盟联合主办的2023"非洲伙伴"媒体合作论坛在肯尼亚首都内罗毕举行

2023年8月20日（当地时间），《平"语"近人——习近平喜欢的典故》（第二季）非洲首播暨中非媒体合作启动仪式在南非举办，中宣部副部长、中央广播电视总台台长慎海雄（左四）出席仪式

2023年9月25日（当地时间），总台携手联合国拉丁美洲和加勒比经济委员会，在智利圣地亚哥举办2023"中国影像节"展映活动，以影像为载体，宣介人类命运共同体理念和"一带一路"共建国家的故事

2023年10月12日，总台主办的第十一届全球视频媒体论坛在北京举行。中宣部副部长、中央广播电视总台台长兼总编辑慎海雄（左六），副台长邢博（左三），副总编辑范昀（右二）出席活动

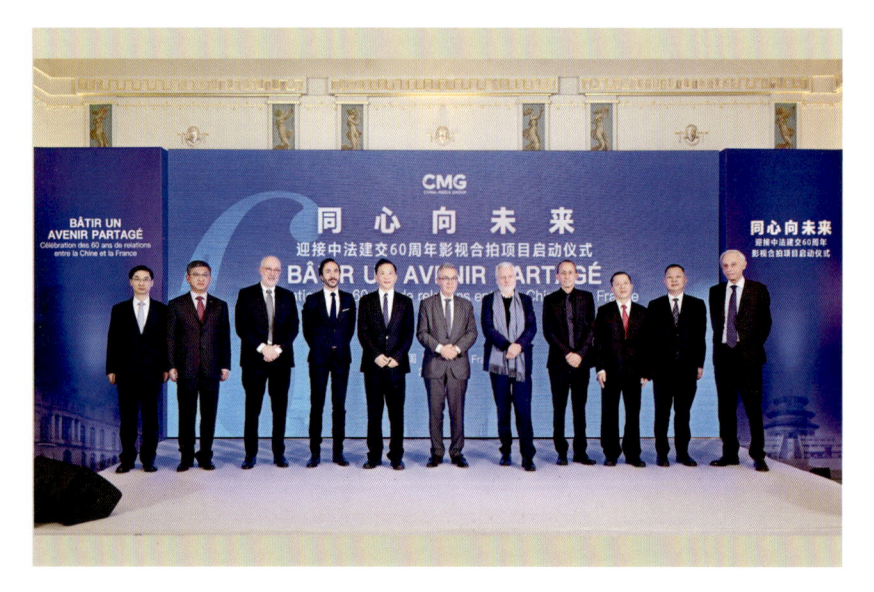

2023年10月24日（当地时间），同心向未来——迎接中法建交60周年影视合拍项目启动仪式在巴黎举行，中宣部副部长、中央广播电视总台台长慎海雄（左五）出席并致辞

92

对外交流

2023年10月26日（当地时间），"何以文明"万国宫特展在瑞士日内瓦正式启动，中宣部副部长、中央广播电视总台台长慎海雄（中）出席启动仪式并致辞

2023年11月16日（当地时间），总台联合国总站、北美总站与美中青少年学生交流协会等团体在美国旧金山举办"中美人文交流友好对话"活动

2023年12月11日，中越媒体新一轮合作启动仪式在越南河内举行。在启动仪式上，由总台与越南数字电视台联合制作的越南语新闻日播栏目《联通中越》正式开播

2023年1月5日，总台"大春晚季"品牌授权与版权文创暨"百人千创"合作计划云发布活动在北京举办

2023年1月11日，2023年中央广播电视总台黄金赛事资源发布活动在北京举行

2023年2月2日，中央新闻纪录电影制片厂（集团）2023年重点影视节目片单发布。活动现场，中央新闻纪录电影制片厂（集团）与山东省潍坊市委宣传部签署金风筝国际微视频（微电影）征集展播活动战略协议

产业发展

2023年2月2日，总台中广影视卫星有限责任公司与中国科协科学技术传播中心《战略合作框架协议》签约仪式在国家科技传播中心举行

2023年2月28日，由总台与商务部、京津冀等省市政府联合举办的2023年全国消费促进月暨京津冀消费季在北京、天津、河北三地联动开启

2023年3月31日，总台第三届中国汽车风云盛典颁奖典礼暨央视财经客户端汽车频道开播仪式在北京举行

2023年4月9日，总台总经理室联合四川总站在成都市举办总台文化类IP创新节目推介活动，活动现场举行了总台多个文化IP与冠名合作企业的签约仪式

2023年4月12日，总台与华中科技大学建立全面战略合作伙伴关系框架协议签约仪式在北京举行。中宣部副部长、中央广播电视总台台长慎海雄（左）和华中科技大学党委书记李元元出席活动并揭牌

2023年4月26日，由商务部、中央广播电视总台、广东省人民政府、香港特别行政区政府、澳门特别行政区政府共同举办的"粤港澳大湾区消费季暨第三届直播电商节"在广东省广州市启动

产业发展

2023年4月28日，总台首批版权生态伙伴合作协议签约仪式在上海举行。中宣部副部长、中央广播电视总台台长慎海雄（后排左二），上海市委常委、宣传部部长赵嘉鸣（后排右二）出席活动

2023年4月29日，由商务部、中央广播电视总台、上海市人民政府共同举办的2023国际消费季暨第四届上海"五五购物节"正式启动

2023年5月9日，总台"5·10中国品牌日媒体行动"在北京举行，主题为"品牌强国工程：打造共同的桥梁 推动高质量发展"

2023年6月20日，总台山东总站与中国传媒大学战略合作框架协议签约仪式在山东省烟台市举办。中宣部副部长、中央广播电视总台台长慎海雄（后排中），山东省委常委、烟台市委书记江成（后排右）出席活动

2023年6月20日，总台联合山东省人民政府举办的"2023山东夏日消费季"活动在山东省烟台市启动

2023年6月21日，总台与河南省人民政府战略合作框架协议签约暨总台河南总站运行揭牌仪式在河南省郑州市举行

产业发展

2023年7月5日，总台与国际皮划艇联合会合作签约暨首届国际皮划艇超级杯发布仪式在北京举行。中宣部副部长、中央广播电视总台台长慎海雄（左五），国家体育总局副局长周进强（左四）出席活动并致辞

2023年7月20日，总台与上海市人民政府共建上海工业博物馆战略合作框架协议签约仪式在上海举行。中宣部副部长、中央广播电视总台台长慎海雄（后排左三），上海市委副书记、市长龚正（后排右三）出席活动，中央广播电视总台副台长邢博（前排左）代表总台签约

2023年7月24日，总台与国家国防科技工业局建立全面战略合作伙伴关系框架协议签约仪式在北京举行。中宣部副部长、中央广播电视总台台长慎海雄（左三），国家国防科技工业局局长张克俭（右三），中央广播电视总台副台长王晓真（左二）出席活动

2023年7月24日，文化和旅游部与总台战略合作框架协议签约暨大型国际文化交流节目《美美与共》开机仪式在北京举行。中宣部分管日常工作的副部长、文化和旅游部部长胡和平（左二），中宣部副部长、中央广播电视总台台长慎海雄（右二），中央广播电视总台副台长王晓真（右一）出席活动

2023年8月1日，总台与国家林业和草原局对外传播战略合作框架协议签约仪式在北京举行。中宣部副部长、中央广播电视总台台长慎海雄（后排左）出席签约仪式

2023年8月11日，应急管理部与总台战略合作框架协议签约暨国家应急科普库共建项目启动仪式在北京举行。应急管理部部长王祥喜（左四），中宣部副部长、中央广播电视总台台长慎海雄（右四）致辞，中央广播电视总台副台长王晓真（左二）等出席活动

产业发展

2023年10月4日至6日，中国国际电视总公司运营的"总台文创"携全系列文创精品亮相英国伦敦品牌授权展览会

2023年10月12日，总台2024"品牌强国工程"发布活动在北京举行

2023年11月27日，总台与中国工商银行战略合作协议签约仪式在北京举行。中宣部副部长、中央广播电视总台台长慎海雄（后排左三）出席，并与中国工商银行董事长陈四清（后排右三）、中央广播电视总台副台长胡劲军（后排左二）共同见证合作签约

101

党团建设

2023年2月24日，总台党组理论学习中心组集体学习研讨习近平总书记在学习贯彻党的二十大精神研讨班开班式上的重要讲话精神

2023年4月4日，总台党组召开传达学习习近平总书记在主题教育工作会议上重要讲话精神专题（扩大）会议

2023年4月18日，总台巡视巡察工作会议暨党的二十大后党组第一轮巡视动员部署会召开

队伍建设

2023年5月10日,总台党组学习贯彻习近平新时代中国特色社会主义思想主题教育读书班开班动员会举行

2023年6月12日,总台红色基因传承实践基地在江西吉安干部学院挂牌。挂牌仪式后,"学用新思想 奋进新征程"总台新任党支部书记专题培训班在基地开班,来自总台各单位的35名新任党支部书记参加培训

2023年7月3日,"学思想 强党性 重实践 建新功——中央广播电视总台庆祝中国共产党成立102周年主题党日活动"在北京举行

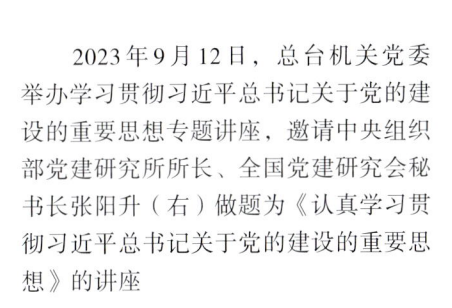

2023年9月12日,总台机关党委举办学习贯彻习近平总书记关于党的建设的重要思想专题讲座,邀请中央组织部党建研究所所长、全国党建研究会秘书长张阳升(右)做题为《认真学习贯彻习近平总书记关于党的建设的重要思想》的讲座

员工关怀

2023年1月22日，中宣部副部长，中央广播电视总台党组书记、台长兼总编辑慎海雄在复兴路办公区慰问春节期间坚守岗位的一线员工

2023年1月22日，中央广播电视总台党组成员、副台长王晓真（右二）在鲁谷办公区慰问春节期间坚守岗位的一线员工

队伍建设

2023年2月27日,中央广播电视总台党组成员、副台长胡劲军(左二)看望慰问中央新影集团离休干部

2023年11月22日,中央广播电视总台党组成员、副台长邢博走访慰问总台首位百岁离休干部韩淮

2023年6月16日,离退休干部局在京离休干部健康巡检工作专班探望离休干部袁文芳

105

人才培养

2023年3月3日，总台召开青年英才座谈会。中宣部副部长，中央广播电视总台党组书记、台长兼总编辑慎海雄出席活动并讲话

2023年4月至6月，总台工会指导，英语环球节目中心工会、中国环球广播电视有限公司工会、环球国际视频通讯社有限公司工会共同开展"奋进新征程 岗位作贡献"技能竞赛活动

2023年5月8日，总台召开"学思想 强党性 重实践 建新功"青年业务骨干学习经验交流会

队伍建设

2023年6月30日，总台技术局举办总台2023年度网络安全技术能手大赛

2023年7月24日，总台召开"干部人才队伍建设全链条机制"调研座谈会

2023年11月6日，由总台机关党委主办，总台团委、工会承办的2023年"好记者讲好故事"总台青年编辑记者岗位练兵交流展演活动举行

107

2023年12月5日，总台2023年新员工入职暨"五年培养计划"启动座谈会举行。中宣部副部长，中央广播电视总台党组书记、台长兼总编辑慎海雄出席活动并致辞，总台党组成员、副台长王晓真出席

2023年，总台工会指导各基层工会开展各类岗位技能练兵活动，全年共完成活动36项，参加练兵职工5721人次。图为新闻中心新闻播音部岗位练兵活动获奖主播合影

民心工程

2023年3月31日，人事局"员工管理服务平台"上线，开通员工年度考核、在职证明开具、部门通知、办事指南等功能

2023年5月31日，总台企业年金管理委员会召开2023年工作会议，通报2022年企业年金项目运营和投资情况及2023年工作方案

2023年6月16日，总台涿州文化产业综合项目启动区封顶仪式举行，一期后续住宅用地陆续开展施工

2023年7月10日，总台"家校社共育基地"揭牌暨北京总站与北京景山学校战略合作框架协议签约仪式举行。中宣部副部长、中央广播电视总台台长兼总编辑慎海雄（左）出席签约仪式

2023年11月23日，办公厅行政保障中心联合技术局等单位在光华路办公区对主要办公区域、演播室和媒体公园地下车库进行安全大检查

2023年11月23日，总台四址办公区医联体医保联网试运行完成，复兴门办公区门诊部正式启用。图为职工正在体验24小时智能取药机

2023年12月6日，办公厅行政保障中心对西四环中路47号院老旧小区住宅楼加装电梯项目正式完工

2023年12月19日，人事局"社保园地"平台上线

2023年，总台建立多层次北京市户证保障体系普惠广大员工。图为总台职工成功办理北京市积分落户后留影

队伍建设

精神文明建设

2023年3月31日,"我爱我台——中央广播电视总台员工书画摄影展"开幕仪式在北京举行。中宣部副部长、中央广播电视总台党组书记、台长兼总编辑慎海雄(右九),副台长胡劲军(右五)、邢博(左六)出席活动并颁奖

2023年4月19日,总台机关党委组织100余名干部职工前往北京市八达岭林场开展2023年春季义务植树活动

2023年5月24日至25日,总台第三届职工乒乓球、羽毛球团体赛举行。各单位各部门派出41支乒乓球队、38支羽毛球队共800多名队员参加比赛

2023年6月12日至27日,总台第一届职工篮球赛举办。各单位各部门组建了35支男子篮球队和6支女子篮球队,共完成90场比赛

111

2023年9月21日，中央广播电视总台党组成员、副台长、机关党委书记王晓真（右五）带队赴四川省凉山彝族自治州喜德县调研总台定点帮扶工作

2023年11月3日，总台机关党委组织干部职工在北京市红十字血液中心西单献血屋参加无偿献血公益活动

2023年12月23日，总台机关党委工会工作处、妇女工作处联合新闻中心工会、文艺节目中心工会举办"情定桃花源"单身青年联谊活动和线下交友体验活动。总台和全国人大机关等13家单位的单身青年共79人参加

中央广播电视总台年鉴

2023

目 录

第一编 领导讲话及文章

牢记习近平总书记殷切嘱托 全面学习贯彻落实党的二十大精神 奋力打造具有强大引领力、传播力、影响力的国际一流新型主流媒体
——在中央广播电视总台2023年工作会议上的讲话（节选）……… 慎海雄 2

牢记习近平总书记殷切嘱托 全面贯彻落实党的二十大精神 以高质量党建推动"两个维护"再上新台阶
——在中央广播电视总台2023年党的建设工作会议上的讲话（节选）
……………………… 慎海雄 5

坚持科技创新主旋律 深度赋能总台高质量融合发展
——在中央广播电视总台2023年技术工作会议上的讲话（节选）
……………………… 慎海雄 7

坚定信心 抢抓机遇 奋发有为 全力推动总台经营工作高质量发展
——在中央广播电视总台2023年经营工作会议上的讲话（节选）………… 慎海雄 9

在庆祝中央广播电视总台成立5周年座谈会上的讲话（节选）……… 慎海雄 11

在中央广播电视总台学习贯彻习近平新时代中国特色社会主义思想主题教育动员大会上的讲话（节选）………… 慎海雄 13

在中央广播电视总台学习贯彻习近平新时代中国特色社会主义思想主题教育总结会议上的讲话（节选）………… 慎海雄 14

在"中国式现代化与世界新机遇"中俄媒体圆桌会上的致辞 ………… 慎海雄 16

在"推动共同富裕浙江实践研讨会暨媒体行动"上的致辞 ……………… 慎海雄 18

在2023"东盟伙伴"媒体合作论坛上的致辞 ………………………… 慎海雄 20

在"青年与未来"促进澳门青年发展媒体行动启动仪式上的致辞 ………… 慎海雄 22

在第二届全球媒体创新论坛上的致辞
……………………… 慎海雄 23

在《平"语"近人——习近平喜欢的典故》（第二季）非洲首播暨中非媒体新一轮合作启动仪式上的致辞 ………… 慎海雄 25

在"山海和鸣谱华章——中央广播电视总台与'一带一路'媒体新一轮合作启动仪式"上的致辞 ………………… 慎海雄 26

在2023科创大会开幕式上的致辞 ……… 慎海雄 28

在"同心向未来——迎接中法建交60周年影视合拍项目"启动仪式上的致辞
……………………… 慎海雄 30

在"文明交融 美美与共——'何以文明'万国宫特展"启动仪式上的致辞
……………………… 慎海雄 31

1

在"山海相通　中希交映：中国希腊'一带一路'对话会"上的致辞 …… 慎海雄　32	总编室工作概况 …… 81
在"中美人文交流友好对话"媒体活动上的致辞 …… 慎海雄　33	新闻中心工作概况 …… 84
构建中国人权话语　讲好中国人权故事 …… 慎海雄　35	内参舆情中心工作概况 …… 87
擦亮中华文明独特的精神标识 ——我们为什么创作《非遗里的中国》 …… 慎海雄　38	财经节目中心工作概况 …… 89
与时代共进　为人民讴歌 ——《新闻联播》勇毅前行45载 …… 慎海雄　42	文艺节目中心工作概况 …… 92
坚信笃行　好学能文　以实际行动做到"两个维护" …… 慎海雄　48	体育青少节目中心工作概况 …… 95
深入学习宣传贯彻习近平新时代中国特色社会主义思想　奋力推动"两个维护"再上新台阶 …… 慎海雄　52	社教节目中心工作概况 …… 99
从严落实机关党建主体责任　以实际行动推动"两个维护"再上新台阶 …… 慎海雄　55	影视剧纪录片中心工作概况 …… 102

第二编　组织机构

中央广播电视总台内设机构及职能

总台领导、编务会议成员 …… 60	民族语言节目中心工作概况 …… 105
总台内设机构及职能 …… 60	军事节目中心工作概况 …… 108
台属事业单位 …… 65	农业农村节目中心工作概况 …… 110
总台直属企业 …… 66	港澳台节目中心工作概况 …… 113
地方派出机构 …… 67	英语环球节目中心工作概况 …… 116
海外派出机构 …… 69	亚洲非洲地区语言节目中心工作概况 …… 120

第三编　工作概况

中央广播电视总台工作概况 …… 72	欧洲拉美地区语言节目中心工作概况 …… 124
办公厅工作概况 …… 77	华语环球节目中心工作概况 …… 127

融合发展中心工作概况 …… 130
新闻新媒体中心工作概况 …… 132
视听新媒体中心工作概况 …… 135
国际传播规划局工作概况 …… 138
人事局工作概况 …… 140
财务局工作概况 …… 143
总经理室工作概况 …… 146
技术局工作概况 …… 149
国际交流局工作概况 …… 154
创新发展研究中心工作概况 …… 158
机关党委工作概况 …… 161
机关纪委工作概况 …… 165
审计部门工作概况 …… 168
离退休干部局工作概况 …… 170
国家应急广播中心工作概况 …… 173
音像资料馆工作概况 …… 176
影视翻译制作中心工作概况 …… 179
中国国际电视总公司工作概况 …… 182

央视国际网络有限公司工作概况 …………… 187
中央新闻纪录电影制片厂（集团）
　工作概况 ………………………………… 190
中广影视卫星有限责任公司工作概况 ……… 195
中国电视剧制作中心有限责任公司
　工作概况 ………………………………… 197
中国环球广播电视有限公司工作概况 ……… 200
央视频融媒体发展有限公司工作概况 ……… 202
央广传媒集团有限公司工作概况 …………… 207
国广传媒发展有限公司工作概况 …………… 210
中广视资产管理有限公司工作概况 ………… 213
中国国际广播出版社有限公司工作概况 …… 216
北京国广物业管理有限公司工作概况 ……… 218
人事局地方机构管理中心工作概况 ………… 219
北京总站工作概况 …………………………… 222
天津总站工作概况 …………………………… 224
河北总站工作概况 …………………………… 227
山西总站工作概况 …………………………… 229
内蒙古总站工作概况 ………………………… 231
辽宁总站工作概况 …………………………… 234
吉林总站工作概况 …………………………… 236
黑龙江总站工作概况 ………………………… 238
上海总站工作概况 …………………………… 240
江苏总站工作概况 …………………………… 243
浙江总站工作概况 …………………………… 245
安徽总站工作概况 …………………………… 247
福建总站工作概况 …………………………… 250
江西总站工作概况 …………………………… 252
山东总站工作概况 …………………………… 254
河南总站工作概况 …………………………… 256
湖北总站工作概况 …………………………… 258
湖南总站工作概况 …………………………… 260
广东总站工作概况 …………………………… 262
广西总站工作概况 …………………………… 265

海南总站工作概况 …………………………… 267
重庆总站工作概况 …………………………… 269
四川总站工作概况 …………………………… 271
贵州总站工作概况 …………………………… 272
云南总站工作概况 …………………………… 274
西藏总站工作概况 …………………………… 276
陕西总站工作概况 …………………………… 278
甘肃总站工作概况 …………………………… 280
青海总站工作概况 …………………………… 282
宁夏总站工作概况 …………………………… 284
新疆总站工作概况 …………………………… 286
国际交流局海外总站管理工作概况 ………… 288
北美总站工作概况 …………………………… 292
拉美总站工作概况 …………………………… 295
非洲总站工作概况 …………………………… 297
中东总站工作概况 …………………………… 299
欧洲总站工作概况 …………………………… 302
亚欧总站工作概况 …………………………… 304
亚太总站工作概况 …………………………… 306
联合国总站工作概况 ………………………… 309

第四编　统计数据

频道、频率设置及节目播出情况
中央广播电视总台电视频道设置及节目
　播出情况
中央广播电视总台电视频道设置一览表 ………… 312
中央广播电视总台互联网电视设置一览表 …… 315
中央广播电视总台电视频道播出量一览表 …… 315
2023年中央广播电视总台各类电视节目播出量
　及比例一览表 …………………………… 317
中央广播电视总台互联网电视用户情况表 …… 317
中央广播电视总台电视频道栏目编排表 ……… 317

CCTV-1 综合频道栏目编排表 …………… 317
CCTV-2 财经频道栏目编排表 …………… 318
CCTV-3 综艺频道栏目编排表 …………… 319
CCTV-4 中文国际频道（亚洲）栏目编排表 …… 320
CCTV-4 中文国际频道（欧洲）栏目编排表 …… 322
CCTV-4 中文国际频道（美洲）栏目编排表 …… 324
CCTV-5 体育频道栏目编排表 …………… 326
CCTV-6 电影频道栏目编排表 …………… 327
CCTV-7 国防军事频道栏目编排表 ……… 328
CCTV-8 电视剧频道栏目编排表 ………… 330
CCTV-9 纪录频道栏目编排表 …………… 330
CCTV-10 科教频道栏目编排表 …………… 332
CCTV-11 戏曲频道栏目编排表 …………… 333
CCTV-12 社会与法频道栏目编排表 ……… 334
CCTV-13 新闻频道栏目编排表 …………… 336
CCTV-14 少儿频道栏目编排表 …………… 337
CCTV-15 音乐频道栏目编排表 …………… 338
CCTV-17 农业农村频道栏目编排表 ……… 339
CCTV-4K 超高清频道栏目编排表 ………… 340
CCTV-8K 超高清频道栏目编排表 ………… 341
CGTN 英语频道栏目编排表 ……………… 342
CGTN 法语频道栏目编排表 ……………… 346
CGTN 西班牙语频道栏目编排表 ………… 348
CGTN 阿拉伯语频道栏目编排表 ………… 350
CGTN 俄语频道栏目编排表 ……………… 351
CGTN 纪录频道栏目编排表 ……………… 353

中央广播电视总台广播频率设置及节目播出情况

中央广播电视总台对内广播频率设置
　一览表 ………………………………… 355
中央广播电视总台对内广播频率播出量
　一览表 ………………………………… 357
中央广播电视总台对内广播频率节目
　播出时间表 …………………………… 357

中国之声节目播出时间表 ………………… 357
经济之声节目播出时间表 ………………… 358
音乐之声节目播出时间表 ………………… 360
经典音乐广播节目播出时间表 …………… 360
台海之声节目播出时间表 ………………… 361
神州之声节目播出时间表 ………………… 362
粤港澳大湾区之声节目播出时间表 ……… 362
民族之声节目播出时间表 ………………… 363
文艺之声节目播出时间表 ………………… 364
老年之声节目播出时间表 ………………… 365
藏语广播节目播出时间表 ………………… 366
阅读之声节目播出时间表 ………………… 367
维吾尔语广播节目播出时间表 …………… 367
香港之声节目播出时间表 ………………… 368
中国交通广播节目播出时间表 …………… 369
中国乡村之声节目播出时间表 …………… 369
哈萨克语广播节目播出时间表 …………… 370
轻松调频节目播出时间表 ………………… 371
劲曲调频广播节目播出时间表 …………… 372
英语资讯广播节目播出时间表 …………… 373
环球资讯广播节目播出时间表 …………… 375
南海之声广播节目播出时间表 …………… 376
中央广播电视总台对外广播语种设置
　一览表 ………………………………… 377
中央广播电视总台对外广播首播节目播出
　时数统计表 …………………………… 377

技术发展情况

重要技术建设项目

复兴路办公区 D01 演播室群超高清系统
　改造 …………………………………… 379
推进 CMG 媒体云平台建设　支撑总台
　全媒体节目生产 ……………………… 380
杭州亚运会 IP 化电竞转播系统建设应用 …… 382
音乐播出系统国产化替代顺利完成 ……… 383

4

5G+4K/8K+AI 等技术研究与应用情况
5G 媒体应用在重大节目报道和节目生产中的
　实践 ……………………………………… 384
重大赛事 8K 直播应用 …………………… 386
面向视听新媒体的 AI 自动化广告替换插播
　关键设备研制 …………………………… 387
杭州亚运会视频技术质量控制综述 ……… 388
基于深压缩的 8K 一体化 IP 播出服务器
　研制 ……………………………………… 390
全遥控微型云台摄像机直播系统 ………… 391

采编、制作、媒资管理与共享新技术及应用
总台"全球新闻云"应用实践 …………… 392
总台"广播电视新媒体媒资项目"稳步推进 … 394
CGTN 多语种新媒体演播区制播能力提升 … 395

传输、覆盖、监测监管新技术及应用
基于"SD-WAN＋互联网"技术的跨省远程
　制作探索实践 …………………………… 396
无线网格网络自组网结合高通量卫星系统
　在深中通道移动直播中的应用与实践 … 398

广播电视技术标准制定情况
2023 年度总台广播电视和网络视听技术标准
　发布情况统计表 ………………………… 399
2023 年度总台广播电视与网络视听技术专利
　授权情况统计表 ………………………… 400
2023 年度总台广播电视与网络视听软件著作权
　登记情况统计表 ………………………… 401
技术局主导的国际电信联盟独立报告书正式
　发布 ……………………………………… 402
三维菁彩声标准发布并投入应用 ………… 403

人员情况
2023 年中央广播电视总台各系统在职人员
　情况统计 ………………………………… 404
2023 年中央广播电视总台专业技术职称人员
　统计 ……………………………………… 404

受众调查
2023 年度中央广播电视总台电视端年度
　收视报告 ………………………………… 405
2023 年度中央广播电视总台广播收听调查
　综述 ……………………………………… 418
2023 年度中央广播电视总台海外重点国家
　收视分析报告 …………………………… 426
2023 年中央广播电视总台头部平台用户
　体验调查 ………………………………… 428

报刊音像图书出版情况
报刊出版情况
2023 年中央广播电视总台出版报刊一览表 …… 431
音像制品出版情况
2023 年中国国际电视总公司音像制品出版
　一览表 …………………………………… 431
2023 年中国国际广播音像出版社音像制品出版
　一览表 …………………………………… 432
图书出版情况
2023 年中国国际广播出版社有限公司图书出版
　一览表 …………………………………… 433

获奖与表彰
作品奖
第 33 届中国新闻奖中央广播电视总台获奖
　名单 ……………………………………… 440
第 31 届中国人大新闻奖中央广播电视总台
　获奖名单 ………………………………… 441
中国广播电视大奖 2021—2022 年度广播
　电视节目奖中央广播电视总台获奖名单 … 443
第二届中国播音主持"金声奖"中央广播
　电视总台获奖名单 ……………………… 444
2023 年度公益广告奖中央广播电视总台
　获奖作品名单 …………………………… 444
第 28 届上海电视节"白玉兰奖"中央广播
　电视总台获奖名单 ……………………… 445

2023首届"金熊猫奖"中央广播电视总台
　　获奖名单……………………… 445
第十九届中国国际动漫节"金猴奖"中央
　　广播电视总台获奖名单………… 445
2023年度中央广播电视总台优秀作品奖获奖
　　名单……………………………… 446
2022年度全国广播电视新闻"百佳"推优
　　结果总台获评名单……………… 451
2023年度中央广播电视总台获国际奖作品
　　名单……………………………… 452

科技奖

2022中国电子学会科学技术奖中央广播电视
　　总台获奖名单…………………… 453
2023年度中国电影电视技术学会科技进步奖
　　中央广播电视总台获奖名单…… 454
2023年度"王选新闻科学技术奖"项目奖
　　中央广播电视总台获奖名单…… 455
第三届广播电视和网络视听人工智能应用创新
　　大赛中央广播电视总台获奖名单… 456
第28届全国广播电视技术能手竞赛（网络
　　安全专业）决赛中央广播电视总台获奖
　　名单……………………………… 457
第三届高新视频创新应用大赛中央广播电视
　　总台获奖名单…………………… 457
2023年度中央广播电视总台电视节目技术
　　质量奖获奖名单………………… 458
2023年度中央广播电视总台广播节目技术
　　质量奖获奖名单………………… 459
2023年度中央广播电视总台网络视听节目
　　质量奖获奖名单………………… 460

集体和个人荣誉

2023年度中央广播电视总台获全国级表彰的
　　集体名单………………………… 460
2023年度中央广播电视总台获全国级表彰的

　　人员名单………………………… 461
2023年度中央广播电视总台获中直级、首都级
　　表彰的集体名单………………… 462
2023年度中央广播电视总台获中直级、首都级
　　表彰的人员名单………………… 465
中央广播电视总台第二届青年英才名单…… 465

第五编　大事记

一月…………………………………… 470
二月…………………………………… 474
三月…………………………………… 478
四月…………………………………… 481
五月…………………………………… 485
六月…………………………………… 489
七月…………………………………… 493
八月…………………………………… 497
九月…………………………………… 500
十月…………………………………… 503
十一月………………………………… 507
十二月………………………………… 510

附　录

中央广播电视总台年鉴（2023）供稿人员
　　名单……………………………… 518

索　引

汉语拼音索引………………………… 528
数字索引……………………………… 588
英文字母索引………………………… 592

第一编

领导讲话及文章

牢记习近平总书记殷切嘱托
全面学习贯彻落实党的二十大精神
奋力打造具有强大引领力、传播力、影响力的
国际一流新型主流媒体

——在中央广播电视总台2023年工作会议上的讲话（节选）

慎海雄

2022年是党和国家历史上具有重要里程碑意义的一年，举国关注、举世瞩目的党的二十大胜利召开，标志着百年大党团结带领全国人民踏上奋进新征程、开创新伟业的新起点。总台忠诚履行党的意识形态重镇的使命担当，全体同志以"钉钉子"的精神、舍我其谁的勇气推动习近平新时代中国特色社会主义思想落地生根、开花结果，更有力有效服务党和国家工作大局，书写了新时代党的新闻舆论工作的新篇章。这一年，大事不断、喜事连连，新风扑面、欣欣向荣，亮点频频、成绩满满。习近平总书记一年内3次、4年多来7次给总台发来贺信，给我们以鼓励、以指导、以期望，这是对总台人履职尽责的最大肯定，是总台人创新创造的最大动力，是总台人继续奋斗的最大激励。我们牢记领袖嘱托，坚持稳中求进、时刻守正创新，海内外引领力、传播力、影响力持续跃升，国际传播力骤升。这一年，我们坚持以领袖的高度就是宣传报道追求的高度为标准，围绕迎接宣传贯彻党的二十大做好重大宣传报道，坚定拥护"两个确立"、坚决做到"两个维护"，总台"头条工程"创新升级，党的二十大主旋律报道覆盖全球，重大主题宣传报道有声有色，汇聚起建功新时代、奋进新征程的强大力量。这一年，我们谋划"整体战"、打出"组合拳"、奏好"交响曲"，在国际舆论场上抢首发、敢亮剑、争独家，有力有效开展国际舆论斗争，全面提升国际传播效能，声音越来越响、分量越来越重、朋友越来越多。这一年，我们用"思想+艺术+技术"的力量推动形成"满屏皆精品"的生动局面，加快推进全链条、全方位、全领域创新，进一步擦亮打响"大剧看总台""大作看总台"的品牌影响力和社会美誉度，加强全媒体传播体

系建设，媒体科技创新实力稳步走在世界第一方阵，凸显了主阵地、主渠道、主力军的高峰矩阵。这一年，我们完整准确全面贯彻新发展理念，大力开拓产业发展，产业经营稳中向好、不断突破，台属机构事业发展稳中有进、亮点频出，运行管理保障能力持续提升，综合实力迈上新台阶。这一年，我们深入推进新时代党的建设新的伟大工程，全面学习贯彻落实党的二十大精神，不断提高政治判断力、政治领悟力、政治执行力，着力凝心铸魂，持续正风肃纪，加强人才培养，打牢基层基础，发挥"民心工程"实效，推动总台党的建设高质量发展取得新成效。

总结2022年工作，我们更加深刻认识到：做好总台工作，必须坚持以习近平新时代中国特色社会主义思想统领一切工作，以实际行动坚定拥护"两个确立"、坚决做到"两个维护"；必须牢牢把握创新这一主旋律；必须依靠顽强斗争打开总台事业发展新天地；必须始终保持赶考的清醒和谨慎，驰而不息抓好风气建设。

党的二十大描绘了全面建设社会主义现代化国家、全面推进中华民族伟大复兴的宏伟蓝图，对做好总台工作提出了新的更高要求，也为我们创造了更大发展机遇。我们要深刻领会习近平总书记殷切嘱托，全面学习贯彻落实党的二十大精神，进一步深化总台从传统广播电视媒体向国际一流原创视音频制作发布的全媒体机构转变、从传统节目制播模式向深化内容生产供给侧结构性改革转变、从传统技术布局向"5G+4K/8K+AI"战略格局转变，稳扎稳打、善作善成，把党的二十大作出的重大决策部署付诸行动、见之于成效，奋力推动总台高质量发展迈上新台阶。我们要全面把握习近平新时代中国特色社会主义思想的世界观、方法论和贯穿其中的立场观点方法，坚持不懈从习近平总书记重要思想、重要论述、重要指示中找启迪、找思路、找答案。我们要全面把握"高质量发展是全面建设社会主义现代化国家的首要任务"的重大论断，坚持以推动高质量发展为主题，创新"思想+艺术+技术"融合传播，奋力实现"满屏皆精品"。我们要全面把握"必须坚持科技是第一生产力、人才是第一资源、创新是第一动力"的重要要求，补短板、促提升、谋发展，进一步提升总台引领力、传播力、影响力。

2023年是全面贯彻落实党的二十大精神的开局之年。新的一年，我们要坚持以习近平新时代中国特色社会主义思想统领一切工作，全面学习把握落实党的二十大精神，深入学习贯彻习近平总书记对总台工作的一系列重要指示批示精神，围绕学习宣传贯彻党的二十大精神这条主线，围绕用新时代党的创新理论武装全党、教育人民、指导实践这个根本任务，围绕举旗帜、聚民心、育新人、兴文化、展形象建设社会主义文化强国，坚持稳中求进、自信自强、守正创新、敢于斗争，心无旁骛、扎实工作，推动总台各项工作再上台阶，奋力打造具有强大引领力、传播力、影响力的国际一流新型主流媒体，更加有力有效地服务好党和国家工作大局。

一要进一步深化提升总台"头条工程"，平实务实、精准精确、高质高效，把党的二十大精神宣传引向深入，为全面建设社会主义现代化国家开好局起好步提供强大舆论支持。创新做好习近平总书记宣传报道，持续打造耳目一新、观之折服的精品力作，生动展现领袖风采。创新做好习近平新时代中国特色社会主义思想宣传阐释和对外传播，进一步彰显引领时代的思想伟力，提升中国智慧的世界影响力。创新做好党的二十大精神宣传报道，牢牢坚持自信自强、团结奋斗的主基调，唱响强信心的社会主旋律。

二要进一步加强国际传播能力建设，生动鲜活讲好中国故事、讲好中国共产党故事、讲好我们正在经历的新时代故事，巩固深化"大珠小珠落玉盘""千树万树梨花开"的良好国际传播态势。持续增强海外投送能力，奋力提升在国际舆论场中的话语权。持续构建中国话语和中国叙事体系，让可信、可爱、可敬的中国形象更加生动鲜活。持续创新"媒体外交"，建立更为广泛的国际媒体"统一战线"。

三要进一步突出创新引领，奋力实现"满屏皆精品"和"两个效益"双丰收的有机统一。大力推进全链条、全方位、全领域创新，巩固深化精品喷涌、精彩纷呈的大好局面。海阔天空想、脚踏实地干，打造充满创新、浑身创意、满目希望的新媒体新平台，牢牢巩固提升超高清和新媒体领域的引领地位。创新经营模式，提高运行管理效能，为总台高质量发展提供强大支撑。

要全力以赴抓好重点项目和"民心工程"，不断为总台高质量发展增添新动能、激发新活力。要加快推进超高清视音频制播呈现国家重点实验室、超高清示范园"央视界"、"百城千屏"项目、国家（杭州）短视频基地、全屏传播联盟、"智能传播工程"、上海国际传媒港、粤港澳大湾区中心、南海之声总部、各地方总站、总台版权交易中心、总台影视译制基地、总台电竞平台等重点项目建设，以高质量项目建设助推总台高质量发展。要以"时时放心不下"的责任感，推动总台"民心工程"百尺竿头、更进一步，加快涿州项目工程建设，加大积分落户、人才引进、工作居住证申办、解决夫妻两地分居、京外调干等工作力度，推进复兴路办公区园区改造工作，健全完善医联体运行机制，继续提升餐饮品质，让大家的心更暖、劲更足，共享总台事业发展的丰硕成果。

要时刻牢记习近平总书记"全面从严治党永远在路上，党的自我革命永远在路上"的谆谆教诲，坚定不移全面从严治党，以高质量党建引领高质量发展。要全面学习领会党的二十大精神，进一步增强坚定拥护"两个确立"、坚决做到"两个维护"的思想自觉、政治自觉、行动自觉。要持之以恒加强风气建设，坚定不移推动总台全面从严治党向纵深发展。要持续深化大师闪耀、新人辈出的生动局面，锻造一支政治过硬、本领高强、求实创新、能打胜仗的党员干部队伍。要强化基层党组织建设，夯实总台党的建设高质量发展根基。

（2023年1月10日）

牢记习近平总书记殷切嘱托
全面贯彻落实党的二十大精神
以高质量党建推动"两个维护"再上新台阶
——在中央广播电视总台2023年党的建设工作会议上的讲话（节选）

慎海雄

2022年，在以习近平同志为核心的党中央坚强领导下，在中央纪委国家监委、中央和国家机关工委等上级机关的关心指导下，总台坚持以习近平新时代中国特色社会主义思想为指导，坚持不懈贯彻落实习近平总书记在中央和国家机关党的建设工作会议上的重要讲话精神，深入学习贯彻习近平总书记对总台工作的一系列重要指示批示精神，深刻领悟"两个确立"的决定性意义，切实增强"四个意识"、坚定"四个自信"、做到"两个维护"，推动党建工作取得了积极成效。在高质量党建引领下，总台海内外引领力、传播力、影响力大幅提升，国际传播力骤升，实现了脱胎换骨式的变化，交出了让党中央放心、让人民群众满意的精彩答卷。一是理论武装进一步巩固深化，不断提高政治判断力、政治领悟力、政治执行力。坚持把学习贯彻习近平新时代中国特色社会主义思想作为首要任务，第一时间传达学习党的二十大精神，习近平总书记重要讲话、重要指示批示和贺信精神，中央文件、中央领导同志讲话精神等。二是政治思想引领进一步巩固深化，以实际行动迎接宣传贯彻党的二十大。紧紧围绕迎接宣传贯彻党的二十大这条主线，充分发挥基层党组织和群团组织优势，营造良好的政治氛围和舆论氛围。三是基层党组织建设进一步巩固深化，夯实总台党的建设高质量发展根基。扎实开展"四强"党支部创建，建设总台党建信息管理系统，创新升级总台网上党校。四是风气建设成效进一步巩固深化，全面从严治党持续深入推进。打出正风肃纪"组合拳"，抓紧抓实纪律教育、专项监督等各项举措，建立巡视整改监督机制。五是文化建设进一步巩固深化，"朝气蓬勃、活力四射、人人自豪"的干事创业氛围更加浓厚。组织开展岗位技能练兵和形式多样、内容丰富、效果显著的文体活动及公益活动。

2023年是全面贯彻落实党的二十大精神的开局之年。做好2023年党建工作，要坚持以习近平新时代中国特色社会主义思想为指导，学习贯彻习近平总书记关于机关党建工作的重要讲话和指示批示精神，学习贯彻习近平总书记对总台工作的一系列重要指示批示精神，深刻领悟"两个确立"的决定性意义，增强"四个意识"、坚定"四个自信"、做到"两个维护"，以学习宣传贯彻党的二十大精神为主线，深入开展学习贯彻习近平新时代中国特色社会主义思想主题教育，全面提高党建质量，走好第一方阵、当好"三个表率"、建设模范机关，为奋力打造具有强大引领力、传播力、影响力的国际一流新型主流媒体提供坚强保证，奋力推动"两个维护"再上新台阶，更加有力有效地服务好党和国家工作大局。

奋进新的赶考之路，党和国家事业发展已经站在新的更高历史起点上。总台党建工作必须加快高质量发展步伐，在巩固深化、开拓创新、务求实效上持续下功夫。巩固深化，就是要坚持好运用好总台成立5年来党建工作行之有效的好经验好做法，稳中求进、稳扎稳打，夯基垒台、积厚成势，把总台党建工作的良好势头保持好、发展好。开拓创新，就是要把创新这一总台工作的主旋律贯穿融入党建工作中，针对总台机构规模大、党员人数多、覆盖全国全球各地等实际情况，创新思路理念、方式方法、制度机制，让党建工作更好地体现时代性、把握规律性、富于创造性。务求实效，就是要把党建工作的实际效果摆在突出位置，既重数量更重质量、既重有形更重有效、既重过程更重结果，力戒形式主义、官僚主义，以效果论英雄，力求入脑入心、走深走实，春风化雨、润物无声。

一要突出抓好党的政治建设，深刻领悟"两个确立"的决定性意义，以实际行动推动"两个维护"再上新台阶。要坚持把党的政治建设摆在首位来抓，加强对党忠诚教育和党性教育，结合总台成立5周年开展好台史学习教育，进一步提高政治判断力、政治领悟力、政治执行力。要严明党的政治纪律和政治规矩，健全完善习近平总书记重要指示批示精神和党中央决策部署贯彻落实机制，推进政治监督具体化、精准化、常态化。要坚持以领袖的高度就是宣传报道追求的高度为标准，进一步深化提升总台"头条工程"，凝聚起拥护核心、爱戴领袖的强大力量。

二要高标准高质量扎实开展学习贯彻习近平新时代中国特色社会主义思想主题教育，坚持不懈用党的创新理论凝心铸魂。要深入学习贯彻习近平总书记关于主题教育的重要讲话和重要指示批示精神，把理论学习、调查研究、推动发展、检视整改等贯通起来，有机融合、一体推进。要深刻把握包括"六个必须坚持"在内的习近平新时代中国特色社会主义思想的立场观点方法，奋力实现"满屏皆精品"和"两个效益"双丰收。要在全台大兴调查研究之风，着力形成一批高质量调研成果。要遵循传播规律、创新话语表达，着力把领袖思想艺术性地转化为一大批新风扑面、热气腾腾的专题报道和精品力作。

三要坚持大抓基层的鲜明导向，锻造总台坚强有力的基层党组织。要抓好中央和国家机关基层党组织建设高质量发展五年规划落实，把"一支部一品牌"创建作为加强基层组织建设的重要抓手，创新开展总台"年度党建品牌"评选、"四个100"等系列活动，打造一批总台党建特色品牌。要持续推进党支部标准化规范化建设，持之以恒抓基层、强基础、固基本。要进一步完善总台精神文明制度建设，统筹推动总台文明培育、文明实践、文明创建。要大兴读书学习之风，建设"学习型总台""书香总台"。

四要一刻不停推进总台全面从严治党，以严的基调一体推进不敢腐、不能腐、不想腐。要深入贯彻党的二十大关于全面从严治党的战略部署，把严的基调、严的措施、严的氛围长期坚持下去，为总台高质量发展提供坚强政治保障。要广泛深入开展警示教育，不断提升拒腐防变的"免疫力"和"预警力"。要倍加珍惜总台难得的发展机遇和平台，做到清清爽爽、干干净净、平平安安。要持续保持高压态势，对各种腐蚀苗头和不正之风"露头就打"、决不姑息。要进一步完善总台监督体系，持续发挥巡视利剑作用，形成全面覆盖、常态长效的监督合力。

五要坚持严管和厚爱相结合，锻造一支政治过硬、本领高强、求实创新、能打胜仗的党员干部队伍。要落实新时代好干部标准，树立选人用人正确导向，着力选拔忠诚干净担当的高素质专业化干部。要坚持严在日常、管在经常，对苗头性倾向性问题早发现、早提醒、早纠正。要学会做思想政治工作，主动倾听广大员工的压力困惑。要创新人才培养机制，畅通人才引进晋升渠道。要健全容错纠错机制，严格落实"三个区分开来"。要全心全意办好安居项目、医疗保障、入园入学、积分落户、餐饮升级等"民心工程"。

（2023年5月5日）

坚持科技创新主旋律
深度赋能总台高质量融合发展
——在中央广播电视总台 2023 年技术工作会议上的讲话（节选）

慎海雄

2022年总台技术工作创新不断、硕果累累。这一年，我们用技术创新成果完美呈现党的二十大盛况，以最高品质铸就珍贵历史影像；用技术创新点亮北京冬奥，创造了有史以来最成功的冬奥转播；超高清音视频技术开花结果，研发和落地均取得重大突破；5G技术应用升级，创造了多个"历史首次"；积极推进"思想＋艺术＋技术"创新融合，新媒体新技术持续加速赋能；筑牢技术"硬底盘"，技术保障服务效能不断提升。

总台科技的发展进步，得益于我们坚持不懈从习近平总书记重要思想、重要论述、重要指示中找启迪、找思路、找答案；得益于我们始终牢牢把握创新这一主旋律，敢于走别人没走过的路，敢于做行业"领头羊"，大力推进科技创新，用创新赢得优势、赢得主动、赢得未来；得益于总台人始终保持拼搏奋斗的前进姿态，在一次次重大报道技术保障中、一项项重点科研攻关中，以"世界一流、历史最好"为目标，勇担使命任务，积极主动作为，用心血和汗水创造出一流业绩。

在总台迈向国际一流新型主流媒体的道路上，我们要坚持科技创新这一主旋律，秉持"维度"思维、"指数级"思维、"火箭式"思维，保持科技创新的持续推动力，研发不停，积蓄后劲，翻过高山，再上险峰，让总台科技水平在全球媒体竞争中始终一往无前。

一要把握好"三个关系"，奋力推动总台高质量融合发展再上新台阶。要把握好长远发展和当前工作的关系。以国家中长期科技发展规划为导向，以技术安全保障、智能运行服务、科技创新支撑、融合传播覆盖等四大能力建设为支撑，打造超清化、移动化、智能化技术体系；围绕当前工作任务，把握好节奏和力度，全力以赴破解难题，扎实推进"思想＋艺术＋技术"融合传播实践，加大新技术在内容生产供给侧的实践和应用。要把握好整体谋划和重点突破的关系。加强统筹谋划，运用前沿技术，积极构建总台新媒体平台内容生态、社交生态、营销生态、运行生态；抓住基础环节、关键项目，打造总台科技核心竞争力。要把握好创新发展和安全保障的关系。加快推进现有技术系统升级改造，加强安全播出技术体系建设；以网络安全等级保护、网络攻防演练和关键信息基础设施保护为抓手，进一步提高总台网络安全监测能力和防护能力；加强新技术新应用的管理，强化基础配套措施和安全防范手段，全面加强风险防控。

二要坚持以提高自主创新能力为核心，牢牢巩固拓展总台科技实力引领地位。要打赢关键核心技术攻坚战。大力推进广播电视装备国产化，加强前瞻性研究和示范推广应用；牢牢把握广播电视和网络视听科技发展的话语权，参与制定超高清电视、IP化制播、媒体大数据等方面的国家及行业标准。要抓好重大项目落地实施。以超高清示范园"央视界"、国家（杭州）短视频基地、"百城千屏"项目、涿州项目等重点项目为突破口，形成总台科技创新项目集群。要推动科技创新体系提质升级。持续加强总台超高清视音频制播呈现国家重点实验室建设，不断完善技术研发应用体系；继续采取技术实验与节目实践相结合的方式，推动先进制播技术在总台普及推广；进一步深化科技评价改革，优化技术项目资金管理，提高资金使用效能。

三要坚持以科技创新成果转化为重点，不断夯实"思想＋艺术＋技术"融合传播的科技支撑。要加大赋能总台媒体融合向深度融合发展。不断拓展"总台算法"应用范围，赋能内容传播和用户服务；强化融媒体技术支撑能力，推动传统广播技术向融媒体传播技术发展，持续构建轻量、移动和云化的融合内容生产系统集群。要持续推动新技术在内容生产供给侧的实践和应用。强化科技创新与节目创新的融合，拓宽新技术应用场景，让总台的精品节目插上科技的翅膀；按照"云网一体化"技术路线，不断拓展CMG媒体云和新闻云在大型赛事活动转播中的应用；进一步拓展5G媒体应用，加快推广人工智能基础能力在总台节目制作和办公业务的应用。要着力锻造高素质专业化技术人才队伍。打造好金字塔型科技人才队伍，充分尊重科学研究规律，大力发挥总台年轻人在科技创新中的主力军作用，让更多"总台科学家""总台工程师""总台院士"脱颖而出。

（2023年2月15日）

坚定信心　抢抓机遇　奋发有为
全力推动总台经营工作高质量发展
——在中央广播电视总台2023年经营工作会议上的讲话（节选）

慎海雄

2022年，总台积极应对前所未有的困难挑战，居危思危、以变应变，开拓创新、迎难而上，多措并举稳定经营大盘，大力推动营销创新突破，成功实现逆势上扬。一年来，创新升级"品牌强国工程"融媒体传播服务，深入挖掘精品节目和顶级赛事资源营销空间，稳住了广告收入大盘。牢牢抓住北京冬奥会、卡塔尔世界杯等营销机遇，大力拓展版权营销、IPTV等融媒体传播创收方式，打造融媒体经营一盘棋格局。积极创新新媒体经营模式，充分激发总台新媒体价值潜能，春晚等重大项目的新媒体创收大幅增长，形成具有总台特色的新媒体经营核心竞争力。全力推动总台产业经营发展，优化总台投资管理模式，国有企业公司制改革工作稳步推进，总台"大经营"格局日益完善。创新开展媒体公益行动，推出"喜迎二十大""时代楷模"等系列主题公益广告，升级"品牌强国工程——乡村振兴典范"公益项目，彰显了总台作为党的意识形态重镇的责任担当。

强大的经济实力，是我们履行好党中央赋予总台职责使命的重要支撑，是持续深化"三个转变"、推动总台高质量发展的强大动力。我们要坚持用全面、辩证、长远的眼光分析当前经营形势，保持正视困难的清醒、坚定奋进前行的信心，科学研判时与势、辩证分析危与机，抢抓机遇、锐意进取，继续保持强攻之势、彰显奋进之为，全力以赴开好局，尽快实现总台经营工作跨越式发展。

2023年，总台经营工作要坚持以习近平新时代中国特色社会主义思想为指导，全面贯彻党的二十大精神和中央经济工作会议精神，贯彻落实习近平总书记对总台工作的一系列重要指示批示和贺信精神，坚持稳字当头、稳中求进，完整、准确、全面贯彻新发展理念，主动服务和融入新发展格局，着力推动高质量发展，落实"大文化、大资本、大经营"战略蓝图，不断在广告经营、新媒体营销、版权经营、产业拓展等方面取得新突破，为打造国际一流新型主流媒体插上腾飞的翅膀。一要充分发挥全媒体整合营销优势，确保广告收入稳定、经营大盘牢固。持续增强广告经营"造血"能力，做优做强"品牌强国工程"，持续深化广告形式和模式创新，拓展存量、创造增量，最大限度撬动市场潜能，着力实现收入大盘稳中有升。二要加速向互联网主阵地挺进，全面提升总台新媒体资源变现能力。打造更多具有破圈能力的爆款新媒体IP，不断创新新媒体经营模式，充分发挥主力新媒体平台的经营龙头作用，以"硬核"新媒体内容和源源不断的创新创意，进一步拓展新媒体营销增长空间，提升新媒体经营核心竞争力。三要进一步加大版权资产开发经营保护力度，千方百计盘活版权经营潜力。深入挖掘总台版权资源"富矿"，推进版权运营机制建设，强化原创内容版权的全产业链运营，不断加大IP衍生品和文创产品开发力度，提高版权资源变现收益。四要加快推动产业经营全面转型升级，为总台高质量发展持续增添新动能。进一步统筹规划总台产业发展战略，扎实推进产业优化布局和结构调整，全面提升台属企业运行效率和市场化、现代化经营水平，以项目为抓手积极助力构建新发展格局，加快推动形成事业支撑和产业发展双轮驱动的发展格局。

要不断提升做好经营工作的能力和水平，以新气象新作为推动总台经营工作高质量发展取得新成效。一要坚持"经营工作同样要讲导向"，确保社会效益和经济效益双丰收。旗帜鲜明讲政治，把正确政治方向和舆论导向贯穿经营工作的全方面各环节。严格落实意识形态工作责任制，把好广告审查、编排、播出关。持续加大公益广告创播力度，不断擦亮总台公益品牌。二要牢固树立"全台一盘棋"，进一步把总台的融合传播实力转化为变现能力。各部门各单位要进一步强化整合经营意识，充分发挥总经理室在经营工作中牵头管总的作用，压紧压实经营工作责任。着力提升"大屏+小屏"联动营销，"广告+版权"整合经营，加快推动从传统经营向融媒体经营的转型升级。全力推动总台区域经营业务提质升级，让各地方总站经理室成为区域经营"桥头堡"。三要把"过紧日子"作为一种习惯和常态，切实提高资金使用效益。严格把好关、算好账，突出重点、量力而行，集中火力、集中资源，把每一笔钱用在刀刃上、紧要处，不断提升投入产出比。坚持把绩效考核作为硬指标，及时关停并转"两个效益"表现不佳、影响力小、同质化严重的栏目、节目和项目。四要充分释放经营人才活力，打造一支政治过硬、本领高强、求实创新、能打胜仗的经营工作队伍。建立完善符合市场规律、契合总台实际的经营工作选人用人机制，优化考核评价和薪酬激励机制，拓宽选人用人视野，打造领军型、复合型、专业型的经营管理人才队伍。坚持不懈抓好风气建设，扎紧制度笼子，强化对重点部门和岗位的监督管理，清清爽爽、干干净净、稳稳当当地把经营工作做好做扎实。

（2023年2月16日）

在庆祝中央广播电视总台成立5周年座谈会上的讲话（节选）

慎海雄

2018年3月，习近平总书记站在党和国家战略全局的高度，亲自谋划、亲自部署、亲自推进，作出组建中央广播电视总台的重大战略决策，开启了新时代广播电视事业和党的新闻舆论工作的崭新篇章。一艘当今世界体量规模最大、业务形态最多、覆盖范围最广的综合性国际传媒航母扬帆启航、乘风破浪，我们共同见证参与了总台这艘传媒巨轮从"小荷才露尖尖角"到"海阔凭鱼跃，天高任鸟飞"的奋斗历程。5年来，习近平总书记7次给总台发来贺信并作出一系列重要指示批示，给全体同志以鼓励、以指导、以期望。五年砥砺奋进，五年春华秋实。今天的总台，舆论引领力实现大幅跃升，党的宣传报道主力军、压舱石的重要作用日益彰显；国际传播力骤升，在国际舆论场上的地位、分量、份额今非昔比；"思想＋艺术＋技术"融合传播催生精品喷涌，综合实力取得历史性跨越；高质量党建引领有力，锻造了一支政治过硬、本领高强、求实创新、能打胜仗的党员干部队伍。

在打造国际一流新型主流媒体的征程上，没有经验可借鉴，没有模式可照搬，只有勇于创新、敢闯新路。回顾来路、展望未来，我们要始终牢记，做好总台工作必须坚持从习近平总书记重要思想、重要论述、重要指示中找启迪、找思路、找答案，以实际行动坚定拥护"两个确立"、坚决做到"两个维护"；必须牢牢把握创新这一总台工作主旋律，海阔天空想、脚踏实地干；必须大力发扬精益求精、一丝不苟、追求完美的工作精神；必须一刻不停推进全面从严治党，锻造堪当重任的高素质人才队伍。5年来，总台这艘传媒航母劈波斩浪的背后，是全体总台人一步一个脚印干出来的，是一仗一仗打过来的。总台人看得见战火、闻得见硝烟、经得起历练、打得了胜仗，我们的脚步走过千山万水，犹如点点星光，照亮着风云岁月、温暖着亿万人心。我们用五洲四海的思与行、披荆斩棘的汗与泪，诠释着

"总台铁军"的千钧分量，书写着"总台故事"的时代传奇。

我们要深入学习贯彻习近平总书记对总台工作的重要指示精神，心无旁骛、踔厉奋发，乘着党的二十大东风，把工作做得更扎实，深刻领悟"两个确立"的决定性意义，推动"两个维护"再上新台阶，更加有力有效服务好党和国家工作大局。

一要进一步深化提升总台"头条工程"，持续巩固壮大主流思想舆论。坚持把做好习近平总书记时政活动和习近平新时代中国特色社会主义思想宣传报道作为头等大事，在通俗化、大众化上狠下功夫，在润物无声、春风化雨上做足文章，让新思想传播更加可感可知可行。坚持平实务实、精准精确、高质高效，把党的二十大精神宣传持续引向深入，为全面建设社会主义现代化国家提供强大舆论支持。

二要进一步加强国际传播能力建设，奋力提升总台国际舆论引领力、传播力、影响力。坚持"一国一策""一群一策"，推动构建中国话语和中国叙事体系，提升中国智慧国际影响力。进一步加大海外投送能力建设，抢占第一话语权、第一定义权，千方百计提升就地"消毒"能力。鼓励支持总台"网红"记者、主持人施展才华，深化拓展"媒体外交"，持续创新"好感传播"，推动构建更为广泛的国际媒体"统一战线"。

三要进一步突出创新引领，奋力实现"满屏皆精品"和"两个效益"双丰收的有机统一。打好打赢关键核心技术攻坚战，加强从"0"到"1"的原创性研究，锻造更多"杀手锏"和"独门绝技"。持续深化"思想＋艺术＋技术"融合传播，巩固深化精品喷涌、精彩纷呈的大好局面。充分释放总台媒体资源和品牌优势，在信息流通、品牌塑造、数字经济、消费升级等领域发挥总台作用，助力构建新发展格局。

四要进一步深化全面从严治党，以高质量党建引领总台高质量发展。弘扬伟大建党精神，牢记"三个务必"，扎实推动总台党的建设高质量发展。持之以恒加强风气建设，落细落实意识形态工作责任制。精心组织开展学习贯彻习近平新时代中国特色社会主义思想主题教育，扎实开展全台大调研，深入一线摸实情、谋良策、解难题，让每一位总台人常喝理论"墨水"、常沾基层"泥水"、常流苦干"汗水"，让每一位总台人都有"书卷气"、摆脱"书生气"，善于"踱方步"、学会"冷思考"，把稳会思考的镜头、练就会发现的眼睛，沉得下心、扛得起活。

（2023年3月17日）

在中央广播电视总台学习贯彻习近平新时代中国特色社会主义思想主题教育动员大会上的讲话（节选）

慎海雄

习近平总书记在主题教育工作会议上的重要讲话，是一篇闪耀着马克思主义真理光辉的纲领性文献，我们要认真学习深刻领会习近平总书记重要讲话精神，深刻认识开展主题教育的重大意义，切实把思想和行动统一到党中央重大决策部署上来，奋力推动"两个维护"再上新台阶。

要牢牢把握主题教育部署要求，高标准高质量扎实开展好各项工作。一要抓好"理论学习"，坚持不懈从习近平总书记重要思想、重要论述、重要指示中找启迪、找思路、找答案。大兴读书学习之风，坚持读原著学原文悟原理，学好用好《习近平著作选读》等学习材料，进一步夯实坚定拥护"两个确立"、坚决做到"两个维护"的思想根基。二要抓好"调查研究"，进一步察实情、谋良策、解难题。深入开展调研，形成一批高质量调研成果，服务总台发展。三要抓好"推动发展"，奋力推动总台高质量发展迈上新台阶。持续深化"思想+艺术+技术"融合传播，大力推进"5G+4K/8K+AI"科技创新，扎实推进总台"民心工程"等重点项目提质升级，奋力实现"满屏皆精品"和"两个效益"双丰收。四要抓好"检视整改"，扎实推动总台各项工作提质增效。坚持边学习、边对照、边检视、边整改，在主题教育中切实抓好干部队伍教育整顿。五要抓好"建章立制"，确保学思践悟党的创新理论常态长效，着力在学懂弄通做实习近平新时代中国特色社会主义思想上取得更大成效。

要充分发挥总台党的宣传报道主力军压舱石重要作用，把习近平新时代中国特色社会主义思想宣传阐释引向深入，为开展主题教育营造浓厚舆论氛围。一要深化提升总台"头条工程"，奋力推动习近平新时代中国特色社会主义思想春风化雨深入人心。坚持以领袖的高度就是宣传报道追求的高度为标准，着力把习近平新时代中国特色社会主义思想艺术性地转化为一大批新风扑面、热气腾腾的精品力作。二要有力有效开展对外传播，向海外生动展现大国领袖的思想智慧和风采魅力。三要扎实做好主题教育宣传报道，为坚持不懈用党的创新理论凝心铸魂提供舆论支持。宣传好习近平总书记关于主题教育的重要讲话和重要指示批示精神，及时反映好各地区各部门开展主题教育的进展成效。

要加强组织领导、精心组织实施，确保主题教育取得扎实成效。 一要强化责任落实，发挥好总台主题教育领导小组统筹领导作用。二要加强督促指导。组建巡回指导组进行督导，确保任务落实到位。三要创新方式方法。开展符合中央要求、具有总台特色的"四个100"等系列学习活动。四要坚持务求实效。把开展主题教育同谋划推动总台工作、奋力实现今年各项目标任务紧密结合起来，将焕发出来的学习工作热情转化为攻坚克难、干事创业的强大动力。

（2023年4月12日）

在中央广播电视总台学习贯彻习近平新时代中国特色社会主义思想主题教育总结会议上的讲话（节选）

慎海雄

总台坚持把深入开展学习贯彻习近平新时代中国特色社会主义思想主题教育作为重大政治任务，在中央第十九指导组的指导下，紧紧围绕"学思想、强党性、重实践、建新功"的总要求，坚持提高政治站位、忠实履行责任、创新方式方法、深入宣传引导，把理论学习、调查研究、推动发展、检视整改、干部队伍教育整顿等贯通起来，有机融合、一体推进，主题教育各项任务取得了扎实成效。一是以深化理论学习为基础，坚持不懈用党的创新理论凝心铸魂，把政治建设的根基筑得更牢，推动"两个维护"再上新台阶。二是以抓实调查研究为载体，深入一线摸实情、谋良策、解难题，做到求真、求实、求效，为总台高质量发展提供有效指引。三是以全面推动高质量发展为驱动，抓好成果转化运用，为开拓总台事业产业发展新局面打下了坚实基础，有力有效服务党和国家工作大局。四是以深入检视整改为契机，坚持"当下改"与"长久立"相结合，以问题整改成效推动各项工作提质增效。五是以干部队伍教育整顿为抓手，一以贯之深化全面从严治党，锻造政治上忠诚可靠、业务上精益求精的"新闻铁军"。

总台主题教育能够取得扎实成果，根本在于有以习近平同志为核心的党中央坚强领导，有习近平新时代中国特色社会主义思想的科学指引。强化党的创新理论武装没有完成时、只有进行时。总台党员干部要在学习贯彻习近平新时代中国特色社会主义思想上常抓不懈，坚持抓好经常性教育，做到在巩固中坚持、在坚持中深化，持之以恒、久久为功，以实干实绩检验学习贯彻党的创新理论成效。

一要持续深入学习贯彻习近平新时代中国特色社会主义思想，坚持不懈用党的创新理论凝心铸魂。 要持续做好学习贯彻习近平新时代中国特色社会主义思想的深化、内化、转化工作，把学懂弄通做实党的创新理论作为一种政治追求、一种工作方式、一种生活习惯。要坚持把党的政治建设摆在首位来抓，进一步完善习近平总书记重要指示批示精神和党中央决策部署贯彻落实机制。要把凝心铸魂贯穿党建工作始终，扎实推进标准化、规范化、品牌化、信息化党支部建设，深化党建与业务工作深度融合。

二要建立常态长效机制，进一步深化拓展主题教育成效。要认真总结，以制度形式把主题教育中的好做法好经验固化下来。 要进一步完善总台学习党的创新理论常态长效机制，多形式开展理论学习，切实提升学习实效。要进一步完善总台宣传阐释党的创新理论常态长效机制，持续优化"头条工程"一体化统筹协调机制，打造更多耳目一新、观之折服的精品力作。要进一步完善调查研究常态长效机制，建立健全跟踪督导、结果反馈、综合考评等工作机制，让"想调研愿调研、会调研善调研"成为习惯、成为常态、成为自觉。要进一步完善解决问题的常态长效机制，实行动态式更新、台账式管理、项目化推进，推动问题"见底清零"。要注重标本兼治，抓好建章立制，进一步健全完善上下贯通、左右衔接、内外一体、执行有力的总台监督体系，真正实现从"解决一个问题"向"解决一类问题"转变。

三要坚定不移从习近平总书记重要思想、重要论述、重要指示中找启迪、找思路、找答案，推动总台高质量发展取得新的更大成效。 要进一步深刻领会习近平新时代中国特色社会主义思想的世界观和方法论，从党的科学理论中悟规律、明方向、学方法、增智慧。要深刻领会习近平总书记对总台工作的关心关爱、激励鞭策和一系列工作要求，开动脑筋、善于创新，多出"好选题""金点子""新打法"，切实把习近平新时代中国特色社会主义思想转化为一项项具体的实践成果、一个个精品节目。要牢牢把握创新这一总台工作的主旋律，大力推进全链条、全方位、全领域创新，巩固深化精品喷涌、精彩纷呈的大好局面。要大力推进媒体科技创新，持续巩固提升总台在"5G+4K/8K+AI"科技创新领域的全球引领地位。要奋力拓展"媒体外交"、持续深化"好感传播"，加快提升海外投送能力，不断提升在美西方国家就地"消毒"能力，全面提升国际传播效能。要扎实推进总台新媒体新平台等重点项目建设，奋力实现"满屏皆精品"和"两个效益"双丰收。要落实新时代好干部标准，持续深化大师闪耀、新人辈出的生动局面，锻造一支政治过硬、本领高强、求实创新、能打胜仗的干部人才队伍。

（2023年9月7日）

在"中国式现代化与世界新机遇"中俄媒体圆桌会上的致辞

慎海雄

在早春三月的美好时节，我时隔四年再次来到美丽的莫斯科，面对面见到各位新老朋友，尽管春寒料峭，我内心却感受到了浓浓暖意。

十年前，正是在莫斯科国际关系学院，习近平主席首次向世界提出构建人类命运共同体理念。从那时起，"你中有我、我中有你""一荣俱荣、一损俱损"的人类命运共同体理念广泛深入人心。十年间，习近平主席创造性提出了共建"一带一路"倡议、全球发展倡议、全球安全倡议、全球文明倡议，丰富了人类命运共同体理念的内涵和实践路径，为应对世界之变、时代之变、历史之变提供了中国方案，得到了国际社会的热烈响应。今天，在这一重要理念提出十周年之际，我们和俄罗斯各界人士齐聚这里，共话"中国式现代化与世界新机遇"，正是对人类命运共同体理念的再诠释、再解读、再弘扬，可谓恰逢其时、意义非凡。在此，我谨代表中国中央广播电视总台，对大家的到来表示热烈欢迎，对今日俄罗斯国际媒体集团和莫斯科国立国际关系学院为举办会议付出的努力表示衷心感谢！

当今，多重挑战和危机交织叠加，人类社会现代化进程又一次来到历史的十字路口。面对人类社会百年未有之大变局，习近平主席创造性地提出"中国式现代化"这一重大时代课题，表现出一位具有崇高使命的伟大政治家的智慧、魄力和担当。现代化道路没有固定模式，适合自己的才是最好的。在中国共产党的带领下，经过数代人的不懈努力，中国走出了符合本国国情的现代化道路。中国式现代化既属于中国，也属于世界。

记录文明进步、推动文明交流，是国际主流媒体的责任。在促进人类现代化进程、回答世界现代化之问中，媒体具有举足轻重的作用。在此，围绕"中国式现代化与世界新机遇"这一主题，我提出三点倡议。

一、创新话语表达，用新叙事阐释现代化新实践

现代化的概念起源于西方，但不独属于西方。毋庸讳言，西方资本主义现代化是建立在掠夺和剥削的原始积累基础上的。各国实现

现代化，必须从自身实际出发，走出"两极分化、阶层对立"的文明困境，打破"现代化＝西方化"的迷思。

前不久，总台记者深入美国俄亥俄州东巴勒斯坦小镇现场，报道了火车脱轨引发的有毒化学品泄漏事故。画面显示列车残骸周边毒水横流，距离居民区仅有几米距离，老百姓怨声载道，纷纷逃难；而某些满口人权、动辄指责他国的美国政客却装聋作哑、敷衍了事，引发国际舆论谴责。

这个月初，在中沙伊三国领导人共识基础上推进的沙特阿拉伯和伊朗北京对话取得重要成果，沙伊同意恢复外交关系。这一成果表明，和而不同、美美与共，这个源自中华文明的处世之道，经得起检验；中国积极倡导平等、互鉴、对话、包容的文明观，推动各国人民携手构建人类命运共同体，经得起检验。

什么样的现代化最适合自己，本国人民最有发言权。作为负责任的媒体，我们要努力推动构建与现代化道路多样性相适应的话语体系，让世界更多听到各国人民自主探索、自主选择的声音，努力为绘就百花齐放的人类社会现代化新图景贡献媒体力量。

二、担当使命责任，讲好丰富多彩的现代化故事

推进现代化进程是一项探索性的事业，需要各国在实践中去大胆探索、相互借鉴。媒体应把讲好现代化故事作为重要使命和时代责任，在介绍发展经验、分享发展机遇、增强发展信心等方面发挥更大作用。

围绕国际社会对中国式现代化的高度关注，在中共二十大闭幕后不久，总台在全球组织开展了58场"新征程的中国与世界"媒体活动，与各国朋友交流探讨中国式现代化的时代价值与世界意义，报道触达人次超过18亿。前不久闭幕的2023年中国两会对推进中国式现代化开局之年的工作作出重要部署，再次引发国际热议。总台以"中国式现代化与世界新机遇"为题，在全球各地举办系列媒体活动，同样受到多国专家学者的积极参与和受众广泛欢迎。

中央广播电视总台将继续承担负责任媒体的职责使命，向世界客观介绍好现代化发展的中国智慧、中国方案，讲好人类的现代化探索和创新实践故事，为更多国家独立自主探索适合自己的现代化道路分享经验、增添信心、汇聚力量。

三、加强媒体合作，推动人类文明交流互鉴

一周前，习近平主席在中国共产党与世界政党高层对话会上首次提出全球文明倡议。习近平主席指出人类社会创造的各种文明，都闪烁着璀璨光芒，为各国现代化积蓄了厚重底蕴、赋予了鲜明特质，并跨越时空、超越国界，共同为人类社会现代化进程作出了重要贡献。

全球文明倡议是继共建"一带一路"倡议、全球发展倡议、全球安全倡议后，新时代中国为国际社会提供的又一重要公共产品，是习近平主席对人类命运共同体理念的又一次丰富，国际社会共鸣热烈。全球文明倡议倡导加强国际人文交流合作，探讨构建全球文明对

话合作网络。媒体交流是人文交流的重要内容。近年来，中央广播电视总台充分发挥媒体特色，创建了"欧洲伙伴""拉美伙伴""东盟伙伴""非洲伙伴""阿拉伯伙伴"等国际媒体合作机制，打造了"全球媒体创新论坛"等媒体交流品牌。这些平台都是开放的、共享的，我们希望包括俄罗斯同行在内的更多的媒体朋友加入进来，共建共享。我们将继续与全球媒体携手共进，丰富交流内容，拓展合作渠道，促进各国人民相知相亲，共同推动人类文明发展进步。

中国和俄罗斯都是拥有悠久历史和灿烂文化的国家，都在探索符合本国国情的现代化道路。中俄双方秉持世代友好、合作共赢理念，坚持不结盟、不对抗、不针对第三方，两国关系成熟坚韧，树立起相互尊重、和平共处、合作共赢的新型大国关系典范。让我们以此次圆桌会议为契机，以中俄两国元首达成的重要共识为指引，推动以文明对话塑造和而不同的未来，为弘扬全人类共同价值、推动构建人类命运共同体，担当媒体使命、贡献媒体力量。

（2023 年 3 月 22 日）

在"推动共同富裕浙江实践研讨会暨媒体行动"上的致辞

慎海雄

谷雨过后再无寒，人间芳菲已向暖。感谢各位相聚杭州，为推动共同富裕的浙江实践总结经验、分享智慧、擘画未来！

"治国之道，富民为始。"习近平总书记指出，中国式现代化是全体人民共同富裕的现代化，共同富裕是中国特色社会主义的本质要求，是人民群众的共同期盼。今天，中国的共同富裕探索已成为国际社会广泛关注的热点话题。今年以来，中央广播电视总台在全球创新组织开展了 30 余场"中国式现代化与世界"媒体活动，1000 多家海外主流媒体参与报道，触达全球受众超 14.7 亿人次，各国友人对习近平主席倡导的"全体人民共同富裕的现代化"等重大理念深表感佩。上周，巴西总统卢拉访华期间接受总台《高端访谈》栏目专访时也表示："要知道让几亿人脱离贫困，这可不是一件简单的事情。""我对中国取得的非凡成就感到十分钦佩。"

作为中国革命红船起航地、改革开放先行地、习近平新时代中国特色社会主义思想重要萌发地，在"八八战略"指引下，浙江始终"干在实处、走在前列、勇立潮头"，在二十年中全省 GDP 连跨 7 个万亿台阶，开启了中国式现代化省域实践的先行征程。奋进新的赶考之路，习近平总书记和党中央赋予了浙江高质量发展建设共同富裕示范区的光荣使命，意义极其重要而深远。

媒体是时代发展的参与者、记录者、见证者。作为党的意识形态重镇和国家广播电视台，我们近年来持续策划推出《领航》《征程》《摆脱贫困》《人民的小康》《解码十年》《山河锦绣》等一大批生动反映推进共同富裕的精品力作；创新开展"乡村振兴行动""寻百强　看中国""国聘行动"等一系列媒体活动；特别是率先在浙江设立了 10 个共同富裕示范区观察点，大小屏联动、全方位描绘浙江"共富山居图"：从义乌鸡鸣山社区基层治理创新实践到杭温铁路楠溪江特大桥段工程建设，从 3000 余株永嘉梅花的争奇斗艳到径山茶宴"一脉茶香传千年"的古今探寻……透过屏幕，我们品尝到"西塞山前白鹭飞，桃花流水鳜鱼肥"的美味，欣赏到"千里湖山秋色净，万家烟火夕阳多"的美景。这些充满烟火气的总台报道，更大范围、更宽领域、更深层次挖掘了浙江共富密码。

前不久，在中央广播电视总台成立 5 周年之际，习近平总书记专门作出重要指示，充分肯定总台工作成效，勉励我们继续保持、再接再厉，乘着党的二十大东风，推动"两个维护"再上新台阶。中央广播电视总台将扎实贯彻习近平总书记的重要指示精神，深刻领悟"两个确立"的决定性意义，发扬精益求精、一丝不苟、追求完美的工作精神，以富有温度、深度和高度的镜头笔触，生动翔实、具体而微地捕捉共同富裕伟大实践的奋进足音。

我们将进一步讲好共同富裕的浙江故事，以"浙江之窗"的示范实践生动展现"中国之治"的独特魅力。聚焦浙江"八八战略"实施 20 周年、推进三个"一号工程"等重大主题，组织报道团队深入 10 个区（县、市）开展接力直播活动，生动诠释"打头阵、当先锋、作示范"的浙江气派。推出《奋斗为基》暨《"县"在出发》大型融媒体报道，以"思想＋艺术＋技术"的创新融合，生动展现全国 2000 多个县域地区脚踏实地、接续奋斗的精气神。

我们将进一步传播好共同富裕的中国声音，奋力提升中国主张、中国智慧、中国方案的世界影响力。充分发挥总台 CGTN 国际传播平台、68 种语言等海外传播优势，推出《筑梦新征程》《乡村中国》《民宿里的共同富裕》等多语种海外传播产品，以浙江为案例，传播新时代中国共同富裕理念和实践。

我们将进一步助力共同富裕的伟大实践，有力有效服务好党和国家工作大局。作为当今世界体量规模最大、业务形态最多、覆盖范围最广的综合性国际传媒航母，总台拥有国际一流的媒体平台资源优势。近年来总台与浙江的紧密合作取得了一大批创新成果，作为国家（杭州）短视频基地首个大型项目《中国短视频大会》就将在今天启动开机。作为东道主转播机构，今年 9 月，总台将组建 1400 人以上的团队转播报道杭州亚运会。我们有信心，以世界领先的"5G＋4K/8K＋AI"科技创新成果，为全球受众留下美轮美奂、大气磅礴、震撼人心的"杭州记忆"。总台将进一步加强与浙江的紧密联系，在主题宣传、数字经济、科技研发、文旅项目、消费升级等领域开展全方位、多渠道、深层次战略合作，为浙江以"两个先行"打造"重要窗口"提供强大支持，助力构建新发展格局。

春风不负赶路人，时光不负奋斗者。中央广播电视总台将牢记领袖谆谆嘱托，与各界朋友携手奋进、开拓创新，奋力写好实现全体人民共同富裕这篇大文章。相信在省委省政府的坚强领导下，浙江推进共同富裕的探索实践，必将如钱塘江大潮一般，"千里波涛滚滚来"，气势如虹、一往无前，一定能够为中国式现代化贡献更多的智慧经验和创新成果，共同为强国建设、民族复兴作出新的更大贡献！

（2023年4月21日）

在2023"东盟伙伴"媒体合作论坛上的致辞

慎海雄

很高兴与大家相聚在广西南宁，与东盟伙伴交流互鉴、探讨合作、擘画未来。在此，我代表中国中央广播电视总台，感谢海内外朋友的关心参与！

中国与东盟国家山水相依、心手相连，始终是命运与共的好邻居、好朋友、好伙伴。习近平主席高度评价中国与东盟合作，寄予了"共建和平、安宁、繁荣、美丽、友好'五大家园'，构建更为紧密的中国—东盟命运共同体"的殷切期望。

美好蓝图的绘就离不开中国和东盟媒体的共同努力。作为当今世界体量规模最大、业务形态最多、覆盖范围最广的综合性国际传媒航母，近年来中央广播电视总台与东盟国家媒体交流日益紧密，合作成效显著。中共二十大闭幕后，我们通过创新开展"中国式现代化与世界"系列媒体活动与合作传播、高端访谈等多种形式，向东盟朋友积极分享中国式现代化的智慧与机遇；我们与老挝、柬埔寨、泰国、缅甸、印度尼西亚、马来西亚等6个国家的主流媒体联合制作10档电视节目，打造让广大受众耳目一新、想听爱看的全媒体产品，呈现给渴望认识和了解中国的东盟观众，向全球受众展现真实、立体、全面的中国和东盟。

2023年是中国—东盟建立战略伙伴关系20周年，也是共建"一带一路"倡议提出十周年。作为各国人民友谊的纽带，作为文明交流互鉴的桥梁，媒体的作用不可或缺、不可替代。在此，围绕本次论坛"创新·携手·未来"这一主题，我提出三点倡议。

第一，我们要坚持守正创新，引领媒体发展潮流。创新不仅是我们应对变局的强大驱动力，也是我们合作的共同语言。近年来，中央广播电视总台大力推进"5G+4K/8K+AI"科技创新，成功实现全球首次通过8K电视频道进行重大活动直播、首次奥运会开幕式和闭幕式8K国际公用信号制作等多个"历史第一"，媒体科技创新实力稳步走在世界第一方阵。前不久，总台正式受邀成为巴黎奥运会承担国际公用信号制作最多的主转播机构，并将派出超2000人的制作转播团队报道。我们将持续深化"思想+艺术+技术"融合传播，建设好、运用好"中国—东盟传媒港人工智能演播室"等科创平台，与东盟伙伴一道海阔天空想、脚踏实地干，开展全方位、深层次产业合作，共享成果、共同进步。

第二，我们要携手应对挑战，凝聚区域合作力量。 当今世界，多重挑战和危机交织叠加，和平赤字、发展赤字、信任赤字、治理赤字有增无减，人类社会现代化进程又一次来到历史的十字路口。中国与东盟同为维护世界和平的重要力量，是促进全球发展的重要动力。双方媒体应携手同心、凝聚力量，持续讲好合作共赢的故事，让"好邻居、好朋友、好伙伴"的共识在双方人民心中生根发芽、开花结果。中央广播电视总台愿与东盟伙伴携手共进，通过打造总台"云听"东盟专区等多样化产品，努力推动国际传播格局的多样化和公正性，让世界更多听到各国人民自主探索、自主选择的声音，大力弘扬全人类共同价值，助力推动全球发展倡议、全球安全倡议、全球文明倡议落地落实，为动荡变化的世界注入更多稳定性和确定性。

第三，我们要团结共向未来，推动文明交流互鉴。 中国古籍《礼记·中庸》有句古谚："万物并育而不相害，道并行而不相悖。"文明包容共存、交流互鉴对人类的命运未来至关重要。近年来，中央广播电视总台打造了"全球媒体创新论坛""丝绸之路电视合作共同体""CGTN融媒体定制化服务平台"等国际媒体合作机制，不断拓宽各国人文交流、民族友好往来的渠道。这些平台都是开放的，我们希望更多的朋友能够加入进来。我们愿与东盟伙伴团结协作，充分发挥总台68种语言、CGTN融媒体平台、多语种网红工作室、国际视频通讯社、海外总站等传播优势，创新开展中华文化数字影像东盟巡展、"东盟伙伴"看中国式现代化媒体行等媒体活动，深化交流互鉴、促进民心相通。

季风吹拂的陆地生机盎然，海风吹拂的港口适宜起航。让我们以此次"东盟伙伴"媒体合作论坛为新的起点，互学互鉴、扬帆远航，以媒体人的实际行动，为构建更为紧密的中国—东盟命运共同体贡献更多的智慧和力量！

（2023年6月6日）

在"青年与未来"促进澳门青年发展媒体行动启动仪式上的致辞

慎海雄

盛世莲花，灼灼其华。在庆祝中国共产党成立102周年的喜庆时刻，我们相聚濠江之畔，共同举行"青年与未来"促进澳门青年发展媒体行动启动仪式。在此，我代表中央广播电视总台，向一直以来关心支持总台事业发展的各界朋友，表示衷心感谢！

濠江水暖，领袖情深。习近平主席始终牵挂着澳门居民，始终关心着澳门繁荣发展。作为当今世界体量规模最大、业务形态最多、覆盖范围最广、节目生产量最大的综合性国际传媒航母，中央广播电视总台充分发挥对澳门传播主力军主阵地作用，与澳门持续深化战略合作，传播好中央声音，讲述好澳门故事。我们成功举办"盛世华章耀濠江"等总台精品节目展播系列媒体活动，免费授权澳广视播出北京冬奥会、东京奥运会等体育赛事，倾力打造《澳门之味》《澳门双行线》等一大批精品节目，生动展现澳门丰富多彩的中华文明魅力，激发了澳门居民爱国爱澳、与祖国内地共繁荣共奋进的豪迈热情。在澳门特别行政区政府和中央人民政府驻澳门特别行政区联络办公室大力支持下，我们在澳门回归祖国23周年之际推出《擎动中国》创新赛事节目，将体育、文化、科技进行深度融合，为探索澳门城市发展更多可行性打开了一条全新路径，积极助力澳门融入国家发展大局。

前不久，习近平主席就中央广播电视总台成立5周年、《新闻联播》栏目开播45周年等作出重要指示批示，给总台以鼓励、以指导、以期望。今年5月，习近平主席在给澳门科技大学师生的回信中，表达了对澳门科技事业和澳门青年的高度重视和亲切关怀，为澳门青年投身兴澳建澳和祖国发展建设指明了方向。澳门青年英才荟聚、人才辈出，具有国际视野和创新精神，融入粤港澳大湾区和祖国内地是澳门青年未来发展的全新机遇；同时，近年来随着澳门与内地交流合作广泛深入推进，在科技、教育、文化等领域取得了可喜成果，越来越多的内地有志青年愿意积极投身到澳门建设中来，分享进步成果，助力澳门发展。

为深入贯彻落实习近平主席重要讲话和指示精神，以实际行动助力粤港澳大湾区高质量发展，此次我们共同启动"青年与未来"促进澳门青年发展媒体行动，这是充分发挥"一国两制"优势，联动政府、媒体、企业等各方力量，凝心聚力促进澳门青年发展的有力举措。我们将进一步发挥中央广播电视总台国际一流的品牌和传播优势，创新开展、扎实推进"青春知行"澳门青年职业发展关切计划、就业创业能力培训计划、内地高新产业研学实践计划等系列媒体活动，助力澳门青年深度观察、亲身感受伟大祖国的发展硕果，增进澳门青年与内地的紧密联系，进一步拓宽知识眼界、提高综合能力。总台愿与澳门各界携手，为大湾区青年搭建起互融互通、创新创业、施展才华、成就梦想的精彩舞台，深度促进大湾区青年交融成长，为澳门青年投身横琴粤澳深度合作区、粤港澳大湾区建设，更好融入国家发展大局加油助力。

未来属于青年，希望寄予青年。澳门是"一国两制"成功实践的典范。祖国好，澳门的明天、澳门青年的明天一定会越来越好！中央广播电视总台将与澳门特别行政区政府紧密携手、深化合作，共同助力澳门青年未来发展，为澳门繁荣发展注入新活力、增添新动能，助力"一国两制"澳门实践行稳致远！

（2023年7月1日）

在第二届全球媒体创新论坛上的致辞

慎海雄

仲夏沪上，风采照人。2022年1月，北京冬奥会开幕前夕，习近平主席向首届全球媒体创新论坛发来贺信，勉励我们弘扬奥林匹克精神、助推奥林匹克冬季运动发展。今天，我们再次邀请海内外新老朋友齐聚一堂，交流互鉴、探讨合作，启迪智慧、擘画未来。

什么是现代化？什么是中国式现代化？在下面这些故事中，大家也许能找到答案。阿土列尔村位于布满高山和深谷的四川大凉山腹地，在脱贫攻坚中实现了乡村巨变，曾经的"悬崖村"现在已成为知名景点，通过网络直播，大凉山老树核桃、花椒等特产销往全国各地；在中国生活了20多年的约旦商人穆德，随着2014年中欧班列开通，将浙江义乌小商品出口到沿线的13个国家和地区；来自非洲莫桑比克的研究员大卫·坎贝尔在中国学习了8年，将水稻种植技术带回了非洲，帮助当地农民过上了新生活……借助沉浸式、数字化的创新技术，中央广播电视总台出品的《领航》国际版专题片《绘制十年》，用20多个精彩故事把"精准扶贫""全过程人民民主""绿水青山就是金山银山""一带一路"

等理念——转化为可读可感可触摸的鲜活画面，生动展示了中国式现代化与世界紧密相连，人类是休戚与共的命运共同体。

各美其美，美美与共。当前，人类社会现代化进程又一次来到历史的十字路口。面对世界之问、历史之问、时代之问，在习近平主席全球发展倡议、全球安全倡议、全球文明倡议所擘画的宏伟蓝图中，携手推动现代化发展、促进人类文明进步，是媒体应肩负的使命。在此，我围绕"携手同行现代化之路"这一主题，有几点思考建议与大家交流分享。

第一，实现现代化是中国人民矢志奋斗的梦想，也是全人类的共同追求。我们要担当媒体责任，共同讲好丰富多彩的现代化故事。现代化是一项探索性的事业，需要各国在实践中开拓创新、相互借鉴。今天的世界并不太平。面对增长放缓、债务风险、气候变化、地区冲突、贫富差距等一系列全球性挑战，如何正确回答时代课题、广泛凝聚世界共识，媒体肩负着重要责任。中共二十大闭幕后，总台先后在全球组织开展了58场"新征程的中国与世界"、30余场"中国式现代化与世界"系列媒体活动，交流探讨中国式现代化的时代价值与世界意义，报道触达超过32.7亿人次。我们将持续深化"思想＋艺术＋技术"融合传播，向世界分享中国经验、中国智慧，为更多国家独立自主探索适合自己的现代化道路提供借鉴、增添信心，以媒体担当为动荡变化的世界注入更多确定性和正能量。

第二，现代化不是少数国家的"专利品"，也不是非此即彼的"单选题"。我们要创新媒体传播，共同构建公正客观、积极健康的全球舆论生态。什么样的现代化最适合自己，本国人民最有发言权。如果对现代化缺乏全面、立体、客观的认识，就容易产生偏见和误解，甚至有意无意地戴上"有色眼镜"。近年来，总台积极发挥媒体品牌和传播优势，打造了"欧洲伙伴""拉美伙伴""东盟伙伴""非洲伙伴""阿拉伯伙伴""丝绸之路电视合作共同体"等合作机制，有效凝聚了各国媒体关于人类现代化道路的共识。接下来，杭州亚运会、成都大运会、巴黎奥运会等国际体育大赛接踵而至，总台作为这三项赛事的主转播机构和公共信号制作机构，将充分发挥国际一流的"5G+4K/8K+AI"科技创新优势，与各国媒体朋友一道，以体育为媒向全球受众展现人类对和平、团结、进步的美好追求，为弘扬全人类共同价值、构建人类命运共同体谱写新的篇章。

第三，中国式现代化作为人类文明新形态，极大丰富了世界文明百花园。我们要深化媒体合作，共同推动民心相通、文明互鉴。"经天纬地曰文，照临四方曰明。"人类文明发展史，就是一部不断战胜各种挑战和困难的历史，没有任何一个国家可以单枪匹马解决问题，交流互鉴、团结合作才是人间正道。前不久，总台策划举办的"何以文明"全球巡展开幕式亮相联合国总部，运用数字化创新手段，展播了《中欧非遗》《如果国宝会说话》等总台原创文化精品节目和文创产品，借"何以文明"之问溯中华文明之源，生动展现不同文明的交相辉映、美美与共。

"大道不孤，天下一家。"中国式现代化属于中国，也属于世界，让现代化深深根植于中华五千多年灿烂文明沃土，让中华文明在现代化进程中焕发出新时代光辉。中央广播电视总台将继续与全球媒体和国际伙伴携手并肩、互学互鉴、开拓创新，为绘就人类社会现代化新图景贡献更多的智慧与力量！

（2023年7月20日）

在《平"语"近人——习近平喜欢的典故》（第二季）非洲首播暨中非媒体新一轮合作启动仪式上的致辞

慎海雄

"与君远相知，不道云海深。"这是迄今约1300年的中国唐朝边塞诗人王昌龄写下的一句诗。今天，我们跨越山海、万里奔赴，与大家相聚在"彩虹之国"，共叙中非情谊，共话美好未来。感谢非洲朋友们的参与支持！

中国有句古语："以心相交者，成其久远。"非洲是一片升腾希望的热土，虽与中国相隔万里，却始终心手相牵、命运相连。我的家乡浙江湖州是世界丝绸之源，世界上迄今发现最早的家蚕丝织品就发掘于此，至今已有4000多年——"湖丝"在600多年前就随郑和船队远抵非洲，一条细细的丝线延续着深厚绵长的中非友谊。在马达加斯加，当地货币印着中国杂交水稻图案，农民蒂娜通过这一中国技术，带着村民一起摆脱了贫困；在中国与肯尼亚合作修建的蒙内铁路上，女火车司机康西莉娅熟练地使用中式操作手势，兴奋又自豪地驾驶着火车；南非友人安德烈·普莱西，年少时被中国厚重文化底蕴所吸引，如今他定居中国、成了昆明女婿，给自己取了"杜安睿"的中文名，致力于推动中非数字经济合作，感受着新时代中国的勃勃生机。还是在我的家乡浙江，著名的义乌小商品市场里，来自非洲各国的精美手工艺制品，每天都吸引着成千上万的各地进货商……通过总台的节目，他们讲述着可信可亲的中非故事。

今年正值习近平主席提出"真实亲诚"对非政策理念和正确义利观10周年，我们为非洲受众带来了总台精品节目《平"语"近人——习近平喜欢的典故》（第二季）。这部作品精心选取了习近平主席重要讲话、文章、谈话中所引用的中国古籍和经典名句，生动展现习近平主席广博厚重的文化底蕴和人民至上、家国天下的深厚情怀，提炼阐释了中华文明的独特精神标识、新时代内涵和全球化价值，多语种版本在全球播出后引发强烈共鸣，触达海外受众近50亿人次。我们相信，这部作品能够为非洲朋友了解习近平主席治国理政思想打开一扇窗，帮助大家更好地读懂中国文化、中国智慧、中国精神，更好地感知新时代中国的独特魅力，感悟新时代中国人民的可信、可爱、可敬。

文明的繁盛、人类的进步，离不开求同存异、开放包容，离不开友好交流、互学互鉴。中国和非洲都是人类文明的重要发祥地，古韵久远、底蕴深厚、五彩斑斓、魅力无穷，需要我们深化交流、加强合作，永远做可靠朋友和真诚伙伴。一个月前，我与贾卡先生达成一致，总台将成为非洲广播联盟的一员。今天总台与非洲媒体将开启新一轮合作。**我们愿做中非发展的推动者**，推出"中国式现代化""一带一路上的中非合作"等系列报道，携手构建公正客观、积极健康的全球舆论生态。**我们愿做中非友好的记录者**，邀请更多非洲媒体加入"非洲视频媒体联盟"，举办"中非情缘"——中国影视节目展映等创新活动，助力中非人民共续友谊、共话合作、共同成长。**我们愿做中非交流的促进者**，加强与非洲媒体在内容共享、技术交流、人员培训等方面合作，举办"何以文明"全球巡展等媒体活动，深化交流互鉴、促进民心相通。

女士们、先生们、朋友们，非洲大陆有句著名的谚语："如果一个男人头上顶着水罐，那他的兄弟就渴不着。"中国也有相似的古语："二人同心，其利断金；同心之言，其臭如兰。"从古代的"海上丝路"，到当今的"一带一路"，中非永远是好朋友、好伙伴和好兄弟。总台愿与非洲朋友互学互鉴、携手同行，为推动构建新时代中非命运共同体注入新活力、增添新动能！

（2023年8月20日）

在"山海和鸣谱华章——中央广播电视总台与'一带一路'媒体新一轮合作启动仪式"上的致辞

慎海雄

情越山海，缘结天下。在第三届"一带一路"国际合作高峰论坛即将开幕之际，我们共同开启中国中央广播电视总台与"一带一路"媒体新一轮合作。这是我们以媒体行动深化"一带一路"民心相通、人文相亲的重要举措。我代表中央广播电视总台，向各位嘉宾和"一带一路"媒体朋友表示热烈欢迎！

今年是习近平主席提出共建"一带一路"

倡议和构建人类命运共同体理念10周年。推动高质量共建"一带一路"，是构建人类命运共同体的生动实践，是惠及世界的重要国际合作平台和全球公共产品。十年春华秋实，共建"一带一路"从中国倡议到全球共识，吸引了国际社会高度关注和广泛参与，中老铁路成为"幸福路"，马拉维水井成为"幸福井"，中欧班列成为"钢铁驼队"。在百年未有之大变局加速演进中，共建"一带一路"倡议为世界带来了正能量、注入了稳定性，让世界互联互通、山水相连，从此山不再高、路不再远。从历史深处走来的丝绸之路，焕发出新时代的熠熠光辉。

中央广播电视总台作为中国国家广播电视台，积极履行媒体责任，成为共建"一带一路"倡议的参与者、见证者、讲述者。我们与151个国家的682家媒体机构签署新闻服务协议，提供总台的优质新闻内容；我们发起成立全球首个以"丝路"为纽带的国际影视媒体联盟——丝绸之路电视共同体，成员遍及64个国家和地区的145家机构。今天，我们开启与"一带一路"媒体新一轮合作，隆重推介《人类文明新形态——中国式现代化》（国际版）、《丝路回响》等重点节目，发布促进"文明互鉴"联合倡议、"一带一路"故事全球征集成果，启动《山水间的家》《美术里的中国》等多部精品节目在"一带一路"多国展播，持续推动"一带一路"媒体合作走深走实。

习近平主席指出，"一带一路"建设要以文明交流超越文明隔阂、文明互鉴超越文明冲突、文明共存超越文明优越。我们应秉持人类命运共同体理念，进一步发挥媒体在推动人文交流中的独特作用，积极架设沟通心灵、汇聚力量的桥梁。

我们要共同弘扬全人类共同价值，奏响"一带一路"命运与共的崭新乐章。"和平合作、开放包容、互学互鉴、互利共赢"的丝路精神和共商共建共享的10年实践，正是弘扬和践行全人类共同价值的生动写照。中央广播电视总台愿同"一带一路"媒体一道，在新的历史起点上讲好友好合作、共同发展的故事，讲好全人类共同价值在"一带一路"上阔步山海、落地生根的故事，为这一源自中国、属于世界的重大倡议凝聚更广泛共识。

我们要共同推动交流互鉴，夯实"一带一路"文明交融的坚实根基。共建"一带一路"倡议既倡导经济合作，也呼吁文明对话。中央广播电视总台将依托68个传播语种、近200个海外站点和多渠道、广覆盖的全媒体传播体系，携手"一带一路"媒体讲述文明多样之美，以文明的百花园映照各国发展的百花园、人类现代化的百花园。

我们要共同开创合作新局，铸牢"一带一路"人文交流的多元底色。共建"一带一路"倡议提出以来，我们与各国媒体开展了广泛深入合作，打造了灵动靓丽的"媒体丝路"，成为推动互联互通的重要力量。中央广播电视总台将持续深化"东盟伙伴""拉美伙伴""欧洲伙伴""非洲伙伴"等已有合作机制，创新拓展合作平台，共同谱写"一带一路"媒体合作新篇章。

"一带一路"十年正青春。中央广播电视总台愿与"一带一路"媒体共担媒体责任、厚植丝路友谊，为弘扬全人类共同价值、推动构建人类命运共同体、丰富和发展人类文明新形态贡献媒体力量。让我们携手同行，共同谱写共商共建共享"一带一路"华彩乐章！

（2023年10月9日）

在2023科创大会开幕式上的致辞

慎海雄

金秋十月，浦江奔涌。有幸与各位新老朋友相聚在黄浦江畔，跨界交流、共享智慧、探讨合作、擘画未来。在此，我谨代表中央广播电视总台，向各位嘉宾的到来表示热烈欢迎，向上海市委市政府的大力支持表示衷心感谢！

党的十八大以来，以习近平同志为核心的党中央把科技创新摆在党和国家发展全局的核心位置。习近平总书记强调："加快实现高水平科技自立自强，是推动高质量发展的必由之路。"作为创新发展先行者，上海稳步迈向国际科创中心。在世界知识产权组织发布的《2023年全球创新指数报告》中位列全球"最佳科技集群"前五名。作为党的意识形态重镇和国际一流新型主流媒体，习近平总书记对总台工作高度重视、寄予厚望。今年以来，习近平总书记就总台成立5周年、《新闻联播》栏目开播45周年、总台《领航》国际版专题片海外传播良好等多次作出重要指示批示，对总台同志以鼓励、以指导、以期望。中央广播电视总台愿与上海市委市政府和各界朋友一道，做好中国科技创新的见证者和参与者，争做新质生产力的代表者和引领者，以科技创新助推高质量发展，为中国式现代化强基赋能。

我们将创新媒体传播、讲好科创故事，生动展现科技自主创新辉煌历程。科技与媒体相生相伴，科技之新赋能了思想之新、艺术之新、文化之新。作为当今世界体量规模最大、业务形态最多、覆盖范围最广的综合性国际传媒航母，总台深入学习贯彻习近平文化思想，以"思想+艺术+技术"的创新理念，打开媒体传播的无限空间。我们推出系列专题节目《顶级实验室》、纪录片《智能时代》、融媒体产品《智造美好生活》等大批节目，展示中国科技发展历程和奋勇争先的自主创新成果。总台将继续努力，大力弘扬追求真理、勇攀高峰的科学精神，共同营造热爱科学、崇尚科学的浓厚氛围。

我们将提升科创实力、打造行业标杆，不断通过传播实践推动高质量发展。全媒体时代，谁掌握了科技发展主动权，谁就掌握了媒体变革主动权。近年来，总台着力构建"5G+4K/8K+AI"战略格局，增强新技术自主研发能力，科技创新实力稳步走在全球媒体前列。我们历史上首次完成奥运会开幕式和闭幕式 8K 国际公用信号制作，打造全球首个高铁列车 5G 超高清移动直播演播室，首次开展 4K 超高清世界杯转播。在刚刚闭幕的杭州亚运会上，我们首次以 4K/8K 标准制作亚运会开幕式、闭幕式系列信号，首次在开幕式、闭幕式制作中全程应用 AR 技术。杭州亚运会的转播报道，在总台自有平台的全网触达达到 414 亿人次，创下历届亚运会之最。总台愿以世界一流的媒体技术，与各界同仁合力打造科技创新实践阵地，为推动我国经济高质量发展、满足人民对美好生活的需求贡献力量。

我们将深化媒体融合、构建产业集群，共同助力中国式现代化行稳致远。近日，习近平总书记就推进新型工业化作出重要指示，强调要"把建设制造强国同发展数字经济、产业信息化等有机结合，为中国式现代化构筑强大物质技术基础"。总台将国家发展重大战略需求和总台媒体融合工作需要结合起来，深入贯彻落实国家文化数字化战略，积极探索数字经济，引导形成产业集群，扎实以科技创新推进中国式现代化。我们坚信笃行、好学能文，借助沉浸式、数字化创新技术打造《领航》国际版专题片《绘制十年》，推出"何以文明——中华文明探源工程成果数字艺术大展"，讲好新时代中国发展故事、中华优秀传统文化故事、人类命运共同体故事。我们推进重点项目群建设，在上海国际传媒港建设超高清视音频制播呈现国家重点实验室，与浦江实验室合作打造"央视听媒体大模型"，在上海成立"央视融媒体产业投资基金"，持续推进国家（杭州）短视频基地、超高清示范园"央视界"、"百城千屏"等重点项目。今天，我们将联合发布《科创板白皮书 2023》，发起成立中国园区科创联盟和中国高校科创联盟，为中国式现代化注入澎湃动能。

滔滔长江东流去，百舸争流看今朝。相信 2023 科创大会的举办，将引导更多社会力量投入科技创新、激发科创动力。希望我们深化交流合作、协力推动高质量发展，共同为实现中国式现代化的宏伟蓝图作出更大贡献。

（2023 年 10 月 11 日）

在"同心向未来——迎接中法建交60周年影视合拍项目"启动仪式上的致辞

慎海雄

在这灿烂的金秋时节，我们相聚在美丽的巴黎，共同启动迎接中法建交60周年影视合拍项目。我代表中国中央广播电视总台，对各位嘉宾表示热烈欢迎和衷心感谢！

2024年，我们将迎来中法建交60周年、中法文化旅游年和巴黎奥运会。59年前，毛泽东主席和戴高乐将军以超凡的战略眼光，作出中法全面建交的历史性决策。59年来，在两国元首共同引领下，中法关系不断提质升级，两国在经济、政治、文化等多个领域的友好合作持续深化。今年4月，习近平主席同到访的马克龙总统举行会谈，共同擘画了稳定、互惠、开拓、向上的中法全面战略伙伴关系大方向，为新时代中法关系开辟了新的光明前景。

"交得其道，千里同好。"在中法两国和两国人民相知相亲的岁月里，媒体一直发挥着增进友谊、推动交流、记录时代的重要作用。今年马克龙总统访华之际，中央广播电视总台举办中法合拍纪实影像作品发布会，联合发布纪录片《金丝猴王国：勇者的世界》、纪录电影《北京人：人类最后的秘密》等5部作品；联合法国知名财经媒体举办"中法高端经贸电视论坛"；启动"从北京到巴黎——中法艺术家奥林匹克行"主题活动，传承弘扬奥林匹克精神，丰富中法文化交流内涵，推进中法友谊。

今天，中央广播电视总台与法国国家电视集团、法国戴高乐基金会、法国国际电视五台、法国凡尔赛宫、法国泽德制作公司等机构共同启动多个影视合拍项目。在这里，我想跟大家分享一段历史。就在中央广播电视总台所在的北京市海淀区，在它的西山群峰中，有一座全国知名的贝家花园。20世纪30年代末夜色初上的星空下，经常能看到一位留着八字胡的外国老人骑行在蜿蜒的山路上，冒着生命危险把宝贵的药品运往中国抗日根据地，他就是法国医生贝熙业先生，也就是贝家花园的主人。这就是习近平主席2014年访法期间专门提到的自行车"驼峰航线"的故事。我们拍摄《贝家花园》这部纪录片，正是想让更多的人了解这段往事，让这一感人的故事一直传承讲述下去。同时，我们启动合拍的《文明的荣光》《中国奇迹》《三星堆 古老的城市》《见证60年》《超越时代的大智慧、大勇气——走近戴高乐》等纪录片，将向观众充分展现中法关系历经国际风云变幻而行稳致远、中法文明远隔山海而万里奔赴的动人景象。在中法迎来建交60周年之际，希望这些作品能够为两国人民搭建更加坚实的相识相知之桥。

女士们，先生们，朋友们！法国有句谚语："真正的朋友就像星星，不是每天都见，却一直都在。"中法两国人民心灵相通、感情相亲、守望相助。2024年将是两国关系历史上的重要一年，我们愿以明年中法建交60周年和巴黎奥运会为契机，进一步加强同法国媒体机构在联合制播、新闻交换、奥运转播、文化交流等方面合作，为深化中法两国新时代友谊打造更多辉煌瞬间，为中法关系行稳致远做出新的更大贡献！

（2023年10月24日）

在"文明交融　美美与共——'何以文明'万国宫特展"启动仪式上的致辞

慎海雄

梵高曾说："我有再多双手，再多画布和颜料，都画不够秋天。"重访秋意浓浓的日内瓦，让人仿佛踏入油画般的世界。今天，我们在这里相聚，共同启动"何以文明"万国宫特展。我代表中国中央广播电视总台，向出席活动的各位嘉宾表示热烈欢迎！

中华文明积淀着人类文明的精华，书写着中华民族的底色。作为中国传统思想文化重要源头，距今3000年的典籍《周易》就有"天下文明"的记载。中央广播电视总台策划的"何以文明"全球巡展，先后在纽约联合国总部和肯尼亚、秘鲁、英国等国家，以及中国的香港、澳门成功举行，借助沉浸式、数字化的技术创新，让全球受众领略中华文明上下五千年的独特魅力。今天，我们同联合国日内瓦办事处、中国常驻日内瓦代表团一起，邀请大家在中国极具代表性、标识性的经史子集、国宝文物中，领略中华文明绵延不断、革故鼎新、多元一体、兼收并蓄、协和万邦的基因图谱。今天，我们还将同步启动纪录片《人类文明新形态——中国式现代化》（国际版）上线和"遇鉴文明·圆梦之旅"媒体行动，交流探讨中国式现代化的时代价值与世界意义，为携手同行全球现代化之路注入新动能。

文明的繁盛、人类的进步，离不开交流互鉴。习近平主席以人类社会命运与共、美美与共的宏阔视野，提出全球文明倡议，擘画繁荣世界文明百花园的壮美图景，获得国际社会的广泛响应。中央广播电视总台将以记录文明进步、推动文明交流为己任，以"思想＋艺术＋技术"融合传播，为推动世界各国民相亲、心相通、共同迈向现代化，架设互学互鉴之桥、合作交流之桥，让世界上越来越多的人成为心心相印的同行者、同路人。

万国宫是全球最大的外交会议中心之一，是国际社会多种思想交汇、多元文化交流、多样文明交融的大舞台。在这里，展示收藏着中国的"盛世欢歌"景泰蓝花瓶、意大利的"重生"雕塑群、瑞士的和平主题壁画长卷等大批艺术珍品。这些美轮美奂、引人入胜的文化瑰宝，蕴涵着跨越时空、薪火相传的文明之光，承载着平等交流、互学互鉴的文明成果。中央广播电视总台愿携手志同道合的朋友们，为推动世界各国人文交流、文化交融、民心相通继续努力，让世界文明百花园更加姹紫嫣红！

（2023年10月26日）

在"山海相通　中希交映：中国希腊'一带一路'对话会"上的致辞

慎海雄

如果找出两个对人类文明有过巨大贡献的国家，希腊和中国无疑是无可争议的。踏上希腊这块令人崇敬的古老热土，我的脑中不时闪现希腊三贤、希腊神话、爱琴海文明……英国浪漫主义诗人拜伦说过："希腊是唯一令我心满意足的地方。"而我则要说，希腊是我唯一心驰神往却又有一种"近乡情更怯"的忐忑的西方国度！在这美好的金秋时节，我们踏上这片美丽而深沉的土地。首先，我代表中国中央广播电视总台，对希腊各界朋友的盛情邀请与热情接待表示衷心感谢，对出席这次对话会的各位嘉宾表示热烈欢迎！

今年是习近平主席提出共建"一带一路"倡议十周年。备受瞩目的第三届"一带一路"国际合作高峰论坛刚刚在北京闭幕，在新的历史起点上为高质量共建"一带一路"凝聚了共识和力量，推动共同发展繁荣之路越走越宽广。希腊是共建"一带一路"重要参与方，也是中国在欧洲的好朋友、好伙伴。繁忙的比雷埃夫斯港，见证着中希两国的深厚友谊和密切合作。十年间，签署共建"一带一路"合作文件的国家，包括希腊在内已经超过全球四分之三。事实雄辩地证明，共建"一带一路"倡议源自中国、属于世界，是各国共商共建共享的"阳关大道"。

"一带一路"上的每个国家，都有其源远流长的文明传承和渊源深厚的文化根基。"一带一路"的繁荣发展，正是交流交往、互学互鉴的文明进程。今年2月，习近平主席复信希腊学者，祝贺中希文明互鉴中心成立，就推动中希文明交流互鉴、促进各国文明发展寄予厚望。在今天的对话会上，中央广播电视总台与中希文明互鉴中心联合制作的节目将启动开机。同时，我们还将与希腊《航运与商业报》、希腊直播卫星平台NOVA公司签署和交换合作文件，启动中国影像节"一带一路"希腊专场活动。这些文化活动是中希文明交流互鉴的组成部分，启迪我们从中国和希腊这两个古韵久远、底蕴深厚的伟大文明中，寻找破解当今世界发展难题的灵感和答案。中央广播电视总台将担当负责任媒体的时代使命，携手希腊文化和媒体机构开展更多领域、更深层次的合作，架起中希两国人民了解和交流的桥梁。

两千多年前，古丝绸之路上"使者相望于道，商旅不绝于途"，中外文化在这里交相辉映、相互激荡。我的家乡浙江湖州就是世界丝绸之源，美丽的蚕丝一头连接中国、一头连接世界，柔顺华美、经纬交融，丝丝缕缕书写着中国与世界交流互鉴的故事。在中希两国元首擘画引领下，中央广播电视总台愿与希腊各界一道，共同做中希文明魅力、发展活力的讲述者、推动者，为开创全球文明发展新时代、构建更加紧密的人类命运共同体贡献更大力量！

（2023年10月30日）

在"中美人文交流友好对话"媒体活动上的致辞

慎海雄

中美元首的会晤，全世界将目光投注到了旧金山。今天，我们在这座充满活力和创意的城市举办"中美人文交流友好对话"媒体活动，我感到有着特别的意义。旧金山的"唐人街"是北美地区最古老的华人聚居区，这座城市的中文译名体现了当年华人对美国的最初印象：财富汇集之地，梦想实现之地。这里是多元包容的象征，也是东西方百年文化交流的缩影。在此，我谨代表中国中央广播电视总台，对各位嘉宾的到来表示热烈欢迎！

习近平主席指出，中美关系的基础在民间，希望在人民，未来在青年，活力在地方。发展好中美关系，需要汇聚各方力量。目前，中美两国已建立284对友好省州和城市，一座座友城如点点星光，共同照亮中美友好的未来。中美两国人民的友谊不止跨越大洲，更是经历了时间的检验。鼓岭故事穿越百年、再续新篇，成为中美民间友好交流的一段佳话；飞虎队抗击日本侵略者，维护世界和平的英勇事迹，在两国人民心中永远铭记；重庆史迪威博物馆记录了史迪威将军对中国解放和进步事业的重要贡献，见证了中美五代人的深厚友谊；林肯中学的合唱薪火相传，成为新时代中美友好的生动见证……中美两国人民友好交往源远流长、生生不息。

中美关系是世界上最重要的双边关系，媒体在其中发挥着促进人文交流、增进彼此友好的重要作用。作为当今世界体量规模最大、业务形态最多、覆盖范围最广的综合性国际传媒航母，中央广播电视总台一直努力为中美两国人民架设互学互鉴之桥、合作交流之桥。休斯敦世乒赛期间，我们积极报道中美联手组队参加比赛，唤醒人们对"小球转动大球"的历史回忆。北京冬奥会前夕，我们在华盛顿首都体育馆举办"迎冬奥 一起向未来"媒体行动，与大家共享奥林匹克运动的非凡魅力。今年中国农历春节期间，总台春晚宣介片亮相纽约纳斯达克大屏，邀请美国观众感受中国传统节日气氛。今年，我们还在美举办了"中国式现代化与世界新机遇"研讨会，邀请美国专家学者参与讨论，为可持续发展、减贫等全球性议题建言献策。

明年，中美将迎来建交45周年。国之交在于民相亲，今天在座的每位朋友都是中美关系的基础、希望和未来所在。希望有更多的朋友加入我们的行列，为中美关系注入源头活水，浇灌友谊之树。中央广播电视总台愿与所有友好人士一起，为推动两国关系健康发展贡献智慧和力量，让越来越多的朋友成为心心相印的同路人！

（2023年11月16日）

构建中国人权话语　讲好中国人权故事

慎海雄

尊重和保障人权是中国共产党人的不懈追求。进入新时代，以习近平同志为核心的党中央把尊重和保障人权作为治国理政的一项重要工作，把马克思主义人权观同中国具体实际相结合、同中华优秀传统文化相结合，成功走出一条顺应时代潮流、适合本国国情的人权发展道路。中国奉行以人民为中心的人权理念，在发展中保护和促进人权，人权事业取得历史性成就，中国人民的各项基本权利保障水平大幅提升，创造出人类历史上罕见的人权发展奇迹，并为世界人权事业发展作出了重大贡献。

为了充分展现中国人权发展道路、理念、成就，中央广播电视总台精心策划推出大型电视政论片《新时代中国人权》，着力在构建中国人权话语、讲好中国人权故事上下功夫，运用电视语言有温度、有深度、有广度地展现中国人权事业的壮丽画卷，解锁中国人民的"幸福密码"。这是中国首部以人权为主题的电视政论片，也是总台在党的二十大胜利召开后推出的首部重磅电视政论片，是总台宣传好阐释好党的二十大精神、探索加快构建中国话语和中国叙事体系的有益尝试。

不吐不茹　彰显主流媒体责任

中华文化历来强调对人的尊重和关怀，在人权保障上有着鲜明的中国特色。"民为贵，社稷次之，君为轻"等哲理警句，铺就了源远流长的华夏文明中人权理念的文化底色。

人权是人类文明进步的标志，也是全人类的共同追求。多年来，美西方出于政治目的和霸权主义需要，把人权作为干涉别国内政的政治工具。从伊拉克到阿富汗，从非洲、拉丁美洲所谓的"民主化"到"阿拉伯之春"，美西方无视不同国家在历史、国情上的巨大差异，强推"美式人权"。然而，"美式人权"所到之处，众多国家和地区深陷动荡、冲突和战争泥潭，造成人道主义灾难，贻害无穷。在美国国内，枪支泛滥、种族歧视严重……无不凸显美国人权乱象。自身人权状况的持续恶化，使美国自诩的"人权灯塔"光环消失殆尽。

"橘生淮南则为橘，生于淮北则为枳。"鞋子合不合脚，只有自己穿着才知道。人权不是摆设，更不是装饰品，关键要管用。如果不能真正做到以人民为中心、增进本国人民福祉，哪怕摆设再"精致"、说辞再"美妙"，这样的人权也只能是自说自话、自欺欺人。

党的十八大以来，习近平总书记围绕尊重和保障人权发表一系列重要讲话，作出一系列重要论述，提出生存权、发展权是首要的基本人权，人民幸福生活是最大的人权，以发展促人权等理念，形成了新时代中国人权的新理念新思想，推进了中国人权事业的新实践新发展，谱写了人类人权事业的新篇章。习近平总书记多次向全世界介绍中国人权道路，阐释中国人权理念，提出的人类命运共同体等理念被写入多项联合国决议，为世界人权理论贡献了中国智慧，为全球人权治理提供了路径选择。

党的二十大报告明确提出，要"坚持走中国人权发展道路，积极参与全球人权治理，推动人权事业全面发展"。奋进新征程，我们亟须加快构建讲好中国人权故事的话语和叙事体系，坚定人权自信，形成同我国综合国力和国际地位相匹配的国际人权话语权。主流媒体比以往任何时候都更有责任担当起宣传报道阐释中国人权理念、中国人权道路主力军的重任，有义务自信地讲述中国人权故事、中国人权成就。在中宣部的指导下，总台与中国人权研究会、西南政法大学等合作，策划推出的这部大型电视政论片《新时代中国人权》，就是旗帜鲜明地向世界阐述中国人权理念、展现中国人权成就、提供中国人权方案的一部力作。

学思践悟　构建中国人权话语

党的十八大以来，面对国内外形势的新变化，以习近平同志为核心的党中央，以全新视野深化对共产党执政规律、社会主义建设规律、人类社会发展规律的认识，创立了习近平新时代中国特色社会主义思想，科学回答了中国之问、世界之问、人民之问、时代之问，为我们构建中国人权话语提供了根本遵循。

构建中国人权话语，我们在习近平总书记的为民情怀里寻找答案。习近平总书记"我将无我，不负人民"的深厚人民情怀，充分展现了一个大国领袖的崇高境界和心忧天下的责任担当，赢得了人民的衷心拥护和真挚爱戴。《新时代中国人权》记录了习近平总书记访贫问苦的足迹、心系群众冷暖的话语，溯源大国领袖始终如一的人民情怀，诠释始终以人民为中心的中国人权理念。

构建中国人权话语，我们在百年党史的风雨征程中寻找答案。从建党之初鲜明宣示救国救民、争取人权的主张到延安窑洞前"豆选"干部，从人民代表大会制度的确立到新时代发展全过程人民民主，《新时代中国人权》在呈现新时代中国人权事业历史性成就的同时，融入大量生动翔实的党史资料，反映中国共产党团结带领全国各族人民为争取人权、尊重人权、保障人权、发展人权而进行的百年奋斗。

构建中国人权话语，我们向文明的深处寻找答案。《新时代中国人权》一开篇就回顾了北京冬奥会开幕式上阜平孩子演唱奥运会会歌的场景，以此引出一段太行山与奥林匹斯山跨越时空的对话。两千多年前，当古希腊的"智者学派"提出"人是万物的尺度"，萌发出人本思想时，中国儒家先贤们提出了"古之为政，爱人为大""民为邦本，本固邦宁"，形成了"以民为本"的理念。东西方文明之光在亚欧大陆两端交相辉映，铺就了东西方人权理念的文化底色。这一段设计兼具艺术性与思想性，把对人权的认识提升到文明的高度，巧妙打破了用单一尺度定义人权的话语陷阱。

守正创新　讲好中国人权故事

《新时代中国人权》从人权视角展现新时代、解读新时代、记录新时代。为讲好新时代中国人权故事，我们主要从三个维度落笔着墨。

一是立足新时代，全景式展示中国人权成就。《新时代中国人权》通过五个主题集中展现新时代中国人权事业取得的历史性成就。第一集《人民至上》从脱贫攻坚、抗击疫情等重大胜利中，解读人民至上的中国人权发展道路，彰显中国共产党为中国人民谋幸福、为中华民族谋复兴的初心使命；第二集《幸福生活》聚焦民生福祉的持续增强，记录新时代人们的生活巨变、中国建立起全世界最大的社会保障体系等成就，让无数人对美好生活的向往成为现实；第三集《人民民主》展现在推进中国式现代化过程中，中国实行的全过程人民民主让人民的声音被听见，人民的权利有保障，人民的意愿能落实，是最广泛、最真实、最管用的民主；第四集《公平正义》展现新时代以法治保障人权、以法治守护平安、以法治彰显公平正义的全面依法治国取得的重大成就；第五集《命运与共》展现新时代的中国以"一带一路"为重要平台，用实际行动为全世界带来发展机遇，让构建人类命运共同体理念成为全球共识，推动世界人权事业全面发展。

二是透过微观看宏观，讲述烟火气里的人权故事。"致广大而尽精微。"新时代是壮丽非凡的时代，既有大写意的恢宏，也有工笔画的细腻。《新时代中国人权》将镜头更多地聚焦到人权背景下的人物命运。在这里，"人权""生存权""发展权""全过程人民民主""依法治国"等，不再是抽象的概念，而是一个个鲜活的人物故事。从习近平总书记牵挂的独龙族一跃跨千年，到高原牧民三代人经历三种产房的变迁；从小镇青年为党的二十大建言献策，到二十四小时守护连家船民的海上警务室；从香飘世界的一株菌草，到走进中国进博会的阿富汗地毯……这些画面就像新时代中国人权事业的一幅幅剪影，在普通人生活的烟火气里，勾勒出幸福中国的生机与活力。

三是突出国际视角与中国表达，联通国际国内双向传播。《新时代中国人权》在立项之初，就确立了"第三只眼看中国"的创作原则。节目组采访了多位外国政要、国际组织负责人及国际权威人权专家，通过他们对中国人权理念、道路和实践的客观观察与专业分析，有助于打破西方长期以来给中国设计的人权陷阱，消除对中国人权状况的误解，打破对内传播与对外传播之间的壁垒。对内可增强人民群众的人权自信；对外可争取议题设置主动权，打破西方人权霸权，坚定更多发展中国家走好适合本国国情人权道路的信心。

共情共鸣　激荡国际舆论场

《新时代中国人权》于2022年12月26日至30日在总台综合频道、中文国际频道播出，电视端和新媒体端总触达上亿人次，迅速成为社会关注焦点，各大媒体争相报道、转发，传播效果与日俱增。总台CGTN对该片进行了多语种译制，陆续在英语、俄语、法语、西班牙语、阿拉伯语等频道播出，让更多人了解新时代中国人权理念、中国人权道路和中国人权故事。

《新时代中国人权》在舆论场中引发热烈反响。很多人权领域的专家学者称赞节目是讲好中国人权故事的一次成功尝试，探索了中国电视政论片创作的新形态；此片具象又生动地解读了以人民为中心的中国人权发展道路；该片体裁虽为政论，但在宏大叙事之中不乏鲜活的人物故事，是有烟火气的政论，也是有理论质地的人间烟火；等等。广大网友纷纷为中国人权事业点赞，特别是很多海外华侨华人称赞节目令人信服、鼓舞人心，让他们更自信、更愿意主动向外国友人讲述中国的人权故事。

实践证明，中国共产党不仅创造了尊重和保障人权的伟大奇迹，也开创了人类人权文明新形态，谱写了世界人权文明新篇章。在奋力打造具有强大引领力、传播力、影响力的国际一流新型主流媒体的征程中，我们相信真实的力量，将持续传播事实真相，讲好中国人权故事；我们相信正义的力量，将着力传播客观公正的民主认知，推动构建积极健康的全球舆论生态；我们相信团结的力量，将持续推动不同文明之间的交流互鉴，为推动构建人类命运共同体贡献力量。

（刊发于《求是》杂志2023年第3期）

擦亮中华文明独特的精神标识

——我们为什么创作《非遗里的中国》

慎海雄

"古者百里而异习，千里而殊俗。"美丽富饶的中华大地孕育滋养了丰富而深沉的优秀文化。物华天宝，列陈九州；天滋地养，日新月盛。千百年来，中国人胸怀着对天地草木的敬畏与深情，遵循着日月星辰的运行规律，用双手创造出一系列拔新领异的卓越技艺。采叶制茶，缫丝为衣，抟土作陶，琢泥成器，淬火铸金……一大批超凡绝俗的中华非物质文化瑰宝，成为人类文明天幕中的璀璨群星。

每当我们仰观山川日月、俯察花开花落，耳边往往会回响起《诗经》里歌唱自然万物、生活劳作的歌谣。正是这些生发于土地、累积于生产、顺于天而应于民的朴素智慧，塑造了泱泱华夏的盛美风物——面对博大精深的中华传统宝藏，今天的我们唯有敬畏和感激！

"山有榛，隰有苓"，我们的祖先由此创造了天南海北的八珍玉食；"蚕月条桑""八月载绩"，于是中国人织就了洵美且异的美服华裳；

"有匪君子，如金如锡，如圭如璧"，寓意着美好人格的玉石文化辉耀千古；"诗言志，歌永言"，"大乐与天地同和"，蕴藉着中华文化弦歌不辍、中华文明长盛不衰。

皇皇天工，造化神奇；矻矻人巧，开物成务。

我时常沉醉于这万千华粹，感悟祖先们"天人合一"的哲学思想，感佩于我们这个民族的精工巧思、无穷智慧。遥想我们这片土地上一代代能工巧匠是如何切之磋之、琢之磨之，成就了如此琳琅满目而又惊艳世界的精工绝艺。

四百多年前，一代科学巨匠宋应星摒弃功名，倾一生心血著就《天工开物》。如今华夏大地上的诸多非遗技艺，都能在这部举世无双的百科式技术专著中觅得踪迹。每每翻开这部传奇的造物之书，依然会惊叹于先辈们道法自然、力补天工的创造伟力，承星履草、奋斗不息的开拓创新。

陈列于中华大地上的非物质文化遗产，不仅仅凝结着中华民族特有的哲学智慧与精神力量，更是中华民族多元一体格局的粹美阐释。

豪迈奔放的蒙古长调随风穿越茫茫草原、纯净悠扬的侗族大歌回响于高山深谷、龙泉青瓷的釉色之美如冰似玉、鲜花入馔让舌尖绽放出春天。中华大地上，南腔北调百花齐放，东西交流更添异彩，齐而鸣之，便是一曲珠璧交辉的非遗华章；协而奏之，便是中华文明汇流澄鉴、荟萃万方的黄钟大吕。

进入新时代，以习近平同志为核心的党中央站在实现中华民族伟大复兴的战略高度，深刻洞察中华优秀传统文化与中华民族发展的内在关系，对中华优秀传统文化作出新的判断、新的概括和新的定义，赋予崭新的时代内涵，成为指导我们增强历史自觉、坚定文化自信的思想指引。在新时代大背景下，如何更加昂扬地唱响时代主旋律，让社会主义核心价值观植根于中华文化沃土，是宣传思想文化战线工作者必须回答的一个时代命题。

过去五年来，中央广播电视总台围绕着习近平总书记关于坚定文化自信、传承和弘扬中华优秀传统文化的重要指示精神，以"思想+艺术+技术"的融合创新，策划了《寻古中国》《文脉春秋》，打造了《典籍里的中国》《古韵新声》《山水间的家》《中国考古大会》等一系列精品文化节目，叫好又叫座，取得了不俗反响，让更多的文物和文化遗产"活"了起来。

中华文化延续着我们国家和民族的精神血脉，要薪火相传、代代守护，也要与时俱进、推陈出新。新征程上的中国正在进行着充满光荣与梦想的远征，给文化创新创造提供了强大动力和广阔空间。

2022年12月，习近平总书记对非物质文化遗产保护工作作出重要指示，强调要扎实做好非物质文化遗产的系统性保护，更好满足人民日益增长的精神文化需求，推进文化自信自强。要推动中华优秀传统文化创造性转化、创新性发展，不断增强中华民族凝聚力和中华文化影响力，深化文明交流互鉴，讲好中华优秀传统文化故事，推动中华文化更好走向世界。

今天，我国共有43个项目列入联合国教科文组织非物质文化遗产名录、名册，居世界第一。这份了不起的成就和荣耀，属于每一个中国人。时不我待，唯有奋进。我时常思索，中央广播电视总台作为党的意识形态重镇，在新时代的今天，如何做到"日日新"，讲好新时代的非遗故事？如何让五千多年的文化精粹，在一日千里的现代化进程与全球化视野的双重语境下，展现出它历久弥新的非凡魅力？如何在守正创新中扬中国精神、传中国文化，为新时代改革发展注入文化动能？经过反复思考与推敲，无数次论证和筹划，总台倾力策划推出了《非遗里的中国》。

守正，知所来；创新，明所往。回想起策划这档节目之初，一切还是未知数。但有一点，在我心中很清晰——《非遗里的中国》将是一场"见人见物见生活"的中华文明之旅，将全方位展示好作为中华文明缩影的非遗文化及其美学价值，着力突出一个"新"字。我们要以新技术和新创意，聚焦非遗文化在新时代焕发的青春活力与无限可能。

中华非遗，是如此动人心魄！它们曾在时间长河中，承载着中华民族的血脉基因，如今又伴随着中华民族伟大复兴的勇毅征程，在新时代焕发出新的生机活力，绽放出更加迷人的光彩。

鲜花入馔，名绣作礼；千年史诗融合国际音乐，唱出新的经典；传统民族竞技风俗走进现代体育竞技场，赛出新的风采。传承自夏商青铜器制造技艺的非遗铜雕，既可熔山铸海，亦可化入日常；古老淮剧融合沉浸式实景演出，以传统国粹打造新潮文旅。

事实证明，我们做到了。

这是一次历史与未来的跨时空握手。我出生于东南形胜的太湖之畔，从小近水楼台，亲眼见过辑里湖丝"水重则丝韧"的传奇，也惊叹于越窑青瓷千峰翠色、灵秀淡雅的容颜。那时从未料想，有朝一日，缫丝也可以与生命科学、数字信息产业破壁联结，制作可降解蚕丝骨钉、脑机接口，以传统技艺推动现代科技的新发展。更不曾想象，薄如碧纸的龙泉青瓷，亦可伸展成顶天立地的宏大屏扇，矗立于杭州国家版本馆，成为传世工程的华美门户。

"满眼生机转化钧，天工人巧日争新。"今天，福建的水密隔舱福船制造技艺，已经重点应用于当代大国重器工程；南京的金箔技艺蕴含着核心技术，也在国防航天业大展宏图。传统非遗，正在为中国式现代化建设提供着源源不断的养分与智慧。

这也是一次传统与时尚的美学融合。我们展现非遗不只是去领略精工巧技，还是对"中华美学意象"的一次深入探索。轻纱曼舞，霓裳羽衣，传统丝织技艺结合巨幕光影与雾幕投影技术，如幻似梦；以雕琢精微、多层透雕闻名于世的莆田木雕在超比例、微缩景观等多种融合技术手段的助力下，大美传神。CG特效、XR技术让非遗场景幻化成国风古韵的唯美舞台，中国歌剧舞剧院的演员们翩然舞于其间，灵动斐然。现代科技与时代审美、非遗文化相映成辉，美轮美奂。

这又是一次向初心与坚守的致敬。非遗是在时间中磨洗的工匠精神，唯无惧才能坚持，唯磨砺才能瞩目。石上刺绣，闽南一绝，一幅A4纸大小的闽南影雕，需要一位工匠在坚硬的岩石上敲打一亿次，点点滴滴，绘就中国人的沉静与耐心。台州刺绣代表性传承人陈克，手绘整理200多套针法，拳拳之心保存绣法遗珍。龙泉青瓷烧制技艺代表性传承人徐朝兴，一手登峰造极的"跳刀"技艺，让长年累月"造青"的双手早已磨平了指纹。

在制造业高速发展的今天，那些出自老师

傅们之手的物件带有工业制品所不具备的指尖温度。那些灵巧之手、灵秀之心的创作，都带着一份天然的情感，从内心灵感到指尖温度的传递，是老师傅们一直坚守不变的初心情怀。

满怀着对一位位非遗传承人的敬意，对一件件非遗美作的敬仰，《非遗里的中国》开播了。可喜的是，节目播出后，获得了收视与口碑的双丰收，业内与各界一致好评。《非遗里的中国》刚播出四期，全媒体累计触达受众5.79亿人次，新媒体用户规模占比10.53%，年轻用户占比38.17%，节目相关长短视频点击超2.1913亿次，相关话题累计上榜407次，相关话题微博阅读量累计超16.8亿人次。节目获得上千个主流媒体各类传播平台的持续接力点赞与高度评价。

屏内屏外，非遗正年轻！节目展现的中华非遗全新活力，牢牢抓住了年轻观众的好奇心与兴趣，唤醒了年轻人对非遗传承的热忱，吸引着更多的年轻人热爱中华优秀传统文化、关心非遗文化传承。我们推出的《非遗正年轻》等新媒体节目，用情怀带动网民情感共振，以新媒体语态重构大屏节目素材，实现契合当代、契合年轻受众气质的主流价值表达。不少网友评论："这些非遗才是我们应当守护和传承的中国智慧。""感谢择一事终一生的手艺人，工匠精神真的让人非常难忘！""看了非遗里的中国，自己都想去找一个感兴趣的非遗去拜师传承一下"……在网友们持续不断的"自来水"式传播下，节目的全媒体热度持续升温。

再美的蝴蝶标本，也不如翩翩起舞的蝴蝶美。传播非遗，不仅是展示这些技艺标本，而且是让它们重新进入当下火热的生活场景，在日常中绽放光华。一个个非遗项目，就是一条条藏珍纳宝的文旅体验路线。《非遗里的中国》（江苏篇）播出后，"九龙口""淮剧""藕粉圆"等关键词搜索指数暴涨，在九龙口旅游度假区，但凡有大屏幕的地方，便有成群游客驻足观看《非遗里的中国》。从线上"种草"到线下体验，众多游客纷纷涌进景区景点，体验非遗魅力，火了非遗，热了景区。观众跟随着非遗体验团，在台绣"千丝描，万点绣，抽经纬，剪布底"等一系列缜密工序中，感受何为精雕细琢，匠心独运；在缂丝织造的煮茧程序中，体验神奇的另类"中华烹饪"，追忆源远流长的华夏耕织文化；在陶瓷雅器的拉坯与烧制中，感受水、火、土的相济相融，探寻人与自然和谐共生的妙趣。

"非遗之魂"在于天人合一，"非遗之雄"在于多元一体，"非遗之美"在于春风化雨，"非遗之智"在于格物创新，"非遗之魅"在于活色生香。判天地之美，析万物之理，察古人之全，咏时代之歌。《非遗里的中国》正是抱着这样的雄心与信念，带领受众遍览融汇于非遗之中的历史底蕴、工匠精神、东方美学、民族韵味和中国智慧，生动地呈现出传统非遗在新时代所迸发出的焕然活力。

"观今宜鉴古，无古不成今。"这是新时代的非遗，也是非遗里的新时代。当我们把那些藏于深山、失落乡野的非遗唤醒，让它们成为现代生活的新滋养，一定能在对技艺之美、匠心之美的重新发现中，涵养出更加深沉的文化自信。也许在未来的某个时刻，那些在岁月深处闪耀的非遗将再次产生影响民族、影响世界的新价值。我们唯有尽力传承，才能让永恒绵长的中华文明继续福泽我们的未来。

嗣前人之造诣，踵其事而增华。生活可爱，文明可掬，未来可期。非遗新说，活态传承，兰心蕙质，勾勒和美生活；金声玉振，和鸣壮美盛世。中华文明古与今的智慧将继续在历史的长河中流淌和相遇，永续传承，生生不息。

（刊发于《求是》杂志2023年第11期）

与时代共进　为人民讴歌

——《新闻联播》勇毅前行45载

慎海雄

初心如磐，奋楫笃行；薪火相传，弦歌不辍。

习近平总书记指出，党的新闻舆论工作是党的一项重要工作，是治国理政、定国安邦的大事。新闻工作者要做党的政策主张的传播者、时代风云的记录者、社会进步的推动者和公平正义的守望者。"文变染乎世情，兴废系乎时序。"一篇文章何以流传千古，唯有与时代同呼吸；一档节目何以经久不衰，唯有与时代共脉搏。人类文明长河里，只有那些"感国运之变化、立时代之潮头、发时代之先声"的文化精品，才能成为传世之作。电视节目亦是如此，只有那些反映人民心声、引领时代前进、坚持守正创新的精品力作，才会历久弥新、魅力永恒。创作出更多有筋骨、有思想、有温度的优秀节目，是中央广播电视总台义不容辞的职责和使命。

不辱使命、历久弥新　始终与时代同呼吸共脉搏

45年风雨兼程，45载砥砺前行。45年来，党和国家领导人对《新闻联播》栏目高度重视、寄予期望。习近平总书记始终关注《新闻联播》栏目、关心《新闻联播》工作。2016年2月19日，习近平总书记来到《新闻联播》演播室、导播间，与编播团队互动交流，了解新闻制作导播流程，亲自切换按钮体验模拟播出。习近平总书记要求，一定要紧跟时代、放眼全球，多设计一些融思想性、艺术性于一体的好栏目，多创办一些脍炙人口、寓教于乐的好节目。2018年3月，习近平总书记站在党和国家战略全局的高度，亲自谋划、亲自部署、亲自推进，作出组建中央广播电视总台的重大战略决策，开启了新时代广播电视事业和党的新闻舆论工作的崭新篇章。5年来，总台坚持

以习近平新时代中国特色社会主义思想为统领，坚持不懈从习近平总书记重要思想、重要论述、重要指示批示中找启迪、找思路、找答案。伴随着总台脱胎换骨式的裂变，《新闻联播》踏上了高质量发展的新征程，在新时代焕发了新活力，为党和国家工作大局作出了新的更大贡献。

历史因铭记而永恒，精神因传承而不灭。《新闻联播》这个与改革开放同龄的电视栏目，在45年光辉岁月铺开的中国电视新闻恢宏卷轴上，绘就了浓墨重彩的一笔。《新闻联播》是党和政府重要的宣传阵地，忠实记录了中国蒸蒸日上的蓬勃大势，持续引领着中国电视新闻事业异彩纷呈的壮阔发展；《新闻联播》是家喻户晓的新闻品牌，亿万观众通过这个平台聆听党和国家的声音，关注日新月异的中国，了解风云变幻的世界；《新闻联播》是中国走向世界的重要窗口，世界透过《新闻联播》读懂以人民为中心的中国共产党，读懂中国特色社会主义，读懂中华民族伟大复兴。

今天的《新闻联播》，持续塑造新闻旗舰的影响力，党的宣传报道主力军压舱石重要作用进一步彰显。进入新时代，迈上新征程。总台创新锻造《新闻联播》等一众品牌栏目的新时代新形象，向亿万观众讲好中国故事，讲好中国共产党故事，讲好我们正在经历的新时代故事，自觉做好习近平新时代中国特色社会主义思想的坚定信仰者、积极传播者、忠实实践者。

生而有翼、向阳而行　知新闻看联播成为一种文化习惯

作为中国电视新闻改革的领军者，《新闻联播》因改革开放而生，因改革开放而兴。1978年1月1日，《新闻联播》正式开播；同年5月1日，北京电视台更名为中央电视台，《新闻联播》在中央电视台第一套节目（CCTV-1）开播。自1982年9月1日开始，《新闻联播》的发布时间从20时提前至19时，重要新闻均首先在中央电视台发布。《新闻联播》也随之成为中国重大新闻的首发平台、最具权威性的新闻栏目。

改革开放"摸着石头过河"，《新闻联播》也在探索中前行，为新闻事业注入源头活水，深远影响绵延至今。比如：先国内新闻、后国际新闻的编排模式；"字字千钧、秒秒政治、天天考试"业界最高最严的编播"金标准"；节目时长从20分钟延长到30分钟，从录播节目改为直播节目，节目结束后播出《天气预报》；主持人由单人播报改为双人播报，演播室的设计以及片头片尾的动画和音乐，甚至主持人的着装、语气等细节，都成为后来喷涌而出的省、市、县级电视台新闻节目的重要借鉴。

45年来，《新闻联播》在党的新闻舆论工作中发挥着不可替代的重要作用。党的十一届三中全会和以后历次党的全国代表大会、香港和澳门回归祖国、历次航天工程发射任务、九八抗洪、北京奥运会、抗疫三年、北京冬奥会等党和国家发展进程中的重大事件、重要节点，《新闻联播》都扮演了记录者、见证者、传播者的重要角色。在建党百年报道中，《新闻联播》生动讲好百年大党的奋斗故事，多维度、全方位展现中国共产党团结带领亿万人民取得的非凡成就。在党的二十大报道中，《新闻联播》以最高品质呈现习近平总书记风采、记录盛会盛况，以精品专栏传播大会精神，为大会胜利召开营造团结奋进的舆论氛围。

今天的《新闻联播》，每晚19时的准时相约，已成为全国人民一种充满仪式感的文化习惯。掌握中央精神，看联播；获取权威信息，看联播；了解全球动态，看联播。《新闻联播》的经典声音和镜头画面，是属于全国人民"日日新"的集体记忆。我们将牢牢坚持以习近平新时代中国特色社会主义思想统领一切工作，定格国史瞬间，见证时代风采，传递权威声音，进一步办好《新闻联播》、做好党的新闻舆论工作。

"头条工程"、凝心聚力　走好"两个维护"第一方阵

党的十八大以来，中国特色社会主义进入新时代。面对中华民族伟大复兴战略全局和世界百年未有之大变局的深刻演变，习近平总书记发表一系列重要讲话、作出一系列重大部署，引领新时代党的新闻舆论工作取得历史性成就、发生历史性变革，也为做强《新闻联播》栏目指明了方向。

作为总台最知名、最具影响力的品牌栏目和国际社会观察中国的重要窗口，《新闻联播》是总台创新做好习近平新时代中国特色社会主义思想和习近平总书记形象宣传报道的最重要平台。总台坚持以习近平总书记的高度就是宣传报道追求的高度为标准，聚力打造"头条工程"，推动新时代党的创新理论和习近平总书记风采春风化雨、"飞入寻常百姓家"。

《新闻联播》每年都会策划推出数十个高质量、成系列的重大主题报道，持续打造《在习近平新时代中国特色社会主义思想指引下》《学习贯彻习近平新时代中国特色社会主义思想主题教育》《新时代新征程新伟业》《新思想引领新征程》《总书记与我们在一起》《非凡十年》《伟大复兴　壮丽航程》《江河奔腾看中国》等专题专栏，宣传习近平新时代中国特色社会主义思想、记录伟大时代、引领主流舆论，引发热烈反响。2023年4月，学习贯彻习近平新时代中国特色社会主义思想主题教育在全党深入开展。总台作为宣传习近平新时代中国特色社会主义思想的重要阵地，立即在《新闻联播》栏目中推出《学习贯彻习近平新时代中国特色社会主义思想主题教育》专栏，为主题教育扎实开展营造良好舆论氛围。同时，总台以深入开展主题教育为契机，大兴调查研究之风，将学习感悟和调研成果融入《新闻联播》的《一线调研》等专栏报道中，努力推动总台的理论传播水平再上新台阶。

《新闻联播》用心用情组织做好习近平总书记重要时政活动报道，精心打造镜头语言，将独家时政资源转化为引领力、传播力、影响力。2022年，总台直播重大时政活动23场次，出品时政新媒体产品770余条，首播时政新闻达440余条，第一时间权威发布消息引领全网舆论。特别是习近平主席二〇二二年新年贺词报道，全网总触达受众27.41亿人次，以最快发稿时效、最快现场直击、最快反响报道，牢牢占据主流媒体舆论引领制高点。

今天的《新闻联播》已成为宣传习近平新时代中国特色社会主义思想、展示习近平总书记魅力的重要载体，成为广大干部群众学思践悟习近平新时代中国特色社会主义思想的重要学习平台，"有大事，看联播""有大事，看总台"更加深入人心。我们将深刻把握新征程上面临的新形势新任务，时刻保持政治上的清醒和坚定，巩固提升回访、反响、盘点、评论等成熟报道模式，持续推出思想性与时效性、贴近性、艺术性相结合的新闻名专栏，让习近平新时代中国特色社会主义思想传播得更精准、更新潮、更富共鸣，以源源不断的精品力作坚定拥护"两个确立"、走好"两个维护"第一方阵，奋力唱响爱党爱国爱社会主义的高昂旋律。

评论矩阵、有理有力　传播中国强音的"轻骑兵"

习近平总书记强调，要"牢牢坚持正确舆论导向。舆论导向正确，就能凝聚人心、汇聚力量，推动事业发展；舆论导向错误，就会动摇人心、瓦解斗志，危害党和人民事业"。面对"两个大局"深刻演变，总台以"乱云飞渡仍从容"的政治定力，以《新闻联播》等栏目为主要平台，精心培育《央视快评》《国际锐评》《玉渊谭天》《日月谭天》《总台海峡时评》《大湾区之声热评》等评论言论新产品，打造有深度、有态度、有力度的新媒体矩阵，旗帜鲜明唱响主旋律、传播最强音。

《央视快评》借助联播平台一经推出迅速占据舆论制高点，八成以上评论文章获全网刷屏，众多海外媒体也主动转发转引，成为互联网时代时政评论的全新"打开方式"。《国际锐评》大量重磅评论通过《新闻联播》栏目播出，针锋相对、迎头痛击，在国际舆论场形成一浪高过一浪的舆论声势。2019年5月13日，《新闻联播》播发《中国已做好全面应对的准备》评论文章，立即登上新媒体热搜榜第一名。"谈，大门敞开；打，奉陪到底"等金句成为网络流行语，形成现象级传播。《玉渊谭天》同样在对冲反制议题、揭批美西方险恶用心中发挥了重要作用。

作为中国新闻最强品牌，《新闻联播》每一个动作都会在国际舆论场上产生巨大的"蝴蝶效应"。据不完全统计，2022年，《新闻联播》内容被CNN、CNBC、BBC等119个国家和地区的2238家主流电视台及其新媒体平台采用。以《新闻联播》为代表，总台已初步实现"大珠小珠落玉盘""千树万树梨花开"的对外传播格局。总台批驳蔡英文"过境"窜美相关新闻被7家台湾地区主流电视台迅速采用播发，总台关于环台岛战备警巡和"联合利剑"演习相关报道跨媒体总触达人次达12.2亿，超千家国际媒体转引转载。总台第一时间在洪都拉斯成立特古西加尔巴记者站，与法国、巴西、伊朗、新加坡等国家的有关部门和主流媒体签署合作协议，服务我大国外交大局。

今天的《新闻联播》，更有高度、更有深度、更有锐度，以有风骨、敢亮剑、接地气的新语态持续引领海内外舆论场，有效扭转了我国媒体长期在国际舆论场上"有理说不出、说了传不开"的被动局面。我们将继续敢于交锋、敢于亮剑，激浊扬清、正本清源，进一步发挥好总台言论评论矩阵舆论威力，奏好"交响曲"、打出"组合拳"，掌控话语权，坚决打赢对美西方舆论斗争持久战。

服务人民、歌颂人民　人民是时代舞台的主角

习近平总书记始终同人民站在一起、想在一起、干在一起，他深情礼赞劳动创造，倡导劳模精神、劳动精神、工匠精神，温暖了无数劳动者，点亮了无数追梦人。广大劳动者以国家主人翁姿态积极投身加快推进中国式现代化建设的火热实践，谱写劳动托举中国梦的新篇章。

人的力量在心上，心的力量在情上。只有转作风、改文风，俯下身、沉下心，察实情、说实话、动真情，才能实现"根情、苗言、华声、实义"的境界。做党和人民信赖的新闻工作者，就要坚守以人民为中心的根本立场，不断增强脚力、眼力、脑力、笔力，不断在升级报道理念、创新报道方法、改进报道手段、提升报道效果上下功夫。

"想人民之所想，急人民之所急。"在报道选题上，《新闻联播》更多地聚焦普通人的生活，播送老百姓关注的国家和社会大事，注重政策的解读和传播，满足百姓日益丰富的信息需求。《奋斗百年路　启航新征程》专栏，统领《脱贫攻坚答卷》《小康梦圆》《今日中国》《数风流人物》等13个子栏目，多维度、全方位展现中国社会发展进步和百姓的获得感、幸福感，生动诠释中国共产党为什么能，中国特色社会主义为什么好，激发亿万人民群众以习近平新时代中国特色社会主义思想凝心铸魂、砥砺奋进。《解码十年》首次尝试"卫星视角＋大数据调查＋新闻故事"的报道方式，解开奋进路上的成就之码、力量之码、奋进之码、合作之码，成为中国式现代化实践伟力的生动写照。十年巨变可感可知可信可敬，社会各界好评如潮。

"苔花如米小，也学牡丹开。"在报道内容上，杜富国、黄文秀、张富清、中国女排、"相约在零点37分"站台上的铁路情侣……从时代楷模到平凡英雄，从大国工匠到普通百姓，《新闻联播》持续讲述人民的故事，诠释时代的风采，展现中国的精神，有效拉近了媒体和受众的距离。每年春节，总台记者分赴祖国各地，行走基层一线，深入各行各业，反映干部群众撸起袖子加油干的奋斗姿态，展现神州大地日新月异的发展变化，《新春走基层》系列报道成为一份过节陪伴。

"此时无声胜有声，一切尽在不言中。"在主题表达上，《新闻联播》不断尝试以"小而美"的温情打动人感染人。在9集开放式报尾《春天的中国》中，观众在一幅春日中国的美丽画卷中看到了人与自然和谐共生的中国自信，读懂了习近平生态文明思想对今日中国的深刻影响。《新闻联播》的"唯美"结尾，迅速得到新媒体转发，在观众网友中形成话题，国际媒体纷纷转载。从《启航新时代》城市地标灯光秀到融合历史之美、自然之美、人文之美的《大美中国》，"结尾的一分钟"记录下了《新闻联播》从细微处着手，不懈探索主题化表达与视听新体验的步伐。

今天的《新闻联播》，更温暖、更接地气、更直抵人心，以有温度的镜头语言展现百姓的笑脸、美好的生活、未来的期盼。我们将始终坚持以人民为中心的工作方向，把"群众喜不喜欢、爱不爱看"作为出发点，深入贴近人民群众生活，深情展现人民群众风采，奋力实现"国之大者"与"民之关切"的融会贯通。

守正创新、头雁引领 推动全媒体强势传播

习近平总书记强调："信息化为我们带来了难得的机遇。我们要运用信息革命成果，加快构建融为一体、合而为一的全媒体传播格局。"面对舆论生态、媒体格局、传播方式的深刻变化，《新闻联播》以变应变、开拓创新，催生了总台精品喷涌、精彩连连的生动局面，引领了中国新闻改革创新的新浪潮。

作为我国收视率最高、影响力最大的新闻节目，作为一档历史悠久的老品牌，《新闻联播》始终把创新摆在突出位置，在高质量发展中实现提质升级。在总台"5G+4K/8K+AI"科技创新引领下，《新闻联播》实现了全流程、全要素的制播高清化、网络化、文件化，首次全流程实现时政新闻的16∶9高清制播，更具科技感和现代感。

"一花独放不是春，百花齐放春满园。"在总台的媒体融合发展进程中，《新闻联播》发挥了重要的头雁效应。遵循互联网传播规律，广泛解锁收看新场景，《新闻联播》各平台粉丝量突破9000万，仅微博阅读量就超140亿人次；持续打造《主播说联播》《联播+》《时政新闻眼》《大国外交最前线》等新媒体产品，构筑以"联播"为IP的跨媒体新生态，为《新闻联播》带来了"上新""拉新""焕新"的新方式，极大增强了《新闻联播》等总台新闻栏目在青年中的好感度美誉度。其中，《主播说联播》话题阅读量已超126.5亿人次，期期热搜置顶，每期全网平均播放量达1200万次。随着"头条工程"的不断升级、融合传播的成功实践，《新闻联播》的影响力稳步提升。2023年第一季度，《新闻联播》全媒体受众规模达11.78亿，覆盖全国人口的87%，大小屏用户渗透率均超50%。

45载正青春！今天的《新闻联播》，形象更年轻了、话语更犀利了、语态更亲和了，已从一档传统电视栏目创新升级为广泛覆盖的全媒体产品。我们将坚持守正创新，持续深化"思想+艺术+技术"融合传播，推动联播首发新闻在新媒体同步推发，重要稿件新媒体秒数领先首发，进一步彰显"联播头条"的舆论威力；针对年轻受众创新内容语态，多讲开门见山、直奔主题的"短"话，多讲直抵人心、一针见血的"实"话，多讲掷地有声、锐利深刻的"新"话，让《新闻联播》更具"网感"和年轻态；建设好4K超高清新闻制作系统，体现世界一流水准，不断提升传播效果；加强理想信念教育，提升专业能力素质，锻造政治上忠诚可靠、业务上精益求精的"新闻铁军"。

"草木蔓发，春山可望。"新征程上，总台将深入学习贯彻习近平新时代中国特色社会主义思想，深刻领悟"两个确立"的决定性意义，自觉在思想上政治上行动上同以习近平同志为核心的党中央保持高度一致，心无旁骛、踔厉奋发，奋力打造具有强大引领力、传播力、影响力的国际一流新型主流媒体，加快推进全链条、全方位、全领域创新，以"满屏皆精品"的生动局面推动"两个维护"再上新台阶，为强国建设、民族复兴作出新的更大贡献！

（刊发于《求是》杂志2023年第14期）

坚信笃行　好学能文
以实际行动做到"两个维护"

慎海雄

"时代是思想之母，实践是理论之源。"近日，习近平总书记对宣传思想文化工作作出重要指示，充分肯定了党的十八大以来宣传思想文化工作取得的重大成就，对全面贯彻党的二十大精神、担负起新的文化使命，做好新时代新征程宣传思想文化工作提出明确要求，强调要坚定文化自信，秉持开放包容，坚持守正创新，为全面建设社会主义现代化国家、全面推进中华民族伟大复兴提供坚强思想保证、强大精神力量、有利文化条件。党的十八大以来，宣传思想文化工作之所以取得历史性成就，最根本就在于有习近平总书记领航掌舵，有习近平新时代中国特色社会主义思想科学指引。习近平总书记在新时代文化建设方面的新思想新观点新论断，内涵十分丰富、论述极为深刻，是新时代党领导文化建设实践经验的理论总结，丰富和发展了马克思主义文化理论，构成了习近平新时代中国特色社会主义思想的文化篇，形成了习近平文化思想。

文化繁荣、文明昌盛是一个国家、一个民族进步的标志。习近平文化思想的鲜明提出，是水到渠成、恰逢其时的必然结果，必将如波涛中的航标灯，引领新时代新征程宣传思想文化工作奋勇争先、开拓创新，在新的历史起点上继续推动文化繁荣、建设文化强国的实践中创造新辉煌。宣传思想文化工作事关党的前途命运，事关国家长治久安，事关民族凝聚力和向心力，是一项极端重要的工作。习近平总书记十分重视宣传思想文化工作，多次用"极端重要"来强调和部署。作为党的意识形态重镇和国家广播电视台，中央广播电视总台深感习近平文化思想是总台文化事业产业高质量发展的科学指引，必须深入学习、深刻领会，坚持不懈在深化、内化、转化上聚焦聚力，在新的赶考之路上，奋力书写不负时代、不负人民的崭新答卷。

以习近平文化思想为统领，切实增强做好新时代新征程宣传思想文化工作的责任感使命感

马克思指出："任何真正的哲学都是自己时代的精神上的精华。"文化是一个国家、一个民族的灵魂。习近平文化思想深刻阐述了宣传思想文化工作的重要地位作用，指明了新时代新征程宣传思想文化工作的前进方向、战略布局、工作要求。习近平文化思想与习近平经济思想、习近平法治思想、习近平生态文明思想、习近平强军思想、习近平外交思想等一起，构成了习近平新时代中国特色社会主义思想的重要组成部分。

习近平文化思想是坚持"两个结合"的理论结晶和光辉典范。习近平总书记有着深厚的马克思主义理论功底、中华优秀传统文化根底和浓浓的家国情怀。习近平文化思想是习近平总书记在引领推进社会主义文化发展过程中形成的一整套具有全局和长远指导意义的大智慧、大战略、大思路，是习近平总书记关于宣传思想文化工作的重要思想日益完善的结果，是担负起新的文化使命的必然要求。习近平文化思想既有文化理论观点上的创新和突破，又有文化工作布局上的部署要求，明体达用、体用贯通，明确了新时代文化建设的路线图和任务书，标志着我们党对中国特色社会主义文化建设规律的认识达到了新高度，表明我们党的历史自信、文化自信达到了新高度，并在我国社会主义文化建设中展现出了强大伟力，为做好新时代新征程宣传思想文化工作、担负起新的文化使命提供了强大思想武器和科学行动指南。

习近平文化思想蕴含着伟大的真理力量、实践力量、人格力量。重视和加强宣传思想文化工作是党的优良传统和显著优势。党的十八大以来，习近平总书记以马克思主义政治家、思想家、战略家的伟大历史主动精神、卓越政治智慧、强烈使命担当，提出一系列新思想新观点新论断。从2018年8月全国宣传思想工作会议以"九个坚持"高度概括了我们党对宣传思想工作的规律性认识，到党的二十大从五个方面重点部署文化建设工作；从今年6月文化传承发展座谈会明确文化建设方面的"十四个强调"，到这次重要指示中"七个着力"的重要要求，习近平总书记深刻回答了新时代为什么要加强宣传思想文化工作、怎样加强宣传思想文化工作等重大问题，推动新时代宣传思想文化事业取得历史性成就，意识形态领域形势发生全局性、根本性转变，为强国建设、民族复兴注入强大精神力量。习近平文化思想是一个不断展开的、开放式的思想体系，必将随着实践深入不断丰富发展，引领新时代新征程宣传思想文化工作取得新的更大成就。

习近平总书记对总台工作高度重视、寄予厚望。总台成立以来，习近平总书记多次发来贺信并作出一系列重要指示批示，给总台以鼓励、以指导、以期望。总台坚持以习近平新时代中国特色社会主义思想为统领，海内外引领力、传播力、影响力持续提升，彰显了习近平新时代中国特色社会主义思想的伟力。今年以来，总台国际重大新闻全球首发率达27.6%，在全球主要媒体中位列第一。总台派出4500余人团队开展杭州亚运会转播报道和主转播机构服务，首次以全球领先的4K/8K标准制作亚运会国际公用信号，首次在开幕式、闭幕式中应用AR虚拟技术，相关报道在总台各平台的境内累计触达人次达414.23亿，创下了历届亚运会报道规模最大、传播总触达人次最高的纪录。总台之所以能够取得一定工作成效，最根本的一条就是坚定不移以习近平新时代中国特色社会主义思想为指引，从科学理论和鲜活实践中找启迪、找思路、找答案。我们坚信，学

懂弄通做实习近平新时代中国特色社会主义思想特别是习近平文化思想，是我们无往而不胜的重要法宝。

以实现高质量发展为目标，自觉把习近平文化思想贯彻落实到总台工作各方面、全过程

"文者，贯道之器也。"国家之魂，文以化之，文以铸之。习近平总书记强调，新时代新征程，世界百年未有之大变局加速演进，中华民族伟大复兴进入关键时期，战略机遇和风险挑战并存，宣传思想文化工作面临新形势新任务，必须要有新气象新作为。

作为新时代新征程的亲历者、记录者、参与者，总台坚持以习近平总书记的高度就是宣传报道追求的高度为标准，创新"思想+艺术+技术"融合传播，聚力打造总台"头条工程"，推出《领航》《解码十年》《高端访谈》《典籍里的中国》《非遗里的中国》《玉渊谭天》《日月谭天》等众多精品节目栏目，努力承担举旗帜、聚民心、育新人、兴文化、展形象的使命任务。同时，我们也清楚地认识到，在"两个大局"加速演进并深度互动的时代背景下，一系列新的重大课题迫切需要从理论到实践的结合上提交答案。学思践悟习近平文化思想，就是要将这一思想武器转化为推动总台工作的强大力量，居危思危、以变应变，把握创新这一主旋律，加快实现从传统广播电视媒体向国际一流原创视音频制作发布的全媒体机构转变，从传统节目制播模式向深化内容生产供给侧结构性改革转变，从传统技术布局向"5G+4K/8K+AI"战略格局转变，不断创造新机遇、赢得新优势、开辟新空间，牢牢掌握全媒体时代意识形态工作主动权主导权。要坚决把加强党对宣传思想文化工作的全面领导落实到总台工作各方面、宣传报道全过程，始终以"热运行下冷思考"的决断力、"苟日新，又日新，日日新"的创新力、"不进则退，慢进也是退"的驱动力时刻自我鞭策、自我加压，正视不足和短板，不断探索推进高质量发展的奋进之路。

在奋力打造具有强大引领力、传播力、影响力的国际一流新型主流媒体的征程上，总台将全面贯彻党的二十大精神，聚焦"用党的创新理论武装全党、教育人民"这个首要政治任务，践行"着力加强党对宣传思想文化工作的领导，着力建设具有强大凝聚力和引领力的社会主义意识形态，着力培育和践行社会主义核心价值观，着力提升新闻舆论传播力、引导力、影响力、公信力，着力赓续中华文脉、推动中华优秀传统文化创造性转化和创新性发展，着力推动文化事业和文化产业繁荣发展，着力加强国际传播能力建设、促进文明交流互鉴"的"七个着力"重要要求，深刻领会习近平文化思想明体达用、体用贯通的鲜明特点，以及蕴含其中的认识论、方法论，在实践中不断提出更多新思路、新举措、新办法，做习近平新时代中国特色社会主义思想的坚定信仰者、积极传播者、忠实实践者。要坚持以新语态阐释新思想，加快研发更多符合新时代宣传特质、适应全媒体竞争态势的新媒体产品，让习近平新时代中国特色社会主义思想传播得更加精准、更富共鸣。以强信心为重点加强正面宣传，不断增强权威性、影响力和不可替代性，不断提高舆论引导能力。精心做好习近平总书记重要指示精神宣传阐释，推动习近平文化思想深入人心、落地生根，切实"把鲜活的思想讲鲜活，把彻底的理论讲彻底"。以"满屏皆精品"的目标要求积极推动中华优秀传统文化创造性转化、创新性发展，精心打造《人类文明新形态——中国式现代化》《美美与共》《通向繁荣之路》《简牍探中华》《文脉春秋》等重点节目，用一道道视听盛宴持续为"何以中国""何以文明"作答。巩固提升总台在媒体科技创新和新媒体领域的引领地位，加快前沿技术的研发应用，进一步加强新媒体新平台建设研究谋划，加快建设全媒体传播体系，全力以赴提升总台在新媒体领域的传播力和引领力。全面加强国际传播能力建设，锤炼国际舆论斗争本领，加快提升海外投送能力，持续拓展海外新媒体传播渠道，奋力提升在国际舆论场中的话语权。拓展"媒体外交"、深化"好感传播"，进一步扩大知华友华的国际舆论朋友圈，不断增强中华文明的传播力影响力。加强意识形态阵地建设管理，进一步压紧压实意识形态工作主体责任，提升意识形态风险防范化解能力，把导向要求覆盖所有播发平台、大小屏全媒体产品，确保总台阵地绝对安全。

以做到"两个维护"为使命，把学习贯彻习近平文化思想作为重要政治任务抓紧抓实抓好

"学习理论，最要紧的，是把思想方法搞对头。"思想指引行动，思想方法对了，认识问题才站得高，分析问题才看得深，开展工作才能把得准。深入学习贯彻习近平文化思想，要深刻领悟习近平总书记思考问题、运筹帷幄时思接千载、视通万里的领导力决断力，牢固树立大历史观，以更宽广的视野、更长远的眼光，扎扎实实研究解决现实问题的科学理念、有效对策，让当代中国马克思主义、21世纪马克思主义展现出更为强大更有说服力的真理力量。

学习好宣传好贯彻好习近平文化思想，既是当前重要工作，也是长期重要任务，是推进总台高质量发展的重大机遇。总台将强化政治担当，勇于改革创新，为不断开创新时代宣传思想文化工作新局面作出贡献。突出示范引领，把习近平文化思想作为总台党组理论学习中心组学习的重点内容，专题学习研讨，吃透精神实质，把握核心要义，不断把学习引向深入。确保全员覆盖，发挥领导干部领学促学表率作用，依托基层党组织优势，创新方式方法，大力倡导读书学习之风、调查研究之风、求真务实之风，确保学到真经、掌握真理。

学习的目的在于应用。我们将牢牢坚持学用结合，把学习贯彻习近平文化思想与学习贯彻习近平总书记在文化传承发展座谈会上的重要讲话精神，以及习近平总书记对总台工作的一系列重要指示批示精神结合起来，深入研究谋划发展战略，创新开展各项工作，切实把学习贯彻习近平新时代中国特色社会主义思想转化为一档档精品节目、一个个创新创意、一项项实践成果。努力加强队伍建设，不断掌握新知识、熟悉新领域、开拓新视野，加强调查研究，增强本领能力，在实践实战中掌握斗争规律、提升斗争艺术，努力打造一支政治过硬、本领高强、求实创新、能打胜仗的"新闻铁军"。

心中有光，眼前有路。在习近平文化思想

的指引下，总台将更加奋发有为地向着"打造具有强大引领力、传播力、影响力的国际一流新型主流媒体"的目标迈进，深刻领悟"两个确立"的决定性意义，增强"四个意识"、坚定"四个自信"、做到"两个维护"，坚信笃行、好学能文，以实际行动在新的历史起点上继续推动文化繁荣、建设文化强国的奋斗中再立新功！

（刊发于《求是》杂志2023年第20期）

深入学习宣传贯彻习近平新时代中国特色社会主义思想 奋力推动"两个维护"再上新台阶

慎海雄

习近平总书记深刻指出："中国共产党为什么能，中国特色社会主义为什么好，归根到底是马克思主义行，是中国化时代化的马克思主义行。"一个政党是否先进，有无先进的理论武装是重要标志。我们党自诞生之日起，就高度重视理论武装。作为党的意识形态重镇和国家广播电视台，中央广播电视总台牢记领袖嘱托，坚持思想引领，扎实开展学习贯彻习近平新时代中国特色社会主义思想主题教育，深刻领悟"两个确立"的决定性意义，着力以主题教育实际成效推动"两个维护"再上新台阶。

认真学习深刻领会习近平总书记重要讲话精神，切实增强开展好主题教育的思想自觉、政治自觉、行动自觉

从推进强国建设、民族复兴中心任务来看，这次主题教育是一次具有重大意义的战略部署。习近平总书记在主题教育工作会议上的重要讲话，从新时代新征程党和国家事业发展全局的战略高度，深刻阐述开展主题教育的重大意义和目标要求，对主题教育各项工作作出全面部署，为我们扎实开展好主题教育指明了方向、提供了根本遵循，是一篇闪耀着马克思主义真理光辉的纲领性文献。回顾新时代的伟大变革，我们每个人都有深刻领悟：正是因为有习近平总书记作为党中央的核心、全党的核心掌舵领航，正是因为有习近平新时代中国特色社会主义思想科学指引，我们才能不断科学回答中国之问、世界之问、人民之问、时代之问，才能推动"中国号"巨轮扬帆远航、行稳致远。在全面贯彻党的二十大精神的开局之年，习近平总书记亲自谋划部署在全党深入开展学习贯彻习近平新时代中国特色社会主义思想主题教育，正当其时、意义重大、影响深远，必将推动全党更有定力、更有自信、更有智慧地走好中国式现代化道路。

从应对风险挑战来看，当前"两个大局"深刻演变，世界进入新的动荡变革期。面对风高浪急甚至惊涛骇浪的重大考验，全党必须更加紧密地团结在以习近平同志为核心的党中央周围，团结成"一块坚硬的钢铁"。通过这次主题教育，全党同志必将得到进一步的革命性锻造，对于全党始终保持统一的思想、坚定的意志、协调的行动、强大的战斗力，激发干事创业、担当作为的精气神，锤炼敢于斗争、善于斗争的本领能力，具有重大深远意义。

从总台事业发展来看，习近平总书记始终关心总台工作，总台成立5年里7次发来贺信并作出一系列重要指示批示，给全体同志以鼓励、以指导、以期望。我们坚持以习近平新时代中国特色社会主义思想统领一切工作，找到了方向、尝到了甘甜、收获了成功，在海内外的引领力、传播力、影响力持续提升，国际传播力骤升，实现了脱胎换骨式的裂变。总台取得的所有成绩，都是我们坚定不移贯彻习近平新时代中国特色社会主义思想的结果。在总台成立5周年和《新闻联播》开播45周年之际，习近平总书记分别作出重要指示，充分肯定总台工作成效，勉励我们乘着党的二十大东风，深刻领悟"两个确立"的决定性意义，推动"两个维护"再上新台阶，为总台发展提供了强大指引和动力。我们将通过开展主题教育，进一步把习近平总书记对总台的关怀嘱托转化为工作实践和实际成果，为服务党和国家工作大局再立新功。

牢牢把握主题教育部署要求，高标准高质量扎实开展好各项工作

抓好理论学习，坚持不懈从习近平总书记重要思想、重要论述、重要指示中找启迪、找思路、找答案。结合主题教育大兴读书学习之风，坚持读原著学原文悟原理，认真研读党的二十大报告和党章，认真组织学习《习近平著作选读》《习近平新时代中国特色社会主义思想专题摘编》《习近平新时代中国特色社会主义思想学习纲要》等重要学习用书，研读习近平总书记《论党的宣传思想工作》，学好用好《习近平总书记对中央广播电视总台工作重要指示批示汇编》，进一步夯实坚定拥护"两个确立"、坚决做到"两个维护"的思想根基。

抓好调查研究，进一步察实情、谋良策、解难题。研究制定《中央广播电视总台2023年调研工作方案》，在全台大兴调查研究之风，做到既常喝理论"墨水"，也常沾基层"泥水"、常流苦干"汗水"，推动形成一批高质量调研成果，海阔天空想、脚踏实地干，进一步激发创新活力。

抓好推动发展，奋力推动总台高质量发展迈上新台阶。深刻把握包括"六个必须坚持"在内的习近平新时代中国特色社会主义思想的立场观点方法，持续深化"思想+艺术+技术"融合传播，大力推进"5G+4K/8K+AI"科技创新，创新开展"消费季""国聘行动""品牌盛典"等充满创意的媒体活动，奋力实现"满屏皆精品"和"两个效益"双丰收，在信息流通、品牌塑造、数字经济、消费升级、对外交流、就业服务等领域发挥总台作用、作出总台贡献。

抓好检视整改，扎实推动总台各项工作提质增效。坚持边学习、边对照、边检视、边整改，深入查摆不足，抓好整改整治，勤动"婆婆嘴"、常敲"小木鱼"，推动总台全面从严治党向纵深发展。结合总台工作实际，在主题教育中抓好干部队伍教育整顿，锻造政治过硬、本领高强、求实创新、能打胜仗的"新闻铁军"。

抓好建章立制，确保学思践悟党的创新理论常态长效。坚持"当下改"与"长久立"相结合，对主题教育中的好做法好经验及时以制度形式固定下来，研究建立巩固深化主题教育成果的长效机制，进一步完善总台学习贯彻党的创新理论制度机制，着力在学懂、弄通、做实上取得更大成效。

充分发挥总台党的宣传报道主力军压舱石重要作用，把习近平新时代中国特色社会主义思想宣传阐释引向深入，为开展主题教育营造浓厚舆论氛围

深化提升总台"头条工程"，奋力推动习近平新时代中国特色社会主义思想春风化雨深入人心。坚持以领袖的高度就是宣传报道追求的高度为标准，遵循传播规律、创新话语表达，在润物无声、引人入胜上持续下功夫，着力把领袖思想艺术性地转化为《平"语"近人——习近平喜欢的典故》（第三季）、系列节目《"中国式现代化"调研行》、大型系列报道《新征程上看中国》等一大批新风扑面、过目难忘、热气腾腾的专题报道和精品力作，推动党的创新理论"飞入寻常百姓家"。

有力有效开展对外传播，向海外生动展现大国领袖的思想智慧和风采魅力。进一步深刻领悟习近平总书记关于国际传播工作的大思想大思维大战略，充分发挥总台68种语言、CGTN融媒体平台、国际视频通讯社、海外总站、网红工作室等海外传播优势，着力推动构建中国话语和中国叙事体系，深化《经典里的中国智慧》《典籍里的新思想》等多语种产品精准传播，打造总台"全球媒体创新论坛"等品牌媒体活动，千方百计提升在美西方就地"消毒"能力，推动重塑全球舆论生态，提升中国智慧的国际影响力。

扎实做好主题教育宣传报道，为坚持不懈用党的创新理论凝心铸魂提供舆论支持。发挥好总台全媒体融合传播优势，持续擦亮《央视快评》《主播说联播》等言论评论品牌，策划推出《学习贯彻习近平新时代中国特色社会主义思想主题教育》《学思想　强党性　重实践　建新功》《学习新思想　奋进新征程》《新时代新征程新伟业》《新思想引领新征程》等专题专栏，及时反映好各地区各部门开展主题教育的进展成效，宣传好先进典型和经验做法，营造浓厚舆论氛围。

加强组织领导、精心组织实施，确保主题教育取得扎实成效

强化责任落实。发挥好总台主题教育领导小组统筹领导作用，牵头抓总、一体推进。充分发挥总台党组、各基层党委理论学习中心组领学促学作用和领导干部示范引领作用，带头深入学习、带头谈心得体会、带头作辅导、带头抓落实，以"关键少数"带动"绝大多数"，推动形成层层示范、层层带动的头雁效应，掀起全台主题教育热潮。

加强督促指导。总台主题教育领导小组组建巡回指导组，对地方总站、台属企业开展主题教育情况进行督导，确保任务落实到位。把开展此次主题教育成效情况作为参评模范机关、评定"四强"党支部等荣誉评选的重要依据，作为党建工作督查、基层党组织书记述职评议考核的重要内容，压紧压实责任。

创新方式方法。高质量做好每一个规定动作，创新开展符合党中央要求、具有总台特色的"四个100"等系列学习活动，让主题教育"活力"成为学习进步"动力"。加强宣传引导，用好总台官网、"总台之声"微信公众号、党建内刊等各类平台，及时反映总台主题教育的进展成效。

坚持务求实效。坚持目标导向和问题导向相统一，坚决反对形式主义。坚持把开展主题教育同做好领袖宣传报道、重大主题宣传报道、国际传播、精品节目创作、新媒体新平台建设、产业发展、全面从严治党、人才队伍建设等各项工作紧密结合起来，将焕发出来的学习工作热情转化为攻坚克难、干事创业的强大动力，更加有力有效地服务好党和国家工作大局。

习近平总书记指出："为学之要贵在勤奋、贵在钻研、贵在有恒。"学习贯彻习近平新时代中国特色社会主义思想，既是重大的现实课题，更是永恒的终身课题。中央广播电视总台将更加紧密地团结在以习近平同志为核心的党中央周围，牢记领袖谆谆嘱托，扎实开展学习贯彻习近平新时代中国特色社会主义思想主题教育，着力做到以学铸魂、以学增智、以学正风、以学促干，奋力打造具有强大引领力、传播力、影响力的国际一流新型主流媒体，为强国建设、民族复兴作出新的更大贡献！

（刊发于《旗帜》杂志 2023 年第 6 期）

从严落实机关党建主体责任
以实际行动推动"两个维护"再上新台阶

慎海雄

中央广播电视总台作为党的意识形态重镇和国家广播电视台，始终坚持把党的政治建设摆在首位，始终坚持把机关党的建设作为机关建设的根本保证，深入学习贯彻习近平总书记关于党的建设的重要思想和"7·9"重要讲话精神，把坚定拥护"两个确立"、坚决做到"两个维护"体现到总台工作各方面、贯穿到宣传报道全过程。总台成立 5 年来，习近平总书记7次发来贺信并作出一系列重要指示批示，今年以来就总台成立5周年、《新闻联播》栏目开播45周年、《领航》国际版专题片海外传播良好等3次作出重要指示批示，充分肯定总台工作成效，给全体同志以鼓励、以指导、以期望。日前召开的中央和国家机关部门党组（党委）落实机关党建主体责任座谈交流会，深刻阐述了落实机关党建主体责任的重大意义、任务要求和工作重点。总台将以更高标准更实举措落实好部门党组（党委）机关党建主体责任，以高质量党建促进高质量发展。

坚持牢牢牵住主体责任"牛鼻子"，建立健全机关党建责任体系

习近平总书记指出，加强和改进中央和国家机关党的建设，必须牵住责任制这个"牛鼻子"。总台党组严格落实机关党建主体责任，制定落实全面从严治党责任清单，每年召开党的建设工作会议，党组主要负责同志与党组成员、编务会议成员、总会计师、总工程师签订全面从严治党责任书，各部门各单位层层签订全面从严治党责任书。聚焦织牢织密党建工作责任体系，理清机关党建工作的任务清单、问题清单和负面清单，结合每半年与驻部纪检监察组会商、内部巡视等推进总台党建工作督导常态化、长效化，持续巩固完善党建责任落实传导机制。严格落实意识形态工作责任制，认真开展监督检查，加强舆情分析研判，狠抓阵地管理，坚决守住安全底线，确保十拿十稳、万无一失。

坚持把政治建设放在首位，强化机关党建责任意识

在总台没有脱离政治的单纯业务，也没有脱离业务的抽象政治。总台组建5年来，牢固树立政治机关意识，特别是以深入开展学习贯彻习近平新时代中国特色社会主义思想主题教育为契机，进一步完善理论学习长效机制，巩固深化习近平总书记重要指示批示精神和党中央决策部署贯彻落实机制，在践行"两个维护"的第一方阵中走在前列。第一时间传达学习习近平总书记重要讲话和重要指示批示，召开专题会议研究部署具体落实举措。推动全台774个基层党组织的13 600多名党员干部，自觉"透过业务看政治"，牢牢把握总台"首先是政治机关"的政治定位，旗帜鲜明讲政治，不断提高政治判断力、政治领悟力、政治执行力。总台党组主要负责同志带头讲党课、作辅导、抓调研，主持制定《中央广播电视总台加强党的政治建设工作方案》，指导机关党委组织开展有总台特色的学习教育活动，扎实推进新时代党的创新理论武装。

坚持推动党建与业务深度融合，提高履行机关党建主体责任的能力水平

总台作为党的宣传报道主力军压舱石，坚持把业务工作成果作为检验机关党建效果的重要标志，持续推动广大干部职工将习近平新时代中国特色社会主义思想内化于心、外化于行，切实转化为一档档精品栏目、一个个优秀

节目，推动党的创新理论"飞入寻常百姓家"。建立健全机关党建和业务工作同谋划、同部署、同落实、同检查的运行机制和领导班子成员"一岗双责"机制，在研究重大项目、重点节目过程中同步考虑党的建设。不断强化政治意识，坚持以领袖的高度就是宣传报道追求的高度为标准，持续深化"头条工程"，倾力打造领袖风采和领袖思想的传播高地，持续深化"思想＋艺术＋技术"融合传播，着力把政治话语、理论话语转化为大众语言、日常语言，推动理论传播更加生动鲜活、深入人心。坚持业务工作开展到哪里、党建工作就延伸到哪里，在党的二十大、庆祝中国共产党成立100周年、庆祝新中国成立70周年、北京冬奥会冬残奥会、新冠疫情防控等一系列重大宣传报道中，前方党支部带领党员干部冲锋在第一线、战斗在最前沿，有效发挥先锋模范作用，充分彰显了总台高质量党建的成效和特色。

坚持创新理念方法抓党建，推动机关党建主体责任落细落实

总台党组牢固树立大抓基层的鲜明导向，基层党组织建设不断加强，党建工作实现全覆盖，党员队伍战斗力显著提升。坚持分类指导，针对总台党员人数多、党组织范围广的实际情况，面向内设机构、派出机构、台属企业有针对性地开展调研、出台规范、明确任务，有效落实党建工作主体责任。采取书面述职与现场述职相结合的方式，多层次深入开展基层党组织书记抓基层党建工作述职评议考核，把抓基层党建情况作为实绩评定的重要内容，作为领导干部选拔任用、培养教育和奖励惩处的重要依据，作为评价所在部门年度党建工作情况的重要依据。充分发挥总台红色资源和业务优势，把"一支部一品牌"创建作为加强基层组织建设的重要抓手，深入实施"万名党员进党校"轮训工程，创新开展总台"年度党建品牌"评选、"四个100"等系列活动，打造一批总台党建特色品牌。

总台党组及时传达学习中央和国家机关部门党组（党委）落实机关党建主体责任座谈交流会精神，认真贯彻落实蔡奇同志讲话要求，进一步增强落实机关党建主体责任的使命感和紧迫感，以高质量党建促进高质量发展，以实际行动推动"两个维护"再上新台阶。

进一步在健全制度机制上下功夫，推动机关党建主体责任落到实处。 紧密结合自身实际，不断完善党建责任落实机制，强化主业主角意识，做到知责于心、担责于身、履责于行。在深入开展主题教育过程中全面推进党建工作主体责任细化落实，积极发挥党建引领作用。在全台进一步牢固树立抓机关党建是本职、不抓机关党建是失职、抓不好机关党建是渎职的理念，切实发挥党组示范带头作用，有力推动基层党组织书记履行好第一责任人职责，同时抓好各级领导班子其他成员履行"一岗双责"。

进一步在创新工作方法上下功夫，推动落实机关党建主体责任取得实效。 针对总台机构规模大、党员人数多、业务链条长等特点，将创新这一总台工作的主旋律有机贯穿到机关党建工作中，有针对性提出思路举措，让党建工作更规范严谨，更具体深入。坚持问题导向，一体推进思想建设、队伍建设、业务建设，把主题教育成果切实转化为做好各类宣传报道的强大动力，着力发挥党组织在其中的战斗堡垒作用和党员的先锋模范作用，让党建成为业务工作的有力引领和坚强保障。持续推进党支部标准化规范化建设，规范各内设机构、直属单位、地方总站和台属企业基层党组织考核标准，细化党建工作责任考评指标。深入探索符合总台高质量发展实际的党建工作和业务工作融合发展方式，更加有效开展特色主题党日和各类培训、交流等，进一步深入基层、深入群众，增强党建工作实效。

进一步在加强监督检查上下功夫，建强落实机关党建主体责任的干部队伍。 总台党组切实担起管党治党政治责任，把全的要求、严的基调、治的理念体现到主体责任落实全过程、各环节。在中央和国家机关工委指导下，将进一步强化机关党委履行机关党建专门责任，充分发挥机关纪委监督责任。进一步建强配齐机关党建工作队伍，完善督促检查、述职评议考核、追责问责机制。突出抓好各级党组织书记这支队伍，充分发挥班子带头人的作用，带动起班子成员和广大党员形成干事创业的良好氛围。把培养党建人才纳入总台党的建设和干部队伍建设整体规划，为奋力打造具有强大引领力、传播力、影响力的国际一流新型主流媒体提供坚强保障。

（刊发于《旗帜》杂志 2023 年第 9 期）

第二编

组织机构

中央广播电视总台内设机构及职能

总台领导、编务会议成员

中宣部副部长、总台党组书记、台长兼总编辑　慎海雄
总台党组成员、副台长、机关党委书记　王晓真
总台党组成员、副台长　胡劲军
总台党组成员、副台长　邢　博
总台党组成员、副总编辑、CGTN总编辑　范　昀

编务会议成员　薛继军
编务会议成员　姜文波
编务会议成员　李　挺
编务会议成员　黄传芳
编务会议成员、民族语言节目中心主任　刘晓龙
编务会议成员、总经理室总经理　彭健明

总台内设机构及职能

办公厅
负责组织协调全台行政管理和综合服务保障工作。
主任：周振红
下设：综合处、总值班室、秘书处、研究处、文电机要处、督查处、舆情信息处、保密处、保卫处、法律事务处、信息化处、档案处、审计一处、审计二处、审计三处、行政保障协调处、行政处、房产管理处、物业管理处、医疗保障处、交通保障处

总编室
负责组织协调全台宣传工作，制定宣传规划，组织各宣传平台播发，组织节目审查、

监看、评议，开展受众数据分析和联系工作。

主任：梁建增

下设：综合部、宣传值班室、评估考核部、业务规划部、统筹协调部、新媒体传播管理部、电视节目播出管理部、广播节目播出管理部、对外传播部、节目推介部、受众工作部、节目审看部、信息研究部、社会合作部、综合频道编辑部、综合频道节目部、综合频道项目部、播音员主持人管理中心（二级事业部）

新闻中心

负责全台新闻的采访、编辑、评论、制作、播出，负责新闻资源的统筹与共享。

召集人：申勇

下设：综合部、策划部、新闻评论部、融媒部、经济新闻部、社会新闻部、地方新闻部、军事节目部、国际新闻部、广播新闻采访部、新闻频道编辑部、新闻联播编辑部、新闻视觉艺术编辑部、新闻播音部、早间节目部、午间节目部、晚间节目部、夜间节目部、广播新闻编辑部、特别报道部、广播节目协调部、环球资讯广播部、新闻采访中心（二级事业部）、新闻编辑中心（二级事业部）、时政新闻中心（联播节目中心）（二级事业部）

内参舆情中心

负责采集国内外舆情信息，制作编发内参报道。

主任：吴朝晖

下设：综合室、专报室（一室）、策划室（二室）、调研室（三室）、舆情室（四室）、视频室（五室）、国际室（六室）

财经节目中心

负责采访、编辑、播出财经类节目及相关新媒体产品。

主任：蔡俊

下设：综合部、统筹策划部、新媒体部、财经新闻采访部、证券新闻采访部、财经评论部、电视节目编辑部、电视专题部、广播运行部、广播财经新闻部、广播财经专题部、广播证券部、项目合作部、财经活动部

文艺节目中心

负责组织、编辑、播出综艺类、戏曲和音乐类节目及相关新媒体产品。

召集人：张国飞

下设：综合部、统筹规划部、综艺频道编辑部、综艺频道节目部、戏曲频道编辑部、戏曲频道节目部、音乐频道编辑部、音乐频道节目部、音乐之声编辑部、音乐之声节目部、经典音乐广播节目部、文艺之声编辑部、文艺之声节目部、阅读之声节目部、劲曲调频编辑部、全媒体采编部、导播和摄像部、大型活动中心（二级事业部）、音乐节目中心（二级事业部）

体育青少节目中心

负责采访、编辑、播出体育类节目及相关新媒体产品，组织、编辑、播出面向青少年、儿童的节目及相关新媒体产品。

主任：许强

下设：综合部、统筹规划部、运营合作部、新媒体部、特别节目部、体育频道编辑

部、少儿频道节目部、体育节目部、体育新闻部、体育竞赛部、少儿频道编辑部、奥林匹克频道节目部、奥林匹克频道编辑部、动画管理部

社教节目中心

负责采访、编辑、播出科技、教育、文化、卫生、法治、老年类节目及相关新媒体产品。

召集人：杨继红

下设：综合部、特别节目部、科教频道编辑部、社会与法频道编辑部、新媒体部、科技节目部、文化节目部、教育节目部、社会节目部、法制节目部、老年节目部

影视剧纪录片中心

负责组织、制作、播出国内外电影、电视剧，组织、制作、播出纪录片及相关新媒体产品。

副主任：梁红（主持工作）

下设：综合部、新媒体部、电视剧频道编辑部、纪录频道编辑部、电视剧项目部、电视剧创作部、纪录片项目部、纪录片一部、纪录片二部、纪录片三部、电影项目部、审片和版权部

民族语言节目中心

负责采访、编辑、翻译、播出少数民族语言节目及相关新媒体产品。

主任：刘晓龙（兼）

下设：综合部、统筹策划部、新闻编辑部、融媒体部、对外联络部、技术保障部、蒙古语节目部、藏语节目部、维吾尔语节目部、哈萨克语节目部、朝鲜语节目部、拉萨编辑部、藏语方言部、乌鲁木齐编辑部、西藏民族语言中心（二级事业部）、新疆民族语言中心（二级事业部）

军事节目中心

负责采访、编辑、播出军事类节目及相关新媒体产品。

主任：何新宇

下设：综合部、策划部、新闻编辑部、新闻采访部、专题节目部、创新节目部、融媒体部、频道编辑部、广播节目部

农业农村节目中心

负责采访、编辑、播出农业农村类节目及相关新媒体产品。

副主任：王晓斌（主持工作）

下设：综合部、统筹策划部、电视节目编辑部、广播节目部、融媒体部、新闻部、合作节目部、专题节目部、文艺节目部、社会交流部、项目部

港澳台节目中心

负责采访、编辑、播出面向香港特别行政区、澳门特别行政区、台湾地区及珠江三角洲地区的节目及相关新媒体产品。

主任：王全杰

下设：综合部、对港澳新闻部、对台新闻部、节目策划部、新媒体部、对港澳专题部、对台专题部、综艺节目部、音乐节目部、广州节目制作室、深圳节目制作室、厦门节目制作室、联络部

英语环球节目中心

负责采访、编辑、播出面向全球的英语节目及新媒体产品，发布外宣英语通稿。

主任：范昀（兼）

下设：综合部、策划部、新媒体编辑部、电视新闻编辑部、采访部、评论部、财经节目部、专题节目部、文化节目部、音频节目部、西班牙语部、法语部、阿拉伯语部、俄语部、对外合作部、CGTN办公室、CGTN宣传统筹部、北美区域制作中心、欧洲区域制作中心、非洲区域制作中心

亚洲非洲地区语言节目中心

负责组织、编辑、翻译、播出面向亚洲和非洲地区的多语种节目及新媒体产品。

主任：安晓宇

下设：综合部、策划采编部、融媒体制作部、日语部、朝鲜语部、蒙古语部、越南语部、老挝语部、柬埔寨语部、泰语部、马来语部、印度尼西亚语部、菲律宾语部、缅甸语部、尼泊尔语部、印地语部、乌尔都语部、泰米尔语部、僧伽罗语部、孟加拉语部、土耳其语部、波斯语部、普什图语部、豪萨语部、斯瓦希里语部、希伯来语部、亚洲地区语言节目中心（二级事业部）、西亚非洲地区语言节目中心（二级事业部）

欧洲拉美地区语言节目中心

负责组织、编辑、翻译、播出面向欧洲和拉美地区的多语种节目及新媒体产品。

主任：夏勇敏

下设：综合部、策划采编部、融媒体制作部、德语部、意大利语部、葡萄牙语部、波兰语部、捷克语部、匈牙利语部、塞尔维亚语部、罗马尼亚语部、保加利亚语部、阿尔巴尼亚语部、克罗地亚语部、乌克兰语部、希腊语部、世界语部

华语环球节目中心

负责采访、编辑、播出面向海外华人华侨的中文节目及新媒体产品，发布外宣中文通稿。

主任：李欣雁

下设：综合部、节目统筹部、编辑部、新媒体部、新闻部、新闻专题部、文化专题部、音乐文艺部、纪录片部、普通话广播节目部、方言广播节目部、南海之声

融合发展中心

组织协调全台媒体融合发展事务，制定新媒体发展战略规划，统筹全台新媒体平台建设，建立内容资源和用户数据共享库，建立新媒体传播评价体系，规范管理新媒体社会合作。

主任：汪文斌

下设：综合部、发展规划部、统筹运营部、监测评估部、对外合作部

新闻新媒体中心

负责全台新闻新媒体旗舰平台建设及新闻类微博、微信等媒体账号的运营，负责新闻新媒体专线产品的组织、策划、生产、推广等工作。

副主任：闫帅南

下设：综合部、客户端编辑部、评论特稿部、媒资通稿部、特别产品制作部、合作

媒体部、融媒体技术部、策划部、用户运维部、应急广播规划部、应急广播活动部、应急广播融媒部

视听新媒体中心

负责全台视听新媒体旗舰平台建设及非新闻类微博、微信等媒体账号的运营，负责非新闻类视听新媒体专线产品的组织、策划、生产、推广等工作。

主任：钱蔚

下设：综合部、策划部、客户端运营部、社交媒体运营部、视频创作部、音频创作部、产品设计部、融合业务部、创意互动部、技术应用部、大数据管理部

国际传播规划局

负责国际传播理论研究和战略规划，统筹全台国际传播能力建设，负责广播电视节目和新媒体产品的海外落地推广，承担对外汉语推广工作。

局长：滕云平

下设：综合处、项目规划处、落地传播一处、落地传播二处、落地传播三处、落地传播统筹处、海外品牌推广处、文化传播处、海外评估核查处

人事局

负责全台干部和人力资源管理工作。

副局长：朱焰焰（主持工作）

下设：综合处、干部管理处、派出机构干部管理处、干部监督处、劳动工资处、社会保障处、教育培训处、人才工作处、员工管理处、信息档案处、地方机构管理中心（二级事业部）

财务局

负责全台财务管理工作。

局长：高华中

下设：综合处、预算管理处、财务管理处（派出机构财务管理处）、收入核算处、会计核算一处、会计核算二处、会计核算三处、绩效管理处、国有资产管理处、采购管理处、总台采购中心、企业财务处、资金结算处

总经理室

负责组织协调全台经营管理工作，负责广告经营和版权维护，负责下属企业管理。

总经理：彭健明（兼）

下设：综合部、广告资源管理部、客户服务一部、客户服务二部、电视频道经营部、新媒体业务部、市场推广部、合同管理部、广告监审部、广告播出部、公益广告部、权益维护部、版权经营部、战略投资部、企业经营管理部、广告运营中心（二级事业部）、版权运营中心（二级事业部）

技术局

负责全台技术管理、技术制作和安全播出工作。

局长：徐进

下设：综合部、安全播出管理部、网络安全管理部、质量管理部、工程管理部、技术规划研究部、技术联络部、传输覆盖部、技术业务部、网络技术统筹部、网络运行部、融媒体频率统筹部、云数据中心运行部、新媒体应用部、制播应用部、业务应用部、数

据应用部、技术资源统筹部、录制一部、录制三部、录制六部、录制七部、制作部、综合制作统筹部、录制二部、录制四部、录制五部、音频制作一部、音频制作二部、播控新闻统筹部、播出一部、播出二部、播出三部、播出四部、总控一部、总控二部、总控三部、转播一部、转播二部、转播三部、新闻制播五部、时政制作部、新闻制播一部、新闻制播二部、新闻制播三部、新闻制播四部、动力管理一部、动力管理二部、动力管理三部、动力管理四部

国际交流局

负责全台外事工作、外籍人员管理、国际交流及对外援助项目管理。

局长：齐竹泉

下设：综合处、亚非处、欧美处、国际合作处、护签处、外籍员工管理处、海外业务协调处、海外机构管理中心（二级事业部）

创新发展研究中心

负责全台创新体制机制建设，组织创新节目研发，管理创新研发资金，承担事业产业发展战略研究。

召集人：杨华

下设：综合部、发展战略部、新媒体研究部、创新管理部、创意研发部、学术联络部、期刊编辑部、中国电视报编辑部

机关党委

负责全台党群和纪检工作。

常务副书记：潘晓闻

下设：党委办公室、组织处、宣传处、党员干部教育培训处、派出机构党建工作处、工会工作处、青年工作处、妇女工作处、精神文明协调处、统战工作处（侨联）、纪委办公室、党风廉政教育处、信访案管处、监督审查一处、监督审查二处、监督审查三处、案件审理处、巡视一处、巡视二处

离退休干部局

负责全台离退休干部工作。

局长：牛道斌

下设：综合处、党务工作处、生活保障一处、生活保障二处、生活保障三处、文体活动处

台属事业单位

音像资料馆

主要承担全台音视频资料、图文资料等的统筹管理工作。

馆长：刘智力

下设：办公室、人力资源部、财务部、统筹规划部、音频资源部、资源采集部、编目生产部、全媒体应用部、特藏资源部、图书资料部、质量审核部、开发运营部、技术保障部、党委办公室

影视翻译制作中心

主要承担专题片、影视剧、纪录片、动画片等的翻译制作和海外推广工作。

主任：王璐

下设：综合部、财务部、融媒体节目部、译制部、海外推广部、创新发展部

总台直属企业

中国国际电视总公司

党委书记、董事长：姜海清

央视国际网络有限公司

党委书记、董事长：过彤（兼）

中央新闻纪录电影制片厂（集团）

党委书记、董事长、总经理：姚永晖

中广影视卫星有限责任公司

党委书记、董事长、总经理：黄瑞刚

中国电视剧制作中心有限责任公司

执行董事、总裁：李向东

中国环球广播电视有限公司

副总裁（主持工作）：高伟

央视频融媒体发展有限公司

总经理：过彤

央广传媒集团有限公司

党委书记、董事长、总经理：王跃进

国广传媒发展有限公司

副总经理（主持工作）：黄永国

中广视资产管理有限公司

总经理：韩峰

中国国际广播出版社有限公司

社长：张宇清

中国国际广播音像出版社

社长：张宇清

北京国广物业管理有限公司

总经理：康悦

地方派出机构

中央广播电视总台北京总站
　　副站长（主持工作）：王小节
　　下设：办公室、总编室、经理室

中央广播电视总台天津总站
　　召集人：方钢
　　下设：办公室、总编室、经理室

中央广播电视总台河北总站
　　站长：刘涛
　　下设：办公室、总编室、经理室、雄安记者站

中央广播电视总台山西总站
　　召集人：王跃军
　　下设：办公室、总编室、经理室

中央广播电视总台内蒙古总站
　　召集人：刘晓波
　　下设：办公室、总编室、经理室

中央广播电视总台辽宁总站
　　副召集人（主持工作）：裴奔
　　下设：办公室、总编室、经理室、大连记者站

中央广播电视总台吉林总站
　　副召集人（主持工作）：公海泉
　　下设：办公室、总编室、经理室

中央广播电视总台黑龙江总站
　　站长：冯雪松
　　下设：办公室、总编室、经理室

中央广播电视总台上海总站
　　站长：陈永庆
　　下设：办公室、总编室、经理室、策划部、技术部、浦东报道中心

中央广播电视总台江苏总站
　　站长：季明
　　下设：办公室、总编室、经理室、苏南记者站

中央广播电视总台浙江总站
　　副站长（主持工作）：胡作华
　　下设：办公室、总编室、经理室、宁波记者站、温州记者站

中央广播电视总台安徽总站
　　召集人：彭德全
　　下设：办公室、总编室、经理室

中央广播电视总台福建总站
　　副站长（主持工作）：田忠卿

下设：办公室、总编室、经理室、厦门记者站

中央广播电视总台江西总站
召集人：宋大珩

下设：办公室、总编室、经理室

中央广播电视总台山东总站
副站长（主持工作）：陈永庆

下设：办公室、总编室、经理室、青岛记者站

中央广播电视总台河南总站
站长：毛才桃

下设：办公室、总编室、经理室

中央广播电视总台湖北总站
常务副召集人：王亚民

下设：办公室、总编室、经理室

中央广播电视总台湖南总站
副召集人（主持工作）：朱兴建

下设：办公室、总编室、经理室

中央广播电视总台广东总站
副站长：肖振生

下设：办公室、总编室、经理室、新媒体部、深圳记者站、珠海记者站

中央广播电视总台广西总站
站长：何盈

下设：办公室、总编室、经理室

中央广播电视总台海南总站
副召集人（主持工作）：王文昌

下设：办公室、总编室、经理室

中央广播电视总台重庆总站
站长：郭彦

下设：办公室、总编室、经理室

中央广播电视总台四川总站
副站长（主持工作）：樊承志

下设：办公室、总编室、经理室

中央广播电视总台贵州总站
站长：阎建光

下设：办公室、总编室、经理室

中央广播电视总台云南总站
站长：张江元

下设：办公室、总编室、经理室

中央广播电视总台西藏总站
副召集人（主持工作）：曾晓东

下设：办公室、总编室、经理室

中央广播电视总台陕西总站
副召集人（主持工作）：李亚玮

下设：办公室、总编室、经理室

中央广播电视总台甘肃总站
召集人：

下设：办公室、总编室、经理室

中央广播电视总台青海总站
　　副召集人（主持工作）：熊传刚
　　下设：办公室、总编室、经理室

中央广播电视总台宁夏总站
　　召集人：郭长江

　　下设：办公室、总编室、经理室

中央广播电视总台新疆总站
　　站长：田彤
　　下设：办公室、总编室、经理室、新疆生产建设兵团记者站

海外派出机构

中央广播电视总台北美总站
　　主要负责人：曹日
　　下设：办公室、总编室、经理室

中央广播电视总台拉美总站
　　站长：朱博英
　　下设：办公室、总编室、经理室

中央广播电视总台非洲总站
　　副站长（主持工作）：宋嘉宁
　　下设：办公室、总编室、经理室

中央广播电视总台中东总站
　　副站长（主持工作）：张立
　　下设：办公室、总编室、经理室

中央广播电视总台欧洲总站
　　常务召集人：姜秋镝
　　下设：办公室、总编室、经理室

中央广播电视总台亚欧总站
　　站长：王斌
　　下设：办公室、总编室、经理室

中央广播电视总台亚太总站
　　站长：李毅
　　下设：办公室、总编室、经理室

中央广播电视总台联合国总站
　　副站长（主持工作）：张欣
　　下设：办公室、总编室、经理室

第三编

工作概况

中央广播电视总台工作概况

2023年是全面贯彻党的二十大精神的开局之年，也是中央广播电视总台（简称"总台"）成立第5年。5年来，习近平总书记7次给总台发来贺信，并作出一系列重要指示批示，为总台事业发展掌舵领航、举旗定向，注入了无穷力量。特别是2023年，习近平总书记就总台成立5周年、《新闻联播》栏目开播45周年、总台《领航》国际版专题片《绘制十年》播出等3次作出重要指示批示，为总台高质量发展提供了强大指引和动力。

在以习近平同志为核心的党中央亲切关怀和坚强领导下，在中宣部归口领导下，总台坚持以习近平新时代中国特色社会主义思想统领一切工作，全面贯彻党的二十大精神，深入贯彻落实习近平文化思想，贯彻落实习近平总书记对总台工作的一系列重要指示批示精神，持续深化"三个转变"，各项工作不断迈上新台阶，在海内外的引领力、传播力、影响力进一步增强，更加有力有效地服务好党和国家工作大局。

一、旗帜鲜明讲政治，深化提升总台"头条工程"，以更多精品力作奋力推动"两个维护"再上新台阶

1."头条工程"创新出彩，推动领袖思想和风采魅力的宣传更接地气、更深入人心

坚持以领袖的高度就是宣传报道追求的高度为标准，圆满完成习近平总书记一系列重要活动报道，以大量首发、独家、深度、原创报道，精彩呈现习近平总书记领袖风范魅力。习近平主席二〇二四年新年贺词相关报道在总台自有平台总阅读/观看量达14.95亿人次，各项主要传播数据再创新高。"习主席旧金山之行"相关报道在总台自有平台跨媒体总阅读量达83.09亿人次，32条重要消息全部实现全球首发。以创新为牵引，推出《非凡的领航——习近平总书记2023年治国理政纪实》《习近平的文化情缘》《新时代新征程新伟业》《高端访谈》等一大批精品节目栏目，《央视快评》《国际锐评》《玉渊谭天》《日月谭天》《大湾区之声热评》《海峡时评》等评论品牌，影响力持续提升。《高端访谈》栏目全年累计触达受众101.01亿人次，1000多家海外主流媒体转载转引上万次。《央视快评》全年刊发评论104篇，90%以上获全网置顶通发。央视新闻客户端发布时政稿件5243篇，全网置顶量同比增长26%。《主播说联播》话题阅读量突破136亿人次。

2.充分发挥融合传播优势，持续做好习近平总书记时政报道

《新闻联播》栏目播发时政新闻480余条，直播重大时政活动近40场次，高质量、高标准制作3300分钟国际公共信号、网络直播信号等，出品时政新媒体产品1032条，牢牢占据主流媒体舆论引领制高点。在全国两会报道中，推出多样态时政产品160余个，微博话题总阅读量突破570亿人次，刷新全国两会时政报道纪录。

3. 统筹海外资源平台，提升领袖报道对外传播实效

"一国一策"创新传播领袖思想。打造大型专题片《领航》国际版专题片《绘制十年》，覆盖全球3.95亿用户，全球阅读量达2.1亿人次，是总台重大主题节目投送到美西方主流平台播出的一次成功突破。《平"语"近人——习近平喜欢的典故》（第二季）多语种版本在全球80多个国家的209家主流媒体落播。专题片《人类文明新形态——中国式现代化》（国际版）——《我们的现代化故事》覆盖全球超4亿用户。CGTN发布多语种时政报道，全球阅读量近14亿人次，领袖报道对外传播实效显著提升。

二、聚力做好重大主题宣传报道，及时准确传递权威声音，持续巩固壮大主流思想舆论

1. 重大主题宣传报道亮点纷呈

党的二十大精神宣传深入人心，《人类文明新形态——中国式现代化》《奋进新时代》等重磅作品广泛传播，《以中国式现代化全面推进中华民族伟大复兴——习近平总书记今年以来治国理政纪实》等节目生动宣传阐释党的二十大精神。以"开放 普惠 共赢——携手同行现代化之路"为主题，成功举办第二届全球媒体创新论坛。在全球创新组织51场"中国式现代化与世界"系列媒体活动，触达受众超14.7亿人次。统筹海外总站围绕"中国式现代化"等主题，打造"何以文明"全球巡展、"全球'街'力"、"寻美之约"文化沙龙等对外传播媒体活动矩阵。

2. 共建"一带一路"倡议提出十周年宣传报道浓墨重彩

第三届"一带一路"国际合作高峰论坛期间，总台全网首发首推的40条时政快讯成为"全球信源"，打造大型纪录片《通向繁荣之路》《丝路上的新征程》等一系列作品，相关报道阅读/播放量达150.91亿次。《从"大写意"到"工笔画"》《丝路画卷》《美美与共》《新丝路上的交响》等节目接续推出，在全球100多个国家和地区传播。以我为主，与"一带一路"共建国家的近300家媒体和机构开展广泛合作，14项重要成果被列入第三届"一带一路"国际合作高峰论坛成果清单，数量居中央主流媒体首位。

3. 经济社会发展舆论引导精准有力

做好改革开放45周年宣传，播出《中国式现代化万千气象》《必由之路丨改革开放再出发 万千气象新征程》等节目产品，展现中国改革开放成就。全力以赴组织经济宣传和舆论引导，推出《提振信心在行动》《加快形成新质生产力》《高质量发展调研行》《中国经济信心说》等报道，唱响强信心的主旋律。组织开展"中国品牌日媒体行动""消费季""国聘行动"等系列活动，助力经济社会发展。

4. 内参舆情报送工作发挥耳目和智囊作用

聚焦重点、难点和热点，发力深度调研，报送一批参考性、实用性强的信息，总台内参权威性、影响力继续稳步提升。全年发稿1536

期，批示率继续在全国数百家呈报单位中保持前列。

三、着力加强国际传播能力建设，增强"两个大局"下外宣工作的针对性、实效性和感召力，在国际舆论场的地位不断提升

1. 正面交锋亮剑对美西方舆论斗争

以攻为守，主动设置议题对冲反制，《国际锐评》《先声夺人》等评论品牌掷地有声，持续推出《民主：全人类共同价值》《破局芬太尼》等舆论斗争拳头产品。《玉渊谭天》建设数字化认知攻防平台，梳理出多名长年抹黑中国的西方记者，并针锋相对反击，相关报道推动粉丝总量突破1100万人，境外媒体累计引用达1.5万余次，全网阅读量超百亿人次。在涉台、涉疆、涉藏、涉疫情、涉人权、俄乌冲突等对美舆论斗争议题上主动发声，就地"消毒"能力大幅提升。针对美国举办所谓"民主峰会"，举办第二届"民主：全人类共同价值"国际论坛，相关报道全球阅读量达10.58亿人次。深入美西方腹地开辟舆论战阵地，围绕"北溪"天然气管道被炸事件、"2·3"美国俄亥俄州火车脱轨事故、美国夏威夷州毛伊岛大火等热点事件，深挖猛打美软肋和痛点，其中美国夏威夷州毛伊岛大火相关报道阅读量达28.83亿人次。

2. 不断提高国际新闻采发能力

充分发挥8个海外总站和CGTN全球报道网络前沿传播优势，强化全球突发事件快速反应机制，全年国际重大新闻全球首发率达27.5%，在全球主要媒体中位列第一。在巴以新一轮冲突报道中，总台大量一手素材被114个国家和地区的2253家电视台及其新媒体平台引用播出超24.4万次。海外总站提升首达首发能力，3475条新闻素材被122个国家和地区的近2500家电视台及其新媒体平台采用。

3. 建立更为广泛的国际媒体"统一战线"

紧随元首外交步伐，总台与对象国政府机构和主流媒体签署合作协议58份，其中18份在双方领导人共同见证下签署，33份纳入领导人会晤成果清单。围绕首届中国—中亚峰会，总台推出的中国—中亚媒体高端对话交流活动、"中亚情缘"——中国影视节目展映活动被列入峰会成果清单。第二届全球媒体创新论坛、"何以文明"全球巡展、"中国式现代化与世界"、"中美人文交流友好对话"等一系列媒体活动持续打造总台的"高光"时刻，与国际友人往来信函贺卡超过300封。在中国和洪都拉斯建交后，总台迅速成立特古西加尔巴记者站，成为两国政府部门共同批准的首家驻洪都拉斯中国媒体机构。

4. 积极拓展海外舆论阵地

在脸书（Facebook）、推特（Twitter, 2023年7月更名为X）和优兔（YouTube）三大社交平台累计粉丝规模超6亿人，建成140个网红工作室，培育222名网红主播，个人账号总粉丝量超1.4亿人。总台国际频道落地国家和地区总数达189个，海外用户总量达7.08亿户，创下新高。CGTN英语频道海外用户数增至6.61亿户，继续稳居国际媒体同行之首。

四、坚持守正创新，持续深化"思想＋艺术＋技术"融合传播，初步实现"满屏皆精品"和"两个效益"双丰收有机统一

1. 精品节目亮点频频，"大剧看总台""大作看总台"的品牌影响力和社会美誉度进一步提升

持续深化"两个有所提高"，扎实践行"第二个结合"，2023年中央广播电视总台春节联欢晚会（简称"2023年春晚"）海内外传播效果创下多项新纪录，全媒体累计触达受众162.16亿人次，全球56个国家和地区的231家媒体对春晚进行同步直播和报道，"竖屏看春晚"首次呈现多画面"分屏"和幕后花絮，营造了全球共庆中国年的喜庆氛围，进一步彰显文化自信，春晚已成为传播中华文化的重要窗口。创新打造《简牍探中华》《文脉春秋》《寻古中国》《非遗里的中国》《宗师列传·唐宋八大家》《中国书法大会》《原声天籁——中国民歌盛典》《美美与共》等一大批文化精品节目，推出《繁花》《狂飙》《三体》《赤诚》《航拍中国》（第四季）、《大运河之歌》《重庆谈判》等一大批"大剧""大作"。中央广播电视总台数字文化艺术博物馆"央博"数字平台（简称"'央博'平台"）上线，主办第十三届北京国际电影节、第25届上海国际电影节、第18届中国长春电影节、第五届海南岛国际电影节、第十届丝绸之路国际电影节等五大电影节，以及第十九届中国国际动漫节、CMG首届中国电视剧年度盛典、总台首届青年京剧演员大会等大型活动，"总台出品"影响力再上新台阶。

2. 港澳台传播阵地不断建强

持续加强评论品牌建设，改版涉台深度言论品牌《日月谭天》，发布文章和原创视频近700条，全网阅读量突破1亿人次。"大湾区之声"新媒体首发涉港澳稿件225篇，相关话题阅读量超25亿人次。"看台海"新媒体全年发稿超3万篇（条），总阅读量超120亿人次。与香港特别行政区政府开启新一轮合作，并推动文化惠港政策落地落细。

3. 体育大赛制播国际领先地位持续巩固

派出4500余人的工作团队做好第19届亚洲夏季运动会（简称"杭州亚运会"）转播报道，历史上首次完成亚运会主转播机构服务，首次以4K/8K标准向全球提供国际公用信号和相关媒体服务，首次在总台大屏端转播电竞赛事。杭州亚运会转播报道在总台自有平台全网触达受众超414亿人次，创亚运会转播新纪录。派出2500多人的团队开展第31届世界大学生夏季运动会（简称"成都大运会"）转播报道、主播机构服务等工作，相关报道跨媒体触达受众86.77亿人次，创历史纪录。

4. 科技创新引领媒体技术发展潮流

以超高清视音频制播呈现国家重点实验室（简称"国重实验室"）为依托，推动科技创新体系提质升级，累计设立54项研究课题。《4K/8K超高清图像测试序列》等4项内容被确定为国际标准。超高清示范园"央视界"正式启动建设，国家（杭州）短视频基地等重点项目扎实推进。"百城千屏"项目全国大屏组网总数达721块，覆盖28个省份的90座城市。

5. 全媒体传播体系建设成效显著

央视频客户端累计下载量达5.45亿人次，用户规模和活跃用户量继续稳居央媒新媒体平台首位。央视新闻客户端累计下载量超2.1亿人次，社交平台矩阵用户数超7.9亿户。云听客户端累计用户突破2.6亿户，月活跃用户超过2000万户。央视网升级建设"智能传播工

程"，各平台全球覆盖用户超21亿户。

6. 推动产业发展实现新突破

升级2024"品牌强国工程"，签约客户数量创近年来新高。深化杭州亚运会赛事增量营销，整体收入为上届亚运会广告收入的13倍。进一步拓展新媒体营销增长空间，2023年春晚、杭州亚运会、2023年中央广播电视总台中秋晚会等项目营销成果显著。举办中央广播电视总台首届版权生态合作大会，杭州亚运会版权创收是历届亚运会赛事版权总收入的36倍。

五、强化意识形态阵地建设，不断提升行政运行管理和服务保障水平，锻造一支政治上忠诚可靠、业务上精益求精的"新闻铁军"

1. 突出抓好党的政治建设，进一步深刻领悟"两个确立"的决定性意义，筑牢推动"两个维护"再上新台阶的思想根基

坚持把学习宣传贯彻习近平新时代中国特色社会主义思想作为首要政治任务，把习近平总书记重要讲话、重要指示批示精神列为党组"第一议题"，第一时间传达学习、不折不扣贯彻落实。全年组织专题学习或研讨100余次，围绕习近平总书记对总台成立5周年、《新闻联播》栏目开播45周年、总台《领航》国际版专题片播出的重要指示，召开党组扩大会议专题传达学习，研究贯彻落实举措，向全台印发学习宣传贯彻的通知。抓紧、抓实、抓好党的二十大精神学习宣传贯彻，开展"四个100"系列活动。

2. 牢牢把握"学思想、强党性、重实践、建新功"的总要求，扎实开展学习贯彻习近平新时代中国特色社会主义思想主题教育

成立总台学习贯彻习近平新时代中国特色社会主义思想主题教育领导小组及办公室，研究制定主题教育实施方案、调研工作方案、整改整治方案、干部队伍教育整顿实施方案等，坚持把理论学习、调查研究、推动发展、检视整改、建章立制等贯通起来，取得实实在在的成效。举办读书班、主题党日等活动，组织党组专题学习21次、专题讲座2场、集体学习研讨8次。大兴调查研究，全台确定调研课题138个，取得阶段性成果。抓好突出问题整改整治，深入开展干部队伍教育整顿。

3. 打造过硬人才队伍，持续深化大师闪耀、新人辈出的生动局面

健全干部选育管用全链条机制，制定《中央广播电视总台干部人才选育管用全链条机制建设工作方案（2023—2025年）》，建立适配总台业务特点的政治素质评价指标体系。实施"中央广播电视总台优秀年轻干部培育计划""中央广播电视总台新入职大学生五年培养计划"，启动第三批"蹲苗"选派工作，开展中央广播电视总台第二届青年英才评选活动，制定"总台工匠"评选方案，建立台属外包单位优秀人才引进常态化机制，推动干部队伍形成青蓝相继的良好局面。

4. 坚持严的基调，强化正风肃纪，巩固深化总台风气建设成效

通过开展内部巡视、专项监督检查等，推动习近平总书记重要指示批示精神和党中央重大决策部署在总台落地生根、开花结果。持续加固中央八项规定堤坝，制定《中央广播电视

总台党组深入落实中央八项规定精神的具体措施》。印发《中央广播电视总台党组巡视工作规划（2023—2027年）》，开展两轮常规巡视。配合做好审计署经济责任审计，认真组织审计整改工作。

5. 强化大抓基层的鲜明导向，夯实总台党的建设高质量发展的坚实根基

组织总台"四强"（政治功能强、支部班子强、党员队伍强、作用发挥强）党支部、"四好"党员、"年度党建品牌"评选，制定《中央广播电视总台基层党组织配备专职组织员方案》，完成350个基层党组织书记副书记任免、选举成立等，完善地方总站党建工作季度考核评价体系。做好定点帮扶四川省喜德县工作，挂点联系京沪新时代文明实践中心建设工作。

6. 强化意识形态阵地建设，不断提升行政运行管理和服务保障水平

调整优化高质量发展精品考核办法，按月跟踪650余个项目提质升级进展，推动全平台内容品质整体提升。严格落实意识形态工作责任制，出台《中央广播电视总台外请演艺人员及单位审核规则》等制度，深化播音员、主持人队伍教育管理监督，建立贯穿节目策划、制作、播出全链条全流程的审核机制。

（办公厅供稿）

办公厅工作概况

2023年，办公厅坚持以党的二十大精神为指引，围绕中心、服务大局，不断增强工作的规范性、高效性和精准性，在守正创新、真抓实干中持续推动"三服务"工作提质升级。

一、全力做好服务保障总台党组各项工作

1. 做好文稿服务工作

全年组织召开总台党组会议58次，传达学习贯彻习近平总书记重要讲话、重要指示批示精神以及中央文件等95次，印发会议纪要等文件655期。起草2023年系列工作会议、总台主题教育系列会议等重要会议，以及《中央广播电视总台关于学习宣传贯彻党的二十大精神情况的报告》《中央广播电视总台党组关于学习贯彻习近平总书记重要指示精神情况的报告》、中央广播电视总台年度工作总结等材料520余篇约150万字。

2. 做好会议活动服务保障

全年保障会议活动503场，尤其是牵头策划庆祝中央广播电视总台成立五周年系列活动、精心保障《新闻联播》栏目开播45周年系列会议、协助举办纪念延安电影团诞生85周年暨中央新闻纪录电影制片厂（集团）成立70周年系列活动等。

3. 做好统筹协调综合服务

组织全台圆满完成全年值班任务，处理函电等业务8.6万余件，无漏办、错办、迟办情况发生，被评为"全国政府系统优秀值班室"。根据收文背景等情况，全年研提拟办建议3000余件，有力服务总台领导决策并得到肯定。对贯彻落实2022年度习近平总书记对总台工作一系列重要指示批示精神情况开展"回头看"，对总台"十四五"规划和总台党组2023年工作要点中的主要目标、重点任务、"民心工程"和重点签约协议跟踪问效、推动落实。

二、全力保障总台事业高质量发展

1. 提升公文运转管理规范化标准化水平

制定印发《中央广播电视总台机要收发工作管理办法》。在复兴路办公区设立公文"一站式"服务窗口，启用四址办公区智能文件交换系统，开通外埠机要交换"整付零寄业务"等，实现员工"一址发文、多址取件""少跑腿、快办事""最多跑一次"。

2. 有力有效开展"护牌行动"

将"护牌行动"纳入"打击新闻敲诈和假新闻"专项行动，会同相关单位处置以"CCTV《艺术传承》栏目组"名义开展有偿活动等各类违法违规活动，对冒充央视开办"总台农业农村频道《三农之声》栏目""CCTV中央广播电视总台《廉政中国》栏目"的犯罪嫌疑人采取刑事措施；关停"CCTV华夏之声""电视《文化强国》栏目"等虚假网站。

3. 加强行政办公信息化建设

编印总台深化有关工作总体规划方案及2023年实施计划，推进总台涉密内网应用试运行和总台行政办公外网多系统升级改造，以档案"收、管、存、用"工作为主线，打造文档一体化管理体系；推动11个派出机构接入国办内网省级网络平台、16个内设机构开通政府内网电子邮箱，有效提升跨地区涉密文件传递效率。

4. 持续强化法律服务保障

制定印发《2023年中央广播电视总台规章年度计划》，起草《中央广播电视总台制度建设规划（2023—2025年）》。全年审核各类合同6700余份。运用法治思维梳理重点、难点、堵点等问题，形成《中央广播电视总台法律诉讼案件办理及风险防范分析报告》。

5. 不断加强档案管理工作

举办总台发展历史陈列馆揭牌仪式，推进志愿讲解员招募，接待参观40场1200余人次。启动档案"三合一制度"编制工作，全年收到归档资料29.2万余件，为125人次查询借阅档案7328件。

三、全力办好民生实事，推进"民心工程"

1. 为员工就医提供方便

在各办公区设立"一站式"预约、挂号、缴费和医保报销平台。光华路办公区门诊部开设全科医学、妇科、呼吸科、老年科等特色互联网诊疗平台。新增总台家庭医生、员工转诊绿色通道等31项服务内容，形成科学实用、精准便捷、资源互补的总台医疗体系。

2. 完成涿州项目（启动区）住房配售工作

20栋主楼封顶并进行装饰装修。印发

《中央广播电视总台涿州项目（启动区）住房分配实施办法》，截至2023年年底，已完成"三轮"住房配售公示和现场选房。

3. 工程建设施工取得积极进展

复兴路园区改造项目前期工作、设计方案、人防工程初步设计及其概算编制等顺利推进，为开工建设提供有力支持。鲁谷办公区新媒体大楼主楼和音乐录音棚建安部分竣工验收工作全部完成。14个老旧小区改造项目全部竣工验收，惠及居民3416户。

4. 充分发挥总台书画院美育职能

举办庆祝总台成立五周年"我爱我台——中央广播电视总台员工书画摄影展"，会同有关部门（单位）举办"美美与共——中央广播电视总台员工书画摄影展"、"最美人间四月天——2023清明诗会"和"文韵燃秋——2023重阳诗会"。组建12个创作室，为3000余名员工作美育辅导。

5. 提高餐饮品质，创新推出特色菜

邀请专业厨师为总台厨师开展培训，在各址食堂陆续推出苏、鄂、浙、徽、陕等地风味菜品，会同文艺节目中心推出《一馔千年》菜品落地总台食堂"活动、举办"我爱我台　家的味道"职工菜谱进食堂活动。

6. 统筹做好服务全台员工相关工作

"一站式"服务平台实现四址办公区线上全覆盖，全年处理事务13.3万件，满意率达99%。制定《中央广播电视总台行政保障中心交通保障处驾驶员工作手册（试行）》《中央广播电视总台海外总站业务用车管理办法》，全年执行各类车辆服务保障任务25 900趟（次）。完成鲁谷办公区和复兴门办公区办公用房平面图绘制，先后赴6个地方总站踏勘拟选用的新站址，审核相关装修改造等方案56个。全年调动7740余人次执行31次较大防汛应急任务。

四、扎实开展学习贯彻习近平新时代中国特色社会主义思想主题教育

1. 做好总台主题教育相关工作

牵头抓好全台调查研究工作。制定总台调研工作方案，推动实施全台138个调研课题，配合总台领导赴地方调研，召开总台调研成果交流会和典型案例剖析会，报送《中央广播电视总台领导班子开展调研情况报告》《中央广播电视总台开展典型案例解剖式调研情况报告》《中央广播电视总台2023年调研工作自查情况报告》等材料16万字。会同机关纪委推动全台整改整治工作。整理形成总台党组和各部门各单位问题清单155项。

2. 认真抓好办公厅主题教育

成立办公厅主题教育领导小组及办公室，制定主题教育工作方案。领导班子带头讲主题教育专题党课，指导23个处（室）负责人讲专题党课。其中，办公厅主要负责同志的主题教育专题党课，被中央和国家机关工委评为基层党组织书记精品党课一等奖。班子成员深入一线开展调研，召开3场座谈，形成《深入学习贯彻习近平总书记对新时代办公厅工作重要指示精神　推动办公厅工作提质升级》调研报告。开展专题民主生活会，领导班子进行对照查摆问题、分析典型案例，认真开展批评和自我批评。打造"听说读写练"特色学习活动。邀请节目创作骨干作报告，领导班子在主题教

育读书班中带头谈学习体会，编印《习近平总书记对中央广播电视总台工作重要指示批示汇编》《习近平同志关于办公厅（室）工作的重要论述汇编》。指导相关党支部分别与中央办公厅机要局、国家档案局和人民日报社办公厅开展联学联建暨业务练兵，以听报告、说体会、读原文、写文稿、练业务等推进主题教育取得实效。

五、全力夯实各领域全流程安全工作

1. 狠抓安全责任落实

建立由总台安全工作领导小组及办公室、四址办公区、各部门各单位（含派出机构）、各部处（室）、各楼层各房间组成的金字塔型安全工作五级责任体系，把握关键节点开展安全督导，不断健全安全制度"四梁八柱"，制定总台综合性安全管理办法，与消防、治安、机要、保密等管理规定互补形成安全工作的制度合力。

2. 从严从紧抓好消防安全

突出"一个重点"，即动火施工，事前严格审批，事中加强监管，事后严格验收；制定"两个方案"，即防患于未然的消防预案和消灭于萌芽状态的应急处置方案；做好"三个结合"，即各部门各单位的自查自纠与总台派检查组检查相结合、各类安全专项检查与综合检查相结合、重点检查与随机抽查巡查相结合。全年检查动火施工1500余起，纠正严重违规施工46次，对违规吸烟的重点人员、重点部位和重点时段加强排查，形成"不敢抽""不能抽""不想抽"的高压态势。

3. 多措并举抓好安保管理

强化安全巡逻网格化，开展月度安全检查和通报，在重大活动和年节假期前夕进行全面隐患排查。开展"消防安全宣传月"活动，会同社教节目中心摄制10集宣教片，并组织全台员工观看；印发消防安全、国家安全、交通安全、预防诈骗等知识手册；邀请公安、武警、消防、国家安全等领域专家，深入25个部门（单位）开展培训演练220余次，培训员工10 585人次。

4. 确保总台舆情安全

从事后处置向事前防范与事后处置并重转变，扎实做好总台春晚、全国两会、"3·15"晚会、杭州亚运会、杭州亚残运会等重大宣传报道舆情防控。审核《2024年中央广播电视总台春节联欢晚会》《中央广播电视总台2023主持人大赛》《中国短视频大会》等重点节目拟邀嘉宾及团队7600余人次，及时排查关联总台的负面信息。

5. 不断强化保密安全管理

组织干部员工签订保密责任书和承诺书，开展保密培训和业务练兵，对15个部门（单位）的非涉密计算机进行保密检查。开展总台全民国家安全教育日保密宣传活动，10部"人人话保密"系列微视频获中央保密委员会办公室奖励。

六、推进全面从严治党

1. 持续强化党的创新理论武装

制定理论学习中心组学习计划，召开党委（扩大）会议21次，指导各党支部结合"三会一课"、主题党日等形式开展专题学习。青年理论学习小组发挥辅导报告机制、学习交流机制、资源共享机制等的作用，着力提升党的创新理论学习实效。

2. 不断夯实基层党组织建设

制定办公厅2023年重点任务分工和党建工作要点。秘书处和文电机要处两个党支部荣获2023年度中央和国家机关工委"四强"党支部称号和总台"四强"党支部称号。

3. 进一步深化风气建设

组织签订落实全面从严治党责任书，开展"纪律教育在身边"专项行动。组织学习新修订的《领导干部报告个人有关事项规定》，开展干部队伍教育整顿自查。制定印发《办公厅项目管理廉洁风险防控手册》，举办党风廉政建设专题讲座暨项目管理廉洁风险防控培训。

（办公厅供稿）

总编室工作概况

2023年，总编室不断提升"大编辑部"运行效能，"作战指令"系统科学，"指挥棒"精准有力，推动总台宣传工作高质量发展。

一、聚焦核心，创新优化"头条工程"一体化统筹

1. 高效统筹"头条工程"，持续深入阐释习近平新时代中国特色社会主义思想，推动党的创新理论深入人心、落地生根

围绕习近平总书记国内外重大活动报道，组织召开多场直播协调会，确保重大直播万无一失、融合传播圆满精彩。"一键触发"机制推送时政稿件1500余篇。深度参与《领航》国际版专题片《绘制十年》的策划、审看、推广等。高质量撰写、报送重大宣传报道总结71份，充分展现总台学习贯彻习近平总书记重要讲话精神的创新实践。

2. 有序推进重大宣传报道统筹

精细高效组织30场总台编务会议，审议议题81项。精心做好重大报道的组织调度、指令传达、材料报送等工作。牵头成立总台2023年全国两会宣传报道领导小组办公室，细化重要活动播出方案。统筹多频道多平台转播报道杭州亚运会、成都大运会等。完成精品节目座谈会、各中心片单发布会等共计182场总台重大活动以及北京、上海、长春、海南、杭州等地国际电影节、动漫节的统筹协调和宣推。统筹调度国内地方总站开展防汛救灾、内蒙古煤矿坍塌事故等突发报道，协调支持总台精品节目拍摄等超350项。持续协助电视专题片《长城之歌》《黄河之歌》的拍摄和制作，协调《长征之歌》《大运河之歌》播出，受到广泛好评。

3. 聚合对外传播资源，巩固深化良好国际传播态势

组织51场"中国式现代化与世界"系列媒体活动的排布和新媒体通稿发布工作。统筹专题片《我们的现代化故事》对外传播，覆盖全球超4亿用户。协调译制投送《高端访谈》节目54期，累计触达超101亿人次。协调"何以文明"全球巡展等活动发稿及海外宣推工作40多场。统筹第二届全球媒体创新论坛等总台重大外事活动宣传报道。完成总台境外合作媒体资源备案工作。

二、聚焦精品，持续提升宣传管理系统性和科学性

1. 重点选题管理在"提早谋划""挖掘遴选""推动实施"环节下足功夫

组织12批109项重点选题立项计划提请总台审议。印发《中央广播电视总台节目委托制作管理办法》（修订版）。受理29个部门提交的1311项节目委托立项申请，组织财务局和总经理室进行会商论证。

2. 高质量宣推呈现总台"满屏皆精品"

配合总台"媒体外交"活动组建专班，圆满完成《平"语"近人——习近平喜欢的典故》（第二季）多语种版本在欧洲和非洲落地播出，以及"中美人文交流友好对话"媒体活动等33场活动宣传报道。全年协调中央级媒体发稿770余篇次。650多家海外主流媒体进行直播和报道。推出形象宣传片和原创宣推产品120个。

3. 突出传播效益，做好重点节目播出协调

协调《2023扬帆远航大湾区音乐会》等近40档重点晚会和特别节目，《通向繁荣之路》《赤诚》等60余部重点纪录片专题片，以及多档重点季播节目跨平台播出。围绕春节、全国两会、暑假等重点宣传期精心制定并实施全平台特别编排项目方案。对电视剧资源进行提前统筹、宏观调控和集约式管理，提高排布"新鲜感"。组织审看电视剧85部、专题类节目98部、节目脚本文稿16部、动画片27部。

三、聚焦旗舰定位，综合频道奋力实现"满屏皆精品"

1. 创精品、占高地、塑品牌，持续提升总台文化引领力

坚定不移从习近平总书记重要思想、重要论述、重要指示中找启迪、找思路、找答案，推出大型文化类节目《非遗里的中国》《简牍探中华》《寻古中国》《宗师列传·唐宋八大家》《典籍里的中国》（第二季）《文脉春秋》等，走出一条独家、独特、独创的精品创作之路。大型国际文化交流节目《美美与共》受到马来西亚、新加坡、土耳其、埃及、新西兰等国媒体关注报道。《2023开学第一课》有力激发青少年勇担重任的志气、骨气和底气，获得社会各界高度评价。《山水间的家》获评第28届上海电视节"白玉兰奖"最佳综艺节目，多语种版本在海外展播。《简牍探中华》《非遗里的中国》入选2023年"中华文化广播电视传播工程"重点项目；《大国基石》《寻古中国》入选国家广播电视总局推荐2023年第一季度、第二季度优秀国产纪录片，《非遗里的中国》入选2023年第二季度广播电视创新创优节目。

2. 观众规模、收视份额持续领跑，节目受众更趋年轻化

综合频道 2023 年收视份额稳居全国上星频道第一，全年收视份额创 9 年同期新高，累计观众规模超 10.63 亿人次。其中，15—34 岁观众规模达 2.41 亿人次，位列全国上星频道第一。

四、聚焦高质量发展，充分发挥导向口径、考核监管"瞭望哨""指挥棒"作用

1. 高质量发展精品考核严谨科学、有序推进

2023 年，完成对总台 15 个电视频道、19 个广播频率的 1002 个栏目/节目的 2022 年度精品化水平考核。全面调研 22 套对内广播频率，提出优化建议。

2. 完善优化考核评估机制，激发各平台创新活力

印发《中央广播电视总台全媒体平台业务考核办法》《中央广播电视总台国内地方总站业务考核办法》《中央广播电视总台海外总站业务考核办法》及实施细则修订版。为各级部门提供数据报告 11 613 篇次。编发《国内新闻报道监测专报》365 期，比稿 1930 条。

3. 加强意识形态阵地建设管理

及时传达各类宣传精神，组织召开总编室编前会。针对重大突发事件，迅速做好节目排播、排查、调改。出台《中央广播电视总台新闻报道记者署名规范（暂行）》。出刊 249 期《监看监听日报》。举办 11 场播音员、主持人培训。优化总台播音员主持人参与社会活动和兼职报备流程。与重庆总站、江西总站联合举行教育实践和党日活动，获得良好社会反响。精心编发《中央广播电视总台社会责任报告（2022 年度）》，以总分、多媒体得分和加分指标三项第一的优异成绩，获 2022 年度优秀媒体社会责任报告单位称号。

五、深入开展主题教育，筑牢推动"两个维护"再上新台阶的思想根基

1. 抓好理论学习、强化理论武装

系统学习习近平总书记重要讲话精神，及时传达学习总台党组会议精神和理论学习中心组学习重点内容。各党支部及青年理论学习小组创新开展主题学习活动。

2. 高标准高质量扎实开展主题教育

举办理论学习中心组主题教育读书班，组织多次专题学习研讨，邀请专家讲授党课，推动党的创新理论深化、内化、转化。精心开展总台领导牵头的"总台'头条工程'创新传播研究"调研课题，统筹完成总编室重点调研课题和各支部、青年理论学习小组策划开展的十余项专题调研。高质量召开主题教育专题民主生活会、组织生活会。

3. 强化党组织建设

召开总编室党员大会，选举产生党委委员、纪委委员。信息研究部党支部、播音员主持人管理中心党支部荣获 2023 年度中央和国家机关工委"四强"党支部称号和总台"四强"党支部称号。

（总编室供稿）

新闻中心工作概况

2023年，新闻中心充分发挥总台宣传报道主力军、压舱石和风向标的作用，创新开展领袖宣传，精心打造"头条工程"，聚力做好主题报道，积极推进融合创新，发挥"思想＋艺术＋技术"融合传播的优势，为新时代新征程党和国家事业发展提供强大舆论支持、凝聚强大精神力量。

一、聚力提升"头条工程"，用心用情做好领袖宣传，进一步彰显习近平总书记魅力风范和思想伟力

2023年，新闻中心深入学习贯彻习近平总书记在《新闻联播》开播45周年之际作出的重要指示精神，制定实施《新闻中心进一步深化提升"头条工程"的方案》等，全力以赴做强领袖宣传。截至12月底，《新闻联播》播发习近平总书记重大时政新闻520余条；新闻中心出品时政新媒体产品1190条，创作总量再创新高。

1. 重大时政直播以多个"首次"再创经典

全年直播40场次时政活动，制作优质公共信号3300分钟，分别比2022年增加74%和48%。在习近平总书记全票当选国家主席、中央军委主席并进行宪法宣誓的全国两会直播中，首次使用双主机位以特写和近景构图，首次采用三机位协同拍摄礼兵入场，首次实现礼兵与宣誓台同框，精准记录、精彩呈现了庄严神圣的历史时刻。

2. 发挥独家资源优势，打造时度效统一、大小屏贯通、视音频联动、内外宣同步的总台时政报道新格局

全年发稿时效保持全网绝对领先，独家视频全网传播量屡创新高。2023年春节前夕，习近平总书记视频连线看望慰问基层干部群众，《新闻联播》播出时政新闻的同时，新媒体端同步推出105分钟的移动直播《总书记的新春祝福来了》，首次以直播态展现重大时政活动反响。中国国家主席习近平和美国总统拜登在美国旧金山会晤（简称"中美元首旧金山会晤"），全球独家首发习近平主席的开场白视频；习近平主席访俄，全网率先发布《习近平出席俄罗斯总统举行的欢迎仪式》独家现场画面。创新推出《时政微调查》，以小切口反映重大时政活动的现实意义。中国之声《习声回响》、环球资讯广播《春风习习》等发挥声音特色，进一步巩固领袖宣传的独家声音平台优势。

3. 潜心创作、匠心制作时政专题片和纪录片

在大小屏重磅推出《非凡的领航2022》《春

天里的盛会》《历史性的旧金山之行》等一大批兼具新闻性、思想性和艺术性的专题片和纪录片。以电影化手法拍摄制作的宪法宣誓微纪录片《宪法宣誓！郑重的誓言 人民的选择》传播覆盖 6.8 亿用户。

4. 时政新闻报道精益求精

习近平总书记春节前夕视频连线看望慰问基层干部群众，精选精编 19 段、共计 15 分钟习近平总书记与群众交流互动的声音，创下《新闻联播》同类报道同期声应用时长最高纪录。以生动的画面和鲜活的现场音效记录呈现习近平总书记 16 次国内考察，充分展现人民领袖的亲民形象和为民情怀。

二、持续深化提升习近平新时代中国特色社会主义思想宣传，充分彰显新思想的丰富内涵和实践伟力

1. 精心做好"中国式现代化"等主题主线宣传

《新闻联播》推出 5 集系列报道《以中国式现代化全面推进中华民族伟大复兴——习近平总书记今年以来治国理政纪实》，节目获全网置顶转发，触达量达上亿人次。围绕构建人类命运共同体理念提出 10 周年、"千万工程"实施 20 周年、改革开放 45 周年、全面深化改革 10 周年等重要节点制作推出一系列重点报道，让新时代的壮美画卷和新征程的恢宏篇章跃然屏幕之上。

2. 持续推出一批经典精品专栏

《新思想引领新征程》《新时代新征程新伟业》等专栏贯穿全年。

3. 持续深化学习贯彻习近平新时代中国特色社会主义思想主题教育宣传

持续推出《学思想 强党性 重实践 建新功》等专栏，为推动主题教育扎实开展营造良好舆论氛围。

4. 生动深入阐释习近平文化思想，大力弘扬中华优秀传统文化

频道/频率及时推出反响和解读报道，同时精心策划制作《探访中国国家版本馆》《山川神气具在眼·寻访藏书阁》等一系列特别节目，中国之声 20 期《乐动中国：中国传统乐器公开课》，全网阅览量超 6 亿人次。

三、创新创优做好重大活动和成就宣传报道，进一步唱响主旋律

2023 年全国两会报道提质创新，首次实现全国两会"通道"报道全流程、全要素 4K 制播。

第三届"一带一路"国际合作高峰论坛报道大气磅礴，总触达用户超 56.19 亿人次。其中，6 集大型纪录片《通向繁荣之路》触达量超 15.6 亿人次。

首届中国—中亚峰会、博鳌亚洲论坛 2023 年年会、第三届中国国际消费品博览会、2023 年中国国际服务贸易交易会、第六届中国国际进口博览会、第一届中国国际供应链促进博览会、杭州亚运会、杭州亚残运会、成都大运会等国家级重大活动报道，浓墨重彩，亮点纷呈。

《中国空间站》系列直播、权威消息和独家视频成为全网主要"信源"。深中通道主线贯通、国产 C919 大型客机首次商业飞行、中老铁路国际客运全线贯通等报道，生动反映新

时代新征程的标志性成就。

四、有力有效做好经济形势宣传、突发热点事件引导，增强信心、温暖人心、凝聚民心

1. 积极做好"强信心"宣传

策划推出《稳经济 促发展 强信心·权威访谈》《实干笃行·大省勇担当》《一线调研》《解码新动能》《购物车里的中国与世界》等一大批新闻专栏和系列报道，多角度、多层面反映中国经济的强大韧性和潜力。

2. 做优做强乡村振兴和生态文明报道

持续推出《在希望的田野上》《乡村行 看振兴》等特别节目，精彩推出《大美中国》《2023候鸟迁徙》《2023藏羚羊大迁徙》等品牌节目，生动反映农业强国和生态文明建设的显著成就。

3. 突发事件报道精准把握时度效

京津冀和东北地区极端降雨、甘肃积石山6.2级地震、内蒙古自治区阿拉善盟一露天煤矿大面积坍塌等突发事件报道精准把握时度效。在京津冀和东北地区极端降雨报道中，新闻中心于各大媒体中率先推出《党旗在基层一线高高飘扬》专栏，成为全国同行的示范和标杆。

4. 加强社会热点舆论引导

加强对胡鑫宇失踪案、"丰县生育八孩女子"相关案件等社会热点舆论引导。全网首发权威消息，独家采访涉案人物，还原真相、引导舆论。

5. 持续擦亮舆论监督品牌

《焦点访谈》和《新闻调查》重磅推出《填坑？挖坑！》《追问养老诈骗》等独家调查报道，产生热烈反响。中国之声围绕"呼和浩特这些村庄为什么年年吃水难？"等百姓"急难愁盼"问题，播发33件独家舆论监督报道，引起地方高度重视，有效推动问题解决。

五、统筹考虑国内、国际两个舆论场，不断增强国际报道和舆论斗争的针对性和有效性

2023年，俄乌冲突未平，巴以冲突再起，各平台抢时效、挖深度，全力做好俄乌冲突、巴以新一轮冲突等国际突发和热点事件报道，精准开展涉疆、涉藏、涉港、涉台等舆论反制。

《高端访谈》开播上线一年多来累计触达受众100.42亿人次，全媒体受众规模超过5亿人次，1000多家海外主流媒体转载转引上万次。《大国来信》《遇见中国》讲述大国领袖和外国友人交往以及在华普通外国人的故事，彰显可敬、可亲、可爱的中国形象。

针对蔡英文"过境"窜美，精心打好马英九返乡祭祖舆论"对冲牌"，《玉渊谭天》推出的多个独家报道成为全球唯一信源，引爆海内外舆论场。

六、扎实深入开展主题教育，坚持以习近平新时代中国特色社会主义思想凝心铸魂

新闻中心将主题教育作为重要政治任务抓实抓好，成立主题教育领导小组，制定实施方案，及时跟进部署；召开专题会议，全面部署推进；首次开办读书班诵读《习近平著作选

读》，覆盖全部处级干部和业务团队负责人；举办专家讲座，青年理论学习小组开展覆盖全员的理论学习；紧密结合业务开展调查研究，先后完成10次现场调研、27场座谈研讨，各部门围绕30多个课题进行调研，"头条工程"报道的贴近性、生动性进一步加强；组织专题民主生活会和组织生活会，认真对照检查，明确整改方向和整改措施，推动整改落实，在"以学铸魂、以学增智、以学正风、以学促干"方面取得了实实在在的成效。

（新闻中心供稿）

内参舆情中心工作概况

2023年，内参舆情中心聚焦职责使命，强化党建引领，创新各项考核机制，内参质量提升、舆情应对提速，创作了一批"有现场、有预判、有见地"的精品内参，领导批示率再创历史新高。

一、聚焦职责使命，稳步提升内参报送质量

2023年，总台内参共发稿1536期。多篇稿件获中央领导同志批示，批示率保持30%高位；国务院办公厅（简称"国办"）批示率在国办系统信息报送单位中名列前茅。国办评价总台内参有"三高"：采用率高、批示率高、质量高。多个国家部委、多地省委先后致函或以多种形式，感谢总台内参当好参谋助手、积极建言献策、服务中央决策的重要贡献，总台内参权威性和影响力进一步提升。

二、聚焦"国之大者"，再造稿件生产流程机制

1. 发力"策划"，选题聚焦"中央关心、百姓关切"

制定策划室统筹、中心全员参与的策划机制。出台可预判"年度重大事项、重要时间节点选题提示""月度重点选题提示及报道安排"，做到年度重点心中有数，月度重点提前谋划。每日召开内参舆情中心"报题会商策划会"，把握采写内参与党和国家工作步调一致的基本规律，紧跟当前中心工作，聚焦重点、难点、热点问题，真正做到找准靶心、有的放矢，切实把内参选题聚焦到习近平总书记关怀、中央关心、百姓关切上来。

2. 发力"调研"，确保"问题找准、建议提实"

在总编室等部门大力支持下，派出内参舆情中心记者参加多场重大活动和重大报道，效

果良好。内参舆情中心围绕重大问题和重要领域，深度调研，推出有关长江经济带绿色转型升级、加快东北地区形成新质生产力、提升北方地区洪涝治理能力等系列调研。多篇调研报告获中央领导同志批示，直接促成有关问题的系统化解。

3. 发力"时效"，重大舆情、突发事件一跃而起

完善内参舆情中心《重大突发事件应急报道统筹协调机制》，组建突发报道小组，对重大灾情、舆情快速反应。得到上级领导部门多次表扬，称赞总台内参"信息上报及时"。

4. 发力"现场"，尽展视频内参优势

总台视频内参《焦点访谈》（内参版）共采制70多期稿件，同比增长32%。多篇稿件获中央领导同志批示。创新突发事件视频内参报送新形式，采取"短视频+图文"的方式"视频快报"。

5. 发力"前瞻"，国际反应及时有力

全年聚焦共建"一带一路"倡议提出十周年、俄乌冲突持续、主要国家涉华动向等重点主线，寻找小切口策划内参进行分析，力争前瞻研判、推陈出新、言之有物。全年呈报涉国际内容内参200多篇，多篇获中央领导同志批示。

三、聚焦活力动力，完善内部考核激励机制

研究制定《内参舆情中心绩效考核管理办法》《内参舆情中心主任特别奖实施办法》，在内参舆情中心内部建立更加良性的考核评估机制，形成以"多劳多得、优劳优得"为导向的激励机制，在内参舆情中心上下形成人人比贡献、个个争先进的浓厚氛围，进一步激活内参工作高质量发展的动力。

四、聚焦"发动全台写内参"，建立考核培训沟通机制

配合总编室进一步完善对相关单位内参考核机制和考核办法，确保内参采写数量、质量、批示各环节各维度基础统计工作数据精准、指导有力。在南京组织举办总台首届内参业务培训班，与地方总站建立线上连线会商机制，及时就重要经济问题、涉港澳台重要选题、涉农业农村突出问题等进行见面会商，为提升内参报道质量打下坚实基础。

五、聚焦对外合作，拓展"内合外联"机制

内参舆情中心加强与中办、国办沟通，洽谈内参反馈与合作机制。与国家发展和改革委员会城市和小城镇改革发展中心、中国外文局、中国农业科学院、工业和信息化部赛迪研究院、北京理工大学等高端行业智库达成新合作，进一步提升内参智库专家水准。

六、聚焦党建引领，创新党建、业务一体融合机制

扎实开展学习贯彻习近平新时代中国特色社会主义思想主题教育，坚持学思用贯通、知信行统一，以思想理论水平的提高促进政治能力的提升。在错综复杂的国内国际形势中，增

强预见性和前瞻性，保持高度的政治敏锐性，提升总台内参定调引领的能力和水平。配合完成总台党组第二巡视组对内参舆情中心党总支巡视，将巡视整改作为重要政治任务，层层压实责任，完善《内参舆情中心党总支议事规则》《内参舆情中心党总支理论学习小组学习制度》《内参舆情中心党总支对所属党支部建设状况考核评价制度》《内参舆情中心党总支谈心谈话制度》《内参舆情中心党支部"三会一课"制度》等，打造党建与业务深度融合品牌"每月一讲"，建立中心党总支理论学习小组成员"领学促学"台账和内参舆情中心党员干部"讲党课"台账，推动党建主体责任落细落实。以主题教育和此次巡视整改为契机，用创新理论武装队伍，用创新管理提升效率，用创新机制精进业务，让党建成为业务工作的有力引领和坚强保障，坚持不懈从习近平总书记的重要思想、重要论述、重要指示中找启迪、找思路、找答案。

（内参舆情中心供稿）

财经节目中心工作概况

2023年，财经节目中心坚持以习近平新时代中国特色社会主义思想为指引，深入宣传贯彻党的二十大精神和中央经济工作会议精神，奋力提升在经济领域的引领力和话语权，推动中国经济高质量发展。全年财经频道累计收视份额1.07%，在全国电视财经节目份额占比91.48%，始终保持市场头部地位；经济之声平均市场份额1.94%，居总台广播平台第二位；"央视财经"总粉丝量突破1.8亿，其中客户端最高月活达1799万，平均月活同比提升47%。

一、深入阐释习近平经济思想

1. 突出展示思想伟力

专题片《人类文明新形态——中国式现代化》围绕习近平总书记关于中国式现代化的深刻论述，展现干部群众对中国式现代化的所思、所想、所盼，诠释新时代新征程中国共产党的使命任务。《加快形成新质生产力》《奋楫扬帆海之南——海南自贸港建设纪实》等纪录片深入阐释习近平总书记关于经济建设的新观点、新论断和新要求，为推动经济社会高质量发展提供舆论支持。

2. 生动展现领袖风范

深入报道习近平总书记出席亚太经济合作组织第三十次领导人非正式会议（简称"2023年APEC峰会"）、金砖国家领导人第十五次会晤（简称"南非金砖峰会"）、第三届"一带一路"国际合作高峰论坛、2023年中国国际服务贸易交易会、首届中国—中亚峰会等重要会议，生动展现习近平总书记高瞻远瞩、运筹帷幄的领袖风范，充分阐释习近平总书记重要讲话的深远影响和热烈反响。11月17日，围绕习近平总书记在亚太经济合作组织工商领导人峰会上的重要讲话，推出央视财经评论《下一个"中国"，还是中国》，获全网积极转发。

3. 充分报道实践成效

聚焦中央经济工作会议、中央农村工作会议、博鳌亚洲论坛2023年年会、世界经济论坛第十四届新领军者年会（简称"2023年夏季达沃斯论坛"）、第三届中国国际消费品博览会、2023中国国际大数据产业博览会、第六届中国国际进口博览会等，充分报道各地各部门贯彻落实习近平经济思想的积极探索和显著成效。

二、大力唱响中国经济光明论

1. 推出一系列报道提振发展信心

《踔厉奋发看名企》系列报道专访知名企业掌门人，《民营企业家集体发声：看好中国经济！》新年寄语活动邀请21位领军民营企业家寄语中国经济，在舆论场上迅速形成热度，给市场以信心。《万盏灯　亮中国》《问答中国经济》投射出中国各行各业蓬勃迸发的活力，引导公众积极预判我国经济发展。《他们看好中国》《外资看好中国》展现全球知名投资机构、跨国企业和政商精英坚定看好中国，加速布局中国，有力回击"外资撤离中国"论调。《消费新观察》《提振消费一线调研》《中国夜市全攻略》《消费正回暖》等报道展现消费市场的新潮流、新增长和新风向，积极推动恢复和扩大消费。

2. 提升数据解读能力

《2022中国经济年报》以"数据看一年""经济这一天"两条主线，深度解读2022年经济数据亮点，鲜活展现新一年经济强劲复苏态势。《2023中国经济春季报》重点解读物价、居民收入、投资、外贸等经济数据，并首次采用"吉林一号"商业卫星高清影像，以地球上空500公里的视角，直观呈现第一季度经济运行亮点。

3. 提升报道资源整合能力

聚焦贯彻落实中央金融工作会议精神，设立中央广播电视总台金融街观察点，推动中国金融高质量发展。聚焦建设"健康中国"，与海南省人民政府在海口主办首届中国健康产业大会，打造大健康资讯科普全媒体平台。彰显工业文明符号，发起设立中国工业遗迹创新创意联盟，搭建行业交流平台。与部分基金公司开展战略合作，共建专业权威的金融信息发布和财经资讯生产平台。与中国信息通信研究院共同发布"智能制造发展指数（区域）"，打造在制造业领域的专业影响力。

4. 持续增强对外投送能力

完善新闻快速发稿机制，抢首发、争独家，关于美联储宣布最新利率决议、国际货币基金组织上调全球经济增速预期等内容的7条报道实现全球首发。

三、积极推动经济高质量发展

1. 聚焦重大经济战略

特别报道《加快形成新质生产力》描绘中国经济正在加快形成新质生产力的蓬勃进程。《加快建设金融强国》权威解读中央金融工作会议精神，生动展示我国金融领域的新面貌新变化。《智造中国　调研一"线"》探访顶级生产线，全景式展现中国智造的力量。《"一带一路"跨山海》从基建、经贸、人文故事等多个角度，梳理共建"一带一路"倡议提出十年来取得的丰硕成果。《乡村振兴中国行》（第二季）呈现乡村振兴美好图景。《解码长三角》探索区域协同发展新路径。

2. 聚焦各产业行业发展成就

《高质量发展调研行》《共同富裕中国行》《建设现代化产业体系》《经济新担当》《2023世界互联网大会乌镇峰会》《2023中国电商年度发展报告》《亚洲时刻·中国好礼》《共同的建造》《栋梁之材》《2023财经榜》等节目贯彻新发展理念，充分展现我国经济巨大的发展韧性与活力。《你好，新农人》《在江河奔涌的地方》《追光者》《毕业季 看就业》《新能源汽车下乡》等系列报道聚焦各产业行业，感受经济发展的强劲脉搏。

3. 聚焦美好生活

《走一线 过大年》《一起年夜饭》《欢乐大猜想》《最美自驾路》（第二季）、《中国风物大集》《遇见大咖》（第六季）等节目记录欣欣向荣的中国，充分反映中国式现代化带给人民群众的获得感、幸福感和安全感。

四、全面树立经济领域话语权

1. 放大品牌活动，传播主流价值

第33届"3·15"晚会引发热烈反响，相关内容获全网热搜78个，总话题阅读量超31亿人次。2022—2023年度"中国美好生活城市"发布盛典揭晓2022—2023年度"大美之城""秀美之城"等系列榜单，助力城市高质量发展。"2023央视财经论坛""寻百强 看中国"等融媒体活动以大流量传播正能量，体现主流媒体的价值与担当。

2. 引领行业标准，拓展发展空间

首届"中国ESG榜样"年度盛典系列活动打造接轨国际、符合国情的ESG中国标准，拓展中国企业在全球ESG体系中的影响力和话语权。2023专精特新·制造强国年度盛典独创性地把数字化转型、新型工业化、新质生产力等要素纳入评价标准，促进创新、引领导向。第三届中国汽车风云盛典综合检验检视中国乘用车产品力和品牌力，成为汽车行业发展风向标。《2022城市营商环境创新报告》在营商环境评价领域提供了第三方客观指数。"金牌新字号"发布《中国夜经济活力指数报告》，在长沙设立全国首个"夜经济观察点"。首届"国潮盛典"晚会展示国货"潮品"的整体阵容和实力，培育壮大新型消费，营造全社会关注国潮品牌的良好氛围。"央视财经金融之夜""保惠美好""走进上市公司""投资者教育百城行"等融媒体活动有效提升总台在业界的影响力。

3. 传播中华优秀传统文化，彰显总台品质

《中国国宝大会》（第三季）通过文博知识问答，让国宝发声，让历史说话，致敬中华优秀传统文化。《澳门双行线》探究澳门美食与文旅融合背后的深厚历史与多元文化，澳门特别行政区政府致函总台表示感谢。《中国米食大会》多维度展示中华米食文化的魅力。

五、不断激发媒体融合新优势

1. 打造融合新视觉

系列报道《万盏灯 亮中国》打破传统摄

制设备局限，加入航拍无人机、手持4K高清运动摄像机、可穿戴式运动相机等多种智能拍摄设备，呈现不同寻常的画面效果。特别报道《"一带一路"跨山海》以现代科技手段和多元艺术形态，赋予宏大主题年轻化、个性化表达，累计播放量超4000万次。《王冠红人馆》推出总台首个常态化运行的元宇宙直播间"红人馆元宇宙"，升级推出"红人馆沉浸式元宇宙"，为用户带来全新体验。

2. 总台算法赋能内容生产

围绕总台"5G+4K/8K+AI"战略布局，在央视频"央视财经"标签页（Tab页）引入总台算法，内容精准推送得到有效提升，页面点击量提升近15%。以央视财经客户端为依托，探索元宇宙、大模型等相关技术，建设垂类专区，提升用户体验。部分视频产品全流程使用AI大模型辅助制作。

3. 优化改造自有平台

上线央视财经客户端汽车频道。扩展央视财经精品元宇宙基础概念模型区域、应用领域，丰富元宇宙互动交互功能，实现设备、产品、网络、购物等多层面的互联互通。

（财经节目中心供稿）

文艺节目中心工作概况

2023年，文艺节目中心持续推进全链条、全方位、全领域创新，精心打造了一批兼具"两个效益"的重点项目，创新融媒体内容产品，下大功夫推陈出新、提质增效，推动高质量发展再上新台阶。

一、聚焦打造精品力作，在现象级作品的创新推出上"下大功夫"

全力打造全年不间断的晚会矩阵。2023年中央广播电视总台春节联欢晚会以"欣欣向荣的新时代中国，日新月异的更美好生活"为主题，全媒体累计触达受众162.16亿人次，海内外传播效果均创历史新高，"竖屏看春晚"首次呈现多画面"分屏"和幕后花絮，直播观看人次比2022年增长56.7%。《2023年中央广播电视总台春节戏曲晚会》首次将主场移至户外，在山水实景和大美天地之间上演酣畅淋漓的戏曲盛宴，综合频道首播收视率比2022年提升483%，广告收入取得跨越式提升。《2023年中央广播电视总台元宵晚会》将非遗灯彩作为表现重点之一，海外社交平台直播播放量同比提升206%。《启航2023——中央广播电视总台跨年晚会》艺术化铺展"春生、夏长、秋收、冬藏"的四季变化，收获全网热搜139个。《2023扬帆远航大湾区音乐会》生动讲述大湾区的故事，相关话题总阅读量突破2.6亿人次。

总台2023年端午特别节目《碧水长歌颂端阳》相关话题总阅读量达3.3亿人次。总台

2023年七夕特别节目《如七而遇　漫歌今夕》获得全网热榜总数110个。《2023太湖美音乐会》相关话题阅读量突破3.6亿人次。

《2023年维也纳新年音乐会》《2023春晚进行时》、贺岁栏目剧《吉聚欢喜》《多情的土地——2023年清明特别节目》《花开中国——2023"三八"国际妇女节特别节目》《月到中秋越想你》、重阳特别节目《致最爱的你》、系列音乐会《宅兹中国》《戏韵湖州鹊桥会》《飞"乐"山海夏日歌会》《四季交响·"春之声"系列经典音乐会》《诗意清明》《端午诗会》等一系列节目形成相互贯通又各具特色的全年不间断文化盛宴。

努力追求出精品、出人才的目标，各类大赛大会齐头并进、接连不断。《中央广播电视总台2023主持人大赛》更多关注发掘和培养主持新生力量，全平台视频播放量超5亿次，相关话题阅读量超40亿人次；《中央广播电视总台首届青年京剧演员大会》创新传统艺术传播方式，为青年京剧演员打造展现艺术才华的国家级展示平台，引发业界和社会广泛关注；《原声天籁——中国民歌盛典》创编、演唱历史长河中的中国民歌，近600家海外媒体对节目进行破圈传播，辐射美国、马来西亚、新加坡、印度等国家；《中央广播电视总台2023小品相声大会》努力探索发现新人新作，表现人民群众身边的智慧和幽默，积极传递生活的快乐。

创新创作文艺精品节目。《唱支山歌给党听》音乐会通过创新改编，体现时代新貌、抒发时代新声；转播《庆祝中国共产党成立102周年交响音乐会》，传递人民群众对党的无限深情；《中国梦·劳动美——2023五一国际劳动节"心连心"特别节目》创新故事化、影视化呈现方式，生动颂扬了各行各业劳动者朴实动人形象；《中国梦·家国情——2023国庆特别节目》以专题文艺的创意，温暖讲述开局之年的奋斗故事，话题阅读量突破1.7亿人次；完成首届中国—中亚峰会文艺演出《携手同行》、第三届"一带一路"国际合作高峰论坛欢迎宴会及文艺演出录制，特别推出《一带繁花一路歌》《丝路繁花——共建"一带一路"倡议十周年音乐会》，为重大宣传报道营造浓厚氛围；《江山如画》系列交响音乐会、《好记者讲好故事——2023年中国记者节特别节目》、中央广播电视总台第三届中欧音乐节暨中西建交50周年音乐会、《奔跑的青春——2023五四青年节特别节目》等在重大主题的艺术化表达上进行积极探索。

二、深化"思想＋艺术＋技术"融合传播，在日常节目的推陈出新上"下大功夫"

季播节目展现中华优秀传统文化的恒久魅力。《一馔千年》（第二季）在发现各地历史文化典型特色的基础上打造古韵美食新名片；《经典咏流传·正青春》用现代音乐的表达方式将传统诗词之美紧紧贴合当代气息再度进行生动演绎，受到年轻网民的欢迎；融媒体节目《博物馆乐游记》（唐乐篇）挖掘博物馆宝藏中乐器文物的文化价值；《诗画中国》节目荣获第60届亚洲—太平洋广播电视联盟奖（简称"亚广联奖"）电视娱乐节目大奖。

抓创新节目落地，让更多"金点子""好创意""新打法"及时落地见效。依托常态栏目《舞蹈世界》季播化打造出《在中国大地上边走边跳》系列，生动呈现各地民族民间舞蹈的动感风采；融媒体新品《清新隽永中国情·名家名器名曲精赏》《乐在旅途》《你好生活》（第四季），融媒体产品《来故居听书》，毕业季特别节目《青春如画》，戏曲文化微纪录《凡而不凡》系列节目，创新曲艺类纪录片《丝路：奇妙声音之旅》，融媒体系列节目《"菁"彩腔调——曲苑留声》，带给观众丰富多元的视听体验。

推出更多轻量化、易传播、接地气的新媒体产品。推出系列创意短视频《众生戏》，带领受众品味戏曲艺术的绝妙，《众生戏·零卡餐厅》成为戏曲类新媒体产品出圈之作；七夕新媒体产品《High! 七夕》通过总台外籍记者视角，巧妙讲述中华优秀传统文化的魅力；围绕《中央广播电视总台2023主持人大赛》打造了《好Young的主持人》《绽放的新声》《主持人一起来当班》等多项新媒体衍生节目；《了不起的戏曲》《我和空中剧院有个约会》《艺术没那么高冷》《炽热的银发少年》《山水有戏》《品味书香年终品读会·2023》《你不知道的敦煌》《云赏音乐厅》《原创ING》等一系列融媒体产品均收获良好传播效果。

综艺频道下大力气推动日常节目推陈出新，《艺览天下》策划艺术名家相关内容，《满堂喝彩》带给观众原汁原味的小剧场曲艺表演，《中国文艺报道》推出系列专题节目《追光者》。根据总编室的综合评价，频道精品化水平已达到80%。戏曲频道集中发力新媒体平台，在央视频推出戏曲垂类窗口"CMG戏曲"，升级改版《中国戏曲像音像集萃》《一鸣惊人》等，努力让老栏目不断出新出彩。音乐频道主打节日编排，推出《2023美泉宫夏季音乐会》等高品质音乐会的同时，升级改版《大地的歌谣》《中国歌曲TOP排行榜》等节目，规划提升整体内容质量水平。音乐之声创新策划《电波音乐节》《爵妙之乐》等一系列融媒体项目，截至2023年年底，音乐之声"云听"互动直播间累计225.4万人次参与互动，在总台广播频率中排名第一。经典音乐广播年平均收听率同比提升27.3%，市场份额同比提升36.5%，视频化节目《音乐小史》多次入选广播频率央视频账号月度点击量前10名。文艺之声在央视频发布的视频节目总点击量位居广播频率第1位，《说文解艺》等专题节目为受众提供精彩纷呈的视听内容。阅读之声推出《〈牡丹亭〉的世界》等有声书精品节目，云听客户端累计总收听量达7.58亿人次。劲曲调频广播继续在类型化国际流行音乐广播领域内深耕细作，全年累计份额达标率为124%。

三、不断完善创新工作体系，推进精细化管理

以制度化建设推动管理规范化。制定《文艺节目中心创新项目管理办法》，完善创新项目孵化流程。优化调整《文艺节目中心电视栏目考核管理办法》，以提升"两个效益"为目标，结合收视贡献、成长指数、新媒体影响力等多维度综合考量各类节目。

提升投入产出比，拓展经营创收渠道，激发创新活力。突出以"两个效益"作为衡量节目生产的重要标准，根据经济效益随时调整经费投入支出情况，努力实现低成本投入、最大效益产出。建立商务专班工作机制，积极与总经理室、各地方总站开展合作策划，推出的《2023年中央广播电视总台春节戏曲晚会》

《碧水长歌颂端阳》《2023太湖美音乐会》《原声天籁——中国民歌盛典》等节目，形成全年创收新的增量。

提升队伍创造力、凝聚力和战斗力，为更多人才搭舞台压担子。文艺节目中心把人才激励与人才培养有效贯通，对优秀制作团队给予奖励，激励青年文艺骨干争做"自燃型"人才。面向一线员工征集金点子、金方案、金资源、金线索等，定期组织头脑风暴会和分享会，共享创新动态和创意资讯，提升制作团队创意思维和创新活力，让更多年轻人得到充分锻炼，努力形成出精品、出人才的生动局面。

（文艺节目中心供稿）

体育青少节目中心工作概况

2023年，体育青少节目中心锚定国之大者，杭州亚运会、杭州亚残运会和成都大运会转播报道连创历史之最；圆满完成杭州亚运会和成都大运会主转播机构服务任务，杭州亚运会电竞赛事融媒体传播成功"破冰"；积极拓展合作场域，推动与国际奥林匹克委员会（简称"国际奥委会"）、2024年巴黎奥运会组织委员会（简称"2024年巴黎奥组委"）等国际体育组织取得合作新成果；"六一"晚会、"你好童年"六一快乐季系列节目叫好叫座，少儿频道全年收视提升24%。

一、杭州亚运会报道创历史之最，主场办赛提供优质服务，电子竞技赛事制播实现新突破

1. 创新"思想+艺术+技术"融合传播，杭州亚运会相关报道传播实效创历史纪录

综合协调CCTV-1综合频道、CCTV-2财经频道、CCTV-5体育频道、CCTV-5+体育赛事频道、CCTV-16奥林匹克频道、CCTV-4K高清频道、CCTV-8K超高清频道和央视频、央视体育客户端、央视网等新媒体平台全面开展杭州亚运会赛事制作播出，科学统筹开（闭）幕式信号转播制作。CCTV-5体育频道赛事播出205小时，平均收视份额7.45%，连续15天稳居全国第一；CCTV-5+体育赛事频道赛事播出143小时；CCTV-16奥林匹克频道完成4K赛事播出184小时，直播占比超75%；新媒体赛事累计观看量达7.2亿人次。杭州亚运会相关报道在总台平台跨媒体总触达414.23亿人次，创历届亚运会报道规模、传播总触达人次新纪录。25组新闻采访小组全面覆盖亚运赛场，《全景亚运会》《中国荣耀》《遇见浙江》《体坛英豪》《诗画杭州》等栏目精品纷呈。新媒体平台392条"首推首发"，全面分享中国骄傲。启动"杭州亚运会艺术创作季"活动，是亚运会历史上首次举办各国艺术家艺术"嘉

年华"活动。坚持"两个亚运，同样精彩"，杭州亚残运会相关报道在总台平台的跨媒体总阅读/观看量达16.21亿人次。

2. 坚持"5G+4K/8K+AI"战略引领，完成历史上首次亚运会主转播服务任务

把握主场办赛机遇，首次以4K/8K标准制作亚运会国际公用信号，杭州亚运会开（闭）幕式制作创造性应用"4K/8K+AR"技术，为韩国广播公司（KBS）、日本TBS电视台等21家国际一级持权转播商提供优质服务。历史上首次完成亚残运会主转播机构工作，首次以4K标准制作杭州亚残运会公用信号，累计4K信号制作时长近200小时，为持权转播商提供优质服务。

3. 抓住电子竞技被正式纳入亚运会历史契机，打造主流媒体电竞赛事传播新范式

积极参与制定《亚运电竞赛事制作规范》，实现国内电竞赛事制作标准历史突破。CCTV-5体育频道、CCTV-5+体育赛事频道、央视体育客户端、央视频、央视网对《王者荣耀》亚运版、《和平精英》亚运版等中国队参赛项目全方位转播。亚运会电竞赛事版权分销实现历史性突破，累计观看量达3.7亿人次。解说评论通俗易懂、形象生动。

积极探索电竞赛事公用信号制作规律，组建总台电子竞技公用信号制作团队，圆满完成杭州亚运会王者荣耀、和平精英等4个比赛项目的副场馆公用信号制作，以及主、副场馆的AR技术包装和央视频智慧观赛的信号制作任务，累计制作时长30小时。总台团队全面采用国产设备，打破了国外进口设备在电竞项目电视转播中的垄断，以高质量智慧智能方式推动电竞赛事国际公用信号制作实现新突破。

二、成都大运会转播规模、传播数据创历史之最，大运会报道多项指标达到"历届最好"

成都大运会相关报道在总台平台的跨媒体总触达86.77亿人次，其中，新媒体多平台触达受众20.35亿人次，电视端触达受众66.42亿人次，创大运会历史纪录。国际大学生体育联合会（简称"国际大体联"）代理主席雷诺·艾德称赞总台大运会报道"最大限度地彰显和提升了大运会的价值，让全世界观众得以感受精彩绝伦的大运会赛事，本届大运会转播报道是历届最好的"。

成都大运会开（闭）幕式转播周密部署，精准实施，圆满呈现习近平主席大国领袖风采魅力和开（闭）幕式精彩盛况。科学配置赛事资源，CCTV-5体育频道、CCTV-5+体育赛事频道和CCTV-16奥林匹克频道总转播时长达280小时，创大运会转播历史之最。新闻节目多次专访国际大体联代理主席、国际世界运动会协会主席和首席执行官，《大运英豪》累计触达观众1.61亿人次，《夺金时刻》《奖牌榜》《DAY系列》等宣传产品触达观众2.38亿人次；220小时赛事解说专业精准；央视体育客户端累计访问量达1202万人次，较平时提升17%；央视频累计访问量达4.4亿人次，较平时提升45%。总台成都大运会国际公用信号制作总时长1029小时，主转播机构服务创下多项历史纪录：历史上首次以全8K模式制作网球等项目国际体育赛事信号，历史上首次实现全4K标准和5.1环绕声的赛事国际公用信号制作，历史上首次在重大国际体育赛事中完全以竖屏制作为基础进行新媒体公用信号制作。

三、积极拓展国际体育合作场域，大力开发自主自办赛事，媒体融合持续发展

1. 持续深化总台与国际奥委会、2024年巴黎奥组委战略合作，进一步推动奥林匹克运动和文化传播

持续强化国际传播能力建设，重点深化与国际奥委会紧密合作。5月，国际奥委会主席巴赫参访总台CCTV-16奥林匹克频道演播室，在中宣部副部长、中央广播电视总台台长慎海雄与巴赫主席共同见证下，总台与奥林匹克广播服务公司（OBS，Olympic Broadcasting Services）签署合作备忘录。10月，中宣部副部长、中央广播电视总台台长慎海雄到访瑞士洛桑、法国巴黎和希腊雅典，与国际奥委会主席巴赫、2024年巴黎奥组委主席埃斯坦盖和国际奥林匹克学院院长科维洛斯签署合作备忘录。

2. 全面拓展"媒体外交"，加速扩大总台国际体育朋友圈和国际合作赛道

精心组织中央广播电视总台台长慎海雄会见国际皮划艇联合会主席托马斯·科涅茨科、国际奥委会副主席萨马兰奇和世界反兴奋剂机构主席维托尔德·班卡等国际体育组织负责人，成功举办中央广播电视总台与国际皮划艇联合会合作签约暨首届国际皮划艇超级杯发布仪式，推动签署合作备忘录，获得国际皮划艇联合会旗下所有赛事未来两年的媒体版权。总台分别与法国职业足球联盟、法国网球协会、北美职业冰球联盟和美国职业网球协会签署合作备忘录。本着"扩权降支"原则，全年获得赛事版权29项。

3. 新时代具有中国特色的自主、自有、自办国家级品牌赛事体系进一步打磨成型

2022—2023年中国飞盘联赛（首届）圆满收官，总决赛的竞赛水平和办赛规模初步达到高水平赛事要求；2023中国网球巡回赛迎来万场里程碑，各分站赛观众触达突破1000万人次；2023年中华龙舟大赛触达观众3.58亿人次；马拉松系列赛事完成34场商业体育赛事推广营销，销售收入较2022年增长一倍。

4. 媒体融合持续向纵深发展，央视频体育青少系列账号继续保持全台第一阵列

央视体育客户端全年启动次数2.46亿，累计用户数3 525.4万；"黄金赛事"账号成为央视频唯一一个播放量突破20亿次的账号；体育Tab页在央视频始终保持在垂类Tab页第一位。央视少儿客户端及各新媒体平台"央视少儿"账号总粉丝量为802.2万，全年新增粉丝量为130.9万。

四、少儿频道以"思想＋艺术＋技术"引领高质量改版，提质升级成效显著

1. "六一"晚会收视创近四年新高，打造重大主题童趣化表达新范式

2023年总台"六一"晚会以"科学"为底色，通过精彩的人物故事和戏剧化结构，将科学视角和童趣表达完美融合，展现新时代少年儿童的蓬勃生机。晚会并机总收视份额为3.67%，并机总收视率为0.76%，触达受众4 369.4万人次，创近四年新高。人民网、新华网、中国新闻网等跟进报道晚会内容。融媒体

节目《"欢唱六一　童趣无限"——2023央视少儿云上"六一"联欢会》，全网观看量达1.8亿人次；《童心追梦　闪耀明天——中央广播电视总台"六一"动漫音乐会》全平台播放量超3000万次，获20多家媒体集体称赞。

2. 坚持分时段、分主题、分类型优化编排，精品季播节目和独家动画片传播效果突出

少儿频道收视份额超过2022年近24%。特别策划重要时间节点和节假日实行特别编排，元旦期间收视份额达1.74%，列全国上星频道第八位；端午期间平均收视份额达1.59%，比2022年提升44%；暑期少儿频道平均收视份额达1.42%，同比最高涨幅68.2%，单日最高收视份额达1.86%，比2022年同期提升48.8%。

按照编排科学化、常态栏目季播化和原创动漫精品化的原则，打造一系列精品力作和融媒体产品，推动实现频道焕新升级。原创精品季播节目《真是好样的》《星星才知道》《家庭酷跑大会》焕新亮相、异彩纷呈，中秋、国庆假期特别节目《音乐快递·草坪亲子音乐会》收视率在"双节"期间下午时段全国上星频道播出的所有音乐类节目中位居首位。推出《新大头儿子和小头爸爸·欢乐亲子营》《棉花糖和云朵妈妈》（第二季）（精编版）、《小神驾到》《启鱼·成语故事—动物篇》《桃花猫和东海鱼》《宠物旅店》《奇奇和努娜》《灵草小战士》（第一季）、《少年英雄小哪吒》《卡卡虎大冒险》等多部国产动漫新片。

3. 广播栏目《小喇叭》焕发新活力，原创儿童广播剧《南飞的燕子》获得亚广联奖

坚持"做好广播不唯广播"创作思路，67岁的总台儿童广播栏目《小喇叭》持续焕发新活力。历时1年精心打造的原创儿童广播剧《南飞的燕子》，由7位知名演播人深情演绎，采用三维菁彩声，获得第60届亚广联奖广播类广播剧大奖。与国家应急广播中心联合制作80集广播剧《急急侠》，累计播放量达1124万次。全媒体矩阵式传播持续推动《小喇叭》提质升级，新媒体直播节目《小喇叭开始广播了　一起寻找童年的快乐》在央视频平台直播观看量超500万人次。

（体育青少节目中心供稿）

社教节目中心工作概况

2023年，社教节目中心（简称"社教中心"）坚持以习近平新时代中国特色社会主义思想为统领，创新升级"头条工程"，聚焦宣传阐释习近平新时代中国特色社会主义思想，奋力打造"两个效益"兼优的高质量社教精品节目，传播力、引导力、影响力、公信力再上新台阶。

一、深化提升"头条工程"，升级新思想宣传阐释表达，奋力推动习近平新时代中国特色社会主义思想传播

社教中心坚持以领袖的高度就是宣传报道追求的高度为标准，以全维度创新阐释好新思想。在2023年8月习近平主席访问南非之际，《平"语"近人——习近平喜欢的典故》多语种版本在非洲播出，随后在80多个国家的209家主流媒体落地，反响热烈。深入推进《平"语"近人——习近平喜欢的典故》（第三季）节目的创新创作，将习近平文化思想融入节目创作，突出展现习近平新时代中国特色社会主义思想蕴含的伟大真理力量、实践力量和人格力量，切实提升习近平新时代中国特色社会主义思想的国际传播力和影响力。

二、坚持从习近平新时代中国特色社会主义思想中汲取养分、激发灵感，奋力打造"两个效益"兼优的高质量社教精品

2023年，社教中心坚持从习近平总书记的重要思想、重要论述、重要指示中找启迪、找思路、找答案，聚焦"满屏皆精品"目标，持续打造社教精品，做好主题主线宣传。

1. 讲好中国共产党故事，推动伟大建党精神更加深入人心

大型电视专题片《领航》国际版《绘制十年》以国际视野讲述中国故事，深度整合专题片《领航》内容，展示党的十八大以来中国取得的一系列非凡成就。特别节目《美术经典中的党史》同名画册发布，彰显百年大党的光辉形象。大型电视专题片《长征之歌》大力弘扬长征精神，全网总点击量达13.4亿次。《红色烙印——革命文物的故事》（第二季）、《红岩记忆》等节目多角度彰显中国共产党人的崇高信仰，在全社会传承红色基因，赓续红色血脉。

2. 创新阐释习近平文化思想，以文化精品力作赓续历史文脉

大型文化节目《中国书法大会》全景式

展现博大精深的中国书法艺术和源远流长的汉字发展史，累计触达受众5.72亿人次，《人民日报》称赞节目"使书法艺术焕发时代光彩"。大型文化节目《大师列传》（第二季）（第三季）生动展现新时代文艺工作者在推动中华优秀传统文化创造性转化、创新性发展等方面做出的努力，第三季节目累计触达受众1.52亿人次。纪录片《美术里的中国》以艺术之眼观照伟大中国，前三季累计触达受众11.13亿人次。《2023中国诗词大会》激荡中华优秀传统文化生机活力，传递时代精神力量，累计触达受众11.37亿人次。《美的殿堂》《陶寺——地中之国》《回望2023——国内、国际十大考古新闻》等节目多维度讲好中华文明故事和中华优秀传统文化故事，为建设文化强国提供强大舆论支撑。

3. 创新阐释习近平总书记关于科技创新的重要论述，以高质量科普宣传培植科技创新沃土

特别节目《创新中国说》推动尖端科技创新可视、可感，生动展现科技强国建设成就，微博话题总阅读量近6000万。《宇宙来电》《典赞·2022科普中国》等节目助力青少年形成全面科学观，讲好新时代中国科普故事。《捕捉深空中的"烟花"》《高原上的"守望者"》《宇宙起源探索记》等节目，重点展现国家重大科学项目成果，彰显科研人员勇攀高峰的创新精神。《了不起的科技追光者》《航天"梦想课堂"》《亚运科技"秀"》等节目讲述航天、电信、体育赛事等不同领域科技创新进步故事，大力营造崇尚科学的浓厚氛围。

4. 创新阐释习近平法治思想，以全维度法治宣传报道营造全面依法治国浓厚氛围

推出《中国之治》《家事如天》（第三季）、《中国骄傲 2023》等节目，生动展现新时代"法治中国""平安中国"建设的美丽画卷。《家事如天》用群众喜闻乐见的方式呈现人民法院对公平正义的执着追求，展现新时代法治中国建设成就，受到最高人民法院称赞。《中国骄傲 2023》累计传播量突破1.5亿人次。推出《亮剑2023》《善行中国 2023》《平安行·2023》《宪法的精神 法治的力量——2023年度法治人物》等节目，分别展现国家安全、全民禁毒、公益慈善、交通文明等领域取得的显著成果。《善行中国 2023》荣获第十二届中华慈善奖，《平安行·2023》全媒体累计传播量达1.63亿人次。

5. 创新阐释习近平生态文明思想，以多样态主题节目引导全社会做生态文明理念的践行者

纪录片《中国秦岭：一只金丝猴的记忆》多角度展现秦岭的重要生态意义，相关话题阅读量达3.2亿。《大秦岭》《律动的秦岭》长短片联动彰显我国生态文明建设成果。《会变颜色的湖泊》科普生态多样化知识，累计触达受众618.4万人次，年轻用户占比47.63%。《环境司法护佑绿水青山》聚焦环境司法工作亮点，《人民法院报》称赞节目让生态文明理念根植人心。

6. 立足社教特色，深入做好主题主线宣传

全年聚焦先进典型、全国两会、乡村振兴、医疗卫生等主题，围绕春节、建军节、国庆节、共建"一带一路"倡议提出十周年等重要时点，推出《激情·奉献·廉洁——2023

全国广播电视和网络视听先进事迹报告会》、《我建议》、《决不掉队》（第四季）、《医心向党》（第二季）、《中国养老2023》、《2023味之道·年味》、《凡人好事2022》、《铭记》、《闪亮的名字》（2023"最美"系列）、《榜样的力量》（第二季）、《跨越山海的牵手》等节目，大力唱响主旋律，弘扬社会主义核心价值观。

三、加速推进高质量发展提质升级和新媒体平台建设统筹谋划，社教传播第一全媒体平台的传播力和影响力不断提升

2023年，社教中心聚焦高质量发展，深化"满屏皆精品"和"两个效益"双丰收的有机统一，大力推进频道频率内容创新和提质升级。社会与法频道突出时代性和贴近性，优化调整栏目布局，扩增精品节目规模，提升精品节目占比，扎实推进改版工作。科教频道、老年之声频率持续走好"精品战略"路线，全力巩固深化精品喷涌、精彩纷呈的大好局面。

社教中心强化新媒体品牌建设，深化大小屏一体联动，持续打造轻量化、易传播、接地气的现象级新媒体产品。推出《长征之歌》和老红军口述历史系列88条原创短视频，点击量达13.4亿人次。策划打造20多条《中国秦岭：一只金丝猴的记忆》趣味短视频，全网话题阅读量达3.2亿人次。《了不起的科技追光者》以及以"防诈反诈"为题材的多场直播观看量超千万人次。截至2023年年底，社教中心99个央视频账号总粉丝量为634.4万，阅读播放量总计8.23亿人次；联动平台打造的"央视社教"第三方平台矩阵，阅读量总计3.34亿人次。

四、强化科学管理与队伍建设，形成朝气蓬勃、活力四射、人人自豪的浓厚干事创业氛围

2023年，社教中心持续完善制度建设，修订《社教节目中心"三重一大"决策制度实施细则》，切实提升决策水平；梳理制定《社教节目中心关于加强外请嘉宾和演艺人员的管理办法》，健全意识形态风险防控机制；制定《社教节目中心广告执行审批流程单》，增强广告执行的规范性，持续提升科学管理水平。制定《社教节目中心消防安全管理方案》《社教节目中心消防应急处置预案》，为社教中心各项工作推进提供强有力安全保障。

持续强化队伍建设。举办多场精品节目创作交流分享活动，提升全员创新意识和能力；组织开展"常见读音易错字词"培训，提高全员业务素养，全年组织社教中心职工参与总台各类培训课程30余个，全力打造学习型、创新型队伍。2023年，社教中心《平"语"近人——习近平喜欢的典故》节目组荣获2023年全国工人先锋号荣誉称号。

（社教节目中心供稿）

影视剧纪录片中心工作概况

2023年，影视剧纪录片中心深入学习领会习近平文化思想，精心创制播出了一批有影响的大剧大作，推出了一系列有影响的全媒体活动，不断深化"思想+艺术+技术"融合传播，奋力实现"满屏皆精品"传播格局。电视剧频道累计收视份额排名全国第二，累计触达受众8.89亿人次。在全国电视剧累计收视排名前20位的剧集中，综合频道、电视剧频道所播出电视剧共占19个席位。纪录频道累计收视份额同比提升8%。总台自制、出品、首播的电视剧、纪录片和电影获多个国家级奖项。

一、传承中华优秀传统文化，持续推出富有思想穿透力的精品力作

以精湛的艺术形式反映红色基因的薪火相传。纪念习仲勋诞辰110周年的文献纪录片《赤诚》，反映老一辈无产阶级革命家品德风范和人格魅力；以迎接志愿军烈士遗骸回国为主线的纪录片《忠骨》，首次全面、系统、完整展现我国进行的9批在韩志愿军烈士遗骸回国的背景和过程。《破晓东方》《大道薪火》《珠江人家》《潜行者》《冰雪尖刀连》《虎胆巍城》等一批优秀电视剧，都获得很好反响。

守正创新，艺术再现历史和当代特色文化传承。纪录片《大运河之歌》《大敦煌》深入挖掘大运河承载的文化价值和精神内涵，透视敦煌文化于世界文明的价值；《中国话》聚焦中国语言文化的诞生、传承和创新，触达观众超过5.35亿人次，微博相关话题阅读量超2亿人次。纪录片《定风波》阐释苏轼的艺术风范与境界，传递跨越时代的精神力量，微博相关话题阅读量超1.74亿人次。《如果国宝会说话》跨年特别节目以精巧走心的风格讲述宋元明清时代文物，微博话题总阅读量超4亿人次。讲述文学大师和美食文化渊源的《鲜生史》（第二季）、讲述生肖文化的《萌兔的奇妙旅程》、讲述《山海经》传奇故事的《山海惊奇》，以及电视剧《谯国夫人》《一代匠师》《莲花楼》等作品，通过不同角度呈现中华民族精神与美学特质。

二、聚焦国之大者，观照民之关切，描摹中国式现代化美好图景，映照昂扬向上的时代风貌

扎根现实生活，厚植为民情怀。春节期间，电视剧《狂飙》《三体》成功打造开门红。《狂飙》在电视端累计触达受众3.19亿人次，创下电视剧频道黄金档剧收视率历史新高，话题总阅读量突破260亿人次，豆瓣评分高达9.1。《三体》打造中式科幻片新范式，豆瓣评分为近年来国产科幻剧集最高，主话题阅读量达18.2亿人次，主话题播放量达40.7亿次。

《县委大院》《他是谁》《风雨送春归》《此心安处是吾乡》等多部作品突出执政为民理念，聚焦党风廉政建设和基层干部守护人民平安幸福的主题，好评如潮。跨年播出的电视剧《繁花》以电影般的艺术质感，铺陈新世纪上海市民生活的"清明上河图"。

聚焦人与自然和谐共生、绿色可持续发展。纪录片《航拍中国》（台湾篇）全景式展现宝岛独特魅力。首播当晚，微博相关话题阅读总量超1亿人次。该片受到700余家内地主流媒体及岛内媒体关注和报道，累计触达受众12.2亿人次。纪录片《长江之歌》（文明篇）、《极致中国》（第二季）、《大地之上》、《望见山水——绿水青山生态兴》、《云上花开》等展现中国自然地理形态孕育下的生活方式和文明逻辑，书写中国人的家园史诗。与各地方总站创意联动、云端共制的纪录片《大美中国·冬天系列》、《奋进的中国》（第二季）以小见大展现新时代朝气蓬勃的精神风貌。

以温暖现实的基调讲好新时代中国故事。年代剧《我们的日子》描述中国式家庭生活图景，收视率居同时段第1名，累计触达受众2.1亿人次。以林业改革为线索的《父辈的荣耀》被称为"透显人间烟火的人民史诗"，微博主话题阅读量超8.2亿人次，短视频平台主话题播放量突破44.3亿次，成为2023年综合频道黄金档播放量最高剧集。讲述时代风貌与命运起伏的《人生之路》微博话题阅读量达12.26亿人次、讨论量突破百万人次，抖音话题播放量达32.19亿次。纪录片《我的温暖人间》记录中国大众生活温情，传递乐观向善价值观，阅读量累计2.03亿人次。

三、强化国际传播、立足全球化视野讲好中国故事，以影视纪实力量助力构建人类命运共同体

通过国际合作打造精品。中法合作纪录片《金丝猴王国：勇者的世界》《月背之上：太空变革的黎明》用现实中的中国故事打动更多国际观众，彰显中法两国在文化艺术领域的良好合作与创新开拓，法国国际电视五台、《世界报》、《费加罗报》、《欧洲时报》、《国际日报》等国际媒体积极报道。微博相关话题阅读量屡次破亿。《金丝猴王国：勇者的世界》获美国野生动物保护电影节最佳剧情片奖。《月背之上：太空变革的黎明》首轮播出即登陆法国、德国、日本、意大利等13个国家的14家主流媒体平台。纪录片《长城，我来了！》集结中国、英国、荷兰、新加坡等多国优秀制作力量，以国际友人在长城的见闻，搭建起中外沟通桥梁。纪录片《下一站出口》邀请两位外国主持人沿着高速公路看中国，透过外国人视角讲述日新月异的中国故事。

多措并举实现国际传播新突破。一是推动精品力作"出海"。《大运河之歌》借力总台强大的平台优势，在海外媒体平台集中推荐，美国《国际日报》、法国《欧洲时报》、加拿大"七天资讯网"、俄罗斯《龙报》等华文媒体全媒体平台积极报道，赢得国际社会强烈共鸣。电影《跨过鸭绿江》多语种译制版在多个国家播出，并作为第五届澜湄国际电影周之"澜湄流域电影项目推介"的主要影片和中老建交重点宣推片，应邀在老挝多地巡映。西班牙语、法语、阿拉伯语、俄语等多语种配音版本在CGTN相关语言频道同步上线。二是积极参与

国际节展。2023年4月，法国总统马克龙访华之际，推出"合拍·以影像为桥"中法合拍纪实影像作品发布会，纪录片《金丝猴王国：勇者的世界》《月背之上：太空变革的黎明》《神奇的真菌世界》、纪录电影《北京人：人类最后的秘密》、故事片电影《熊猫月亮》等5部中法合拍影视作品首次亮相。6月，中法合拍纪录片《野性四季：珍稀野生动物在中国》《月背之上：太空变革的黎明》《神奇的真菌世界》等作品亮相第34届法国阳光国际纪录片节，向国际宣传推广。

四、开拓创新，持续深化"思想＋艺术＋技术"融合传播

围绕重要节点强化主题性编排，主动设置议题，推出一系列全媒体产品及活动。《珠江人家》《鲜生史》（第二季）等一大批精品电视剧和优质纪录片，多维度讲好中华文明故事。围绕共建"一带一路"倡议提出十周年，CCTV-9纪录频道特别推出纪录片，多元化视角聚焦丝路故事。春节期间，推出新春大剧《狂飙》，连续8天展播海内外精品纪录片，新媒体端特别策划"春节剧起来""演员春节值班计划""国宝挑战活动"（新春季）等活动。此外，在元旦、清明节、五一、五四、暑期、中秋节、教师节、国庆节和全国两会期间，电视剧频道和纪录频道均推出主题突出、兼具文化感与艺术性的精品节目和互动性与参与性俱佳的全媒体活动，有效提升了频道和新媒体平台的吸引力和影响力。

厚实精品力作优势，汇聚行业资源、主办丰富活动。2023年1月推出的CMG首届中国电视剧年度盛典，是一场兼具仪式感与创新性、影响力与美誉度的文艺盛会。节目在综合频道、电视剧频道黄金时段的首播、重播收视率都达到近1%，微博话题阅读总量超26亿人次，央视频直播、点播观看量超3800万人次。7月，举办"夏日故事汇"推介活动，在暑期集中推介23部重点电视剧和纪录片。传统品牌活动"大剧看总台""大片看总台"片单发布活动传播力和影响力进一步增强。

强化创新创意，新媒体影响力显著提升。2023年，电视剧频道和纪录频道的央视频账号视频总播放量分别为20.63亿次和4亿次，同比增长近60%。持续加强自有新媒体账号矩阵化管理，传播力、引导力、影响力、公信力显著提升。文艺评论品牌《央视剧评》全年发布原创评论文章90余篇，微博话题阅读量超8亿人次；"学习强国"学习平台订阅号"央视剧评"发布内容1500余条，其中500余条获平台首页推荐、8条阅读量超过100万人次。

（影视剧纪录片中心供稿）

民族语言节目中心工作概况

2023年，民族语言节目中心（简称"民族中心"）紧密围绕铸牢中华民族共同体意识主线，发挥民族语言的独特优势，加快民族语言传播向新媒体转型，持续深化广播和新媒体融合发展，打造了《宝"藏"青年》《铭记》《从故宫开始了解中华文化》（第三季）等一批反响较好的融媒体节目，民族语言宣传影响力进一步提升。截至12月31日，蒙古语、藏语、维吾尔语、哈萨克语、朝鲜语等5种民族语言新媒体总阅读量、播放量达35亿次，平台用户规模526万，目标用户人口占比较2022年大幅增长。

一、加强"头条工程"建设，持续推动习近平新时代中国特色社会主义思想"飞入寻常百姓家"

民族中心依托总台资源打造"头条工程"，在《学习时间》《今日关注》等时政专栏及时报道习近平总书记重要活动和重要讲话精神，生动宣传阐释习近平新时代中国特色社会主义思想。截至2023年12月31日，民族中心"头条工程"播发稿件5342篇，新媒体端阅读及播放总量达8820万人次。

在国家主席习近平发表二〇二三年新年贺词宣传报道中，民族中心在全国民族语言媒体中首发《国家主席习近平发表二〇二三年新年贺词》，相关内容播放量超过700万次。

2023年7月，在习近平总书记新疆考察1周年、青海西藏考察2周年、内蒙古考察4周年之际，民族中心推出《像石榴籽一样紧紧抱在一起》《回访美丽的嘎拉村》《信仰的力量》等专题报道，展现民族地区贯彻习近平总书记重要指示精神，各族群众手足相亲、共创美好未来的故事。专题报道新媒体播放量均超过100万次。

二、发挥民族语言宣传作用，重大主题报道凝心聚力

民族中心充分发挥民族语言优势，引导各民族凝聚起奋进新征程、建功新时代的磅礴伟力。

1. 加强舆论引导，营造主题教育浓厚氛围

蒙古语、藏语、维吾尔语、哈萨克语、朝鲜语等5种民族语言广播节目挂栏推出《新思想引领新征程》《学思想　强党性　重实践　建新功》，积极反映全国各地主题教育情况和民族地区开展主题教育取得的扎实成效。

在云听客户端"民语学习"平台，各语言翻译上传《习近平谈治国理政》（第三卷）等重要著作的民族语言版。新媒体平台推出7集主题教育学习节目《学习园地》，引导少数民族受众对主题教育形成更为清晰准确的认知。

民族语言节目新媒体平台已经成为新疆、西藏等地区驻村干部和基层党员向少数民族群众宣讲习近平新时代中国特色社会主义思想的权威内容来源。

2. 宣传贯彻党的二十大精神，反映民族地区新时代、新征程、新风貌

5种民族语言广播推出专题报道《铸牢共同体 奋进新征程》近600篇，全景式展现全国各族人民学习领会党的二十大精神，坚定"五个认同"、坚定铸牢中华民族共同体意识、坚定维护中华民族大团结，向着新征程上新目标努力奋进的生动画卷。

3. 圆满完成全国两会报道，新媒体传播效果创历年最好

一是"头条工程"及时报道习近平总书记重要活动、重要讲话等时政要闻。二是真实记录少数民族代表委员履职、参政议政情况。三是推出特别策划《记者/主播说两会》，解读社会热点话题。四是加强融媒体产品策划，推出11期不同主题的短视频节目。

各新媒体平台共发布全国两会报道1054篇，总阅读量、播放量过亿次，新媒体传播效果为历年最好。

三、围绕民族团结主线，宣传新时代党的民族工作取得的伟大成就

民族中心紧密围绕铸牢中华民族共同体意识主线，积极传递中华民族共同体的正能量和好声音。

1. 推出原创文化节目，不断构筑中华民族共有精神家园

为宣传贯彻习近平文化思想，民族中心推出一系列原创文化节目。《中国茶》通过"茶"这一文化符号体现各民族之间的文化共性；微纪录片《百川汇流》讲述各族儿女共同传承中华优秀传统文化的感人故事；《从故宫开始了解中华文化》作为口碑产品，第三季播放量达1160万次。

国庆期间，二度创作的《共和国符号》激发少数民族同胞的爱国情怀，节目总播放量超过500万次；《我们这样过春节》反映多民族结合家庭的真实生活状态，新媒体端播放量超过120万次。

2. 促进各民族广泛交往、交流、交融，以中华民族大团结促进中国式现代化

2023年5月，民族中心推出微纪录片《我们的新征程》，聚焦各民族干部群众在强国建设、民族复兴的新征程中，全面建设社会主义现代化国家的奋斗精神。该节目新媒体端推送10期共214条视频，总播放量达200多万次。

5集视频节目《宝"藏"青年》，以5位西藏青年走出高原到内地就业、创业的故事为主线，引导更多少数民族青年融入祖国各地开启新生活。节目新媒体端播放量达150万次。

3. 讲好中华民族故事，大力宣介中华民族共同体意识

2023年7月，民族中心广播和新媒体端同步推出七一特别策划《旗帜·力量》，反映以习近平同志为核心的党中央对民族地区建设和各族群众生活的亲切关怀，引导各族干部群众牢固树立休戚与共、荣辱与共、生死与共、命运与共的共同体理念。节目新媒体端总点击量近400万人次。

在抗美援朝胜利70周年之际，特别节目《铭记》通过人物故事弘扬伟大抗美援朝精神，

新媒体端总播放量达 440 万次。

四、推动媒体融合发展，新媒体影响力稳步提升

民族中心严格按照总台"三个转变"的目标要求，加快推动民族语言传播由传统广播向新媒体转型。

1. 新媒体发展蹄疾步稳，总流量 35 亿人次

2023 年，民族中心继续加强新媒体建设，影响力在五种民族语言垂直领域中始终名列前茅。截至 12 月 31 日，民族中心新媒体各平台总粉丝量为 526 万，目标用户人口占比大幅提升。其中，维吾尔语抖音账号粉丝量为 144 万，藏语抖音账号粉丝量为 105 万。各平台发稿超过 8 万条，总阅读量、播放量达 35 亿次。

2. 打造一批具有影响力的主播专栏，跻身总台短视频月榜前 10 名

2023 年，民族中心推出一批新媒体原创栏目。《主播视点》全年生产多条播放量在 500 万次以上的内容，其中《致敬英雄 抗美援朝出国作战 73 周年》稿件播放量达 1840 万次，跻身总台"象舞指数"短视频月榜前 10 名。《主播说事》成为"亚克西视角"抖音账号最受欢迎的品牌栏目之一，截至 12 月底，共推送 99 条视频，播放量达 8 087.8 万次。

3. 技术创新赋能融合发展，实现共享总台海量优质资源

2023 年 2 月，民族中心完成融媒体指挥中心的智能化升级改造。到 2023 年年底，全媒体视频制作区项目建设收尾，实现了与总台媒资系统的互联互通，终端设备支持超高清视频的后期制作，还引入了 AI 智能辅助系统。

五、开展台内台外合作，形成"公转＋自转"能量互动

2023 年，民族中心在内部融合的基础上加强了同台内外的交流合作。

2 月，民族中心完成十一世班禅向海内外藏族群众致藏历新年祝福的视频拍摄工作。在总台领导的高度重视和总编室、华语环球节目中心、CGTN 等相关部门的大力支持下，这一传统宣传项目的传播渠道和范围从广播走向新媒体、从音频拓展到音视频、从小屏跃上大屏，受众对象从国内走向海外，传播力和影响力不断提升。

2023 年，民族中心进行突破性尝试，和台属公司联合制作文化节目《中国茶》，并借助社会公司力量开展受众调查。

在巩固同央视频、云听客户端等自有平台合作的基础上，民族中心与抖音集团举办业务交流会，就如何加强第三方新媒体平台运营进行充分沟通。

（民族语言节目中心供稿）

军事节目中心工作概况

2023年，军事节目中心坚持以习近平新时代中国特色社会主义思想为指引，深入宣传阐释习近平强军思想。围绕高质量发展大力推进内容产品、生产方式、平台传播、运营模式、管理体制等"五个创新"，取得一系列新成绩和新突破。深化"思想+艺术+技术"融合传播。"央视军事""央广军事"等新媒体平台继续保持专业特色，全网首发80余次，舆论引导作用进一步凸显，国防军事报道的权威性、影响力和不可替代性持续提升。

一、进一步提升"头条工程"，创新阐释习近平强军思想

坚持把习近平总书记重要时政活动报道作为头等大事贯穿全年工作，在电视端、广播端和新媒体平台及时准确发布重大时政新闻，采制播出上百条重要时政反响报道、全军学习贯彻习近平强军思想综述等，形成"主新闻+反响报道"的时政编播发模式，有效增强重大时政新闻的引导力和影响力。深入挖掘国防军事主题内涵，创新升级"头条工程"。结合"习近平主席提出强军目标10周年"重要节点，推出《践行强军目标·我们这十年》《学思想 强党性 重实践 建新功》等系列报道。《新春走基层·军营春早》系列报道创新报道形式和语态，以鲜活基层实例展现全军奋勇向前的精神风貌。8集思想解读类融媒节目《逐梦》突出思想引领，成为宣传习近平强军思想主题报道中影响大、传播广、触达人数多的现象级产品；节目在综合频道、国防军事频道播出后，最高收视份额达2.854%，跨媒体触达总量超29.5亿人次，海外媒体报道量超过1.7万篇次，开创了习近平强军思想融合传播的新局面。

二、发挥国防军事宣传报道主力军压舱石作用，主题报道有新意、有分量、有深度

各平台集中推出《在习近平强军思想指引下 我们在战位报告》《强军目标引领我成长》《奋斗者 正青春》等，将学习贯彻党的二十大精神系列报道走深走实。围绕八一建军节、纪念抗美援朝战争胜利70周年、国家安全教育日、烈士纪念日等重要时间节点，打造《我们的节日》《英雄回家》《中华好儿女》《军事家毛泽东》等一系列特别节目和新媒体产品。建军96周年文艺特别节目《征途如虹》全网总触达近6300万人次。重大活动、突发事件报道抢首发、争独家、敢亮剑。环台岛战备警巡和"联合利剑"演习期间，全网首发《东部战区新闻发言人就美P-8A反潜巡逻机过航台湾海峡发表谈话》。在2023空军航空开放活动·长春航空展、第六届中国天津国际直升机

博览会、第一届亚洲通用航空展等三大航展报道中，发布权威信息，展现人民空军奋飞新时代的成就与实力。第十届北京香山论坛期间，多语种一对一专访多个国家和地区嘉宾学者，展现全球维度。在突发事件报道上，积极报道救灾抢险消息，推出纪录片《驰援舒兰——36小时全记录》。紧跟国际地区热点冲突，持续关注俄乌冲突和巴以新一轮冲突新动向。

三、突出创新引领，多措并举打造精品力作，促进"两个效益"双丰收

深耕节目内容，拓展"大国防"概念，围绕全民国防教育月推出《全民参与　国防有我》《共筑国防　有你有我》，特别节目《国防公开课》（2023）各新媒体平台直播观看总量超4000万人次，跨媒体触达近1.3亿人次，《今天我当"兵"》（第三季）各平台跨媒体总触达约1.48亿人次。《新兵入列》最高收视份额达3.95%。同时，探索节目制作新方式，推出《爱我人民爱我军——走进双拥模范城文登》《智战》等多个节目和项目。

四、深化融合传播，强化舆论引导，新媒体影响力再上新台阶

各新媒体平台继续保持强势领跑态势，节目融合样态与新媒体技术实现新突破。"央视军事"微博收获热搜238个，阅读量和播放量均保持军事垂类第一；微信公众号订阅数一年增长近100万，总阅读量10万人次以上报道从2022年的56篇增至120篇；"央视军事"在抖音、快手和B站3个新平台上线运营以来，作品播放量、互动量和粉丝量同步增长，三大平台合计用户规模超550万。其中，"央视军事"微博俄乌冲突相关话题阅读量达147亿人次，成为运营以来话题最高阅读纪录。"央广军事"新媒体矩阵共推送稿件2.2万余篇，总阅读量达84亿人次。网红记者IP"军迷天花板"吴杰、"铁翼飞旋"庄晓莹、"车长来了"刘姝杉工作室账号在抖音、快手和B站三大平台的粉丝规模超300万，作品累计播放量达10亿次。音频节目《军医来了》被推荐参评中国记协"2023中国新媒体联合公益行动案例"，相关话题"军医来了"登上微博热搜榜。

五、强化党建引领，推进党建和业务深度融合

坚持每周例会集体学习制度，组织开展习近平新时代中国特色社会主义思想学习研讨，党委理论学习中心组全年共开展集中学习47次，学习研讨9次，学习讲话论著140余篇。军事节目中心领导带头为党员干部讲专题党课、讲座，引导全中心干部员工将习近平新时代中国特色社会主义思想贯穿到具体岗位工作中，把学习成果融入国防军事宣传。主题教育开展期间，将理论学习、调查研究和推动发展融合贯通，切实把调研成果运用到实际工作中。组织开展联学共建，与解放军仪仗司礼大队和军事科学院联合开展主题党日活动。

（军事节目中心供稿）

农业农村节目中心工作概况

2023年，农业农村节目中心遵循习近平总书记致农业农村频道正式开播贺信精神，全面深入推进高质量发展工作。根据中国广视索福瑞媒介研究（CSM）数据，农业农村频道2023年累计观众规模6.82亿人，中国乡村之声听众规模达4648万人。新媒体端精心打造多样化融合传播行动和特色直播活动，其中"丰收中国"融合传播行动暨"三农"主题宣传系列重点项目带动全网新增话题量达12.6亿个，相关短视频及直播观看量达4600万人次，获得全国超200家媒体深度聚焦。

一、结合"三农"主题宣传工作实际，坚持不懈从习近平总书记重要思想、重要论述、重要指示中找启迪、找思路、找答案

围绕习近平总书记在文化传承发展座谈会上的重要讲话精神，推出《农耕赓续者》《山海之间》《与"粽"不同——大黄米粽》《再说古农书》《青春手艺人》等全媒体产品，让广大受众近距离欣赏国家级非物质文化遗产项目，深刻感受中华优秀传统文化魅力，坚定文化自信。围绕习近平总书记关于"做好'土特产'文章"的重要指示精神，融合传播项目《中国土特产大会》通过"活动＋节目""大屏＋小屏""线下＋线上"多方联动，全方位赋能地方"土特产"相关产业发展。围绕习近平总书记给中国农业大学科技小院学生回信精神，融媒体特别节目《科技小院的"KU"学生》聚焦中国农业大学师生深入田间地头、服务乡村振兴的优秀事迹。围绕习近平总书记"让农民挑上'金扁担'"的讲话精神，第二届"金扁担"农业现代化论坛以"农业院士最新研究成果分享"主题主论坛和"盐碱地治理与农业现代化发展"主题青年分论坛为农业现代化发展贡献智慧、凝聚力量。此外，《海岸线生态守护者》《美丽中国看梯田》等融媒体特别策划，春风化雨阐释习近平生态文明思想。

二、运用新技术、新手段、新理念，充分发挥对农宣传报道主力军压舱石作用

一是把握主基调、唱响主旋律，精心组织系列融合传播行动。聚焦2023年中央一号文件发布、2023年全国两会召开、"千万工程"实施20周年等重要时间节点，精心打造总台重点选题项目《乡村振兴群英汇》，首次发布《CMG乡村振兴观察报告（2021—2022）》，策划推出纪录片《村庄十年》（国际版）、《乡聚春天里　振兴开新篇》等广播端、电视端、新

媒体端融合报道，全方位阐释国家推动"三农"事业发展的新政策和新举措，多角度展现各地开展乡村振兴建设的新进展和新亮点，全景式描绘国家"三农"事业发展的历史性成就。

围绕第六个中国农民丰收节推出"丰收中国"融合传播行动暨"三农"主题宣传系列重点项目，创新应用"5G+AI"互动连线，AR、XR新科技，以《2023年中国农民丰收节晚会》《2023网络丰晚》等"丰晚套装"新体系为龙头，统筹汇聚《院士下田记》《头雁》《穿越千年的丰收》等30余档"沾泥土、带露珠、冒热气"的优质节目项目，推出电视端、广播端、新媒体端等"三端"深度联动的特别编排，深入挖掘我国深厚的农耕文化底蕴、丰富的农业产业资源和优秀的"三农"人物事迹，立体式展现各地乡村振兴新图景，全方位营造共庆丰收、共享喜悦的浓厚氛围，持续汇聚全国人民、各行各业共同推动我国由农业大国向农业强国转变的磅礴力量。在电视端，总台重点项目《2023年中国农民丰收节晚会》首播覆盖观众规模4 093.1万人次，带动农业农村频道乡村观众收视率同比提升97%。在新媒体端，带动全网新增话题量达12.6亿个，相关短视频及直播观看量达4600万人次；超200家媒体深度聚焦，登陆各平台热搜热榜38个。

2023年春节期间，推出"乡聚中国年"融合传播行动。电视端收视份额同比提升36%，广播端听众规模同比增加342万人次，新媒体端"乡聚中国年"话题阅读量新增3亿人次。

二是强化服务性和贴近性，努力实现"国之大者"与"民之关切"融会贯通。及时准确报道北京、河北、黑龙江等地极端暴雨天气，聚焦灾情的同时，深入挖掘战灾害、保生产现场的感人事迹和具体细节，为报道注入更多"暖色调"，相关短视频全网播放量达1.33亿次。特色融合传播项目"最炫农科生"（第二季）于高考招生季推出大型公益直播《2023高考报考（农科）专业指南》，帮助考生及家长了解农科专业，覆盖用户超2亿人；围绕秋季招聘季，推出就业创业指导直播《最炫农科"职"为你来》，邀请专家学者深入分析当前就业形势，切实服务广大农科生就业创业。全新改版栏目《田园帮帮团》通过新媒体直播等形式开展专业权威的农技帮扶，央视频推出农技问答类新媒体直播67场。围绕"春耕""夏收""秋冬种"等重要农时农事，推出《春耕进行时》等直播项目。

三是优化体制机制，深化融合传播。围绕重大宣传报道活动，通过推动"新媒体专班"制度落地落实、深化全媒体周期性传播效果分析、评估等方式，进一步提升新媒体原创、宣推、资源统筹等能力。截至2023年年底，央视频账号新增播放量达2.27亿次，云听客户端音频产品新增播放量达1632万次。截至2023年年底，"田园频道"在央视频各频道周排名中21次位列前三名，其中8次位列第一名。特色乡土文化类融合传播项目《跟着丁真探乡村》相关话题阅读量达9.5亿人次，相关视频播放量超1.5亿次。

四是依托特色节目项目深入践行"思想＋艺术＋技术"融合传播理念。国内首部菌物生物多样性纪录片《菌生万物》创新使用可见光—紫外荧光双光延时拍摄技术，累计拍摄真菌种类约170种，生动展现菌物之美和自然之美。"年画"主题项目《年画画年·玉兔纳福》相关宣推短视频国内覆盖用户超3亿，外网总观看量超4230万人次。"地图"主题项目《春茶地图》等以多元化产品赋能地方产业发展。

三、强化联动各方资源，助推国家"三农"事业新发展

一是深化频道频率高质量发展，让节目"活"起来。按照总台高质量发展工作要求与部署，成立大屏节目、广播节目与融合传播工作专班，同步推进农业农村频道、中国乡村之声频率高质量发展。其中，农业农村频道以创办精品栏目为抓手，分批次推出全新优化改版栏目《三农长短说》《田园帮帮团》《共富经》《超级农人秀》《乐游新乡村》等，多角度展现新农村、新生活和新玩法。截至2023年年底，频道较改版前平均忠实度提升12%，15—24岁观众收视率提升8%。中国乡村之声频率全新改版上线，以更强伴随性和服务性带动用户黏性提升，采用"新媒体视频直播反哺传统广播"全新模式推动生产重心向移动端转移，依托央视频账号推出近50场新媒体直播活动。其中，融合传播产品《诵读，你眼中的丰收》相关话题"来自土地的诗词合诵有多震撼"等累计阅读量超1.2亿人次。

二是以传播效果为导向打造更具共鸣性的创意项目，让活动"热"起来。全方位优化"乡村振兴观察点"运维，多措并举提升项目品牌影响力。以"乡村振兴观察点"落地江苏省溧阳市天目湖镇桂林村为新起点，进一步强化顶层设计、清晰功能定位、明确推进抓手，建立"乡村振兴观察点"通联即时沟通机制，及时回应地方宣传诉求；建立蹲点创作制度，组织各部门业务骨干赴四川省成都市、江苏省溧阳市等地观察点实地调研，全力推动"乡村振兴观察点"由驻点创作节目向驻点策划活动拓展，创新打造《品味中国　美丽溧阳》《古镇芳华　生态屏南》等既是总台出品又具地方特色的融合传播产品，以及"就爱西吉好吃头""情满太行春耕助农"等特色媒体行动。

策划推出全国和美乡村篮球大赛（简称"村BA"），相关内容新媒体直播观看量超1000万人次，覆盖用户超2亿。第二届"金扁担"农业现代化论坛汇聚专家学者、涉农研究单位等资源，凝聚社会各界强大合力全面推进乡村振兴，相关话题阅读量超1000万人次，覆盖用户规模超5000万，获得农业农村部官网、新华社客户端等超50家政府机构网站、网络媒体关注推介。"金穗行动·17联县"品牌推介活动聚焦县域高质量发展，其中湖南绥宁站活动推出的《神奇绿洲·醉美绥宁·四月八姑娘节》等新媒体直播、短视频产品累计覆盖受众规模达2亿人次，登陆各平台热搜热榜超20次。

三是做好"媒体+服务"文章，以实际行动助推新时代国家"三农"事业新发展。"千行百品就业行"融媒体活动、特色项目《业有所成》聚焦劳务品牌建设与高质量充分就业。截至2023年年底，"千行百品就业行"落地湖北、青海等地，成功促成襄阳牛肉面、资溪面包师等劳务品牌与用工企业签约，解决就业岗位8.8万个。《预制菜争霸赛》用竞技方式展现预制菜品的创新性和多样性，助力预制菜行业标准化、规模化发展，吸引全国20余个省

份 327 家企业携 346 道菜品参赛，相关新媒体直播累计播放量近 2000 万次。融合传播项目"生活有点'田'"采用"节目+活动"模式，线下售桃活动相关话题全网阅读量超 2.6 亿人次，有力带动产品销售额提升。"17 助农日"特色助农项目以立体融合传播模式服务地方乡村振兴建设。

（农业农村节目中心供稿）

港澳台节目中心工作概况

2023 年，港澳台节目中心深入贯彻习近平文化思想和习近平总书记关于坚持"一国两制"和推进祖国统一的重要论述精神，认真落实总台领导相关工作要求，开拓创新，在港澳台地区的引领力、传播力、影响力取得新突破。

一、精心做好领袖宣传报道，深入阐释习近平新时代中国特色社会主义思想

1. 精心打造对港澳台传播"头条工程"，积极阐释习近平新时代中国特色社会主义思想

大湾区之声和台海之声新闻栏目及时充分播发重要时政新闻，向港澳台地区准确报道习近平总书记出席全国两会、第三届"一带一路"国际合作高峰论坛、杭州亚运会、中美元首旧金山会晤等重大内政、外交活动。大湾区之声和台海之声高标准、高质量完成习近平总书记出席第十四届全国人民代表大会第一次会议开幕会等 32 场粤语直播和普通话直播。精心打造《大湾区　新征程》等头条专栏，全年播发报道 63 集，持续深化习近平新时代中国特色社会主义思想对港澳台传播阐释。

2. 习近平新时代中国特色社会主义思想宣传报道质量持续提升，传播效果显著增强，获得热烈反响

对习近平新时代中国特色社会主义思想宣传报道和国家大政方针的解读快速深入，更具"网感"和故事化，大湾区之声《"港"清楚》、台海之声《两岸开讲》采访知名专家学者、粤港澳政府官员、港澳特别行政区立法会议员、企业及行会机构负责人等嘉宾 200 余人；融媒体系列报道《中国式现代化的脚步》播出《在南沙任公职的香港青年》等多期节目，获得广泛好评；面向境外传播平台推出《新征程　看未来——港澳台青年共话践行二十大精神》系列融媒体产品，阅读量超过 1 亿人次；推出《视频专访 | 李家超：强国建设民族复兴　香港是参与者推动者见证者》《总台独家专访贺一诚：澳门将和国家步伐保持一致　紧抓机遇往前走》等独家专访，包括港澳媒体在

内的100多家境内外媒体转载、报道；"大湾区之声""看台海"新媒体平台推出《新代表委员说》等系列融媒体产品，采访港澳特别行政区和台籍全国人大代表70人，引发港澳台受众广泛共鸣。

二、涉港澳台新媒体矩阵持续建强，融合传播多项数据成倍增长

1."看台海""大湾区之声"等新媒体矩阵位列涉港澳台媒体第一方阵，多项重要数据成倍增长

2023年，港澳台节目中心各账号平台总粉丝量突破3100万，同比增长1300万；发稿总量超过4.5万篇，其中原创视频量同比实现翻番，超过2万篇（条）；年度阅读总量超过135亿人次，是2022年的2.5倍；转发、评论、点赞等互动总量超过2亿人次，多家主流媒体将"看台海""大湾区之声"等新媒体平台作为涉港澳台报道权威稿源。

"看台海"新媒体矩阵作为涉台传播头部账号，粉丝量超过2300万，同比增长1000万；全年发稿超过3万篇（条），阅读总量超过120亿人次，其中阅读量过千万人次的稿件超过150条；相关稿件被40多家岛内媒体高频次转载转引，被台盟中央、全国台联、全国青联、各省市台办等超过30家涉台官方机构账号常态化转发引用。

"大湾区之声"新媒体矩阵增强快速反应能力，涉港澳重要议题必抢首发，全网首发涉港澳稿件225条，相关话题阅读量超过25亿人次，粉丝量由500万增长至800万，增长超过60%。原创稿件转发量超过1300篇，转发率达65%。

2.策划推出特色直播和原创融媒体精品，取得传播效果新突破

对港澳传播方面，精心策划推出《香港有"艺"思——在香港遇见三星堆》《文化名家面对面》等直播特别节目，通过生动讲好中华文明故事，激发香港同胞对中华优秀传统文化的热爱和自豪感。《共话大湾区》《湾区大调查》等全新系列专题先后专访香港特别行政区政府商务及经济发展局局长丘应桦等21位港澳特别行政区政府司局长，立体展现中国式现代化在粤港澳大湾区的稳步推进。向世界讲好香港故事系列报道《精彩香港讲你知》《我眼中的香港》等，用英语和粤语介绍香港的变化和成就，取得良好传播效果。

对台传播方面，短视频《台媒曝蔡英文通话"被解放军打断"》在两岸舆论场引发热议，台湾当局有关方面被迫出面回应；全网首发的短视频《中国台湾选手李东宪双手高举五星红旗登上颁奖台》被台湾中时新闻网等岛内媒体广泛转载引用。《台海会客厅》推出系列融媒体节目《两岸新春同乐会》等，累计阅读量超过1.5亿人次。

3.创新开展的系列融媒体活动反响热烈

"大湾区之声"新媒体平台推出《Great!大湾区》系列直播，开展"飞遇香港国际机场"等8场直播活动，联动香港、澳门、广州等多地有关部门和媒体机构同步宣推，视频覆盖广州、深圳等超级商圈、主干道、交通枢纽的户外大屏，香港国际机场电视屏幕滚动播出，累计覆盖超5000万人次。

"看台海"新媒体平台推出《福气啦！融

合区》融媒体直播，开展"福满月圆一家亲"等直播活动，联动台北、台南、金门等台湾岛内县市，讲述福建打造台胞、台企登陆第一家园的生动故事，在海峡两岸反响热烈，岛内中天新闻台和福建各地媒体同步播出。

三、建强言论评论品牌，以攻为守、发声亮剑，在港澳台舆论场话语权显著增强

1.《日月谭天》涉台言论品牌乘势亮剑，《总台海峡时评》《大湾区之声热评》品牌持续擦亮

精心策划推出《日月谭天》涉台深度言论平台，建设包括微信公众号和视频号、微博账号、今日头条账号矩阵。多篇文章被台湾中时新闻网全文转载，全网阅读量突破1亿人次。

《总台海峡时评》《大湾区之声热评》在涉港澳台舆论斗争中充分发挥引导作用。在习近平总书记向第六届海峡两岸青年发展论坛致贺信当天，《总台海峡时评》播发《把两岸关系发展的前途命运牢牢掌握在两岸中国人手中》，中央网信办全网置顶推荐，在《新闻联播》等栏目播出，电视端观众触达量达5473万人次；多篇《总台海峡时评》《大湾区之声热评》获中央网信办全网置顶推荐，被香港《文汇报》、澳门《澳门日报》等港澳媒体高频次常态化转载，被台湾《联合报》等岛内媒体视为大陆方面重要表态，《欧洲侨报》《非洲时报》等海外华文媒体广泛转发。

2. 围绕涉台重大事件密集发声、形成声势，积极引导涉台舆论

针对蔡英文"过境"窜美，台海之声频率、《日月谭天》品牌栏目和"看台海"新媒体平台连续播发独家视频、分析评论等重磅内容，有效引导涉台舆论。《总台海峡时评》连续播发评论，台湾中时新闻网等岛内媒体刊发评论文章引述《总台海峡时评》观点，新加坡《联合早报》等200多家境内外媒体转载转引。配发的多语种素材被德国新闻电视台N-TV等28个国家和地区的71家电视台及其新媒体平台采用，累计播出236次。《日月谭天》接连推发《"过境"美国的蔡英文何以成了"过街鼠"？》等多篇文章，被境内外180多家主流媒体转载，全网触达量超2500万人次。

针对赖清德"过境"窜美，打出深度揭批、多方联动组合拳，《总台海峡时评》连续播发《"麻烦制造者"赖清德的谋"独"挑衅行径注定失败！》等评论，台湾中时新闻网等10多家岛内媒体转载转引；《日月谭天》及时推发深度文章；"看台海"新媒体平台制作推发现场报道，单条阅读量达1600万人次，全网累计阅读量超过2亿人次，制作的多语种素材被多家境外电视台采用，有效引导涉台舆论。

四、加快推进广播高质量发展，频率入港澳入岛传播效果持续提升

1. 优化调整大湾区之声、台海之声等四套广播频率节目编排，精品化水平不断提高

优化大湾区之声、台海之声、香港之声、神州之声等四套广播频率节目编排，重点打造全新文化栏目《根脉中华》，分别制作粤语版本和普通话版本，设置《礼敬文明》《文化面孔》等4个版块；提质升级精品栏目，在《听

多啲识多啲》等精品栏目中增设文化子栏目；做强大湾区之声和香港之声早间精品节目区，提高《"港"清楚》在香港本地制作比重；打造台海之声和神州之声上午时段精品节目区，进一步增强贴近性和服务性。

2. 广播频率传播覆盖不断扩大，在港澳影响力再上台阶

联合技术局、亚太总站等部门，持续加强大湾区之声、香港之声在港澳地区的传播覆盖，港澳听众日到达率、日人均收听时长在香港和澳门均名列前茅。据实测，节目收听清晰度超过许多港澳本地电台，是内地对港澳传播收听体验最好的频率。深化与香港特别行政区政府广播处合作。2023年7月1日起，与香港电台联合制作《听多啲识多啲》栏目，在香港电台第五台播出，增加大湾区之声、香港之声节目在香港电台广播和新媒体平台的播出频次，大大提升了大湾区之声在香港的覆盖率。

（港澳台节目中心供稿）

英语环球节目中心工作概况

2023年，英语环球节目中心（简称"英语中心"）落实总台工作部署，在习近平新时代中国特色社会主义思想国际宣介上求新，在重大突发国际事件中求快，在舆论斗争攻坚战中求准，在68种语言协同配合上求深，在面向年轻受众的融媒传播中求变，在"媒体外交"和合作传播上求广，引领力、传播力和影响力不断提升，总台国际传播旗舰平台含金量进一步提升。截至2023年年底，新媒体粉丝量达4.22亿，其中海外粉丝占近90%；各类作品共获222项国内外大奖。

一、凝心聚力做好领袖报道，创新"头条工程"习近平新时代中国特色社会主义思想对外传播

用心用情组织做好习近平总书记重要时政活动报道，英语、西班牙语、法语、阿拉伯语和俄语5种语言全年累计发布时政报道近2万条，全球阅读量近14亿人次，发布时政特稿89篇，被1766家海外主流媒体累计转载10.5万次。在全国两会报道中，英语中心时政画面成为外媒争相使用的信源，人大开幕会直播画面及英语同声传译被美国联合通讯社（简称"美联社"）、路透社、法新社等国际主流媒体转发。中美元首旧金山会晤相关时政画面被美国消费者新闻与商业频道（CNBC）等美国媒体转发。英语中心记者抓取的习近平主席在旧金山国际机场下飞机的时政画面被外媒广泛引用。

在全国两会召开之际，推出《领航》国际版专题片《绘制十年》，解读习近平新时代中国特色社会主义思想，在重大题材创作和传播模式上实现了重大突破和创新。专题片《绘制

十年》国际传播效果显著，在 CNN 和美国探索频道（东南亚）播出，在欧洲新闻台电视频道以英语、西班牙语、法语、俄语、德语、意大利语、葡萄牙语等 7 种语言播出，全球阅读量达 2.1 亿人次。

创新升级"头条工程"，全年打造时政微视频《经典里的中国智慧》（第二季）和《和人民在一起》、实地回访系列《中国的脚步》、播客产品《习近平的故事》等多个时政品牌，多角度解读习近平新时代中国特色社会主义思想，全球阅读量达 1.46 亿人次。"媒体外交"活动亮点纷呈，在习近平主席访问俄罗斯、出席首届中国—中亚峰会、第三届"一带一路"国际合作高峰论坛的报道中，推出俄语版《平"语"近人——习近平喜欢的典故》（第二季）在俄罗斯主流媒体平台上线活动、"中亚情缘"——中国影视节目展映活动、中国影像节"一带一路"主题展映活动等，多项活动入列第三届"一带一路"国际合作高峰论坛成果清单。

二、重大主题报道突出思想引领的生动实践，海外传播力、影响力有效提升

在第三届"一带一路"国际合作高峰论坛、首届中国—中亚峰会、杭州亚运会、博鳌亚洲论坛 2023 年年会、第三届中国国际消费品博览会、第六届中国国际进口博览会等一系列重大活动报道中，进一步发挥总台 68 种语言传播平台合力，有效调动总台国际传播资源，取得突出的传播效果。全年总计推出 5 万多条报道，全球阅读量累计 46 亿人次。

重点打造《高端访谈》《决策者》《对话思想者》等专栏，先后采访俄罗斯、巴勒斯坦、哈萨克斯坦、巴西、巴基斯坦、伊朗等十三国国家元首，合计全球阅读量超 7000 万人次。

在共建"一带一路"倡议提出十周年之际，重磅打造纪录片《新丝路上的交响》，讲述"一带一路"共建国家普通民众的人物故事，巧妙传达"一带一路"普惠与共赢的精神内核，获得 20 个国家和地区的 818 家海外网络媒体转载，全球阅读量突破 1.1 亿人次。围绕构建人类命运共同体理念提出 10 周年，推出专题纪录片《来自地球村》，通过全球各地温暖真实的人物故事解读全人类共同价值，正片以总台 31 种语言对外播出，累计全球阅读量 3000 万人次。围绕"中国式现代化"主题，推出专题片《我们的现代化故事》，通过 CNN 等多家国际传播平台，在北美、欧洲、亚太、非洲、中东等地区广泛播出，覆盖全球超过 4 亿用户。围绕文化传承发展主题，推出专题片《何以文明》、融媒体特别节目《文明的畅想：中国之路》等。

三、优化布局持续提升全球报道能力，蹄疾步稳打造国际媒体信源

2023 年，英语中心在国际重大突发事件中实现全球首发 347 条，首发率达 26%，内容涉及中美元首旧金山会晤、洪都拉斯与台湾"断交"、"2·6"土耳其—叙利亚大地震、"4·15"苏丹武装冲突、巴以新一轮冲突等，英语、西班牙语、法语、阿拉伯语、俄语等新闻报道时效均有大幅提升。创新发稿机制，抢占外国元首访华独家资源，在法国总统马克龙、巴西总

统卢拉、洪都拉斯总统卡斯特罗等元首访华抵达现场时，实现全球首发，为全球主流新闻媒体提供权威信源。

搭建起以596名本土化记者、报道员和通讯员为主体，1500多名拍客为辅助的多语种报道网络，与总台海外记者站点密切配合，在一系列国际突发事件中发挥显著作用。

在巴以新一轮冲突报道中，先后部署10组当地报道力量在加沙地带、以色列及周边邻国，调派8名总部记者前往冲突一线，发布大量一手独家报道。截至2023年年底，累计发布相关报道超过25 000条，全球阅读量近3.5亿人次，大量独家内容被近2000家海外媒体累计播出近5万次。

在"2·6"土耳其—叙利亚大地震报道中，先后派遣12组报道力量前往震区，总台前方记者作为红十字会救援队唯一一名随队央媒记者深入震区一线，相关报道全球阅读量达10.7亿人次，被CNN、BBC等近百家境外媒体大量转载。在"4·15"苏丹武装冲突报道中，CGTN成为首批在中心地带进行电视直播的国际媒体，相关报道被1232家外媒采用1.5万次。在俄乌冲突报道中，CGTN成为在俄罗斯"瓦格纳事件"报道中第一时间拿到俄罗斯外交部部长拉夫罗夫专访视频素材的唯一外国媒体。

四、加强整体谋划，坚决果断开展舆论斗争，在涉及中国核心利益报道上寸步不让

构建全过程人民民主和中国抗疫主流叙事，高质量承办第二届"民主：全人类共同价值"国际论坛，打造系列纪录片《断点》、专题片《为民主还是伪民主：美国民主深度扫描》《起底美式民主》等舆论斗争精品，有效对冲美国举办所谓"民主峰会"，全球阅读量达3.16亿人次。针对美西方对中国防疫政策攻击抹黑，以《破局》《中国战疫纪》《穿越风暴》《2023中国前瞻》《中国真相》等评论节目、圆桌对话会、拍客视频、专题片等打出组合拳，破立结合打造中国抗疫叙事，相关报道累计全球阅读量超过2亿人次。

主动设置议题，消解美西方认知战、舆论战话语陷阱。针对蔡英文和赖清德"过境"窜美，推出重磅专题片《起底"蔡氏骗局"：窜美卖台何时休》《台湾——美国遏制中国的棋子》，戳穿民进党当局甘当美国遏华棋子的丑恶嘴脸。进入金门地区采访，相关报道首次在台湾本土媒体落地播出。针对日本非法排放核污水，推出原创音乐脱口秀《倒污水》、纪录片《日本的潘多拉魔盒》等形式多样的评论产品，表达国际社会对日本不负责任行径的担忧与愤怒。专题片《破局芬太尼》揭穿美国毒品泛滥真相，全球阅读量超1亿人次。专题片《山河破碎20载》《阿富汗之殇：美式民主改造的失败》等，结合伊拉克战争爆发20周年、美军撤离阿富汗两周年，揭批美国是中东地区长期动荡的罪魁祸首，相关报道被《华盛顿每日新闻》等全球近400家海外主流媒体转载。

集中资源优势打造评论品牌矩阵。重点打造系列评论品牌。评论主品牌《先声夺人》针对热点话题和涉华舆情第一时间传递中国观点，以68种语言在海内外社交平台广泛传播，全年阅读量过亿人次。推出三个子品牌《在一线》《真相放大镜》《真"财"实料》，分别深耕突发新闻、深度调查、财经分析三个垂类，建立全球影响力。评论垂类账号《茶馆论道》（T-House）全年发稿3500多条，获得全球阅读量近1亿人次，位居国际主流媒体评论垂类账号第一矩阵。

海外民调开辟舆论斗争新赛道，快速汇聚全球民意。全年累计发布6次样本民调、38次网络民调、13篇民调特稿，实现68个语种全覆盖，全球阅读量超过9500万人次，总互动量达110万人次。通过民调数据，及时对美西方抹黑中国的言论、偏见和做法予以迅速有力、系统全面的强有力反击，达到就地"消毒"和精准"对冲"的效果。

五、有力打通合作传播渠道，在多语种对象国取得新突破

英语中心多语种主持人、记者、网红在外媒连线、接受采访、发表文章共计11 122次（篇）。其中，英语主持人刘欣接受美国广播公司（ABC）、美国全国广播公司（NBC）采访，王冠接受BBC采访，聚焦中美元首旧金山会晤，实现在英美一流媒体平台发声的新突破。在中国和洪都拉斯建交之际，第一时间与洪都拉斯国家广播电视台合作推出建交特别节目，相关报道落地当地媒体。西班牙语合作传播在西班牙以及未建交国家巴拉圭和危地马拉均取得突破，有力填补总台在西班牙语国家和地区发声区域的空白。

打造合作传播精品节目，实现"媒体外交"广度和深度的突破。杭州亚运会期间，英语中心首次把外媒定制化报道与合作传播相结合，与近30家亚洲媒体合作推出17期系列特别节目《活力亚洲》，覆盖亚洲国家受众约2.3亿。法语部与毛里求斯国家电视台等非洲五国媒体合办电视栏目《共享繁荣》，同步在五国主流媒体黄金时段播发。

聚力打造融媒体定制化平台（AMSP），稳步提升平台媒体入驻量，采取定向推介策略，持续打通国际传播渠道。截至2023年年底，已吸纳意大利广播电视公司、西班牙Britel传媒集团等159个国家和地区的1166家用户，全年累计下载内容超过1.9万条。

六、深挖中华优秀传统文化富矿，以诗画、美食、音乐、文物为媒，持续深化"好感传播"

精心打造《2023超级夜看春晚》多语种直播特别节目，通过20家外媒进行转播，全球阅读量达5.45亿人次。大型融媒体数字特展《千年调·宋代人物画谱》《千年调·宋代山水花鸟》两季，携手CNN、美国波士顿美术博物馆、日本大阪市立美术馆等海外机构和上海博物馆、中央美术学院、中国美术学院等国内机构联合推出，全球阅读量达3.66亿人次，获美国新闻媒体视觉设计协会举办的第44届世界新闻设计大赛卓越奖。《诗约万里》（第二季）邀请近50个国家和地区的各界人士，以诗歌与镜头语言诠释"相知无远近，万里尚为邻"蕴含的全人类共同价值理念，全球阅读量达4.5亿人次。联合埃及国家电视台制作文化历史类纪录片《当法老遇见三星堆》，揭秘古老文明与璀璨历史，海外阅读量达5500万人次，在埃及国家电视台第二频道和卫星频道落播。

推出首档原创中外文艺互鉴专题节目《东西艺鉴》，与欧洲新闻台联合制播《中欧非遗》（第二季）等。在杭州亚运会期间推出《最忆是杭州》《钱塘诗乐会》《湖山雅集》《好吃客·杭州》四大文化精品，展现体育赛事背后所传递的文明内涵，全球阅读量达2.8亿人次。持续打造《我们为什么爱敦煌》《中华文化千问》等文化品牌，相关播客及融媒产品全球阅读量超1.5亿人次。

七、拓展传播格局，积极开展外部合作

与中国人民大学合作共建新时代国际传播研究院，推出《相约丝路·共话未来》线下活动及国际传播协作机制研讨会等一系列活动。携手北京大学、清华大学等9所高校共同发起"我眼中的中国"媒体校园行动，鼓励更多国际传播青年人才"讲好中国故事"。

搭建"可爱的中国"国际传播主题创作机制，累计收到全国26个省份和1个国家部委报送的579部成片和165个选题，共有70部成片在英语、西班牙语、法语、阿拉伯语、俄语等5种语言平台播出，全球阅读量达2.34亿人次。

八、以业务需求为导向、以人才成长为目标的人才培养培训体系日渐完善

针对新员工，推出"2023两会前瞻""春季大练兵""美国那些事儿""青年说"等系列培训。针对青年人才，开设专题研修班，强化专业知识，提升综合素质，锻造创新能力。广邀专家学者，在英语中心台湾学习小组、新疆西藏学习小组，分别介绍两岸局势、新疆西藏历史文化，并就如何做好舆论斗争提供真知灼见。截至2023年年底，通过讲座、座谈会、参观调研等形式，共举办111场培训活动，各项培训参培人数总计超过4万人次。

（英语环球节目中心供稿）

亚洲非洲地区语言节目中心工作概况

2023年，亚洲非洲地区语言节目中心（简称"亚非中心"）聚焦习近平新时代中国特色社会主义思想对外宣介，以"加速度"推动各项工作高质量发展，不断提升国际传播的针对性、实效性和感召力。

一、讲好领袖故事

1. 配合元首外交，做好习近平新时代中国特色社会主义思想宣介

在习近平主席访问越南前夕，实现《平

"语"近人——习近平喜欢的典故》(第二季)在越南落地播出,并与越南国家媒体数字电视台举行开播仪式,成为习近平主席此次出访预热期间最重要的媒体活动。在中美元首旧金山会晤期间,在海外社交媒体推出系列播客节目《引领者》,生动讲述习近平主席引领中国改革和推动构建新型国际关系的故事。多角度报道习近平主席出席2023年APEC峰会、首届中国—中亚峰会等重大外事活动,深入阐释习近平主席提出的全球文明倡议、全球发展倡议、全球安全倡议(统称"三大全球倡议")和构建人类命运共同体理念,相关报道被日本、韩国等国家的200余家海外媒体转载。

2. 聚力打造头条品牌产品

创新推出头条栏目《思想力》,对习近平总书记的重要讲话进行解读,全年共推出系列专题45篇,被日本、韩国等国家的200余家权威媒体转载7000余篇次。《典籍里的新思想》推出5集系列专题片讲述中华文明的特性,多个语言版本在CGTN多语种平台同步推出,落播土耳其、蒙古国等多国电视媒体,社交媒体总阅览量超过5000万人次。创新产品《动析新概念》系列,以AI动画等形式向海外受众解读构建人类命运共同体理念、共建"一带一路"倡议、全过程人民民主等中国概念,海外总阅览量超过6亿人次。

3. 转换话语体系,实现头条产品落地新突破

土耳其语部与土耳其财经电视台联合制作专题片《百年变局:呼唤新形态现代文明》,并多次在该台黄金时段播出,土耳其100多家媒体在报道中提到了该片,相关内容网上阅览量超过800万人次,转引转发30万人次。

二、聚焦主题主线报道

1. 持续宣介中国式现代化的伟大实践与成就

亚非中心联合土耳其、柬埔寨等多个国家政府机构、智库和媒体,举办了14场"中国式现代化"主题宣讲活动,探讨中国式现代化给世界各国带来的启示和机遇。200多家外国媒体对此做了报道,20多家境外电视台播出相关节目。"走进企业看发展"系列采访活动通过中外记者乘坐体验国产C919大型客机、探访电动汽车生产线等现场报道,对外展现中国现代化产业体系建设和企业创新带来的实体经济生机活力;中国国际进口博览会(简称"进博会")报道对外传递中国扩大开放的举措与成果,与多国主流电视台联合开办《观进博》专栏,中外记者联动,带领海外受众"云"观进博会盛况,了解进博会对促进世界经济发展的重要作用。

2. 融合展现共建"一带一路"倡议十年成果

近300位对象国高端人士接受亚非中心记者专访,积极评价共建"一带一路"倡议对推动各国经济社会发展的重要作用。在巴基斯坦、缅甸等国与政府机构、行业协会、媒体、大学等合作举办论坛,畅谈共建"一带一路"倡议给各国带来的发展机遇。"一路情长"融媒体活动邀请多国画家、摄影家、作家等赴当地共建"一带一路"项目现场实地采风创作并举办成果展,相关产品在海外社交平台总阅览量超5000万人次。老挝语部纪录片《圆梦》记述老挝一家三代铁路人圆梦中老铁路的故事,在老挝国家电视台播出后反响热烈,片中女主角成为中老铁路上的明星。

3. 借体育盛会讲好中国故事

杭州亚运会期间，亚非中心联合杭州市委宣传部，组织"共赏中秋月　品诗画杭州——亚洲多国人士西湖乘船赏月庆中秋"特别活动，组织亚运会文化交流活动——"共享亚运"阿富汗运动员走进杭州校园，取得积极传播效果。创新制作由中国、日本、韩国、蒙古国、越南等五国艺术家共同演奏的杭州亚运会主题筝曲《心心相融》MV，总阅览量超1000万人次。

4. 沉浸式讲述中国新疆故事和西藏故事

深入新疆采访，相关报道在亚非国家130多家媒体落地。《牧民毕力格图的梦想》《喀什见闻》等作品以鲜活生动的例子，说明中国人民的幸福生活就是最大的人权。马来语部与马来西亚Astro Awani电视台联合制作谈话节目《消除贫困　起点在哪里？》，结合外籍记者在新疆的采访感受，介绍中国脱贫经验及其对马来西亚的借鉴意义。《西藏，在路上》（第二季）挖掘新时代西藏青年建设家乡的故事，共发布各类融媒体产品206个，总阅览量达9941万人次，总互动量近350万人次。《主播看阿里》融媒体项目展现西藏社会经济发展情况，产品在海外社交媒体总阅览量达1943万人次。

5. 创新演绎中华优秀传统文化及其当代价值

打造多语种微视频《当心！这些古画会动》，通过数字绘景、3D复现技术和主播穿越式演绎，生动展现中国文物之美、文物之趣和中华优秀传统文化内涵，6期节目在海外社交平台阅览量超3000万人次。

三、优化社交媒体平台业务

1. 社交媒体数据指标持续增长

截至2023年12月底，亚非中心海外社交平台多语种账号总粉丝量将近1.7亿，同比增长20%。社交媒体内容全年总阅览量超过150亿人次，总互动量约10亿人次。乌尔都语、泰米尔语、孟加拉语、印地语等4个海外社交媒体综合账号粉丝量均超1000万，日语综合账号粉丝量超过600万。

2. 网络互动活动不断掀起热潮

亚运主题多语种网络活动"挑战传奇"，邀请全球网友参与，来自30多个国家的知名运动员、知名艺人、网红达人等积极参与，总阅览量突破40亿人次。连续在印度尼西亚、菲律宾等7个国家举办"打卡'一带一路'新地标"融媒体活动，邀请当地名人和居民与印度尼西亚雅万高铁、菲律宾B-I大桥等地标性工程合影，呈现共建"一带一路"倡议合作造福当地、推动共同发展繁荣。相关国家200多家主流媒体对活动进行了报道，触达受众7.4亿人次。

四、持续深化媒体合作

1. 各类节目数量和质量同步提升

2023年，亚非中心与17个国家的电视台联合制播45个电视栏目。泰语部与泰国民族电视台联合制作的《探访中国》栏目获得第8届泰国金吉纳利奖"大众传媒类"最佳电视节目奖，蒙古语部与蒙古国NTV电视台合作的《动感中国》获得该国格兰德奖最佳电视栏目奖，上述奖项均为首次颁给外国媒体制作的节目。日语部与日本吉本株式会社联合制作的新栏目《未知之城》成功播出，广受好评。

2. 抢首发、争独家，投送能力明显增强

2023年，亚非中心重大报道在近30个国家的400多家媒体落地，境外发声次数超过40万次，同比增加21%，电视节目触达海外17亿观众。亚非中心多语种记者与日本、印度、土耳其等多国主流电视台、电台做连线报道已成常态。2023年APEC峰会期间，日语部对习近平主席与日本首相岸田文雄会晤的报道早于日本放送协会（NHK）和日本共同通信社。据统计，近20%的土耳其主流媒体，在涉华报道中以总台土耳其语部的报道内容为主要信源。

五、媒体活动多点开花

1. 创新形态配合大国外交

在习近平主席进行重大国事访问和外事活动期间，亚非中心成功推动越南之声、柬埔寨新闻部、泰国总理府等多个媒体或政府部门与总台签署合作备忘录，并被列入领导人见证成果清单。

2. 开启媒体合作新模式

在习近平总书记提出"精准扶贫"重要理念10周年之际，亚非中心邀请多国电视台摄制团队，联合制作《小村大事》系列节目。截至2023年11月底，共邀请来自11个国家的摄制组，深入四川、新疆、云南等地乡村采访，相关报道被境外234家媒体转载。联合广西总站邀请东南亚8个国家的18家主流媒体，组成中外记者团开展"东盟伙伴"看中国式现代化媒体行，在30多家东盟国家主流媒体进行连续报道。

3. 特色人文活动促进民心相通

第七届"露天电影院——中柬优秀电影巡映"活动在柬埔寨举行，启动仪式上近150名嘉宾和观众观看柬埔寨语配音电影《跨过鸭绿江》，柬埔寨31家主流媒体对该活动进行了报道。"露天电影院——中柬优秀电影巡映"活动深入柬埔寨各省市的乡村、学校、企业，为当地民众免费放映中柬优秀影片。该活动于2016年启动，截至2023年年底，已累计放映电影超100场次，观众超10万人次。中国驻柬埔寨大使王文天评价该活动"接地气、暖人心"；柬埔寨国王高级顾问、人民党副主席梅森安亲王曾表示，该活动进一步提升了中柬全面战略合作伙伴关系，促进了中柬两国文化、传统风俗的友好交流。

（亚洲非洲地区语言节目中心供稿）

欧洲拉美地区语言节目中心工作概况

2023年，欧洲拉美地区语言节目中心（简称"欧拉中心"）坚持以效果为导向、以创新谋突破，面对对象地区严峻复杂的舆论环境，敢打主动仗，对外传播的针对性和实效性持续增强，领袖报道海外总阅览量同比增长3.8倍、总互动量增长3倍，海外社交媒体平台阅览量超百万的产品数量实现翻番。

一、聚焦首要任务，高质高效宣介习近平新时代中国特色社会主义思想

1. 有效做好习近平总书记重要活动报道

习近平主席二〇二三年新年贺词落地意大利、德国、巴西、匈牙利、阿尔巴尼亚、塞尔维亚等17个国家和地区的46家主流媒体，海外总阅览量达1045万人次，互动量超200万人次。第三届"一带一路"国际合作高峰论坛时政报道海外总阅览量达1 734.4万人次，总互动量达17万人次，20个国家和地区67家媒体转发383篇次。依托CGTN工作机制，中美元首旧金山会晤多篇报道在对象地区实现首发，海外总阅览量超5000万人次，互动量达260万人次，20个国家和地区的68家主流媒体转发相关报道500余篇次。

2. 借嘴说话，阐释习近平新时代中国特色社会主义思想的深刻内涵

充分发挥高端采访和海外评论队伍作用，运用对象国话语方式和风格有效提升习近平新时代中国特色社会主义思想对外阐释的实效。围绕构建人类命运共同体、高质量共建"一带一路"、三大全球倡议等重大理念发布的多语种言论类视频报道海外总阅览量达2272万人次。

创新推出多语种融媒体系列报道《践行》，运用AIGC等新媒体技术和微视频、动图、组图等多种表现形式，讲述习近平新时代中国特色社会主义思想在中国社会的生动实践，海外阅览量达4000万人次；多语种系列视频《回眸十年——人类命运共同体启示录》，广泛采访德国、意大利、阿尔巴尼亚、罗马尼亚等国知名意见领袖，多角度解读人类命运共同体理念的世界意义，海外阅览量超500万人次。

二、拓展广度深度，全景式展现中国式现代化生动实践

1. 全面立体对外宣介"中国式现代化"

10期系列视频报道《中国式现代化之路》，采访黑山名誉总统武亚诺维奇、捷克前总理帕鲁贝克、德国联邦议院德中议会小组主席弗里德里希等众多欧洲政要和专家学者，以国际化视角解读中国式现代化的科学内涵和生动实践，海外总阅览量超1800万人次。制作10集融媒体系列报道《中国纪行 感受

活力》,邀请来自巴西、意大利、奥地利、黑山、阿尔巴尼亚、保加利亚、波兰等国的专家学者、媒体记者等深入中国基层,蹲点式体验中国式现代化成就,探寻各国共享发展机遇,海外总阅览量超3500万人次,落地巴西旗手电视台、黑山广播电视台、意大利米兰—帕维亚电视台等10多个对象地区主流媒体。在对象国家举办10场"中国式现代化与世界"主题研讨会,240余位海外政要和专家学者围绕中国式现代化的世界意义展开热烈讨论,德国首都电视台、意大利埃瑞亚通讯社、匈牙利中心电视台、塞尔维亚贝塔通讯社等11个国家的51家主流媒体直播或报道,海外阅览量达2850万人次。

2. 围绕主题主线,推出大批国际传播精品

围绕全国两会相关报道的海外总阅览量达7740万人次,18个国家和地区的72家主流媒体转发转载。多语种系列报道《中国两会:凝共识 开新局》,采访巴西、葡萄牙、意大利、阿尔巴尼亚等18个国家和地区的53位政商学界人士,聚焦中国与欧洲、拉美地区受众的利益交汇点,解读中国经济社会发展给世界经济带来的新机遇。多语种系列访谈《透过两会看中国》,采访塞尔维亚外交部部长、黑山议会议长等20个国家近60位政要和意见领袖,从全球视角解读中国道路。《人民代表大会制度——全过程人民民主的重要制度载体》等多语种视频报道用"外嘴"解读全过程人民民主的深刻内涵,海外阅览量超200万人次。

围绕中国经济"光明论"制作播出5600余篇经济类报道落地对象国主流媒体。《中国经济观察》栏目推出《中国经济2023:信心与举措》等系列视频报道,广借"外嘴"唱响中国经济"光明论",海外阅览量超3600万人次。

围绕美丽中国绿色发展制作播出多语种系列纪录短片《自然守护人》和纪录片《巡山》《揭秘海底古森林》展现中国生态文明建设者可亲可敬的形象,海外阅览量超1520万人次。

围绕文明交流互鉴推出多语种视频《传承与发展》和融媒体报道《看文物 知中国》海外阅览量达1100万人次,《三星堆青铜器天马行空风格科幻》《在故宫遇见绝美克莱因蓝》等"璀璨文化"系列融媒体产品海外总阅览量超5500万人次,纪录片《美术里的中国》《古都奇妙游》等节目在德国、奥地利等国电视台播出。

围绕双边多边外交推出多语种系列融媒体报道《共赴未来 有你有我》,全面立体讲好中欧、中拉共同构建人类命运共同体故事,阅览量达320万人次;围绕共建"一带一路"倡议提出十周年,16集多语种系列视频《扎根中国》落地德国、波兰、罗马尼亚等9个国家的18家主流媒体;杭州亚运会报道海外总阅览量达3484万人次,总互动量达59万人次;成都大运会报道落地对象地区29家主流媒体。围绕中欧双边高层交往、第三届中国—中东欧国家博览会暨国际消费品博览会等节点,推出《中欧关系的健康发展关系到世界和欧洲的福祉》《携手共创中国—中东欧国家经贸合作蓬勃未来》等视频报道,对象地区的11家主流媒体转载,海外阅览量超4000万人次。

三、提升精度锐度,打好舆论斗争主动战

1. 言论评论矩阵不断完善

全年新增《中国经济观察》《视点》等10

个言论栏目，基本形成由《玉渊谭天》《国际锐评》《先声夺人》等总台重点栏目、《热点观察》《思辨深一度》《视角》等区域性栏目、《睿观察》等国别栏目和《老阎说》等网红个性化栏目构成的立体化评论矩阵和由自主平台、合作平台、个人账号构成的分层级发布渠道，有效提升国际舆论斗争的精准性和快速反应能力，全年评论类节目海外阅览量超1.2亿人次。

2. 强化议题设置，打好"主动仗"

针对美西方炒作中国主动调整新冠疫情防控政策，推出系列评论摆事实讲道理，破解攻击抹黑。《"病毒溯源"的应有之意》《新冠病毒五问五答——专访意大利帕多瓦大学传染病学家卡罗·贾昆托教授》《中国优化疫情防控 进一步释放经济活力》等评论。针对蔡英文"过境"窜美，快速反应推出3期系列视频评论《美国与国际社会背道而驰 违背一个中国原则》、多语种漫评《"过境"窜美的真相》和《双标的美式"主权剧本"》等网红评论节目。针对美西方唱衰中国经济，叫嚣对华"脱钩断链"，连续推出《中欧经贸合作需要排除干扰》《从"人口红利"到"人才红利"》《对华"去风险化"的背后》等评论，坚决予以反击。针对美国举办所谓"民主峰会"，采访多国政要和专家学者，推出《欧洲拉美多国政治观察家揭露美"民主峰会"用心险恶》《后院起火的"民主灯塔"》等起底式、揭批式言论评论产品。在伊拉克战争爆发20周年之际，推出漫评《伊拉克战争——教科书级的反人类罪》等系列评论产品。围绕日本非法排放核污水，推出《你敢不敢享用来自福岛的金枪鱼？》《日本核污水排海威胁人类安全》等评论产品。

四、突出创新创意，"好感传播"提质增效

1. 网红工作室由"规模效应"向"质量效应"升级

网红工作室和网红主播以效果为导向，积极拓展照片墙（Instagram）等平台的同时，大力提升内容吸引力，网红工作室账号海外总阅览量达28.72亿人次，同比增长1.6倍；总互动量达8485万人次，同比增长1.2倍；总粉丝量达739万，同比增长78.6%；海外阅览量超100万人次的产品717条，同比增长1.5倍。

网红工作室积极拓展与对象国主流媒体的合作，全年以直播连线、联合制作等方式与30个国家和地区的139家主流媒体开展合作8316次，同比增长80%。

2. 社交媒体传播效果持续提升

23个语种社交媒体全面覆盖脸书、推特、优兔、照片墙和TikTok 5个主流平台，海外总阅览量达86.94亿人次，同比增长84%；总互动量达1.91亿人次，同比增长26.5%；推出阅览量超1000万人次的产品31条，超100万人次的产品2882条，优质产品数量同比翻番；粉丝量超100万的账号7个，较2022年同期提升60%；账号粉丝覆盖率超10%以上的账号8个。

立陶宛语、瑞典语、荷兰语等9个语种账号发稿运营进入常态化，全年海外阅览量达464.4万人次。

3. 多语种移动网覆盖能力全面提升

14个语种网站受众规模不断扩大，全年总阅览量达1 952.2万人次，同比增长91.9%；独立用户访问量达1 295.9万人次，同比增长83.8%。

五、深化合作传播，持续增强国际影响

1. 优化布局，合作传播效能全方位提升

2023年，与29个国家和地区的176家主流媒体机构建立合作关系，较2022年增加31家。全年共有2.36万条新闻和融媒体产品被32个国家和地区的271家媒体采用，增加2000条；新媒体端覆盖受众增加7000多万，电视端覆盖用户增加2000万。新增芬兰、摩尔多瓦、梵蒂冈等地媒体渠道，实现中国媒体常态栏目首次落地斯洛伐克电视台。

2. 深化海外制作室建设，本土化合作传播影响力跃升

全面提升6个既有海外本土化制作室融媒体生产能力和水平，新建匈牙利和波兰两个制作室，扩大对欧传播覆盖面。积极拓展本土合作，新拓展传播渠道36个，累计达到58个，覆盖人口达2.84亿，本土化媒体产品有效进入当地主流人群，海外总阅览量达1.5亿人次。

（欧洲拉美地区语言节目中心供稿）

华语环球节目中心工作概况

2023年，华语环球节目中心（简称"华语中心"）奋力创新习近平新时代中国特色社会主义思想传播和中华优秀传统文化对外宣介。中文国际频道在全国市场的收视份额为3.04%，排名全国上星频道第四；海外受众对中文国际频道的总体满意度达97.7%，创近十年新高；中文国际频道新媒体账号矩阵粉丝总量超5000万人，全年发稿总阅读观看量超15亿人次，品牌影响力进一步彰显。

一、以国际传播规律讲好领袖故事，创新做好习近平新时代中国特色社会主义思想对外传播

1. 精心做好时政报道

2023年，习近平主席四次出访。其间，中文国际频道累计新增直播窗口134档，播发出访时政新闻736条次，确保24小时档档有新闻。其中，对中美元首旧金山会晤的报道成为华文媒体的重要信源。在全国两会、首届中国—中亚峰会、2023年全国生态环境保护大会、第三届"一带一路"国际合作高峰论坛等重大内政外交活动的报道上，强化全球智库、海外侨领、国际媒体等对习近平主席重要讲话的分析解读。

2. 深化提升"头条工程"

华语中心坚持不懈从习近平总书记重要思想、重要论述、重要指示中找启迪、找思路、找答案，推出一批有新意、有分量、有影响的精品节目和产品。融媒体IP《早安中国》将中国各地独特的自然人文美景与习近平总书记引用过的古代经典语言有机结合，2023年共发布

视频250期，在总台各平台跨媒体阅读观看量超10亿人次，海外平台上线两个月浏览量超2600万人次。《新征程上看中国》《"千万工程"看"浙"里》《国家公园：万物共生之境》《博物馆里的中华文明》《典籍耀中华》《新质生产力一线调研》等节目，以典型案例阐释习近平外交思想、习近平生态文明思想和习近平文化思想的生动实践。其中，《新征程上看中国》聚焦习近平总书记提出的构建人类命运共同体、共建"一带一路"等理念、倡议的国际影响，被《人民日报》等主流媒体充分肯定。5集纪录片《国家公园：万物共生之境》讲述习近平生态文明思想指导下的中国生态文明建设故事，跨媒体阅读观看量达16亿人次，53次登上热搜，8个话题被中央网信办全网置顶推荐，获得《人民日报》发文称赞，并推动总台与国家林业和草原局签署对外传播战略合作框架协议。

2023年，《中国新闻》"头条工程"共策划推出系列节目41集。普通话广播栏目《环球华人》"头条关注"推出《新征程上领路人》等210期相关专题。

二、聚力做好重大主题主线宣传报道，巩固壮大奋进新时代的主流思想舆论

1. 多视角做好重大活动的宣传报道

推出《全球智库看中国》《海外博主看中国》《海外华人观察》《姐妹花探"进博"》《亚洲看亚运》《一带一路上的中国名片》"我和'一带一路'的故事"全球征集活动等具有鲜明外宣特色的系列报道、专题专栏、节目活动，彰显中国创新发展活力，为构建开放型世界注入的新动力。其中，《海外博主看中国》栏目推出的短视频《听说这个职业很"治愈"》被德国巴登—符腾堡州地方电视台选用播出。

2. 多维度讲好中国式现代化故事

策划推出《天下黄河》《沿海看中国》《解码中国》《活力中国》等节目，展现中国各领域推进中国式现代化的万千气象。其中，《天下黄河》相关话题阅读量近2.8亿人次，73次登上热榜热搜。《解码中国》《活力中国》以国际视角展现中国式现代化为世界发展提供的新机遇。《中国舆论场》栏目推出《爱在中国》《美丽中国日日新》等全新融媒体IP，展示大美中国。此外，加大与总台地方总站合作力度，将总台传播优势与地方产业优势有机结合，推出《何以中国·渝见》《家节有礼 跟着李白游剑阁》等新媒体直播，展示各地的新文旅新生活。

3. 多侧面展现中国发展成就

加强对中国经济向好发展态势的宣传力度，推出《全球CEO看中国经济》《中国经济复苏》《快速升温的中国经济让世界充满期待》等系列经济报道和专题，全面展现中国经济的新动能、新活力和新优势。围绕神舟十六号载人飞船发射、神舟十七号载人飞船发射、天宫课堂等中国航天系列活动，推出9场《筑梦空间站》直播特别报道，全网观看量近1300万人次。推出14集外交成就类系列报道《与大使面对面》，生动展示大国外交的影响力。推出纪实专题片《万里归途 祖国带你回家——在苏丹中国公民安全保护和紧急撤离背后的故事》，中国驻全球280多个使领馆同步收看，

全网点击量近千万人次。

三、深入推进高质量发展，精心做好中华文明对外宣介

深入推进频道频率的高质量发展和栏目节目的提质升级，从推进"两个结合"的高度破题，精心做好中华文明的宣介。

1. 巩固深化精品荟萃的态势

2023年，推出《2023年中央广播电视总台中秋晚会》《中国中医药大会》《共和国符号》《扎什伦布》《中国脊梁》《记住乡愁》（乡村振兴篇）、《传奇中国节》等一批文化精品。其中，《2023年中央广播电视总台中秋晚会》首次推出"竖屏看秋晚"，晚会相关内容跨媒体总阅读观看量达18.94亿人次，收获全网热搜话题超660个，海外近5000万华人观众收看。晚会热度带"火"宜宾文化和旅游资源，2023年中秋、国庆假日期间，当地"两海"（蜀南竹海、兴文石海）景区游客量较2022年同期增长502.55%。大型文化节目《中国中医药大会》，全面立体呈现中国中医药的大医、大德、大智、大美等，首期节目话题阅读量达3.05亿人次。节目推动总台与国家中医药管理局签署战略合作备忘录。

2. 推动栏目高质量改版升级

自2023年5月1日起，《美食中国》栏目变更为《走遍中国》，以人文视角聚焦变化中的当代中国，以鲜活的影像反映中国人民的生活方式，获得海内外观众广泛好评。10月29日全新亮相的新栏目《健康中国》，展现在"健康中国"理念指引下中国人民美好幸福的生活方式，填补了总台大型健康类融媒体节目的空白，推出两个多月全网阅读观看量近20亿人次，其中，关注冬季呼吸道疾病防治的节目引发社会广泛关注。

四、提升国际传播效能，对外生动鲜活讲好新时代新征程上的中国故事

2023年，华语中心充分发挥总台母语国际传播平台重要声量作用，在国际传播方面持续发力。

1. 紧盯涉华热点开展舆论斗争

制作《星条旗下的枪"殇"》《美国儿童的眼泪》等多部人权题材新闻专题片。围绕蔡英文"过境"窜美、大陆打造两岸融合发展示范区等涉台热点，持续揭批"台独"分裂言行，阐释大陆对台大政方针，《海峡两岸》栏目推出《海峡两岸来辟谣》《两岸头条》等原创短视频，累计播放量达1.08亿次。

2. 强化言论评论能力

持续跟进报道俄乌冲突、巴以新一轮冲突、日本非法排放核污水等国际热点事件，着力打造新媒体国际新闻报道权威品牌《环球直击》，2023年推出20多场新媒体直播，全网总观看量近2亿人次。南海之声相关评论文章被南海周边国家媒体转载累计120篇次。

3. 强化对华侨华人精准传播

精心打造融媒体节目《方言这么美·青春环游记》《发现东方之美｜归来吧！少年》、系列节目《寻根中国》《根在泉州》《中国侨界杰出人物》《海归追梦人》。在全球81个国家和地区建立92家海外观众俱乐部，覆盖276万

海外受众，通过"请进来"与"走出去"方式，举办5场海外观众座谈会，开展"海外过大年""海外过中秋"等4次主题活动，有效凝聚海外华侨华人向心力。

4.多形式深化"媒体外交"

推出《"听见彼此"音乐会》，承办2023年中国网络文明大会·网络文明国际交流互鉴论坛和首届世界武当太极大会开幕式，深入推进文明交流互鉴。

（华语环球节目中心供稿）

融合发展中心工作概况

2023年，融合发展中心（简称"融发中心"）聚焦总台媒体融合发展这一要务，积极推进总台电竞平台建设、构建短视频融媒体传播评价体系、创新升级"象舞指数"等，在新业态打造、短视频评议、创意策划、融媒体产品等方面取得实效，圆满完成总台党组交办的各项任务。

一、坚持深化调查研究，以前瞻性研究服务总台业务高质量发展

融发中心把开展主题教育同推动媒体融合各项工作结合起来，紧紧抓住当前数字经济和媒体深度融合发展的历史机遇，积极开展国家（杭州）短视频基地新业态构建，围绕直播电商、电竞转播、短视频活动等新业态开展规划调研，形成《关于中央广播电视总台杭州基地新业态构建的调研报告》。围绕直播电商形成《中央广播电视总台直播带货业态调研报告》等自主调研报告23份，上报《中国直播电商品牌联盟组建方案》等系列方案。

二、聚焦电子竞技，总台电竞平台建设取得新突破

成立首个国家级电竞研究院，联合行业头部企业代表发布《电子竞技健康发展联合倡议》，吹响总台进军电竞新号角。研究院成立后，厘清电子竞技定义，对全球电子竞技现状及未来发展趋势做出分析展望，编制《全球电子竞技发展报告（2022—2023）》。

2023年，融发中心抓住电子竞技首次列入杭州亚运会正式比赛项目的契机，联合体育青少节目中心，与国家广播电视总局宣传司、政法司和国家体育总局信息中心，起草杭州亚运会电竞转播方案，实现以大小屏联动转播电竞赛事的历史突破；制定发布《亚运电竞赛事制作规范》，成为我国首个电竞赛事节目制作标准；制定出台《亚运电竞项目宣传报道参考》，为总台实现亚运电竞大小屏联动转播、有效防范舆情风险、取得良好社会效益提供重要基础保障。

三、以"象舞指数"为评议品牌，深化服务总台短视频高质量发展

全年常态化推出以新闻类短视频为主的综合榜单和文化、体育、科普等垂类榜单，并根据重大事件重要节点开展杭州亚运会、成都大运会等专题评议。每周在总台总编室编前会上通报"象舞指数"短视频周榜和月榜。通过"掌上通"的"象舞指数"专区、央视频账号为全台提供日发80条、年发3万条优质短视频内容库，全年发布300多篇对优质短视频的专家深度评议文章，供全台查阅和共享，全网浏览量达3000万人次。编写《优质短视频创作指南》《体育短视频创作指南》《科普短视频创作指南》总结创作特点和传播规律，为创制一线提供参考、指引。开展"象舞实战训练营"系列培训，将理论教学、技能培训和场景应用结合起来，切实服务总台短视频高质量发展。

四、完善优化和扩展应用一体化融合创新工作模式，助力总台重点节目屡创佳绩

2023年，融发中心继续围绕重大主题报道，如《重庆谈判》《逐梦》等开展融合创新项目合作，并拓展到自然生态类等更多品类。其中，与社教节目中心合作《中国秦岭：一只金丝猴的记忆》，设计推出《双宝茶话会》创意短视频，巧妙地将成熟IP大熊猫融入金丝猴科普创作，以国宝拟人化对话形式探索科普短视频趣味化传播新思路，《双宝茶话会》在全媒体平台收获1.5亿人次阅览量；与影视翻译制作中心联合制作推出《情系河姆渡》融媒体项目，在河姆渡文化发现50周年之际，联合《中国短视频大会》创作者开展内容共创，探索运用微短剧形式进行广播剧同题材传播形态创新，一周内微短剧总播放量达1 596.4万次；与文艺节目中心联合制作推出七夕特别节目《古树下的告白》融媒体活动，策划《这个七夕，很高兴认识你》H5页面、短视频等系列融合创新产品，用"中国式浪漫"解读七夕传统节日，以融合创新手段塑造文化"新仪式"，活动累计曝光人次达3000万。

五、以业务需求为导向，拓展个性化、定制化融合创新前瞻性研究

依托融合创新案例平台的研究优势，融发中心持续洞察国内外市场最新优质融创精品案例，在"掌上通"每周推出《融合创新案例观察周刊》，深入盘点国内外涵盖短视频、动漫、游戏、文创、技术等不同类型的新玩法和新打法。同时，紧紧围绕总台重点项目具体需求开展专项个性化定制化服务，为一线团队提供实操性强的创意落地建议。例如，聚焦春晚传播的新样式和新打法，开展"2024年春晚新玩法"前瞻性研究，为文艺节目中心定制《融合创新案例参考——"春晚新玩法"系列专报》；围绕《情系河姆渡》融媒体项目，为影视翻译制作中心定制《以微短剧创新形态追寻中华文明之源——〈情系河姆渡〉项目调研报告》；聚焦重大革命历史题材《重庆谈判》融合传播，为社教节目中心定制《以融合创新形态探寻革命历史题材内容破圈之道——〈重庆谈

判〉项目调研报告》等，受到业务部门欢迎。

六、深化用户体验研究，统筹总台新媒体平台迭代升级

持续深化总台头部客户端迭代升级用户体验研究，以用户体验测试为核心，以用户数据入围和专家调查定榜为思路，辅以全媒体数据和案例研究，形成《2023年主流媒体客户端分析报告（含榜单）》《中央广播电视总台头部客户端用户评价分析报告》。统筹推进央视新闻、央视频、云听客户端迭代升级，牵头执行云听客户端、央广网等日常运维项目，云听客户端累计用户突破2.6亿户，车载端装机量超7900万，系统平稳安全运行。

（融合发展中心供稿）

新闻新媒体中心工作概况

2023年，新闻新媒体中心持续坚持守正创新，以技术赋能引领行业风潮，不断加强"全网新媒体直播第一品牌"和"全网新闻类短视频第一平台"优势，实现主题主线满屏开花、首发首推领跑屏幕、融合报道有趣有料。以"时时放心不下"和"须臾不可懈怠"的责任感，进一步深化一体两翼机制，持续打造总台新闻新媒体旗舰平台。

一、全力做好总台"头条工程"，形成"快讯首发+独家核心现场直播+快反短视频+精准解读评论+重磅系列微纪录"的头条报道矩阵，全方位、多角度、深层次做好习近平新时代中国特色社会主义思想和领袖形象宣传

围绕习近平总书记国际出访、国内考察、出席重要会议等一系列重要活动，全网首发747条时政快讯，同比增长28%，牢牢守住以时政为核心的"源新闻"首发第一平台的地位。同时，通过全网置顶和话题设置覆盖多个舆论阵地。中美元首旧金山会晤期间，"央视新闻"62个话题登上热搜，总阅读量超60.7亿人次，每天热搜前10话题占比84%，传播数据在央媒中遥遥领先。

"时政微观察+时政长镜头+学习卡+其他时政创意产品"全线发布。原创时政品牌产品全网置顶数量达1350件，比2022年增加278件。重磅升级特稿栏目《时政微观察》、微视频栏目《时政长镜头》，全年发布特稿140篇、微视频44期，均获全网置顶。《学习卡》栏目开辟时政语录类新媒体产品新赛道，近60期图文海报期期获全网置顶。全新专栏《跟着总书记打卡》深受年轻用户欢迎。

每逢重大时政节点，必推出深度重磅系列微纪录。《遇见习近平》（第二季）已播出节目均获全网置顶。10集时政微纪录片《习近平的文化情缘》均获全网置顶，总触达量超40亿人次。时政纪录片《来自人民》被翻译成英语、西班牙语、法语、阿拉伯语、俄语等多种语言版本在海外平台推出。11集系列时政微纪录《从"大写意"到"工笔画"》均获全网置顶。

二、深化一体两翼，推动《新闻联播》融合报道上台阶，"央视新闻"矩阵聚焦主题主线及全台重点项目传播，全网塑造"大事看总台，精品在总台"的影响力

2023年，《新闻联播》所属微信、抖音等平台累计用户规模近9000万，新媒体端年均直播观看量近14亿人次。话题"新闻联播"在微博平台累计阅读量超140亿人次。持续升级《主播说联播》栏目，话题"主播说联播"累计阅读量达136亿人次。新开《上联播啦！》专栏，实现优质内容的分地域精准推送。

围绕习近平总书记关于主题教育的重要讲话精神，集纳大屏《学习贯彻习近平新时代中国特色社会主义思想主题教育》《新思想引领新征程》等专题专栏。《学习卡》重磅推出"主题教育工作特辑"，《总书记的牵挂》《这条"路"，将铺得更宽更远》等评论文章引发热评热转。

以"央视新闻"全媒体矩阵服务全台，2023年春晚网络端直播总观看量超1.58亿人次，各平台发布精切内容超130条，总阅读播放量近4亿人次。全网矩阵化传播总台大型纪录片《通向繁荣之路》，33篇精切微视频形成刷屏效应，总播放量超2.8亿次。

三、围绕党和国家工作大局，创新做好经济、社会成就报道，生动深刻展现推进中国式现代化伟大实践

经济报道全年不断线布局。自元旦起推出《开局之年看中国》系列报道，主话题阅读量超1.8亿人次。31集《提振信心在行动》系列短视频真实记录各地"开跑即冲刺、开局即决战"的状态和劲头。《中国经济信心说》《经济随笔》等经济评论栏目发表评论60余篇。10集短视频《新说中国经济》均获全网置顶。在中央经济工作会议前后推出《信心从哪里来》《闯关再向前》等系列评论，8篇解读均全网置顶，有力发挥复杂环境中的舆论引导作用。

围绕中国式现代化实践，《奋斗为基》暨《"县"在出发》大型融媒体报道打卡50余个宝藏县区，共举行10场融媒体直播，发布23条精品短视频，总播放量超5亿次，话题总阅读量超20亿人次。《"青"爱的城》以实招助力城市高质量发展，总阅读量超4.5亿人次。其中，沈阳篇节目宣推多个打卡点，当地假期旅游收入激增近4倍。孵化大型科普互动类直播系列节目《顶级实验室》《KÙ A! 酷啊未来》等IP。

鲜活灵动展现中华优秀传统文化，原创IP《人间好时节》运用3D建模、AI绘画等技术，展现中国文化之美。系列精品短视频《妙不可言》《非热爱不遗传》与观众共赴"东方美学＋科技感＋共情"的文化美育新纪元。央视新闻客户端推出《文博日历》，提供全国100家博

物馆的"一键预约"服务，首次实现主流新媒体平台与博物馆在受众服务上的直接连通。

四、聚焦国内、国际重大事件报道，在多类别新闻实战中不断夯实"全网新媒体直播第一品牌"和"全网新闻类短视频第一平台"优势，内容生态和品牌建设渐成体系

高质量完成大型主题活动、大型赛事和重大突发事件融合报道。围绕全国两会，全网首发276条两会重点快讯，发起直播42场，近百条独家视频领跑全网媒体。围绕第三届"一带一路"国际合作高峰论坛，推出《山海友情　一带一路》《中外导演共创计划》等系列节目，均获全网置顶，多档节目在新闻频道播出。杭州亚运会期间，84条稿件获全网置顶。重大突发事件报道中，"央视新闻"以强大的正能量报道，展现主流媒体社会担当。

着力打造深度报道类新媒体视频矩阵，以独特视角纪录社会生活。纪实类新闻《相对论》12次获全网置顶推荐，57次登各平台热搜热榜。《驻站观察》每期节目全网传播量破千万人次，多个话题上热搜榜。《现场深镜头》灵活推出系列微调查，多档节目全网置顶。

全球首发93条国际新闻消息，同比数量翻倍。客户端24小时对接总台派驻全球63个国家和地区的海外记者，日均发布超107条涉外稿件。巴以新一轮冲突爆发后，"央视新闻"全平台第一时间整合资源开启7场独家直播，多个单条视频播放量过亿次。《国际锐评》全年共发布评论210多篇，新媒体平台阅读量约3.6亿人次。

五、深化融媒体技术与平台建设，央视新闻客户端累计下载量超2.1亿人次，社交平台用户数超7.9亿，国家应急广播中心工作机制启动运行

2023年，央视新闻客户端将人工智能、8K摄像、三维菁彩声、AR/VR等技术应用于直播和视频节目制作中，改进用户视听体验，点击互动量大幅提升，下载量增长1000多万人次；社交矩阵用户比2022年增长5500多万，稳居多平台媒体政务类账号第一。所有大事节点中，"央视新闻"在视频号、今日头条、腾讯新闻等7个平台以第一时间精切和最快解读多落点广覆盖，实现总台优质内容占领社交媒体传播高地。

国家应急广播中心工作机制焕新出发，全力构建新机制下应急传播新媒体矩阵新格局。甘肃积石山地震发生后，应急广播呼号全面发稿。全国大部分地区遭遇低温寒潮雨雪天气，国家应急广播预警信息向对接平台下发各地预警信息超过11万条。

全屏传播联盟将400万张户外电子屏和"央视新闻"平台资源打通，形成"户外有大屏＋线上有互动＋平台有内容"的组合拳。全国30座城市的户外大屏投放《全力以赴　你会很酷》海报，触达亿万出行人群；首试裸眼3D大屏，推出视频《重器筑梦　我爱你中国》，形成有热点、有看点、有深意的媒体事件。

（新闻新媒体中心供稿）

视听新媒体中心工作概况

2023年，视听新媒体中心持续深化"思想+艺术+技术"融合传播，在内容生态聚合、新媒体技术应用、品牌影响力打造、管理机制优化等方面不断提质升级，奋力推动平台高质量发展。截至2023年12月31日，央视频客户端累计下载量达5.47亿人次，累计激活用户2.33亿人，最高单日活跃用户量达1155万。相关话题登上全网热搜热榜4341次，其中榜首652次，多个项目荣获业界权威奖项，影响力稳步提升。

一、充分发挥新媒体平台传播优势，全力做好各项重大主题主线宣传报道

1.有力壮大主流思想舆论

央视频紧紧围绕"头条工程"主题主线，高水平完成习近平主席发表二〇二三年新年贺词、2023年全国两会、首届中国—中亚峰会、习近平主席系列出访活动、第三届"一带一路"国际合作高峰论坛、2023年APEC峰会等重要直播。联动各地方总站推出"2023开工开新局"高质量发展主题系列报道。聚焦2023年全国两会，推出专题Tab页，聚合打造多维融媒体报道，直击新闻现场、解读大政方针、回应民生关切；端内"2023年两会"报道累计播放量超1亿次，较2022年上涨69%，话题"来央视频看两会"阅读量超2000万人次。

围绕"一带一路"主题，推出《乘着大巴看中国》丝路西游季系列节目，4场直播全网观看量近3000万人次。

2.充分彰显主流媒体社会责任

联合多部委，依托"平台+服务"聚合模式，持续推出国家级融媒体招聘品牌活动"国聘行动"（第四季），并联动总台各地方总站推出"大湾区""促进女大学生就业"等多个特色专场。与澳门青年发展服务中心共同推出"青年与未来"促进澳门青年发展媒体行动。截至2023年12月27日，"国聘行动"总触达规模超144亿人次，累计入驻企业近4.7万家，提供职位数超536万个，收到简历3589万份，促进青年高质量就业。端内上线"志愿公益"Tab页，广泛链接台内外公益资源，做好相关信息传播与理念倡导。

3.聚合呈现国内外时事热点

对接台内账号，围绕俄乌冲突、巴以新一轮冲突等发起多机位实况直播，相关内容累计播放量超8000万次。积极关注中国载人航天工程任务，联合海南总站，以"全竖屏超高清+海上演播室"直播模式创新推出"天舟六号货运飞船发射"融媒体报道；与新闻中心"空天逐梦"账号策划推出《你好！中国航天》20余场直播，端内播放量超7000万次；全网首发《中国"船"说丨直击我国首艘国产大型邮轮即将出坞》，首次在我国船舶制造现场设

立慢直播镜头，全网播放量达3000万次。

二、聚力打造央视频系列精品IP，以内容创新驱动平台高质量发展

1. 平台多档原创IP传播规模过亿

除夕融媒体直播原创节目《Young在春晚》全网累计播放量近2.4亿次，相关话题总阅读量超18.5亿人次。大型季播融媒体节目《中国短视频大会》引爆热点，以"央地联动+大小屏联动"模式汇聚全网头部优质短视频，相关内容全网总播放量近10亿次。联合文化和旅游部推出2023年全国"村晚"示范展示活动，百余场展播全网观看量超8000万人次。推出《舞起来！2023年全国广场舞大会》《追着时间的厨房》《延安记忆》等原创新媒体节目，均获得广泛传播。

2. 特色文化类节目持续融合创新

打造具有中国文化特色的系列IP，《国之大雅·二十四节气》（第二季）全网播放量突破20亿次，《国风遇见亚运》原创系列4集短视频全网阅读播放量达1.9亿人次，《"一丹"说节气》系列节目开辟新媒体向大屏输送优质内容新路径。微纪录片《12K微距看国宝》获第十三届北京国际电影节短视频单元创意类短视频一等创优作品，同时作为核心元素亮相"触梦三星堆——12K沉浸式数字全球巡展"深圳站、临沂站和北京站展览现场。

3. 强化"来央视频看体育赛事"品牌认知

依托总台赛事版权资源，直播体育赛事超4000场，累计播放量超10亿次，拉动日活稳步增长。精细化运维、全程立体直播杭州亚运会近900场比赛，端内直点播累计观看量达3.6亿人次，原创节目《不一Young的杭州——亚洲航家》全网总播放量达3.2亿次，《冠军时刻》端内观看量达1.4亿人次。多角度直播成都大运会赛事超130场，端内直播观看量超3600万人次。独家引进国际羽毛球积分赛事，并联合浙江总站推出"'韵味杭州'2023年全国游泳冠军赛"直播，首次实现央视频独立转播体育赛事，全网播放量超4300万次，赋能地方体育传播新样态。策划推出"村BA""村超"等特色赛事IP，相关内容全网辐射超1亿人次，助力乡村体育赛事传播。

4. 大小屏有机融合，夯实平台内容"基本盘"

打造2023年春晚独家互动抽奖平台，参与人次超1亿，相关话题阅读量超23亿人次，用户交互能力和黏性不断提升。首次推出"竖屏看秋晚"和"和美好礼"秋晚互动产品，全网阅读量超10亿人次。推出互动类新媒体节目《UP青春——2023五四青年节新媒体特别节目》，全网观看量超1450万人次。对接影视剧纪录片中心，首播151部电视剧及纪录片，累计播放量超4.5亿次，通过高质量版权内容为会员转化夯实基础。《光影之约》《会员"剧"乐部》"2023中国影视之夜"等各大影视节报道等，总观看量超7亿人次。精耕总台主持人IP，"康辉说"相关内容全网传播量突破4亿人次，《康辉咬文嚼字》节目同名图书累计印刷7.78万册，首次实现"原创新媒体IP+图书联动"成功转化。

5. 拓展"央地合作"，提升平台传播价值

截至2023年12月31日，央视频对接总台31个地方总站共42个账号，持续加强联营联运。联合山东总站，推出2023烟台国际葡萄酒节启动仪式暨"微醺烟台"系列活动、

"新时代 新鲁菜"创新职业技能竞赛。联合浙江总站，推出《第二届春兰节特别直播》，相关话题阅读量近5000万人次。与上海总站、CGTN联合主办"一起咖啡吧"沪上咖啡嘉年华活动，创新消费场景。联动各地方总站推出《美丽中国说丨可爱的国 美丽的家》原创大直播及"最美赏花路"IP手拍项目，全网阅读观看量近4亿人次。

三、不断加强平台能力建设，提升媒体融合转型效能

1. 持续提升品牌影响力

2023年，央视频第三方平台账号总粉丝量近8000万，稿件阅读播放量超170亿人次；端内"央友圈"社群规模已拓展至96个圈子，总粉丝量超124万，总互动量近千万次；新增渠道激活用户达4080万。首次在线下媒介投放"来央视频看体育赛事""女足世界杯""来央视频看纪录片"系列主题内容AR互动海报。借助杭州亚运会热点，线下投放央视频"亚运古风长卷"创意物料，打造"亚洲艺术家杭州亚运艺术创作季"展播，相关内容通过"百城千屏"在全国90座城市的710块地标大屏持续展示播出，覆盖多地域用户超1亿人。

2. 聚焦迭代平台升级

2023年，央视频客户端已升级迭代9次至2.8.6版本，优化了版面运营、消息推送、高品质视听、圈子交互、平台广告、合作电商、平台付费等能力，不断提高用户观看体验，为平台商业化充分赋能。与技术局紧密合作，持续拓展"总台算法"应用范围。加速开发与升级适配用户多元需求的PC、PAD、VR、车载、电视等多场景应用，建立以手机客户端为核心的央视频多终端APP矩阵。正式上线央视频网页版1.0.0版本，立足中屏观看特色，聚合优质中长视频内容，进一步助推平台商业价值提升。

3. 提升创新技术应用能力

联合体育青少节目中心和技术局，创新采用"竖屏原生拍摄+AI横屏裁切"技术对杭州亚运会、2023年苏迪曼杯世界羽毛球混合团体锦标赛等系列精彩赛事进行竖屏信号制作。通过央视频AI剪辑系统对CBA总决赛、NBA总决赛等进行实时直播剪辑，单场比赛最高产出近百条短视频，单条视频生产时间降至3分钟内。为2023年春晚、2023年秋晚、杭州亚运会等大型晚会、重要赛事直播等优质内容进行菁彩HDR和三维菁彩声的视听能力升级，进一步优化用户视听体验。运用AI虚拟人生产平台，推出《"冠"察两会》《AI冠察》等系列财经节目，不断拓展内容制作能力。

4. 着力提高平台风险防范能力

持续迭代《央视频审核标准》，开展7×24小时全网舆情监测，完善"三审—安审—巡检"内容安全工作链条，制定巡检差错分级制度与巡检数据库。建立《央视频账号风险管理暂行办法》等制度细则，从内容源头做好风险把控。同时，与总台多部门建立业务合作，提供节目预审服务，审核能力受到广泛认可。

（视听新媒体中心供稿）

国际传播规划局工作概况

2023年，国际传播规划局围绕大局、守正创新、攻坚克难，针对当前国际传播面临的新形势新任务，在突出重点议题、重点区域、重点领域、重点产品等方面下功夫，在加强资源整合上下功夫，在打造具有战略性、引领性落地和传播项目上下功夫，取得了一系列标志性成效，为总台全面提升国际传播效能做出新贡献。

一、聚焦聚力宣传阐释习近平新时代中国特色社会主义思想，生动讲好新时代中国故事

国际传播规划局把加强习近平新时代中国特色社会主义思想对外宣传阐释作为国际传播的重大课题和重大使命，积极发挥对外传播策划能力和国际平台聚合能力，成功将《人类文明新形态——中国式现代化》（国际版）、《新丝路上的交响》、《中欧非遗》等总台主题主线节目内容投送到CNN、欧洲新闻台等美欧主流媒体的电视端、新媒体端、社交媒体端等，以英语、西班牙语、法语、阿拉伯语、俄语、德语、意大利语、葡萄牙语、土耳其语、波斯语等语言播出，汇聚形成多平台持续发力、多区域普遍开花的传播声浪。

一是会同财经节目中心和CGTN制作专题片《人类文明新形态——中国式现代化》的国际版——《我们的现代化故事》，并与CNN达成合作，在其美国本土频道、北美频道、欧洲中东和非洲频道、亚太频道进行多轮次播出，覆盖CNN全球用户。

二是在共建"一带一路"倡议提出十周年、第三届"一带一路"国际合作高峰论坛举办之际，与CNN合作在其多个频道多轮次播出《新丝路上的交响》精编版，取得良好传播效果；与欧洲新闻台合作推出《中欧非遗》海上丝绸之路篇特别节目，在欧洲新闻台大屏端、数字端和社交媒体平台以10种语言同步传播。

三是大力加强中华优秀传统文化海外传播，以"中国春节之美"为主题，通过与CNN共同制作主题视频、解读文章、快拍视频和图片等形式宣传推广2023年春晚和中国春节文化。联合CNN共同开展"CGTN中国艺术推广计划"（第二季）合作传播项目，在CNN数字端搭建交互专题页面，以主题视频和专题文章解读中国传统人文精神。

四是在美国《国际日报》、法国《欧洲时报》、俄罗斯《龙报》等十多个海外华文媒体的新媒体平台开设"中国电视"专区，推送《习近平的文化情缘》、《绘制十年》、《典籍里的中国》（第二季）等213部精品节目，多角

度向海外华人华侨展现领袖情怀和中国式现代化的发展成就。

五是在联合国中文日之际，推出"魅力中文"专题，精选《中国话》、《我的汉字故事》（第二季）、《中国缘》、《阅见中国》等汉语文化类节目，通过十余家海外华文媒体的网站和社交媒体账号进行推广。与法国合作媒体举办系列活动，组织巴黎中小学生以朗诵、唱歌、书法、茶道等方式沉浸式体验中华优秀传统文化。与教育部中外语言交流合作中心合作，策划制播由海外中文学习者参与的《经典咏流传·正青春》国际版节目，受到海外青少年广泛关注，有效推广中华语言和中国文化。

二、总台国际频道海外用户数、签约落地国家和用户规模均创历史新高

在海外用户规模方面，总台国际频道2023年新增26个落地项目，海外用户总数创历史新高。

在落地国家和地区方面，总台国际频道签约落地的国家和地区较2022年增加16个。

在聚焦互联网主战场方面，新媒体平台用户数增长迅速，在总用户数中占比持续攀升，新媒体平台落地占主导的格局进一步巩固。

在广播落地方面，进一步优化总台音频节目海外落地传播渠道。

三、大力推动"媒体外交"，积极服务党和国家工作大局

一是积极作为，统筹全台资源，成功推动总台14项重要成果列入第三届"一带一路"国际合作高峰论坛多边合作成果文件清单和务实合作项目清单，实现了零的突破。

二是策划发起"中央广播电视总台与'一带一路'共建国家媒体促进文明互鉴联合倡议"，该倡议作为第三届"一带一路"国际合作高峰论坛成果被纳入高峰论坛成果清单。

三是牵头举办"山海和鸣谱华章——中央广播电视总台与'一带一路'媒体新一轮合作启动仪式"，这是总台在第三届"一带一路"国际合作高峰论坛预热关键阶段举办的首场"一带一路"主题活动。

四是牵头承办"春暖花开正当时——中央广播电视总台精品节目澳门展映暨赛事媒体权利授权仪式"，有力配合总台与澳门特别行政区政府开启新一轮合作，持续推动中央惠澳政策落深落实。

四、充分发挥国际传播能力建设统筹职能，建立国际传播立项规划、项目执行、评估核查的全链条工作机制

2023年，国际传播规划局着力做好"三个加强"，即加强国际传播统筹规划和研究布局，加强国际传播项目执行和检查督办，加强国际传播效果评估和落地核查，形成立项规划、项目执行和效果评估联动的管理链条和工作机制。

在统筹规划方面，认真研究和组织落实国际传播工作的部署要求，不断统筹全台资源，明确工作重点方向、重要布局和重大项目，提高项目策划质量和立项规范，持续推动总台国际传播能力建设形成合力，提升效能。

在项目执行方面，对国际传播项目动态调整优化，确保符合政策导向，合规高效推进。

在效果评估方面，增强评估工作实效性，坚持以评促立、以评促干、以评促改、以评促效，根据效果评估、结果优化，裁汰一批效能不高的项目，为落地业务创新和优化升级提供资源支持，提升产出效能。

在积极开拓方面，全年组织申报各类项目共计81个，通过积极主动与主管部门密切沟通，为总台争取到更多资源支持。

五、充分发挥党建引领作用，以高质量党建推进高质量发展

2023年，国际传播规划局按照总台学习贯彻习近平新时代中国特色社会主义思想主题教育实施方案高质量推进主题教育，切实把学习成果转化为推动国际传播规划局高质量发展的实际行动，取得重大成效。持续加强理论学习，坚持领学促学常态机制，将深入学习宣传贯彻习近平新时代中国特色社会主义思想、党的二十大精神、习近平总书记对总台工作一系列重要指示批示精神和贺信精神作为首要政治任务，理论武装不断加强。不断加强组织建设，选举产生第一届直属党总支部委员会，并结合实际情况对下设党支部进行调整，进一步完善了党建工作体系，青年理论学习小组建设进一步加强。大兴调查研究，开展解剖式调研，深入研究进一步优化海外落地传播布局的办法和举措，充分做到运用习近平新时代中国特色社会主义思想指导实践、推动工作，检视现有工作中的差距与不足，研究提出了持续推进落实和改进提高的新办法和新举措。有针对性地开展全面从严治党、党规党纪等方面的专题学习，教育引导广大党员干部员工严格遵守党的纪律，做到知敬畏、存戒惧、守底线。结合实际工作，严格落实意识形态工作责任制，按季度开展自查自纠。

（国际传播规划局供稿）

人事局工作概况

2023年，人事局以干部人才工作体系化建设为重点，以干部人才选育管用全链条机制建设为抓手，全力构建科学有效、系统完备的干部工作体系、人才工作体系、地方总站保障体系和内部管理体系，干部人才工作的前瞻性、整体性和协同性进一步增强，努力为打造国际一流新型主流媒体提供坚强组织保障和人才支撑。

一、狠抓具有牵引性的重点工作，激活组织工作高质量发展"新引擎"

1. 系统谋划全链条机制建设三年工作方案

通过深入调研，找到干部选育管用全链

条机制建设这一推进工作高质量发展的重要抓手，为持续巩固主题教育成果并将好经验好做法以制度形式固定下来，结合对未来一个阶段干部人才工作的系统谋划，起草《中央广播电视总台干部人才选育管用全链条机制建设工作方案（2023—2025年）》，明确全链条机制建设时间表和路线图，努力开拓干部人才工作新局面。

2. 有效推进"八项制度"

出台《中央广播电视总台处级干部选任中影响提任情形处理工作规程》《中央广播电视总台专项考核考察工作实施细则（试行）》《中央广播电视总台驻外人员管理办法（试行）》。修订《中央广播电视总台领导干部个人有关事项报告工作规范》。起草完成《中央广播电视总台领导干部政治素质考察办法（试行）》《中央广播电视总台领导干部交流工作规定（试行）》《关于加强中央广播电视总台处级干部队伍建设的指导意见（试行）》。结合第三批"蹲苗"选派工作的创新与实践，设计《中央广播电视总台青年业务骨干赴派出机构锻炼管理办法》，加大优秀年轻干部培养选拔力度。

3. 顺利实现"六个首次"

首次建立台属外包单位优秀人才引进常态化机制，创新设计首届"总台工匠"人才项目，首次举办新提任处级干部专题培训班，首次开展地方总站人员回京轮训工作，首次对干部员工在大战大考中的表现进行专项考核考察，首次下放初级和中级职称代评管理权限。

4. 完成台属企业负责人薪酬改革重点任务

探寻适配总台企业实际的企业负责人薪酬改革路径，明确了以"企业整合前置"为核心的改革方向，协同财务局、总经理室等相关部门，出台《中央广播电视总台企业负责人薪酬管理办法》《中央广播电视总台企业负责人经营业绩考核办法（试行）》，建立起科学有效的企业负责人激励与约束机制。同步推进落实台属企业工资决定机制改革，成功为企业核增工资总额预算，有效缓解企业因业务拓展、改革重组、抗击疫情等而产生的工资总额压力。

5. 制定"中央广播电视总台新入职大学生五年培养计划"

建立人事部门、用人部门和地方总站三方联合培养新入职员工的工作机制，通过头5年跟踪式培养，全力让层层选拔出的"好苗子"成长为"壮苗子"。

二、推动干部工作素质培养、知事识人、选拔任用、从严管理、正向激励"五大体系"建设

1. 健全源头培养、跟踪培养、全程培养的素质培养体系

对总台成立以来新提任到处级岗位人员进行轮训，系统提高新提任干部的政治素质、业务能力和专业水平。启动第三批"蹲苗"选派工作，锻炼时长延长至一年，在组织推荐的基础上设立自荐通道，多给年轻人"被看见"的机会。将具有管理潜力的青年人才放在业务团队负责人岗位上历练培养，为总台事业"后继有人"储备人才。

2. 健全日常考核、分类考核、近距离考核的知事识人体系

结合杭州亚运会和成都大运会的报道任务，启动专项考核考察。深化年度考核结果运用，深入分析部门领导班子及其成员考核结

果，提出合理化建议。

3. 健全以德为先、任人唯贤、人事相宜的选拔任用体系

坚持把政治标准放在首位，探索设置新闻、文艺、经营管理、国际传播、新媒体等5个重点业务领域政治素质评价指标正负向清单，全力考准考实干部政治素质。坚持全台"一盘棋"加强干部交流使用，推进干部在中心之间、总站之间、内设机构与派出机构之间交流任职。

4. 健全管思想、管工作、管作风、管纪律的从严管理体系

2023年，多措并举优化提升个人有关事项报告工作，查核一致率达94.9%，较2022年提升1.9%；核查总台"政商旋转门""逃逸式辞职"等情况，对领导干部在非营利组织兼职审批要求和流程进行规范。

5. 健全崇尚实干、带动担当、加油鼓劲的正向激励体系

对于在重大任务中敢扛事、愿做事、能干事的干部，大胆选拔使用。启动表现优秀、实绩突出、群众公认的"蹲苗"人员的选任程序，将在急难险重任务中挑重担子、啃硬骨头、经过扎实历练的业务团队负责人予以提拔任用。

三、持续构建上下联动、横向贯通、整体协同的人才工作体系，全方位培养、引进、用好人才

1. 实行以大师闪耀、新人辈出为目标的人才培养机制

大力宣传表彰中央广播电视总台第二届"十佳"和中央广播电视总台第二届青年英才，初步组建总台"大师级"人才库，逐步形成以总台青年英才、"十佳"、大师级人才、国家级人才项目和奖项为主的界限清晰、重点突出的人才成长阶梯。实施"中央广播电视总台新入职大学生五年培养计划"，抓住筑基起步的关键时期，通过两年基层锻炼、三年跟踪培养以及贯穿全程的专项培养方案、配备成长导师和业务导师、个人成长档案、定期考核等，为总台常态化、递进式培养一批全媒体复合型人才提供制度保障。充分发挥教育培训先导性、基础性、战略性作用，持续构建分级分类教育培训体系和套餐化课程库，全年培训13.9万余人次。

2. 实行更加积极有效的人才引进机制

围绕总台高质量发展需要，通过多层次人才引进体系积极引进重点领域拔尖人才特别是青年才俊。在校园招聘中，以千分之二的录取率引进新媒体新技术、国际传播等领域的53名青年人才。优化台属外包单位优秀人才引进常态化机制，达到队伍稳定与人才激励的双重效果。

3. 实行有利于人尽其才、才尽其用的人才使用机制

调整优化职称申报政策，强调业绩成果与申报专业、所从事工作相匹配，破格政策继续向贡献突出人员、优秀青年人才倾斜。实行鲜明的薪酬激励政策，调整优化新入职大学生薪酬标准，规范专项奖的管理与分配，完善海外总站的机构奖金考核分配方案。用心用情用力落实好"民心工程"，依托"掌上通"整合数据资源，上线"员工管理服务平台"、"社保园地"服务平台、"薪酬服务"平台，搭建人事

业务移动化服务窗口。

四、健全完善推进地方总站高质量发展的保障体系，管理、统筹、协调、服务职能作用充分发挥

1. 在优化地方总站运行管理机制上充分发挥职能作用

"一站一策"做好工作指导和协调保障，统筹推进广东总站暨粤港澳大湾区总部、河南总站和新疆总站揭牌运行，25个地方总站新址建设取得实质性成效。全面上线地方机构管理服务平台展示版块，累计发稿近1700条。引入第三方财务公司审核评价，实现总站技术服务内容标准、费用标准和评价标准"三标准体系"的全面落地。

2. 在健全地方总站管理制度体系上充分发挥职能作用

制定《地方总站重点工作、突出问题约谈提醒机制工作方案》《地方总站联席调研机制工作方案》《地方总站人员轮训方案》以及行政、人事管理、信息（平台）报送、特殊评价等四个板块的考核细则。从"制度有没有""质量高不高""效果佳不佳"等三个方面对地方总站近三年出台的600余项内部管理制度进行评估督导，推动建立符合地方总站特点的制度体系。

3. 在打造地方总站高素质人才队伍上充分发挥职能作用

建立地方总站人员回京轮训常态化机制，先后组织46名人员到台内设机构进行为期一个月的跟班学习。持续组织综合能力提升系列培训，全年共举办20期培训，6100余人次参训。开展地方总站采编业务线下集中培训，首次采用"分片区"方式对16个地方总站70名学员进行培训，有针对性地补知识短板、强能力弱项。

（人事局供稿）

财务局工作概况

2023年，财务局从严从紧、精打细算，以"两个效益"为导向，强化财务服务保障，严格财会监督管理，将"过紧日子"要求落实到财务工作全过程。全力支持总台重大宣传报道、国际传播能力建设、影视精品节目创作、新媒体新平台建设，以及国家重点实验室、超高清示范园"央视界"、国家（杭州）短视频基地、涿州项目、"民心工程"、地方总站等重点项目，全力支持总台经营创收、开源节流、降本增效，全力助推总台"三个转变"、"思想+艺术+技术"融合传播、"头条工程"、"满屏皆精品"工程，为总台高质量发展提供有力的财务资产保障。总台2022年度国有企业财务会计决算、企业经济效益月报获得财政部通报表扬。

一、加强财务统筹安排，全力确保总台重大宣传、重大项目和重点工作

保障总台重大宣传、国际传播、精品节目创作。安排全国两会报道、第三届"一带一路"国际合作高峰论坛新闻报道、杭州亚运会时政及新闻报道、首届中国—中亚峰会转播报道等重点选题预算，以及国际传播能力建设预算、精品节目制作和创新预算。安排新媒体新平台预算，安排国家重点实验室、国家（杭州）短视频基地、"百城千屏"项目等科技创新和技术项目预算，支持总台推动4K/8K、5G、AI、大数据、云计算等技术应用，不断提升总台科技创新能力。安排医联体、医疗费、职工年金、职工餐饮服务保障、台属宿舍区维修、涿州项目（启动区）等预算，确保总台"民心工程"顺利实施。严格标准，厉行节约，推进地方总站新址项目。

二、加强财务谋划协调，大力推进开源节流、降本增效

积极争取国家财税政策和资金支持。创新激励机制，完善收入核算服务，助力总台经营创收。为经营创收提供更为精准的财务服务。起草总台与中国工商银行战略合作协议，推动中国工商银行纳入总台"品牌强国工程"。压减"两个效益"不佳、内容重合、绩效不好的节目栏目和项目预算。压减会议、培训、调研、出国（境）、公车运行、驻外机构等一般性支出预算。强化"过紧日子"常态评估机制，深化全覆盖全过程绩效管理。

三、加强财务分析调研，更好地为总台领导决策发挥智囊参谋作用

编报总台2018—2022年电视广告收入专项分析报告、台属企业管理现状分析及建议等专项报告。报送总台收入月报、台属企业财务月报、台属企业经济运行情况简报。完成文产资金项目执行情况分析报告。编报2022年财务分析报告、收入年报，为总台领导全面掌握财务数据提供有力参考。积极开展业务调研，形成《科学理财见成效　提质升级助发展》等14份调研报告。编报国有企业财务决算、部门决算、资产配置计划、国有资产决算报告、资产管理绩效自评报告等。持续推进总台合并报表相关工作。高质量完成统计报送任务。

四、加强财务服务保障，不断提升财务服务专业化、精准化水平

优化财务管理系统、网上报销系统和商旅平台，实现"让数据多跑路，让职工少跑腿"。做好全国两会、杭州亚运会、成都大运会、第三届"一带一路"国际合作高峰论坛、首届中国—中亚峰会、第六届中国国际进口博览会等重大宣传活动的财务服务，为2023年春晚开辟财务绿色通道。对《神舟十七号发射》等重点节目委派会计。做好总台超高清视音频制播呈现国家重点实验室等科研技术项目财务服务保障。推进项目竣工财务决算审核。用心用情做好总台"民心工程"财务事项。用心做好薪酬发放、公积金缴纳、个税筹划、医疗报销等涉及员工利益的财务事项。加强财务业务培训，组织会计继续教育，提高财务人员

专业素质。

五、加强财会监督管理，有效提升总台防范财务风险能力

认真落实《中办国办关于进一步加强财会监督工作的意见》。印发《关于学习宣传贯彻〈进一步加强财会监督工作的意见〉的通知》，制定《中央广播电视总台进一步加强财会监督工作实施方案》《中央广播电视总台财会监督协调工作机制方案》。及时向财政部报送财会监督总结报告。落实国际传播资金专项审计整改任务，起草审计整改报告报送审计署和中宣部。组织开展财经纪律重点问题专项整治。编制《内控风险评估报告》《内控自评报告》。向财政部报送总台2022年度行政事业单位内控报告。编制总台《内控管理手册》《权限指引手册》《内控评价手册》等，为总台内部控制工作提供制度依据。积极配合台属企业整合改革。配合有关部门全面核查，编制总台全级次企业名单。推动企业国资经营预算工作。

六、严格采购程序流程，依法高效完成总台采购任务

完善采购规章制度。修订《中央广播电视总台采购工作规程（试行）》，制定《中央广播电视总台框架协议采购方式征集和交易规范》，制定《政府采购需求审查标准》，修订《中央广播电视总台采购印章管理暂行办法》。加强采购需求管理，分批次组织采购需求审查、分批次下达采购实施计划。积极推进采购项目实施，确保重点采购项目按时完成，节省采购支出，加强采购实施流程管理。对涿州项目招标文件进行审核，更好服务总台"民心工程"。认真落实脱贫地区农副产品采购任务。

七、加强资产监督管理，确保总台国有资产安全完整

摸清总台房屋资产家底。完成地方总站房产价值评估、光华路办公区土地价值评估。优化国有资产配置管理。严格审核办公设备需求，杜绝超标准配置办公设备。加强总台公物仓建设管理。完成旧设备报废报审工作。完成人民大会堂顶光设备等项目的捐赠手续及账目核销工作。开展资产盘点和巡检工作。完成3个基建项目转固工作。对欧洲总站、中东总站、非洲总站及下辖部分站点进行财务、资产巡检。推进地方总站资产管理。修订《中央广播电视总台地方总站用房管理暂行规定》。推动盘活现有房产资源，实现国有资产保值增值。持续推进产权登记办理，制定《中央广播电视总台所属企业国有资本产权登记管理办法（试行）》。完善资产评估指南，完成台属企业10项资产评估备案审核。指导台属企业建立清欠长效工作机制。

八、加强党建引领和队伍建设，为总台高质量财务工作提供坚强的政治思想和组织保证

扎实开展学习贯彻习近平新时代中国特色社会主义思想主题教育。认真落实干部队伍教育整顿。严格落实全面从严治党责任，认真落实"一岗双责"。将全面从严治党、意识形态责任落实到每位领导、每个岗位。加强基层党

组织标准化、规范化建设。严格执行"三重一大"、"三会一课"、主题党日活动、组织生活会、谈心谈话、党费收缴使用等组织制度。严格执行中央八项规定及其实施细则精神，驰而不息反"四风"。加强警示教育，推进廉洁风险自查，不断提高"三不腐"能力和水平。认真完成内部巡视相关任务。编印总台《财经法规制度汇编》，举办"财智学堂"。深入开展"走一线 强服务 促增效"主题党日活动。扎实创建"四强"党支部。严格执行总台消防、防疫、保密管理等各项制度。

（财务局供稿）

总经理室工作概况

2023年，总经理室聚焦全年重点工作，做优做强"品牌强国工程"，创新策划"飞兔领跑行动""消费季"等系列活动，精心设计杭州亚运会、成都大运会的融媒体传播服务方案，在广告创收、版权经营、新媒体营销、产业拓展、公益传播、播出安全等方面取得新突破，实现社会效益和经济效益双丰收。

一、锐意创新广告营销，奋力稳住全台收入大盘

1."品牌强国工程"有力保持总台经营大盘稳固

2023年，"品牌强国工程"全年总体执行情况良好，客户共计47家，客户的融媒体及个性化需求进一步得到落实。成功签约五粮液集团、云南省文化和旅游厅、深蓝汽车、广东省文化和旅游厅、山西省委宣传部加入"品牌强国工程"。完成2024"品牌强国工程"发布，进一步强化国家工程概念、深化融媒体传播服务，获得市场高度认可；现场签约企业42家，夯实了2024年总台经营的基本盘。

2."飞兔领跑行动"超额完成目标任务

策划"飞兔领跑行动"，组建由处级干部和一线业务骨干牵头的跨部门九大营销团队，深入上海、山东、江苏、浙江、福建、广东等6个省份和东北、西南、华中等三大片区，深挖各区域重点行业潜力客户，走访近1000家企业及政府部门，与150余家客户签单，超额完成原定目标任务，为经营收入提供新的增量。

3.聚焦重大赛事、重点项目，"最大限度"撬动市场潜能

推出"值得向亚洲推荐的中国品牌"大型融媒体品牌传播活动，创新打造"亚洲时刻·中国好礼"等产品，成功与比亚迪、中国移动等10余家客户达成合作，实现总台亚运会广告创收新纪录，为2018年雅加达亚运会广告收入的近13倍。以"民族匠心品牌""美丽中国行"等项目为抓手，发掘培养中间层级

客户梯队。

4. 深入挖掘承包资源核心价值，设计全新产品吸收新客户

2023年，总经理室采取优化调整资源配置等多种措施，推出"CCTV-17乡村振兴赋能行动展播""传承工匠精神　彰显国潮魅力"等创新项目，全年共引入百余家新客户。全方位协助体育版块承包公司开发创新产品、整合赞助商资源，顺利完成体育频道和体育赛事频道全年承包创收任务。

二、实施造势借势营销，"消费季"等系列活动放大总台融媒体经营声势

联合商务部和有关地方政府，在京津冀、浙江、粤港澳、上海、山东、河南等地成功举办"消费季"系列活动。"消费季"系列活动为各地营造良好消费氛围，有力有效助力各地消费潜力释放，不断扩大总台影响力。

三、深入挖掘总台版权资源"富矿"，杭州亚运会版权收入创历史新高

一是在上海举办中央广播电视总台首届版权生态合作大会，与相关方面共签署赛事合作协议、业务合作协议、战略合作协议等共计13项合作协议，取得"两个效益"双丰收。二是在与抖音集团就杭州亚运会、成都大运会签订了版权许可和媒体合作协议的基础上，以电竞、短视频为关键点推动与腾讯、快手合作，统筹中视体育公司开展成都大运会地方台电视播出权分授权相关工作，最终版权创收突破历史新高。三是加大IP衍生品和文创产品开发力度。结合"大春晚季"版权营销活动，拓展2023年春晚元素合作，创收稳中有增。

四、加速向互联网主阵地挺进，新媒体独立创收持续增长

2023年，全台共计54个部门实现新媒体创收。"象舞"平台累计访问用户77.2万人，累计浏览量突破200万人次，累计注册用户2648个，累计发布总台动态1581篇。落实"大屏+小屏"经营思路，优化"品牌强国工程"融媒体服务措施，为客户做好融媒体全链条、立体化、精准化、品效化等服务。深挖2023年春晚、杭州亚运会、2023年秋晚、航天等重大项目营销，围绕五四青年节、六一儿童节、农民丰收节、国庆节、第六届中国国际进口博览会等重要时间节点，针对"村BA"、"厂BA"、"村超"、马拉松等赛事，实现创收突破；统筹做好新媒体承包，盘点盘活资源配置，优化承包经营模式。

五、推动产业经营转型升级，为总台高质量发展持续注入新动能

编辑出版12期《中央广播电视总台下属企业每月经营动态》，为总台党组工作提供决策参考。

克服新冠疫情影响，努力创收"降本增效"，通过台属企业上缴利润反哺总台事业发

展工作情况取得积极成果，收取企业利润同比增长7.26倍。央拓国际融合传播集团有限公司累计实现营业收入同比增长262%。央视市场研究股份有限公司、中国广视索福瑞媒介研究有限公司、爱上电视传媒有限公司等的营业收入都有不同程度增长。

六、严守广告审查播出阵地，精心打磨公益佳作，总台"金名片"社会效益显著

总经理室贯彻"三审三校""重播重审"原则，确保广告内容符合正确的政治方向、舆论导向和价值取向，2023年全年完成电视端、新媒体端广告审查2.8万余次，完成广播端广告稿件审核8860余次，确保审查工作高效有序、信息通畅。同时，进一步发挥广告监测的管理服务功能，共处理6335份核查申请。

2023年，总经理室创制关于中国式现代化、乡村振兴、"千万工程"、2023年春晚、中华优秀传统文化等主题电视公益广告46支58个版本，在总台17个频道累计播出近35万次，时长近27万分钟；创制广播公益广告39支、民族语言版本公益广告50支，在总台16套频率累计播出约19万次，时长约19万分钟。新疆系列公益广告等10余个作品荣获第30届中国公益广告黄河奖金奖、2023北京国际公益广告大会特等奖、2023年度广播电视公益广告扶持项目一类作品等近30个奖项，总台在中国公益广告黄河奖中获"公益广告突出贡献单位"称号。

七、继续做好定点帮扶工作

2023年，总经理室认真履行定点帮扶政治责任，继续做好定点帮扶四川省喜德县工作。向喜德县城关小学捐赠引进帮扶资金26.4万元，修复了运动场；向喜德县红莫中学捐赠引进教学一体机28套；在喜德县推出以"庆丰收"为主题的公益直播带货活动，直播总销售额达1.6亿元，助力喜德县巩固拓展脱贫攻坚成果。

（总经理室供稿）

技术局工作概况

2023年，技术局稳扎稳打履行好各项技术保障和技术服务职责，持续以技术创新突破推动媒体融合纵深发展，巩固提升总台在超高清和新媒体领域引领地位，进一步向"5G+4K/8K+AI"战略格局迈进。

一、着力推进全媒体融合制播平台建设和应用

1. 围绕"时政报道新闻新媒体端首发"进一步加强新媒体平台建设

强化对新闻新媒体、CGTN生产平台和新媒体端底座运转的技术支撑。持续迭代优化央视新闻客户端，提升新闻新媒体平台直播发布和运营能力。新媒体集成发布平台全链路支撑《总书记的新春祝福》、第三届"一带一路"国际合作高峰论坛、南非金砖峰会等时政新媒体直播；优化国际传播链路，配合国际传播规划局搭建新媒体直播分发系统，实现总台频道及频率通过互联网面向海外渠道分发，推进新媒体渠道海外落地传播。

持续扩充CGTN精品节目的制作分发能力。有序推进CGTN英语全媒体新闻演播室平台和新媒体演播区的建设和应用，搭建并设专班保障CGTN新媒体业务支撑，扩充多语种新媒体直播和短视频制作能力，积极探索新媒体"5G传输+双语直播+全球分发"的技术方式。

2. 围绕"新闻大小屏呈现"加快推进全媒体新闻制播平台建设

成立《新闻联播》、英语新闻直播演播室和新闻云适配技术项目联合工作组，明确IP化技术路线，推进面向全媒体生产的新闻制播平台建设；新闻云与新闻网络制播系统、新闻新媒体平台完成对接，实现大小屏"一稿多发""一题多报"等，支撑国内外常态化新闻生产，云演播功能协助总台亚非中心和云南总站完成《双向奔赴！中老铁路国际旅客列车开通》跨国大小屏直播。

3. 新媒体集成发布平台进一步强化功能、优化流程

持续推进5G新媒体集成发布平台2.0项目建设，新媒体文件播出系统上线，支撑"竖屏秋晚"新媒体分发；移动直播系统全面支撑央视频慢直播，大量节省公有云资源。平台进一步扩展超高清8K IP直播流调度分发能力，央视频上线超高清8K频道。新媒体集成发布平台逐步承接总控IP调度分发相关业务，进一步优化业务流程和资源部署。

新媒体内容生产分发网络完成面向浅压缩制作的升级，更广泛地支撑传统演播室、新媒体演播区、云演播室的信号调度与实时直播制

作。央视频网页版及内容运营管理系统上线，扩大央视频矩阵传播力。

4. 拓展深化媒体大数据应用场景

"总台算法"技术体系逐渐形成，算法成果于2023年中国国际智能传播论坛发布。价值认知、品质认知和流量赛道算法三项核心算法开发完成，算法推荐系统、用户画像模型和内容标签模型先后投入应用。"总台算法"在央视频应用效果良好，在"央视财经"上线应用。

总台融媒体大数据库已经汇入总台新媒体平台、其他新媒体总台账号和总局收视大数据，积极推进总台（IPTV）和OTT电视数据接入工作；《中央广播电视总台融媒体大数据技术规范》等四项标准发布，北京总站媒体信息数据分析服务完成建设，基本构建起总台融媒体数据服务支撑体系，为总台内容推荐、新媒体运营、节目评估考核等提供数据支持。

5. 总台广播电视新媒体媒资系统上线

围绕建设移动化、标签化、智能化的新型媒体资产服务能力，总台广播电视新媒体媒资系统上线运行，为全媒体内容生产提供服务。积极推进总台国内外总站媒资子系统工作，完成国内12个地方总站部署、安装、培训、推广等，并开展海外总站测试工作。

6. 多语种传播融媒体技术服务能力逐步提升

通过IP化改造的鲁谷办公区400平方米演播区，与原有的300平方米演播室、竖屏演播室和50平方米演播室初步形成融媒体演播室集群；新闻共享池（多语种）上线，多语种音频媒资系统收录工作持续推进，进一步提升网红工作室融媒体技术支撑和服务能力；国际在线社交媒体分发系统承载的日均发稿量超过300篇。

7. 持续推进传统广播向融媒体生产体系转型

基于"云边端"（CET）技术架构建设复兴门办公区全媒体内容生产系统、前方节目制作室轻量化音频桌面制作系统，实现云网协同制作，为港澳台节目中心、民族语言节目中心等提供全媒体技术服务，广播传统节目与新媒体内容"一体策划、一体生产"。中国交通广播融合内容直播机房改造完成。鲁谷办公区持续推进广播融媒节目常态化直播。

二、持续以新技术赋能内容生产和业务运行

1. 扎实推进技术创新，助力总台全媒体节目精彩呈现

2023年总台春晚、秋晚、杭州亚运会、成都大运会等大型转播报道技术创新再次突破。2023年总台春晚实现"8K大屏播放+三维菁彩声"收听，VR三维影像绘制技术首次亮相春晚舞台。基于"竖屏看春晚"的经验，秋晚大小屏、横竖屏、高清/超高清等融合呈现；"竖屏看体育"创新杭州亚运会和成都大运会体育新媒体节目制作。

三维菁彩声技术逐步应用于广播端、电视端和新媒体端。中国之声中秋特别节目《明月照家国》在央视频、云听客户端等平台以三维菁彩声直播，央视体育客户端进行杭州亚运会和成都大运会菁彩声直播，环球资讯广播《档案揭秘》等精品音频节目以菁彩声制作。杭州亚运会首次设立面向超高清和高清同播的视频技术质量控制（VQC），发布《杭州2022年第19届亚运会VQC手册》，将总台超高清和高清

同播信号的制作经验推广到国际性重大体育赛事的信号制作中。

2. 拓展"5G+云服务"能力，赋能内容生产移动化和轻量化

CMG媒体云覆盖总台四址办公区和部分地方总站，新闻云完成上海、亚太、欧洲、北美等四大公有云节点部署。基于不断优化、弹性调配的云端服务能力，"5G+云制作"和5G轻量化移动制播系统在总台各类新媒体节目制播和总站日常生产的应用场景不断拓展。新闻云助力CGTN完成《土耳其突发地震》、南非金砖峰会、联合国大会等的大规模新闻现场制作回传。CMG媒体云在杭州亚运会、成都大运会为主转播机构提供云转播服务。5G轻量化移动制播系统支撑山东总站"新时代 新鲁菜"创新职业技能竞赛、重庆总站《何以中国·渝见》、江苏总站《2023候鸟迁徙》系列报道、华语环球节目中心《走遍中国·即将启程》等系列新媒体直播。以5G传输和新闻云全流程协同生产为基础，建设中央广播电视总台金融街观察点全媒体制播系统。建成华语环球节目中心轻量化融媒体演播区，实现国产化AR虚拟渲染、横竖屏同播能力扩展等创新应用。

3. 结合浅压缩编码应用实践，深入探索"保质量、提效率、降成本"的技术路径

积极探索基于5G-A网络的浅压缩、低时延信号传输，降低线路成本提高安全性能。杭州亚运会田径项目和成都大运会网球项目应用SD-WAN技术成功进行超高清信号浅压缩远程传输，法国网球公开赛、温布尔登网球公开赛和篮球世界杯VoIP评论声基于SD-WAN技术稳定回传，逐步推进SD-WAN技术在"百城千屏"、地方总站网络连通、海内外数据传输交互中的应用。发布《中央广播电视总台8K超高清制播规范—JPEG XS编码MXF文件格式技术要求（暂行）》和《中央广播电视总台8K超高清制播规范—JPEG XS编码信号传输技术要求（暂行）》，启动基于5G网络的超高清信号传输制作相关技术规范编制工作。

4. 不断推进人工智能技术在媒体业务应用的实践

总台人工智能能力开放平台基础能力应用范围逐步扩大。语音转写、智能审核、标签著录、文字识别、多语种翻译等能力为新闻云生产平台、CGTN多语种制作系统、媒体资产管理系统等提供服务，"掌上通"上线"AI译""AI识""AI查""AI听"等，提升工作效率。AI横转竖技术在"竖屏看秋晚"、杭州亚运会乒乓球赛竖屏直播中成功应用，AIGC助力2023年秋晚新媒体互动节目《AI在中秋 为月亮写诗》，智能语音转写系统AI能力扩充有效提升多语种融媒体节目的制作和生产能力。

三、聚力聚焦自主创新，巩固拓展技术实力引领地位

1. 聚焦内容生产系统国产化，提升技术自主可控的能力

稳步推进以基础资源国产化为重点的全媒体内容生产系统国产化替代。完成总台全媒体内容生产系统国产品牌应用调研，完善信息系统装备台账，在技术项目方案审定环节增加非国产品牌采购审议，开展国产化数据库测试，完成国产化分布式数据库采购并应用于总台媒资系统。国产品牌的数据中心资源服务于央视频、央视新闻客户端和办公内网。光华路办

公区总控国产化超高清IP调度分发系统上线，完成全国产化播出信号IP资源池建设，以及国产化播出末端信号、压缩系统等的改造；800平方米演播室以国产路由器为核心实现稳定的IP信号分发和控制；复兴门办公区国产化音乐播出系统上线；鲁谷办公区劲曲调频音乐播出系统完成国产化替代；杭州亚运会全面推进国产化设备8K转播和三维菁彩声制作。行政办公系统完成11个子系统向全国产化环境迁移，新建档案管理系统上线，从终端到后台提升总台行政办公系统自主可控能力。

2. 向国际组织提交总台超高清技术发展研究成果

持续引领超高清视音频技术创新发展，向国际组织提交《4K/8K超高清图像测试序列》《超高清高清同播技术方案》《中国8K超高清节目大屏幕播出实践》《电视制作中肤色分析的方法》等4项内容，并被国际电信联盟（ITU）接受为国际标准，在国际组织的话语权和影响力稳步提升。总台技术人员代表参与的国际电信联盟高动态电视（HDR-TV）标准化工作获艾美奖—工程科学技术奖。

3. 以国重实验室为依托，推动科技创新体系提质升级

积极推进总台超高清视音频制播呈现国家重点实验室建设工作，承担并完成科学技术部、工业和信息化部、国家发展和改革委员会和总台的项目研究任务，实验室运行体制机制日趋完善。持续推进超高清设备国产化研制，开展国产数据库在电视播出系统的应用和国产超高清编码算法可行性研究，积极推动自主知识产权三维菁彩声技术应用，研制的相关技术系统达到国际领先水平，取得的技术成果在总台节目制作和传播中成功开展示范应用。自主创新科技项目《4K/8K超高清电视制播呈现系统及产业化应用》获得2023年度中国电子学会科技进步奖一等奖。

国重实验室召开第二次学术委员会会议，与鹏城实验室、浦江实验室签署战略合作协议；持续推进媒体技术标准体系的建立与完善，2023年发布国际电信联盟国际标准2项，国家标准1项，行业标准5项，总台标准4项；牵头实施国家级项目5项，参与主办第七届国际显示技术大会（ICDT 2023）、2023世界超高清视频产业发展大会"8K超高清暨'百城千屏'技术产业发展"主题论坛、2023年中国国际智能传播论坛"智技术"分论坛等。新型显示与视觉感知石城实验室研制的通话系统成功应用于杭州亚运会电竞赛事选手通话终端，并探索共享收益的新型合作方式。

4. 积极创新总台技术成果宣传推广模式

充分利用行业展会、技术研讨会、大型赛事、调研等活动，聚焦超高清视音频、5G和云技术、智能化等助力生产方式变革和推进国产化替代等方面，开创新模式、有力有效宣传推广总台科技创新成果，打造总台技术品牌。

成都大运会期间进行8K超高清创新技术展示。杭州亚运会期间，设置制播创新技术展示区，举办超高清视音频传播研讨会，开创"赛、展、会"有机联动创新交流展示模式。围绕"引领先进技术发展、共建视听产业新业态"主题举办2023北京国际电视技术研讨会，打造面向公众的全国科普教育基地——上海传媒港科技乐园，"全球新闻云"平台在阿拉伯联合酋长国阿布扎比举办的第二届全球媒体大会进行展示，与意大利最大的商业广播公司"梅地亚塞特传媒（Mediaset S. p. A）"交流推广总台媒体融合技术、5G 媒体应用技术等。

四、夯实技术安全保障和运行管理能力，推动技术工作高质量发展

1. 持续巩固内容生产和业务运行的安全底盘

发布《中央广播电视总台信息系统网络安全等级保护定级备案原则》，确立起总台信息系统等级保护定级备案基本框架；发布《中央广播电视总台数字身份证书安全认证管理规定》《中央广播电视总台网络安全信息通报工作规定》，多层面完成"抓整改、促落实"专项工作，建立完整网络资产台账，完善总台网络身份管理工作机制。以"实战化"攻防演练检验重点系统日常安全防护水平，推进总台网络安全监测体系向"统一监测+分级监测"模式转变，提升系统运维部门的安全监测能力。开展常态化安全播出检查，促进安全播出整体保障能力的不断提升。修订总台技术节目制播规范、技术规章制度和技术运行管理办法，提升完善运行和管理。

2. 推进关键系统改造升级，夯实技术系统支撑

加快推进复兴路办公区新闻联播演播室、光华路办公区 C 区新闻直播演播室、制作域面向全媒体制播的改造。积极推进面向融合媒体的总控 IP 传输及分发管理系统建设，完成光华路办公区 7 层高标清播出系统建设。完成复兴路办公区 D01 演播室群超高清系统改造。完成 ESB 系统改造及重大切换工作，推进复兴路办公区数据中心机房改造建设。完成新闻新媒体平台私有云建设，公有云部署、CDN 等基础资源支撑不断强化，云平台的安全能力和管理能力不断提升。完成总台统一认证系统改造，实现总台信息系统统一身份、统一认证。积极推进海外传输平台建设改造，完成欧洲总站技术方案。

3. 积极推进重大项目建设

基于"百城千屏"项目推进"8K 超高清视频制播关键技术和应用推广公共服务平台"建设，总台 8K 超高清频道信号送达全国 90 座城市 710 块大屏，利用 CDN 分发面向手机移动端呈现三维菁彩声音频同步播放，总台 8K 春晚、杭州亚运会、成都大运会、秋晚等重大活动大小屏融合呈现。

对电竞产业现状、国内电竞赛事转播和远程制作新技术开展调研，提出电竞转播轻量化、云化的技术思路，杭州亚运会首次进行国内主流媒体电竞转播尝试，搭建全 IP 化电竞转播系统，完成公共信号及智能观赛信号制作任务，联合融合发展中心发布我国首份关于电竞赛事制作与播出的技术规范《亚运电竞赛事制作规范》。

积极推进鲁谷办公区新大楼技术适配，完成基础网络及通讯系统、总台闭路电视系统搬迁、新老楼间基础光缆布设、融媒体演播区和广播融媒体直播制作机房的技术方案，完成高压电站倒切。

扎实推进总台异地灾备数据中心选址规划，先后对 5 个省份 7 个区域进行实地考察并形成规划建议报告。

4. 强化技术资源统筹管理，进一步提升资源利用率

以技术资源管理系统为抓手，推动技术资源使用情况线上呈现及备案留存。梳理优化

技术资源统筹流程；分步骤、有节奏推进外租技术资源流程优化，实现外租技术资源工作标准、外租流程、使用单据等三统一，总台外租技术资源使用单和结算单上线。

（技术局供稿）

国际交流局工作概况

2023年，国际交流局牢牢把握创新这一总台工作的主基调、主旋律，在"媒体外交"、国际传播能力建设、海外投送能力、涉外管理等方面亮点纷呈，有力推动总台对外工作高质量发展，有效服务党和国家对外工作大局。

一、紧跟元首外交步伐，"媒体外交"水平显著提升

2023年，围绕习近平主席对俄罗斯、南非进行国事访问、赴美国参加中美元首旧金山会晤并出席2023年APEC峰会，我国举办首届中国—中亚峰会、第三届"一带一路"国际合作高峰论坛，以及伊朗、巴西、法国、洪都拉斯、委内瑞拉、巴基斯坦、乌拉圭等多国领导人访华等重要国事活动，推动总台与对象国政府机构和主流媒体共签署合作协议58份。其中，18份在双方领导人共同见证下签署，33份被纳入领导人会晤成果清单，不断将媒体间合作、媒体与对象国政府机构合作等提升至国家战略高度，成为总台"媒体外交"的新亮点。

配合习近平主席对俄罗斯进行国事访问，精心策划总台领导出访俄罗斯并出席《平"语"近人——习近平喜欢的典故》（第二季）俄语版上线开播仪式、举办"中国式现代化与世界新机遇"中俄媒体圆桌会等，总台系列报道总阅读播放量达2.74亿人次。配合首届中国—中亚峰会，统筹举办中国—中亚媒体高端对话交流活动、"中亚情缘"——中国影视节目展映活动、"直通中亚"新闻合作等活动，其中两项成果被纳入峰会成果清单，助力构建更加紧密的中国—中亚命运共同体。配合习近平主席出席南非金砖峰会并对南非进行国事访问，统筹实施总台领导赴南非开展工作，举办《平"语"近人——习近平喜欢的典故》（第二季）非洲首播暨中非媒体合作启动仪式等15场媒体活动和会谈交流，赓续中南传统友谊，不断擦亮"金砖成色"。配合第三届"一带一路"国际合作高峰论坛，协同举办以"共建丝路新视界"为主题的第十一届全球视频媒体论坛，总台14项重要成果被纳入高峰论坛多边合作成果文件清单和务实合作项目清单，全球885家主流媒体积极报道。聚焦中美元首旧金山会晤和2023年APEC峰会，在

美国举办"中美人文交流友好对话"媒体活动等配套媒体活动，与美方在文化、教育、体育等多领域展开合作，为推动中美人文交流注入新动能。深入落实推动构建人类命运共同体理念和三大全球倡议，统筹实施总台领导赴法国、瑞士、希腊等三国开展工作，与百余位高端人士会见交流，签署12份合作协议。深入落实亲诚惠容周边外交理念，统筹实施总台领导赴印度尼西亚、柬埔寨、老挝、日本和韩国开展工作，有力推动周边媒体交流合作。

聚焦中国式现代化，统筹海外总站在2023年全国两会闭幕后迅速在美国、英国、俄罗斯等国家和地区接连推出12场"中国式现代化与世界新机遇"系列媒体活动，近500名政府官员、国际组织负责人、智库专家、媒体机构代表等参加，约600家国际主流媒体参与报道，触达全球受众约14.7亿人次。围绕全球文明倡议，统筹海外总站推出8场"何以文明"全球巡展，生动鲜活讲好中国故事和中华文明故事，相关报道触达受众26.45亿人次。配合共建"一带一路"倡议提出十周年，统筹海外总站推出"我和'一带一路'的故事"全球征集活动，共征集超过2200个精彩故事，触达海外受众17.28亿人次，以人文交流进一步促进民心相通。

二、巩固扩大国际媒体"统一战线"，开创人文交流、文化交融、民心相通新局面

统筹举办第二届全球媒体创新论坛，230余位来自国际组织、媒体机构、中外智库、跨国企业等领域代表，围绕"开放 普惠 共赢——携手同行现代化之路"主题集智共商、交流分享，460余家境外主流媒体对论坛进行报道，累计覆盖海外受众近1亿人次。统筹举办2023"东盟伙伴"媒体合作论坛，200余位媒体人士、国际组织代表和专家学者围绕"创新·携手·未来"主题展开深入对话交流，为构建更为紧密的中国—东盟命运共同体贡献智慧和力量。南非金砖峰会前夕，与非洲广播联盟（简称"非广联"）在肯尼亚联合主办2023"非洲伙伴"媒体合作论坛，来自非洲27国的百余名媒体机构负责人、专家学者和中非企业代表参加论坛，现场启动第二届"遇见你"中非青年短视频大赛征集活动，为构建新时代中非命运共同体架起人文交流桥梁。为第一时间落实中美元首旧金山会晤精神，创新实施两国人文交流新行动，与中国国际友好联络会共同主办2023年熊猫巴斯和平友好论坛，共同启动中央广播电视总台熊猫巴斯影像计划，200余家境外主流媒体转引转载相关报道，触达受众2亿人次。

深化"好感传播""网红传播"。统筹海外总站精心策划推出"全球'街'力"网红媒体活动，围绕"中国式现代化""成都大运会""共建'一带一路'"等主题，组织海外总站记者在全球多座城市进行街采，相关报道触达海内外受众近35亿人次。"一国一策"举办5场"寻美之约"文化沙龙，让海外受众通过沉浸式文化体验，近距离感受中华优秀传统文化的独特魅力，触达受众近3.3亿人次。此外，统筹海外总站举办2023年联合国中文日暨中央广播电视总台第三届海外影像节、中央广播电视总台第三届中欧音乐节暨中西建交50周年音乐会、"童心筑梦 共创

中非未来"——"星空计划"总台原创动漫展播等特色媒体活动，因地制宜推动以艺通心、以文润心。推动"海外千屏"项目实现新突破，海外10块地标大屏同步直播总台春晚，总台灯光秀点亮8处世界知名地标。

深化多边交流合作，巩固扩大国际媒体"统一战线"。总台领导先后会见来华访问的国际奥委会主席巴赫、世界知识产权组织总干事邓鸿森、国际皮划艇联合会主席科涅茨科、世界经济论坛创始人兼执行主席施瓦布等国际组织和多边机构负责人。巴赫主席在京向总台领导赠予"奥林匹克之家"奖杯，在瑞士洛桑向总台领导赠予国际奥林匹克委员会2023年度"和平"纪念奖章。统筹推进与国际媒体组织务实合作，2023年总台共斩获5项亚洲—太平洋广播联盟（简称"亚广联"）大奖、4项阿拉伯国家广播联盟（简称"阿广联"）电视节竞赛奖，并与非广联就入会达成一致。增进双边交流交往，全方位巩固拓展总台"朋友圈"。总台领导会见希腊文化和体育部部长门佐尼、法国驻华大使白玉堂等外国政府官员，与美联社社长戴茜薇、路透社社长巴斯科伯特、塔斯社社长孔德拉绍夫等十余位国际主流媒体负责人深入交流。阿根廷驻华大使牛望道代表阿根廷总统费尔南德斯向总台领导颁发"国际人文交流合作杰出成就奖"奖章。

持续推动文化惠港惠澳工作落实落地。总台与澳门特别行政区政府联合举办"春暖花开正当时——中央广播电视总台精品节目澳门展映暨赛事媒体权利授权仪式"系列活动，向澳门广播电视股份有限公司（简称"澳广视"）赠播二十大系列精品节目，签署杭州亚运会、第33届夏季奥林匹克运动会（简称"2024年巴黎奥运会"）媒体权利许可协议。统筹总台代表团赴香港、澳门开展工作，总台领导分别与香港特别行政区行政长官李家超、澳门特别行政区行政长官贺一诚会谈，统筹组织总台与香港特别行政区政府深化合作系列活动和"青年与未来"促进澳门青年发展媒体行动，向香港电台赠播《领航》《征程》等8部总台精品节目，CGTN英语频道在香港电台公共数字电视平台正式落播。

三、强化海外投送能力建设，在国际舆论场发出响亮中国声音

紧盯首达首发先声夺人，全力争夺第一定义权。充分发挥海外总站"先锋队""前沿哨"的作用，抢首发、敢亮剑、争独家，海外记者在俄乌冲突、"2·6"土耳其—叙利亚大地震、巴以新一轮冲突等重大事件中，第一时间挺进现场，采制的大量独家新闻成为全球主流媒体信源。2023年，总台重大国际新闻全球首发率达27.5%，在全球主要媒体中位列第一。海外总站国际新闻全球首发率在全台遥遥领先，占比达85.8%。有3846条新闻素材被CNN、BBC、全俄国家电视广播公司、NHK等122个国家和地区的近2500家电视台及其新媒体平台采用。

深化合作传播"借筒传声"，放大海外传播"声量"。统筹海外总站与616家海外媒体开展深度合作，同比增长16%；与国际主流媒体合办19个长期栏目，其中7个为新增栏目。统筹海外总站打造网红工作室集群，助推海外总站网红记者走进外媒"借筒传声"，围绕蔡英文"过境"窜美、巴以新一轮冲突等议题对

外发声723次，鲜明阐述中国立场，精准开展就地"消毒"。积极推动海外总站参评全球主流广播电视奖项，2023年海外总站自主策划节目获得第61届纽约国际电影电视节奖、第44届泰利奖等49个奖项。

配合外交大局闻风而动，不断完善海外站点布局。高效推进总台第8个海外总站——联合国总站投入运行。配合党和国家对外工作大局，推进完成总台第191个海外站点——洪都拉斯特古西加尔巴记者站建设，有序推进落实在斐济首都苏瓦、秘鲁首都利马增设站点事宜，构筑起遍布全球67个国家和地区的海外传播格局。

四、精益求精持续提升涉外管理效能，为全台核心业务保驾护航

外事管理不断刷新"护签速度"。完善海外突发事件报道团组应急保障机制，与外交部领事司开通"即来即办"绿色通道，全力以赴保障时政报道、"2·6"土耳其—叙利亚大地震、巴以新一轮冲突、《高端访谈》等团组第一时间抵达现场。2023年，共办理因公临时出访团组314批次2038人次，为海外常驻人员办理出国（境）手续308人次。持续完善总台综合信息网外事管理系统建设，不断提升因公出访工作信息化、智能化水平。

海外管理助推总站高质量发展。着力健全海外总站规章制度体系建设，共出台6项规章制度。着力构建全链条安防体系，创新推出全球安全风险日报、周报，加强突发事件风险预警，为一线记者提供全方位安全保障。着力强化海外业务统筹协调职能，创新推出《海外总站业务动态》周刊，全面展示海外总站业务亮点。着力打造海外经营项目新样态，依托海外总站媒体活动实现经营创收，打造"两个效益"国际化样板。

外籍管理打造高层次人才梯队。稳扎稳打推进重点项目，推动CGTN国际传播引才引智示范基地顺利获批，推动3个项目入选科学技术部2023年度国家外国专家项目。联合中宣部、科学技术部相关部门设立总台"外国专家书屋"，邀请《拉贝日记》作者拉贝的嫡孙托马斯·拉贝参加"书屋有来客"活动。用心用情做好"外籍暖心工程"，为三位中国政府友谊奖获得者申请在华永久居留证。

（国际交流局供稿）

创新发展研究中心工作概况

2023年，创新发展研究中心（简称"创发中心"）坚持以党的二十大精神为指引，将学习贯彻习近平新时代中国特色社会主义思想主题教育与三大职能定位紧密结合，稳扎稳打，圆满完成全年各项工作，为总台高质量发展献计献策。

一、发挥"最强大脑"智囊作用，以新点子助力新发展

1. 扎实推进主题教育大调研，参与完成总台领导牵头的重点课题2项和自主课题10项

强化研究团队的调研优势，深度参与由总台领导牵头的多项重点课题，并积极开展自主课题调研，形成一系列高质量调研成果。创发中心完成重点课题"从广电行业现状看总台的实践与探索"，策划组织召开浙江、广东和上海三场座谈会，并通过线上线下和台内台外专题调研，形成富有实效的课题报告；完成重点课题"深化全媒体内容建设，奋力实现'满屏皆精品'目标"，为加大"总台独创"力度，推进全链条、全方位和全领域创新，提供实操性对策建议。此外，完成"ChatGPT类AI产品对广电主流媒体的冲击与对策分析""新时代总台价值再发现"等10个自选研究课题。

2. 深入推进重要课题研究，形成近20期调研专报和40余篇重要稿件

完成"总台国际传播效能评估研究""国际一流新型主流媒体评价指标体系研究""不断增强'下沉力'走好网上群众路线""大数据监测系列分析"等重点课题研究，以及《直面大屏生态深刻变革，赢取总台更大市场》《治理电视"套娃"收费和操作复杂问题》《中央广播电视总台算法的探索和创新实践》等专项调研报告。

3. 有序推进博士后工作站建设工作

博士后科研工作站是总台聚集优秀人才与加速科研人才培养的重要平台。创发中心稳步推进相关工作方案起草、人员招聘、管理细则修订等工作。

二、发挥"传媒风向标"引领作用，"一报二号三刊"以新活力提升新影响

1.《中国电视报》抓住转型窗口期，历史性实现扭亏为盈

创发中心全力推动《中国电视报》向新媒体全面转型，实现"两个效益"双丰收，全年总收入较2022年增长约6倍，为报纸融合发展和转型升级打下坚实基础。创新推出《总台

人物》《高端访谈》等特刊，完成重要宣传报道任务；创新推出"在中国大地上边走边跳"大型融媒体互动活动，凸显"人民的总台"服务于人民的属性。广西南宁和北海、贵州榕江、四川遂宁、山东乐陵、河南三门峡、吉林长春等七站活动相关话题总阅读量达8173.1万人次，相关视频总播放量达2710.39万次，总触达1.32亿次；创新推出"青少版"增刊，精选总台充满文化气息、知识积累和审美品位的优质节目，转化为青少年的高品质"精神食粮"。其中，主推版块《联播划重点》通过引导阅读联播原文、延伸拓展相关知识、重点突出核心要点，让青少年爱看联播、读懂联播，成为语文、思政、道法等科目学习的好帮手。"青少版"与《中国诗词大会》深度合作，以征文形式向全国小读者征集与节目和诗词有关的好故事，开启联动总台节目IP和拉通互动、放大声量的合作新模式。此外，《中国电视报》微博、微信等新媒体账号破圈传播效果显现，"豹豹"IP形象焕新亮相。

2."CMG观察"持续打造推介总台亮点、讲好总台故事和展现总台形象的重要宣推品牌

"CMG观察"微信公众号粉丝量突破100万，全年共发布337条推文，其中，阅读量10万人次以上推文252条，占比近75%，16篇获得全网置顶推荐，超过往年单年置顶推荐数量。《坚持思想引领 坚持守正创新 坚持以攻为守——总台台长谈〈新闻联播〉栏目开播45周年》《超162亿人次！总台春晚热四海，全球共享中国年！》《你们更相信谁？"海外网友热评总台CGTN记者和美国MSNBC记者》《从玉渊潭到日月潭，看总台谭主揭批"台独"》《国际传播如何一语胜千言？〈高端访谈〉一周年座谈会这样说》《总台年度招聘完成：录取率2‰，有志者为何心向往之？》等重点稿件，生动展现总台在"头条工程"、主题主线报道、国际传播、精品创作、技术应用、人才建设等方面的创新举措、典型案例和精彩故事。在深入做好总台重大宣传报道、重点活动、重要项目的宣传推广和阐释解读的同时，"CMG观察"不断推出多样态创意产品，持续拓展总台影响力。《丹青难写是精神——CMG观察文萃》出版发行，收录精品推文70余篇，为社会各界了解总台创新实践提供权威案例；打造走进大学校园的线下调研和地推活动，以互动交流、文创展示、打卡盖章等多种形式推介总台品牌，扩大总台朋友圈、用户圈和客户圈。

3.推出首本国家级视听杂志《中国视听》，着力构建与总台地位相匹配的期刊矩阵

以差异化发展为定位，推出首本国家级视听杂志《中国视听》，践行"快、热、新、活"的办刊特点，力求成为期刊矩阵的"轻骑兵"；《电视研究》持续巩固提升"双核心期刊"学术地位，全年共刊登约280篇文章，不断提升刊物的理论水平和学术影响；《国际传播》积极探索中国话语表达，选题前沿多样，荣获国家哲学社会科学文献中心评出的新闻学与传播学"最受欢迎期刊"；编撰完成《中央广播电视总台年鉴》（2022），近50万文字和280多幅图片，全面记载总台事业产业发展的新思路、新举措和新成果，并成功举办年鉴发布会。

4.提高评奖服务水平，助力总台"满屏皆精品"硕果累累

全年共组织638件作品参评18项国内外

评奖及推优活动，在2023年内已揭晓的11个评选活动中，共150件作品荣获不同级别奖项。有力有效组织参评第33届中国新闻奖，总台共19件作品获奖，其中特别奖1件、一等奖11件、二等奖5件和三等奖2件，含金量最高的特别奖和一等奖获奖数位居全国参评媒体之首；统筹组织参评第60届亚广联奖，共荣获5项大奖，是总台在同一届亚广联奖评选中获奖最多的一次，也是中国媒体首次获得新媒体类大奖；精心组织"总台奖"改革后首次评选，453件作品获奖。此外，围绕重要奖项的参评"痛点"，在全台开展定制化、细分化和垂直化宣讲，不断提高评奖服务水平。

三、发挥"创新发动机"推动作用，以新打法拓展新实践

1. 策划推出契合一线需求的创新创意活动

CMG云创论坛举办《重大突发事件报道中如何捕捉战机》等13期活动，纳入干部员工培训考核体系的年度培训计划；配合组织的"推动共同富裕浙江实践研讨会暨媒体行动"是创新台内外合作模式、深挖媒体活动价值和将影响力转化为生产力的一次有益尝试；海外模式库为总台8个中心近20个项目提供定向研发策划服务30多次，与多个节目部门建立起长效服务机制。

2. 首届总台文创大赛撬动内容IP新发展

首届总台文创大赛举办期间，创发中心共收到34个中心和部门报送的275份方案。通过大师班、工作坊等方式在全台范围内开展培训交流，为数十档节目提供一对一服务，并联合台内相关部门探索具体项目的落地执行路径和经济效益实现方式。

3. 融媒体创意工作站为广电团队新媒体转型赋能

激发在孵项目大小屏、音视频和台内外的互动联动，推出多个创新案例，"高端访谈""TOSUN记者团""吾家吾国"等工作站IP全网影响力不断攀升。"空天逐梦""法治在线""主播说三农"等多个工作站和农业农村节目中心"春茶地图"项目、山东总站"K饭"项目陆续实现新媒体经营创收。此外，创新推出多款小颗粒积木文创产品，探索产业经营新模式。

四、扎实推进主题教育，充分发挥党建引领作用

创发中心党委在理论学习密度、交流研讨深度、调查研究广度和检视整改力度上下功夫，切实将主题教育学习成果转化为推动工作的强大动力。创发中心通过集体学习、专题研讨、读书班、专家讲座等形式，推动干部员工在"以学铸魂、以学增智、以学正风、以学促干"上取得实际成效。着力打造党建品牌矩阵，"光华路鸣"获评总台2023"年度党建品牌"；"鹿鸣课堂"入选国家乡村振兴局2022社会帮扶典型案例，开创总台与央企国企合作帮扶新模式；"在中国大地上边走边跳"作为总台主题教育典型案例申报中央和国家机关"学用新思想、建功新征程"创新案例。充分发挥青年理论学习小组带动作用，积极引导年轻人以学促行守初心、以行践学担使命，高质

量完成"根在基层"调研报告；两人获评中央广播电视总台第二届青年英才，一人获评总台首届青年学习标兵，一人获评2023年"好记者讲好故事"选拔赛暨总台青年编辑记者岗位练兵活动二等奖。

（创新发展研究中心供稿）

机关党委工作概况

2023年，机关党委认真履行总台党建专门责任，把开展学习贯彻习近平新时代中国特色社会主义思想主题教育作为首要政治任务，推动各级党组织深入学习贯彻党的二十大精神；持续拓展"四个100"系列活动品牌影响，加强党建工作标准化、规范化、品牌化和信息化建设，营造总台模范机关文化氛围，推动基层党建全面进步全面过硬，为推动"两个维护"再上新台阶提供坚强政治保证。

一、精心组织开展主题教育，推动学习贯彻党的二十大精神走深

机关党委作为总台主题教育领导小组办公室牵头单位，全力推进主题教育各项工作，把学习宣传贯彻党的二十大精神同贯彻落实习近平总书记对总台工作的一系列重要指示批示和贺信精神紧密结合起来，引导各级党组织和广大党员干部在全面学习、全面把握和全面落实上下功夫。

1.扎实组织开展理论学习

机关党委印发《2023年中央广播电视总台党组理论学习中心组专题学习重点内容安排》，协助总台党组理论学习中心组举行11次集体学习研讨，组织3场专题讲座和4次专题研讨，落实举办为期8天的总台党组主题教育读书班；举办学习贯彻习近平总书记关于党的建设的重要思想专题讲座；举办学习贯彻党的二十大精神处级班和主题教育局级、处级、台属企业党员领导干部班，主题教育及学习贯彻党的二十大精神处级以下党员班等专题线上培训等13个班次，参训人员累计1.64万人次。机关党委及时为党员干部配发重点学习材料和参考资料，为总台民主党派成员和无党派代表人士发放主题教育学习书籍并组织学习研讨。总台党建宣传平台及时刊发总台党组工作部署和各部门各单位落实举措，组织播音员主持人录制《习近平著作选读》第一卷和第二卷诵读版，丰富党员干部理论学习载体，"掌上通"APP平台推出8期《主题教育应知应会问答》，累计参与达40 000人次。

2.持续推进深化理论武装

机关党委成功举办"七一"主题党日活动，集中展示了主题教育的成果。中宣部副部长，总台党组书记、台长兼总编辑慎海雄为全台党员干部讲授专题党课，并为总台获得"光

荣在党50年"纪念章的老党员代表颁授纪念章，为总台获评"四好"党员、"四强"党支部和"年度党建品牌"代表颁奖。机关党委组织举办主题教育课题成果交流暨典型案例剖析会、青年业务骨干学习经验交流会等，推动党的创新理论学习贯彻持续深入；举办"四强"党支部和"年度党建品牌"创建工作经验交流会，通过鲜活的故事和创新的理念集中分享基层党建工作经验体会和理论武装成果；开展2023年"好记者讲好故事"选拔赛暨总台青年编辑记者岗位练兵活动，结合总台中心工作和青年编辑记者特点，组织各中心青年理论学习小组开展近20场"联学联建"活动，组织全台青年理论学习小组近50多个调研组奔赴基层一线，开展2023年"根在基层"调研实践活动。"总台之声"微信公众号、《总台党建》杂志和《总台生活》报纸发挥示范引领作用，大量刊发各基层党组织的创新实践成果，积极营造理论学习氛围。

3. 做好主题教育协调工作

机关党委配合中央第十九指导组及时落实各项工作要求，协助总台主题教育领导小组办公室召开主任会议14次、全体会议8次；完成总台主题教育总结评估，协助召开总台党组专题民主生活会，督促各部门各单位召开专题民主生活会、专题组织生活会，协调总台指导组参加各部门各单位专题民主生活会；组织总台巡回指导组对地方总站、台属企业加强督导；起草完成总台主题教育总结报告，召开总台主题教育总结会议；向主题教育中央第十九指导组报备总台主题教育材料，联合办公厅做好总台主题教育材料归档工作；协调一体推进检视整改、干部队伍教育整顿工作，开展整改整治工作"回头看"、整改整治问题销号工作等。

二、聚焦"四化"建设，锻造坚强有力的基层党组织和充满活力的群团组织

机关党委围绕总台党的建设工作任务，坚持大抓基层党组织建设，聚焦党建工作标准化、规范化、品牌化和信息化，做好基层党组织管理和党员管理，增强基层党组织政治功能和组织功能。截至2023年年底，总台共有基层党组织779个，包括69个党委、23个党总支和687个党支部，党员13 947人。

1. 推动做好制度设计和督查督导

组织召开总台2023年党的建设工作会议，会后督促各部门各单位逐级签订全面从严治党责任书，印发《2023年中央广播电视总台党的建设工作要点》；全年召开机关党委常委会9次、机关党委书记会38次、机关党委工作例会32次；开展2022年度总台基层党组织书记抓党建工作述职评议考核工作，58位基层党组织书记参加考核；印发《关于实行"三会一课"和主题党日报备制的通知》，推动地方总站负责人及班子成员切实履行"一岗双责"。

2. 推进基层党组织建设和党员管理工作

指导412个基层党组织完成书记副书记任免、选举成立、换届选举、增选、改选或补选党支部委员会委员工作；全年发展党员384人，审批预备党员转正218人，是总台成立五年来发展党员人数最多的一年；举办两期入党积极分子培训班和两期预备党员培训班，分别对319名发展对象和258名即将转正的预备党

员进行集中培训；全年慰问生活困难党员、老党员和获得国家荣誉称号的党员共计213人，慰问"光荣在党50年"老党员共计66人。

3. 指导群团组织建设，推动完善组织体系架构

完成29家内设机构、台属事业单位工会组织组建，稳步推进台属公司换届改选工作；推动完成27个地方总站工会委员会选举，督导总台基层工会设立女职工委员会；基层团组织建设进一步规范化，共有214个团组织和1781个青年理论学习小组，实现40岁以下青年全覆盖；组织基层工会分别完成杭州亚运会报道业务练兵、保密知识竞赛、新闻采访、网络安全、后期编辑、视频音频剪辑、创意与提案等36项技能练兵竞赛活动。

4. 创建系列创先争优活动

组织开展总台"四强"党支部评选，共有68个党支部被中央和国家机关工委授予"四强"党支部称号；创新开展总台"年度党建品牌"评选，新闻中心新闻联播编辑部党支部"双周大练兵"等12个基层党建活动被评为总台2023"年度党建品牌"；推荐总台多个集体和多名个人获得全国三八红旗集体、全国工人先锋号、全国青年文明号、全国巾帼建功标兵、全国优秀共青团干部、全国学雷锋志愿服务"四个100"最美志愿者、全国最美家庭、全国归侨侨眷先进个人、中央和国家机关三八红旗手等荣誉称号；开展送奖到岗活动并与获奖者所在部门进行座谈，充分发挥先进典型的激励作用。

5. 加强党务干部和群团队伍建设

赴韶山、井冈山和重庆分别举办总台基层党组织分管党建工作副书记和新任党支部书记专题培训班；举办总台组织员业务能力提升培训班，提升专职党务工作者业务素质；与人事局联动，制定《中央广播电视总台基层党组织配备专职组织员方案》，完成专职组织员配备工作；完成420名专兼职党务干部工作经历进电子人事档案和112名专兼职党务干部的纸质版档案归档；分10批完成党建信息系统管理员线上培训，指导各基层党组织分阶段分步骤开展线上党务工作。

三、扎实开展群团统战工作，不断凝聚力量、激发活力

2023年，机关党委扎实开展群众性文化活动，积极推动基层组织开展岗位技能练兵、爱心慰问工程、公益志愿服务等活动，积极为总台营造朝气蓬勃、活力四射和人人自豪的浓厚氛围。

1. 开展丰富多彩的群众性文化活动

精心组织"我爱我台"征文和"我爱我台 家的味道"职工菜谱进食堂活动，开展以"写楹联·送福字"和"我有一联献总台"为主题的楹联征集活动，有序组织27场次台史馆参观活动。总台工会选拔350余名运动员组成总台代表团参加中央和国家机关第二届运动会7个大类的全部比赛项目，在62个项目的比赛中勇夺6个冠军，14个亚军和5个季军，最终取得团体总分甲组第二名，并获得运动会"特殊贡献奖"和"优秀组织奖"。成功举办中央广播电视总台第一届职工篮球赛、中央广播电视总台第三届职工乒乓球、羽毛球团体赛，参赛人数及比赛场次再创新高；举办2023年中央广播电视总台职工象棋围棋比赛，开

展"春季健步走"等活动,增强员工的团队凝聚力。

2. 竭诚服务职工,扎实开展各项爱心工程

精心组织开展职工结婚/生育慰问、生病住院慰问、退休慰问、直系亲属去世及在职去世慰问等各类爱心慰问;开展元旦、春节送温暖活动;进一步扩大受益病困职工范围,完善在职职工重大疾病互助保障。举办心理健康讲座和应急救护技能培训,分别为总台光华路、复兴门和鲁谷办公区健身房更换新健身设备。组织开展"三八"国际妇女节系列活动:在职工体检中增设"女性HPV专项体检"项目;在全台摸底单身职工情况,主办两场单身职工联谊活动;组织职工子女参加中国儿童艺术剧院和北京公共安全体验馆暑期观摩体验活动;举办职工子女"宝宝秀"摄影作品征集活动;举办2023年总台侨联中秋茶话会,组织侨联会员和党务干部参观中国华侨历史博物馆。

3. 开展公益志愿服务系列活动

总台团委、总台志愿者协会及各志愿服务小分队开展系列学雷锋志愿服务活动。工会妇女工作委员会组织开展"幸福工程——救助困境母亲行动"捐款活动,共有22 237名职工捐款,共计195万余元;开展"恒爱行动——百万家庭亲情一线牵"公益编织活动,762名职工参加活动,收到爱心织品1541件。

四、做好定点帮扶和挂点联系京沪新时代文明实践中心建设工作

机关党委协助调整总台定点帮扶工作领导小组及办公室成员,制定总台2023年定点帮扶四川喜德县工作方案及重点任务责任分解方案,并及时组织举办总台定点帮扶工作推进会,推动各级部门投入帮扶资金1.6亿元,引入帮扶资金1 242.4万元,购买脱贫地区农产品1 550.2万元,帮助销售脱贫地区农产品2 383.8万元,组织培训喜德乡村基层干部、乡村振兴带头人和专业技术人才2602人。机关党委协调技术局为北京、上海新时代文明实践中心捐赠净值177万元采编设备和500余套近年来总台出品的精品节目资源。

(机关党委供稿)

机关纪委工作概况

2023年，总台机关纪委坚持以习近平新时代中国特色社会主义思想为指导，深刻领悟"两个确立"的决定性意义，切实担负起"两个维护"重大政治责任，深入贯彻落实党的二十大精神和二十届中央纪委二次全会部署，推动健全总台全面从严治党体系，巩固深化总台风气建设成效，为总台奋力打造国际一流新型主流媒体、推动"两个维护"再上新台阶提供有力保障。

一、统筹开展主题教育和教育整顿，进一步夯实思想根基、筑牢政治忠诚

1. 扎实开展主题教育，在"以学铸魂、以学增智、以学正风、以学促干"上下真功、求实效

召开机关纪委主题教育动员会，组织全体党员干部深入学习贯彻习近平总书记在主题教育工作会上的重要讲话精神和总台主题教育动员大会部署；落实"第一议题"制度，全年共开展集体学习55次；坚持领学促学，机关纪委书记3次为全体党员干部讲专题党课，作廉政教育报告；举办主题教育专题读书班，组织青年理论学习小组专题学习，推动学习教育走深走实；召开机关纪委领导班子主题教育专题民主生活会，深入剖析问题不足，明确改进措施；会同办公厅和人事局做好总台主题教育干部队伍教育整顿和专项整治相关工作，切实做到"学思想、强党性、重实践、建新功"。

2. 深入开展总台纪检干部队伍教育整顿，自觉接受刻骨铭心的革命性锻造和深入灵魂的精神洗礼

制定教育整顿工作方案，成立领导小组和办公室，召开动员部署会；邀请中央纪委国家监委驻中宣部纪检监察组领导作专题讲座，传达学习中央和国家机关警示教育会精神；召开总台纪检干部防止"灯下黑"专题学习会，通报典型案例，机关纪委委员与纪检干部代表交流认识体会；组织纪检干部赴北京市全面从严治党警示教育基地、北大红楼等开展主题党日活动，不断淬炼思想、锤炼党性；组织全台纪检干部严肃认真填报《个人自查事项报告表》，抓好问题整改落实；召开机关纪委教育整顿专题民主生活会，班子成员紧密联系思想和工作实际查摆剖析；全国纪检监察干部队伍教育整顿办多次肯定总台相关做法，机关纪委一名年轻干部在中央和国家机关纪检监察系统先进典型事迹报告会上作体会发言。

二、深化总台"大监督"格局，为总台高质量发展保驾护航

1. 强化政治监督

围绕学习贯彻习近平总书记对总台成立五周年等重要指示批示，会同办公厅深入10个

重点部门单位开展专项监督检查，推动落细落实；开展2023年落实意识形态工作责任制情况监督检查，推动将党的二十大关于做好新时代意识形态工作的战略部署融入工作各方面、全过程；持续加固中央八项规定堤坝，在重要节点通过多种方式提醒廉洁过节，督促深入开展警示教育和自查自纠。

2.做实日常监督

召开总台党风廉政建设协调小组会议，部署2023年总台党风廉政建设重点任务；持续推动在总台内设机构和台属单位党组织设置纪检机构，加强对部门单位纪委的工作指导，组织召开台属企业党风廉政建设现场会；选派处级干部对总台2023年春晚、主持人大赛等重点宣传项目进行现场监督，严明纪律要求，做好廉洁提醒，督促落实责任。

3.开展专项监督调研

组织开展防范化解节目委托制作领域廉洁风险、加强地方总站和台属企业党风廉政建设、规范第三方新媒体平台账号收益管理等一系列专项监督调研，总结好经验好做法，查找问题短板和风险隐患，提出对策建议。

4.开展"纪律教育在身边"专项行动

在总台党建工作会上通报典型案例，赴多个中心开展"点对点"警示教育；举办年轻播音员主持人纪律教育座谈会，组织签订遵规守纪承诺书；开展地方总站"采编经营两分开"专项纪律教育，召开海外总站党风廉政建设座谈会；围绕"纪律教育在身边"主题，组织各部门各单位以专题学习等形式开展正面教育3000余次，开展警示教育1000余次，参观廉政教育基地、旁听法院庭审、举办守纪律座谈交流等各类活动280余次。

三、持续推动执纪审查规范化、法治化、正规化，努力实现政治效果、纪法效果和社会效果有机统一

1.用心用情做好信访接待和教育回访工作

机关纪委耐心细致接待群众来电来访，机关纪委书记带头接待来访人员，帮助解除思想包袱，把矛盾问题在源头化解。对处分影响期满的受处分人员进行教育回访，帮助其正确面对错误，从"有错"向"有为"转变。

2.规范高效做好问题线索研判处置

坚持"三级联动"分析研判，对诬告诋毁被举报人名誉、内容假大空、情绪化语言多且没有具体线索的信访举报坚决依规予以了结；对反映管理方面或轻微违纪问题的信访举报加大转办和督办力度，压实相关党组织主体责任。

3.全链条强化案件质量把控

实行监督审查联席会议制度，对重点问题线索成立工作专班迅速核查处置；落实立案案件"三级研判""四级把关"机制，对每个案件做到事实、证据、定性等"五个检查"，创新"四对核归档法"，规范案卷归档工作。

4.做好执纪审查"后半篇文章"

分析总台成立五年来信访举报受理和问题线索处置主要指标变化，总结加强风气建设的主要做法和规律性认识，形成专项分析报告；结合信访举报和执纪审查情况对重点领域进行专题分析，对个别部门政治生态、队伍建设等情况进行综合研判，就加强教育管理监督提出意见建议。

四、全面贯彻中央巡视工作方针，总台巡视工作不断向深拓展、向专发力、向下延伸

1. 强化顶层设计，高质量开展两轮内部巡视工作

推动印发《中央广播电视总台党组巡视工作规划（2023—2027年）》，为总台巡视工作高质量发展提供任务书和施工图；圆满完成两轮对19家单位的内部巡视工作，创新巡视制度机制，2023年首次以"一托二"方式赴京外单位开展巡视工作，首次开展全脱产巡前培训，首次要求起草"一把手"专题材料。

2. 强化整改落实，加速推进巡视整改成果转化

制定总台党组内部巡视整改工作成效评估办法；组织开展近三轮内部巡视发现的共性问题整改，推动职能部门制定修订制度6项、被巡视单位制定修订制度35项，相关经验材料在中央纪委国家监委网站首页及客户端刊发；抓紧抓实内部巡视整改，整改期内的问题已全部完成，针对长期整改问题制定的措施均按计划推进。

3. 强化上下联动，推动台属企业巡察工作提质增效

指导中国国际电视总公司、央视国际网络有限公司和央广传媒集团有限公司制定巡察工作五年规划，明确巡察全覆盖时间表和任务书；督促央视国际网络有限公司成立巡察工作领导小组及办公室；指导央视国际网络有限公司和央广传媒集团有限公司党委分别对1家下属企业开展常规巡察；组织开展巡前培训，指定专人跟踪督导，确保巡察工作优质高效。

五、发扬彻底的自我革命精神，锻造忠诚干净担当的总台"纪检铁军"

1. 加强制度建设，完善制度体系

认真学习贯彻《中央和国家机关部门机关纪委工作规则》，修订《中央广播电视总台机关纪委工作规则》，机关纪委书记在《机关党建研究》杂志发表相关署名文章；制定实施《机关纪委"三重一大"决策制度实施细则》《机关纪委严禁"灯下黑"问题十条禁令》等规范，梳理总台监督执纪方面28项制度并汇编成册。

2. 加强内部管理，激发创新活力

建立纪检工作、信访受理和线索处置、内部巡视等专报制度，进一步强化向总台党组汇报工作、提出意见建议的常态化机制；创新实行月度、季度和年度"三期挂钩"工作考核机制，制定实施高质量发展工作考核办法，促进提升工作质效；坚持一级抓一级，逐步推动形成机关纪委办公会成员、处长、副处长、业务带头人和业务骨干"五级联动"工作格局。

3. 加强队伍建设，提高素质能力

常态化开展监督执纪业务培训，举办"业务微课堂"14次，选派年轻骨干到上级纪检监察机关"以干代训"和赴总台派出机构"蹲苗"锻炼，全面提高素质能力；机关纪委书记在中央和国家机关贯彻落实《关于加强中央和国家机关部门机关纪委建设的意见》座谈会上作典型发言。

（机关纪委供稿）

审计部门工作概况

2023年，审计部门深刻领会新时代新征程审计工作的新形势新要求，切实履行职责使命，全力服务保障总台事业发展大局。

一、高质量完成年度重点工作

1. 立体化推进总台重大工程项目审计

紧盯建设程序、工程管理、成本控制等重点领域，加大对设计概算、招投标、竣工验收等关键环节风险隐患的审核力度，推动项目按照总台党组部署规范安全落实。一是加强涿州项目过程审核。重点关注招标工程量清单的完整性、招标控制价的合理性、支付金额与审批程序的合规性等。二是开展国家（杭州）短视频基地项目建设资金审核。三是扎实推进复兴路园区综合改造项目政府采购事中审计。

2. 有序开展预算前置审核

以风险管理为导向，抓实重点选题、国际传播等预算前置审核，盯紧看好总台的宝贵资金，切实做好《中国—中亚峰会转播报道》《2023年中国国际服务贸易交易会报道》等重点选题节目的预算前置审核，深化预算编制与成本控制、绩效管理相结合的工作理念，推动实现"满屏皆精品"和"两个效益"双丰收。加强业审联动，赴《2022中国汽车风云盛典》《2023年3·15晚会》等节目录制现场，实地了解节目制作情况，有针对性地提出意见建议，提示风险，提供解决问题的方法路径，推动审计工作与业务工作有机融合。

二、持续做好常态化审计工作

1. 狠抓政府采购事中审计

充分发挥监督和预防作用，推动工作方式从"合规审计"向"合规审计+数据预警"转型。一方面，巩固监督政府采购规范实施的"基本盘"，查证采购违规问题，避免损失；另一方面，持续开发数据预警不良趋势的"增长盘"，精心打造由投标陪标分析、供应商关联关系分析、资金流向分析等预警模型和黑名单、历史问题等数据仓库组成的风险防控矩阵，跟踪采购资金流向，研判趋势，实现对全年378个投标供应商的数据全覆盖。

2. 严抓工程结算审计

聚焦资金密集领域靶向发力，有的放矢推进总台技术系统的硬件集成安装项目、台本部和派出机构工程项目的结算审计工作，重点关注依据性资料的充分性、工程量计算的准确性、计取费用的合理性等内容，挤出"高估冒算"水分，最大限度压减潜在寻租空间，促进规范项目管理，有效节约项目建设资金。

3. 实抓重点业务过程审核

一是加大总台节目委托制作计划审核力

度，全面核查意向承制机构的业务资质、经营状况、历史背景等具体情况，会同相关部门共同构建有效防火墙，杜绝经营异常的严重违法失信企业进入合作范畴。二是对总台所属企业2022年度收取投资收益方案进行认真审查，全面摸清拟上缴所属企业2022年度的投资收益情况，结合业务实际研究提出建议，推动投资成果颗粒归仓，收益收取更加科学规范。

三、做深做透审计"后半篇"文章

加强对审计成果的过程管理，不断健全完善审计整改长效机制，把"当下改"与"长久立"结合起来，着力打通审计监督"最后一公里"。一是深化审计成果运用。进一步加强审计成果的综合运用，动态反映影响经济安全的苗头性、倾向性问题，抓本治源拓展"治已病、防未病"效果。二是加强宣传培训和指导服务。结合总台业务模式和特点，组织开展"节目委托制作管理风险防范""国际传播能力建设审计风险防范""政府采购和工程建设领域防范化解风险"等专题培训和交流活动，进一步加强宣传培训和工作指导，积极扩大审计成果的"辐射效应"。

四、数字化全面赋能审计工作

积极践行数字化审计方式，深化数据采集和分析管理，实现审计信息化建设新突破。一是数据来源多样性。打破部门数据壁垒，完成政府采购审计系统与总台技术管理系统的互联互通，推动实现报审项目基础信息一键带入和审计成果实时信息共享，提升数据融合能力，扩大审计数据采集的覆盖面。二是实践应用高效性。完成专项审计模块的开发建设，实现专项审计作业的线上流转和过程留痕，推进审计服务平台移动端的开发上线，实现通过手机端远程跟踪和实时查询掌握项目进度以及相关流转操作，突破工作时间和地理空间的限制。三是技术处理先进性。全面推进供应商数据分析和技术采购数据分析业务模块建设，打通业务前台和数据中后台的链接，全力构建集接入、清洗、存储、查询、分析等功能为一体的数据处理模块，有效提升审计的精准度和穿透性。

（审计部门供稿）

离退休干部局工作概况

2023年，离退休干部局坚决落实总台党组决策部署，牢牢把握新时代老干部工作方向，稳步推进离退休干部党的建设、作用发挥、服务保障、老年教育、文体活动、自身建设等重点工作。

一、以政治建设为统领，持续加强新时代离退休干部党的建设

1. 深入开展学习贯彻习近平新时代中国特色社会主义思想主题教育

组织离退休干部以"自学＋集中＋研讨"形式开展学习交流。支部微信群每日推送习近平总书记重要讲话精神、主题教育、总台动态等学习材料，计1400余条（篇）；为行动不便的离退休干部"送学上门"，在14个老干部活动站配备理论书籍，推出"银龄学堂"线上理论学习视频课程，开设专栏交流展示离退休干部学习体会文章；为党务干部举办《穿越烽火》电影党课，策划组织离退休同志与在职员工开展联学共建活动。

2. 加强组织建设，夯实离退休干部党支部根基

印发《中央广播电视总台党组关于加强新时代离退休干部党的建设工作的实施意见》，就落实具体举措与近600位离退休干部开展调研，制定党建任务清单。召开离退休干部党支部书记年度述职会议，举办支部书记培训班，协助各支部策划开展重温入党誓词等主题党日活动，为53位获得"光荣在党50年"纪念章的老党员举行纪念章颁发仪式；"银发先锋"系列党建品牌入选总台2023"年度党建品牌"，离退休干部局党委直属党支部及6个离退休干部党支部获评总台及中央和国家机关"四强"党支部。

3. 严管厚爱，筑牢遵规守纪"堤坝"

印发《离退休干部服务手册》，绷紧有关经商办企业、社团兼职、自媒体发布、出入境管理等警示之"弦"；联合机关纪委在新退休干部座谈会上以案说纪，提醒教育；制定《关于规范涉违纪违规事项管理办法（试行）》；举办"爱台护牌 遵规守纪"答题活动，3300余位离退休干部参与。

二、积极配合总台内部巡视，做实巡视"后半篇文章"

坚决贯彻落实总台党组内部巡视要求，积极主动配合巡视组做好谈话、材料报送、下沉了解等工作，累计提供材料440余份。离退休干部局党委认真对照四个方面工作落实情况，查摆并深刻剖析问题，即知即改，立行立改。

离退休干部局党委纪委于巡视反馈当天即召开会议，学习总台党组和总台领导关于巡视整改要求，成立巡视整改领导小组和专班。局

领导班子召开巡视整改专题民主生活会，深刻对照检查，开展批评与自我批评，带领全局聚焦 32 个突出问题和 81 条细化措施整改，确保事事有回音、件件有落实。

三、突出离退休干部作用发挥，持续打造"银发先锋"公益品牌

提升《云听开讲·国声公益讲堂》品牌影响力。举办"进校园"系列讲座，"银发志愿者"走进中国政法大学等高校，传授广播电视新闻报道专业技能。

开展"军地共建"系列培训。20 余位"银发志愿者"赴北京武警部队驻地，开展诗歌朗诵、书法等专题培训 12 场，线上线下培训官兵 1 万余人次。

开展"大手拉小手"活动，关心下一代。为总台员工子女举办暑期书法、音乐等美育启蒙公益培训，为北京市西城区心飞扬青少年志愿服务中心、新疆阿克陶镇中学的孩子们进行乐器启蒙培训等。总台老年手工协会被中华少年儿童慈善救助基金会等授予"绿色可持续 童心创意汇"——第二届青少年志愿服务艺术展"最佳公益伙伴"称号。

四、融管理于服务，开拓创新，为老同志办实事解难事

1. 扎实做好生活帮扶、医疗救助、精神抚慰等日常服务保障

以走访、电话、微信等方式，全年慰问离退休干部 5380 余人次。2023 年年初，新冠疫情暴发，克服困难，完成离退休干部春节慰问品和防疫物资发放。走访慰问上海等 10 个地方总站 40 余位离退休干部，赴燕郊养老机构看望在住的 20 余位离退休干部代表；协助总台领导慰问百岁老人韩淮同志，为 140 位 80 岁、90 岁和 95 岁的老同志上门祝贺生日，为 415 位病困住院老同志申请慰问金并登门看望。

建立病困等老同志救急帮扶机制。建立 368 名孤寡独居老同志分级分类台账，有针对性地给予帮扶。新冠疫情暴发期间，慰问大病、困难等特殊人群 783 人次，提供送药、就医等力所能及的帮助；全年协助处理 75 位病故老同志身后事。

持续落实好荣休制度。为 208 位新退休干部办理接入手续。联合人事局、财务局、机关党委和机关纪委召开季度新退休干部座谈会，举办简朴庄重的荣休仪式。

落实各项服务保障。完善离休干部健康巡检机制，细化"一人一策"精准服务举措。完成涿州项目政策宣介、申报、参观预约、现场引导等工作；帮助离退休干部了解、对接北京周边养老机构；协调中广物业公司落实在五棵松活动站为老同志提供全免费理发和 24 小时应急服务；跟进配合总台永乐、定慧寺等小区电梯改造工作；联合北京邮电大学志愿组织开展"一对一"智慧助老活动，解决打车、挂号、反诈等难题。

2. 推进信息化平台建设，提高服务保障效率

进一步完善离退休干部信息管理系统、"总台老干部之家"小程序等平台功能，开发上线"两节"慰问品兑换码推送和总台"一卡通"证件选址申请、线上答题、活动报名等服务类应用模块，不断丰富线上服务应用场景。

3. 对接台内机构，加强对离退休干部的关心关爱

对接创新发展研究中心等部门完成离退休

干部2023年度和2024年度《中国电视报》订阅，逐一核对投递地址，跟踪监督投递质量；协调办公厅和财务局开设复兴路办公区医疗费代报点，方便不能自行来台老同志的家属代办医疗费报销事务；与行保中心、财务局和技术局推进离退休人员餐卡内生活和副食补贴余额便捷消费解决方案。

五、开展多元教育文体活动，丰富离退休干部精神文化生活

1. 多措并举推进线上线下老年教育

开设"银龄学堂"，打造政治理论、艺术素养、智慧助老、健康养生等四类适老云课程体系，推出50余门课程；继续依托国家机关事务管理局"桑榆金辉"教育云平台，协助千余位老同志参加课程学习，合唱、舞蹈、模特、手工、戏剧等文体协会开展为期8个月的线下教学活动；细化完善《中央广播电视总台老年大学组建方案》，推进总台老年大学建设。

2. 组织丰富多彩文体活动

总台老年象棋队参加中央和国家机关离退休干部第二届"平安杯"象棋比赛，荣获团体冠军和个人金牌；老年书画协会报送上百件作品参加"我爱我台"楹联创作及"美美与共——中央广播电视总台员工书画摄影展"；文学协会组织"读书与生活"季度分享会，摄影协会组织"走进历史的记忆"拍摄活动，乒乓球、台球、门球等协会开展对外交流活动。

3. 搭建平台，助力展示总台离退休干部风采

联合总台书画院、音像资料馆和云听客户端举办"最美人间四月天——2023清明诗会""文韵燃秋——2023重阳诗会"，40余位老中青播音员主持人及各协会同台演出，相关节目内容在中国之声、央视频客户端、云听客户端等平台总触达超过4000万人次；协助组织舞蹈协会参加《中国电视报》大型融媒体互动活动"在中国大地上边走边跳"的宣传推广。

六、强化自身建设，打造政治强、业务精、作风硬的老干部工作者队伍

坚持用习近平新时代中国特色社会主义思想铸魂、增智、正风、促干。将党的创新理论学习作为离退休干部局党委纪委联席会议、每周干部例会等的"第一议题"，举办"党的二十大精神应知应会"答题，组织"学党章 守党规 践思想"等主题党课，赴中国国家版本馆等开展主题党日活动，其中"薪火传承践初心 青春向党担使命"主题党日活动获评总台年度最佳主题党日活动；联合音像资料馆、书画院、云听客户端举办学习贯彻习近平文化思想主题联学活动，组织青年理论学习小组研读《习近平的七年知青岁月》等8部采访实录，并举办读书交流会等；举办以党建为主题的离退休干部局第三届业务技能大赛、新入职员工业务培训，组织三八节主题活动、消防安全培训、秋季健步走等群团活动，持续提升干部员工业务技能水平，营造和谐向上氛围，激发干事创业的精气神。

（离退休干部局供稿）

国家应急广播中心工作概况

2023年，国家应急广播全年技术系统安全运行，内容生产突出应急专业性和权威性，实现预警信息发布终端客户数量持续增加，应急信息和应急科普传播能力持续增强。紧跟移动互联网时代媒体技术发展方向，以打造"应急信息+应急科普"核心产品为抓手，推进队伍跨界转型和新媒体业务能力提升，不折不扣落实总台党组决策，全面运行新的国家应急广播中心工作机制，构建事业发展新格局。

一、运行新工作机制，提升应急能力

2023年8月11日，总台与应急管理部签署战略合作框架协议暨"国家应急科普库"共建项目启动仪式。2023年11月24日，中央广播电视总台国家应急广播中心工作机制揭牌暨全民安全公开课全媒体行动启动仪式等活动成功举办。在新工作机制下，国家应急广播中心肩负起新的应急使命，深化总台与应急管理部联动机制，开拓多部委宣传合作潜力，聚合社会力量打造应急传播全媒体矩阵，迈进事业发展新征程。

1. 立足应急定位，打好"新闻+科普"组合拳；充分利用应急视频储备，推出差异化内容

2023年12月18日，甘肃积石山县发生6.2级地震当夜，国家应急广播中心启动应急机制，克服人手紧张和新媒体技术后台运营经验不足的现实困难，分工协作，超常规沟通腾讯和新浪，立即开通微信和微博两个重要新媒体阵地的运营。19日上午8时至9时，国家应急广播微信号即发出《甘肃积石山县地震已致111人遇难》《习近平对甘肃临夏州积石山县6.2级地震作出重要指示》两篇消息。连同已有的央视频号和国家应急广播网及时跟进编发大量一手抢险救灾报道和防灾避险类服务信息，推送原创防震科普内容。直发应急科普《地震来临，避难时如何保暖？》，该文被"央视新闻"微信公众号图文采用，阅读量超10万人次。此外，国家应急广播为"央视新闻"直播提供了原创科普视频《如何打扫震碎的玻璃》《手工制作光源》《使用饮料瓶制作简易提灯》《使用塑料袋和毛巾制作简易尿不湿》《紧急避难时保护好双脚》《外伤出血应急处置》等内容；向应急管理部和甘肃应急管理厅紧急提供了地震、灾后生活应对等相关科普视频资料，突显国家应急广播在媒体差异化竞争中的优势，以及服务功能。

2. 加强值班制度建设，加速新媒体业务能力提升

实行7×24小时轮盘值班模式，每晚召开总结会，梳理流程，寻找漏洞不足，研究选题思路，分享运维心得，摸索"两微"平台传播特性与规律。融合运用总台丰富内容资源，策划使用直播、应急科普短视频、信息综述、短评、特写、记者手记、原创手绘等多种形式开展两微媒体账号应急传播，力求呈现年轻态，收获亮眼数据。"国家应急广播"微信公众号开通首日，《习近平对甘肃临夏州积石山县6.2级地震作出重要指示》阅读量超过6万人次。原创报道《地震发生时要注意哪些？避难时如何保暖？这些事项值得关注》《救援现场的这盏灯有何厉害之处？》等稿件在央视新闻客户端转发，并在搜狐、凤凰等门户网站置顶。12月22日，"国家应急广播"微博账号发布综合信息《受灾群众如何度过灾后第一夜？震区更多消息汇总》，被"央视新闻"微信公众号全文转发，阅读量超10万人次。原创科普视频《家庭应急包一定要准备这几样，转需！》详细介绍家庭应急包必配内容，视频观看量近50万人次。

二、奋力推进具有示范意义的"一课一库一基地"项目，提升线上线下品牌影响力

"一课一库一基地"（安全公开课、国家应急广播科普库和应急科普基地）是应急广播开展部际合作和聚合社会力量的有力抓手，应急广播中心密切联系应急管理部，扎实推进项目落实见效。

1. 策划推出全民安全公开课主题直播，收获央视频重点推荐和奖励

在2023年11月9日全国消防日，联合应急管理部策划推出《预防为主 生命至上——警惕有限空间安全风险》全民安全公开课主题直播，将课堂设在有限空间外景地，多场景和多形式安排五节安全课，"学生"与"老师""专家""主持人"现场互动，参与体验。网友直呼："这课上得好！"央视新闻客户端、央视频客户端及其微博、微信视频号、哔哩哔哩、抖音等账号同步转播，全平台播放量达340万次，在当天全网同类直播中名列前茅。

2. 应急科普库建设规划先行，节目储备紧紧跟上

组织研讨会，细化"国家应急科普库"建设方案，优化应急科普权威专业资源，同步建设专家智库，组织科普节目创作生产。起草完成《中央广播电视总台与应急管理部国家应急科普库共建项目建设方案（草拟稿）》，围绕完善科普库框架、搭建专家智库系统、扩充"国家应急科普库"内容资源等方面，细化建设构想，制定"国家应急科普库"共建项目推进时间表。

3. 优化节目品质，全力靠拢4K超高清标准

2023年，对近400集实拍类科普短视频进行梳理，启动修改再造。围绕地震、洪水、电梯安全、暴恐事件等自然灾害和事故灾难的应对展开选题，针对短视频受众的观看习惯编排内容，让专业的应急科普知识更具"网感"，好看易学。截至2023年年底，应急科普类原创动画、实拍类视频640余集，时长超1700分钟；原创音频类节目储备累计820余集，时长近2000分钟。国家应急广播应急科普库内容不断丰富充实。

4. 数据分析和现场调研相结合，稳准推进应急科普体验基地项目

2023年，对全国范围内的应急科普场馆进行分类型统计梳理，筛选综合能力强、专业

水平高和社会口碑好的场馆备选。同时，启动现场调研，结合直播节目制作对北京、上海、成都、深圳、厦门等地最知名应急体验场馆进行初步探馆，为联合挂牌应急科普体验基地进行前期准备。

三、以信息源和发布渠道"两个拓展"深化应急信息公共服务，在区域防灾减灾工作中发挥积极作用；服务用户稳步增长，精准发布模式在行业内树立范本，影响力持续提升

新机制启动后，国家应急广播中心坚定推进信息源和发布渠道上下游"两个拓展"。上游不断加强与应急管理、气象、水利等部门已建立的合作关系，在信息链路的稳定传输、预警数据编码的实时更新、应急广播新媒体发布内容的准确性等方面进行及时高效的联动，保证信息发布的安全可靠；与中国地震局、四川省地震局和成都高新减灾研究所就我国地震烈度速报与预警工程建设、预警发布机制和策略等进行深入探讨，审慎研判面向公众发布地震预警信息的策略与时机；与自然资源部国家海洋环境预报中心进行多轮研讨，对共享海滨旅游度假区海洋环境预报、海浪和风暴潮预警等数据进行沟通，并对格式化数据样例进行分析，掌握数据对接具体方式；与中国气象局国家预警信息发布中心进一步完善常态沟通机制，第一时间更新气候灾害事件类别、编码和地理位置代码等技术参数，完善信息纠错线下处理通知机制。

下游深入推进总台银河互联网电视、未来电视、云听车载客户端、小米电视等新媒体渠道应急广播试点试验，完善、细化和优化"预警+科普"精准播发策略，将新媒体平台化、移动化和智能化特性进一步赋能国家应急广播，实现互联网渠道国家应急广播服务用户稳步增长，影响力持续提升。截至2023年年底，全国范围内具备应急广播功能的酷开电视用户累计近2260万，用户量比2022年增长112.2%。2023年，小米电视向黑龙江和河南两省用户定向发布暴雨、洪水、暴雪和道路结冰四类灾害的红色和橙色预警信息，累计触达约1 234.8万用户，触达量是2022年的近10倍。

2023年，预警信息自动适配播发系统全年接收来自中国气象局、中国地震局、水利部等上游部门预警信息共60万余条，向对接平台成功下发预警信息共180万余条。系统全年平稳运行。

（国家应急广播中心供稿）

音像资料馆工作概况

2023年，音像资料馆认真落实习近平总书记对总台工作的一系列重要指示批示精神，按照总台领导在2023年系列工作会议上所作的部署及对资料馆工作的批示要求，深耕主业、主动作为，稳中求进、盘活资源，精准有效地服务保障好总台各项宣传报道工作，积极配合总台版权开发运营，助力总台实现"满屏皆精品"和"两个效益"双丰收。

2023年，馆藏视音频数据新增18.2万小时，馆藏资源达312.6万小时；编目视频资料14万小时，编目音频资料4.2万小时；为总台节目制作提供视频资料7.6万小时、音频资料1.7万小时。

一、聚焦主责主业，全面落实"四个服务"

1. 精准有效服务总台各项宣传报道工作

一是助力总台深化提升"头条工程"，高效服务《平"语"近人——习近平喜欢的典故》（第三季）等重点项目；围绕宣传报道主题主线，为总台宣传贯彻党的二十大精神、共建"一带一路"倡议提出十周年、毛泽东同志诞辰130周年等重点宣传工作，成立专门资料保障组，提供嵌入式服务；创新优化主题资料库服务模式，有力保障《通向繁荣之路》《重庆谈判》等重点节目和项目创作。

二是开创重大体育赛事媒资保障新模式，服务总台杭州亚运会和成都大运会的宣传报道。派专人赴前场执行高清及4K公共信号收录任务，实现赛事影像即时入库，并在媒资系统搭建专区，大幅提升资料服务时效性。

三是与CGTN、亚洲非洲地区语言节目中心、欧洲拉美地区语言节目中心、华语环球节目中心等部门的130多个网红工作室建立主题资料服务保障机制，深度服务总台外宣新媒体传播。

四是为总台新媒体制播提供精准化和产品化的资料服务，与央视频联合策划创作和自主策划制作短视频及提供进驻式资料服务，不断提升为总台新媒体传播服务的水平。

2. 积极服务总台版权开发运营

深入挖掘馆藏资源，配合总经理室和央视频融媒体发展有限公司推进"媒资再创作及经营代理项目"，提供资料15 136条10 195小时，有效助力该项目对外合作产品包的生产以及媒资分发经营工作；为中国国际电视总公司节目代理部和中广影视卫星有限责任公司及时提供资料，助力挖掘总台经典节目价值及相关重点经营项目落地。

3. 高效服务领导机关资料需求

及时保障中办、国办等高频次、高要求和高强度的资料调用需求，先后为37个项目提供资料16 757条5974小时。

4. 稳步开展社会和公益服务

落实总台援疆任务，为新疆广播电视台提供专题片、纪录片、动画片等1916小时。坚持社会效益与经济效益相统一，全年共受理节目资料社会和公益服务70单，为北京外国语大学等机构或个人提供资料375条148小时。

二、扎实练好内功，强化自身业务建设

1. 完善元数据规范和编目标准

修订出台新的音频编目细则和视频编目标准，结合电视节目管理的特有规律和多年来编目工作实践，形成《中央广播电视总台媒资系统元数据规范（电视节目部分）》，构建起全面适配电视节目计划、制作、播出、存储和利用的全生命周期管理元数据规范。

2. 创新优化资料收集工作

顺利完成常态化节目素材收集和重点选题专项收集。建立新媒体资源常态化收集机制，实现30档栏目和特别节目台外制作岛常态化素材提交入库；开展面向地方总站的定向收集并建立长效互动的素材入库机制；启动面向影视翻译制作中心的素材收集业务。创新实施新增入库数据即时治理项目，从根本上实现新入库数据元数据信息的完整、准确和规范。对24个广播频率播出节目全时段档案留存，实现多语种广播音乐素材规范入库。

3. 编目生产实现提质增效

优化编目策略，精细化编目管理，强化专项质量监督，切实提升编目质量和效率。首次启动对《新闻30分》等14个新闻消息类数据的标签编目试生产，为构建全新的标签编目规范积累经验。以新技术赋能音频资料编目生产，音频媒资系统实现播出节目文稿导入等功能。积极推进库存资源回溯清理项目，累计完成回溯近100万小时。

4. 依托总台科技打造全新媒资系统

与技术局紧密合作推进新媒资系统建设，基本实现系统主体功能上线运行的任务目标。中心媒资子系统于11月18日顺利上线，替代原有媒资云服务平台，提供更为便捷的馆藏资源查询检索和主题服务；总站媒资子系统开发上线，派专人前往四川等12个地方总站进行系统部署和推广培训，初步实现为地方总站提供标准化媒资服务；音频检索系统上线，实现了馆藏音频资源的全台共享。完成近线蓝光存储系统扩容，实现特藏数据的近线存储；完成特藏资源异地存储备份，确保资料安全妥善保存。同时，以服务总台云数据中心AI实验室数据训练和资料需求为重点，助力总台"AI能力开放平台"建设。

5. 加强图书资料管理服务

围绕总台重点宣传项目积极推介主题图书期刊和数字资源，全年各址阅览区累计接待读者8407人次，办理图书期刊借还14 458册；协助国际交流局建设总台"外国专家书屋"，"4·23世界读书日"前夕举办揭牌仪式；创新举办"5·18国际博物馆日"主题图书展；顺利完成总台各部门各单位2024年度报刊征订工作。

三、筑牢发展根基，推进机构队伍建设

1. 加强干部队伍建设和员工管理

充实媒资业务团队，完善人才梯队建设，

稳妥实施相关岗位人员调整；加强员工教育管理，常态化开展内部业务培训，不断增强全员业务能力和创新意识；加强辅助服务项目管理，提升人力资源效能，进一步激发辅助服务人员的工作积极性。

2. 强化行政保障能力建设和制度建设

按照"规范、高效、周全、安全"的原则，全面提升综合保障水平。2023年，全馆系统安全、意识形态安全、保密安全、网络安全、治安消防安全、疫情防控安全等万无一失；与总编室沟通，建立媒资信息定期通报机制；进一步完善各项规章制度和工作运行机制，不断提高依规管理水平。

3. 深化内合外联，提升品牌形象

与总台多部门联合举办"最美人间四月天——2023清明诗会""文韵燃秋——2023重阳诗会""档案业务交流会"等活动，配合人事局做好总台新入职大学生相关的培训工作，接待河北广播电视台等19家单位来馆交流。参加首届总台文创大赛，设计制作资料馆文创产品；打造资料馆卡通形象"媒宝"，设计推出资料馆特色系列文创印章，提升对外品牌形象。

四、加强党的建设，扎实开展主题教育

1. 突出抓好党的政治建设，持续深化党的创新理论武装

把学习宣传贯彻习近平新时代中国特色社会主义思想作为首要政治任务，不断提升党员干部党性修养和政治素质。音像资料馆党委理论学习中心组开展集体学习25次，并定期进行专题研讨，教育引导干部员工坚决拥护"两个确立"，始终做到"两个维护"。

2. 扎实开展学习贯彻习近平新时代中国特色社会主义思想主题教育

牢牢把握"学思想、强党性、重实践、建新功"的总要求，将理论学习、调查研究、推动发展、检视整改等贯通起来，通过举办读书班、开展调查研究、落实干部队伍教育整顿等工作扎实推进主题教育，党员队伍在"以学铸魂、以学增智、以学正风、以学促干"方面取得了实实在在的成效。

3. 狠抓基层组织建设，全面推进从严治党

以创建模范机关和"四强"党支部为抓手，推进党支部标准化规范化信息化品牌化建设，持续增强政治功能和组织功能。加强党建与业务工作融合推进、相互促进，不断丰富党建工作内容、形式和方法。围绕全面从严治党主题主线，进一步加强党风廉政建设，驰而不息抓好风气建设。

（音像资料馆供稿）

影视翻译制作中心工作概况

2023年，影视翻译制作中心深化效果效能，特别是受众体验为导向的译制供给侧结构性改革，精心打造三大核心竞争力，"一片一策"常态化开展总台精品节目国际版创译。全年累计落播国家/地区（58个）和媒体/机构（107家）数均再创新高，外媒完播总时长超1033小时。

一、生动鲜活对外阐释习近平新时代中国特色社会主义思想，传播中华优秀传统文化

1. 自觉运用习近平总书记重要思想和重要论述指导影视国际传播实践

多语种译制专班对总台"头条工程"和重大报道题材作品保持7×24小时行动响应。全国两会前夕，迅速修改完成《领航》国际版专题片《绘制十年》的德语、巴西葡萄牙语、意大利语、印度尼西亚语、印地语、孟加拉语、蒙古语、乌尔都语、波斯语、希伯来语、越南语、缅甸语等12个语种版本的译制工作，通过总台各语种平台和德国首都电视台、伊朗mihanvideo等多家主流视频网站、巴基斯坦GNN电视台、孟加拉国RTV电视台和愿景电视台、俄罗斯大亚洲电视台、印度尼西亚艾尔辛达新闻网、缅甸SKYNET电视台和YTV电视台、蒙古国NTV电视台等合作媒体播出，并于首届中国—中亚峰会前夕增译5个语种《领航》系列短视频，落播中亚五国的9家主流媒体。全国两会期间，创译推出12集时政短视频《绿水青山》《思想的力量》，展现习近平总书记重要思想和重要论述及相关实践成果，通过20个语种平台及巴基斯坦GNN电视台、柬埔寨仙女电视台、蒙古国NTV电视台等6家外媒播出，海外新媒体互动量超11万人次。

2. 围绕总台中文精品开展"一片一策"国际版精编创译

推出10个语种2023年春晚精编版、5集4个语种《山水间的家》、12集5个语种《美术里的中国》和单集5个语种《沙海之上：敦煌》，第28届上海电视节、中国和世界知识产权组织50周年纪念活动、总台"'何以文明'全球巡展·英国特展"、"中央广播电视总台精品节目'一带一路'共建国家展播活动"，以及影视翻译制作中心自办的"丝路情缘"——中国影视节目展播、"中非情缘"——中国影视节目展映（第四季）在全球落地播出，各用片方均对译制水准称赞有加。

3. 推出融媒体精品节目

继首部中英双语融媒体原创微剧《千里江山》于2023年荣获2021—2022年度中国广播

电视大奖后,再度推出多语种广播剧、视频微短剧、科普短视频等多样态的融媒系列剧《情系河姆渡》,以文载道、生动呈现50年前河姆渡遗址群的发现对于探寻历史文脉与传播中华文明的重大意义。11月底发布后短短一个月内,全网总阅览量突破8700万人次、总播放量超1640万次。

4. 连续三年举办新疆主题纪录片全球展播活动

《阿尔泰山》《新疆滋味》《天山南北》等主题影视精品在俄罗斯大亚洲电视台、也门电视台、菲律宾国家电视台、阿根廷国家公共内容公司、萨尔瓦多TVX电视台等14个国家和地区的24家媒体播出。

二、发力突破创新,深化影视服务外交,开辟中外影视双向交流新径

1. 创新运用"情缘"展播活动服务外宣与外交

与亚欧总站合办的"中亚情缘"——中国影视节目展映被列入首届中国—中亚峰会成果清单,《领航》国际版专题片《绘制十年》、《人类碳足迹》等多部反映中国式现代化建设进程的译制作品在中亚五国播出,总台影视产品首次进入土库曼斯坦;围绕共建"一带一路"倡议提出十周年,举办"丝路情缘"——中国影视节目展播,共有76部优秀影视译制作品在40个国家和地区的62家媒体或机构播出,《山水间的家》《美术里的中国》《味道中国·大海篇》《航拍中国·西藏篇》等总台力作和《陪读妈妈》《村里来了个洋媳妇》《天天成长记》等影视剧动画片充分发挥影视以情动人的优势,生动展现中国和"一带一路"共建国家十年来的发展建设成果。

2. 创新搭建中外影视文化双向交流新平台

借"中非情缘"——中国影视节目展映(第四季)继续"走出去",展现共同富裕理念和乡村振兴成果,在南非、肯尼亚、坦桑尼亚、布隆迪等十余个非洲国家播出《解码十年》《山水间的家》《慢火车》等12部译制精品;举办"胶片上的非洲"——中非电影沙龙,实现"请进来",联手上海总站在上海国际传媒港集中展映坦桑尼亚、尼日利亚、肯尼亚等非洲国家的优秀电影,获外交部非洲司和中国驻外使馆大力支持和非洲伙伴、国内业界及观众热烈欢迎。

3. 创新践行总台"5G+4K/8K+AI"战略

联合总台技术局项目组深入影视译制行业协会、企业、高校等开展调研,为国家多语种影视译制基地开发的"智能译"影视译制全流程AI辅助软件试用版已能基本满足素材识别、在线翻译、协同审校等多重需要。

4. 创新发挥译制传播综合能力服务大局

一是以项目管理能力提升总台主办影视动漫节展管理运营水平。承接第十届丝绸之路国际电影节和第五届海南岛国际电影节入围影片的译制工作,将评奖意识形态安全管理端口前移,树立"总台主办"金标准的同时,向总台上缴译制利润率达61%。二是以精品译制实力连续第二年优质完成十一世班禅额尔德尼·确吉杰布藏历水兔年新年祝福翻译工作,并精准投送到印度《每日晨报》网站、印度亚洲国际新闻社、印度新方向网和巴基斯坦GNN电视

台发布。

三、锚定提质增效，深入开展口碑建设，以三大核心竞争力拓展台内协作、行业影响和海外媒体合作圈

聚焦打造中文节目国际版精编创译、多语种译制流程效能提升和影视传播海外宣推落地三大核心竞争力。2023年，总共与台内8个原创部门、11个国际传播部门单位以及总经理室、总公司节目代理部等版权经营部门密切协作，形成了一套行之有效的精品选荐、译制加工、宣推落播和成效反馈机制。

1. 中文节目国际版精编创译打造精品译制口碑

服务总台内容IP的国际传播，以受众体验为导向进行话语转化，陆续推出《2023年中央广播电视总台春节联欢晚会》《绿水青山》《思想的力量》《山水间的家》《古韵新春》《诗画中国》《高原之上》《寻古中国·玉石记》《沙海之上：敦煌和威尼斯》《美术里的中国》《中国书法大会》《上线吧！华彩少年》等12个中文精品的精编国际版，受到原创部门充分认可和落地渠道平台欢迎，也因更契合海外需要而得到版权经营部门的支持与肯定，"精品译制找译制中心"的口碑渐渐形成。

2. 多语种译制流程管理继续提质增效

以精益求精、一丝不苟、追求完美的工作精神不断优化流程管理。多语种2023年春晚精编版再创时度效纪录，52小时完成10个语种的创译加工，自大年初二起迅速在31个国家的49家媒体播出。全年译制节目总时长16 054.3分钟，超计划完成33.8%，译制单价较年度绩效目标进一步降低15.1%，新增哈萨克语、土库曼语、乌兹别克语、塔吉克语、吉尔吉斯语、波斯语、普什图语等7个译制语种。将90 000余分钟总台版权的译制成品纳入总台媒资系统集中管理。

3. 整合传播资源实现效果最大化

充分挖掘自身及总台各部门资源潜力，形成紧密高效的落地传播合作。全年共实现20个语种的116部影视作品落播全球58个国家和地区的107家媒体或机构，外媒累计完播时长超过6.2万分钟，合1033小时，日均播出量2.83小时，超2022年51个国家的75家媒体的历史最好纪录，落地布局更优化，其中G7和G20国家达16个，新增12个落播国，包括伊朗、南非、沙特阿拉伯、埃塞俄比亚、阿富汗、哈萨克斯坦、土库曼斯坦、吉尔吉斯斯坦、白俄罗斯、洪都拉斯、加纳、巴布亚新几内亚等。

4. 依托主题教育抓党建促业务，广泛深入调研破解发展难题，锻造学习型团队提升综合素养，持续营造团结奋进氛围和风清气正环境

扎实开展主题教育，领导班子和干部带头学理论强党性、搞调研破难题、抓整改重实践、求发展建新功，有效破解版权来源瓶颈、对外依存度等影响中心长期发展的关键问题。2023年，总台影视国际传播海外网络受众喜好调研和"中非情缘"——中国影视节目展映（第四季）传播效果提质升级调研运用9700个样本数据分析成果，为提升影视国际传播实效提供了可靠依据。干部轮岗、提任和业务骨干跨部门交流实现最佳人岗适配，"蹲苗计

划""青年英才"和专职组织员培养机制激发后备力量潜能。举办电影译制、节展业务、话语转化等系列讲座,开展"精品创译节目宣介片花文案创作大赛"岗位练兵,奋力提升团队综合素质学养。关心干部员工思想状态和身心健康,除了积极参加总台组织的征联、捐款、比赛和展览,自主策划开展"年度小目标"、观影观展、诗经书法美学精品课、"泛读接力"读书分享等团建活动,进一步巩固安定团结的局面和阳光向上的队伍面貌。

(影视翻译制作中心供稿)

中国国际电视总公司工作概况

2023年,中国国际电视总公司(简称"总公司")营业收入和利润均实现同比增长,完成全年经营目标。连续15届荣获"全国文化企业30强",连续9届入选"国家文化出口重点企业",获得中华优秀出版物奖"八连冠",实现社会效益和经济效益双丰收。

一、做强做优内容主业,助力总台"满屏皆精品"

2023年,总公司围绕元旦、春节、全国两会、杭州亚运会、成都大运会、中秋节、国庆节、共建"一带一路"倡议提出十周年等重要节点和重大主题,做强做亮主题宣传,做好特色节目编播。

1. 聚焦重大报道,配合主题宣传出新出彩

发挥集团优势,派出3500余人次配合总台做好杭州亚运会、成都大运会等宣传报道。助力总台完成《亚洲时刻·中国好礼》《亚运现眼包》《和合的亚运逐梦之旅》等大小屏精品创制;扎实做好主播机构运营服务、国际广播中心规划建设和运营、6800余小时国际公用信号制作、赛事英文解说及评论、后勤保障等相关工作;全力做好赛事转播及技术服务保障工作,创新开展版权营销、海外宣传及特色文创活动。

深度参与总台大型纪录片《通向繁荣之路》,派出17个工种和89名精兵强将,历时280余天,负责前期筹备、实地拍摄、内容制作、宣发覆盖等重点任务,总台及海内外大小屏播出累计触达受众52.4亿人次。

强化内容统筹管理,组织总公司所属各播出平台,围绕重要节点和重大主题,聚合精品内容,精心编排节目,取得良好传播效果。

以新媒体短视频为突破口,组织开展共建"一带一路"倡议提出十周年主题原创短视频征集活动,共征集6家公司13个优秀短视频节目上线海内外平台播出,产生广泛影响。

2. 打造系列大作,助力总台出品硕果累累

精心承制《非遗里的中国》《宗师列

传·唐宋八大家》《中国中医药大会》等系列节目，引发热烈反响。《非遗里的中国》全网曝光人次超75.4亿，入选2023年度广播电视创新创优节目和2023年"中华文化广播电视传播工程"重点项目。《宗师列传·唐宋八大家》首播当天位居全国上星频道综艺节目第一位。《航拍中国》（第四季）之"台湾"总台首播后引爆全网，登上16个热搜。承制的大型文化节目《大师列传》、纪录片《寻古中国》等深受好评。

3. 强化原创开发，丰富提升精品内容集群

自主开发电视剧《许你万家灯火》和联合出品都市剧《我们的日子》在CCTV-1综合频道黄金档首播，收视率分别位居全国同时段前三位和首位，并发行至地方卫视及其新媒体平台播出，实现口碑收益双丰收。参投电视剧《风雨送春归》在CCTV-8电视剧频道首播收视居全国同时段首位。原创动画片《新大头儿子和小头爸爸·欢乐亲子营》《棉花糖和云朵妈妈·快乐生活2》《超能钢小侠》《林海雪原》《怪怪奇小怪》等好评不断。《新大头儿子和小头爸爸5：我的外星朋友》获第十九届中美电影节年度最佳动画电影。原创制作重点纪录片《大敦煌》在CCTV-9纪录频道首播、CCTV-1综合频道重播，热搜上榜9次。

总公司为总台多个中心/频道提供大量精品内容，原创承制影视创作和出版物精品累计获得第33届中国新闻奖、第28届上海电视节"白玉兰奖"、第十九届中国国际动漫节"金猴奖"、第八届中华优秀出版物奖等国内外各类奖项122个。旗下央视动漫集团有限公司获评2022年度优秀国产电视动画片及创作人才扶持项目优秀制作机构。

二、服务共建"一带一路"，外宣取得新突破

1. 出色完成共建"一带一路"倡议提出十周年系列特色活动项目

丝绸之路电视国际合作共同体建设取得重大突破。丝绸之路电视国际合作共同体被列入国务院新闻办公室《共建"一带一路"：构建人类命运共同体的重大实践》白皮书，丝绸之路电视国际合作共同体年度工作报告和2023丝绸之路电视共同体高峰论坛两项工作成果被列入第三届"一带一路"国际合作高峰论坛多边合作成果文件清单；丝绸之路电视国际合作共同体成员扩增为64个国家和地区的146家机构，"朋友圈"进一步扩大。

成功举办2023丝绸之路电视共同体高峰论坛系列配套活动。总公司圆满承办《通向繁荣之路》多语种出版物全球首发仪式，积极推进其6个语种的出版物发行；圆满承办2023丝绸之路电视共同体高峰论坛，创新承办"万里同行 相约丝路"——"一带一路"影视国际合作成果发布会。

2. 国际合拍与海外译制发行成绩亮眼

与金砖五国联拍联播的纪录片《历史照亮未来——我的博物馆故事》播出，全球阅读量达555万人次；中英合拍纪录片《重走马可·波罗之路》《中国的宝藏》（第二季）、中美合拍纪录片《走进新疆》《中国未来式》、动画片《我的哪吒与变形金刚》（第1—26集）稳步推进；中泰合拍动画片《熊猫和小白象》和中葡合拍动画片《熊猫和卢塔》（第二季）成功签约。

电视剧《三体》发行至美国公共电视网

（PBS），并在巴西网络平台 CB Media 播出，实现中国科幻题材电视剧首次登陆美国和拉美地区主流媒体。全年总计向俄罗斯发行各类节目超400小时，是2022年同期的7倍，多部电视剧签约巴西、德国、伊朗、阿拉伯联合酋长国和伊拉克的主流媒体及其新媒体平台，实现新突破。全年完成13种语言超过10万分钟节目译配工作。

3. 扩大海外传播渠道与覆盖落地

新增4个"China Zone"专区，总公司海外自主可控本土化传播集群扩展到3个频道、7个时段和13个新媒体专区。优兔"China Zone"总订阅用户突破267万人，10个多语种频道实现盈利，已形成最具规模的多语种中国节目矩阵。"长城"平台有效付费用户4 997.57万户，较2022年增长495.27万户。"聚宝"平台落地美国 Anuvu 游轮航线及流媒体平台 Plex，增加覆盖用户数2000余万。

三、创新拓展产业经营，开发新业态新赛道

1. 培育开拓增量，开辟新赛道实现新增长

文旅文创体育收入大增。所属景区及酒店业务深挖影视 IP 内涵，创新推出多项文旅体验活动；同时，围绕节庆假期强化推广营销，营业收入及利润同比均大幅增长。文创已逐步成为新的收入增长点，围绕年节产品、原创生肖、精品节目、商务联名、定制产品等5大产品线全年共开发产品58类。推出总台首个春晚吉祥物"兔圆圆"等，多款产品引爆消费热点。体育业务扭亏为赢。积极推进 IP 赛事回归，组织20站（次）2023马拉松比赛、2站（次）2023年中华龙舟大赛、2023年世界斯诺克国际锦标赛等；成功举办2023中国田径大众达标系列赛123场。

不断拓宽台外市场。积极推广商业化"外宣包"，与甘肃、江苏、陕西、新疆、福建等地方机构达成合作；打造并输出"总台标准"，成功中标上海西岸大剧院灯光音视频项目；进军西部市场，先后中标新疆媒体融合提升工程、新疆台新闻演播室改造、土耳其语本土化译制等项目；拓展北京、上海、深圳等地高清化改造上星、跨境传输服务等；为中国长城互联网、奥凯航空等打造智能化数字平台、企业电商平台等；筹建央视动漫银河教育公司，与近40所职业院校达成合作意向，将动漫产业链延展至教育行业。

持续推进付费频道与4K/8K超高清发展。付费频道有线网用户达9000万，IPTV 用户达1.8亿，OTT 用户达1300万；4K 超高清频道实现12个省份 IPTV 平台落地，覆盖7600万用户；自制纪录片《美丽中国》获北京市8K超高清视听作品专项扶持项目"一档"扶持。

2. 挖掘盘活存量，转变经营模式取得新突破

创新深挖版权资源。与腾讯、优酷和抖音签约四大名著新媒体授权；与爱奇艺达成《康熙王朝》等30余部总公司版权电视剧独家签约；在爱优腾首次以付费会员模式统一上线播出《雍正王朝》等经典剧目，节目价格大幅增长。增加喜马拉雅音频平台总公司音频专区上线剧目，实现用户关注度和完播率稳步增长。推出《领航》《征程》《追光》《通向繁荣之路》《航拍中国》（第四季）等主题音像制品，种类较2022年提升1倍。策划出版的《平"语"近人——习近平喜欢的典故》

（第二季）和编著的《智造美好生活》两部融媒体图书获评中组部党员教育培训"精品特色教材"和中宣部"党建好书"。上述图书连同《平"语"近人——习近平总书记用典》（第一季）各版本整体销量近450万册，实现"两个效益"双丰收。

升级广告特色服务。促成总台举办中华龙舟大赛12年以来首次签约首席合作伙伴；以投资形式联合制作《2023中国诗词大会》；为"CCTV强农品牌计划"首次成功开拓乳品类客户，与腾讯达成投放合作，提升公司新媒体产品价格体系。

推动降本增效，促进资产保值增值。认真落实"过紧日子"要求，积极争取减免优惠及相关奖励等；退租腾退部分办公用房及库房，上线运行资金管理平台，提高管理效率；国际传媒港努力提高园区出租使用率、盘活闲置资产，确保国有资产使用效益。

3. 提升服务质量，支撑总台重点平台项目运行

总公司逐步形成多品类、全链条和规模化的新媒体服务优势。承制总台特别节目《两会你我他》《美丽中国说》《新春走基层》《我的"村晚" 我的年》《乘着大巴看中国》《UP青春》《原声天籁——中国民歌盛典》等融媒体活动和直播，频频破圈传播。积极做好新媒体平台支撑，全年参与孵化升级14个新媒体品牌；助力央视频打造"央友圈"总台社交互动阵地；持续优化"象舞广告"营销平台开发及运营保障。

全力配合央视融媒体产业基金投资运作，效益良好。切实提升对总台综合服务保障能力，圆满完成总台职工社保和积分落户申请等工作；完成125项外出踏勘和171场4228人次外场动力保障任务。完成全国两会新闻中心服务保障任务，获大会秘书处致信感谢。为总台31个地方总站提供人员、设备、技术与运营服务保障。

四、加大技术创新驱动，深化融合传播与安全保障

1. 围绕"5G+4K/8K+AI"战略，促进创新技术融合应用

统筹推进总台新媒体集成发布平台2.0升级工作。开发基于国产三维菁彩声标准的音频传输分发系统等，助力总台首次实现"8K超高清+三维菁彩声"春晚直播；研制基于AI的视频横转竖功能；自主集成多种拍摄设备，创造独特视角，助力节目呈现"新奇好玩"视觉效果；升级China DRM数字版权保护系统，获得"集成研发""运行维护"服务双证书；推进境外频道精准管理系统设计开发。

总公司5项技术创新成果获2023年度"王选新闻科学技术奖"二等奖和第二届高新视频创新应用大赛一等奖等奖项，新增软件著作权23项，1家公司获得国家高新技术企业认定。

2. 坚守播出平台阵地

总公司运营的中数传媒、境外平台、长城平台和中视购物播出平台安全播出可用度100%，圆满完成2023年春节、全国两会、杭州亚运会、成都大运会、中秋节、国庆节、第三届"一带一路"国际合作高峰论坛等长达67天的重保期任务；境外平台连续7年和长城平台连续6年实现安全播出"零事故"。

3.强化安全风险防范

全年开展4次安全大检查,尤其是加强对消防安全的检查、演练和培训力度;提高网络安全保障水平,加强信息工作与舆情管理,维护总台和总公司声誉;适时调整防疫措施,做好总台多个办公区测温、消毒等防疫保障工作。

五、提升集团管理效能,增强内部交流协同

举办贯彻落实党的二十大精神暨内容创制、技术创新和版权开发多元经营3场经验分享会。

推进制度管理长效机制,完善内控管理,持续优化资源配置。修订出版《管理制度汇编》;修订所属经营单位绩效考核实施细则,进一步提升企业分类精细化管理效能;全力配合总台经济责任审计工作,稳步做好相关审计问题整改。围绕总台节目委托制作管理、全媒体运营实战与内控等专题开展培训,不断强化规范管理,提高风险防范。

深入实施人才强企战略,着力解决班子不健全、年轻干部储备不足等问题。有序推进自主职称评定,奖励表彰第二届优秀人才和创新创优项目,充分发挥示范引领及激励作用。

六、强化党建引领作用,推动主题教育走深走实

深入开展学习贯彻习近平新时代中国特色社会主义思想主题教育。举办历时8天的主题教育读书班,先后开展3次专题学习研讨和交流发言;举办总公司党委及基层党组织主题党日暨专题党课活动;召开主题教育专题民主生活会,认真进行班子和个人对照检查,抓好整改落实。

深入开展调查研究。围绕内容创制、技术创新、商业特色外宣等11个课题扎实开展调研。先后召开两场调研成果及重点项目进展交流会,凝聚思想共识,加强整改落实,务求取得实效。

6个基层党支部获评中央和国家机关及总台"四强"党支部称号,荣获2022年度总台"四个100"系列活动3项优秀奖。

强化党风廉政建设,严格落实中央八项规定精神,坚持执纪必严,保持高压态势。加强警示教育,结合总台纪律教育专项行动,组织总公司领导干部参观北京市全面从严治党警示教育基地。

(中国国际电视总公司供稿)

央视国际网络有限公司工作概况

2023年，央视国际网络有限公司（简称"央视网"）继续以党的二十大精神为指引，深入学习贯彻习近平总书记对总台工作的系列重要指示批示精神，牢固树立"宣传报道是生命线，经营工作也是生命线"意识，积极拓展业务，向市场要效益，推动各项工作取得新进展。

一、深化提升新媒体"头条工程"，做好习近平新时代中国特色社会主义思想宣传阐释

1. 持续巩固全网置顶领先优势

全年共有2523篇稿件获中央网信办推荐全网前五条置顶通发，在中央重点新闻网站中连续七年排名第一。

2. 持续创新打造多元时政报道品牌

在擦亮《人民领袖习近平》《热解读》《天天学习》《中南海月刊》《习式妙语》等时政品牌的基础上，以"新闻漫画+文字品读"的方式，创新推出融媒体述评专栏《习语品读》。开拓非事件性时政报道新思路，时政特稿《习近平心中的乡情乡愁》被多家海外媒体转载，《永不负"娘的心"》同题短视频播放量破亿，手绘产品《最长情的告白》在抖音平台展现量过亿。综述类微纪录片《非凡新时代》总展现量达3.5亿人次；融媒体产品《跟着习主席看世界》视频播放量近2亿次。对外有效宣介习近平新时代中国特色社会主义思想，制作推出《首届"碳中和"亚运会怎么达成的》《和合之美》《习近平与"一带一路"的故事》等外宣时政微视频。

3. 构建具有央视网特色的"评论矩阵"

《央视快评》《央视网评》《新语》《周末谈》等品牌栏目全年刊发各类评论文章300余篇，有力提升舆论引导力。特别是在国家主席习近平赴美国旧金山与美国总统拜登会晤期间，《央视快评》积极发声。

二、推进"思想+艺术+技术"创新融合，深入实施"内容精品工程"，正能量、青春态和差异化原创产品体系不断扩大，影响力持续提升

1. 打造有特色有影响的系列精品节目IP

《中央广播电视总台2023网络春晚》视频播放总量超13亿人次，全网引发热门话题415个。开年青春分享节目《@青春2023》全网直播超3000万人次，点播超1.9亿人次，收获全网热搜72个，全网话题浏览量超5.1亿人次。融媒体节目《"央Young之夏" 草原之夜歌会》播放量近4000万次，收获全网热搜42个，曝光量近10亿人次。新闻回访式纪录片《嗨！好

久不见》累计播放量超过 6 亿次，斩获全网热搜超过 50 个。《青春大课》（第二季）累计传播量超 2 亿人次。

2. 围绕重大主题和重要节点，推出轻量化、易传播和接地气的新媒体产品

杭州亚运会期间，推出的沉浸式陪看直播节目《大咖陪你看》总播放量达 4.08 亿次；创意微视频《杭州亚运　大圣来也》引发 200 多家新媒体刷屏转发。成都大运会期间，推出的《我们的毕业歌会》，全网曝光量超 5 亿人次。中国旅游日"首支主题 MV"《走啊！去旅游！》，播放量超 1 亿次。

3. 融合新技术和新应用，打造更具沉浸感和体验感的报道产品

应用人工智能问答、AI 绘画等技术推出创意微视频《AI 绘意中国》，运用数字虚拟主播、XR 虚拟演播系统等技术推出先锋谈话类 XR 节目《中国神气局》；3D 动画科普《核辐射是如何伤害人体的：吃下核污染食品后果有多严重？》阅读量达 4.5 亿人次。在总台 2022 年度优秀作品评选中，央视网共有 20 件优秀作品获奖。

4. 深入开展"好感传播"和对外舆论斗争，助力讲好中国故事、传递中国声音

以熊猫频道上线十周年为契机，央视网创新推出《"圆"宇宙星团》《双宝茶话会》《国宝面对面》等"熊猫+"系列产品。熊猫频道全球活跃用户超 5600 万，已构建对外传播中用户黏性最强和互动率最高的账号集群。"播报中国"项目相关内容海外总浏览量超 8 亿人次。法国总统马克龙访华期间，联合中央民族乐团推出"艺术+时政"主题短视频《当中国故宫遇上法国埃菲尔！赵聪与理查德·克莱德曼再度携手演绎〈红玫瑰与白茉莉〉》，总浏览量超过 1.6 亿人次。"春节文化走出去"系列报道总浏览量超 10.5 亿人次。以海外版知乎（Quora）平台为核心开展舆论斗争，全年共发布原创帖文超过 1300 条。

三、发力"文化数字化工程"，拓展"智能传播工程"，构建规模化、体系化和智能化新媒体传播平台生态

1. 升级建设"智能传播工程"，"大屏+中屏+小屏+账号"的多终端智能传播平台用户规模不断提升

截至 2023 年 12 月底，央视网各平台全球覆盖用户超 21 亿人次。央视网海内外社交平台账号累计粉丝及订阅用户数近 5.3 亿人，脸书平台 CCTV 中文账号粉丝量居国内中文官方媒体首位；熊猫频道英文账号互动率连续 7 年居全球主流媒体前三位；照片墙平台"CCTV"英文账号互动率居国内英文媒体账号首位。此外，央视网承办的共产党员网总页面浏览量超 13 亿人次，传播力和影响力持续扩大。

2. 全力推进"央博"平台建设，奋力打造文化数字化高地

在"央博"平台推出"何以文明——中华文明探源工程成果数字艺术大展"，首次实现良渚遗址、三星堆遗址等 10 个中华文明探源工程重点考古遗址复原场景的线上联合展出。"何以文明"全球巡展在联合国总部以及美国、肯尼亚、埃及、秘鲁、瑞士、香港等国家和地区举行。"央博新春云庙会"被纳入 2023 年中央广

播电视总台春节季创新节目序列，全媒体曝光量达11亿次。"央博"平台推出的《中秋云诗会》打造"诗月岛"主题的数字体验空间、互动游戏《诗板题名》和《流觞曲水》，并推出首个AI诗人"少年李白"，以口播形式与总台中秋晚会联动，"中秋云诗会"话题阅读量达5 088.8万人次。

3. 深入落实总台"5G+4K/8K+AI"战略格局，持续创新"云、数、智"技术体系

推进"人工智能编辑部"、智慧媒体学院和总台超高清视音频制播呈现国家重点实验室在央视网设立的"全媒体融合传播技术研究实验室"建设，超高清版权保护技术项目取得阶段成果。在2023年度"王选新闻科学技术奖"评选中，央视网有6个项目获奖，其中"人工智能编辑部"项目和"基于知识图谱的融媒体智能播控审核平台"项目荣获一等奖。在2023年度中国电影电视技术学会科学技术奖评选中，央视网有两个项目分别获得一等奖和二等奖。

四、深耕"新闻＋政务服务商务"，全力拓展生态化与多元化经营服务产品线，奋力实现"两个效益"双丰收

2023年，央视网克服困难，以变应变，开拓创新，实现收入同比增长8.3%，其中来自总台以外的市场化收入占比继续超90%，实现利润总额同比增长64.4%。在中国互联网协会发布的"2023年中国互联网综合实力前百家企业"榜单中，央视网连续五年在中央媒体所属互联网企业排名第一。

1. 全力配合总台融媒体经营，发挥多终端平台资源优势，服务"品牌强国"工程

在2024年产品方案中，央视网拓展中国国航机载电视广告资源，集中播放"品牌强国工程"宣传片，累计播出47 000架次。

2. 巩固"政务+"服务产品线业内领先优势

2023年中国国际智能传播论坛、第二届中国（成都）生活体育大会等大型活动反响热烈，成功保障中国航天日、2023年中国网络文明大会等30余场大型政务活动，连续四年成为中国品牌日活动的承办单位，首次创新打造"中国品牌消费节"和"中国品牌新消费论坛"，得到国家发展和改革委员会的高度肯定。拓展电影节赛道，承接制作第五届海南岛国际电影节开幕式、第十八届中国长春电影节闭幕式等活动。

3. 拓展"地方+"服务生态

联合总台相关单位，先后打造2023中国（开封）清明文化节开幕晚会、2023中华书山开山大典、2023"恰嘎南昌"消费季、李白故里文化旅游节暨中国数字文旅IP产业发展大会等，并与中国东方演艺集团有限公司联合出品原创音乐剧《将进酒》。

4. 深耕"产业+"服务，拓展多条新型服务产品线

打造《全民健康》《大国金融》《超级工厂》《预见未来　迈向3060》《一带一路　向阳而生》等内容精品；拓展"美业""ESG""宠物""老龄化"等新垂类赛道；联合举办2023北京·昌平生命科学国际论坛、第一届全国城市生活垃圾分类主题宣传周活动、首届华侨金融助推高质量发展高峰论坛等；直播电商业务

5.持续稳固牌照业务线领先地位

互联网电视面对政策变化、复杂市场格局等严峻挑战，精耕细作稳固渠道业务、终端业务、付费业务等存量市场，多点发力提升垂类业务经营增收能力；手机电视以内容联合运营、总播控、总审核、总聚合等为业务抓手，不断拓展云服务、网络安全、大数据等为代表的新兴业务赛道；移动传媒发挥"牌照+内容+渠道"优势，在民航、户外平台等基础上，积极开拓车载、餐饮、酒店等新赛道。

五、扎实开展主题教育，落实意识形态工作责任制，深入推进党风廉政建设，锻造"新媒体铁军"，不断擦亮中央重点新闻网站政治底色

2023年，央视网深入落实意识形态工作责任制，制定《央视网2023年落实意识形态工作责任制监督检查工作方案》，优化《央视国际网络有限公司全面从严治党（意识形态工作责任制）考核细则》等，以制度机制保障党建工作提质增效。创新党建品牌，深化党建与业务工作融合，2023年"我@悦读"主题党日活动获总台2023"年度党建品牌"称号。强化政治监督与日常监督，加强廉政风险管控，对附属无锡公司进行常规巡察。作为总台舆情工作联席会成员单位，在办公厅牵头下，筑牢台网舆情安全防线，连续多年获评中宣部和中央网信办舆情信息报送先进单位。建立健全经营管理体系，深化内容经营"两分开"，规范项目管理、风险提示、合规审查等程序。

（央视国际网络有限公司供稿）

中央新闻纪录电影制片厂（集团）工作概况

2023年是延安电影团诞生85周年暨中央新闻纪录电影制片厂（集团）（简称"新影集团"）成立70周年。新影集团扎实贯彻落实中宣部和总台党组部署，切实履行"国家影像纪录者和典藏者"的职责使命，统筹推进清理整顿和改革发展，全力以赴深耕主责主业，多措并举巩固拓展创作阵地，有力有效稳定经营大盘，高质量发展稳中有进、持续深入。

一、服务中心大局，忠诚履职尽责

1.完成一系列重大时政拍摄任务

把学习宣传贯彻习近平新时代中国特色社会主义思想作为首要政治任务，用心用情记录习近平新时代中国特色社会主义思想和领袖魅力风范，完成全国两会、首届中国—中亚峰会、第三届"一带一路"国际合作高峰论坛、

习近平主席出访俄罗斯、南非金砖峰会、2023年 APEC 峰会等重大时政拍摄任务。此外，开始承担重要来访拍摄任务，记录法国、巴西、俄罗斯、古巴等 40 个国家和地区领导人及政要访华系列活动。共拍摄完成主题 128 个，累计拍摄胶片 4.3 万米。

2. 稳步推进重大文化项目

持续推进老红军老战士"口述历史"纪录工程。累计完成 96 位老同志的采访拍摄工作，留存不可再生的珍贵影像记忆。启动国家影像典藏工程 4K 高清修复。对延安时期历史影像进行首次全高清修复，部分单帧修复时间超 10 小时，清晰还原珍贵历史影像原貌，共修复完成 35mm 胶片 31 本，总时长 19 530 帧，并与总台新闻新媒体中心合作推出"新影像·国家影像典藏工程 4K 修复"延安系列短视频。扎实推进中国戏曲像音像工程建设。完成国家"十四五"文化发展规划重大文化工程——中国戏曲像音像工程 2023 年度全部 20 期的前期拍摄工作。

二、立足国际视野，讲好中国故事

1. 国际传播项目扎实推进

《打开地球的 B 面》和《孙悟空、木卡姆与交响乐》入选 2023 年度中宣部国际传播项目，《不远万里——寻找真实的白求恩》《环球同此凉热》（第二季）、《时间里的家当》、《中国草》《邬达克》等国际传播项目克服困难、跨境拍摄、扎实推进，多部已进入后期收尾审看修改阶段。

2. 以优质服务承担影视译制项目，助力国际传播建设

承担总台 CGTN 纪录频道、英语频道和法语频道及新纪实（北京）传媒投资有限公司推出的《通向繁荣之路》《雄安 雄安》《航拍中国》（第四季）、《高原之上》《总师传奇》（第二季）、《种子 种子》《餐桌上的中国》、《京之轴》等千余集纪录片译制和字幕制作工作。

三、发挥创作优势，打造精品节目

1. 聚焦主题主线，承制总台多档重点节目

承制总台重点节目《寻古中国·古蜀记》《寻古中国·稻谷记》《寻古中国·寻夏记》，探寻中华农业遗产的《农耕探文明》，亚运会官方纪录片《嗨，亚运》，纪念共建"一带一路"倡议提出十周年的纪录片《风从东方来》，以苏轼人生经历为主线的《定风波》，以中华典籍为讲述载体的《典籍里的新思想》，首部以郑板桥为主题的纪录片《郑板桥》，系统性梳理"样式雷"家族长达 200 余年恢宏历程的《样式雷》，展示我国八所顶尖美术学院艺术成果的《青春如画》（第二季）等纪录片，展现中华优秀传统文化的独特魅力。其中，《寻古中国·稻谷记》播出后，5 集平均收视份额 2.53%，在同时段全国上星频道所有专题类节目中排名第一。

2. 用影像致敬英雄，弘扬优良革命传统

讲述在韩中国人民志愿军烈士遗骸回国历程及寻亲背后感人故事的《英雄回家》获中央网信办全网置顶推荐，"学习强国"学习平台、央视网和 B 站搭建专题页面进行推送，全网报道量达 3.57 万篇次，点击量达 8.37 亿人次，全媒体受众超 10 亿人；纪念抗美援朝胜利 70

周年特别节目——以口述历史方式展现百位抗美援朝老兵的《中华好儿女》是中宣部在总台央视平台2023年"纪念抗美援朝战争胜利70周年"宣传报道中唯一的总台重点项目。

3.深耕科学纪录片领域，优秀作品不断涌现

总台央视纪录频道开年之作——大型科学纪录片《大地之上》、讲述20世纪50年代海外归国科学家故事的《归来》、国内首部系统聚焦"脑科学"的《大脑深处》、通俗易懂地介绍生物学知识的《超级斯巴德》等品质口碑俱佳的科学类纪录片，用大众易接受、看得懂的方式传播科学知识，提升大众科学认知，获得专业领域专家学者和广大受众、尤其是年轻受众的认可。

4.深化与总台固定栏目合作

精心承制总台《国家记忆》《走遍中国》《健康中国》《瞬间中国》《三农群英汇》《我爱发明》《17故事会》等栏目/节目。

四、推出院线纪录电影，发挥"国家队"领军作用

2023年，讲述中国共产党领导下第一部人民电影《延安与八路军》摄制故事的纪录电影《穿越烽火》先后在延安、沈阳和南昌举办多场点映活动，并于6月底正式登陆全国院线，获得良好口碑；展现北京公交百年沧桑变迁的《一路幸福》于5月底全国上映，斩获票房580万元，在同类型电影票房中稳居前列；《大道十年》于12月18日全国上映，并陆续登陆"一带一路"共建国家等海外院线，全景式展现共建"一带一路"倡议提出十年来取得的丰硕成果；由华夏电影发行有限责任公司联合新影集团等单位出品并发行的纪录电影《人民万岁》于12月26日在全国献映。

五、举办文化品牌活动，影响力持续提升

1.第二届华语纪录电影大会提档升级，为新片佳作铺路搭桥

第二届华语纪录电影大会以"中国特色、国际视野、人文情怀"为办会理念，举办开幕式、作品推荐、焦点对话、圆桌对话、公益展映、"荣光大道"仪式、推优盛典等精彩活动。特别增设新片推介活动，为纪录电影提供全新展示平台，助力新片佳作更好地走入市场，凝聚共识、汇聚资源，得到业界和社会各界广泛好评。

2.第十届亚洲微电影艺术节传播效果显著

在云南临沧举办第十届亚洲微电影艺术节，邀请国内外1000多名嘉宾参与出席开幕式、大学生影视创作系列讲座、年度盛典等活动。报、台、网、微、端等整体联动，发稿2000多条，国内全网阅读量达5亿多人次；覆盖美国、英国、日本、韩国、新加坡、泰国、越南等近40个国家，触达用户10亿多人次。此外，圆满举办第五届金风筝国际微视频（微电影）征集展播活动和第九届全国微电影春晚。

六、创新打造融媒体产品，拓展发展新路

1.与总台创新发展研究中心共同打造融媒体产品《新影工作室》

《新影工作室》依托新影集团国家影像典藏者IP和优势，邀请专业领域"大咖"担任光影推介官，解读真实光影，帮助年轻人了解

历史文化，传递主流价值。

2. 探索"活动＋节目"生产经营模式

将地方节庆宣传需求与融媒体传播方式结合，完成绥宁四大乡镇姑娘节欢庆活动等多项主题活动的策划、运营和宣传工作，推动"神奇绿洲·醉美绥宁·四月八姑娘节"品牌迅速传播，综合传播量达 4 亿人次，实现地方节庆活动模式的品牌树立和口碑传播。

3. 创建"超级乡村研究所"融媒体账号

关注中国乡村新面貌，展现新时代乡村振兴新图景。截至 2023 年年底，账号矩阵覆盖抖音、快手、微博、微信公众号等 10 多个平台，全网粉丝量超 400 万。

4. 频道积极拓展合作，开发原创节目

发现之旅和老故事等频道积极开展对外合作，与腾讯视频、老舍纪念馆等平台单位合作，打造《电子竞技在中国——杭州亚运会特辑》《老舍与新北京》等节目，并探索节目定制化策略；与合作方开拓新媒体播出平台，在 CCTV 手机电视、中国移动旗下的咪咕视频上实现同步直播。

七、精品佳作迭出，荣获多项表彰

2023 年，新影集团共有 36 个（次）节目和个人获奖。其中，新影集团获 2022 年度优秀国产纪录片及创作人才扶持项目优秀制作机构。

八、举办新影集团成立 70 周年庆祝活动，凝心聚力新征程

围绕延安电影团诞生 85 周年暨中央新闻纪录电影制片厂（集团）成立 70 周年，举办座谈会、烈士塑像揭幕仪式、离退休老同志和在职员工书画摄影展、纪念图书《我们的足迹》出版等系列活动，为集团高质量发展、再创辉煌凝心聚力、鼓舞士气。

九、重点工程和清理规范工作深入推进，开辟发展新局

1. 重要工程和项目持续推进

扎实推进国家影像典藏工程（一期）项目建设，已完成影资楼机房改造工程和 2022 年度初步验收工作，以及 2023 年度项目技术方案编制论证、招投标筹备等工作；同步积极推进国家影像典藏工程实验室及展厅建设。

2. 推动技术改造升级

进一步完善 4K 后期制作系统，完成科影园区技术楼新建 5.1 音频制作录音棚声学改造设计方案的细化工作，并对方案进行调研论证及修改。新影集团官网完成改版升级。

3. 强化安全播出

严格落实意识形态工作责任制及"三审三校"和"重播重审"制度，更新相关规定，细化编审播流程，严格审片纪律，加强人员技术培训和应急处置能力，坚决把确保安全播出作为集团频道工作的第一要务。在内容审核方面，引入 AI 人脸识别系统，提升安全播出工作保障能力。

4. 强化制度体系建设

制定实施《时政资料摄制保存维护经费、党和国家领导人重大活动专题片拍摄制作补助经费项目支出标准规定》《全资、控股企业经营目标考核管理办法（试行）》《合规管理办法

（试行）》《领导班子成员公务用车管理规定》等规章制度，进一步将制度建设贯穿新影集团管理全过程各环节。

5. 持续规范经营管理

根据合同管理办法试行情况，进一步规范合同管理及签订审批，从根本上规避纠纷风险；完成2018年至2022年新影集团下属13家全资子公司和2家控股子公司经济责任审计；与部分所属公司签订经营目标责任书，强化对下属企业管控，提高管理规范化和精细化水平。

6. 认真开展审计工作

配合审计署全面梳理新影集团重大项目和重大决策落实情况，分析审计过程中发现的问题，制定整改计划，推动集团稳定持续发展。

十、坚持党建引领，强化人才队伍建设

1. 扎实开展学习贯彻习近平新时代中国特色社会主义思想主题教育

成立领导小组，制定工作方案，举办主题教育读书班；积极参加总台深入学习宣传贯彻党的二十大精神和"四个100"系列活动。新影集团党委以"持续擦亮集团品牌，推动纪录片创作高质量发展"为主题开展调查研究；青年理论学习小组以"中华优秀传统文化的数字化传播与实践创新——以中国戏曲为例"为题开展"根在基层"调研实践活动，努力将主题教育和党的二十大精神在集团落地生根。总编室党支部、影资部党支部和发现纪实传媒公司第一党支部获得2023年度中央和国家机关工委"四强"党支部称号。完成党委换届选举工作。

2. 增强在职职工和离退休老同志的安全感、归属感和幸福感

维修职工老旧房屋600平方米，及时处理发现房屋漏水等问题；组织集团员工积极参与总台工会举办的象棋、围棋、乒乓球、羽毛球、篮球等比赛和未婚职工联谊活动；增加升级职工体检项目，关注职工健康；实时关心关注集团近千名离退休老同志健康状况和生活情况，在重要节庆前夕走访慰问老同志代表。

3. 不断加强干部人才队伍建设

进一步做好年轻干部教育培养工作，规范干部选拔任用程序。大胆起用能干事、有担当的年轻同志，营造"敢为、敢闯、敢干、敢首创"的良好氛围。

4. 认真落实巡视整改工作，常态化开展警示教育

按照总台党组巡视工作安排，认真落实巡视工作要求，做好巡视资料梳理汇总上报工作，全力保障巡视顺利开展。

把纪律建设摆在更加突出位置，坚持党性党风党纪一起抓，强化经常性纪律教育融入日常管理监督，常态化开展警示教育，提升警示教育的针对性和实效性。

（中央新闻纪录电影制片厂（集团）供稿）

中广影视卫星有限责任公司工作概况

2023年是中广影视卫星有限责任公司（简称"卫传公司"）"双元创新"战略布局全面铺开的攻坚年、创新年和突破年。卫传公司认真落实总台党组决策部署，高效统筹发展与安全，深耕细作版权经营主阵地，千方百计拓展业务新赛道，逐步形成"多业融合、多元增收"的经营新格局，奋力打造集版权经营、文创开发和全媒体营销于一体的专业化、市场化和品牌化台属企业集团。

一、旗帜鲜明讲政治，深入学习贯彻习近平新时代中国特色社会主义思想

坚持把全面贯彻落实党的二十大和第二十届二中全会精神作为首要政治任务，传达学习习近平总书记重要论述、重要讲话和对总台工作的一系列重要指示批示精神。扎实有效开展学习贯彻习近平新时代中国特色社会主义思想主题教育，牢牢把握党中央"学思想、强党性、重实践、建新功"总要求，一体推进理论学习、调查研究、推动发展和检视整改，切实做到铸魂增智、正风促干，不断增强推动"两个维护"再上新台阶的思想自觉和行动自觉。

二、稳抓机遇、主动作为，全力搭建以体育为核心的版权运营矩阵

牢牢巩固总台CCTV-3综艺频道、CCTV-5体育频道、CCTV-6电影频道、CCTV-8电视剧频道、CCTV-5+体育赛事频道、CCTV-16奥林匹克频道集群全媒体版权基本盘，深挖杭州亚运会和成都大运会的版权价值，坚持"一省一策""分类施策"，与浙江华数集团、广东南方新媒体、上海百视通等企业建立战略伙伴关系，切实推动版权收入稳中有升、颗粒归仓。开辟体育赛事精细化运营新阵地，创新"版权+制作"等经营模式，引入BWF、ATP、沈阳和成都马拉松等国内外顶级赛事版权资源，与央视频、咪咕、爱奇艺、腾讯等平台开展版权分销和赛事制作合作，全面搭建起集版权分销、制播宣推、赛事自办和衍生开发于一体的体育生态闭环。

三、长期布局、精准发力，持续推动总台优质IP资源商业变现

持续探索总台IP可持续商业开发新路径，从产业规划、产品设计、运营模式、海外营销等方面搭建运营矩阵，实现文化内涵、审美价值和经济效益的融合统一。搭建总台《舌尖上的中国》IP品牌运营体系，链接线上线下市场化运营力量，为"舌尖"品牌持续赋能。成立"创新文创融媒体创意工作站"，推出14款凸显总台文化和总台情怀的系列原创小颗粒爆款积木，主办"文创大篷车"线下营销活

动，取得社会效益和经济效益双丰收。立足国内市场，拓宽国际视野，布局"总台文创出海"战略，深度参与总台"'何以文明'全球巡展·联合国特展"和"中美人文交流友好对话"媒体活动，累计触达海外受众13.55亿人次，用文创产品讲好中国故事，多措并举推动中华优秀文化走出去。

四、打造精品、力推爆款，多维度开展融媒体节目制作与内容宣推

承制财经节目中心《人类文明新形态——中国式现代化》五集专题片，累计触达1.43亿人次。连续三年承制新闻中心《吾家吾国》纪实性人物访谈节目，话题累计阅读量达10.8亿人次，视频累计观看量达2.9亿人次。联合陕西榆林市委宣传部出品4集历史人文纪录片《镇北烽火》，首次实现与地方政府携手共创精品内容。深度参与《央视财经·中国好医生》融媒体产品，用好首届中国健康产业大会创新交流成果，发挥平台、机制和资源优势，寻求挖掘合作商机。加大社会化合作力度，推进自有版权动画片《山海传奇·大禹》（第一季）面世，推动中华优秀传统文化传承发展。

五、聚焦前沿、引领创新，锚定跨领域和新赛道延展多元业务链

加大创新技术应用，加快从单一版权经营向多元业务创新发展转型，探索数字版权运营新方向，首次运用VR技术沉浸式观看2023年中央广播电视总台元宵晚会；搭建卫传公司版权保护与交易平台，利用数字内容资产保护与区块链技术，为用户提供从内容生产、版权保护到版权交易的一站式服务；持续开展行业前沿理论研究，连载推出《每周战略前沿》专刊47期，创新推出《知产要闻速递》10期，围绕文创出海、绿色低碳、科技创新等领域，编制《文化产业出海研究报告》《会展行业市场调研与研究报告》等专项报告，为公司战略转型提供决策参考。

六、多措并举、综合施策，加强台属企业治理能力建设

坚持把社会责任摆在首位，为全国1.4亿"户户通"用户，西藏、云南、四川等地区，免费提供直播信号，推动总台精品频道全覆盖；精心策划"文创赋农计划"，在四川省喜德县研究落地"一县一品一策"模式，以文创开发带动产业振兴和乡村振兴；持续加强制度建设，结合业务实际，着力规范节目制作运营，健全内容审核管理等相关办法；强化财务精细化管理，进一步规范对节目制作、宣推项目的核算和涉外业务相关规程，为海外新业务开展提供有力财务保障；制定供应商管理规程，组建节目制作与宣推合作供应商库，完善从准入到监督的全流程管理；深化机构改革，按照总台部署配合做好股权划转工作，加强下属中广融发公司干部队伍建设，合资组建中广视听谷（南京）有限公司，加强业务机构扁平化管理，增强经营队伍内驱力和战斗力，大幅度提升集团效能。

七、驰而不息、久久为功，着力营造风清气正的干事创业氛围

全面落实党的建设总要求，树立正确选人用人导向，锻造一支政治过硬、业务精良、善于斗争和一身正气的"经营铁军"；实施"民心工程"，推进完成公司"智慧党建"建设，打造"书香机关"，创建职工读书角，开展系列"健康讲座"，组织老干部座谈会，持续丰富和改进职工用餐体验，建成并启用"中视元创文化创意空间"，营造安全温馨舒适的办公环境，切实提升员工的安全感、归属感和幸福感。

（中广影视卫星有限责任公司供稿）

中国电视剧制作中心有限责任公司工作概况

2023年，中国电视剧制作中心有限责任公司（简称"剧中心"）以电视剧为主业，积极开展电影、纪录片、综艺栏目、新媒体节目等多元化内容生产创制和营销，努力实现"两个效益"双丰收。全年盈利再创新高，超额实现年初制定的经营目标，圆满完成各项工作。

一、深耕电视剧主业，潜心创制优秀剧目

1. 紧紧围绕总台重点项目，推出一系列匠心力作

剧中心以电视剧为主业，聚力抓精品，丰富精品内容产出，精心为"总台出品"打造重大革命历史题材电视剧《大道薪火》、"高考"题材原创剧集《鸣龙少年》、讲述清代历史人物清廉故事的同名电视剧《丁宝桢》和反映福建木雕工艺的近代传奇电视剧《一代匠师》等。同时，剧中心全力保障"大剧看总台"片单剧目《城中之城》顺利拍摄；重大现实题材电视剧《天望》各项工作有序推进；重点剧目《山河锦绣》完成普通话版本配音及后期制作工作，全年完成5家网络平台和部分地方卫视的发行工作。

2. 锚定微短剧新赛道，发挥电视剧国家队引领作用

尝试推出讲述解放初期特案侦破故事的网络微短剧《追捕者》，成为首个取得国家广播电视总局发行许可证的网络微短剧，播出期间获得爱奇艺、优酷和腾讯三个平台热度榜第一，猫眼剧集全网短剧热度第一，相关话题阅读量累计破千万人次。讲述民国时期相声艺人与京剧刀马旦传奇爱恋故事的微短剧《锦月安笙》已完成后期制作。

3. 多部作品获奖，进一步巩固总台电视剧的旗舰地位

2023年，剧中心参与投资、摄制与发行的电视剧《人世间》获第十六届精神文明建设

"五个一工程"奖、第 31 届中国电视"金鹰奖"、第 28 届上海电视节"白玉兰奖"、2022 中国版权金奖等荣誉，电视剧《山河锦绣》获得 CMG 首届中国电视剧年度盛典"年度优秀电视剧"等多项荣誉，并作为总台推荐作品参选亚广联奖评奖活动。

二、多元化业务布局，增强公司经营韧性

1. 聚焦精品纪录片创制，提升品牌影响力

反映超级工程建设成就的系列纪录片《了不起的工程》被国家广播电视总局评选为 2023 年第一季度优秀国产纪录片；以"观一城文脉，知古今春秋"为创作主旨的重点纪录片项目《文脉春秋》历经 8 个多月完成近 30 座名城拍摄工作，兼具思想性与艺术性；美食人文类纪录片《中国酿造》与酿造品牌展开合作，为总台大型纪录片制作开辟社会化合作的新模式；公路寻访纪录片《下一站出口》作为全国两会期间播出的重点节目在总台 CCTV-9 纪录频道播出；核科普类纪录片《小原子·大宇宙》以独特的视角和创新的视听语言思考人类能源利用的可能未来。

2. 提高内容生产力，栏目播出量创新高

由剧中心承制的总台电视剧频道《剧说很好看》栏目，在 2022 年完成 43 期播出量创新高的基础上，2023 年顺利完成 52 期播出任务。

3. 提升创新持续力，拓展综艺节目新模式

大型饮食文化探索类节目《一馔千年》（第二季）共 12 期在总台 CCTV-3 综艺频道顺利播出，取得较好收视效果；城市灯火实景音乐秀《灯火里的中国》（西安篇）在总台 CCTV-3 综艺频道和央视频同步首播，获得一致好评；2023 年端午特别节目——大型交响诗《碧水长歌颂端阳》通过讲述屈原文化传播端午习俗，充分展现中国源远流长的文化底蕴，播出期间近 1000 万人通过多平台实时收看，相关话题总阅读量达 3.3 亿人次。

4. 布局电影新业务，拓展内容制作新领域

剧中心积极筹拍总台首部 8K 太空电影《窗外是蓝星》（原《飞越苍穹》），同时与中国电影股份有限公司共同策划提出将"春晚"与"我和我的"系列电影结合，以商业化模式合作大电影《我和我的春晚》。

5. 探索产业新业态，寻找营收增长点

剧中心与社教节目中心合作推出的融媒体节目《土地宽广的地方》展现新疆最大水利惠民工程"三高一深"等世界级技术难点，受到广泛关注；承接总台视听新媒体中心《咬文嚼字》《数字中国城市发展典型案例》等项目的视频制作工作，并顺利在央视频推出。精心制作第三届"一带一路"国际合作高峰论坛峰会现场宣传片《"联"时代 "通"未来》，成功承办电影《志愿军（第一部）：雄兵出击》的全国首映典礼，顺利完成第二届北京城市更新论坛暨首届北京城市更新周开幕活动等服务工作。

三、提升管理水平，管控运营风险

1. 继续健全制度体系，大力推进人才强企

进一步健全制度体系，规范各项管理举措；建立健全符合市场规律、契合总台实际的

经营工作选人用人机制，锻造拉得出、打得赢、敢胜利的专业人才队伍。

2. 狠抓防汛救灾工作，稳妥解决历史遗留问题

面对洪水红色预警通知，剧中心党委立即敦促中视剧城制定并启动防汛应急预案，确保洪灾期间无一人伤亡。随后，按照总台党组关于做好调研工作的部署要求，积极开展调研工作，形成《稳妥解决涿州基地困境课题调研报告》，与涿州市政府等相关部门就资产划转、管理权移交等事项达成初步一致意见。

3. 按照总台整体部署要求，配合审计署完成相关工作

剧中心按照总台总体部署，认真配合审计署的审计工作，在项目管理、合同签订等方面进一步完善工作流程，相关职能部门加强合规性审核，确保各项业务合法合规和有序高效开展。

四、坚持党建引领，落实从严治党主体责任

1. 持之以恒抓基层和打基础，充分发挥"四强党支部"的典型示范引领作用

剧中心各党支部始终坚持把党的政治建设摆在首位，深入开展学习贯彻习近平新时代中国特色社会主义思想主题教育活动，深化党建与业务工作深度融合，打造公司党建特色品牌，锻造坚强有力的战斗堡垒。2023年，剧中心公司第三党支部荣获总台和中央国家机关"四强"党支部称号。

2. 以党建为统领，扎实做好党建工作

剧中心党委全年开展理论学习中心组集中学习和专项传达学习20余次，组织全体党员参观总台发展历史陈列馆主题党日活动，开展党组织书记讲党课（含中层以上干部）11次。严格落实"三会一课"等制度，召开2022年度领导干部民主生活会和主题教育专题组织生活会，开展民主评议党员工作。

（中国电视剧制作中心有限责任公司供稿）

中国环球广播电视有限公司工作概况

2023年，中国环球广播电视有限公司（简称"环球公司"）带领国际视频通讯社奋力开拓、勇于突围，有力有效地履行好职责使命，奋力提升海外发稿投送能力，国际传播效能取得新突破。首次实现习近平总书记系列出访活动视频素材全球首发、相应发稿传播数据屡创新高；抓住巴以新一轮冲突等国际热点新闻发稿，总台独家报道成为全球重要信源；精心护航总台海外总站公司化建设运行，高效协同应对海外风险，扎实筑牢总台"防火墙"；积极融入CGTN新工作机制，系统化助力总台海外传播矩阵建设；不断提升经营转型升级能力和自主"造血"能力，更加有力有效地服务总台国际传播工作大局。

一、以对外传播效果为导向，进一步提升海外投送发稿能力，全年重大报道对外传播屡创新绩

国际视频通讯社重点聚焦习近平总书记重大时政活动、中国经济发展成就、巴以新一轮冲突等国内国外重大新闻，全年多语种发稿量达6.5万条，保持稳定增长；发布直播信号565场，较2022年增长31.4%；共有146个国家和地区的2954家电视台及其新媒体平台采用播出超263万次，外媒播出量较2022年增长4%。

与总台新闻中心、英语中心等部门紧密协同，持续创新、完善并发挥时政发稿专班机制作用，精心组织习近平新时代中国特色社会主义思想和习近平总书记重要时政活动对外传播，系列重大时政发稿屡创纪录。

多角度、全方位向世界展现中国经济社会科技发展新成就，充分展示中国经济的活力和韧性，大力唱响中国经济"光明论"，正面驳斥美西方唱衰论调。

依托总台大量文化新闻报道，大力宣介中华优秀传统文化的魅力风采，突出中华优秀传统文化传承、创新和发展。积极落实"抢首发、争独家、敢亮剑"工作要求，抓住"4·15"苏丹武装冲突、"2·6"土耳其—叙利亚大地震、美国夏威夷州毛伊岛大火、沙特阿拉伯和伊朗复交、利比亚洪灾、"9·8"摩洛哥地震、巴以新一轮冲突等国际突发事件，持续跟进俄乌冲突新动向，相关稿件均成为全球媒体报道的重要信源。

二、以传播平台建设为突破，进一步推进用户拓展，奋力提升国际传播效能

国际视频通讯社持续改进完善自主发布平台，积极拓展自主签约用户规模，累计全球签约用户增至642家。携手20家中东主流媒体

发起成立"全球伙伴计划"暨"中东伙伴"合作机制，与已有的丝路视频新闻联盟和"全球伙伴计划"项下的"非洲视频媒体联盟"、"拉美伙伴"、"东盟伙伴"、"欧洲伙伴"、"太平洋岛国伙伴"等共同组成覆盖全球各主要区域的七大伙伴合作机制，涵盖129个国家和地区的340家媒体。重构开发融媒体定制化平台（AMSP），提升系统安全性稳定性，升级后的多语种融合翻译功能可实现兼容69种语言，新增平台签约用户718个，累计已达1150个，遍及159个国家和地区。加强融合传播，与印度、吉尔吉斯斯坦、阿拉伯联合酋长国等国的7家海外媒体合作开设《新闻热线》新媒体专栏，累计已与14个国家的14家媒体达成此项合作，进一步扩大海外新媒体传播力和影响力。

三、以媒体活动为桥梁，开展一系列精彩纷呈的"媒体外交"，持续奏好"交响曲"、扩大媒体"朋友圈"

成功举办第十一届全球视频媒体论坛，中宣部副部长、中央广播电视总台台长兼总编辑慎海雄，中宣部副部长、国务院新闻办公室主任孙业礼出席活动并致辞，亚洲—太平洋广播联盟、非洲广播电视组织联盟、美联社、路透社等63个国家和地区的108家国际媒体组织、主流媒体机构负责人等140余位嘉宾参会。论坛发布的六项成果中有三项列入第三届"一带一路"国际合作高峰论坛多边合作成果文件清单和务实合作项目清单。圆满完成《平"语"近人——习近平喜欢的典故》（第二季）俄语版上线开播仪式、第二届全球媒体创新论坛等13场重要媒体活动。

四、在CGTN新工作机制中找准定位、精准发力，全面助力总台海外传播矩阵建设

环球公司以总台成立CGTN新工作机制为契机，进一步挖潜公司机制优势作用，与总台各外宣单位形成国际传播合力，全面助力建设公司化海外总站龙头引领、海外报道员网络多点渗透和海外融媒体制作室垂直触达的国际传播网络矩阵，进一步拓展海外传播阵地。

稳步推进北美总站、非洲总站和欧洲总站公司化建设运行。

发挥公司机制作用，整合CGTN、海外总站等海外报道员资源，摸全盘、组专班、建平台、定制度，有力有效落实总台"自主可控、安全可靠"要求，稳步升级总台海外报道员网络。

聚焦G7重点国家、"一带一路"共建国家、西班牙语国家和地区等，充分发挥企业机制优势，持续采取"一国一策"精准化传播策略和市场化的商业合作模式，合理设计签约主体与签约路径，通过合规遴选当地媒体机构及供应商，借助合作方的行业资质、人员设备、平台渠道、品牌背景等资源，实现"借船出海""借嘴说话""借筒传声"，保障海外本土化融媒体制作室合规、高效、安全运行。

五、以提升综合实力为目标，进一步锻造集团经营创收能力和实力，全力开拓高质量发展新局面

1. 打造一支制作能力强且敢战必赢的专业外宣队伍

环球公司拥有一支年轻化、高学历和国际

化的高素质专业人才队伍，精通英语、西班牙语、法语、阿拉伯语、俄语、德语、日语等多种语言，还掌握编辑、技术、新媒体、经营等方面的技能。在此基础上，着力建设"环球英才"和"海外人才"两个人才库，打造海外机构建设运营、海外应急法律斗争和海外财务管理三支适配总台国际传播的环球特色专业队伍。

2. 打造一套管理规范且运转高效的制作和保障机制

紧紧围绕总台国际传播业务，持续完善严谨规范且运转高效的现代企业制度体系。紧扣总台党组和编务会重大项目和重点节目实施要求，对接CGTN编委会，建立健全环球公司编委会工作机制，统筹内容制作业务开展，进一步提升内容制作能力和重大项目把控能力；以技术为引领，通过发稿、编辑、办公等信息化系统研发，持续提升核心业务、经营管理等工作的效率；紧盯对外传播整体布局，充分利用前期开拓的对外传播机制和渠道，实现社会效益和经济效益双丰收。启动AI技术在新闻发稿应用的研究，持续助力发稿业务提质增效。

3. 打造一个口碑良好且特色鲜明的环球集团品牌

作为总台唯一专注于外宣业务和CGTN新工作机制下唯一专业服务保障公司，环球公司始终牢牢把握在总台外宣格局中的职责和要求，坚守底线，筑牢保密、意识形态、安全等工作堤坝；推出内控手册、合规季刊、普法月报等刊物，严防风险。

（中国环球广播电视有限公司供稿）

央视频融媒体发展有限公司工作概况

2023年，央视频融媒体发展有限公司（简称"央视频公司"）密切协同总台各节目中心、总经理室、地方总站及各台属公司，在经营开拓、精品创作、技术创新、品牌升级、企业管理等方面均取得新进展。

一、强化协同联动、放大组合效应，有效推动本年度经营任务落地落实，广告营销、会员服务和产业经营收入实现高质量增长

2023年，央视频公司及所属子公司实现营业收入与2022年同期相比增长17%。其中，通过台外市场创收占总收入比例超50%，营收能力进一步提升。

1. 通过"央地合作"强势推出一系列文旅IP，打造共同发展优势

围绕"烟台国际葡萄酒节"战略合作，打造2023烟台国际葡萄酒节启动仪式暨"微醺烟台"系列活动发布会、金沙滩海滨露天电影放映、M All Stars 国际齐舞大赛等系列活动，深度赋能文化产业落地烟台；联合内蒙古总站打造内蒙古乌拉盖文旅宣传IP，推出沉浸式移动直播和文化类舞诗画创演秀、真人秀等，累计覆盖近2亿用户；联合湖南总站和央视网打造2023中华书山开山大典；联合甘肃总站和甘南藏族自治州人民政府打造甘南藏族自治州70周年庆典，共同讲述"五无甘南·十有家园"的生态故事，展现甘南人民的幸福生活。在此基础上，央视频公司还打造了一系列标杆性重大文化节展，包括第二届中国春兰节、第二届吴越文化节、2023中国（开封）清明文化节等。

2. 会员经营提质增效，打响主题"大剧""大作""大赛"品牌，复购率和活跃度大幅提升

截至2023年年底，累计会员数已超750万，营收规模持续增长。稳步推出"新春大礼包""充会员抽观赛门票"等活动及《会员请回答》《会员俱乐部》等互动内容，与喜马拉雅等多家公司建立多元化会员合作关系，加速提升会员变现效率。

3. 加大新媒体营销产品创新力度，发挥探厂探店、平台直播和整合传播优势，打造一系列广告营销创新作品

《"权"新生活全民升舱》探厂直播、《和美团圆夜》主题直播、《国风遇见亚运》等系列短视频已连续三年荣获全国广播电视融媒体营销创新大赛金奖和银奖。

4. 聚焦新业态新市场，技术研发、IP打造、品牌传播等核心能力向多个领域开拓变现

全面拓展5G新媒体应用，与中国移动、中国联通和中国电信三大运营商合作推出视频彩铃等联合营销专题，打造《亚运会日报》等5G消息产品。输出平台智能安审能力，大规模承接咪咕公司元宇宙、VR、直播、电商等领域安审业务。稳步推进"建行生活"合作项目，联合中国建设银行共同打造大型城市美食人文融媒体节目《"小美好"中国行》，释放央视频品牌价值的同时，以深度赋能消费经济的方式，探索产业资源在各地的布局与沉淀。

二、践行内容精品路线，深化"思想＋艺术＋技术"融合创新，"央视频出品"的主体性、创新性和品牌性进一步凸显

1. 紧密协同各节目中心，推出《简牍探中华》《典籍里的中国》《山水间的家》等一系列展现时代风貌、弘扬文化自信的大屏作品

与央视综合频道联合打造的大型文化节目《简牍探中华》，截至2023年年底，总触达人次超18.6亿，相关话题阅读量累计超3.5亿人次；联合推出的《典籍里的中国》（第二季），全平台播放量超16亿次，其中央视频端内播放量超7300万次，创总台季播文化类节目第一；联合制作的大型文旅探访节目《山水间的家》（第二季），全网视频播放量累计破15亿次，相关话题阅读量累计超42亿人次；合力推出的大型国际文化交流节目《美美与共》，截至2023年年底已播出四期，揽获全网热搜206个，相关话题阅读量超7亿人次。与总台文艺节目中心联合打造《中央广播电视总台2023主持人大赛》，节目相关视频全平台播放量超8亿次，相关话题阅读量近70亿人次；共同推出音乐文化节目《经典咏流传·正青

春》，全网视频播放量累计达6.4亿次。

2. 持续丰富"充满创新、浑身创意和满目希望"的融媒体原创IP矩阵

央视频原创和旗下央视创造传媒制作的大型融媒体节目《中国短视频大会》，立体、鲜活、全面地讲述中国故事，视频总播放量近10亿次，话题阅读量超过14亿人次。联合教育部中外语言交流合作中心打造新媒体节目《阅见中国》（第一季），借助CGTN海外网站、央视网海外平台等进行传播，助力总台提升国际传播效能。旗下央视娱乐传媒策划制作微纪录片《奇妙中国》（第一季）获第二十九届中国纪录片学术盛典微纪录好作品，深度链接地方政府和大型企业，助力地方产业发展；原创推出纪实类微综艺《闪闪发光的少年》（第二季），全网播放量近2亿次，话题阅读量超17.7亿人次；推出《"央Young之夏" 草原之夜歌会》，播放量近4000万次，收获全网热搜42个，曝光量近10亿人次。联合浙江总站推出微纪录片《问径》，通过讲述浙江径山茶的悠久历史，助力当地特色产业建设。联合视听新媒体中心推出《不一Young的成都》《这Young巴州葡萄酒》《中国汽车榜Young盛典》等新媒体活动，持续丰富"央Young"系列原创品牌矩阵。

3. 深耕体育、汽车、美食等重点垂类，实现内容、品牌和市场相互赋能

创新打造总台首档电竞微纪录片《致"竞"热爱》，聚焦中国电竞产业发展。与视听新媒体中心联合推出乡村体育解说新媒体节目《跟着小央看村超》，总观看量超3050万人次。与体育青少节目中心共同打造大型融媒体汽车竞技赛事节目《擎动中国》（第三季），节目直播观看量近1400万人次，相关话题阅读量累计超5亿人次。策划推出系列短视频《家宴》（第三季），全网总播放量达488万次，曝光量超1.2亿人次，相关话题阅读量累计超9100万人次。

三、立足自主研发，平台科技创新支撑、智能运行服务、技术安全保障和融合传播覆盖能力提质升级，央视频平台从初期依赖外部技术支持向大规模使用自研全媒体技术体系迈进

1. 关键核心技术攻关成果丰富，技术创新综合实力持续增强

央视频公司年度新增软件著作权11个，累计软著数量达50个，获得软件研发成熟度能力CMMI（DEV V2.0）三级国际认证，顺利取得"在线视频的多路实时解说实现方法及装置"相关发明专利，成功入选第二届朝阳区高成长企业培育计划——"凤鸣计划"。在AIGC、区块链等前沿技术应用领域斩获一系列重量级奖项，其中央视频AI虚拟主持人生产力平台荣获2023年度"王选新闻科学技术奖"三等奖；用户集卡互动平台荣获第二届新视听媒体融合创意大赛—媒体融合模式创新赛道优秀奖；AI创作助手荣获2023年媒体融合创新技术与服务应用优秀项目奖。参与国家广播电视总局《网络视听节目音频响度技术要求和测量方法》标准编制，为网络视听行业可持续发展提供技术支持。

2. 强化自主可控的平台支撑能力与标准化管理水平，拓宽新技术应用场景，实现科技创新与节目创新、产品创新的多方位融合

央视频公司已顺利通过ISO9001质量管理体系及ISO27001信息安全管理体系再认证，完成系统集成商资质（CS）认证工作；积极推进融媒体制播技术服务体系建设，通过移动导播系统、视频互动连线系统、云导播系统、直播推流系统、大屏在线包装系统等技术，累计为50多个不同类型的节目提供服务；夯实安全播控保障体系，迭代升级智能审核服务系统，上线3D智能语音助手"央小频"，给予用户更加便捷友好的使用体验；完成央视频网页端升级，增强适配不同终端的产品、设计和研发支撑能力，推出可对外输出的跨平台播放器SDK和电视投屏SDK。

3. 高标准、高质量服务总台新媒体技术研发与平台建设项目

继续深化"总台算法"研究，算法应用范围已拓展至央视频全品类。联合技术局共同开展人工智能视频"横转竖"生产技术研究，提供更加流畅、精彩和个性化的竖屏视频观看体验；协助CGTN搭建网站用户系统，升级CGTN手机客户端，匹配不同国家多语种媒介交流习惯，助力总台提升国际传播影响力。

四、突出价值引领、创新表达与传播实效，推进优质媒资版权全产业链运营

截至2023年年底，央视频客户端累计下载5.45亿次，累计激活用户数2.3亿人，累计注册用户突破8100万，用户规模和活跃用户量继续稳居央媒新媒体平台首位。

1. 与多圈层用户实现同频共振，注重个性表达与共情传播，以创新力带动传播力

协同视听新媒体中心在杭州亚运会期间策划推出"CityWalk 杭城漫步"品牌活动，投放"亚运古风长卷"创意视频，累计覆盖超6.37亿用户；采用话题推广、专家约稿、创意海报等形式，强化"国聘行动"、《追着时间的厨房》、《国之大雅·二十四节气》等项目宣推效果，塑造平台品牌记忆点。持续发挥活动制作、品牌宣传等实力和优势，对接执行总台大型活动与重点节目宣传推广任务，在时间紧、任务重、规格高的常态化工作中，积极配合总经理室、各节目中心承办发布会、启动仪式、推介活动、论坛等共35场，高水平完成"品牌强国工程"相关传播项目，"大剧看总台""大片看总台"等总台发布活动，以优质高效的执行力和创造力获得合作方一致认可及好评。

2. 聚焦权威性、专业性、多元化垂类建设，深度链接品牌与用户

持续完善央视一套、影视、纪录、环球、美食、汽车等六大版面运营体系建设。其中，美食频道延续"花Young食堂"等版块，"小而美"策划推出"第三届澳门之味巡礼——五都荟萃《鲜生史》"等项目；汽车频道制作推出"'女性悦驾'主题征集活动"、《你的假期自驾安全LIST》等主题内容，多方位贴合目标用户需求。积极配合国家应急广播中心端内账号运营工作，策划推出"5·12"防灾减灾日主题直播、汛期主题专家访谈、119主题直播等内容，总播放量上涨近2400万次。

3. 加速梳理盘活总台媒资，释放独家内容价值潜能

在总经理室的整体部署下，央视频公司与技术局、音像资料馆、央视网等单位高效联动，组建专业团队抢时间、抓进度，全力克服历史媒资内容版本繁杂、素材质量参差、检索标准不一、编目方式滞后等问题，全年完成授权片单梳理约5900部，共15 000小时，形成十余项垂类产品包，同步加速搭建智能化"媒资管理枢纽平台"，安审、分发等功能已顺利投入使用。在此基础上，启动稀有媒资央视频锁会员机制，并与腾讯、百度、华为、搜狐等达成内容分发合作，为总台媒资价值开发不断拓展赋能。

五、全面贯彻党的二十大精神，强化组织建设，激发管理效能，以实际行动推动"两个维护"再上新台阶

1. 以深入开展主题教育为契机，强化政治机关意识教育和政治队伍建设

开展专题研讨，完成《推动"央地合作"可持续发展》《应用智能生成技术建设》等主题教育调研报告，持续推进党建与业务工作深度融合，推动主题教育理论学习成果深化；中央第十九指导组赴公司开展调研，对公司主题教育工作和业务开展情况予以高度肯定。

2. 持续深化队伍建设与人才机制创新

强化绩效考核机制，将绩效奖励与项目执行情况直接挂钩，激励各部门争先创优；优化人才培养机制，通过推优评优等方式，加强对优秀青年人才和核心骨干的培养与选拔；截至2023年年底，央视频公司员工平均年龄33岁，35岁及以下员工占比75%；有序落实人才政策，优化员工福利，开展文体活动，提升员工的获得感与幸福感。

3. 建立纪检监督与财会、审计、巡视监督贯通协调机制，构建覆盖全面、保障有力的监督体系

积极配合审计署审计工作，及时发现问题，推动解决问题，进一步建立健全制度机制，推动公司管理提质升级。

（央视频融媒体发展有限公司供稿）

央广传媒集团有限公司工作概况

2023年，央广传媒集团有限公司（简称"央广传媒集团"）认真贯彻落实总台决策部署，聚焦主业发展，盯紧降本增效，加强精益管理，持续优化业务结构和产业布局，品牌影响力、市场竞争力、业务创新力和抗风险能力进一步提升，稳健创新经营助推高质量发展，全年营业收入较2022年增长3%。

一、新媒体业务版块：持续强化用户意识和效果导向，打造差异化竞争优势，全面提升媒体融合经营能力

（一）云听新媒体平台建设

1. 云听以打造音频集成播控平台和高品质声音聚合分发平台为目标，聚焦差异化竞争优势，加速发展

截至2023年年底，全平台累计用户突破2.6亿，月活跃用户超过2000万，覆盖手机、车机、智能穿戴设备等多终端应用场景。车载业务提速发力，借助上海金桥智能汽车产业优势，建设央广云听智联汽车数字媒体产业基地，拓宽汽车数字媒体赛道，云听车载端装机量超8000万，进一步巩固车联网音频第一媒体位置。深化与全国各地广播电台合作，汇聚全国1900余套地方广播频率，成为全国电台直播流聚合第一平台，做到"上云听，听全国广播"。2023年，云听各营销版块创收稳中有升，营业收入较2022年增长137%。

2. 云听聚力打造有声资讯主流新平台，精耕总台新闻资源

通过"AI主播+AI编辑"赋能，日均资讯分发量超1200条，强化"听云听，知天下"用户认知；打造"听广播"和"听电视"专区，推动"互动+社交"媒体融合发展，开设中国之声、环球资讯广播、音乐之声等6个"云听直播间"，为用户提供直播、点听和回听服务，广播受众快速向云听平台回流。充分发挥声音新媒体特色，扎实抓好学习贯彻习近平新时代中国特色社会主义思想声音库建设，创新重大主题主线报道，以具"网感"的表达方式强化思想引领；上线《习近平著作选读》第一卷和第二卷（中央广播电视总台百名播音员主持人诵读版），全平台播放量超5000万次，实现总台出品主题教育权威教材的声音场景覆盖；围绕资讯、文化和知识三大内容战略方向，打造精品IP，策划推出《每天云听》《听见经典》《中国节气大会》《好书推荐官》《听见国风》《云听总台大剧》等精品节目，打造符合平台调性的高质量作品，收听量超4.3亿人次；深挖总台存量内容价值，动态运营《中国通史》《开讲啦·夜听》《中国诗词大会》等精品节目，激活优质内容长尾效应，收听量超16亿人次；打造国家文化工程项目"有声版中华文化精品库"，制作馆藏级融媒体系列有

声产品，弘扬中华优秀传统文化；围绕经典文学，陆续推出"茅盾文学奖作品展播""名家系列""红色经典作品""文学里的美丽中国"等13个主题策划，累计收听量达5.03亿人次，让主流文化引领平台导向。

（二）银河互联网电视业务

1. 严格落实国家广播电视总局治理要求，进一步开拓业务

银河互联网电视有限公司在执行各项政策要求的同时，持续巩固平台基础，积极构建泛屏生态，增强业务发展韧性，用户规模、收入、利润等指标在互联网电视行业继续保持领先；电信运营商渠道持续拓展业务空间，业务触达23个省份，计费基础用户较上年增长16%；巩固中国移动项目存量市场，拓展海南移动合作项目，在湖北、重庆、黑龙江和安徽积极寻求OTT业务牌照突破机会；主动拓展中国联通和中国电信新赛道，完成多省份项目商用落地。

2. 积极推广总台优质资源，云听内容在江苏完成落地商用，在宁夏、河北、云南、浙江、河南等地筹备上线，智能电视终端行业领先优势扩大

接入银河集成平台终端累计突破1.2亿台，"银河奇异果"累计安装量突破4亿。着力拓展新合作伙伴，成功开拓多项新终端及应用合作，包括酷开和优酷机型整机牌照合作，QQ音乐和百度网盘大屏版内容牌照合作，萤石、光元素、新智联等品牌投影仪牌照合作。广电融合业务保持快速增长势头，项目覆盖进一步扩大，实现22个省份和17个渠道共108个项目的线上运营，强化业务和渠道交付能力，促进用户转化率提升。同时，与国家卫生健康委员会百姓健康频道共同打造大健康业务平台，用"专业+服务"开展业务合作。

（三）央广网业务

央广网加快向一流原创视音频制作发布全媒体平台转型，奋力推动实现"满屏皆精品"和"两个效益"双丰收。

1. 精耕内容生产扩大影响力

聚力深化提升"头条工程"，全网551篇报道获中央网信办全网置顶推荐，较2022年提升34%，置顶数稳居全网新闻媒体第一梯队。《每日一习话》《习声回响》等"头条工程"重点栏目发布时政新闻产品539期，全平台触达人次较2022年提升38%。围绕重大主题宣传，打造51个传播量"过亿级"话题、205个热搜和97篇微信10万+报道，再创历史新高。根据总台新媒体传播月报，第三季度央广网抖音、微信账号阅览量排名"全台第二"，央广网微博账号阅览量位列"全台第三"，舆论引导力持续提升。打造"智媒+新闻指挥平台"，推出《看丹观察》《在现场》《24时区》《风起黄河》等一大批有影响、有口碑的新栏目、新节目，其中58个报道产品获全网置顶呈现，《声动中国》《中华经典诵读大会》等栏目被列为中央网信办年度网上重点宣传项目，传播效能全面提升。积极开展重大主题采访活动，继"宏大"系列主题报道《大开局》和《大时代》之后，推出第三部《大宏图·"县"在启航》，以52期系列报道、超28亿人次触达传播体量立体化呈现全国各县域践行新发展理念的生动实践，被700多家媒体转载。持续培育评论栏目品牌，深耕时评、网评和微评，《央广时评》《央广网评》《央广财评》等栏目共推出评论产品405篇，强化深度调查报道能力，社会影响力进一步凸显。推进"5G+AI智慧语音实验室"建设，升级"声音"特色智播资讯瀑布平台，内容发布量大幅增长，带动央广网移动端流量持续保持在较高水平，移动端各端累计用户达4918万，日均用户达274万。

2. 加强经营管理拓展营收规模

坚持守正创新，不断深化"一体两翼三创"发展规划布局，积极探索新的市场和业务，全力打造"内容+平台+渠道+服务"媒体生态体系，将传播优势转变为经营优势、市场优势和品牌优势。2023年，实现营业收入较2022年增长13%，利润总额较2022年增长8%。

二、广告及传统业务版块：大力推动创新，打造融合传播和融合营销生态圈，放大品牌传播效能

（一）央广广告业务

央广广告积极适应市场变化，多措并举寻求破局之道，推动广告经营稳步前行。

1. 不断革新经营理念

加快由单一广播广告营销向全媒体融合营销、由资源营销向价值营销、由受众营销向用户营销和由广告营销服务平台向媒体智库服务平台转型，通过提升服务能力和水平加大新客户开发力度，签约新客户35家。

2. 构建全媒体融合营销生态圈

把握广播广告经营突围方向，深度整合资源，推动内容与营销的融合和价值共创，创新打造融合营销项目，根据客户需求量身打造融媒定制产品。比如，与中国工商银行联合推出《共同富裕中国行》25集系列短视频在央视频、"央视财经"、央广网和云听同步播出；与浦发银行共创《早点·中国人》在中国之声、央广网和云听呈现；与航天宏图共创航天知识短视频科普栏目《航天知识100问》在云听专辑推送；与云听和一汽大众共同推出9·21成都演唱会等。这些整合各平台的营销产品不仅打破了广播单一的传播模式，满足客户个性化和多样性需求，而且对整合集纳全平台资源和打造央广融媒体生态圈起到积极促进作用。2023年，央广广告融媒体营销经营收入取得显著突破。

3. 以"大声势"强化市场推广

举办以"突围"为主题的央广广告2024融合营销推介会，深入上海、广州等重点区域市场举办媒体资源交流会，通过开展系列活动和密集宣推进一步强化媒体认知度和市场推广力度，为广告经营蓄势造势。

（二）交通传媒业务

中国交通广播在全国覆盖基本成型基础上，重点抓好节目创新和营销运营。

1. 内容创新方面

注重发挥交通广播行业媒体优势，贯彻落实关于"全面推进美丽中国建设"重大部署，制作推出交通领域专业人士参与录制的《美丽中国》整点报时。联动交通运输及文旅部门，聚焦交通保障和旅游消费，策划推出特别节目《大美风光看华夏》。紧贴民生热点，联合国铁集团宣传部推出"温暖回家路之过年的礼物——分享你的归家旅途故事"征集活

动；挖掘社会热点话题，打造《主播说》系列融媒节目。此外，积极参与报道国务院督查行动，与应急管理部、公安部和国铁集团达成合作，进一步提升中国交通广播品牌知名度和影响力。

2. 融合传播方面

在央视频和微信视频号开设《中国交通新闻》《央广车友会》等节目视频直播，实现音视频同步直播，推动"广播+融媒体"转型。着力建立新闻资讯一次采集、多种生成、移动优先和全媒发布的工作机制，节目内容与微信公众号、抖音号等新媒体账号矩阵有效融合，互为补充，互相引流。

3. 经营管理方面

充分开发频率资源，积极开展整合营销，探索媒体零售等新业务。

（三）央广视讯手机音视频业务

央广视讯传媒股份有限公司（简称"央广视讯"）加快推进战略转型和创新业务开拓，扎实做好核心业务梳理和管理优化。公司中标成为咪咕视讯审核合作伙伴，视听智慧党建等新业务进一步加快市场开拓步伐，全年实现多点创收。

三、媒体零售业务板块：加速电视"大屏"到移动"小屏"多屏布局，深化供应链整合和私域运营，扩大创收渠道

央广购物加快创新转型步伐，在狠抓内控管理的同时，精细化运营电视大屏主业，全力提速移动互联网短视频直播，深化多渠道多样态直播内容生产，加强对600万会员的私域运营，打造收入和利润增长点。

（央广传媒集团有限公司供稿）

国广传媒发展有限公司工作概况

2023年，国广传媒发展有限公司（简称"国广传媒"）认真落实总台党组决策部署，坚持稳中求进的总基调，稳妥化解历史遗留问题和经营风险，加强下属公司管理，积极拓展自身经营建设，在持续提升媒体融合能力、国际传播服务能力、技术服务平台建设等方面取得积极成果和进展。

一、加强融媒体建设，全面推进自主经营

2023年，国广传媒进一步提升运行效率和市场化、规范化经营水平，以项目为抓手积极助力构建新发展格局；持续深化广告形式和经营模式创新，加速向互联网主阵地挺进，最

大限度提升市场潜能。

1. 创新广告形式和经营模式

探索新的广告服务形式。针对市场变化，调整广告服务方向，从单纯的广告投放向广告与活动营销融合的模式转变。

提升媒体融合传播服务能力。以劲曲调频为主要平台，以"广播+新媒体+线下活动"为基本模式，打造融合传播产品，提高听众和用户的参与度，为客户提供更丰富多彩的品牌和产品营销渠道。

整合媒体资源提供多元化营销服务。在传统广播媒体资源之外，实现"广播+互联网+线下"融合传播。围绕媒体定位寻找市场趋势拓展营收模式。深耕劲曲调频在音乐领域的影响力，做大周边效应，衍生更多变现渠道。

2. 持续提升新媒体影响力

紧紧围绕HITFM品牌，加快新媒体业务的布局和建设，注册微信公众号，打造HITFM新媒体矩阵。通过多平台协同发布信息，为客户提供更多宣传渠道并增加HITFM品牌曝光率，取得良好传播效果。

3. 配合广告市场，提升节目内容建设能力

推进广播节目视频化。节目制作团队对广播的新歌、TOP20、中国电子音乐巅峰榜和XTRA版块进行视频化和新媒体化改造；精选剪辑制作国际流行音乐视频内容，形成破圈传播，获得大量增量用户。

制定不同新媒体平台的投放策略。针对不同新媒体平台的属性和用户定位制定分类投放策略。内容的持续更新为新媒体平台账号特别是微信公众号和视频号带来大幅度粉丝量增长。

围绕定位拓展内容来源。围绕劲曲调频广播定位拓展国际知名艺人采访，通过与音乐节等活动的合作制作音乐主题节目。

二、下属全资公司经营取得成效

1. 国广国际在线网络（北京）有限公司

2023年，国广国际在线网络（北京）有限公司（简称"国际在线"）立足自身定位，突出自身优势，网络国际传播工作提质增效，高质量发展取得突破，团队创新力战斗力持续增强，以实际行动推动"两个维护"再上新台阶。

扎实推进"头条工程"建设。原创栏目《讲习所》升级改版，全年推出的特刊中有20期被中央网信办全网置顶推送，总阅览量比2022年增长2倍以上。

完成重大主题主线报道。其中，《外媒视角看"中共二十大报告关键词"》系列图解海报均被中央网信办全网置顶推送。完成习近平主席出席南非金砖峰会并对南非进行国事访问等重大主题报道，全年搭建新闻专题29个，完成重要直播任务40场。

不断创新打造国际传播品牌活动。借助"洋网红"、外国专家等资源积极对外发声，讲好中国故事。

全力保障网站技术安全。国际在线承担国际在线中文网、海峡飞虹、南海之声、中广联合会网站、北京市政府门户网站国际版等多个网站的技术运维工作，完成全国两会、神舟十七号载人飞船发射等直播保障。

策划制作传播能力获得肯定。策划制作传播的精品内容和活动，获得了主管部门、地方政府、行业机构的高度认可。据不完全统计，2023年国际在线荣获各类奖项、感谢信等近80件。

着力推动国际传播研究培训体系建设。立

足重点打造的"国际传播智库",进一步扩大国际传播研究与培训业务范围和力度,着力提升自身国际传播能力建设并对外赋能。

2. 聚鲨环球精选频道

2023年,聚鲨环球精选频道从热点商品开发、频道品牌营销与高黏性会员服务入手,调整组织架构,优化成本结构,降本增效,实现稳定经营,配合渠道拓展优化、会员服务升级、运营战略创新等方面适应当下变化,全渠道通力协作,力保全年销售目标达成,并在聚鲨10周年庆、618狂欢节、88电视购物节、嗨购双11等大型促销活动期间取得销售突破,为全年业绩的稳定产出奠定基础。

在商品运营方面,强化重点供应商合作,深化重点品牌影响力,保证渠道销售稳步增长。在节目制作与播出方面,充分发挥电视媒体属性,精益节目制播环节,保证高质量节目内容制作与输出。在平台运营与渠道联动方面,通过发挥渠道优势与渠道协同效应,升级会员等级与会员权益,提升高黏性会员的消费体验。在覆盖拓展工作方面,大屏落地覆盖成本持续优化,持续聚焦区域市场优质资源,精细化拓展覆盖投入产出。在会员营销方面,在10周年期间发布全新会员等级及会员权益,推出"全力以赴,让您10分满意"公司理念。在会员服务方面,优化订购售后服务流程,确保整体服务质量提升与提高客户服务满意度。在物流品质管理方面,降低仓储及物流配送成本,规范质检相关流程,定期访厂调研确保商品质量。在信息管理方面,不断完善自主研发ERP系统,确保现有系统定期的迭代升级,顺利通过2021—2023年度ISO9001(2015)质量管理体系第三次监督评审,符合年度标准要求。在人力资源管理方面,重点培养核心员工,持续完善公司内部管理制度,提高用人效率。在财务管理方面,精细化成本控制,规避财务风险,确保公司资产安全。

与此同时,2023年聚鲨环球精选再次荣获"信用领跑企业"称号,并在组委会对企业信用状况综合评价中被授予优秀级《企业综合信用评价等级证书》,被北京市消费者协会选为首批签约入驻"96315消费纠纷和解绿色通道"的十家企业之一,被北京市消费者协会授予2023年度"诚信服务承诺单位"称号,是227家入选企业中唯一一家电视购物媒体平台。在2022年度行业评优中表现卓越,共斩获年度公益奖、优秀节目金奖6项和优秀节目银奖2项,刷新行业评优中获得奖牌数和金牌数的历史纪录。

3. 北京中广视传媒有限公司

在全媒体营销的背景下,以客户服务为核心,做好客户和代理公司服务工作。在客户关系管理方面,积极与客户沟通,深入了解客户需求,提供个性化广告解决方案。在广告策划和创意方面,根据客户需求和产品特点,提供有创意和吸引力的广告方案。在代理公司管理服务方面,推进年度代理谈判、媒体入库、播前排期、方案合同、广告播出及播后播证监播音频等相关对接联络执行工作。

同时,调整经营策略,大力拓展活动品牌项目。完成HITFM北京和上海生日月活动,推出"雅韵东方 向光而行"岚图汽车展示活动,与草莓音乐节和三星手机合作"Bring The Hit Back 嗨到莓朋友"融媒体活动,联合国际在线团队与滴滴合作"橙果计划"乐享会新媒体直播，与宝马MINI汽车深度合作举办PEPE欢乐跑和MINI车主后备箱市集，联合嘉士伯啤酒举办艺想突围派，在重庆举办第二届三联人文城市奖颁奖盛典，在天津举办"遇见MINI，遇见美好"的屋顶电音活动等。

（国广传媒发展有限公司供稿）

中广视资产管理有限公司工作概况

2023年，中广视资产管理有限公司（简称"中广视公司"）认真贯彻落实总台党组决策部署，做好总台"民心工程"、重大项目、地方业务发展用房装修改造运营等相关工作，凝心聚力抓好主业主责，持续增强发展动能，完成各项工作预期目标，为总台事业产业高质量发展和跨越式推进作出了贡献。

一、奋力开展项目建设、装修、改造、运营等工作

1. 全面推进总台涿州文化产业综合项目建设

2023年6月中旬，涿州项目（启动区）20栋主楼如期实现主体结构封顶，陆续完成项目一期后续住宅用地的各类审批和参建单位的招标工作。9月，一期后续住宅用地三个施工标段开展施工。2023年年底，项目启动区完成15栋主楼的外窗安装和5栋主楼的室内电梯安装，并同步进行公区吊顶、幕墙龙骨、室外管网等施工。项目一期后续住宅工程完成约107.85万立方米的土方开挖和5270根CFG桩施工。此外，依法依规取得项目二期1700余亩建设用地，完成用地涉及的产权证书办理，开展14宗居住用地的土地合宗，编制《设计标准手册》，启动项目策划工作。加快推进在建标段周边市政道路、给排水、电力、燃气等市政基础配套设施建设，夯实筑牢项目建设基础。

2. 加速推进国家（杭州）短视频基地项目建设

围绕项目"主流视听新媒体高地、大型文化综合体"的核心定位，参照5A级写字楼标准，组织设计单位优化建筑功能，全面提升设计品质，切实提高得房率。同时，按照总台有关要求，依法依规完成项目方案优化调整。进一步完善项目概算，有效保障合理性和准确性，切实把"过紧日子"要求落到实处。稳妥审慎完成场地平整、项目监理、施工图设计、过程复审、施工总承包、工程质量检测、基坑监测、沉降观测等招标工作，招标过程客观公正、科学择优，为项目顺利开工打下坚实基础。组织项目各方倒排工期，拟定时间表、路线图，争分夺秒推进工作，确保完成8月底前

施工总承包单位进场的节点性目标。9月下旬，召开项目建设动员会议，全面迈进项目施工建设阶段。

3. 积极助力超高清示范园"央视界"平稳起步

在总台项目领导小组、项目工作组和建设办公室领导下，中广视公司充分发挥工程管理专业优势，有效助力项目推进实施，完成项目建设管理方案调研报告，从可行性、适用性等角度对项目建设管理办法提出建设性建议，对项目工程设计招标文件提供评分设置比例等专业性意见，积极协调项目建设办公室的临时办公地点，全力做好配合服务。

4. 精准布局各地业务发展用房

完成中广视听谷（南京）项目园区食堂施工总包、监理及工程检测等招标采购，加紧实施装修改造。先后开展11项基础设施改造完善项目，助力园区长期运营与发展，为江苏总站提供全方位的后勤保障服务。园区招商方面，引入鼓楼区政府、南京艺术学院等引领示范单位，完成第2、4、7幢楼的对外出租，积极与南京师范大学出版社接洽第3、5、6幢楼租赁后入驻事宜。

开展天津总站项目的项目监理、造价咨询、施工图审查、房屋结构鉴定等参建单位遴选及施工单位招标工作，组织参建单位进场施工。截至2023年年底，完成工程形象进度达90%。同时，与天津总站深入沟通，明确服务需求，开展物业招标，迎接总站春节前入驻。

发挥专业特长，协助北京总站指导代建单位扎实开展北京米阳大厦项目施工及验收工作。8月15日，项目顺利完成竣工验收备案，为北京总站入驻提供基础条件。

持续跟进山东总站项目消防验收，根据山东总站需求，公开招标确定物业服务单位，规范物业管理标准及制度。

完成湖南长沙、广西南宁和四川成都三地业务发展用房前期可研报告、法律尽职调查和资产评估、购置协议等事宜，多点布局、精准发力，助力公司业务经营快速健康发展。

二、提升运行管理质效，推动公司高质量发展

持续深化制度建设、完善顶层设计、创新工作机制和加强业务融合，不断推进制度建设体系化、规范化和标准化。全面做好制度、流程的宣贯和培训，不断提升企业管理的制度化、规范化和精细化水准。全面落实总台"过紧日子"有关要求，深化开源节流和降本增效成果，持续强化企业成本意识。认真执行各项经费开支标准，切实做好财务审核把关。强化税务管理职能，积极争取优惠政策，提升税务价值创造能力。推动招标采购向优进阶、进中提质。中广视公司本部全年完成招标采购52次，全年采购项目中标价相比招标控制价平均下浮10%。

三、塑造发展新动能新优势，开创总台事业产业高质量发展全新局面

聚焦总台涿州文化产业综合项目规划设计理念，调研考察各类型企业，对标对表现代化"样板"新城和科技产业园区，探索制定涵盖"投、建、管、运"的全链条资产管理解决方案。聚焦国家（杭州）短视频基地项目平台定

位,坚持工程建设和业态运营双轮驱动、齐头并进,开展数字经济与沉浸式商业模式融合发展的课题研究。联合杭州文化广播电视集团设立中央广播电视总台(杭州)短视频基地有限公司,重点围绕电子竞技、短视频、直播电商等业务领域,加快推动项目落地落实。会同江苏总站深入研商,共同探索推动总台事业产业高质量发展的创新模式和有效路径,成立中广视听谷(南京)有限公司,有序开展中广视听谷(南京)项目园区的招商运营等相关工作。积极打造总台文创展陈空间,充分释放相关IP资源的文化内涵与独特优势,布局无形资产赋能园区运营,有力推动总台资产保值增值。

四、牢固树立重实绩、重实干、重潜力工作导向,着力锻造乐于奉献、勇于冲锋、敢战必赢的"资产管理铁军"

认真贯彻落实总台人才工作有关要求,升级绩效考核管理,完善人才梯队建设,优化人力资源配置,释放和激发员工潜能。建立统一的薪酬管理体系,搭建总部——子公司分级薪酬管控体系,实行业绩与绩效双对标,激励员工积极性,提高工作效率。积极开展年度管理人员选拔任用工作,按照工作规程公开选拔4名中层管理人员走上岗位,坚持人岗相适、才配其位,使公司成为员工获得尊重、施展才华、实现理想的可信赖、可依靠、有未来之地。

五、全力以赴确保安全和廉洁工作十拿十稳、万无一失

立足总台事业产业发展全局,持续筑牢安全生产思想观念,时刻绷紧安全生产之弦。持之以恒、毫不放松做好工程施工、消防安全、保密管理、应急值守等。中广视公司主要负责人切实履行职责,多次带队督查检查项目一线情况,真正把安全工作摆在首位、贯穿工程建设始终。各级各部门明确安全责任分工,确保压力层层传递,合力推进工作落实,真正做到守土有责、守土负责、守土尽责。坚定不移涵养新风正气,不断深化全面从严治党,持之以恒加固严守中央八项规定及其实施细则精神的思想和行为堤坝,驰而不息防止"四风"反弹,严密防范重大项目和关键岗位风险,持续为总台"民心工程"、重大项目和地方业务发展用房项目的高质高效建设运营营造干事创业和风清气正的良好氛围。

(中广视资产管理有限公司供稿)

中国国际广播出版社有限公司工作概况

2023年，中国国际广播出版社有限公司（简称"国广出版社"）深入贯彻落实总台党组对出版社作出的重要批示精神，朝着"建设国内一流传媒专业出版及产学研融合服务企业"战略目标继续深化改革、奋力开拓，顺利完成出版业务结构转型，并向以精品化、融合型和数字化为特征的专业出版高质量发展阶段进军。

一、企业"两个效益"加速提升

国广出版社2023年共出版加工重印纸质图书、音像制品、数字图书等各类出版物约399个品种（批次）。其中，新版图书218种、重印图书110个批次、数字图书71种、策划立项出版选题共336个、签订出版合同328份；全年发行图书近44万册（套）。出版业务核心指标均有明显增长。

在社会效益方面，国广出版社2023年保持了宣传出版导向、内容口径"100%安全"。国广出版社精品图书获奖量大幅增加。全年共有《红色印记——百件革命文物的声音档案》《影视文化学》等11种图书分别获得"全国党员教育培训优秀读物""全国书籍设计艺术展优秀奖""国家出版基金资助""中华学术外译推荐书目"等国家级奖项，《中国虚拟现实艺术发展报告》等11种传媒专业图书分别获得省部级奖项。全年出版《数字人文与中国电影知识体系》等11种国家级和省部级重点科研成果图书。3种中华优秀传统文化图书在国外落地出版。"北京电影学院学者文库丛书"等专业精品得到《人民日报》、人民网、中国记协网等主流媒体推荐报道。

为落实党和国家加强新闻队伍管理的重要改革举措，国广出版社编写出版国内首套全国新闻记者职业资格考试培训教材及辅导用书，成为当年最畅销的传媒职业教育图书。

在经济效益方面，国广出版社克服洪涝灾害冲击等困难，全年营业收入同比增长6.25%、经营利润剔除因洪涝灾害造成的资产损失后同比增长22%；国有资本保值增值率达103.65%；职工待遇继续与企业效益同步提高，全年工资总额同比增长约9%。

二、成功转型为传媒专业出版企业

总台党组曾就国广出版社发展作出重要批示："抓住总台发展契机，用足资质资源，找准出版定位，谋划发展路径，做大做强产业。"

为此，国广出版社历经5年探索开拓，对准"建设国内一流传媒专业出版及产学研融合服务企业"发展战略目标，持续调整出版方向和开发市场资源，深入开展编辑出版、发行营销、企业管理等业务系统改革，不断积累转型成果。特别是2023年，国广出版社的传媒专业出版营收占比已达80%，专业图书发行量同比增长70%，传媒专业图书出版品种当年占比已达70%，全库存图书品种码洋占比超过50%。这一系列数据表明，国广出版社已成功搭建起专业出版业务结构，完成从"社科综合类出版社"向"传媒专业出版社"的市场定位转型。

2023年，国广出版社还积极探索开发传媒教育培训、传媒科研服务、融媒体数据库建设等融合发展项目，同时完善出版流程管理和出版综合质量管理，狠抓编辑队伍培养，在做精做强主营出版业务的同时，稳步进入"精品化出版、多媒体融合、多元化运营"的传媒专业出版高质量发展阶段。

三、着力打造总台"出版铁军"

2023年，国广出版社党支部坚持以政治建设和思想建设引领企业发展，努力提高守正创新能力。精心部署和深入开展主题教育的政治理论学习，坚持政治理论学习在各部门和各岗位全方位、全覆盖与常态化。坚持政治理论学习、党性培养与业务实践紧密结合，评选首届图书质量优胜奖，强化编辑队伍内容把关和精品意识。支部书记带队深入兰考，策划主题出版项目，学习焦裕禄精神，强化"出版党性"。各部门瞄准业务难点与痛点，组织实施"深耕视听传播精品 助力专业人才建设"等10多个调研项目，提高学用结合能力。

国广出版社党支部坚持以组织建设和作风建设助推企业发展。以"学习英雄模范 传承建党精神"为主题，组织走进董存瑞家乡调研实践等活动。顺利完成支部委员会换届选举，吸收年轻骨干。全体党员干部和入党积极分子在涿州图书库房抗洪救灾保产复工、抢时效出版《中央广播电视总台年鉴》（2022）、"全国新闻记者职业资格考试培训丛书"，在完善图书质量监管、财会纪律专项整治、筹建融合运营中心等急难险重工作任务中始终冲在前头、苦干实干，充分发挥战斗堡垒和先锋模范作用。

国广出版社党支部坚持以纪律建设和制度建设督导发展，强化依法依规治社。将意识形态工作责任制落实与出版流程规范管理紧密结合，将党的纪律监督检查与企业财会管理紧密结合。企业领导班子成员、党员干部始终站在内容管理第一线，严格落实《党支部意识形态工作责任制实施细则》。各业务部门把党建工作要求纳入日常业务和绩效考核。制定实施《进一步加强财会监督工作实施方案》，对经营部门进行全面深入监督检查，及时发现并纠正问题。制定、完善《三重一大制度实施办法》等一批规章制度。

（中国国际广播出版社有限公司供稿）

北京国广物业管理有限公司工作概况

北京国广物业管理有限公司（简称"国广物业公司"）主营业务为物业管理。服务物业项目有总台鲁谷办公区及原国际台家属楼、梵谷水郡住宅小区，代管北京国广公寓有限公司（外籍专家公寓楼）及鲁谷办公区餐厅工作。2023年，国广物业公司坚持"汗水铸就品牌、品牌铸就事业"的经营理念，以安全服务保障为己任，将党建工作与企业发展紧密融合，夯实基础工作，做好服务保障，不断探索具有国广品牌的物业发展道路，各项工作稳步推进。

一、物业服务保障工作周到细致

2023年度，国广物业公司严格执行总台办公厅物业管理处有关要求，高标准、严要求完成办公区内疫情防控、直播保障、综合维修保养、绿化保洁、会务接待等各项工作，尤其是对办公区设备设施的运行管理及巡视检查工作，提高"维修及时率""质量合格率"，确保出现问题及时处置。2023年度派出千余人次完成公共区域吊顶、墙面、地面、楼宇门、窗帷、锁具等零维修工作。切实履行服务合同要求，为总台鲁谷职工提供舒适的办公环境。

二、外籍公寓居住环境舒适便利

按照总台和属地政府工作要求，国广公寓管理团队按照工作计划，为总台外籍专家营造安全、舒适和便利的宜居环境。公司充分利用公寓现有资源，在大堂区域开设咖啡厅，在多功能厅开设羽毛球业务，为居住在公寓内的总台职工提供休闲运动的场所。开展对居住人员满意度调查，收集整理住户需求和关心的问题，并及时制定解决方案。

三、菜品质量稳步提升

公司班子成员围绕提升餐饮品质、服务质量等具体工作，深入开展专题调研多家餐饮机构。公司通过意见征询、外出走访、学习参观等形式，了解服务工作的需求及不足，并通过人员培训、制度完善、调整补充采购渠道、丰富菜品花样等及时逐项调整改进。通过探索工作新思路新办法，着力把调研成果转化为促进提高总台餐饮服务保障水平的实际行动。

四、坚持党建引领　统筹企业发展

国广物业公司坚持党建引领统筹企业发展，在企业生产经营过程中，涉及重大事项由公司党支部前置讨论研究，充分发挥党支部的民主决策程序作用，坚持党管企业的原则；充分发挥党组织的战斗堡垒作用和党员的先锋模范作用，以习近平新时代中国特色社会主义思想为指导，加强党建工作，把党的建设作为推动企业发展和突破难点的关键，实现党建工作与企业发展协同推进。

五、抓巡视整改落实　固化巡视整改成果

根据总台党组巡视工作统一部署，2023年4月至6月，总台党组第五巡视组对国广物业公司党支部开展常规巡视。公司按照巡视组要求积极配合提供相关巡视材料，组织中层以上领导干部配合谈话工作，对巡视组提出的可立行立改的问题第一时间组织整改。9月20日，巡视组向国广物业公司党支部反馈了巡视意见，对巡视组提出的整改问题，公司党支部积极进行整改，着力推进公司各项工作水平不断提升。

（北京国广物业管理有限公司供稿）

人事局地方机构管理中心工作概况

2023年，总台31个地方总站科学谋划全年工作、在重要节点、重大报道中精准发力、担当作为，宣传报道、总站建设、项目落地等各项工作纵深推进，呈现出多点开花的良好局面。

一、宣传报道有声有势、出新出彩，为服务党和国家工作大局提供强大舆论支持

1. 深耕主题主线报道，助力总台"头条工程"创新升级

配合完成习近平总书记重大活动、重要论述等时政报道任务，在《总书记的惦念》《总书记的人民情怀》《新思想引领新征程》《时政微视频》《时政微纪录》等专栏中推出多篇报道；准确把握各地发展脉搏，以"强信心"为重点，突出"开好局、起好步"主题，配合做好《实干笃行·大省勇担当》《开局之年看中国》《提振信心在行动》《高质量发展调研行》《走进县城看发展》《乡村行　看振兴》等报道，自主策划推出"开新局"系列报道，围绕2023年开年以来的新目标和新做法，话机遇、谈挑战、理思路，反映各地各领域的新气象和新作为，展现中国经济发展的潜力和韧性。

2. 精准把握突发事件和时事热点时度效，有力有效引领舆论场

在京津冀地区和东北地区防汛抗洪救灾与"2·22"内蒙古阿拉善新井煤业露天煤矿特别重大坍塌事故、"6·21"宁夏银川富洋烧烤店特别重大燃气爆炸事故、"7·23"齐齐哈尔体育馆屋顶坍塌事故、"11·16"山西吕梁永聚煤业办公楼重大火灾事故等报道中，快速反应，实现"首达首发"，持续跟踪救援处置进展，为总台各平台提供大量权威独家现场直播、动态消息与深度报道，回应社会关切，成为全网信源；聚焦三峡库区存危岩崩塌隐患、南水北调中线工程水源区遭偷排黑臭污水、边境城市发展现状、甘肃庆阳高标准农田建设乱象、安徽蚌埠"围墙挡景"乱象等事关国计民生的问题，加大力度开展舆论监督和深度调查报道，为地方经济社会高质量发展提供有价值的信息参考，有力推动相关问题解决。

3. 突出创新引领，打造"总站出品"融媒体精品节目

瞄准科技前沿，持续推动上海国际传媒港"5G+4K/8K超高清制播示范平台"建设，加强与行业领先企业、科研院所、高校对接，为创新讲好中国故事夯实"技术+"基础；在《2023候鸟迁徙》《2023"巅峰使命"珠峰科考》《2023湟鱼洄游季 再探青海湖》《2023钱塘观潮》等系列特别节目和《何以中国·渝见》《新疆牧业开新局》等主题报道中，使用超高清、超长焦、超高速摄像机和穿越机、水陆两栖无人机、红外记录仪等拍摄器材，应用VR、AR、虚拟主持人等前沿技术，带来创意十足、新风扑面的视听体验和交互体验；深度发掘地域文化内涵外延，打造《北京二十四节气图鉴》《古"津"博谈二十四节气》《齐鲁巨匠·手造》等一批融媒体报道，创新推出新媒体述评产品《湾区三分钟》，进一步拓展全媒体报道的广度深度。

二、总站建设纵深推进、卓有成效，为总站高质量发展蓄势赋能

1. 深化制度建设、狠抓制度执行，促进总站科学管理、规范运行

健全制度体系，对照《新闻单位驻地方机构管理办法（试行）》《地方总站管理办法》等国家和总台的有关规定，梳理站内组建近三年来出台的各项制度，对标对表、查漏补缺，新建新闻采编工作自查评估、安全播出、技术管理、业务团队管理等制度；对站内已有的党建工作、行政运行、通联、区域合作、督查督办等的管理制度与办法细则，广泛征求意见并进行针对性修改完善；调整现行宣传机制与发展不相适应、与新形势要求不相符合的内容，修订新闻宣传考核办法，细化总站新媒体号内容采制、审核、发布流程。

2. 大力培养青年人才，助推总站焕发更强的生机和活力

肩负起使用和培养赴总站"蹲苗"青年业务骨干、赴总站锻炼新入职员工的主体责任，从政治学习、业务指导、项目历练等方面，量身定制培养计划；挖掘优秀人才担任总站内设部门负责人，探索推进业务团队管理模式，让有担当、有作为、德才兼备的人才在最佳时段走上最佳岗位、作出最大贡献；打造"流萤学堂""浦江大讲堂""太阳岛课堂""曲江讲堂"等总站特色业务培训品牌，开展"业务大比武""八分钟论坛"，实行"项目制""导师制"，给予年轻人在重大任务、重要岗位历练的机会。

三、区域合作稳中向好、提质升级，积极融入和服务总台新发展格局

1. 强化"一盘棋"意识，稳扎稳打推进总台重点项目建设

协同总台有关部门推进超高清视音频制播呈现国家重点实验室、超高清示范园"央视界"、国家（杭州）短视频基地、上海国际传媒港、中国—东盟传媒港、涿州项目、版权交易中心、国家多语种影视译制基地、电竞平台、总台异地灾备数据中心等项目建设；推进"百城千屏"公共大屏项目建设，力促各地加大投入，实现全国90座城市710余块户外地标大屏组网，全国省市区覆盖率达96.8%，新建及组网总量增长27.3%，初步形成常态化编播保障机制，服务总台2023年春晚、2023年秋晚、杭州亚运会、成都大运会等重大赛事和活动宣推投放；持续开拓总台版权、衍生品合作增量，2023年春晚版权合作实现视频平台、社交平台、音频平台等全品类覆盖，新媒体用户规模较2022年增加64%，举办中央广播电视总台首届版权生态合作大会，与多家机构签署战略合作协议，与平台方达成版权合作。

2. 深化"央地联动"，开创总站多元发展新局面

创新办好"奋斗有我 国聘行动"等活动，与地方联合策划、组织、执行"2023年全国消费促进月暨京津冀消费季""推动共同富裕浙江实践研讨会暨媒体行动""粤港澳大湾区消费季暨第三届直播电商节""2023国际消费季暨第四届上海'五五购物节'""2023湖北'6·16三好节'暨武汉国际消费季""2023河南夏日消费季""2023成渝双城消费节"等一系列重点活动；促成多地支柱产业、大型企业加入总台"品牌强国工程"，升级"新时代 新鲁菜"创新职业技能竞赛、"中国影视之夜"、中国城市数字经济论坛等已有IP，创新打造"我喜爱的乡村振兴齐鲁样板"、总台"金牌新字号"大型融媒体活动暨《夜经济活力指数报告》发布活动、"一起咖啡吧"沪上咖啡嘉年华等系列媒体活动，推动《乘着大巴看中国》《原声天籁——中国民歌盛典》、2023年端午特别节目《碧水长歌颂端阳》《2023扬帆远航大湾区音乐会》等重点项目落地。深化与国家体育总局的战略合作，持续开发总台自主赛事品牌"中国网球巡回赛"，举办2023上海电竞大师赛，拓展"村超"、"村BA"、长春马拉松等地方特色体育赛事合作空间。

3. 常态化开展"护牌行动"，宣推总台重要活动和重点报道，放大总台品牌效应

开展"护牌行动"，协调推动多地处置多起冒用总台名义实施的侵权违法行为，切实维护总台形象和合法权益；在2023"东盟伙伴"媒体合作论坛、第二届全球媒体创新论坛、2023中国国际大数据产业博览会"数智融媒"论坛、第六届数字中国建设峰会等活动上展现总台以"5G+4K/8K+AI"科技创新赋能媒体深度融合的最新成果；依托"一键触发"宣推机制和分级分类宣推工作流程，宣推《签约！中央广播电视总台与北美职业冰球联盟、美国网球协会宣告合作》《首次公开！总台独家影像揭露日本侵华滔天罪行》等多篇总台重要活动、重点报道，平均每篇被地方各级媒体转载超1100条（次）。

（人事局供稿）

北京总站工作概况

2023年，北京总站积极落实总台党组工作部署，按照"首善标准、首善速度、先试先行、敢想敢干"的工作思路，在以重点项目为依托、新媒体为平台、新技术为动力、地面活动为补充的融合采编、锤炼队伍、联动各方的融合发展道路上不断取得新成效。

2023年，北京总站发稿3360条，其中《新闻联播》发稿271条，为助力首都高质量发展、展示中国式现代化的北京画卷作出应有贡献。

一、充分发挥总台宣传报道主力军压舱石作用

全面学习贯彻落实党的二十大精神，生动展示好习近平新时代中国特色社会主义思想的北京实践。2023年新年伊始，北京总站在北京两会期间，集合全站资源力量，独家权威采制发布高端访谈系列报道《书记区长说》，邀请北京市16个区和经开区的主要负责人，畅聊2023年各区在经济建设、社会治理、民生保障等方面的三件大事。该系列访谈的全网总阅读量超过3亿人次，成为北京总站紧紧把握新闻"时度效"要求、发挥主流媒体舆论引导功能的有力举措。在新冠疫情调整为"乙类乙管"后，就北京如何促进消费的提升、助推经济发展，北京总站采访北京市代市长殷勇，制作推出《北京市代市长谈"乙类乙管"》，成为全国首个谈统筹疫情防控和生产生活的地方主官，受到广泛关注。

自学习贯彻习近平新时代中国特色社会主义思想主题教育开展以来，北京总站策划、采制《北京扎实调研解难题　着力优化营商环境》《创新驱动　北京全力打造国际科创中心》《生态持续向好　北京打造生物多样性之都》《〈党旗在基层一线高高飘扬〉冲锋在前　全力守护百姓安全》《新时代新征程新伟业｜持续优化营商环境　打造"北京服务"品牌》《新思想引领新征程｜加大生态建设　绘就美丽北京新篇章》等一系列主题报道，并在《新闻联播》播出，生动展示北京践行习近平新时代中国特色社会主义思想在经济发展、科技创新、生态环境保护等方面的累累硕果。

围绕"建设一个什么样的首都，怎样建设首都"这一时代课题，北京总站与《前线》杂志社合作推出《新征程的首都答卷》系列专题报道，从城市副中心建设、疏解整治促提升、协同发展、生态保护、全国文化中心建设等多维度、立体化展现新时代新征程上的首都发展新画卷。该系列节目在央视新闻客户端、《前线》新媒体端推出后，不仅北京市属媒体积极转发，《人民日报》等央媒也纷纷转载，还在北京地铁、公交进行持续约两个月的播放，为营造北京良好发展氛围、提

升总台影响再添新成效。

二、以项目为着力点，融合媒体发力，将总台品牌资源优势与地方所急所需充分结合

2023年，北京总站紧扣主责主业，大力推动宣传报道、媒体活动、合作项目等全链条、全方位、全领域创新。在巩固提升宣传"基本盘"的同时，北京总站向创新活动要增量，实现"两个效益"双丰收。2023年年初，"2023年全国消费促进月暨京津冀消费季"启动，北京总站与北京市联合策划，相继推出亮马河通航、北京平谷国际桃花节、新工体整体亮相、北京朝阳国际茶香文化节、2023年"多彩京秋·全民赏红暨融媒体行动"、2023北京朝阳国际灯光节、北京科幻嘉年华等一系列影响大、反响好、热度高的媒体活动。其中，北京朝阳国际茶香文化节直播总观看量突破500万人次，"多彩京秋"融媒体行动吸引超1亿人次"打卡"参与，带动绿色消费超33亿元。

北京总站积极服务总台新质生产力，助力重点项目拔节生长。按照"高起点、高科技、国际领先"的目标，协调推进总台超高清示范园"央视界"建设，联系首都规划委、北京市等多部门，推进规划设计报审，并于2023年年底正式启动示范园建设。协调推动总台金融街观察点建设，使之成为总台做强财经报道、讲好中国金融故事的重要平台，策划举办的揭牌启用仪式引起业界轰动。挂牌成立"中央广播电视总台北京总站科幻前沿技术实践基地"，为总台和地方的科技合作架通桥梁。与北京景山学校签订战略合作协议，发挥双方优势，在新闻宣传、主题活动、艺术教育、学校融媒体中心共建等方面开展深入合作，助力新时代教育教学创新改革。

北京总站还多次通过精准设置议题，有效引导舆论。针对年初新冠疫情调整为"乙类乙管"后，北京总站适时推出《北京市代市长谈"乙类乙管"》专访，回应社会关切。在特大暴雨对北京造成严重影响、多区域发生洪涝和地质灾害时，北京总站作为总台"先锋队"，第一时间奔赴现场，以权威信息引导舆论，并先后在北京暴雨、抗汛救灾、灾后恢复重建等不同阶段，进行全程跟踪报道，持续保持每天在《新闻联播》有北京市相关报道播出，多篇报道实现现象级传播。

三、以党建创新为引领，聚众合力融入总台高质量发展新征程

以学习贯彻习近平新时代中国特色社会主义思想主题教育为契机，切实发挥党建引领功能，北京总站努力将主题教育学习成果转化为攻坚克难、干事创业的强大动力和具体实践。一方面，按照总台党组部署要求，北京总站以学为基，结合实际制定主题教育实施方案，定期进行专题集中学习；另一方面，不断完善"调研+业务"创新模式，先后前往北京市水务局调研"汛期应对准备"、经开区调研"科技能力创新"、新华社北京分社调研"提升行政管理效能"等，以业务强调研、以调研促业务，进一步提升扎根北京、宣传北京的能力水平。同时，北京总站将新闻业务和党建活动、理论学习有机结合，在蒙藏学校旧址、清华园火车站、中国人民抗日战争纪念馆等开展

了丰富多样的主题党日活动。加强党支部标准化规范化建设。继 2022 年北京总站第一党支部荣获"四强"党支部称号后,2023 年北京总站第二党支部也荣获 2023 年度中央和国家机关工委"四强"党支部称号和总台"四强"党支部称号。

北京总站持续开展总站社会主义核心价值观大讨论,强化心往一处想、劲往一处使的共同价值理念,推动"爱台爱站、创新创优、用心用情、从严从实"的站训更加深入人心。同时,通过活动和项目练队伍、强本领,注重年轻干部培养,在节目创新工作环节中大力培养新人,给年轻人压担子、树目标。北京总站创新提出"记者牵头的项目负责制",培养"全面开花"的全能型人才,锤炼"一个人就是一支队伍"的工作作风。

(北京总站供稿)

天津总站工作概况

2023 年,天津总站坚决落实总台党组工作部署,精心谋划、主动作为,全力推动总站综合实力不断跃升。

一、多措并举提高宣传报道质量,有力提升总台引领力、传播力、影响力

2023 年,天津总站全力做好宣传报道工作,多次得到天津市委市政府主要领导及总台主要领导的充分肯定。全年在总台各平台共播发报道 2648 篇,其中《新闻联播》156 篇,《新闻和报纸摘要》89 篇,新媒体 621 篇。

1. 精心做好主题主线报道

多角度呈现天津推动高质量发展举措。2023 年,总站以强信心为首要任务,聚焦经济社会发展主战场,结合天津实施的"十项行动"制作的《开好局 起好步丨天津:抓项目 促创新 稳中求进》等报道在《新闻联播》《新闻和报纸摘要》单条播发。

聚焦京津冀协同发展最新进展,展现国家战略中的天津作为。天津总站报道团队全方位了解京津冀协同发展最新进展情况,采制《天津:深度融入京津冀 塑造发展新动能》等多篇报道,在《新闻联播》《东方时空》等栏目播出。

积极做好主题教育报道工作,推动主题教育走深走实。聚焦"科技成果转化难"等堵点,总站采制报道《以学促干 为高质量发展注入创新动能》在《新闻联播》播出,好评如潮。

2. 高质量完成重大活动报道,有力提升总台、总站影响力

2023 年,天津总站充分发挥总台大小屏融合传播优势,完成多项重大活动报道。

圆满完成第七届世界智能大会报道。积极推动总台成为第七届世界智能大会新增的主办单位，大会期间累计在总台各平台发稿97篇，助力我国智能科技产业发展。

高标准完成世界经济论坛第十四届新领军者年会宣传报道任务。2023年6月，世界经济论坛第十四届新领军者年会在天津举行，天津总站与新闻中心等部门和平台沟通联络，共同策划选题，做好前期保障，共发稿240余篇。

全景式展示第二届全国技能大赛盛况。天津总站创新报道内容和形式，多角度展现技能大赛精彩比赛，在《共同关注》《焦点访谈》等栏目推出《全国技能大赛比拼中顶尖工匠如何炼成》《职教院校走出的金牌工匠》等报道。

3. 提高应急反应能力，积极引导社会舆论

2023年7月，海河流域发生特大洪水。天津总站迅速启动应急报道机制，连续一个月不间断播发报道，及时回应社会关切，快速发出权威声音。

4. 提高精品节目生产能力

2022年年末至2023年年初，天津总站制作推出三篇年终盘点系列，回顾2022年总站采制的报道，讲述天津各领域的新气象、新成果和百姓的获得感，系列产品得到天津市宣传部门高度评价。

精心拍摄制作老兵口述史《峥嵘岁月　家国记忆》（第二季），先后在央视频、"央视新闻"、央视军事频道、"央视军事"新媒体、央视网等平台播出，全部9集节目均被中央网信办全网转发并置顶推送。

联合天津市委宣传部等部门，梳理天津围绕京津冀协同、科技创新等方面实施"十项行动"取得的成效，创新打造系列融媒体节目《"十项行动"看发展》年终特别报道，连续十天在"央视新闻"、央视频等总台新媒体平台推出，业内广泛好评。

持续打造一批有情怀、有温度、有深度的人物报道，策划推出《韩雷：知识成就梦想　努力逆袭人生　以勤补拙　一路追赶奔赴人生下一站》等多个人物报道节目，讲述"平凡人"的不平凡，为社会发展注入温暖力量。

持续升级原创融媒体产品《古"津"博谈二十四节气》，继续以"二十四节气"为主题，融合天津文化、旅游、农业、教育等高度关联群众生产生活的内容，彰显天津深厚的城市文化底蕴。

5. 与台内各部门加强协同配合，为总台报道作出天津贡献

配合视听新媒体中心，圆满完成"奋斗有我　国聘行动"促进女大学生就业专场承办及宣传报道工作，在《新闻联播》《新闻直播间》等栏目及时播发。

第六届中国天津国际直升机博览会于9月在天津举行，总站发挥驻站优势，积极做好总台新闻中心、军事中心等百余人报道团队后勤保障服务，协助进行直播报道，单日新媒体直播观看量近千万人次。

积极配合总台《乡村行　看振兴》特别节目。10月，总台新闻中心推出《乡村行　看振兴》特别策划，天津总站第一时间派出记者，配合新闻中心完成多期节目的制作。

二、积极推进对外联络交流合作，有效扩大总台在地方的影响力

争创优秀新闻作品，巩固增强总台品牌优

势。在2022年度天津市新闻奖评选中，天津总站采制的4篇新闻报道获得一等奖，各有两篇报道获得二等奖和三等奖。

鼓励青年人才进步，深度融入地方工作。天津总站两名记者当选为天津市青联委员。天津总站1名记者受邀进入"天津市'新时代先进人物进校园'资源库"，参与天津大中小学思想政治教育工作。

三、精心筹备，全力推进重点项目落实

1. 持续推进天津总站新址建设项目工作

协助中广视公司积极推进相关工作。8月16日，天津总站新址装修改造工程正式开工。积极对接技术局和财务局，推动天津总站全媒体制播系统的方案制定和请示报批工作。

2. 推进"百城千屏"双面屏体设计在天津落地

2023年年初，积极推动天津市首个引入中央广播电视总台8K超高清频道的户外电视大屏项目落地，采用双面屏体设计，是"百城千屏"布局中的首例。

四、以党建为引领，不断促进党建和业务深度融合

天津总站深入开展学习贯彻习近平新时代中国特色社会主义思想主题教育，扎实推进总站建设。加强制度建设，制定完善《新闻采编工作记录管理办法（试行）》等多项制度。抓实党建工作，开展党支部理论学习、主题党日活动，完成党支部换届选举工作。

狠抓业务能力建设。每周选题会上设立"第一议题"环节，全体采编人员围绕习近平总书记重要讲话、中央重要会议精神进行集体学习和重点解读；组织开展"双周培训"，邀请专家及相关部门负责人来站授课，为相关报道做好专业化知识储备；结合重点项目不定期召开"八分钟论坛"，营造浓厚业务研讨氛围；与天津市重点部门进一步密切突发事件的迅报机制，提高总站应急报道能力。

持续完善人才队伍建设。协助总台人事局和央视科华公司招聘工作人员。配合做好新入职大学生及"蹲苗"人员到站培养锻炼，高标准完成有关人员的岗前培训和使用工作。

（天津总站供稿）

河北总站工作概况

2023年，河北总站围绕京津冀协同发展、雄安新区建设等，生动鲜活地讲好中国故事、河北故事，在重大新闻事件中抢首发、争独家、比深度，出色完成2023年7月特大暴雨洪涝灾害报道和重大时政报道任务。加强畅通外联，提升总台在河北影响力。2023年，河北总站集体获雄安新区高质量发展先进集体突出贡献奖，1人获先进个人突出贡献奖，第二党支部先后荣获总台、中央和国家机关"四强"党支部，1人获中央广播电视总台第二届青年英才称号。总台领导和河北省委省政府主要领导同志12次批示肯定总站工作。

一、聚焦宣传主业，做好重大报道

2023年，河北总站在总台各平台播发稿件共10 545篇，其中《新闻联播》155篇。在业务考核排名中，河北总站从第一季度的第18位上升至第三季度的第11位。

高质量配合完成时政报道任务。5月10日至12日，习近平总书记在河北省雄安新区、沧州市、石家庄市等地考察指导。11月10日，习近平总书记在北京、河北考察灾后恢复重建工作。习近平总书记两次到河北考察，河北总站积极配合总台有关部门高质量完成时政报道和反响报道。其中，在习近平总书记到北京、河北考察灾后恢复重建工作报道中，河北总站与总台相关部门密切配合、高效协同，共同采制的相关报道跨媒体总阅读观看量达4.44亿人次，取得较好传播效果，受到河北省委省政府主要领导同志肯定表扬。

全力以赴组织防汛抗洪救灾全媒体宣传报道。7月27日至8月2日，河北遭遇历史罕见特大暴雨洪灾。河北总站闻令即动，派出多路记者挺进受灾严重的涿州市，近30人轮流驻守报道一个多月，播发全媒体报道400多篇，其中《新闻联播》30多篇。河北总站报道工作受到中央领导同志及总台领导表扬。同时，围绕"灾区群众过冬"等，总站记者多次深入涿州社区、村庄，在《焦点访谈》等栏目推出《让灾区群众温暖过冬》等报道，得到河北省委省政府领导同志肯定。

雄安新区设立六周年报道取得较好传播效果。在雄安新区设立六周年报道中，河北总站尽锐出战，在电视端、广播端和新媒体端播发《雄安新区："未来之城"雄姿初显》《雄安新区建设持续提速，打造承接北京非首都功能疏解的高质量样板》《探访"未来之城"》等60多篇稿件。

央视频账号"央视河北"、央视新闻客户端账号"河北总站"等影响力明显提升。积极推进这两个新媒体账号改版升级，树立精品意识，突出文化旅游、生态保护等主题，陆续推出《金秋丰收季》《行走长城》等短视频产品，稿件质量和影响力明显提升。截至2023年年底,央视频账号"央视河北"发稿达1.6万多条,央视新闻客户端账号"河北总站"粉丝量近60万,两项数据稳居总台全国总站前列。

围绕河北重大文旅商贸活动,推出系列报道,积极参与总台重大策划,让河北在总台各平台精彩亮相。河北总站聚焦"2023年全国消费促进月暨京津冀消费季"、2023年中国·廊坊国际经济贸易洽谈会、2023中国国际数字经济博览会、第七届河北省旅游产业发展大会、第十九届中国吴桥国际杂技艺术节等活动,围绕红色旅游火爆、夜经济繁荣等,在《新闻联播》《新闻和报纸摘要》《新闻直播间》《朝闻天下》等栏目和新媒体平台推出系列报道,引发热烈反响。

4月至5月,完成在涿州市举行的2023中国村歌大赛和2023保定马拉松赛事直播任务。杭州亚运会期间,先后派出6人赶赴浙江支援,出色完成火炬传递和赛事报道,1人获总台嘉奖。11月,积极参与《2023候鸟迁徙》特别节目,推出《曹妃甸湿地候鸟云集》等直播,取得较好传播效果。

二、畅通外联,配合推进涿州项目等总台重点项目

河北总站代表总台参加全国文化和旅游新媒体创新发展大会。河北总站不断完善与河北省委、保定市、涿州市及中广视资产管理有限公司的对接机制,推动涿州项目列入河北省重点项目,总站负责人多次到项目基地实地调研、沟通,全方位协调保障项目建设顺利推进。主动作为,加强与省直部门和地市沟通,配合总台相关部门深入推进"两个效益"工作。

三、完善制度和机制,加强队伍建设

制定《河北总站加强年轻干部和人才队伍建设的实施意见》。编辑、记者和技术人员重新排列组合,成立三个采编小组,定期对重特大节目复盘总结,提升综合能力。组织全站人员在雄安新区开展"我与雄安共成长记者林"植树活动,赴西柏坡开展"团结就是力量"主题活动,增强队伍凝聚力。完成2022年新入职员工锻炼工作,认真组织第三批"蹲苗"人员和2023年新入职员工培养工作。

四、扎实推进主题教育,推进全面从严治党和党风廉政建设

2023年,河北总站深入学习习近平新时代中国特色社会主义思想,建立完善党委学习制度(每两周1次),严格落实"第一议题"制度,督促党支部和青年理论学习小组学习,班子成员充分运用"中国干部网络学院"等平台,完成党的二十大精神、习近平新时代中国特色社会主义思想的系统性学习,不断提高政治判断力、政治领悟力、政治执行力,推动"两个维护"再上新台阶。

扎实开展主题教育,高标准举办主题教育读书班,党委班子成员用7天时间脱产研读党的二十大报告、党章、《习近平著作选读》等原著原文。党委书记、支部书记带头讲专题党课。领导班子带头领题调研。高质量召开专题民主生活会,领导班子及成员作对照检查,开

展批评和自我批评，细化完善整改措施，确保主题教育取得实效。

河北总站持续推进全面从严治党和党风廉政建设，强化党委班子成员"一岗双责"，签订全面从严治党责任书。结合中央纪委国家监委、中央和国家机关违反中央八项规定精神典型问题通报，紧盯节假日重要节点，开展纪律教育和警示教育。制定《河北总站党委落实全面从严治党主体责任清单》《河北总站廉洁风险防控清单》。严格落实"三会一课"，河北总站第二党支部荣获中央和国家机关"四强"党支部，党委所属两个党支部顺利完成换届。

（河北总站供稿）

山西总站工作概况

2023年，山西总站聚焦主责主业，守正创新，统筹兼顾，稳步持续推进总站各项工作，宣传报道、总站建设、项目落地、队伍建设和党建工作齐头并进，部分重点工作取得突破性进展。

一、宣传报道量质齐升

发稿数量稳步提升，达到建站以来最高水平。2023年，山西总站共播发稿件4861篇，其中《新闻联播》125篇。在第33届中国新闻奖评选中，总站记者作为主创人员采制的报道《连心丨百炼钢做成了绕指柔！总书记嘱托"手撕钢"技术要勇攀高峰》获得融合传播三等奖，《小过重罚　陕西一商户卖5斤芹菜被罚6万6》获得2022年度总台舆论监督报道优秀作品三等奖。

重大主题报道出新出彩。积极策划选题，全方位展示山西贯彻落实习近平总书记重要指示精神取得的成就。1月6日，央视新闻客户端播发《提振信心在行动丨山西：多措并举　全力推进煤炭增产保供》，中央网信办全网置顶推送。5月16日，习近平总书记考察运城博物馆和运城盐湖，山西总站围绕主题思想，挖掘采访深度，做好时政配合报道，采制的反响报道在《新闻联播》播出后，好评如潮。

以《新闻联播》报道等为突破口，提升影响力。围绕山西省优化营商环境、加强专业镇建设、保障能源供应等中心工作，推出《山西推动制造业高质量发展》《开好局　起好步丨山西：做强重点产业链　促进制造业发展》等《新闻联播》重点报道，为经济发展助威助力。

创新报道方式，提升新媒体影响力。高度重视新媒体账号建设，鼓励创新新媒体表达呈现，有200余条稿件获评全国地方总站新媒体账号前10名。元旦期间，推出直播报道《走进大秦看保供》，展示能源大省决不能让国家为煤发愁的政治担当，取得广泛社会影响。春节期间，总站结合由《三体》小说改编的同名电视剧热播，采访原著作者、山西籍科幻作家刘慈欣，累计各平台发稿50余条，总阅读量达5亿人次，其中7条微博全部冲上热搜，话题阅读量超1.8亿人次，形成传播热潮。

抢首发，争独家，比深度，讲到达。通过规范路径、建立网络，完善突发事件快速反应机制，和相关部门同步联动，确保获得独家线索，连续在恒山山火、孝义排污、临县火灾等突发事件报道中，实现首发。

在"11·16"吕梁永聚煤业火灾事故报道中，山西总站首达首发，成为全网现场信息发布主渠道。

二、总站建设亮点频出

山西总站正式搬入办公新址。按照总台相关批复，山西总站快速启动修缮等程序，于8月入驻总站新址，并就初期阶段服务保障等形成方案。

坚持深耕细作，形成工作合力。一是加强和台内多平台沟通，就选题策划、需求等保持良好互动，为宣传报道开展提供保障。二是加强全面融合，充分发挥总台在地方的桥头堡作用，实现和地方党委政府良性互动，为宣传报道开展提供支持。山西省委书记，省委常委、宣传部部长等赴山西总站调研，表示将为山西总站开展工作创造良好环境。三是与省市县广播电视台、融媒中心等加强交流，互派互访互学，推进业务互通和学习沟通机制。山西总站深化与山西省委宣传部建立的"月度会晤机制"，就选题无缝隙对接，高质量完成宣传工作。四是举行2023年山西省宣传通联工作会，山西省内各地宣传部部长、广播电视台及融媒体中心负责人参加，围绕重点节目和项目、创新宣传方式、形成工作机制等进行深入研讨，形成工作合力。

三、项目落地实现突破

推动《原声天籁——中国民歌盛典》落地山西。协调推动山西省与总台共同办好《原声天籁——中国民歌盛典》，5月18日实现签约。10月9日起，启动播出，共播出10期，同步在山西省电视、广播、融媒体及公交、地铁、交通场站、电影院线等宣推或播出，收获117个热搜热榜，全网视频播放量累计达2.263亿次。

协调山西省加入总台"品牌强国工程"。中秋国庆双节期间，山西11个地市的文旅宣传片登陆央视《新闻联播》前品牌强国时段，代表着山西正式加入总台"品牌强国工程"。实现农业现代化（乡村振兴）公益传播服务项目合作备忘录签约，实现资源整合和效益最大化。

四、党建工作标准规范

扎实开展主题教育。一是坚持知行合一。统筹安排学习贯彻习近平新时代中国特色社会主义思想主题教育学习与业务学习，列出重点学习内容和篇目，形成"每日荐读"和"每月必读"学习计划。二是带着理论深入实践、指导实践。山西总站专题学习习近平总书记关于山西文物保护、传统文化继承、黄河流域生态保护等批示指示精神，推出一系列精品力作。三是坚持精调细研。开展员工工作生活诉求调研，收集调查问卷，解决职业困惑、子女入学、家属就医等问题。

持续加强党组织建设。一是总站党委按照相关批复精神，严格规范程序，完成所属第一、第二支部换届选举工作。二是高质量开展"主题教育　正当其时""赓续红色血脉，坚守文化传承""薪火传承，增强四力""向老兵致敬　重温烽火岁月"主题党日活动。三是完善"三会一课""党委中心组学习""青年理论小组学习"等制度实施要点，勤动"婆婆嘴"，常敲"小木鱼"，压紧压实主体责任，狠抓党风廉政建设，逐步实现党建标准化和规范化。

队伍建设稳步推进。2023年，山西总站实现靠制度管人、流程管事、文化管心等。完善办公室、总编室和经理室框架，明确负责人，营造"朝气蓬勃、活力四射、人人自豪"的文化氛围，完善"三重一大"集体决策机制，完善绩效考核、财务、保密、车辆管理等制度，各项工作有章可循。

（山西总站供稿）

内蒙古总站工作概况

2023年，内蒙古总站聚焦主责主业，深挖地方优质资源，结合地方特色，打造一批具有内蒙古特色的精品节目。内蒙古总站在全媒体平台发稿1400余条，其中在《新闻联播》发稿113条。

一、紧紧围绕中心任务，重大宣传报道有声有色

2023年年初，内蒙古总站围绕春节、春运、"新春走基层"采访活动全站动员，提前策划，多路力量深入春运一线、新春开工一线精心采制《稳增长　看开局丨内蒙古跑出新能源发展的"加速度"》《新春走基层丨沙漠深处　默默坚守的治沙工》等多篇重磅报道，同时依托总站在央视新闻、央视频两个平台的新媒体账号，融媒体报道不断推陈出新，采制播发大量各地春运场景、节日气氛等报道，展现全面贯彻落实党的二十大精神开局之年内蒙古人民吃苦耐劳、奔腾向前的精气神。

在"新春走基层"采访活动中，内蒙古总站采制的广播人物特写《家》在第60届亚广联奖颁奖大会上获广播类亚广联视野奖。这也是总台5部获奖作品中唯一一部由地方总站自

主策划完成的获奖作品。

全国两会期间，内蒙古总站圆满完成各项宣传报道任务。内蒙古总站随团记者紧跟会议进程，聚焦全国两会热点议题，切实报道全国两会相关情况，采制并播出的《聚焦两会·对话全国人大代表巩学峰》等节目反响热烈。

习近平总书记在内蒙古考察期间，内蒙古总站积极配合时政新闻中心各项工作任务，完成多篇报道。在关注大屏时政反响报道的同时，大小屏联动，全媒体、各平台发力，多角度、全方位宣传内蒙古形象。配合时政新闻中心完成的两篇时政报道以及独立完成的两篇反响报道在内蒙古自治区引起很大反响。央视新闻客户端推出的《习近平内蒙古行丨走进"塞外明珠"——乌梁素海》《习近平内蒙古行丨建好现代农业园区 带动农业高质量发展——走进乌梁素海南岸现代农业示范园区》等多篇新媒体报道全面介绍内蒙古自治区在生态文明建设上的发展变化。

2023年两次神舟系列载人飞船发射及返回期间，内蒙古总站积极配合总台的各项工作任务安排，共完成电视端大屏直播和新媒体直播近30场，电视端和广播端重点报道20余篇，同时在内蒙古总站央视频账号和央视新闻客户端账号上发布多条新媒体短视频，带领全国观众打卡东风航天城，各短视频总观看量超10万人次。

9月，内蒙古总站与新闻中心沟通协调，在阿拉善盟额济纳旗设立"天宫课堂"地面课堂，展现中国航天科技的同时，也将大漠胡杨的壮美和"最好牧场为航天"的动人故事展现在广大观众面前。

2023年入冬后，内蒙古自治区多地冬季项目受到群众追捧，全民参与冰雪活动热情高涨。内蒙古总站持续关注相关活动信息，聚焦冰雪旅游及冰雪运动的新产业、新业态和新模式，重点关注冰雪那达慕、黄河流凌、冬日城市景观等内容，全方位、多角度、多形式地做好冬季内蒙古宣传报道工作，助力"冷资源"变"热经济"。

二、始终坚持融合发展，主题报道特色鲜明

2023年，内蒙古总站推出达里湖"华子鱼洄游"系列报道、阿鲁科尔沁旗游牧转场报道等，取得良好效果。其中，"华子鱼洄游"系列报道当日《新闻联播》《新闻30分》等栏目播发相关报道，累计播出10余条。阿鲁科尔沁旗游牧转场报道共完成5场大屏直播和2场新媒体直播，CCTV-13新闻频道、CCTV-2财经频道和中国之声频率全程关注，吸引众多网友转发和评论。相关报道聚焦多个主题，全面展示内蒙古在文化传承、生态保护、产业发展等方面的举措，深刻反映内蒙古认真践行习近平生态文明思想，为筑牢我国北方重要生态安全屏障贡献力量。

在《乡村行 看振兴》节目中，内蒙古总站全面布局，精心策划，报道团队深入当地拍摄采访，将吉日嘎朗图嘎查、察哈尔右翼后旗和代钦塔拉苏木三个拍摄地依靠极具特色的自然条件，改善当地农牧民的生活条件，真实地展现出来，让各地观众看到不一样的内蒙古乡村。

三、积极探索媒体转型，融合报道焕发新活力

内蒙古总站积极探索新媒体节目的转型之路，不断适应年轻受众的需求和新媒体的发展趋势，在全媒体运营中焕发新活力。

内蒙古总站结合民族特色，策划推出一系列符合年轻化表达的新闻报道。从自主策划的《行北疆·看发展》系列新媒体直播，到"打卡东风"系列短视频，再到《内蒙古乌兰察布：漫步草原火山群 体验"月球之旅"》《内蒙古博物院：游牧与农耕 两种文明的融合》等新媒体报道，内蒙古总站将锻炼大学生作为节目创作的主力军，通过深入走访各盟市找到亮点，再从年轻人的角度出发，讲述老地方的新故事，吸引更多青年受众关注。

四、不断加强制度建设，突发报道首达首发

建章立制做好突发事件和社会热点报道。内蒙古总站全面梳理全站新闻线索和报道流程，与内蒙古自治区各盟市、部门、行业等，加强新闻源头资源整合，定期会商，统一部署。

2月22日，内蒙古自治区阿拉善盟阿拉善左旗一露天煤矿发生大面积坍塌，造成人员伤亡。面对突发事件，内蒙古总站迅速启动应急报道预案，第一时间组织报道力量连夜赶往当地，首发确认伤亡人数和失联人数报道，领先各大媒体。内蒙古总站在各平台发稿50余条，并在4天时间里发出6篇深度调研报道。

五、新址建设顺利完成，按计划全面投入使用

自4月"内蒙古总站新办公区维修改造项目"施工开始，内蒙古总站建设专班紧盯施工进程，每一个环节经过精心规划和严格执行，新址在9月1日正式启用。

六、完善选题策划机制，有效提升宣传报道质量

为进一步整合优质资源，探索建立资源互通、协调合作、共享共赢的合作机制与模式，11月16日至17日，内蒙古总站召开2024年选题策划座谈会。来自内蒙古自治区12个盟市和2个口岸城市的宣传部部长就地区重要选题、如何加强合作等方面进行深入交流。内蒙古自治区党委常委、宣传部部长郑宏范在座谈会上讲话，充分肯定总台和内蒙古总站对内蒙古宣传工作的贡献和成绩。

2023年，内蒙古总站围绕内蒙古自治区党委、政府的中心工作，服务大局，多次得到内蒙古自治区主要领导的肯定。

（内蒙古总站供稿）

辽宁总站工作概况

2023年，辽宁总站围绕宣传报道、党的建设、项目落地等工作，在全站营造出只争朝夕、舍我其谁干事创业的浓厚氛围，各项工作均取得长足进步，在地方的影响力不断扩大。

一、宣传报道方面

辽宁总站聚焦宣传主业，坚持策划先行，增强预判主动性，做有影响力的大块文章。辽宁总站于2023年在全媒体平台累计发布稿件3000余篇，其中《新闻联播》228篇，《新闻和报纸摘要》117篇。在全国31个地方总站中，发稿数量和质量始终处于第一梯队。

辽宁总站在《新闻联播》等重点栏目推出一大批站位高、角度新、影响大的重头报道。习近平总书记强调辽宁要当好国家粮食稳产保供压舱石，辽宁总站迅速启动"大食物观"节目策划，连续推出《在希望的田野上·辽宁篇》《北粮南运》《秋粮收储进行时》《辽宁各地全力保秋收》等报道，全面展现辽宁作为农业大省的责任担当；围绕习近平总书记提出维护能源安全，加快形成新质生产力的要求，辽宁总站派出多路记者深入调研，解读辽宁如何找到促进新旧动能接续转换的"对症良方"，推出《立足新能源优势 辽宁加快新能源基地建设》《一线调研·加快形成新质生产力｜沈阳："最后一公里"的突破》等重点报道；推出《一线调研｜辽宁彰武：治沙70年 沙海变林海》，多角度报道阜新彰武"点沙成金"的治理经验和成效。同时，辽宁总站紧盯汛情变化，派出多路记者深入抗洪抢险最前线，全力做好迎战台风"卡努"防汛救灾报道。这些报道对辽宁深入贯彻落实习近平总书记"9·7"重要讲话精神，谱写中国式现代化辽宁新篇章起到强有力的舆论支撑和导向引领作用。

在做好日常报道的同时，辽宁总站着重提升策划大型融媒体报道的实战能力。2023年11月，在吉林、河南、山西等地方总站支援下，组建150余人的直播报道团队，全景式呈现第十批在韩志愿军烈士遗骸迎回安葬全程。技术团队首次在运–20专机过"水门"引导车上安装高清摄像头，增强现场冲击力和震撼力，让节目效果耳目一新；在运送棺椁至沈阳抗美援朝烈士陵园的行进路线上，使用"马拉松移动直播车+微波回传"系统，显著提高运动过程中的画面质量和播出稳定性，得到总台领导的高度评价。

辽宁总站通过对辽宁省情再认识再理解，对发展形势再研判再把握，立足比较优势、结合总站实际，找准地方工作大局和总台宣传方向的契合点，围绕辽宁深入实施全面振兴新突破三年行动策划重点选题，推出《辽宁：高质量发展新征程 东北振兴新突破》《国资央企助力东北全面振兴座谈会在沈阳举行》等报道，在辽宁社会各界引起热烈反响。2023年，辽宁省委书记郝鹏先后10余次对辽宁总站工作给予批示肯定。

辽宁总站认真贯彻落实总台"思想＋艺术＋技术"融合传播要求，将"国之大者"与"民之关切"融会贯通，在生动鲜活、打造精品上持续求创新，打造一批较有影响力的节目品牌。2023年9月，辽宁总站联合新闻新媒体中心推出《"青"爱的城·实力杠杠 "沈"得我心》大型融媒体报道。节目抢抓"双节"节点，在央视新闻客户端、抖音、快手、微博等平台一经推出，72小时阅读量破亿，其中提到的多个打卡点位在中秋、国庆假期迎来旅游高峰，助力沈阳假期旅游订单大幅攀升。辽宁总站不但最先把沈阳文旅引流到全国网友面前而使其成为"爆点"，而且紧盯辽沈冬季文旅特色资源，多角度、深层次推出辽宁"冬季文旅热"系列报道，助力沈阳接力"尔滨"，成为春节档热门旅游目的地。

二、总站建设方面

从2023年4月中旬开始，辽宁总站深入开展学习贯彻习近平新时代中国特色社会主义思想主题教育，举办专题读书班，扎实推进注重实效。辽宁总站党委班子严格落实"三重一大"集体决策制度，保障辽宁总站规范决策行为、提高决策水平、防范腐败风险。

1. 站址建设

经总台批准，2023年8月，辽宁总站已搬迁至过渡期办公地址。办公新址项目已于2023年正式履行决策流程，进入协议签署阶段。

2. 项目落地

辽宁总站坚持采编业务、项目落地"两分开"的原则，不断强化"宣传报道是生命线、项目也是生命线"意识，坚持"抓大不放小"，逐步形成一套行之有效的打法和战法。

截至2023年年底，辽宁总站经理室配合总台总经理室，顺利促成辽宁省加入"品牌强国工程"。此外，《"青"爱的城》、第十九届大连国际沙滩文化节、第33届大连马拉松赛转播、第十届法库国际飞行大会、2023沈阳皇姑首届半程马拉松转播等项目也在2023年内顺利执行。

3. 队伍建设

2023年6月，按照总台党组部署，辽宁总站领导班子进行调整。辽宁总站坚持守正创新，完善制度建设，进一步厘清责任分工、突出问题导向，各项工作稳步推进。

辽宁总站高度重视对年轻人的培养工作，主动给年轻人压担子，让他们经风雨、见世面，在实践中提升自己的本领才干。特别针对"蹲苗"骨干和新入职大学生，辽宁总站制定详细的培养计划，明确"导师"，为他们在基层施展才华、大展拳脚创造条件。

三、党建工作方面

2023年，辽宁总站始终坚持党建引领，不断压实党建主体责任，强化党建工作和业务工作"一起谋划、一起部署、一起落实、一起检查"责任意识。用好总台网上党校等优质学习平台的同时，通过党委扩大会、党委理论学习中心组、基层党支部、青年理论学习小组等开展廉政教育。开展党支部"三会一课"和主题党日活动。辽宁总站联合沈阳市皇姑区三台子街道牡丹社区和沈阳市消防局启工消防救援中队共同开展"追寻总书记的足迹"等主题党日活动，筑牢推动"两个维护"再上新台阶的思想根基。

2023年下半年，辽宁总站完成下属三个党支部的换届选举工作。

（辽宁总站供稿）

吉林总站工作概况

2023年，吉林总站深入贯彻落实总台党组战略部署，紧紧抓住吉林省大农业、大工业、大生态、大文旅等省情，积极引导记者深入基层，践行"四力"，讲好吉林振兴的生动故事，事业发展稳中有进。

吉林总站以"制度建站""业务强站"为抓手，以央媒主力军的格局、奋勇争先的姿态，推动重点报道、新媒体报道质效齐升。2023年下半年，吉林省委书记，省委常委、宣传部部长等领导同志接连到吉林总站走访调研，慰问总站员工，对总站工作给予充分肯定。

一、宣传报道

1.日常报道

2023年，吉林总站在《新闻联播》发稿197篇，同比增长10%；在新媒体端发稿492篇。

日常报道坚持"热策划"、冷思考、踱方步，紧紧围绕吉林的省情，持续不断打造宣传热点。围绕习近平总书记来吉林视察三周年推出"黑土地保护""盐碱地治理"等专项策划，围绕消夏避暑推出生态文旅专项策划，围绕农业丰收推出《在希望的田野上·吉林篇》《又是一年丰收季》等报道，受到总台相关部门表扬。

习近平总书记指出，要树立大食物观。吉林总站策划并推出《小雏鸡"萌翻"这个春天》《吉林公主岭 | 在玉米之乡看"金玉满堂"》《吉牛蹄春——探访吉林肉牛全产业链》等直播报道。

吉林总站充分利用总台全球报道网络，发挥多语种海外传播平台优势，首次邀请亚非中心马来语部和蒙古语部记者到现场报道查干湖冬捕盛况；与欧拉中心合作，拍摄1小时视频素材供各语言部广泛使用，共发稿近百篇，其中大屏报道80余篇。"央视新闻"新媒体连续3天推出《丰收渔年》直播，各平台总阅览量超2000万人次。

8月初，吉林省多地遭受历史罕见的特大暴雨袭击，导致舒兰、扶余、榆树等受灾地区，遭受重大损失。吉林总站闻"汛"而动，派出多路记者奔赴抗洪抢险第一线，展开报道。记者深挖因公殉职人物背后的细节，在《新闻联播》播发骆旭东等感人事迹，诠释广大党员干部在洪水肆虐的紧要关头，冲在防汛抗洪救灾第一线，守护群众安全的初心使命。制作《这是他生前留下的最后一段语音》《奔赴救灾现场的最后身影》《主播说联播丨必须全部转移　不要抱侥幸心理》等新媒体报道。相关话题连续登上微博热搜榜，引发网民向英雄致敬热潮，有力引导舆论。

据统计，吉林总站播发抗洪抢险报道近220条，大屏报道近150条，特别是《新闻联播》，从灾情发生到灾后重建，持续关注。吉林省领导对吉林总站抗洪抢险报道工作给予充分肯定。

2. 新媒体报道

吉林总站充分利用总台新媒体平台优势，聚焦重大主题、主动设置议题，以"热策划"为牵引，2023年下半年推出13个新媒体系列专题，传播力影响力显著提升。

在重大时间节点上及时充分展现习近平新时代中国特色社会主义思想在吉林的生动实践。在新时代推动东北全面振兴座谈会后，及时推出新媒体系列报道《白山松水看振兴》，专访吉林省各市州主要负责人，为吉林全面振兴取得新突破鼓与呼。

围绕省委中心工作，《超"吉"解码》《高质量发展在吉林》新媒体系列报道，让吉林在振兴中取得的成绩可感可知可信。《秋韵正浓》系列和冰雪季的《长白天下雪》系列助力吉林文旅和冰雪经济。《红色吉林　三地三摇篮》系列报道，穿越百年历史长河，聚焦吉林6个红色标识，弘扬爱国主义精神。

6月至年底，新媒体共发稿272篇，其中"央视新闻"首页《看中国》版面选用98篇，62篇入选央视新闻客户端每日优质稿件精选前10名。自主策划的新媒体专题全部被省委网信办全网推送。吉林总站的央视频账号和央视新闻客户端账号关注量翻一番。采编部门已经建立新媒体报道"轮流值班、月度策划"制度。

3. 专项报道

2023年下半年，吉林各类专项活动密集。吉林总站提前介入活动策划，前后方协同、大小屏联动，取得了良好的宣传效果。

在2023空军航空开放活动·长春航空展中，由吉林总站牵头，以多视角、多维度、广覆盖等方式进行全程报道，通过大屏累计播出120余条报道，新媒体各平台总观看量近6000万人次。总台CGTN在海外优兔端口同步进行报道，通过国际传播，进一步增强长春市作为"电影城""航空城""汽车城"的知名度和美誉度。

针对长春电影节，总站负责电影节前方相关工作，与总台文艺节目中心、影视剧纪录片中心等近10个平台的采编主创人员一起为电影节进行全方位支持服务。"第十八届中国长春电影节"相关宣推稿件在各平台总阅读量和播放量达2854万次，累计登上热搜热榜共14次，央视频自建长影节相关话题阅读量超3亿人次。

在2023年冰雪季报道中，总站围绕吉林

省"世界级冰雪旅游目的地"蓝图，协调总台新闻新媒体中心导入"央视新闻"《"青"爱的城》；推动创新发展研究中心和文艺节目中心《在中国大地上边走边跳》专题节目走进冰雪新天地；央视频《国之大雅·二十四节气》打卡冬季冰雪旅游目的地。

《"青"爱的城》以《热"雪"沸腾 自在长春》为题，2023年12月14日播出，为各个平台输出了高品质定制化短视频产品，如《飒！智能复兴号》登上抖音热点榜；《"青"城一串进吉大》登上微博热搜；"东北体育课看看就很心动""南方孩子到东北后的变化"等多个话题登上各类社交平台热点热搜榜单；微信特稿《长春，实在是太有性价比》刷屏朋友圈，预热短视频话题量超千万，视频号转发、点赞量过2万，引起网友讨论热潮。这些节目的总传播量达到1.28亿次，长春借此出圈。

二、党的建设

吉林总站党委扎实落实总台2023年工作会议部署，将学习贯彻习近平新时代中国特色社会主义思想主题教育成果落实到宣传报道等实际工作中，有力有效履行总台党的意识形态重镇的职责使命。吉林总站第一党支部荣获2022—2023年度中央广播电视总台"四强"党支部称号，同时被评为中央和国家机关"四强"党支部；吉林总站1名党员荣获总台"四好"党员称号，1名党员荣获总台"青年学习标兵"称号。

2023年下半年，吉林总站修订和完善30余项规章制度，覆盖党建、行政、采编等各项工作，建立完整的制度体系。

（吉林总站供稿）

黑龙江总站工作概况

2023年，黑龙江总站严格落实总台党组对地方总站工作要求，守正创新，积极作为，持续深化央地舆论阵地合作共建，深入探索区域国际传播，内外宣高质量报道同频共振。深耕地方资源，推广总台品牌，为总台高质量发展贡献总站力量，获总台领导和黑龙江省委省政府主要负责同志肯定表扬。

一、以主题主线融媒行动为引领，不断强化自主策划，应急突发报道首发能力，深挖独家资源，讲好"中国故事""龙江故事"

以习近平新时代中国特色社会主义思想和党的二十大精神引领贯穿全年宣传报道，亮点纷呈。黑龙江总站高质量完成习近平总书记在黑龙江考察的相关宣传报道工作，全年围绕党的二十大精神和学习贯彻习近平新时代中国特色社会主义思想主题教育完成《学思想　强党性　重实践　建新功》《新时代新征程新伟业》《高质量发展调研行》《新春走基层》等一系列主题报道。与省级主要媒体和市县融媒体联合推出贯穿全年大型融媒体报道《龙江新篇章》，全方位展现黑龙江振兴发展成就。

提高自主策划选题质量，精心开展调查研究报道。以深入开展学习贯彻习近平新时代中国特色社会主义思想主题教育为契机，自主策划开展"黑龙江千万吨粮食产能增产计划""边境城市发展现状""秋收观察"等主题调研报道活动，深入基层一线蹲点采访，用"说实话"和"办实事"呈现主题、分析问题、传递先进经验做法。其中，"秋收观察"系列报道得到黑龙江省委宣传部领导高度认可。

充分发挥黑龙江总站与各地各部门联动机制，全面提升应急突发事件的报道能力。举全站之力参与抗洪抢险救灾、迎战暴风雪、齐齐哈尔体育馆坍塌事故等应急和突发事件的报道，密切联动各级职能部门和各地融媒体中心，科学研判、抢先部署、精准发力，以最快速度深入一线，现场直播、动态报道与深度报道相结合，第一时间发出最权威声音，全面回应社会关切。在8月的抗洪抢险报道中，黑龙江总站累计播发报道近500篇，报道工作现场汇报得到中宣部和总台领导肯定。

利用对俄罗斯宣传前沿优势，联动CGTN强化国际传播能力，讲好中国故事。在第三十二届哈尔滨国际经济贸易洽谈会、第39届中国·哈尔滨国际冰雪节等重要活动中，在总台CGTN俄语频道进行直播连线报道。2023年，黑龙江总站与CGTN俄语部合作，在俄罗斯最大的社交媒体"接触网"（VK）开设"北国好风光　美在黑龙江"短视频专栏，阅读量均突破10万人次。

深化与音像资料馆的合作，共同开发。音像资料馆建立资料使用和归集系统两年间，黑龙江总站不断促进老素材的再挖掘、再利用，共同挖掘出铁人王进喜原声素材，制作播发《声波里的"铁人"　听王进喜"讲述"打下第一口井的故事》等纪念王进喜诞辰100周年报道。通过文件传输协议技术，实现素材远程回传总台媒资系统，利用媒资系统双向传输通道，黑龙江总站持续整理重要音视频素材回传音像资料馆，落实统一集中归档，为总台保存珍贵内容资源。

二、开拓地方优质资源，助力总台品牌推广，为总台实现社会效益和经济效益双丰收贡献黑龙江总站力量

2023年年初以来，黑龙江总站连续到黑龙江省文化和旅游厅、哈尔滨市文化和旅游局、七台河市、佳木斯市、哈尔滨太阳岛集团有限公司等厅局、地市和企业调研走访，介绍总台媒体融合传播优势。

同时，黑龙江总站继续积极开展外联，扩大黑龙江总站"朋友圈"，联手驻地助力扩大总台影响，提升总台美誉度。连续第三年协调哈尔滨市委宣传部和市文化和旅游局，在"冰雪大世界"为总台搭建CMG冰雪演播室。

2023年3月，黑龙江总站会同总台办公厅，联合黑龙江省委宣传部等部门启动"护牌行动"，打掉两个假冒总台名义实施诈骗的团伙。

三、以"一名党员一面旗"为抓手，持续推动党建与业务融合互促，用高质量党建引领总站高质量发展

黑龙江总站党委认真开展学习贯彻习近平新时代中国特色社会主义思想主题教育民主生活会和组织生活会，着力提升所属各党支部规范化水平，确保"三会一课"和主题党日活动的开展。所属第一党支部和第二党支部完成换届选举，为支部注入新鲜血液和发展新动力。深入打造总站"一名党员一面旗"的党建品牌，让"业务延伸到哪里，党建就开展到哪里"。黑龙江总站依托基层采访，先后走进东北农业大学、黑龙江省妇联、黑龙江省农科院佳木斯分院的水稻研究所、牡丹江上官地村、齐齐哈尔讷河市城北村等地，与采访对象在田间地头开展"沾泥土""带露珠"的联合党建活动，让新闻报道更"接地气"，让党建工作和新闻业务融合互促。截至2023年年底，已在"总台之声"微信公众号、《总台党建》杂志、《总台生活》报纸、《中国电视报》期刊等刊发多条报道。

6月，与黑龙江海事局联合开展学习贯彻习近平新时代中国特色社会主义思想主题教育联学活动，针对水上安全监管、水污染防治、传播龙江声音等进行深度调研。10月，黑龙江总站与中央民族大学新闻与传播学院走进哈尔滨工业大学博物馆联合开展"感悟百年初心 赓续红色血脉"主题党日活动，举行座谈会，达成选题策划等合作意向。

（黑龙江总站供稿）

上海总站工作概况

2023年是全面贯彻落实党的二十大精神的开局之年，上海总站找准定位，自觉把党和国家所需、总台所能、总站未来所向紧密结合起来，扎实推进各项工作，跑出高质量发展"加速度"。

一、充分发挥宣传报道主力军压舱石作用，抢首发、争独家，创新宣传阐释中国式现代化

聚焦主题主线，做好"头条工程"。一是上海总站紧扣上海贯彻落实习近平总书记对上海的重要指示要求和党中央的重大决策部署，围绕上海全年的工作重点和目标，在《新闻联播》播发《开好局 起好步｜上海：巩固拓展高质量发展新优势》等30余条报道，全面展现上海贯彻新发展理念，积极推进高水平对外开放，加快培育壮大新动能，扎实推进高质量发展。全力完成习近平总书记在上海考察相关报道近20条，在《新闻联播》播发《以中国式现代化全面推进强国建设民族复兴伟业——

习近平总书记在上海、江苏盐城考察时的重要讲话引发热烈反响》等6条新闻。其中，"习近平总书记赴上海考察"相关报道在总台各平台跨媒体累计总触达超6.72亿人次。

强化舆论引导，充分发挥宣传报道压舱石作用。一是深挖上海经济发展亮点，精心策划4个"开年"系列报道。《上海·开年在行动》《一线看上海》《浦江水暖话两会》《浦江春潮涌》等系列报道，全面呈现上海高质量发展的火热场景。二是发挥主场优势，打好第六届进博会宣传报道主动仗。在《新闻联播》等核心栏目讲述上海"包容开放、全球共享"的生动案例，及时报道展会成效，并统筹多方资源，扩大传播声量。相关报道在总台各平台跨媒体累计总触达超过38.68亿人次。三是紧盯国家重大发展成果及社会治理最新实践，力争首抵首发。上海总站密切关注上海落实长三角一体化发展、上海自由贸易试验区临港新片区建设等国家重大战略任务的最新动态，聚焦浦东引领区取得显著成效，在《新闻联播》用客观数据来展现上海2023年上半年经济运行整体好转趋势，聚焦上海新兴产业发展和科创领域探索及成果，全面呈现上海养老服务多种先行举措，为其他城市推进养老服务展示上海样板。

提升融合传播能力，讲好中国故事、上海故事。一是关注以实体经济为支撑的现代化产业体系发展，多形态全链条做好科技创新成果的宣传报道工作。充分报道国产C919大型客机全球商业载客首飞、首艘国产大型邮轮最新动态等。直播信号被菲律宾、马来西亚等多国媒体同步转载使用。二是深入贯彻"强信心"的宣传总基调，全力做好全媒体报道，深挖旅游资源，打造城市名片。围绕第四届上海"五五购物节"推出新媒体接力直播特别报道，相关报道超110条（篇），全网阅读量累计近2亿人次。三是坚持守正创新，做好新时代新征程宣传思想文化工作。上海总站深耕传统文化，弘扬民族精神，推出《江山壮丽 我说长江｜古船归来见繁华》等节目；厚植革命沃土，传承红色基因，推出《奋进新征程 共筑中国梦》等节目。

二、狠抓总台重点项目，积极挖掘本地资源，全力打造区域经营"桥头堡"

2023年，上海总站以项目为抓手，不断夯实版权经营、自主赛事、技术转化等三大经营板块。

布局重大赛事活动，"百城千屏"示范效应显著提升。一是以总台2023年春晚、2023年秋晚、杭州亚运会、成都大运会等重大活动和赛事为节点，推进公共大屏建设组网。2023年实现全国90座城市710余块户外地标大屏组网，全国省份覆盖率达96.8%。二是初步形成"百城千屏"常态化编播保障机制，服务总台多个重点节目宣推投放。

狠抓版权基本盘，新媒体版权经营再上新台阶。一是实现2023年春晚版权合作视频平台、社交平台、音频平台全品类覆盖。二是完成总台版权生态合作大会"战略合作签约"。

奋力拓展体育新赛道，打造总台首个电竞自主赛事。一是积极落实总台和国家体育总局战略合作协议，持续开发总台自主赛事品牌"中国网球巡回赛"。二是打造总台首个电竞自主赛事品牌及延展活动——2023电竞产业发展大会。

扎实推进国家多语种影视译制基地建设。与影视翻译制作中心合作，围绕推进总台国家多语种影视译制基地在沪落地进行交流，举办"胶片上的非洲"——中非电影沙龙。

深入挖掘上海本地资源。配合总经理室"飞兔领跑行动"融媒体营销团队，推动总台超级IP、"百城千屏"、科创、文旅等合作项目在上海落地。依托总台超高清视音频制播呈现国家重点实验室技术优势，达成总台与上海市政府共建"上海工业博物馆"战略合作。

三、精心打造总台特色活动，实现"两个效益"双丰收

上海总站结合总台资源和上海特色，多项活动出新出彩。同时，配合总经理室做好活动经营工作，实现"两个效益"双丰收。

举办第二届全球媒体创新论坛，创新总台"媒体外交"。中共中央政治局委员、中宣部部长李书磊通过视频方式发表主旨讲话，中共中央政治局委员、上海市委书记陈吉宁出席开幕式并致辞。230余位来自国际组织、媒体机构、中外智库、跨国企业等领域代表，以线上线下结合的方式参会。

重点打造2023科创大会，助力上海科创中心建设。中共中央政治局委员、上海市委书记陈吉宁和中宣部副部长、中央广播电视总台台长兼总编辑慎海雄出席开幕式并致辞。200余位知名院校和园区代表、国内外证券交易所负责人、业内专家学者、科创企业负责人等齐聚一堂，畅谈科技创新与产业发展深度融合的未来。

做好第四届上海"五五购物节"宣传工作，推广国产品牌，助力提振消费。由商务部、中央广播电视总台、上海市人民政府共同举办的第四届上海"五五购物节"启动仪式在沪举行。中共中央政治局委员、上海市委书记陈吉宁，中宣部副部长、中央广播电视总台台长兼总编辑慎海雄，商务部部长王文涛等出席活动。

举办"2023中国影视之夜"。活动以"光影世界 中国故事"为主题，发布"CMG年度推荐"电影和电视剧荣誉榜单。

举办"一起咖啡吧"沪上咖啡嘉年华活动，助力上海国际消费城市建设。

四、着眼深化"三个转变"，努力提升总台科技创新引领能力，加快技术成果转化

上海总站在上海国际传媒港"5G+4K/8K超高清制播示范平台"已成为总台"生产+展示+科普"三位一体的创新实践应用基地。

完成上海国际传媒港"金盒子"技术创新系统建设。一是将"金盒子"1号厅的现场扩声系统更新升级为三维菁彩声沉浸式音频扩声系统。二是在"金盒子"3号厅搭建三维菁彩声沉浸式家居体验系统。三是在"金盒子"4号厅建设XR虚实融合超高清制作系统、IMR原创混合现实制作系统和国产化8K采制录播系统。上述系统均具备关键技术自主研发、核心装置设备的国产化特点，是总台国家重点实

验室科研转化为落地应用的典型案例。

完善 AI 图像增强及节目制作平台建设。完成上海总站 AI 图像增强及节目制作平台项目政府采购，系统建成后会成为集制作、增强、修复功能为一体的 8K 超高清外延系统。

创新打造央视听媒体大模型。2023 年 7 月，上海总站联合上海人工智能实验室发布了央视听媒体大模型。

加快推进"上海传媒港科技乐园（全国科普教育基地）"项目建设。

五、科学统筹物业建设和招商招租，助力上海国际传媒港步入发展新阶段

总台首家 CMG 融媒影城于 2023 年 6 月第 25 届上海国际电影节期间正式对外营业。

科学部署上海国际传媒港园区各地块招商招租，加快资产交付进度，确保项目保值增值。

（上海总站供稿）

江苏总站工作概况

2023 年，江苏总站按照总台党组决策部署，深入推进融合创新，各项工作顺利推进。总台领导先后 19 次对总站工作作出批示要求，予以表扬鼓励；江苏省委省政府主要领导 11 次批示肯定总站工作。

一、聚力融合创新，业务建设继续走在"第一方阵"

2023 年，习近平总书记两次亲临江苏、三次对江苏工作作出重要讲话重要指示。江苏总站积极配合时政报道团队多次完成重要时政报道任务，第一时间完成反响报道，所发稿件在总台各平台跨媒体总阅读量超 50 亿人次。

在时政报道的带动下，2023 年江苏总站新闻报道在 2022 年的高基数上实现新的突破。全年发稿 3850 篇，其中电视发稿 1997 篇，同比上升 41%；广播发稿 1091 篇，同比上升 13%。《新闻联播》发稿 226 篇，特别是《新闻联播》和《新闻和报纸摘要》两个重点栏目头条发稿 42 篇，较 2022 年增长近 230%。《"丰县生育八孩女子"事件调查》获评第 33 届中国新闻奖二等奖。《新春走基层｜从江苏苏州到河南信阳的跨省"招工记"》获评"新春走基层"采访活动中央新闻单位优秀作品，采写记者被评为先进个人。

主动谋划重大选题，实现先声夺人。2023 年开年伊始，江苏总站有 6 篇报道江苏新春新开局的稿件连续获全网置顶推送。社会热点事件报道把握精准，"丰县生育八孩女子事件"一审判决报道，充分发挥中央主流媒体一锤定音的作用。以创新精神做好重大主题

报道，《实干笃行·大省勇担当丨江苏》经江苏省委书记批示后向全省新闻媒体推广学习。积极开拓新的报道领域，《主产区迎丰收》《乡村行 看振兴》《2023候鸟迁徙》等多个农业农村和生态文明报道特别节目江苏篇成为总站宣传报道新亮点。以技术创新带动内容创新，积极争取总台最新技术率先在江苏使用。聚力融合创新，积极将总台优质传播资源与江苏优质发展资源相对接，全力打造江苏特色精品节目。《2023太湖美音乐会》《走遍中国·走进南京》《超级生产线 苏州加速度》《远方的家·迢迢我自宜兴来》《约定"苏"城 "县"在出发——打卡苏州宝藏县市》等一系列融合传播实现"两个效益"双丰收。与财经频道《对话》栏目合作完成的《经济新担当·打开江苏制造的密码》特别节目，对话江苏省委书记信长星，播出后产生热烈反响。

二、持续细化管理，江苏总站建设再上新台阶

2023年，江苏总站深化制度建设，修订优化新闻宣传考核办法，强化应急快反、推进融合创新、鼓励精品创作和原创深度节目。加强日常管理，狠抓制度执行，为总站高质量发展和各项重大宣传报道项目夯实制度基石。

多渠道多形式加强与地方深度合作，江苏总站认真做好总台品牌宣推等工作，有效扩大总台在江苏的影响力与美誉度。积极推进江苏总站新址园区建设。深化"产学研用"一体化科研模式创新实践，协助技术局推动石城实验室建设，孵化一批实用性强、应用前景广阔的科研项目。承办总台内参工作培训会，连续第三年承办中国国际智能传播论坛，相关工作得到总台领导肯定。

坚持采编经营"两分开"，2023年江苏总站经营业绩较2022年增长140%，超额完成2023年年初定下翻番的经营目标。

三、强班子严作风带队伍，护航高质量发展

2023年，江苏总站领导班子持续加强自身建设，坚持党建业务齐抓共管，落实全面从严治党主体责任。守牢意识形态阵地，坚持"三重一大"事项集体决策。常态化开展纪律和廉政教育，营造风清气正的政治生态和干事创业的良好环境。第一党支部荣获中央和国家机关"四强"党支部，1名党员获评总台"四好"党员。

高度重视人才培养，持续加强队伍建设。认真做好总台青年业务骨干和新入台大学生到站锻炼工作。2023年，一名驻站技术员被评为中央广播电视总台第二届青年英才，一名同志当选科华总公司"十佳"，采编团队6篇新闻报道获得第25届江苏新闻奖。

四、突出政治引领，扎实深入开展主题教育

始终把党的政治建设摆在首位。2023年，江苏总站把深入开展主题教育作为重大政治任务。通过每周采编例会、党委理论学习中心组、青年理论学习小组、党支部"三会一课"、主题教育读书班等多种学习形式，及时紧跟学

习习近平总书记最新重要讲话、重要指示批示精神。与江苏海事局、雨花台烈士纪念馆等单位通过开展联学联建、共建党性教育基地等形式，进一步夯实主题教育成果。

坚持以学促干，推动学习成果有效转化。全站员工聚焦宣传报道主业，以"走在前列、干在实处"的实际行动践行总台"满屏皆精品"的目标要求，推动新闻采编报道能力再上新台阶。调研黄河故道生态富民廊道，播发行进式报道15篇，形成的调研报告得到江苏省委主要领导肯定，牵头完成《地方总站国际传播能力建设不足》等专项整治报告，有力改善地方总站弱项。

（江苏总站供稿）

浙江总站工作概况

2023年，浙江总站遵循总台党组的决策部署，依托总台优势，守正创新做好报道，积极推动项目落地，结合共同富裕示范区观察点建设等特色工作，不断推动总站宣传、管理、队伍建设等工作高质量发展。

一、以创新为生命力，以习近平新时代中国特色社会主义思想凝心铸魂

2023年，浙江总站积极践行总台"思想＋艺术＋技术"融合传播理念，不断推进宣传报道创新。据统计，2023年共刊发各类新闻报道5240条，其中《新闻联播》播发366条。

聚焦省委省政府中心工作，浙江案例频频亮相《新闻联播》。2023年以来，浙江总站精心策划、精心采访，聚焦三个"一号工程"等中心工作，及时把浙江各级各地重要工作和亮点呈现于总台各频道、频率和平台。

2023年开春之际，浙江总站分别于1月11日和2月2日采制的两条消息：《开好局 起好步｜拓市场扩投资 浙江高质量发展开新局》《开好局 起好步｜浙江多措并举推动高质量发展》，均以超3分钟的时长在《新闻联播》中单条呈现，系统阐述浙江从创新、改革、开放三个方向开局起步。

2023年，浙江总站的重大报道创造了多个纪录。其中，《新闻联播》头条《新思想引领新征程｜"千万工程"实施二十年 描绘村美人和共富新画卷》，时长6分5秒。《新闻联播》头条《新思想引领新征程｜传承践行"浦江经验" 下访接访为民解忧》，时长7分28秒。8月19日，浙江总站策划的系列报道《实干笃行·大省勇担当｜浙江》，在新闻频道、中国之声、"央视新闻"等多平台立体展现浙江外贸发展的V型反转，受到好评。

自主策划创新项目，推动共同富裕彰显主

流媒体担当。共同富裕示范区观察点是总台在央媒中推出的创新之举。浙江总站以观察点为调查研究和报道的重要载体，不断提升共同富裕报道的鲜活度，探索建立主流媒体助力共同富裕的体制机制。

4月21日，由总台主办的"推动共同富裕浙江实践研讨会暨媒体行动"在杭州举行，总台13名知名主持人分赴10个共同富裕示范区观察点进行探访直播，当天网络观看人次超过4000万，相关话题阅读量突破4亿人次，短视频总阅读量超1.2亿人次，产生16个全网热搜话题，形成强大声势。当天，撒贝宁走进直播间参与公益带货，帮助浙江各地推销各类土特产，4小时销售10.12万件，销售额近3500万元。

7月23日至27日，浙江总站在央视新闻频道推出特别报道《中国式现代化｜共同富裕 中国实践》，连续5天每天20分钟在《东方时空》栏目播出，并在全网推送和置顶，5天时间全网传播量超过4100万人次。

浙江总站依托10个共同富裕示范区观察点开办《观察点月报》，既加强各共同富裕示范区观察点与总台各节目中心之间的沟通，又为共同富裕示范区的基层工作者提供展示交流的窗口。从2023年3月开始，浙江总站联合浙江省委宣传部官方视频号"美丽浙江"推出专栏《总台看浙江》，及时将总台各频道播发的浙江报道汇总归纳，进行二次传播，不断放大浙江总站各类报道的传播效应。

发挥总台全媒体矩阵优势，生动展现"两个亚运"同样精彩。自杭州亚运会倒计时150天开始，浙江总站充分发挥驻地优势，借助总台各个平台策划相关节目，在央视新闻频道推出《新时代 新亚运》《亚运一点通》《亚运有我》等亚运会专栏17个。据统计，浙江总站共推出杭州亚运会报道1100多篇，其中《新闻联播》播发96篇，《新闻和报纸摘要》播发73篇，其间相关新媒体直播、热搜话题全网阅读量超过15亿人次。

杭州亚运会前夕，总台领导亲自点题并指导制作航拍纪录片《飞越杭州》，以直升机视角俯瞰杭州西湖、京杭大运河、良渚国家考古遗址公园等地标，展现杭州的人文之美和创新活力。该纪录片在央视综合频道、新闻频道、财经频道、中文国际频道、体育频道和CGTN各外语频道陆续播出。微博话题"绕杭州飞33小时拍到的美景有多震撼"推出当天就进入微博热搜榜前三。据不完全统计，各平台新媒体总观看量超1亿人次，总台"百城千屏"同步推播《飞越杭州》4K版，引发全网热烈反响。此外，浙江总站协调总台摄制组拍摄了CGTN多语种人文纪录片《最忆是杭州》，在CGTN英语频道、西班牙语频道、法语频道、阿拉伯语频道、俄语频道等播出，收到良好的外宣效果。

二、坚持党建引领，推进总站建设

浙江总站通过组织理论学习、处级以上干部讲党课和"瞻仰红船·寻找初心"等主题党日活动强化党建引领。

强化调查研究，宣传阐释习近平新时代中国特色社会主义思想结硕果。浙江总站率先开展由党委牵头的共同富裕示范区观察点大调研，第一时间报送调研选题，结合浙江省委深入开展主题教育推出的一系列报道均获得浙江省委省政府主要领导的高度肯定，围绕"八八战略"实施20周年主题采写的相关内部调研报告得到浙江省委书记易炼红批示并要求以省委文件形式印发全省学习。浙江总站围绕民营企业相关政策建议所作调研得到中央有关方面高度重视，浙江省委专门部署省委宣传部等就相关问题进行专题调研。

浙江总站党委坚持边学边改，以建章立制促规范，建立"新进员工逢进必谈、选用干部逢提必谈、问题线索逢报必谈"的"三必谈"制度，抓好党员干部作风建设。

浙江总站各部门梳理完善"三审三校"、办公室岗位职责等制度，严格落实责任；落实"过紧日子"要求，科学压缩互联网、固定电话等费用支出一半以上；通过初拟浙江总站基层业务团队管理办法、举办短视频及纪录片拍摄技巧业务培训等举措，有效提升队伍建设；浙江总站领导牵头完成设立集体户口、办公楼外立面整修等工作，凝心聚力展现浙江总站精神风貌。

三、开拓探路，推进"两个效益"双丰收

浙江总站深入贯彻落实总台领导有关"社会效益和经济效益双丰收"的指示，开拓创新推进品牌推广、项目落地、影响力转化等各项工作，配合总经理室完成多项品牌推广和项目转化工作。

（浙江总站供稿）

安徽总站工作概况

2023年，安徽总站认真落实总台党组决策部署，找准地方工作和总台宣传的契合点，加强多方协调联动，圆满完成各项工作任务。

一、以强信心为重点加强正面宣传，推动建设性舆论监督报道

2023年，安徽总站深入挖掘安徽省经济发展、科技创新、乡村全面振兴等方面的先进典型，在报道内容、角度、形式上大胆创新，推出一系列富有安徽特色的主题报道、特别节目和融媒体精品，宣传工作呈现量质齐升的生动局面。全年累计发稿1938篇，其中《新闻联播》92篇，新媒体292篇。

1. 精心做好主题主线报道，为推动安徽经济社会高质量发展提供强大舆论支持

6月至7月，在《高质量发展调研行》报道中，安徽总站紧扣习近平总书记两次考察安徽时的重要指示批示精神，在铜陵和合肥两地，分别从传统产业转型升级和产投之城加速产业

集聚角度展开调研采访，相关报道在《新闻联播》栏目播发后，获得高度评价，并在全网推送。

8月，安徽总站制作的特别报道《实干笃行·大省勇担当｜安徽》，充分展示安徽从传统农业大省转型为新兴产业集聚地，实现跨越式发展的成就。节目播出后，受众反响热烈，央视新闻客户端当天阅读量超过150万人次，全网综合传播量达1.25亿人次。

同时，为展示安徽高质量发展成果，安徽总站在央视新闻频道推出特别报道《区域协调发展新观察·长三角区域》，播出总时长50分钟，深度报道安徽省与江浙沪携手，在交通互联互通、毗邻区互融互联、产业互促互进等方面的新探索和新成就，展现安徽省主动融入长三角一体化的高质量发展成果，为安徽发展凝聚力量、鼓舞士气。安徽总站受到安徽省委省政府表彰，被评为推进长三角地区更高质量一体化发展优秀集体。

2. 关注省内重点工程、重大活动，宣传报道安徽科技的"硬核"实力

8月底，安徽总站重点关注淠史杭灌区的数字化改造和巨大变化，制作的特别节目《数字赋能活水来》在9月2日《焦点访谈》栏目播出，并在央视新闻客户端播发特稿，单篇阅读量超过120万人次。

9月20日，2023世界制造业大会在合肥举办。安徽总站提前进行节目策划，采用体验式报道方式，从多个领域充分展示"安徽制造"的魅力。在央视新闻频道《共同关注》《新闻1+1》《朝闻天下》等重点栏目共播发稿件27条，展现大会盛况。央视新闻客户端等总台新媒体平台同步刊发新闻频道播出的节目，单条阅读量均超过10万人次。

3. 深度挖掘乡村振兴报道题材，展现安徽迈向现代农业强省的新图景

9月23日，《2023年中国农民丰收节晚会》在芜湖举办。安徽总站提前谋划，做好预热报道，在8月31日首场新闻发布会召开之际，通过央视新闻客户端第一时间发布动态信息，实现全媒体首发，并在总台各频道及新媒体平台对丰收节进行全方位报道，在《新闻联播》《新闻和报纸摘要》等重点栏目予以特别呈现。

10月9日至15日，总台推出《乡村行 看振兴》系列报道，安徽总站制作的《安徽黄山 文化传承 看西递村的和美生活》《安徽黄山 南溪南村：豆腐村变形计》《安徽六安 凭实力成"村宝"！一只大白鹅拉动数十亿元产业链》等8条新闻在央视新闻频道相继播出，并在《新闻联播》中播发4条精编报道。新媒体报道《鹅养我，我养鹅！》单条阅读量超过200万人次，登上微博热搜。

4. 当好舆情"前哨站"，大力推动建设性舆论监督报道

安徽总站积极与总台各平台合作，推出一系列有深度、建设性强的舆论监督报道。

6月，安徽总站采制的《驻站观察｜安徽蚌埠：占盲道 毁路面 围挡封桥为哪般？》报道推出后，24小时全网综合传播量达8000多万人次，在微博、百度均登上热搜首位。通过与大屏联动、配发评论等形式，关联全国各地景区"围挡封景"的相关新闻，形成舆论合力，最终推动九龙瀑布、梅里雪山等景区拆除围挡物。

二、以扎实开展主题教育为契机，推进安徽总站整体建设

安徽总站全面梳理意识形态领域风险点，加强舆情分析研判，全力开展"护牌行动"。处置蚌埠市多起非法使用总台品牌的事件，有力有效地维护总台形象。

安徽总站持之以恒强化队伍管理。重点强化选题报批制度，严格执行"三审三校"制度，加强记者日常思想教育，增强拒腐防变能力，确保意识形态领域绝对安全，锻造一支忠诚可靠的"新闻铁军"。

安徽总站不断完善制度建设、细化内部管理。制定《安徽总站机构奖金及年终奖考核细则》，通过有效的内部激励机制，改进工作作风，推进效能建设；根据《地方总站工会委员会（联合）建设方案》，于10月底成立安徽总站工会委员会（联合）。

安徽总站推动党建工作与宣传业务深度融合。围绕"创新AI大模型应用场景，着力提升总站讲好中国故事的能力和水平"课题，开展调查研究，形成调研成果。精心制作微党课"创新是实现中国式现代化的第一动力"和主题党日活动"缅怀英烈 砥砺前行 推动总站事业迈上新台阶"。

三、以实现"两个效益"双丰收为目标，积极配合推动经营工作

2023年，安徽总站把牢采编经营"两分开、两加强"原则，突出重点、主动出击，配合总经理室推动总台在安徽地区经营业务提质升级。一是推动安徽省加入总台2023"品牌强国工程"。二是把握《2023年中国农民丰收节晚会》主会场在安徽芜湖举办的宣传契机，配合总经理室促成芜湖市与总台的深度合作。三是深度挖掘安徽当地饮食文化特色和资源，促成宣城市与总台达成合作，拍摄录制大型饮食文化探索节目《一馔千年》宣传片《鲁豫哥打卡宣州早餐 品味"宣城味道"》。

（安徽总站供稿）

福建总站工作概况

2023年，福建总站积极贯彻落实总台党组工作部署，深入八闽大地，全力推进福建总站各项工作，在宣传报道、总站建设、项目落地、队伍建设、党建工作等方面取得较好成果。福建总站宣传报道工作全年共得到总台领导和福建省委省政府主要领导的十余次批示肯定。

一、宣传报道

据不完全统计，2023年福建总站在总台各平台首发报道4000多篇，其中《新闻联播》播发380条，新媒体发稿1700多条。

一是坚持思想引领，追寻习近平总书记在福建足迹，高标准开展主题主线报道。福建总站立足"福建是习近平新时代中国特色社会主义思想的重要孕育地和实践地"优势，守正创新、主动作为，用心用情做好重大主题主线报道，实现报道出新出彩。其中，《时政微视频丨啊！鼓岭！》获全网推送，点击量超过1亿人次；《大国来信丨鼓岭故事》引发全网关注，刊发当天在总台新媒体端触达1000万人次；《叶长千年茂　根扎大地深——习近平与树的故事》阅读量超1亿人次。

二是自主策划全媒体发力，高质量完成重大报道。1月18日，习近平总书记春节前夕视频连线看望慰问福州市社会福利院干部群众，福建总站的报道高标准展现习近平总书记的为民情怀；春节期间基本实现《新闻联播》"福建元素"报道天天见；主动策划推出《福建，力争上游看开局》系列访谈，报道获国内100多家媒体，以及"华人头条"、《欧华联合时报》等20多家海外华文媒体转载，触达受众超1亿人次；《实干笃行·大省勇担当丨福建》全网浏览量超过1亿人次，全国1000余家新媒体转发；第十届丝绸之路国际电影节报道数量和影响力远超上一届。

三是重点推进"头条工程"，《新闻联播》重点栏目上稿量较2022年同期明显提升。福建总站将《新闻联播》《新闻和报纸摘要》等重点栏目发稿列为全站宣传报道工作的重中之重。侧重聚焦生态省建设、两岸融合发展探索、民营经济强省建设、经济高质量发展、数字中国建设、中国国际投资贸易洽谈会（简称"九八投洽会"）、海峡论坛、福厦高铁开通等，在重大活动和事件中不缺位，及时发声。

四是抢首发、争独家、比深度，打造总台东南"尖兵"。超强台风"杜苏芮""苏拉""海葵"登陆影响福建期间，全站上下逆风前行，深入一线，连续作战，在《新闻联播》《新闻和报纸摘要》等重要栏目发稿300余篇，现场直播40余场，仅9月4日至5日，台风"海葵"相关报道在总台各平台总阅读量达4.4亿人次。自防御"杜苏芮"起，福建总站记者被福建省防汛抗旱指挥部邀请常态列席省防指工作会议，成为该会议机制的唯一媒体单位代表。《驻站观察丨福建东泗乡：农村饮水安全工程完工八年未通水　缘何烂尾？》在全省引起热烈反响，直接推动问题解决。

二、总站建设

一是高标准开展主题教育活动。赴宁德沿着习近平总书记足迹开展"党建＋业务"融合创新活动；积极配合总台机关纪委调研，认真组织"年度党建品牌"、"四个100"、"四强"党支部等各项评选，"闽宁合作资助贫困女生暨闽宁兴证春蕾助学项目"获中央学雷锋"四个100"优秀项目等奖项，福建总站第三党支部获评中直机关和总台"四强"党支部。

二是完善优化规章制度，结合实际完善补充《福建总站办公室工作手册2023》《福建总站总编室新闻业务管理办法（修订）》等，确保福建总站各项工作运行安全规范。

三是联动省内资源，开展思想"探源"。福建总站重点梳理省市县融媒体中心资源，拓展新闻来源、提高响应能力、畅通联动渠道，构建适合融媒发展的采编和传播体系，深度整理各地重要图文和视音频资料。截至2023年年底，福建总站与福建省市两级融媒体中心初步建立起深挖"富矿"宣传报道常态合作机制，在主题报道、重大事件、自主策划报道、突发事件等方面实行常态化工作专班联动制度。

四是调动优质资源，借力赋能提升总台影响力。在第六届数字中国建设峰会报道中，福建总站充分利用峰会平台，展示总台"思想＋艺术＋技术"和"5G+4K/8K+AI"科技创新成果；第二十三届中国国际投资贸易洽谈会期间，福建总站首次在展会现场重要区域搭建演播间，展示总台形象；在2023世界航海装备大会、2023世界储能大会、第六届21世纪海上丝绸之路博览会等大型活动中，福建总站主动策划宣介，增强总台在地方的影响力。

三、项目落地

为落实总台经营工作会议精神，福建总站开展深耕行动，积极协调总经理室等部门先后在福建推进"央视新闻"3·21直播带货项目、晋江企业家发展大会传播服务项目、第六届数字中国建设峰会、2023厦门马拉松赛项目、2023年中华龙舟大赛项目（福建·福州站）、2023世界航海装备大会传播服务项目、第八届海上丝绸之路（福州）国际旅游节、《古厝里的中国》（第二季）等19个项目。

四、队伍建设

一是福建总站将记者按地域、行业科学划分新的跑口跑片范围，分兵把口，拓展报道资源，确保新闻不遗漏，确保新闻信息首达首发，同时深耕"责任田"梳理项目合作线索。

二是主动探索城市记者站建设新路径。科学整合厦门采编力量，采取采编骨干深耕、增配技术司机和设备等方式，充实厦门记者整体力量，力争打造福建总站"一体两翼"报道格局。

三是高度重视青年的培养工作。通过"老带新"，不断激发福建总站青年力量的工作热情和聪明才智，主动给他们"压担子"，促进来站锻炼大学生快速成长，提升队伍的整体业务水平。

（福建总站供稿）

江西总站工作概况

2023年，江西总站积极贯彻总台党组工作布署，在宣传报道、产业合作、党的建设等多方面取得显著成果。

一、宣传报道工作继续保持第一方阵

2023年，江西总站全年累计播发全媒体稿件超3900条，其中《新闻联播》播发486条，比2022年增长30%。

江西总站重返革命老区井冈山神山村，用镜头和话筒记录老乡们的点滴幸福生活，反映偏远山村面貌的沧桑巨变，采制的"新春走基层"特写报道《总书记的惦念丨糍粑越打越黏　日子越过越甜》，在《新闻联播》头条播出。

2月2日，独家直播舆论热点江西"胡鑫宇事件"发布会，36分钟达8800万人次观看。在110天的时间里，江西总站积极作为，及时跟进"胡鑫宇事件"报道，突破重围，突破关键物证人证，并及时跟进多篇调研文章，多篇报道实现首达首发。

江西总站高质量完成习近平总书记在江西考察调研报道任务。在《新闻联播》《新闻和报纸摘要》《全国新闻联播》推出6篇报道，展现习近平总书记牵挂革命老区、关心长江经济带发展的殷切嘱托，呈现赣鄱大地干部群众精神振奋、深受鼓舞的画面。江西总站联合新闻新媒体中心推出介绍江西的全景式特稿《"赣"得漂亮！》《婺源，有才华！》，从美景、美食、方言、特产等内容入手，以精美的画面、清新的语言、接地气的互动，在全省，甚至全国形成自发"刷屏式"传播。

按照总台领导提出的"要稳妥做好舆论监督，有效推动风险隐患的排除与化解"的原则，江西总站连续推出《江西金溪：旧债未清又添新债　治污"漏洞"在哪里？围墙裂缝渗出酸水污染　相关企业屡遭投诉》和《南丰7层楼房倒塌始末》两篇报道，开展建设性舆论监督工作。"小雪归来"系列报道为代表的鄱阳湖国际观鸟季、江西成为全国首个市市通350公里时速高铁的省份等相关报道再次成为大小屏的爆款。

二、产业合作拓展取得历史性突破

2023年，江西总站联合总台多个平台共同推动总台IP和总站原创IP在江西落地开花。

在江西总站全力对接下，江西汽车龙头品牌江铃汽车与总台首次正式达成合作，共同发布央视财经频道《最美自驾路》（第二季）节目。联合华语环球节目中心，结合龙南市举办的世界客属第32届恳亲大会，推出"客家摇篮"主题系列活动；联合"央视新闻"在全国率先推出《奋斗为基》暨《"县"在出发》大型融媒体行动，陆续推出1.0版"江西宝藏区县"，2.0版"江西宝藏古村落"，3.0版"中国式现代化县域实践大调研成果发布"；联合总经理室、央视网共同举办2023"恰噶南昌"消费季，3场大型直播收获全网热搜14个，全渠道直播播放量突破1309万次，全网话题阅读量累计达7000万人次，全网视频播放量突破3000万次。此外，《家庭酷跑大会》、中国七夕（新余）晚会、吉安城市形象宣传片、第六届世界绿色发展投资贸易博览会等项目纷纷落地。《中国电视报》在江西省的订阅量首次超过10 000份。2023年，江西总站推动的项目合作总额取得历史性突破。

三、运用主题教育成果　高质量开展队伍建设工作

2023年，江西总站深入学习贯彻习近平新时代中国特色社会主义思想，推动落实总台党建工作会议部署，将主题教育与江西总站工作有机融合，组织多场"新时代新征程新伟业"选题策划会和选题宣传推广活动，重点推介总台节目资源和传播资源；深入各市县区开展实地调研，摸清各县（市、区）实际、产业特色和突出亮点，总台多平台参加宣介，现场点对点对接各市县区相关职能部门平台的需求。

2023年，江西总站党委第一党支部分别获得中央和国家机关、总台"四强"党支部等荣誉称号。同时，江西总站大力推动的总台首个红色基因传承实践基地在江西井冈山挂牌，来自总台45个机构的党支部书记和播音员主持人在江西开展主题教育。

（江西总站供稿）

山东总站工作概况

2023年，山东总站坚决贯彻落实总台党组对总站工作的要求，坚守定位、勇于开拓，奋力做好宣传报道工作，创新举办系列品牌活动，讲好新时代中国故事、山东故事。

一、守正创新，高质量完成宣传业务工作

山东总站坚持守正创新、内容为王，不断提升新闻舆论传播力、引导力、影响力和公信力。2023年，在各平台总发稿数量为5656篇，相较2022年增长42%，其中《新闻联播》播发168篇，头条8篇；强化首达首发，首发率100%；央视频山东总站账号粉丝量达254.6万，总播放量达1.24亿次，粉丝量和播放量在总台31个地方总站和8个海外总站当中均居第一。

配合总台完成中宣部《高质量发展调研行》《新型工业化特别报道》和总台新闻中心《乡村行 看振兴》《中国新活力》《东方时空丨中国新动能》《在希望的田野上》《"县"在出发》《一线调研》一系列重大报道或大型直播活动。报道第九届尼山世界文明论坛等大型活动。

山东总站原创采访的《片警老马的46把钥匙》在央视新闻频道《24小时·遇见你》栏目分4集播出。节目播出3天后，微博话题总浏览量超2300万人次，冲上全国热搜榜第5名；人民日报客户端、中国日报网等多家中央媒体新媒体平台，100多家省级媒体以及微博、抖音、今日头条等商业网站平台纷纷转发和跟进报道。该报道助力报道主角马怀龙获评"青岛楷模""最美基层民警"等荣誉称号，并受邀去现场看春晚。

二、以破圈IP赋能"满屏皆精品"，以总台"大流量"赋能山东发展"正能量"

山东总站从习近平总书记的讲话中寻找山东宣传的着力点和发力点，策划一系列重大宣传活动项目，为讲好山东故事、推进文化"两创"和推动乡村全面振兴作出努力。

原创策划第三届"新时代 新鲁菜"创新职业技能竞赛，被列为山东省级一类职业技能竞赛，成为国内美食行业中第一个省级一类赛事。本届比赛吸引来自海内外的近2000名选手参赛，参赛菜品数量达3137道，创造了鲁菜美食赛事参赛菜品的新纪录；2464道菜品在央视财经客户端亮相，点赞量和播放量超3.6亿次，获奖菜品也在财经频道《回家吃饭》栏目展播。

原创发起的"我喜爱的乡村振兴齐鲁样板"活动在央视频平台网络投票数达3.5亿人次，创央视频单项活动投票新纪录，《大众日报》等近200家媒体对此次活动进行传播推广。

原创策划《五级书记话乡村振兴》特别节目，邀请山东省、市、县、乡、村等五级党组

织的 71 位书记参与现场录制，节目形式为全国首创。节目预热内容在全网的总传播量超过 3500 万次，多篇稿件阅读量突破 10 万人次；节目首播当晚在央视财经客户端、微博、央视频和山东省各媒体平台同步直播，全网视频观看量超 5500 万人次。

三、深耕本地资源，项目合作硕果累累

山东总站配合总经理室完成"2023 山东夏日消费季""飞兔领跑行动"等重点工作。其中在"飞兔领跑行动"活动中，山东总站深耕本地优势资源，超额完成目标任务。

2023 年，山东总站协助总经理室实现 20 多个合作项目签约和"CCTV·民族匠心品牌"增发，取得经济效益和社会效益双丰收。

四、持续加强总站建设，打赢多场硬仗，取得开创性突破

一是在总台领导的关心下，攻坚克难，于 2023 年 12 月 11 日完成山东总站新址大楼装修改造工程消防验收工作，解决重大历史遗留问题。二是与山东工艺美术学院签署战略合作协议，总台领导与山东省委领导共同为双方共建的"中央广播电视总台山东总站文化创意研发中心"揭牌，总台副台长胡劲军为研发中心挂牌。三是与中国传媒大学签署战略合作协议，双方在人才培养培训、学生实习实训、科研成果转化等方面展开密切合作。四是着重完善山东总站制度建设。根据总台发布的 130 多项规章制度，新增制定或修订完善总站相关制度 15 项。六是充分发挥总站作为总台在地方的桥头堡作用，与驻地党委政府密切联系沟通。

五、党建业务双融合，帮扶北崮山村打造乡村振兴样板

山东总站深入学习贯彻党的二十大精神和全国组织工作会议部署，扎实开展主题教育。

一是创新推出"流萤学堂"中华优秀传统文化美学系列等 7 期专题讲座节目，该系列节目覆盖陶瓷、葫芦丝、柳编、琉璃、黑陶、吕剧、京剧等传统艺术的美学鉴赏，并在央视频山东总站账号展播，有力扩大山东总站党建工作的深度与广度。2023 年 7 月，"流萤学堂"获评总台 2023"年度党建品牌"。

二是认真贯彻落实习近平总书记关于"打造乡村振兴齐鲁样板"的指示，选取红色资源丰厚的北崮山村开展对口帮扶，将其作为总站乡村振兴观察点和党建活动联系点，先后联络协调中央驻鲁、山东省直等 20 多家机关企事业单位帮助北崮山村建成村史馆，民宿项目"焦桐院"、养老综合服务中心已正式启用或运营；协调山东省交通厅在该村设立沾临高速出入口；为该村架设路灯，助力销售滞销猕猴桃，援建四季采摘温室大棚，改造提升村医务室，规划建设公墓，捐赠图书、音响等，举办演出、展览等。短短一年多时间，北崮山村的村容村貌发生了翻天覆地的变化。

三是山东总站选举产生总站工会委员会（联合）。10 月 23 日，山东总站召开工会会员大会，选举产生了山东总站工会委员会（联合）。随后，工会委员会召开第一次全体会议，选举秦文明担任山东总站工会委员会（联合）

主席,并确定各委员分工。

四是根据"党支部设置与行政机构设置紧密结合"的要求,山东总站党委所属第一党支部、第二党支部、第三党支部于2023年分别召开党员大会进行换届选举,选出新一届支部书记和支委会。

（山东总站供稿）

河南总站工作概况

2023年,河南总站认真落实总台工作要求,忠实履行总站职责使命,奋力开拓各项工作,取得新突破。

一、宣传报道取得突破性成效

河南总站充分发挥宣传报道先锋队作用,持续提升总台在河南的引领力、传播力和影响力,全年在总台各平台发稿4100多条。《新闻联播》发稿400多条,同比增长超300%,12篇调研报道得到中央领导批示。总台领导、河南省委书记对河南总站2023年宣传报道工作给予充分肯定。

全国两会报道期间,河南总站记者采访涉河南代表委员95名,在《新闻联播》《新闻和报纸摘要》等重点栏目播发稿件超百篇,是河南总站采访代表委员最多、发稿数量最多、效果最好的一次。策划的新媒体作品《代表委员这一天丨陈宝超:"番茄村书记"两会"取经"记》爆款"出圈",《代表委员这一天丨三位"牛"代表 共"犇"富裕路》成为当天全国两会专题全国主流媒体短视频前10名,全网总阅读量均超5000万人次。精心采制共建"一带一路"倡议提出十周年特别节目,专访报道《共建"一带一路"·权威访谈丨把握机遇 河南从内陆省份迈向开放前沿》在总台重点栏目播出。推出直播报道《跨境新零售店实现家门口"买全球"》和新媒体报道《共建"一带一路"·河南说丨在古都"豫见"新丝路》,登上当日河南热搜榜,各平台总触达超1亿人次。围绕河南作为经济大省稳经济、强信心的担当与作为,特别策划制作《实干笃行·大省勇担当丨河南》,在央视新闻频道《朝闻天下》《新闻直播间》等栏目播出,央视新闻客户端、央视网等平台以及河南省156家媒体转载,全网累计阅读量超过6000万人次。策划推出济郑高铁全线开通特别报道,在《新闻联播》《朝闻天下》等重点栏目全天滚动播出,全网总阅读量超过1亿人次。

2023年,河南总站精品力作不断呈现。重点采制的《学思想 强党性 重实践 建新功丨严督实导 推动主题教育走深走实》等报道在《新闻联播》播发。贯穿全年策划推出春耕秋收特别采访季、文旅文创等特色报道,话题十多次登上热搜,总触达人次超15亿。推出2023中国（开封）清明文化节全媒体报道在总台多个平台发稿上百篇，原创稿件全网阅读量超2亿人次，14个话题登上热搜，总触达超12亿人次。自主策划《盛世清明·宋韵开封》《天鹅归来》《中国粮·中国仓》《九九又重阳》等数十场融媒体直播。其中，《中国粮·中国仓》（第二季）融媒体直播全网总观看量超900万人次，河南多地融媒体中心同步转播；特别节目《九九又重阳》直播内容被央视新闻客户端重阳节特别节目选用，部分内容在新闻频道播出，实现小屏到大屏融合传播，全网触达超千万人次。河南总站联合央视网，围绕"县域经济起高原"策划推出系列访谈《出彩中原·权威访谈》，全网阅读量超过1亿人次。

2023年，河南总站深入事件核心现场多方采访，围绕舆情焦点开展调研，获取大量一手独家素材，以翔实报道还原事件真相，有力有效引领舆论。针对河南麦收"烂场雨"热点舆情，主动发声，在央视新闻频道《新闻周刊》针对河南麦收如何应对及如何减少损失等问题，策划专题报道《抢收夏粮》，强力引领网络舆论。

2023年，河南总站创作的新闻专题《遇见你丨王妙：为"脆弱"人生编织"坚强"未来》、新闻直播《走进老区看新貌 15万亩月季花开正当时》获得第四十届河南新闻奖一等奖，《嚯～"村戏"，关注一下？丨相对论·蹲点乡村戏台》获得第二十九届中国纪录片学术盛典短片十优作品。

二、总站建设取得突破性进展

充分利用身处一线的优势，发挥战略合作桥头堡作用，聚合优质资源，不断开创工作新局面。6月21日，河南总站运行揭牌，总台领导与河南省领导出席并致辞，共同见证中央广播电视总台与河南省人民政府共同签署《中央广播电视总台与河南省人民政府战略合作框架协议》。全方位打造富有河南特色，覆盖河南各级部门、各类媒体的宣推机制，全年协调河南宣传部门做好总台重点活动、重点报道的宣推，取得很好的效果。河南总站有效处置"河南央社文化传媒有限公司"冒用总台名义非法从事新闻采编和经营活动事件，有力维护总台品牌形象和利益。

三、项目落地实现突破性增长

充分发挥产业发展"生力军"和品牌拓展"爆破点"作用，协同总台相关部门，推动总台项目在豫落地实施，实现经营创收。联动央视网、央视创造等总台资源，承办2023中国（开封）清明文化节活动。在总经理室的领导下，创造性促成为河南省独家定制"强国建设·奋进河南"大型品牌传播工程；促成由总台与河南省人民政府联合主办"2023河南夏日消费季"，这是总台首次联合中部省份举办"消费季"。全年协助实现总台《寻古中国》《一馔千年》《宗师列传·唐宋八大家》《在中国大地上边走边跳》《山水间的家》《江山壮丽 我说黄河》等多个项目落地河南。

四、队伍建设发生突破性变化

扎实开展学习贯彻习近平新时代中国特色社会主义思想主题教育，强化常态化的理论学习机制，打造学习型总站。抓好党风廉政建设，把落实党风廉政建设主体责任作为重大政治任务，与业务工作同部署、同落实、同检查、同考核，不定期召开专题会议，研究部署党风廉政建设工作。组织党员干部到林州红旗渠纪念馆、青年洞等现场学习；组织全体党员和业务骨干赴焦裕禄精神诞生地兰考开展主题教育党日活动。将调查研究贯穿全年工作，由总站负责人带队，到河南多个地市及重点企业调研学习，了解企业发展情况、管理经验，挖掘报道题材，交流探讨开展融媒体报道合作等。针对河南总站正处于建设初期的发展爬坡阶段，围绕如何提升河南总站宣传报道业务能力，服务总台高质量发展开展调研，形成主题教育调研报告。完成党支部换届选举工作，提高"三会一课"质量，支部标准化规范化建设不断加强。坚持问题导向和效果导向，完善制度规范，动态调整管理举措，严格考核机制，努力营造干事创业、风清气正的氛围。

（河南总站供稿）

湖北总站工作概况

2023年，湖北总站全力以赴做好重大主题主线报道，讲好湖北故事，发挥媒体职责，做好桥梁纽带，助力央地结合项目落地。

一、深度聚焦主题主线报道，充分发挥媒体责任

湖北总站全年共计发稿3523条，其中，电视1080条，广播610条，新媒体1749条。

1. 依托总台《新闻联播》等重点栏目，做好领袖报道及主题主线报道

湖北总站高质量打造"头条工程"，生动展现领袖风采。在《总书记的牵挂》《新思想引领新征程》《总书记的人民情怀》《开好局 起好步》《学思想 强党性 重实践 建新功》《新时代新征程新伟业——实干笃行》等重大主题主线报道中，湖北总站深刻领悟习近平总书记多次视察湖北重要指示精神，挖掘湖北在加快建设全国构建新发展格局先行区的具体举措，生动呈现湖北在经济社会发展方面的新面貌和新成就。

2. 按照总台统一部署，充分报道好湖北经济社会发展亮点、特点

2023年第一季度，湖北总站圆满完成全国两会报道任务。第二季度，在系列主题报道《新思想引领新征程》中展现湖北高质量推进主题教育走深走实的决心；在提振经济相关报道中，多角度呈现湖北加强基础建设及经济文化建设成果。第三季度，推出《实干笃行·大省勇担当丨湖北》特别报道，深入参与《高质量发展调研行》湖北主题采访活动，《在希望的田野上·主产区迎丰收》（湖北篇）特别节

目中立足省情，采用直播、特写、景观、专访等多种形式，受到好评。第四季度，在总台大型直播特别节目《乡村行 看振兴》中，湖北总站运用多种创新技术和手段，呈现湖北各地在乡村振兴领域的新做法、新发展和新经验，10月11日采制的《湖北襄阳：矿洞"变形"计 探访尧治河村的转型密码》在当天《新闻联播》栏目中播出，湖北省各级媒体推送转发，社会反响热烈。

3. 匠心耕作，讲述普通湖北儿女身上不普通的故事

关注生活在荆楚大地的普通人，讲述普通人身上不普通的故事。例如，17年守诺如金，偿还百万欠款的"信义老农"陈廷海；65年如一日，义务守护烈士陵园，并为无名烈士寻找亲人的85岁老党员姜能山；坚持传统工艺，一家三代接棒传承龙舟文化的郑祥龙一家等，生动展现人民群众的幸福感和获得感。

4. 做好舆论监督，发挥媒体职责

湖北总站高质高效提供"有现场、有预判、有见地"的精品信息。4月24日至25日，湖北总站联合新闻中心特别报道部，推出独家调查报道《南水北调中线工程水源区：黑臭污水暗管偷排 灰白泥浆明渠入河》，以广播、新媒体等渠道报道湖北省十堰市丹江口水库周边的排污情况，引发热烈社会反响，独家报道在多平台编发后阅读量瞬时超10万人次。湖北省委省政府、十堰市委市政府主要领导高度重视，责成十堰市生态环境局对3家涉事企业开展调查处理，对全市涉污企业开展拉网式排查整治，依法依规严肃查处破坏环境违法行为，对执法监管失职渎职严肃追究责任。水利部、生态环境部相关负责人表示尽快对报道反映的问题进行督导检查。

突发事件，迅猛出击，首达首发。7月8日，湖北省宜昌市五峰土家族自治县发生山体滑坡突发事件，湖北总站连夜出发，徒步抵达事故核心地点，成为第一支到达滑坡现场、从救援现场发回新闻连线并在核心现场坚守时间最长的新闻队伍，报道质量得到总台高度评价，对引导舆论热点起到积极作用。

二、强化制度建设，夯基垒台赋能总站

1. 贯彻落实总台规章制度，健全湖北总站管理运行机制

湖北总站高度重视制度建设，先后出台《湖北总站"三重一大"决策制度实施细则（暂行）》《湖北总站保密安全工作规定（试行）》《湖北总站消防安全管理规定（试行）》《湖北总站公章使用管理办法（试行）》《湖北总站新闻宣传管理制度（试行）》《湖北总站财务管理暂行办法（试行）》等站内规章制度。凡属"三重一大"事项，均经湖北总站办公会研究讨论，坚持科学决策和民主决策。

2. 有力推进与驻地党委政府沟通联络机制

湖北总站高度重视与驻地党委政府的沟通联络，建立常态化制度，为总台赢得好口碑。2023年宣传报道工作13次获批示表扬，湖北省委省政府主要领导对湖北总站新闻宣传工作给予充分肯定。

3. 加速推进总站新址建设工作

2023年5月，湖北总站完成新址的合同签订工作。新址装修改造工作于12月1日正式启动，将于2024年8月交付总站使用。

三、全力做好桥梁纽带，推动总台优势资源落地

湖北总站立足湖北，结合总台优势资源与核心能力，创新推动央地结合项目落地，实现社会效益和经济效益双丰收。

"奋斗有我　国聘行动"（第四季）地方专场首秀，生动诠释总台践行国家媒体的社会责任。在"2023湖北'6·16三好节'暨武汉国际消费季"中，支持湖北省促进消费潜力释放，扩大总台在地方的影响力。2023年端午特别节目——大型交响诗《碧水长歌颂端阳》推动总台端午特别节目落地屈原故里湖北宜昌。

四、抓好队伍建设，高标准推进党建工作

1. 根据总台机关党委、机关纪委要求，开展梳理现有规章制度、排查廉政风险点等工作

湖北总站党委先后召开多次领导班子、处级以上领导干部会议，要求各部门仔细对照检查提纲逐条深入研究，围绕"一岗双责"、宣传业务管理、制度建设、"三重一大"事项等方面梳理相关情况，切实把廉政风险点找准、找实、找全。

接受总台党组对地方总站首轮巡视，认真配合第二巡视组顺利完成巡视第一阶段工作。

2. 积极开展主题教育工作

组织党员干部深入学习贯彻习近平总书记对总台工作的一系列重要指示批示精神；举办学习贯彻习近平新时代中国特色社会主义思想主题教育读书班，并组织读书班专题研讨会。

湖北总站党支部完成换届选举工作，完成工会组建工作，确保"规定动作"不折不扣、"自选动作"有声有色。

（湖北总站供稿）

湖南总站工作概况

2023年，湖南总站始终把新闻宣传作为总站工作的重中之重，严格执行新闻采编与经营创收两分开的原则，打造了一批"两个效益"俱佳的品牌项目，持续擦亮总台和总站"金字招牌"。

一、宣传报道工作

重点围绕湖南贯彻落实习近平总书记重要指示精神，大力实施"三高四新"战略、精准扶贫接续乡村振兴等重大主题，完成各项宣传

报道任务，电视发稿860多条，广播发稿110多条，央视新闻客户端发稿近300条，央视财经客户端发稿30条，其中《新闻联播》发稿140条。

重点栏目发稿数量创新高。全年在《新闻联播》头条汇编发稿7条，其中《湖南：智能制造开新局　释放产业新动能》《团结奋斗　忠诚履职｜向华：促进急救康复医疗资源向基层下沉》《新时代新伟业新征程——实干笃行｜湖南加快打造内陆地区改革开放高地》等5条报道得到湖南主要领导肯定。湖南总站发布第三届中非经贸博览会等高端活动，创新对外传播方式，报道成效获得该博览会组委会高度肯定。

自主策划大型融媒体节目引爆网络。以湖南湘西边城机场实现通航为契机，湖南总站发起策划，联合总台创新发展研究中心、新闻新媒体中心、湖南卫视、四川观察等平台推出《从脱贫攻坚到乡村振兴》大型融媒体特别节目，通过大型直播、新媒体特稿、创意短视频等多种形式，生动展现"精准扶贫"首倡地湘西十八洞村的深刻变化，相关内容获全网置顶，全网阅读量超1.1亿人次。

结合湖南特色推出满屏精品。湖南总站推出《实干笃行·大省勇担当｜湖南》，多维度展现湖南制造业企业数字化智能化升级，在总台各频道累计报道时长近40分钟，引起热烈反响。湖南总站抢抓关键节点推出系列农业报道：春耕时节及时发布权威信息释放积极信号；夏收时节推出《在希望的田野上·主产区迎丰收》（湖南篇）关注湖南多措并举扛稳粮食安全重任，登同城热搜榜第一名；秋收时节持续做好中国农民丰收节报道，大小屏呈现湖南丰收盛况；新媒体策划《稻花"湘"里说丰年》覆盖全年，尽显主粮大省担当。完成大型直播特别节目《乡村行　看振兴》《"慧"种田的新农人》等专题节目讲好新农人故事。法治报道形成特色，亮点频出，《一条热搜短视频的背后》《博眼球造谣视频是如何炮制的》等报道被"中央政法委长安剑"微信公众号转发。

二、创新经营，擦亮品牌

湖南总站在严格执行新闻采编与经营创收两分开的原则下，积极对接总台与湖南的优势资源，创新开拓经营工作，打造一批"两个效益"俱佳的品牌项目，持续擦亮总台总站"金字招牌"。

发掘长沙夜经济和新消费活力，协同财经节目中心在长沙落地总台"金牌新字号"大型融媒体活动，举办"中国夜经济活力指数"启动仪式，在长沙网红街区设置夜经济观察点和5G直播体验区。协同总经理室与湖南株洲达成合作，共同打造株洲首届"厂BA"篮球锦标赛，继贵州"村超"之后再造具有湖南特色的群众文化品牌，探索携手地方打造城市文化IP的新路径。第二届湖南旅游发展大会期间，湖南总站联合央视频、央视网在湖南怀化沅陵县举办2023中华书山开山大典。

三、党建工作

坚定不移贯彻落实党中央、国务院、总台党组各项决策部署。对习近平总书记重要讲话指示批示和总台党组学习内容，第一时间组织站内学习研讨，有力推动党的思想方针贯穿总站工作各方面、全过程。

结合主题教育总体要求和总站实际，制定《湖南总站领导班子调研制度》，总站班子成员基层调研常态化。

总台基层党组织分管党建工作副书记专题培训班在湖南韶山举办，湖南总站党委组织开展长沙橘子洲读书会，携中国建筑第五工程局有限公司开展主题教育联学联建，联动总台新媒体矩阵开展"镜鉴与境健"廉政主题教育实践活动，11月在左宗棠故居及纪念馆开展廉政主题教育实践活动等，激发团队活力，将教育成果有效转化为工作实效。

四、总站建设

强力推进湖南总站新址建设。严格落实"三重一大"集体决策制度和总台关于地方总站业务用房取得、改造、使用的相关规定，经总台党组批复，推动资金落实、房屋装修设计、技术方案论证等，协调服务上级部门和台属公司、相关单位到马栏山信息港现场勘察调研9次，为2023年年底正式签约入驻打下坚实基础。

有声有色开展总站文化建设。建设风清气正的清廉文化，要求做到摄像头前无"阴影"，录音话筒无"杂音"，车厢后盖无"赃物"，手机微信无"腐钱"，干干净净做人，清清爽爽做事；建设终身学习的书香文化，领导干部带头荐书读书做研究，倡导编辑记者有真才实学，不做"花花草草"；建设有情有义的家文化，以人为本，聚焦员工所难所盼，统筹协调员工子女入学，帮助困难职工解决看病就医难题，组织开展"春季健步走"、六一儿童节亲子游、记者节团建等活动，为湖南总站全体员工协调升级体检服务，于细节处温暖人心。

持续强化人才队伍建设。完善岗位练兵及日常考评机制，选优配强处室负责人和支部书记，并为年轻人才争取各种机会，提供施展才能舞台：在总台机关党委组织的"四个100"评优活动中，1名员工获得总台"四好"党员称号，1名记者参加2023年"好记者讲好故事"选拔赛暨总台青年编辑记者岗位练兵活动，获得二等奖。

（湖南总站供稿）

广东总站工作概况

2023年，广东总站全面准确贯彻落实习近平新时代中国特色社会主义思想，按照总台党组要求，推动新闻宣传量质齐升，产业经营取得突破，人才梯队进一步形成，站址建设取得重大进展。各项工作有力彰显总台党的宣传报道主力军、压舱石重要作用。

一、持续发力主题主线报道，服务党和国家战略和发展大局

广东总站聚焦习近平总书记重要思想在广东的生动实践，围绕广东省委省政府"走在前列""再造一个新广东"的宏图伟业，充分挖掘新时代广东"五大任务"和粤港澳大湾区建设成为"一点两地"的实践故事，2023年在总台《新闻联播》发稿283条，同比增长约50%。其中，《全面深化改革　扩大高水平对外开放　在推进中国式现代化建设中走在前列——习近平总书记在广东考察在当地广大干部群众中引起强烈反响》《广东锚定高质量　开启发展新篇章》《改革助推粤港澳大湾区建设迈上新台阶》等报道，体现了广东总站用心用情服务党和国家发展大局，服务粤港澳大湾区建设的职责使命。

二、强化责任担当，以宣传报道唱响中国经济"光明论"

2023年4月，习近平总书记视察广东时专门对荔枝产业高质量发展作出重要指示。面对2022年广东荔枝大丰收遇到市场总体消费疲软的巨大压力，广东总站协调总台各平台建立起受众覆盖面广、传播能力强的传播矩阵，在社会上、市场上形成强大攻势，打造数字助农融媒体内容矩阵，重启广东荔枝新态势，直播地荔枝农户平均增收7万元。

为了落实中央经济工作会议提出的"着力扩大国内需求，把恢复和扩大消费摆在优先位置"的要求，广东总站报道湛江金鲳鱼"游"进消费"新蓝海"的生动场景，产生良好社会效益，助力扩大金鲳鱼消费市场，渔农增收。总台和广东省委主要领导给予充分肯定。

广东总站围绕第133、134两届广交会，提前布局，以宣传报道助力中国外贸，唱响中国经济"光明论"。在新闻频道开设专栏《广交天下客》，共推出21期特别直播节目。在总台各平台播发稿件近400篇（次），其中《新闻联播》播发稿件20篇，创历年播发量新高。

三、创新表达方式，独创新媒体述评产品，打造宣传报道新形态、新高地

广东总站独创新媒体综合述评产品，并进行可视化转化，开创总台地方总站先例。全年共推出新媒体述评42篇，其中31篇被中央网信办全网置顶推荐，占比73.8%。17篇被《南方日报》《广州日报》《深圳特区报》等省地主要党委机关报头版头条或头版显著位置转载，央媒和省媒协同发力已经成为常态。

广东总站创新推出《湾区三分钟》系列短视频43期，将新媒体述评进行"短、快、精"改造，多个产品被全网推送，中央部委网站、港澳特别行政区政府网站转发。

四、抢首发、争独家，首发/现场到达率100%，彰显总台"新闻铁军"作风

面对多次登陆广东的超强台风，广东总站打好抗台风宣传报道主动仗，从指挥现场到新闻现场，全链条联动。新浪微博话题"台风'苏拉'1日内2次登陆粤闽等地"登上热搜榜，总阅读量超1500万人次。广东省专门形成舆

情专报，认为广东总站的报道起到了积极正面引导舆论的重要作用。

围绕广州天河"1·11"驾车撞人案等十余起突发事件和网络舆情，广东总站第一时间跟进，权威报道最新动态。作为全网首发，广东总站的报道迅速获得大量转发和社会关注。

五、做大做强深圳记者站，高起点建设珠海记者站

2023年，深圳记者站在《新闻联播》《焦点访谈》《东方时空》《新闻周刊》《新闻1+1》等涉深圳发稿量均有较大增长，受到深圳市委多次表扬；启用珠海记者站，珠海及粤西部分地方新闻宣传有较大提升，并确定了新站址。

六、推动技术创新，粤港澳大湾区中心演播室全面启用

广东总站实现数字人技术在重大项目中的运用，于深圳高交会期间打通粤港澳大湾区中心演播室与北京本部对接，实现粤港澳大湾区中心演播室首次全面启用，全力探索运用粤港澳大湾区先进视频技术开拓商业应用模式。

七、严格遵守采编经营"两分开、两加强"原则，让"创意营销"开花结果

广东总站举办"粤港澳大湾区消费季暨第三届直播电商节"活动。推动设立工业设计大奖，完成广东省文化和旅游厅"品牌强国工程"客户增发，推动总台2023扬帆远航大湾区音乐会、"感动南网"颁奖礼等项目，实现"两个效益"双丰收。

八、深入学习宣传贯彻习近平新时代中国特色社会主义思想，强化政治建设，开展形式多样的政治学习

广东总站扎实开展学习贯彻习近平新时代中国特色社会主义思想主题教育，高度重视理论学习，坚持"第一议题"制度，全年共传达学习290项议题。全年编制《广东总站学习材料》35期，提高广大员工学习的主动性、针对性和有效性。

加强"请进来"和"走出去"，先后赴中国共产党早期在广东的支部旧址、广州起义博物馆等地接受革命教育；赴南方日报报业集团、广东省广告集团股份有限公司、广东广播电视台等机构调研学习。邀请博学名流和业内专家作专题讲座，以"湾区书屋"搭建形式多样、方式灵活、主题丰富的学习平台。

（广东总站供稿）

广西总站工作概况

2023年，广西总站持续推动宣传报道提质增效，高质量完成习近平总书记在广西考察等重要报道工作。

2023年，广西总站在《新闻联播》发稿144篇，在新媒体平台发稿1277篇，在电视、广播重点平台总发稿2256篇。总台领导和广西壮族自治区党委、政府主要领导均对总站工作作出批示和表扬。

一、高质高效，聚力打造"头条工程""精品工程"

围绕中共中央总书记、国家主席习近平出访越南，广西总站及时推出《西部陆海新通道黄桶至百色铁路8日开工建设》《前11个月广西对越南进出口货值超2200亿元》《感受中越经贸合作的热度》等报道，借势做好广西与越南各领域务实合作文章。聚焦习近平总书记在广西考察，全力做好相关企业、社区等地拍摄及广西经济社会发展成就相关素材汇集整理工作，并第一时间组织开展反响报道。2023年12月11日至17日，广西总站在《新闻联播》《焦点访谈》《新闻和报纸摘要》《时政新闻眼》等重点栏目和央视新闻客户端播发全媒体报道90多篇（条）。

立足广西特色定位，广西总站精准把握"东盟""区域全面经济伙伴关系协定（RCEP）""西部陆海新通道""平陆运河""壮美广西"等关键词，创新报道理念和方式，推出《提振信心在行动丨广西》《人大代表带着螺蛳粉参加两会》《总台"桂"观丨一条大河通江海 潮起平陆天地宽》等一系列"破壁出圈"的爆款产品。准确把握共建"一带一路"倡议提出十周年、第20届中国—东盟博览会和中国—东盟商务与投资峰会创办第20年的重要时机，在总台播发全媒体报道100余篇。围绕第一届全国学生（青年）运动会在广西举行，与总台多部门密切配合，在电视、广播、新媒体端播发、转发报道900余篇，形成全方位、立体式宣传声势。立足广西生态优势和生物多样性保护工作成效，用心打造红树林、布氏鲸、白头叶猴等主题，观看阅读量超5000万人次。三月三假期，总台2023年首个线下大型融媒体互动项目"在中国大地上边走边跳"首站落地广西，相关报道阅读量突破8000万人次。联合总台多部门推出《江山如画》、《春茶地图》、《最美自驾路》、"灵川开渔节"、中国（北流）国际陶瓷博览会等特别节目或活动，使广西生态优势"金名片"更加闪亮。

二、创新升级，扎实推进中国—东盟传媒港建设

承办2023"东盟伙伴"媒体合作论坛，创

新开展"'东盟伙伴'看中国式现代化媒体行采访活动"，加深东盟国家媒体对中国式现代化的认知，增进总台与广西主流媒体、东盟国家媒体间的友谊。论坛举办及媒体行相关报道在总台跨媒体总阅读观看量为1.01亿人次。

三、开拓经营，争取"两个效益"双丰收

广西总站严格遵循"采编经营两分开、两加强"规定，稳中求进，全力配合总经理室推进各项经营工作。2023年，在总经理室指导下，通过有效的责任机制，衔接总台下属公司与地方展开合作。

四、坚持党建引领，打造全媒体"新闻铁军"

广西总站党委理论学习中心组积极组织开展主题党日活动，总站领导班子讲党课。通过到湘江战役纪念馆、南宁邓颖超纪念馆、林景云烈士故居等红色教育基地参观学习，交流业务，推动党建与业务深度融合，提升党建工作标准化、规范化建设水平。广西总站第一党支部荣获2023年度中央和国家机关工委"四强"党支部称号和总台"四强"党支部称号，1人被评为总台"四好"党员。

1. 以调研为抓手，扎实开展学习贯彻习近平新时代中国特色社会主义思想主题教育

组织成立广西总站"大兴调查研究之风"特别行动队，在央视新闻客户端广西总站号推出《"桂"在调研》专栏，先后对西部陆海新通道建设、强信心、促消费、对东盟经贸合作与文化传播等选题展开调研，形成一批高质量的调研成果，积极促进成果转化、问题解决。广西总站以承办2023"东盟伙伴"媒体合作论坛为契机开展调研，并形成自主调研报告《从"东盟伙伴"媒体合作论坛看如何提升国际传播能力》。联合广西壮族自治区市场监督管理局开展调研，采制的《广西高质量发展调研行》等调研报道获广西壮族自治区党委、政府主要领导充分肯定。

2. 严格落实"三重一大"集体决策机制，优化制度管理体系

广西总站细化完善《广西总站"三重一大"决策制度》，严格落实重大事项决策、重要人事岗位调整、重大项目安排、资金使用等方面的决策议事机制，提高科学决策水平。广西总站全体党员干部职工深入落实中央八项规定精神，主动抵制形式主义、官僚主义，自觉强化廉洁自律意识和拒腐防变能力，确保采编经营两分开，坚决杜绝有偿新闻和有偿不闻。领导经常主动找员工谈心，做好员工子女入学、家庭慰问、老同志荣休等方面服务，帮员工排忧解难，员工获得感、幸福感、自豪感不断提升，团队向心力、凝聚力、战斗力持续增强。

3. 守正创新，打造全媒体"新闻铁军"

广西总站领导班子持续加强团队建设，教育引导全站人员加强理论学习，克服本领恐慌，自觉把工作放到大局中思考、定位、安排，努力打造"学习型总站""清风总站""书香总站"。广西总站采制的《RCEP生效后中国首趟开往成员国的国际货运班列开出》获第33

届中国新闻奖三等奖，1名记者获2023年"新春走基层"采访活动中央新闻单位先进个人，1名记者在2023年"好记者讲好故事"选拔赛暨总台青年编辑记者岗位练兵活动中获三等奖，《平陆运河今天在广西开工建设》等多部作品获2022年度"宣传广西好新闻奖"一等奖等奖项。

（广西总站供稿）

海南总站工作概况

2023年，海南总站扎实推进高质量发展，总站工作在多个方向上取得突破。全年在全媒体平台发稿超2000篇，其中《新闻联播》96篇。2023年，海南总站共得到海南省领导批示20次。

海南总站与中国之声合作推出的《国家公园·两天一夜》——海南热带雨林国家公园之《林间密语》获得第33届中国新闻奖直播类一等奖，神舟十五号载人飞行任务——中国之声特别直播《筑梦空间站》获得中国广播电视大奖2021—2022年度广播现场直播类大奖。

一、配合多平台完成博鳌亚洲论坛2023年年会各项报道任务

3月，博鳌亚洲论坛期间，海南总站提前策划《聚焦海之南》6集预热报道，配合特别节目制作了4期景观镜头。做好海南"封关运作"权威解读，在央视新闻频道《共同关注》《新闻1+1》等栏目推出相关报道，采访海南省委深改办有关部门负责人和海南自贸港建设相关专家，报道获得全网转发。

二、全力以赴做好航天相关报道

5月10日，天舟六号货运飞船点火发射，海南总站配合新闻中心、CGTN等平台完成报道。5月9日起，《新闻联播》连续三天播发飞船发射相关稿件。5月7日至10日，总站在新闻频道、CGTN完成5场直播连线报道。央视频账号"南海眼"发布《航天Vlog｜火箭去"上班"还有专属"座驾"？》，播放量超过50万次。

在梦天实验舱和天舟五号货运飞船发射期间，央视频联合海南总站创新推出融媒体报道《天宫筑梦记》，端内播放量超过370万次，多平台融合传播累计播放量超过2345万次。央视频首档大型实景科普演说节目《少年问》、原创记者IP《"宜"起看》、海南总站"南海眼"账号联动，搭建海南特色融媒体演播室，多视野、全角度呈现火箭发射情况。

三、全力报道第三届中国国际消费品博览会

2023消博会期间，海南总站紧密配合总台各部门和平台，结合海南实际，助力消博会宣传工作取得新突破。一是做好对外传播。海南总站和总台CGTN、欧拉中心等紧密联动，为他们提供丰富的报道素材。二是讲好海南故事，传播海南声音。海南总站采制5集《行走海南》系列报道，邀请海南多位嘉宾做客特别节目直播间，畅谈消博会带来的新消费、新变化和新理念。

四、讲好海洋故事，打造自贸港建设的"深蓝名片"

在6月8日世界海洋日，总站深挖海南海洋特色资源，自主策划系列报道。一是在央视新闻客户端播出新媒体直播《一起守护"海洋蓝"！》，采用多种拍摄角度呈现更立体的直播画面。二是在新媒体直播中加入"海洋经济"相关内容，展现海南在保护生态的前提下发展经济，助力"蓝色粮仓"建设。三是实现大小屏积极联动。除了新媒体直播，海南总站还在新闻频道和农业农村频道播出相关报道。

五、关注海南生态文明建设成果，推出"海南热带雨林国家公园特别直播"

7月9日，新闻频道《大美中国·览夏》特别直播关注海南热带雨林国家公园建设，时长28分钟，完美呈现热带雨林的物种多样性、人与自然和谐共生之美。该节目从策划到播出仅用4天时间，海南总站发挥协调优势，奔赴吊罗山、霸王岭、五指山等片区，完成直播版块、配片、景观镜头等，使节目精彩呈现。

六、推出第五届海南岛国际电影节大小屏系列报道

12月16日至22日，第五届海南岛国际电影节在海南三亚举行。在海南总站大力协调下，综合频道《晚间新闻》栏目对电影节开闭幕式进行报道，中国之声、CGTN、中文国际《中国新闻》栏目、央视新闻客户端、央视频新媒体平台等做好电影节相关活动重点宣传。海南总站还配合文艺节目中心做好开幕式晚会录播。

七、全方位展现海南"村VA"盛况

在2023年海南（文昌）乡镇排球联赛举办之际，海南总站记者以走基层的纪实拍摄手法，全方位立体展现文昌排球运动的整体面貌。7月2日，在"央视新闻"微信公众号发出推文《光脚扣杀、板凳打球……海南"村排"火了！》，发出仅两小时，阅读量即突破10万人次；8月4日，在《24小时》栏目推出《遇见你丨文昌排球"三剑客"：激情"村排" 火热生活》；在《东方时空》推出特别策划《咱村开赛啦》，播发《海南文昌"村排"：椰林树影扣响排球快乐》等报道，得到各界好评。

八、立足本地特色，专题报道出新出彩

一是严谨准确做好深海考古报道工作。海南总站与新闻中心合作的报道《4K影像记录丨

水下千米级深度沉船遗址布放永久测绘基点　载人潜水器深入拍摄》全网首发，获得大量转载。话题"国家级最新深海探秘开启"于5月21日登上当日微博热搜。

二是在《乡村行　看振兴》主题报道中，体现海南新特色。海南总站关注海南5G助力乡村诊疗和海南万宁日月湾冲浪基地所在的田新村乡村治理，采制的《海南万宁："体育+旅游"深度融合　培育特色产业集群》报道展现海南旅游的新业态和新特色，《乡村5G助诊包　助医又便民》采用纪录态方式，整档节目展示真实生动。

九、资源拓展工作取得突破

海南总站深入海南国际商业航天发射有限公司等企业，到儋州、五指山等市县深度挖掘融媒体传播需求，对接总台央拓、央视频等平台，对接中免集团、三亚市政府、五指山融媒体中心等，形成突破势头。

（海南总站供稿）

重庆总站工作概况

2023年，重庆总站坚决贯彻落实总台党组各项工作部署，抓好党建工作，扎实做好新闻业务、项目经营，推动重庆总站高质量发展。

一、新闻宣传报道品质持续提升，亮点频出

2023年，重庆总站在《新闻联播》栏目发稿196条，在《焦点访谈》发稿16条，在《新闻和报纸摘要》发稿72条。同时，在总台各平台大屏发稿1732条，广播发稿481条，新媒体发稿1245条。

1. 聚焦主题主线，《新闻联播》单条发稿量大幅增加

重庆总站结合中央对重庆的定位和要求，围绕新重庆建设，策划采制《新闻联播》栏目重头报道《开好局　起好步｜重庆：激发新动能　推进双城经济圈建设》《新时代新征程新伟业——实干笃行｜重庆加快推进国际消费中心城市建设》《重庆积极推动长江文化保护发展传承》《新时代新征程新伟业——实干笃行｜重庆打造智能网联新能源汽车产业集群》《学思想　强党性　重实践　建新功｜真抓实干　保障西部陆海新通道畅联内外》引发重庆各方热烈反响。

此外，重庆总站提前布局重大活动、重要论坛，2023中国国际智能产业博览会期间，在大小屏以及广播端发稿超60条。重庆总站结合重庆文化特点，结合文化和旅游部与重庆市主办的首届石窟寺保护国际论坛、首届文物保

护技术装备应用展、首届长江文明论坛等中央在渝落地的重点活动，采制大小屏报道60余条，掀起2023年重庆文化报道热潮。

2.注重深度调研，打造精品力作

重庆总站记者赴基层调研，发现山城夜市蓬勃发展，就在最有代表性的"小花"夜市连续蹲点拍摄两周，完成13分钟新闻专题《24小时｜特写　让"小花"市集开在山城之春》，被全网转发。

重庆总站践行习近平生态文明思想，瞄准三峡库区国家一级植物崖柏的拯救性保护工作，历时8个月制作45分钟《新闻调查》深度报道《崖柏重生》，被全网转发。重庆总站践行习近平总书记关于基层治理相关论述精神，在重庆一网红居民楼白象居蹲点5个月，记录当地破解游客与居民之间矛盾，提升基层治理水平的全过程。《网红小区"拒客"之后》总阅读量超过2亿人次。

新媒体方面，重庆总站联动中国之声制作的大型融媒体直播《国家文化公园特别直播｜江山壮丽　我说长江》，在央视新闻、央视频、云听、中国之声抖音和快手号、重庆本地媒体等平台推出，登上微博热搜，并在同城热搜中跃升至第一。直播收看人次近1000万，全平台累计触达人次超过1.2亿。重庆总站央视号特别策划《双城开新局　启航新重庆｜一线访谈》聚焦重庆市委"一号工程"——"双圈"建设，访谈各区县、部门一把手，展现各区县和部门未来工作重点、亮点和创新点，全网触达超过6000万人次。

3.深耕人物故事，传播人性之美和时代之美

重庆总站每周策划一到两个人物故事的选题，通过一件件深入人心的作品，一个个短视频，逐渐做出特色和品牌。2023年，共有10个总站原创故事在新闻频道《24小时》栏目播出，其中《硬核老爸用8年为孤独症儿子造火车》被160多家媒体转载，浏览量超过6000万人次；《父亲遭遇重大车祸　7岁女儿用爱书写生命奇迹》微博热搜获1.6亿人次阅读量；《不言放弃的豆豆："我上小学啦"》获得全网关注，总阅读量超过1亿人次；《60岁儿子陪85岁阿尔茨海默母亲看世界》登上微博热搜，被130多家媒体转载。

二、经营工作再上新台阶，积极推进项目落地

重庆总站高度重视经营工作，聚焦重点行业、国有企业等，狠下功夫，培育新增客户，助推深蓝汽车加入总台"品牌强国工程"。联合华语环球节目中心打造大型融媒体直播节目《何以中国·渝见》《渝见·陆海之约》，实现"两个效益"双丰收。同时，重庆总站还助力成渝双城经济圈建设，与相关部门一起推出"2023成渝双城消费节"。

三、加速推进新站址建设工作

2023年，重庆总站全面推进总站新址建设工作，解决了在渝房产多年的历史遗留问题，于1月份取得"中冶·重庆早晨"项目中总台全部资产的不动产权证书，实现总台资产"颗粒归仓"。同时，重庆总站与重庆市江北区积极沟通对接，推动重庆总站新址的事项，并于年底完成了相关程序。

（重庆总站供稿）

四川总站工作概况

2023年，四川总站全力推进各项工作高质量发展，在总台各平台播发重点稿件2575条，持续提升宣传报道的传播力和影响力，多次获四川省委省政府主要领导批示肯定。

一、循着习近平总书记调研足迹，策划推出系列灵动鲜活的新闻作品

高质高效做好习近平总书记在广元、德阳考察报道。结合总台"头条工程"，深入习近平总书记到过的凉山、阿坝等地回访，推出《大凉山的新生活》等系列主题报道。将《新思想引领新征程》等总台系列专栏作为宣传工作重点，推出《茗新村的乡村振兴新实践》等一批鲜活生动、故事性强的主题报道，展示四川在乡村振兴、经济发展、文化繁荣、生态保护等方面取得的新成效。

二、高质高效做好主题报道和特别报道

全力以赴、用心用情做好"新春走基层"采访报道，派出多路记者参与《春节海采—新春新愿》《青春匠心》《在岗位》《总书记的牵挂》等特别节目，播发稿件30余条。四川总站记者通过探访地下2400米的暗物质实验室、体验大凉山里的慢火车等，采制推出《大山里的地下实验室》等一批广受社会好评的重点报道。高质量完成《经济大省挑大梁》《一线调研》等多个经济类主题宣传报道。

在"高质量发展调研行"四川主题采访活动中，四川总站与新闻中心组成联合采访组，深入川内南北两线，聚焦成渝地区双城经济圈、新型工业化、乡村振兴等三大主题，推出11期报道，充分展现四川在成渝协同发展、产业转型升级、筑牢"天府粮仓"等方面的生动实践，呈现新时代治蜀兴川的成果与经验。

三、强化自主策划，全媒体发力，报道亮点纷呈，传播效果显著

结合传统民俗和社会热点，自主策划自贡新春灯会、青神萤火虫等相关系列报道。其中，通过挖掘自贡新春灯会的趣味新知，将传统民俗和文化活动在总台多平台立体呈现；结合眉山青神县赏萤火虫进入最佳时期，策划推出"萤火虫大经济"系列报道。

四、充分发挥地方宣传主力军作用，精心做好成都大运会等重大报道

在长达115天的时间里，四川总站围绕成都大运会赛事侧和城市侧策划选题，制作推出《大运会里的巴蜀文化》等612篇原创报道，取

得良好传播效果。四川总站获总台"记功集体"和四川省"大运会先进集体"荣誉称号，另有1人获总台记功个人，12人获总台嘉奖。

五、坚持阵地前移，抢首发、争独家、比深度

针对四川省金阳县突发山洪、雅安市突发洪水、乐山市金口河区发生高位山体垮塌、汶川县突发山洪泥石流等突发事件，四川总站第一时间启动应急报道预案，充分发挥多部门通联机制，按照"24小时待命，1小时内集结出发"的要求，实现应急突发事件报道首达首发。

六、开展主题教育保实效，优化管理措施促发展

制定学习贯彻习近平新时代中国特色社会主义思想主题教育实施方案，把理论学习、调查研究、推动发展、检视整改、建章立制贯通起来，有机融合、一体推进，确保主题教育深入开展、取得实效。

结合党委理论学习中心组、支部"三会一课"等，开展常态化学习教育，将党建工作与业务工作深度融合。

以审计和巡视工作为契机，修订完善宣传、考核、考勤等系列规章制度；优化记者跑口跑片制度，奖勤罚懒，充分释放记者动能。

经过持续沟通协商，四川总站办公新址选定，总台中广视和业主单位已完成签约。

（四川总站供稿）

贵州总站工作概况

2023年，贵州总站坚决贯彻落实总台党组各项部署和总台领导对总站驻黔工作的要求，统筹推进各项工作迈上新台阶。

一、坚持守正创新，全面提升宣传报道水平能力

聚焦习近平文化思想做好宣传阐释，围绕新作为呈现贵州实践。一是聚焦"头条工程"，展现领袖风采。配合新闻中心采制《深入学习贯彻习近平文化思想　开创新时代宣传思想文化工作新局面》等一系列报道，派出团队支援时政新闻中心完成《习近平春节前夕视频连线看望慰问基层干部群众》系列重要报道。二是聚焦主题主线，落实重要宣传策划。参与完成总台的《新思想引领新征程》《新时代新征

程新伟业——实干笃行》等重大主题策划，展示贵州各族群众牢记嘱托、团结奋进的生动实践。三是聚焦重要活动，营造良好舆论氛围。全国两会期间，贵州总站在电视、广播、新媒体端齐发力，完成《新时代新征程新伟业——代表委员议国是》《我从基层来》等系列报道，策划推出《新气象　新作为｜市州"一把手"话"黔"行》等新媒体专栏，密集展现贵州稳增长开新局的具体实践和贵州代表委员风采；策划采制的《万桥飞架　黔贵大地充满活力》《中国路　"桥"见贵州》等重要报道在《新闻联播》《焦点访谈》播出。精心谋划2023中国国际大数据产业博览会、2023年生态文明贵阳国际论坛等重要活动宣传，推出《贵州加快建设数字经济发展创新区》《推进绿色发展　凝聚全球共识》等报道。

深挖新闻点做大正面宣传，开发新模式提升报道质量。一是聚焦乡村振兴，传播中国式现代化贵州实践。密切关注"村BA""村超"赛事，坚持多角度挖掘、全媒体采制、多平台分发。新媒体直播《一起看村超！燃情村超，足够精彩！》等火爆全网；《激情夏日　燃动"村超"｜"卷粉"射手王　生活与热爱齐飞》等报道深挖基层人物故事，揭秘"村超"火热背后的深层原因。《中国式现代化进行时　一场"村超"打出的中国农民精气神》生动展现体育"乐子"如何转化为乡村振兴的"路子"。二是聚焦环境保护，展示贵州美丽生态。着眼贵州重要生态资源保护修复成果，策划《生态文明看贵州》《发现梵净山》等系列新媒体专栏，反映贵州贯彻落实习近平生态文明思想，助推贵州旅游产业复苏和发展。三是创新报道形式，提升报道专业水准。积极推动8K超高清系列景观片内容产品创作，向总台提供优质视频资源超2000分钟；运用实时抠像和虚拟同框技术，增强报道的趣味性、可视性；聚焦山岳救援，首次搭建大跨度、高落差直播系统。

发挥新机制紧盯应急突发，强化新本领扩大驻黔影响。贵州总站与贵州省委宣传部、全省9个市州及其下属88个区县建立高效的通联机制，确保第一时间掌握突发事件消息，实现多条突发事件全网首发。

二、着眼事业发展，奋力推进贵州总站建设工作

扎实推广总台品牌。建立"一键触发"机制，推动总台重要稿件在贵州媒体宣推落地。配合总台技术局举办2023中国国际大数据产业博览会"数智融媒"论坛，彰显总台在超高清视音频制播领域的领先地位。围绕总台异地灾备数据中心选址，在贵安新区开展实地调研，提供重要参考。

积极助推产业发展。配合总台有关部门完成在黔版权销售、"2023广场舞之夜"等一批重要项目落地工作，协助取得榕江县、台江县书面授权的"村超"和"村BA"电视、广播、新媒体相关权益，配合完成与"村超""村BA"战略合作伙伴关系签约。

三、夯实思想根基，凝聚高质量发展的精神力量

建立制度，开展常态化理论学习。制定贵州总站全年党建工作要点、学习贯彻习近平新

273

时代中国特色社会主义思想主题教育实施方案等，严格落实执行"第一议题"制度，及时传达学习贯彻习近平总书记重要论述、重要讲话和重要指示批示精神和总台部署。

严抓基层组织，推动支部建设。组织干部职工深入长征国家文化公园贵州段重点建设区等地开展队伍教育活动。督促党支部规范完成换届工作。

学思践悟新思想，做好学习贯彻习近平新时代中国特色社会主义思想主题教育报道。贵州总站统筹推进学习贯彻习近平新时代中国特色社会主义思想主题教育，切实将理论学习、调查研究、推动发展、检视整改、教育整顿等贯通起来。在《新闻联播》《新闻和报纸摘要》等重点栏目播发《贵州深入开展主题教育　推动农业现代化建设》等报道。

四、严抓队伍管理，打造驻黔"新闻铁军"

严把纪律规矩戒尺，坚持用制度管人管权管事，完善执行《贵州总站禁止不正当新闻采访管理规定》，补充制定《贵州总站重大事项请示报告制度（暂行）》等。牢固树立正确政绩观，坚决执行民主集中制，主动接受党员干部群众监督。

严守意识形态防线，压紧压实阵地管理责任。建立贵州总站日常选题报批系统，强化"三审三校"落实，实行全面覆盖、交叉互审的校审模式，将意识形态工作责任制落实到采编播管全过程，确保安全。

加强青年人才培养，坚持严管厚爱。按照总台党组部署和总台领导要求，做好选、育、管、用各方面工作，为贵州总站青年人才、"蹲苗"人员和在站锻炼新入职大学生搭平台、压担子，打造让总台党组放心的驻黔"新闻铁军"。

（贵州总站供稿）

云南总站工作概况

2023年，云南总站共播发各类稿件4000篇，其中《新闻联播》《新闻和报纸摘要》稿件180篇。《"丰县生育八孩女子"事件调查》《"象"往何处》等4篇主创、参与的作品分别获第33届中国新闻奖、中国广播电视大奖2021—2022年度广播电视节目奖。

一、公开报道服务大局，紧盯突发守土尽责

全力做好时政报道。及时摄传素材，完成习近平总书记致信祝贺云南大学建校100周年报道。聚焦第七届中国—南亚博览会，云南

总站全力配合总台新闻中心采制节目，确保顺利、安全播出。全国两会期间，云南总站派出骨干记者到京承担后期编辑工作，采访多位代表委员，展示履职风采。

全力做好主题宣传。云南总站结合地方特色资源，聚焦云南文旅业复苏等重点主题，在春节、五一、国庆、中秋及地方文化节庆期间，派出多路记者长途奔袭辗转，连续高强度采访、直播。此外，策划推出《提振信心在行动丨云南：推进口岸建设 打造辐射中心》《开好局 起好步丨云南：培育新业态 做大做强旅游产业》《高温下的旅游热》等一系列深度调研稿件。在共建"一带一路"倡议提出十周年之际，云南总站以小切口讲好大主题，采制40余篇稿件，形成强势宣传效应。云南总站制作的"普洱景迈山古茶林文化景观"申遗成功系列节目，触达受众超过1亿人次，重点稿件全网首发。在第七届中国—南亚博览会、第三届中国国际消费品博览会、中国产业转移发展对接活动（云南）、国际生物多样性日、中国旅游日等重大节点，采取多种形式全平台播发稿件；持续报道中老铁路国际客运列车开通、滇藏铁路丽（江）香（格里拉）段哈巴雪山隧道贯通、丽（江）香（格里拉）铁路通车等重大工程项目，突出国家战略重要支撑。

全力提升创新能力，融合呈现、爆款频出。接力救象新闻《人象接力救援被困亚洲象》全网首发，客户端、微博和微信阅读量累计达2000万人次，持续3天占据热搜榜。高质量完成《乡村行 看振兴》报道，启用穿梭机拍摄短视频《90秒沉浸式穿越纳西族古村落》，一镜到底带领观众穿越时空，登上新浪微博同城热搜榜榜首。世界大象日期间，制作《走进"象"往的地方——西双版纳》新媒体特别节目，全网观看量超过500万人次，微博话题"大象吃土是为了补充矿物质""亚洲象为啥被称为雨林工程师"阅览量近400万人次；特写《另一种足球》聚焦一支由五六十岁老人组成的"爷爷足球队"，阅览量达463万人次。话题"云南这支爷爷足球队超帅"阅览量1 112.2万人次。

全力盯紧突发事件，首达首发。保山市隆阳区发生5.2级地震后，云南总站快速响应，首达震中、首发报道、独家连线，共发稿66篇，仅央视新闻客户端阅读量就超过1600万人次，成为全网唯一的现场核心信源。丽江市玉龙纳西族自治县、玉溪市江川区、安宁市等地发生森林火灾，总站记者夜以继日进行现场采访拍摄，采制了《云南玉溪森林火灾全部扑灭·火场遭遇罕见爆燃 全员成功避险》等独家报道。

为锻炼队伍应急处突能力，云南总站组织精干力量参加"应急使命·2023"高山峡谷地区地震灾害空地一体化联合救援演习报道，央视新闻客户端推出近5小时直播，触达千万人次。

二、多措并举，推动外宣迈上新台阶

立足云南区位、民族、生物多样性等独特资源，加强与英语中心、欧拉中心、亚非中心等部门沟通，建立选题共商机制，突出外宣报道分量。除了中老国际铁路旅客列车开通运营跨境直播，在实施新冠疫情"乙类乙管"政策后，总站还加强边境口岸客运通关报道，在

CGTN客户端、微博、脸书、优兔、推特等平台同步慢直播瑞丽口岸通关现状。联合欧拉中心《全景》栏目聚焦少数民族传统节日，推出"锦绣云南"系列微视频，以真实可感的画面，展现中国政府尊重民族多样性文化传承方面的成果，正面做好人权叙事。携手CGTN和亚非中心，呈现第七届中国—南亚博览会上的"新、奇、特"，专访缅甸、斯里兰卡等与会国家领导人，并为缅甸国家电视台提供时政素材。在"普洱景迈山古茶林文化景观"申遗成功报道中，联合欧拉中心多语种在脸书同步推送，使之迅速成为全球瞩目的新闻焦点。

主动出击，以"媒体外交"服务国家大局，联合亚非中心邀请外媒记者、国际网红赴保山、红河两地采访，采制的稿件以缅甸语、柬埔寨语、老挝语、越南语等多语种在境内外平台刊播。

（云南总站供稿）

西藏总站工作概况

2023年，西藏总站围绕新时代党的治藏方略等主题主线，认真贯彻落实总台党组工作部署，精心策划、周密安排，完成各项任务。

一、聚焦总台"头条工程"，抢首发、争独家、比深度，不断推出精品力作

2023年西藏总站融媒体发稿1321条，其中首播/首发稿件856条。在《新闻联播》发稿46条，《焦点访谈》1条，《新闻纵横》12条，《新闻和报纸摘要》17条。新媒体节目总阅览量超6.7亿人次，多个话题登上热搜，充分发挥总台涉藏传播主力军作用。

1. 聚力总台"头条工程"，多角度报道西藏主题教育成果

聚焦西藏大事，全面介绍西藏贯彻新发展理念、推动高质量发展的最新成就。《新思想引领新征程丨守护好青藏高原 构建国家生态文明高地》于8月15日在《新闻联播》头条播出，反响热烈。10月底推出的《西藏 墨脱公路通车十年》《路通墨脱 十年巨变》等特别报道，反映边疆建设和西藏基础设施新发展格局，相关话题总阅览量达5032万人次。

2. 完成2023"巅峰使命"珠峰科考、卓奥友峰科考等相关报道

西藏总站前方报道团队抵达珠穆朗玛峰6830米处，拍摄记录东绒布冰川顶端的变化和登顶科考队员的状态，创造了总台冰川科考报道记者出镜的最高海拔纪录。完成《2023藏羚羊大迁徙》（西藏篇）、《中国巨树科考》等任务；总台全平台推出《中国巨树科考》独家报道，话题"中国科考队发布亚洲最高树等身

照"登上热搜，阅读量达 6 275.2 万人次，被 123 家媒体引用。

3. 在媒体融合创新上持续发力，不断推出精品力作

央视频西藏总站《大美西藏丨景观慢直播》画面被 CGTN、央视新闻客户端、总台波兰语和意大利语脸书官方账号等采用。西藏总站与 CGTN 联合制作的新闻专题纪录片《珠峰寻芯记》获得第 61 届纽约国际电影电视节银奖。西藏总站参与新闻新媒体中心的《中国 UP！》，获第 33 届中国新闻奖典型报道一等奖。西藏总站参与新闻中心的《解码十年》，获第 33 届中国新闻奖系列报道二等奖。西藏总站作品《非凡十年丨打通新"天路" 开辟幸福路》被国铁集团评选为第四届"铁路好新闻"十佳作品。西藏总站与总台相关部门紧密合作，推进珠峰文化旅游节开幕、"寻找西藏最美牦牛"、"最美自驾路"等项目在"央视新闻"、"央视财经"及西藏相关媒体落地宣推。

二、充分发挥党建在总站各项工作中的引领作用

西藏总站通过组织学习贯彻习近平新时代中国特色社会主义思想主题教育读书班和参加处级以上干部线上专题培训、专题党课等学习活动，以党建引领业务，促进西藏总站高质量发展"更上一层楼"。在《2023"巅峰使命"珠峰科考》特别报道、总台《2023 藏羚羊大迁徙》、日喀则市第十八届珠峰文化旅游节《云游中国丨珠峰故里·吉祥日喀则》直播特别节目、墨脱通车十周年报道等重大报道任务中，总站党委坚持"党建与业务相融合"，带领党员干部职工创新报道形式，丰富报道内涵，组织党员干部在采访报道第一线开展主题党日活动。

（西藏总站供稿）

陕西总站工作概况

2023年，陕西总站充分挖掘陕西丰富的历史文化资源、红色文化资源、自然生态资源和科技创新资源，策划重点项目、重大选题，在宣传报道、党建工作、总站建设、项目落地、队伍建设等方面取得显著成果。

陕西总站全年在总台各平台播发报道3179条，其中《新闻联播》246条，头条25条，发稿量超过2021年、2022年两年总和。陕西总站的宣传报道工作累计9次获得总台主要领导和陕西省委主要领导批示肯定。

一、以领袖的高度就是宣传报道追求的高度为目标，完成重大时政报道和反响报道

2023年5月，陕西总站围绕首届中国—中亚峰会这一重大主场外交活动，与总台时政新闻中心紧密配合，提前部署、精心策划，在总台各平台累计发稿110多篇。峰会期间，陕西总站还参与时政公共信号制作4场，在央视新闻频道推出自主策划的《"秦"牵中亚话共赢》《一日千年　常来长安》等系列报道。

7月，陕西总站全力做好习近平总书记在陕西考察的重大时政报道。选派经验丰富的时政摄像记者组成两路前方报道组，全天候、多点位拍摄相关画面。7月29日，《新闻联播》节目播出报道《习近平在四川考察时强调　推动新时代治蜀兴川再上新台阶　奋力谱写中国式现代化四川新篇章　返京途中在陕西汉中考察》；7月30日，《新闻联播》播出《奋力谱写中国式现代化新篇章——习近平总书记在四川、陕西汉中考察引起广大干部群众强烈反响》。两篇报道立体展现习近平总书记对汉江流域生态保护和中华优秀传统文化传承的殷切关怀，以及三秦百姓牢记习近平总书记嘱托、听党话跟党走的赶超之志。《习近平陕西行｜走进汉中市博物馆》《习近平陕西行｜走进汉中市天汉湿地公园》《时政新闻眼｜习近平赴四川陕西考察，足迹之中饱含深意》《时政微纪录｜习近平总书记川陕行》《时政微纪录｜赓续历史文脉　谱写当代华章——习近平总书记川陕之行的文明印记》等5条新媒体报道在全网首发，阅读观看量达1.9亿人次。

同时，以优化发稿机制为手段，实现《新闻联播》节目发稿量跨越式增长。

2023年，陕西总站着力狠抓重点节目发稿。特别是自2023年6月起，陕西总站聚力实施《新闻联播》"陕西亮点工程"，在《新闻联播》发稿量呈现"跨越式"增长，5个月达到103条，头条数量达11条，创历史同期最高。

二、以共建"一带一路"倡议提出十周年为契机，精心制作相关报道

2023年，陕西总站深入挖掘陕西在深度

融入共建"一带一路"大格局过程中的特色亮点、经验做法和未来规划，结合陕西丰富的历史文化资源、红色革命资源、自然生态资源等优势，策划重点项目、重大选题。其中，在9月23日制作的《高质量发展调研行》专题节目中，《陕西西安：千年丝路驼铃响 "长安"续写新传奇》《陕西西安：引领"一带一路" 人文交流合作新高地》等节目深入系统介绍陕西共建"一带一路"的亮点与成效。10月10日，在《新闻联播》的《共建"一带一路"·权威访谈》专栏中播出《联通世界 塑造陕西发展新优势》，对陕西省政府相关负责同志进行深度访谈。11月16日至20日，陕西总站推出第七届丝绸之路国际博览会（简称"丝博会"）自主系列策划《微观丝博会》，展现丝博会在服务、推动共建"一带一路"高质量发展、打造内陆改革开放高地、促进东西部地区互动合作的重要作用。在新闻频道《新闻联播》《东方时空》《朝闻天下》等重点栏目和CGTN英语频道、俄语频道、西班牙语频道等外宣发稿平台累计播发稿件172篇，发稿数量和传播数据均创总台历届丝博会报道新高。

三、以"走深走实"为基调，扎实开展主题教育报道

陕西总站对陕西开展学习贯彻习近平新时代中国特色社会主义思想主题教育推进情况进行深入调研和宣传报道，采制的陕西各部门理论学习方面内容于4月20日在《新闻联播》的《学思想见行动 为奋进新征程凝心聚力》节目呈现，成为主题教育报道启动后各地区首批播发的报道之一。10月5日，《新闻联播》栏目的《学思想 强党性 重实践 建新功》专栏重点报道了陕西科学谋划、精心组织第二批主题教育，将学习成果转化为推动高质量发展行动的相关情况，生动展示陕西各部门各单位把主题教育与中心工作统筹起来取得的成效。

四、抢首发、争独家，及时发布权威消息回应社会关切，积极引导社会舆论走向

7月下旬，西安中考"回流生"事件受到舆论高度关注，陕西总站密切追踪事件最新进展，准确及时发布权威消息，在央视新闻客户端首发《西安警方控制13名为"回流生"提供服务的涉嫌违法人员》等多篇报道，平均单篇阅读量超百万次，转发超千万次，及时回应社会关切，有效引导社会舆论。

8月11日，西安市长安区发生山洪泥石流灾害。陕西总站第一时间启动应急报道响应机制，迅速组织应急报道团队赶赴现场，成为最早抵达事发现场的新闻媒体，及时准确报道抢险救灾情况，权威首发灾害原因，成为全网转发信源。

8月21日，延安市延川县新泰煤矿发生闪爆事故。陕西总站坚持"阵地前移、一线发声"，推出《陕西延川对新泰煤矿闪爆事故7名负责人采取刑事强制措施》等多篇消息均为全网首发。在密切关注救援进展的同时，总站记者还深入收治伤者的医院，采访受伤矿工，从不同侧面还原事故的来龙去脉，及时回应社会关切。

9月1日，西安市第一医院两名医生收受

医药代表现金的视频在网络上曝光。陕西总站立即派出两路报道团队，对西安市第一医院和西安市卫健委负责人进行独家专访，及时发布各方对此事件的积极处理措施。

9月12日，陕西总站推出舆论监督报道《总台记者调查｜陕西榆林荒漠化地区违建高尔夫球场　无任何审批手续营业十余年》，记者进入事件核心现场，获取关键证据，采制的报道引发热烈社会反响。

（陕西总站供稿）

甘肃总站工作概况

2023年，甘肃总站切实落实总台党组工作部署，坚持把创新作为事业发展的主战略、突破口和总基调，踔厉奋发、主动作为。采制的2篇报道分别获得第33届中国新闻奖和第31届中国人大新闻奖；总站1名记者获2023年度"新春走基层"采访活动中央新闻单位先进个人荣誉称号。

一、宣传报道有为出新、声势浩大，为地方经济社会发展营造良好舆论氛围

甘肃总站牢记地方总站职责使命，"业务立站"导向鲜明。全年发稿总量、自采作品数量、新媒体稿件阅读量稳中有升，重大突发事件首发率达100%，现场报道到达率超90%。全年在总台电视、广播、新媒体平台共播发稿件2800余条，其中《新闻联播》发稿120条，新媒体平台发稿1443条。

2023年，甘肃总站在做好常规报道的同时，自主策划推出《记者观察》"五一"系列报道、《河西走廊新发现》、《普氏野马放归自然》、《"县"在出发》（甘肃篇）等融媒体报道，全方位、多角度、深层次展现甘肃经济社会发展创新举措和生动实践。全力打造总站权威性和影响力，策划推出《甘肃庆阳：部分高标准农田建设存在造假》《驻站观察｜甘肃天水：文保院落为何"变味"了？》等舆论监督报道，总体阅读量、点赞量、转发量、评论数等持续走高。

认真落实总台领导首达首发指示要求，全年完成突发事件快速反应报道10余次，特别是甘肃积石山6.2级地震报道有力有序，抢占舆论高地。

二、推动项目落地见效、提档升级，实现社会效益和经济效益双丰收

2023年，甘肃总站协助配合总经理室等部门，深化地方性区域性合作，在文旅项目、城市形象、大型节会等宣传推广方面挖掘新的

增长点，实现新突破。

积极对接总台相关部门，力促《"县"在出发》《乘着大巴看中国》《最美自驾路》《集市里的中国》等融媒体节目在西北地区首次落地，持续提升总台品牌影响力，激发地方文旅消费市场新活力。

协同推进总台异地灾备数据中心建设工作，联合总台技术局和地方政府、有关职能部门开展联合调研，为后续工作规划与项目落地夯实基础。加速"百城千屏"项目实施进度，积极探索新业态和合作新模式。与地方联合下发实施方案，推动超高清视音频在多方面融合创新发展。

三、突出党建引领，纵深推进总站建设

甘肃总站结合学习贯彻习近平新时代中国特色社会主义思想主题教育，先后组织学习《中国共产党章程》《习近平著作选读》《习近平新时代中国特色社会主义思想学习纲要》《论党的自我革命》等重点书籍，全文学习党的二十大报告，跟进学习习近平总书记重要讲话精神，以及习近平总书记对党的建设和组织工作作出的指示批示精神等。

开展学习贯彻习近平新时代中国特色社会主义思想主题教育。甘肃总站领导班子对标对表查摆问题，制定整改措施，确保取得实际效果。

聚焦甘肃总站发展，推动新站址建设。2023年，甘肃总站办公新址方案获总台批准，完成改扩建方案设计工作。

坚持制度先行。2023年先后优化《业务考核办法》《绩效分配考核办法》《记者推优选先工作流程》，制定《青年干部培养"三步走"方案（试行）》《驻站技术推优选先工作办法》，为高效开展工作提供有力保障。

（甘肃总站供稿）

青海总站工作概况

2023年，青海总站深入学习贯彻习近平总书记对总台工作的一系列重要指示批示精神，迈上高原戈壁、深入田间地头、走进工厂社区、挖掘鲜活新闻选题，党建、新闻宣传、新址建设等多项工作实现高质量发展和历史性突破。

一、围绕总台"头条工程"，巩固《新闻联播》主阵地，新闻宣传亮点频出

青海总站领导班子亲自上、带头干，结合总台、总站和青海实际，主动深入一线，深挖青海选题资源，拓宽总台各平台发稿渠道，推动总站各项工作实现高质量发展，重点节目发稿数量、质量、影响力均呈现突破式增长。

6月，青海总站自主策划重点报道，连续推出《2023湟鱼洄游季 再探青海湖》系列直播特别节目，运用"5G+4K/8K+AI"等技术，通过水陆空立体视角，探寻湟鱼洄游的奥秘，展示青海湖的生态之美，探访绿色发展之变。共完成直播21场次、首发稿件130多条，实现国内国际同步传播，让"小"湟鱼反映"大"生态的故事走向全国、走向世界。

2023年，青海总站在总台各平台发稿1588条，其中《新闻联播》发稿127条，首次破百，较2022年同比成倍增长，是2019年总台青海总站成立以来的历史最大值。

青海总站参与制作的广播直播节目《国家公园·两天一夜》获第33届中国新闻奖新闻直播项目一等奖，1名记者荣获中宣部颁发的2023年度"新春走基层"采访活动中央新闻单位先进个人荣誉称号。

二、当好突发快反排头兵，抢首发、争独家、拼深度

2023年12月18日子夜，甘肃积石山发生6.2级地震，同时引发砂涌次生灾害，造成青海34人遇难。地震发生后，青海总站迅速启动应急响应，第一时间发出动态消息，30分钟完成全站队伍集结，40分钟内由总站4路报道团队奔赴现场，在所有媒体中实现震中灾区的第一场视频直播，真正做到首达首发。在12天时间里，总站及时跟进报道抗震救灾、受灾群众安置、灾后重建等各项工作，完成新闻报道263条，《新闻联播》发稿12条。

三、当好总台在地方的"桥头堡"，深耕驻地资源，擦亮总台"金字招牌"

2023年，青海总站发扬"特别能吃苦、特别能战斗、特别能忍耐、特别能团结、特别能奉献"的青藏高原精神，用奋斗和实干赢得青

海省各级党委政府的信任和支持。青海省委书记、省长多次对青海总站工作作出批示，青海省委宣传部授予青海总站"2020—2023年青海省宣传思想文化工作特殊贡献单位"荣誉称号；总站1名同志被选为青海省十四届人大代表，1名同志被选为海西蒙古族藏族自治州第十四届政协委员。

积极与西宁市沟通协调，争取地方支持，搬入3000多平方米新址办公。2023年年底，青海总站"青藏高原生态'5G+4K'融媒体传播中心"建设项目通过总台技术局审定，并与西宁市达成合作意向，确定共建融媒体传播中心电视演播室。

深刻把握国际传播规律和艺术创作规律，积极寻找对外传播的"最大公约数"。精心设计《乘着大巴看中国丨为大自然办场音乐节》青海湖专场直播，在美国、法国、意大利、日本、加拿大、俄罗斯和中国港澳地区的20余家中英文媒体平台实现多样态报道，并登陆纽约时代广场纳斯达克大屏。联合青海省文化和旅游厅推出《最美自驾路》青海特别节目，全网阅读量达1.6亿人次，登上全网热搜。

四、坚持党建引领，扎实推动主题教育走深走实

2023年，青海总站有力有序推进学习贯彻习近平新时代中国特色社会主义思想主题教育走深走实。通过理论学习中心组示范学、党支部带动学、青年理论学习小组踊跃学的机制，带领全站党员干部深入学习习近平新时代中国特色社会主义思想、党的二十大精神、总台党组历次专题学习精神等内容。

组织开展"学思想 强党性 重实践 建新功"主题党日活动，认真学习领会"两弹一星"精神、"两路"精神、青藏高原精神，凝聚人心，团结队伍。

2023年，青海总站第一党支部分别被总台机关党委、中央和国家机关工委授予"四强"党支部；总站微党课《一条路 一座城 从无到有 开拓新天地》荣获总台"四个100"系列活动优秀微党课。

（青海总站供稿）

宁夏总站工作概况

2023年，宁夏总站按照总台决策部署和全年目标任务，脚踏实地，务实苦干，各项工作实现新突破，竭诚尽智宣传美丽新宁夏，讲好宁夏故事，取得了新成绩。

一、踔厉奋发，新闻宣传提质增效显著

2023年，宁夏总站在总台各平台共发稿2066条，同比提升10%。其中，电视大屏发稿837条（含《新闻联播》91条），和2022年相比，增长近一倍；新媒体发稿1156条；广播端发稿73条。重要新闻首发和现场到达率达95%以上。

新年伊始，宁夏总站报道团队在滴水成冰的典农河边直播6个多小时，展示宁夏银川辞旧迎新的美丽景象。春节过后，聚焦宁夏经济社会发展，策划推出重点报道《开好局 起好步｜宁夏：以绿色转型助推高质量发展》，呈现宁夏大抓发展、抓大发展、抓高质量发展等方面的做法。3月，《东数西算一体化算力服务平台正式上线运营》聚焦宁夏发展数字经济，助推转型升级的实践，在《新闻联播》《新闻直播间》等多个栏目播出。第三届中国（宁夏）国际葡萄酒文化旅游博览会期间，宁夏总站在总台重点栏目和新媒体平台推出各类报道13条，还首次在CGTN《全球财经》等对外新媒体传播平台推出博览会报道，助力宁夏葡萄酒走向世界。高考期间，宁夏总站策划推出并持续追踪报道一年的宁夏盲人考生马奕菲的故事，在"央视新闻"微博登上热搜第一，点击量达2000万人次；专题报道《"助浴夫妇"范智和陈泽英：让失能老人"沐浴"幸福》，相关话题阅读量达8000多万人次；第六届中国—阿拉伯国家博览会期间，宁夏总站在《新闻联播》《朝闻天下》《中国新闻》《天下财经》等节目中多点开花，实现总台重点频道、重点新闻栏目全覆盖。

二、创新守好"主阵地"，智慧种好"责任田"

2023年，宁夏总站在重大报道、重要事件中，积极履行中央媒体社会责任，服务宁夏发展，多次得到自治区党政主要领导高度肯定。

2月22日，内蒙古阿拉善左旗新井煤矿坍塌事故发生后，宁夏总站按照部署，迅速启动应急机制，创造了"第一个赶赴事故现场的中央媒体、第一个采访到救援指挥部人员、第一个成功到达事故核心区的媒体"等多个"第一"。

2023年针对宁夏各地一系列突发网络舆情，精准研判，快速反应。孙国友"跪地求水"事件在网络发酵后，宁夏总站积极配合"央视新闻"采访报道，做好舆论引导。"6·21"银

川富洋烧烤店燃气爆炸事故发生后，独家报道《宁夏银川一烧烤店发生爆炸 现场明火已扑灭》在央视新闻客户端首发。48小时内，宁夏总站首发大屏、广播、新媒体35条稿件。独家直播《宁夏银川烧烤店爆炸事故新闻发布会》点击量超过3亿人次，创建站以来最高纪录。10月24日，宁夏一企业发生污水储存罐起火事故，宁夏总站迅速行动，实现首发，抢占舆论先机。

三、发挥好总台与地方桥梁纽带作用

在做好新闻报道的同时，宁夏总站积极发挥连接总台和地方桥梁纽带作用，多方联络总台项目资源，支持宁夏经济建设发展。2023年5月，总台技术局工作专班到宁夏考察调研总台应急灾备数据中心选址事项，总站全力做好沟通联络、服务保障等各项工作。

四、党建领航"强筋骨"，砥砺奋进建新功

2023年，宁夏总站党委立足宁夏总站实际，加强理论学习，以学习贯彻习近平新时代中国特色社会主义思想主题教育带动宁夏总站各项工作提质增效，实现总站党建工作新突破。宁夏总站党委结合日常新闻实践工作开展调查研究，深入实际找差距、补短板、强弱项，助推宣传报道、新址建设，助力总经理室开拓业务，把主题教育成果转化为推动工作的新思路、新方法、新动力。

五、总站新址建设和管理富有成效

2023年是宁夏总站的管理效益年，从组织管理、制度建设上讲质量、要效益，进一步提升新闻宣传、办公制度等管理规范化水平。在总台财务局、人事局支持下，新址建设取得历史性进展，比预期提前2个月入驻新址，实现宁夏总站从一层楼（租用）到一栋楼（长期使用）的变迁，总站整体办公环境得到很大改善。

2023年，宁夏总站配合总经理室和台属公司签约合同项目，全力配合推进"百城千屏"项目落地，与宁夏回族自治区8个厅局单位出台下发《"百城千屏"活动推进意见》，12月"点亮"西北地区唯一一块8K大屏。

（宁夏总站供稿）

新疆总站工作概况

2023年，新疆总站贯彻落实总台党组决策部署，全力做好涉疆内宣外宣报道，积极融入新疆发展大局。认真落实总台"头条工程"，有力有效开展涉疆舆论斗争。主动策划实施《新疆牧业开新局》等一批大型报道；自主策划推出《共话"疆"来》系列报道，对14个地州市主要领导进行专访；高质量完成"四季看新疆"系列主题直播报道，打造"新疆丰收节""万马奔腾 天马浴河""阿勒泰冰雪世界"等新疆文旅宣传新IP。一批新媒体产品阅读量破亿级，登上热搜，成为"爆款"。2023年，新疆总站报道《记者亲历15级大风下的道路救援》被中宣部、中国记协评为2023年度"新春走基层"采访活动优秀作品；新疆总站兵团记者站发稿量创前10年之和。

新疆总站积极协助新疆维吾尔自治区党委在总台17个频道、央视频等新媒体平台以及新疆各地户外大屏推出新疆"民族团结"等主题公益广告，签订2024"品牌强国工程"公益传播服务项目合作备忘录，促成2024年总台春晚新疆喀什分会场设立等。2023年，新疆总站工作获得总台领导、新疆维吾尔自治区领导多次批示肯定和表扬。

一、生动讲好新时代新疆高质量发展故事

推出头条报道《在中国式现代化进程中更好建设美丽新疆——习近平总书记在新疆的重要讲话在广大干部群众中引发强烈反响》；专访新疆维吾尔自治区党委书记，在《新闻联播》推出《新疆：以学促干 全面贯彻新时代党的治疆方略》重点报道。新年伊始，新疆总站在《新闻联播》特别策划《开好局 起好步》专栏连续推出《新疆：加快建设现代化产业体系》《立足特色 各地为乡村振兴添活力》两篇重点报道，生动展现全区凝心聚力加快产业转型升级，富民增收。在多平台自主策划实施多语种《冰天雪地瞰新疆》《吐鲁番的葡萄熟了》《2023藏羚羊大迁徙·探秘阿尔金山自然保护区》等多项大型报道；在"央视新闻"和央视频新疆总站账号精心打造首个融媒体专栏《共话"疆"来》新IP。

二、发挥驻疆智库作用，发力多语种多平台高频次对外传播

强化应急报道能力，快速权威报道新疆沙雅县6.1级地震等突发事件，确保首达首发。新疆总站积极配合外交部、中宣部、自治区党委及总台新闻中心、CGTN等部门，高质量完成"行万里 看新疆"14国驻华总领事到疆访问报道任务；与亚非中心、欧拉中心等多部门深化合作，围绕共建"一带一路"倡议提出十周年，推出《共建"一带一路"·新疆丨霍

尔果斯：在"新丝路"上焕发勃勃生机》《千年丝路今犹在｜新疆：宝马跃千年 奔腾续传奇》等外宣产品、微纪录片；针对新疆人权、棉花、番茄等内容，开展多语种高频次多平台涉疆对外宣传。

三、夯实制度基石，强化队伍建设，精细管理护航稳健运行

新疆总站不断完善行政办公、财务管理、人员及车辆管理等44项日常管理制度与办法细则。其中，着力提升采购工作程序规范化管理，制定《新疆总站采购流程图》《新疆总站限额以下采购项目采购文件模板》等系列文件，建立新疆总站内部审计机制。新疆总站组织实施了办公现址维修工程，改善办公环境，保障总站各项工作有序推进。新疆总站在狠抓业务宣传能力和行政保障能力的同时，围绕总站发展任务和岗位需求，强化精准选配和适时选拔，统筹干部队伍梯队建设，激发干部员工干事创业热情，进一步提升新疆总站管理和决策水平。

四、力推总台在疆项目落地，开创"两个效益"双丰收新局面

新疆总站高效配合总台在疆重点项目落地实施工作，并通过与自治区党委宣传部及区、市、县级媒体建立的传播联动机制，助推放大总台重点项目及报道在疆传播声量。协助总经理室策划拍摄，并在总台17个频道和央视频等新媒体平台推出新疆"民族团结"等主题公益广告，在全疆各地州市户外大屏滚动播放，传播效果显著；加速拓展"百城千屏"项目落地与新增；促成2024年总台春晚分会场落地新疆喀什等。协助总台相关部门就文化旅游、特色农业产业等领域与新疆维吾尔自治区相关部门和地州深入合作，高质量实施2023新疆"中国农民丰收节"主场活动特别节目，打造新疆丰收节新IP，以及第二十九届丝绸之路吐鲁番葡萄节开幕式等一批合作项目，实现社会效益与经济效益双赢。

（新疆总站供稿）

国际交流局海外总站管理工作概况

2023年，国际交流局统筹协调海外总站认真落实总台党组的各项部署和要求，提前谋划、精心组织、勇于创新，海外总站突破能力、落地能力等不断提升，为总台高质量发展提供有力支撑。

一、深化提升"头条工程"，有力有效开展对外传播，向世界生动展现大国领袖的思想智慧和风采魅力

1. 全方位、立体化展现大国领袖风范

习近平主席对俄罗斯进行国事访问期间，国际交流局协同海外总站，推动《平"语"近人——习近平喜欢的典故》（第二季）俄语版在全俄国家电视广播公司旗下"俄罗斯24"新闻频道滚动播出12轮72集次，报道频次创俄罗斯国家电视台对外国领导人专题报道的纪录。配合南非金砖峰会的召开，推动《平"语"近人——习近平喜欢的典故》（第二季）多语种版本在南非独立传媒集团、尼日利亚国家电视台、巴西旗手传媒集团新闻网站等近50个国家的80余家主流媒体落地播出，触达受众超11.5亿人次。欧洲总站推出《中国智慧》系列英文短视频，以动画、漫画等形式阐释习近平总书记金句中运用的警句格言、诗词成语等，彰显习近平总书记系列讲话的文化魅力。

2. 全球联动讲好中国式现代化故事

2023年全国两会结束后，国际交流局统筹海外总站在美国、英国、俄罗斯等国连续推出12场"中国式现代化与世界新机遇"系列媒体活动。近500名政府官员、国际组织负责人、智库专家、媒体机构代表参加，超过600家国际主流媒体展开报道，触达全球受众约14.7亿人次。其中，"中国式现代化与世界新机遇"中俄媒体圆桌会于3月22日在莫斯科国际关系学院举办。全俄国家电视广播公司、今日俄罗斯通讯社、《俄罗斯报》等俄罗斯主流媒体机构进行报道，触达俄语国家和地区受众约1.5亿人次。

3. 用心用情对外传播全球文明倡议

精心做好习近平文化思想对外宣传阐释，发挥"媒体外交"作用，创新策划推出"何以文明"全球巡展，通过沉浸式、数字化创新技术展示中华优秀传统文化的深厚底蕴。2023年6月至11月，巡展在联合国总部以及肯尼亚、秘鲁、英国、埃及、瑞士、日本、中国港澳地区等共推出8场特展活动，联合国文明联盟高级代表莫拉蒂诺斯、日本前首相福田康夫、埃及博物馆馆长阿里·阿卜杜勒哈利姆等重要嘉宾参加活动。相关报道触达受众超26.45亿人次。

4. 出新出彩向世界讲好共建"一带一路"故事

在第三届"一带一路"国际合作高峰论坛举办之际，国际交流局统筹海外总站与华语环球节目中心一起，联合478家海外主流媒体推出"我和'一带一路'的故事"全球征集活动。活动共征集2200多个精彩故事，大小屏直播触达受众4.72亿人次，相关报道覆盖全球131个国家和地区，触达海外受众17.28亿人次。

二、准确把握国际传播规律，大力增强海外投送能力，推动构建中国话语和中国叙事体系

1. 首达首发能力显著提升

积极抢首发、争独家，在巴以新一轮冲突、"2·6"土耳其—叙利亚大地震、美国夏威夷州毛伊岛大火等重大国际新闻中拓展全球独家信源优势，抢占国际重大新闻的话语权和定义权。《以军夜间对加沙地带发起一次大规模地面进攻》《以军要求加沙地带北部所有居民撤往南部》等多条稿件实现全球首发，阅览量超过100亿人次。相关新闻素材被1983家电视台及其新媒体平台引用播出超6.3万人次。2023年，海外总站国际新闻全球首发281条，占总台本年度国际新闻全球首发85.7%。3475条新闻素材被CNN、CNBC、美国福克斯广播公司（FOX）、BBC、法国24电视台、德国电视一台、加拿大广播公司、意大利广播电视公司、全俄国家电视广播公司、NHK等122个国家和地区的2459家电视台及其新媒体平台引用播出超41万次。

2. 舆论引领能力日益增强

海外总站积极配合《高端访谈》栏目，完成对印度尼西亚总统佐科、白俄罗斯总统卢卡申科、新加坡总理李显龙等30余位国际政要约采工作，通过客观呈现国际政要和高端人士的观点有效拓展国际共鸣点、提升思想认同度。海外总站自主策划推出《美国种族歧视》《美国遗留 炸弹之痛》《伊拉克战争20周年》《排海之争》等独家原创报道，积极稳妥做好国际热点舆论引导。海外总站与《玉渊谭天》合作推出《284条光线搭起一座桥 看什么是中美间正确的事》《美国"碰瓷"，得到了什么》《通过这场会，西方应该重新审视科技竞争的叙事》等报道，被全球超过658家电视台和新媒体采用，触达受众近4亿人次。

3. 对外发声能力有效提高

持续巩固拓展国际主流媒体合作平台，提高海外落地实效，提升在国际舆论场的发声能力。2023年，海外总站与599家海外媒体开展深度合作，同比增长12.8%，与国际主流媒体合办19个常态化栏目，其中7个为2023年新增栏目，持续扩大落地传播效果。总站记者以走进外媒演播间为主要方式，通过英国天空新闻台、今日俄罗斯电视台、沙特阿拉伯阿拉比亚电视台等国际主流媒体平台对外发声669次，围绕巴以新一轮冲突、美西方炒作中国人口问题等重要议题阐述中国立场，有力引领国际舆论。海外总站制作的揭批美军仓皇撤离阿富汗的专题片《被遗忘的阿富汗》《阿富汗人民的困境》《隐秘的背叛》等获得第61届纽约国际电影电视节奖、第44届泰利奖、第42届温哥华国际电影节奖等全球主流广播电视奖项

45个。

4. 融合传播能力取得突破

充分发挥海外总站综合考核机制"指挥棒"作用，打造百万级网红工作室和有影响力的网红。中巴友谊工作室成为海外总站首个百万粉丝级网红工作室。国际交流局统筹海外总站创新策划"全球'街'力"网红媒体活动，海外总站网红在海外数十座城市进行"蹲点式"街采，围绕"中国式现代化""成都大运会吉祥物""一带一路"等主题，先后推出4期共24个主题短视频，触达海内外受众34.93亿人次。

三、策划推出海外特色媒体活动，形成文化品牌矩阵，奋力实现"满屏皆精品"

1. 举办特色人文活动促交流互鉴

发挥前沿优势，前后方联动加强原创媒体活动的策划实施。中美元首旧金山会晤结束后，11月16日，北美总站、联合国总站、美中青少年学生交流协会等团体在旧金山联合举办"中美人文交流友好对话"媒体活动，全球1400多家主流媒体进行报道，成为"媒体外交"推动中美民间友好交流合作的有效实践。推出2023年联合国中文日暨中央广播电视总台第三届海外影像节、中央广播电视总台第三届中欧音乐节暨中西建交50周年音乐会、"童心筑梦 共创中非未来"——"星空计划"总台原创动漫展播活动、总台"精品节目及影视作品洪都拉斯推介会"等多个媒体活动。

2. 讲好熊猫故事促民心相通

充分发挥"熊猫"这一超级IP的影响力，持续擦亮"熊猫文化"名片。2023年11月28日，总台与中国国际友好联络会共同主办2023年熊猫巴斯和平友好论坛。12月12日，总台与韩国爱宝乐园共同推出"旅韩大熊猫'宝家族'影像合作计划"，在韩国爱宝乐园举办了发布仪式，双方在总台央视网熊猫频道共同开设旅韩大熊猫专区，开展内容制作及平台播出合作，开发大熊猫主题文创产品。《中央日报》《亚洲经济》等多家韩国媒体积极报道相关消息。

3. 创新"海外千屏"品牌促影响提升

创新推出"海外千屏"项目，并接连实现2023年春晚、宵晚（元宵晚会）和秋晚的海外传播新突破。首次推动全球1642块户外大屏和院线银幕联动播出春晚节目，海外10块地标大屏同步直播春晚，总台灯光秀点亮8处世界知名地标，推出12场春晚主题线下媒体活动；实现元宵晚会宣传片在1322块户外大屏、广告屏和院线银幕播出，并登陆香港地区3300辆公共巴士电视屏幕。

四、提质增效强化海外总站管理，抓实抓细管理运行长效机制，夯实海外总站高质量发展根基

1. 强化考核引领"指挥棒"作用

狠抓考核引领，研究制定《中央广播电视总台海外总站综合考核办法（试行）》，科学设置考核指标，系统梳理海外总站职责任务清单，从确保考核专业化、精细化角度出发，将合作传播、媒体活动、对外交往、人员管理、

制度建设、行政运行、财务管理、党建工作、遵规守纪、风险防控等10余项指标全面纳入海外总站综合考核体系，对海外总站运行定期进行综合"体检"，充分发挥考核"以考促干、以考促建、以考促优"作用。

2. 创新海外干部监督和管理体制

始终坚持政治统领，强化政治历练。持续完善海外总站党风廉政建设工作机制，充分利用总站领导班子成员回国休假或述职的机会，分批组织他们参加纪律教育专题讲座，与机关纪委联合召开海外总站党风廉政建设座谈会，更好发挥"头雁"作用，不断巩固拓展主题教育成果。对因新冠疫情等原因不能回国的总站班子成员，创新用好网络课堂等线上教育培训阵地，开展警示教育，持续强化驻外人员底线思维和国家安全意识。

3. 推动管理运行提质增效

紧密结合海外运行实际，不断建立健全海外总站制度体系，2023年推出《中央广播电视总台派驻海外人员选拔、赴任及卸任管理办法》《海外总站派驻人员调整常驻站点流程规范（修订版）》等6项制度规定，进一步提升海外总站管理效能。通过月度例会机制，搭建海外总站与总编室、新闻中心、CGTN等相关业务部门沟通交流平台，加强一体联动。通过"掌上通"的"海外总站"管理运行模块，搭建30余个业务子模块，实现对海外总站及下辖记者站各项管理工作可确认、可查询、可追溯、可考核，强化技术赋能，优化远程管理。通过推出《海外总站业务动态》周刊，以案例聚焦、排行榜等方式，即时展示海外总站业务及管理等亮点与创新点，形成海外总站"比学赶帮"的良好氛围。

4. 做好海外安全保障支持

在"2·6"土耳其—叙利亚大地震、"9·8"摩洛哥地震、"10·7"阿富汗地震、"4·15"苏丹武装冲突等国际重大突发事件报道中，国际交流局坚持以人为本，把保障工作做细做实。特别是在巴以新一轮冲突发生以来，国际交流局协同办公厅、人事局、技术局和中东总站启动24小时协同应急机制，成立巴以报道安保工作专班，为前线记者协调配备防弹头盔、防弹衣、媒体标签、急救包、净水片等物资装备300余件，并根据前方需求及时配备安保人员和车辆，提供局势安全信息和行进路线建议，为前方记者安全报道保驾护航。持续开展驻外人员心理关爱项目，重点关注战地记者心理疏导，有效缓解驻外人员心理压力和焦虑情绪。

（国际交流局供稿）

北美总站工作概况

2023年，北美总站充分发挥对外传播的桥头堡作用，持续创新"媒体外交"，努力拓展国际媒体"朋友圈"，围绕重大外交活动，以及重大主题报道、重要涉华报道、重大国际突发与热点事件，组织新闻报道，开展媒体活动，加强合作传播，多措并举，不断增强国际舆论的传播力、引导力、影响力、公信力，擦亮总台的品牌形象。

一、新闻报道

1. 加强"头条工程"本土化传播，积极做好报道与解读，充分展现大国领袖风采

圆满完成习近平主席参加中美元首旧金山会晤并出席2023年APEC峰会的报道与宣介。通过新闻连线、新闻综述、访谈、专题等形式全景式、多角度、大小屏立体化报道中美元首旧金山会晤和2023年APEC峰会，实现中美元首旧金山会晤多个关键节点消息的首发。独家采访马来西亚总理安瓦尔·易卜拉欣等权威人士与重要嘉宾。CGTN英语频道《热点》和《全景》栏目推出特别节目和版块，围绕中美元首旧金山会晤成果和2023年APEC峰会主题组织嘉宾展开讨论和解读。

同时，围绕习近平主席重要讲话、重要活动和重要访问，推出优质原创内容，实现精准传播和"好感传播"。北美总站通过海外社交媒体账号积极发布头条报道——视频《报得三春晖》和图文《母亲节：习近平和母亲爱的传承》，并积极向海外推介，视频和图文稿件被北美等地区的146家媒体转载，触达海外受众850万人次。此外，积极推动"头条工程"在墨西哥落地传播，协调墨西哥6频道在其官网及其社交媒体账号上广泛推送习近平主席二〇二三年新年贺词、《遇见习近平》（第二季）等内容。

为配合全国两会报道，推出"中国式现代化与世界新机遇"电视论坛，独家采访美国前副国务卿霍马茨、世界银行前副行长卡努托和美中航空遗产基金会主席格林等权威人士，展现国际社会对中国发展前景的积极评价。相关报道被147家北美及其他地区主流媒体转载，触达海外受众670万人次。

2. 围绕重大涉华事件，坚决捍卫国家利益，阐明国家立场，引导舆论走向，营造良好外部环境

全球首发中国驻美国大使谢锋赴美履新，大小屏发布《中国新任驻美大使谢锋抵美履新》《新任驻美大使谢锋：为增进中美交流合作而来》等多条稿件；针对美国炒作"气球事件"，北美总站突出中国立场，充分报道中方声明以及对美方处理方式的强烈抗议；围绕台湾地区领导人蔡英文和赖清德"过境"窜美，北美总站积极调派记者现场报道纽约等地民众的抗议活动，约采美国知名反战组织领袖布莱恩·贝克尔等人士，首播中方多部委和驻美国使馆声明，澄清谬误，就地"消毒"。针对西方媒体炒作中国丧失人口红利与唱衰中国经济的论调，组织记者走进墨西哥主流媒体演播室，揭露美西方炒作中国人口问题不可告人的目的。总站网红工作室"熊猫爪爪"连发多篇评论文章，驳斥西方媒体谬论，在境内外社交平台浏览量超260万人次。

3. 不断提高首达首发意识，突出新闻时效，挖掘独家资源，增强现场报道能力和持续报道能力

不断完善突发新闻发稿机制，突发快速反应能力持续提升。2023年北美总站采制的118条英文报道实现全球首发，大幅超过2022年全年首发量。此外，有69条中文报道实现全网首发。进一步强化现场首达，提高现场观察与持续报道能力。8月，美国夏威夷州毛伊岛突发山火，总站迅速派出中英文团队抵达核心现场，持续递进式发稿，相关报道在央视新闻客户端的总阅读量突破137万人次，在境外社交媒体的总浏览量达1130万人次，独家新闻素材累计被82个国家和地区的1204个电视台及其新媒体平台引用播出9722次。

4. 主动设置议题，增强原创、独家和深度报道能力，争夺舆论话语权

聚焦"北溪"天然气管道被炸事件。独家专访爆料该事件的美国记者西蒙·赫什和美国五角大楼前海军作战部长顾问波斯托尔，重磅推出《"北溪"疑云与真相：赫什接受总台专访》《"北溪"疑云与真相：专访前五角大楼顾问波斯托尔》等报道，客户端阅读量近百万人次；针对日本非法排放核污水，积极采访美国、墨西哥、加拿大的权威专家、环保人士和普通民众，对日本政府一意孤行地排放核污水的行为进行谴责，在大小屏推出《地球村民声：对于日本强推核污染水排海的做法，全球各地的人们都怎么看》等报道，在社交媒体上获得网友积极互动评价，报道阅读量累计近40万人次，有力引导国际舆论。针对美国五角大楼军事机密泄露事件，开展深度调查报道，CGTN英语频道《热点》栏目还邀请获得普利策奖的知名记者克里斯·赫奇斯等嘉宾进行讨论，揭批泄密事件背后美国霸权主义行径；针对美国众议院一百年来首次没能首轮选举出众议院议长，组织记者在国会大厦外景现场进行报道，并结合美国国会骚乱两周年时间节点，揭露美国党派纷争现状。

此外，推出多个系列独家原创报道，全方位展现美国社会严重问题。陆续推出《美国控枪系列》《美国种族歧视》《美国原住民》《美国经济观察》系列报道，持续揭批美国社会乱象、人权双标和虚伪民主。驻加拿大记者在大小屏推出5集《加拿大怎么了》系列报道，从族裔不平等、贫富差距、毒品犯罪、社会治安等角度入手，揭批加拿大存在的社会问题，被国内多家主流媒体平台转载。

二、合作传播

1. 总台春晚宣传片走进美国多个地标和主流影院

总台2023年春晚宣传片投放到纽约时报广场纳斯达克大屏、帝国大厦、美国梦等美国最知名的地标建筑，以及多家主流影院大屏、NBA现场大屏等，屏幕总数达到900多块，累计播放 2023 年总台春晚和元宵晚会宣传片 6 万多次，向美国及世界观众传播中国文化的魅力，取得良好效果。

2. 网红工作室影响力大幅提升

网红工作室"熊猫爪爪"脸书粉丝量达 16.8 万，比 2022 年增长 10 万粉丝。发稿近 3000 条，阅览量 11.7 亿人次，其中境内阅览量 10.3 亿人次，境外阅览量 1.4 亿人次。《全球"街"力》街采报道的境外阅览量超过 200 万人次。

3. 围绕重点事件，加大海外推介

完成 42 篇总台重点稿件的海外推送，被北美及其他国家主流媒体转载或引用 8000 多次，累计触达海外受众 20 亿人次。

4. 加强"好感传播"，多个报道斩获国际奖项

北美总站自主策划制作的电视和新媒体作品全年累计获得包括第 61 届纽约国际电影电视节奖和第 44 届泰利奖在内的 42 个国际奖项。其中，揭批美军仓皇撤离阿富汗及塔利班重掌政权的专题片《被遗忘的阿富汗》和《阿富汗人民的困境》分别获得第 61 届纽约国际电影电视节世界金奖和第 44 届泰利奖金奖。

5. 设置"好感"主题，开展"民间海采"

2023 年，北美总站策划推出的三期《全球"街"力》（China Views）新媒体节目，通过北美地区网红记者街采和互动形态，增进了中外相互理解，实现了"好感传播"，相关报道累计触达 5000 万海外受众。

三、媒体活动

在习近平主席出席中美元首旧金山会晤并出席 2023 年 APEC 峰会期间，北美总站、联合国总站、美中青少年学生交流协会等团体于当地时间 11 月 16 日在美国旧金山联合举办"中美人文交流友好对话"媒体活动。总台分别与美中青少年学生交流协会、美中航空遗产基金会和海伦·福斯特·斯诺基金会交换合作备忘录，共同为推动中美人文交流注入新动能。

此次活动报道《共叙友谊！中美人文交流友好对话在旧金山举行》在央视新闻客户端的浏览量近 125 万人次，并被人民网、新华网、中国新闻网、澎湃新闻等国内主流媒体平台转载，还被美联社、彭博社、FOX 等境外 30 多个国家和地区的 1400 多家媒体转载或引用，其中 G7 国家的媒体 600 家，占比 42.8%，触达海外受众 6.88 亿人次。

（北美总站供稿）

拉美总站工作概况

2023年，拉美总站围绕重大主题主线、俄乌冲突、巴以新一轮冲突等国际热点，以及片区重大突发事件进行重点报道，不断提高新闻首发率和现场采访到达率，努力创新扩展本土传播模式，持续深化与巴西、阿根廷等国家主流媒体的合作，增强精准传播和有效传播，全面完成对内报道和对外传播任务，并举办一系列媒体活动，进一步扩大总台在拉美的影响力，取得良好的国际传播效果。

一、新闻报道

2023年，拉美总站在总台各平台播发新闻报道3100余条（篇），着力做好总台"头条工程"、共建"一带一路"倡议提出十周年等重大主题主线报道；围绕中拉领导人会晤、中拉命运共同体建设、金砖国家组织、亚太经济合作组织（APEC）、G20等重要组织的相关活动和中拉共建"一带一路"国际合作等双边重大事件，调动辖区资源，大力开展全景式采访；积极做好辖区新闻首达首发和独家报道，努力扩大总台在拉美地区的影响力。

拉美总站2023年的重点报道包括：习近平主席向拉美和加勒比国家共同体（简称"拉共体"）第七届峰会发表视频致辞、习近平主席出席南非金砖峰会、第三届"一带一路"国际合作高峰论坛、习近平主席与美国总统拜登会晤并出席2023年APEC峰会等时政消息的配合报道，巴西、阿根廷、洪都拉斯、委内瑞拉、智利、哥伦比亚、乌拉圭、巴巴多斯等国领导人访华等中拉重大双边活动和元首外交活动的配合报道，就中国和洪都拉斯建交、中国和尼加拉瓜复交两周年、拉美多国举行重要反霸权活动、拉美应对极端天气变化等主题进行自主策划报道，阿根廷、哥斯达黎加、厄瓜多尔、巴拉圭、危地马拉等国大选的独家现场报道，就巴以局势播发的新媒体中文报道《玻利维亚宣布与以色列断交》《洪都拉斯召回驻以色列大使》等，实现全球首发。

二、合作传播

1. 积极创新开展对外合作传播模式

继续巩固与巴西旗手传媒集团《中国故事》电视栏目和阿根廷合作广播电台《新闻里的中国》广播节目合作，与巴西主流媒体《论坛》杂志实现新《聚焦中国》栏目合作；协同CGTN西班牙语频道与古巴国家电视台开设新的合办栏目《纵横新视野》，与巴拉圭"蛛网绣"电视台合办新的全媒体栏目《发现中国》；与辖区多国主流媒体保持合作关系，很好地完成总台日常和重点报道及总台国际传播产品的对外推送和落地传播。截至2023年12月底，拉美总站在辖区20个国家共计发展79家常态合作媒体。2023年全年与合作媒体共完成连线报道220次，刊（转）发总台相关报道3500次，触及拉美地区受众近5亿人次。

2. 持续发力推送总台春晚

在拉美总站记者推动下，总台春晚宣传片在巴西东北部重镇累西腓新春灯光秀、阿根廷首都布宜诺斯艾利斯春节庙会、新年龙舟赛等重要活动中亮相；为庆祝中国新年，在布宜诺斯艾利斯地标建筑方尖碑点亮"中国红"。巴西环球电视台、巴西旗手电视台等主流媒体报道中国春节及总台春晚，触达受众超1.5亿人次，阿根廷、古巴、巴拿马、哥斯达黎加、哥伦比亚等多国媒体关注报道总台春晚和当地春节活动，为拉美民众感知中国文化魅力提供了丰富素材。

3. 持续加强海外社交媒体账号建设

拉美总站维护运行6个海外社交媒体账号，2023年累计播发音视频内容2400条，总时长约95.83小时，图文等内容约4100条，累计粉丝量超过4万。TikTok"中国故事"账号粉丝量超过160万。

4. 协同联动机制成效显著

参与策划、协调和落实总台《高端访谈》栏目对阿根廷总统费尔南德斯、巴西总统卢拉、巴巴多斯总理莫特利、乌拉圭总统拉卡列和阿根廷外交部部长卡菲耶罗的专访，并积极对上述专访节目进行落地传播，实现在30多家拉美主流媒体落地播出；与CGTN协同联动做好西班牙语和英语的日常新闻报道，完成与拉美主流媒体联合制作和播出特别节目与纪录片，联合采制《全球"街"力》网红媒体报道。

三、媒体活动

2023年，拉美总站积极开展"媒体外交"，在辖区重点国家持续举办媒体活动。全年共举办7场重要媒体活动，包括：3月，总台特古西加尔巴记者站揭牌和举办以"中国式现代化与世界新机遇"为主题的巴西专场研讨会；4月，携手总台CGTN西班牙语部与古巴国家电视台共同举办《纵横新视野》节目开播仪式；6月，在中国端午节之际，与中国驻巴西使馆联合举办"寻美之约"巴西专场文化沙龙，积极推动中华文明相关内容落地传播；9月，围绕宣介中华文明主题，拉美总站协同英语环球节目中心西班牙语部与国内多部门联合举办"'何以文明'全球巡展·秘鲁特展"；10月，举办第三届巴西"中国影视展播季"和第二届阿根廷"中国影视展播季"；11月，与总台国际传播规划局联手洪都拉斯国家电信委员会在洪都拉斯首都特古西加尔巴举办总台"精品节目及影视作品洪都拉斯推介会"。

（拉美总站供稿）

非洲总站工作概况

2023年，非洲总站开拓进取，在南非金砖峰会期间冲锋在前，成功落实《平"语"近人——习近平喜欢的典故》（第二季）在非洲近50个国家的主流媒体广泛落播，并精心策划总台媒体活动成功在南非举办。非洲总站促成南非金砖峰会期间总台3份文件全部纳入习近平主席国事访问25项成果，总台活动成果报道文章连续两日见诸非洲三大主流媒体。同时，非洲总站重视深化提升"头条工程"，加强自主策划，抢首发、争独家，不断增强在国际舆论场中的话语权。

一、新闻报道

1. 深化"头条工程"，创新讲好新时代中非故事

通过非洲视角和权威声音解读好人类命运共同体理念。深化"头条工程"，推动采访政要专家。全国两会期间采访35位，第三届"一带一路"国际合作高峰论坛期间采访20余位。做客非洲多家媒体，通过非洲权威解读习近平新时代中国特色社会主义思想和构建人类命运共同体理念，触达受众超4亿人次。

推出内容丰富、影响广泛的系列融媒体报道。围绕习近平主席提出"真实亲诚"对非政策理念10周年，通过中国传统水墨画元素包装设计，多形式解读"真实亲诚"四字内涵；自主策划系列报道《真实亲诚 携手同行 能力建设为中非合作再添生机》在新闻频道、央视网、央视频等平台播出。围绕南非金砖峰会，在约翰内斯堡搭建演播室引入虚拟技术，与CGTN进行20场演播室对接、30次直播连线，采访嘉宾30人。围绕第三届"一带一路"国际合作高峰论坛，播出10集日志式体验报道《"带路"项目人物志》，在《新闻联播》、央视新闻客户端等平台播出，总阅览量超过500万人次。

2. 紧盯突发时事，不断提升首达首发能力

2023年，非洲总站全球首发稿件79条，是2022年的两倍，并在国际热点、本土突发等关键事件中从现场发回多条独家报道。

4月，苏丹爆发武装冲突，非洲总站第一时间独家采访中方撤离人员，短视频播放量超1000万次，点赞量超100万次。独家内容被CNN、BBC等332家机构下载3151次。7月，尼日尔政变报道被218家国际媒体下载1492次。8月，加蓬政变报道全球媒体首发。8月，南非约翰内斯堡发生大火，非洲总站记者第一时间抵达并发回独家报道。10月7日，巴以新一轮冲突爆发，非洲总站报道员是首个抵达拉法口岸并坚持到最后的英语媒体记者。

二、合作传播

1. 敢斗争、善发声，持续加强新闻舆论引导力

为批驳美西方媒体"中国即将丧失人口红利"不实言论，记者撰写的文章《高素质劳动力的规模比人口规模更重要》在南非《外交圈报》、肯尼亚广播公司等主流媒体全文刊载，记者到赞比亚 5fm 广播电台录制的节目被《人民日报》选用刊登。

围绕中国优化防疫政策，中英文系列报道《首个中国旅行团抵达　当地民众热烈欢迎》等在新闻频道、央视新闻客户端和 CGTN 全平台投放。记者撰写的《中国优化新冠病毒防控政策有利于与非洲的交流》等文章在肯尼亚、南非、尼日利亚等国主流媒体刊发。

2. 拓展发声平台，借外媒传播中国声音

全国两会期间，非洲总站记者在赞比亚 5fm 广播电台录制专题节目，在卢旺达非中评论网和内罗毕评论网发表署名文章。全国两会闭幕之际，非洲总站在肯尼亚英文主流媒体《星报》推出专刊，从非洲视角分析中国式现代化理念。在习近平主席提出"真实亲诚"对非政策理念10周年之际，非洲总站在坦桑尼亚最受欢迎的英文报纸《公民报》推出主题专刊，回顾新时代中非合作成果。

第三届"一带一路"国际合作高峰论坛期间，非洲总站记者做客冈比亚最具影响力的电视台 QTV 录制直播访谈节目。我国驻冈比亚使馆反馈：在冈比亚本土媒体首次发出总台声音，让中冈友好和共建"一带一路"倡议在当地产生更大的社会影响。

3. 融合发展，制作推出丰富的新媒体网络原生产品

非洲总站与肯尼亚首都调频合作推出新媒体特别栏目《寻美之约》，其中《北京中轴线VS罗马城市中心：城市轴线西方与东方的对话》触达用户240万。融媒体系列报道《东非大裂谷》在央视频、"国际时讯"微博账号及"CGTN Africa"海外新媒体平台浏览量超过100万人次。条漫产品《如果真的"掉"进东非大裂谷会看到什么？》在央视新闻客户端浏览量超30万人次。6集新媒体日志探访报道《金砖时间到》在央视新闻客户端阅读量超过200万人次；《云游非洲》新媒体慢直播在抖音、快手、B站等平台共获观看量超过1000万人次；新媒体互动产品《南非探秘元宇宙》上线24小时内获4万余次中外用户访问。

4. 构建更为广泛的中非媒体"统一战线"

2023年，非洲总站共向非洲主流媒体推送总台稿件310条，被肯尼亚、南非等20个国家的38家媒体转载转引1800余次。非洲总站首次与南非广播公司合拍的纪录片《二十五载正青春——中南友好合作纪实》在总台英语频道、法语频道、纪录片频道等播出。

三、媒体活动

1. 紧随元首外交步伐策划实施媒体活动

南非金砖峰会前夕，非洲总站与非广联首度联合主办2023"非洲伙伴"媒体合作论坛，27个非洲国家的100余名媒体机构负责人、专家学者等以线上线下方式参加。南非金砖峰会期间，成功举办《平"语"近人——习近平喜欢的典故》（第二季）非洲首播暨中非媒体合

作启动仪式，南非副总统马沙蒂莱发表书面致辞。《平"语"近人——习近平喜欢的典故》（第二季）的英语、法语、阿拉伯语、豪萨语、斯瓦希里语等多语种版本在非洲50余个国家107家主流媒体落地播出。

2. 创新拓展媒体合作方式

南非金砖峰会期间，非洲总站首次与南非广播公司、南非卫星电视五台、南非足球协会、南非约翰内斯堡大学和非洲广播联盟签署合作备忘录，拓展总台与非洲媒体的合作广度和深度；推动总台与赞比亚国家广播公司和埃塞俄比亚广播公司首次签署合作备忘录。

3. 持续推进"好感传播"

非洲总站主办的"童心筑梦　共创中非未来"——"星空计划"总台原创动漫展播活动自2023年5月31日启动至12月13日闭幕，包括启动仪式、"星空计划号"大篷车动画片展映、中非儿童公益画大赛、第二届"遇见你"中非青年原创短视频大赛等活动，共有2000余位肯尼亚学生观看动画片展映，上百人参与公益画和短视频大赛、联合国儿童基金会等多位国际组织机构和肯尼亚政府部门人士参与活动，肯尼亚英文主流媒体《星报》、赞比亚国家通讯社等多家非洲主流媒体进行报道。

（非洲总站供稿）

中东总站工作概况

2023年，中东总站继续发挥总台中东地区的桥头堡作用，不断提升国际重大新闻的全媒体报道能力、涉华热点事件的舆论引领能力、总台精品节目的对外投送能力和中东媒体"朋友圈"的拓展合作能力，持续擦亮总台品牌。

一、新闻报道

2023年，中东总站在总台各平台累计发稿15 000余条，奋力提升总台报道的引领力、传播力和影响力。在国内社交媒体平台，超过700个相关话题登上微博热搜、要闻、今日头条等国内主要社交媒体平台榜单，话题总阅览量超130亿人次；在国际媒体间，中东总站稿件共被CNN、美联社、BBC、路透社、卡塔尔半岛电视台等数千家国际媒体采用近10万次；《以军夜间对加沙地带发起一次大规模地面进攻》等稿件实现全球首发。

1. 优化重大突发新闻响应机制，在业务实践中淬炼"新闻铁军"

巴以新一轮冲突爆发后，中东总站迅速启动响应机制并成立突发报道应急指挥小组。耶路撒冷记者站记者亲历火箭弹袭击并首发现场报道；总站统筹巴以6路记者和报道员以及周边站点实现全景式报道；协调辖区记者24小时轮班无死角盯守动态消息，《以军要求加沙地带北部所有居民撤往南部》等稿件实现全球首发。中东总站稿件成为2023年国际媒体巴以新一轮冲突报道重要信源，引发社交媒体话题阅览量超100亿人次，被CNN、BBC等千余家国际媒体共采用2万余次。

中东总站还在中东"和解潮"报道中实现多个"唯一"——总站通过在也门长期深耕，成为当时唯一一家在也门政府军、胡塞武装控制区和核心交战区均具备合法采访拍摄资格的国际媒体；卡塔尔与巴林断交危机后首次恢复直航，总站也成为唯一抵达现场报道的中文媒体。

此外，中东总站在"4·15"苏丹武装冲突、"2·6"土耳其—叙利亚大地震、"9·8"摩洛哥地震、利比亚洪灾等多个地区热点新闻报道中，克服国境封锁、交通阻断、拍摄许可难以申请等诸多困难，发回大量独家现场报道，有力引领国际舆论。

2. 主动设置议题，推出主题主线精品力作和融媒体特色产品

在主题主线方面，中东总站以"头条工程"为抓手，围绕全国两会、杭州亚运会、共建"一带一路"倡议提出十周年等重要节点，策划推出《亚洲看亚运》特别节目，《筑梦/寻梦·丝路画卷》《沿"路"看中东》等独家系列深度报道；积极促成总台《高端访谈》栏目专访叙利亚总统巴沙尔、阿尔及利亚总统特本和巴勒斯坦总统阿巴斯。

在揭批美西方报道方面，中东总站围绕阿富汗塔利班重返喀布尔一周年、阿富汗地震一周年、伊拉克战争爆发20周年、美军多次盗运叙利亚石油等新闻热点，精心策划深度系列报道。其中，专题系列《美国遗留 炸弹之痛》《那一刻 这两年》和民生系列《阿富汗艰难求变》成为爆款作品。

在融媒体报道方面，中东总站原创新媒体短视频栏目《中东那些事儿》（第四季）亮相央视频，以记者第一视角和"轻科普"方式，展现中东地区鲜为人知的文化特色；依托与英语环球节目中心阿拉伯语部联动机制，继续推动该产品的阿拉伯语版《行走中东》陆续上线。中东总站还围绕地区热点，持续丰富《中东面面观》《总台喀布尔见闻》等总站新媒体栏目内容，全面反映美国霸权主义政策给中东局势带来的深刻动荡。

二、合作传播

在舆论斗争方面，中东总站意见领袖型记者队伍通过走进演播室、视频连线、发表署名文章、接受采访等方式，借助中东各国主流媒体和西方媒体阿拉伯语平台对外发声418余次。中东总站记者署名文章《从"两会"看中伊关系发展前景》登上伊朗国家通讯社官网核心版面头条位置，《中国式民主》成为当天阿曼《观点报》新媒体端阅读量最高的文章。

在网红孵化方面，中东总站以驻安卡拉记者陈慧慧为核心，成立"慧慧陈工作室"，打造"接地气、有生气、聚人气"的新型网红记者。该工作室7月正式成立以来，在脸书和TikTok平台触达用户2000多万。工作室与土耳其知名网红合作打造的品牌栏目《在土耳其发现中国》以中文、英文、土耳其文、阿拉伯文等语种版本亮相总台大小屏，并在土耳其大象网络电视台等150余家当地媒体同步推出。"慧慧陈工作室"牵头打造的《把土耳其大巴扎"打包"到中国》成为总台《全球"街"力》新媒体系列产品的标杆之一，被22家当地主流媒体转载，累计触达超1500万受众。

在媒体合作方面，中东总站持续拓展与当地媒体合办专题栏目和节目。与阿拉伯联合酋长国达夫拉电视台合办《中国时间》栏目，播出总台精品节目《我们在中国》阿拉伯语版，为全国两会预热；与阿拉伯联合酋长国7eNews网站合作开设全国两会主题双语专栏《聚焦中国两会》。与伊拉克国家电视台联合制作《伊拉克战争20周年》特别节目，由北京和巴格达两地演播室主持人与中伊嘉宾共同探讨伊拉克战争的历史与现实。通过与英语环球节目中心阿拉伯语部联动机制，对与阿拉伯联合酋长国迪拜电视台合办的电视新闻专栏《看中国》改版升级，进一步加强"头条工程"宣介。

在文化出海方面，中东总站持续打造品牌特色宣介项目。2023年，中东总站哈利法塔灯光秀品牌项目在时长、场次等方面实现新突破，继新春灯光秀之后首次推出中秋灯光秀，并实现社会效益与经济效益双丰收。积极配合总台元宵晚会"百城千屏"宣介活动，促成元宵晚会宣传片在中东地区11个国家的186块电子大屏播出，并首次亮相"非洲第一高楼"埃及新行政首都中央商务区标志塔。

此外，中东总站多措并举深化与英语环球节目中心阿拉伯语部联动机制建设。一是建立每日稿件推送机制，实现精准传播，提高稿件落地的时度效。二是优化前后方协同发稿机制，总站记者与国内记者在英语环球节目中心阿拉伯语部海外社交媒体账号协同发稿，中东总站24小时轮班盯守突发报道动态时，调动阿拉伯语部记者利用时差优势错峰发稿。三是充分整合前后方优势资源，协同亮相海外重点媒体活动，赋能总站与当地主流媒体合办栏目。

三、媒体活动

2023年，中东总站广泛联合当地媒体、管理机构与智库组织，精心筹办系列主场活动，拓展总台国际媒体"统一战线"。分别与伊朗—中国友好协会、阿拉伯联合酋长国趋势研究与咨询中心联合主办"中国式现代化与世界新机遇"伊朗专场研讨会和阿拉伯联合酋长国专场研讨会；联合以色列特拉维夫中国文化中心主办"寻美之约"以色列专场文化沙龙活动；联合埃及开罗中国文化中心举办"'何以文明'全球巡展·埃及特展"启动仪式暨《当法老遇见三星堆》阿拉伯语版启播仪式。上述活动累计获得中东数十家主流媒体报道，触达受众超过4亿人次。

中东总站还深度参与第23届阿拉伯广播电视节、在阿拉伯联合酋长国阿布扎比举行的第二届全球媒体大会等地区重点媒体活动，设立总台专属展位，与当地媒体、智库和政府机构深入交流；联合阿拉伯联合酋长国迪拜媒体委员会举办总台"5G+4K/8K+AI"战略专场分享会，在阿拉伯国家广播联盟总部分享总台全媒体内容体系建设经验，宣介总台技术发展战略。

（中东总站供稿）

欧洲总站工作概况

2023年，欧洲总站围绕贯彻落实习近平总书记对总台工作的系列重要指示批示精神、习近平外交思想和总台党组决策部署，开拓进取，奋发有为，片区工作整体迈上新台阶，特别是在助力总台开展"媒体外交"方面取得重大突破。

一、新闻报道

2023年，欧洲总站推行中英文联动机制、新闻首发迟发奖惩和时间阈值机制，大力增强"抢首发"实效。截至12月31日，全球首发消息190条，是2022年的3.7倍。其中，英语全球首发168条。中、英文共计发稿11.1万余条，同比2022年显著增长。

1. 全力掌握一手信源

围绕"一带一路"、G20峰会、俄乌冲突、巴以新一轮冲突以及欧洲多国反战游行、极端天气等采制现场报道，在《新闻联播》等重点栏目和总台自有平台播出。其中，希腊海岸一艘非常规移民船只倾覆后，第一时间调派记者前往采访，成为全球首家进行现场直播的国际媒体，报道被CNN、意大利TGCOM24电视台等引用841次。在北约记者会上，欧洲总站记者就北约东进亚太等议题提问北约秘书长，被路透社、德国之声、北约官网等引用转载。全年总播出时长585小时55分钟，保障直播连线2824条，安全播出率100%。

2. 立足欧洲主流舆论场，持续提高就地"消毒"能力

重点打造独家原创，持续在"现场+深度"上发力，深耕打造欧洲总站自有融媒体评论品牌《欧洲头条》。2023年，欧洲总站栏目《欧洲头条》共发稿38篇，话题涉及中欧关系、俄乌冲突、美欧贸易争端、欧洲战略自主、英国"脱欧"后遗症等，总阅读量超过1600万人次，获国内主要媒体广泛转载。

此外，2023年，欧洲总站配合《高端访谈》联络并摄制两期节目，分别为波黑轮值主席（国家元首）茨维亚诺维奇（2023年5月）和塞尔维亚总理布尔纳比奇（2023年11月）。

二、合作传播

欧洲总站与英国、法国、意大利、西班牙、比利时、塞尔维亚、黑山、塞浦路斯等欧洲主要国家的20多家主流媒体开展合作，截至2023年年底，合办栏目包括《走进中国》《趣中国》《一起看春晚》等。

2023年，欧洲总站与意大利《日报》网站合办栏目《走进中国》，刊发内容包括总台"头条工程"、重大主题、中意交流、中欧交流等，稿件内容由中方确定，以本土读者易于接受的语境表达加以呈现，覆盖600万受众。

欧洲总站与意大利希肖内传媒集团合办《趣中国》。《趣中国》系列微纪录片，旨在全方位和近距离展示中国数千年历史文化之博大、传统艺术之精美以及现代生活之活力，触达约5000万人次。

此外，欧洲总站与塞尔维亚BRAINZ电视台、西班牙地中海第八电视台等合作的《一起看春晚》特别节目在阿尔玛电视台、圣马力诺国家电视台、LOV I RIBOLOV电视台等近30家欧洲主流媒体陆续播出，覆盖欧洲本土受众8000余万人次。

2023年全国两会期间，欧洲总站精心策划，与意大利、西班牙、塞尔维亚、黑山、波黑、北马其顿等多国主流媒体合作，推出《中欧携手新征程》多语种融媒体系列报道，围绕当地受众感兴趣的全国两会热点话题，联合推出《中欧携手新征程》融媒体系列报道近30期，累计覆盖欧洲受众超过1000万人次。

自2023年6月开始，欧洲总站与西班牙第二大传媒集团伊比利亚报业集团展开合作，双方以素材交换和联合报道为主。截至2023年年底，该集团共发布总台重要稿件近80篇，累计阅览量逾1500万人次，覆盖超过2610万社交媒体订阅受众。在网红工作室方面，欧洲总站台级网红工作室"耀洋频道"于2023年年底意大利全平台粉丝量达104万。其中，凭借分众传播及重点推送策略，主要受众为年轻人的照片墙账号粉丝量达68.1万，在总台网红账号中排名跃居第一。自工作室成立以来，"耀洋频道"账号在意大利各平台视频阅览量达3080万人次。

三、媒体活动

以元首外交为引领，助力总台"媒体外交"活动。2023年10月底，总台分别于法国巴黎、瑞士日内瓦和希腊雅典举办"同心向未来——迎接中法建交60周年影视合拍项目"启动仪式、"何以文明"万国宫特展和"山海相通　中希辉映：中国希腊'一带一路'对话会"；先后与2024年巴黎奥组委、法国职业足球联盟、法国网球协会、法新社、法国EVERROSE公司、世界知识产权组织、国际奥委会、中希文明互鉴中心、国际奥林匹克学院、希腊《航运与商业报》、希腊直播卫星平台NOVA公司等国际组织、政府机构和海外主流媒体签署11份合作备忘录，内容包括：加大2024年巴黎奥运会及残奥会的宣传报道力度，讲好从北京到巴黎的奥运故事；围绕中法建交60周年和2024年巴黎奥运会开展媒体合作；促进中希文明交流互鉴与弘扬奥林匹克精神；奥运赛事转播报道与奥林匹克文化推广；加强知识产权保护和宣传与推动建立健全知识产权国际规则；深化赛事转播合作，推动中法足球和网球运动发展；围绕新媒体、人工智能、国际新闻联合报道、金融、经济等众多行业和诸多领域，加强媒体合作。这些协议的达成为总台开展对外传播、促进产业经营、完善版权保护、完善节目生产等具体工作预留了空间，开拓了渠道，提供了保障，实际上形成多座蕴藏量丰饶、开发前景广阔和"两个效益"双丰收的富矿。

2023年联合国中文日暨中央广播电视总台第三届海外影像节特别节目在海内外8家新媒体平台同步直播，同时登陆联合国日内瓦办事处数字媒体平台并持续展映两周。特别节目陆续在英国、意大利、塞浦路斯和希腊主流媒体平台推出。220余家国际主流媒体对活动进行报道，触达受众约1.32亿人次。特别节目宣传片也在联合国中文日庆祝活动中亮相。自2021年以来，相关"中文日"品牌累计触达海内外受众超过5亿人次。

总台第三届中欧音乐节暨中西建交50周年音乐会在西班牙首相桑切斯访华期间成功举办。特别节目和新闻报道在总台多平台和英国、西班牙、法国、德国、奥地利、意大利、塞尔维亚、匈牙利等欧洲国家主流媒体平台播出。共计有190余家国际主流媒体进行报道，触达受众1.2亿人次。截至2023年年底，该品牌累计触达海外受众近4亿人次。

欧洲总站成功主办总台"'何以文明'全球巡展·英国特展"。在启动仪式上，中国驻英国大使馆代表、多国驻英使节、英国知名专家学者、青年学生等80余位嘉宾出席。仪式现场还举办了"何以文明"文化沙龙，探讨中欧文明对话和文化互鉴的重要意义。美联社、FOX、ABC、CBS、英国媒体观察、英国每日新闻在线、英国文化专区网站等多家海外主流媒体对活动进行报道，触达受众1.5亿人次。

"寻找新时代的破冰者"大型融媒体活动历时一年，先后制作播出20位"破冰者"的人物故事，触达海外观众超过2亿人次。

（欧洲总站供稿）

亚欧总站工作概况

2023年，亚欧总站紧随元首外交步伐，圆满完成习近平主席访俄报道以及多场"媒体外交"活动；围绕俄乌冲突等辖区重大新闻持续抢首发、争独家；围绕首届中国—中亚峰会和共建"一带一路"倡议提出十周年开展主题报道，在辖区主流媒体发声；深入开展"媒体外交"，构建辖区媒体"统一战线"；强化落地传播与文化推广，多平台打造辖区中国新闻权威品牌，大容量常态化传播中国声音；组织春晚直播和共贺中秋活动，推动影视剧落播，润物无声传播中国文化。

一、新闻报道

亚欧总站聚力做好总台"头条工程"、中俄元首外交、共建"一带一路"倡议提出十周年、首届中国—中亚峰会、第三届"一带一路"国际合作高峰论坛等重大多双边主题报道，围绕俄乌冲突、俄罗斯"瓦格纳事件"等重大事件，调集辖区内精锐力量全力以赴抢首发、敢亮剑、争独家，持续增强海外投送能力，奋力提升总台在国际舆论场中的话语权。

2023年，亚欧总站在总台各平台播发新

闻超过5000条，实现重大消息全球首发10条。围绕辖区涉华新闻和重大国际新闻，积极抢占话语权和定义权，大量独家报道成为全球媒体主要信源。总站300余条报道被CNN、BBC等全球100多个国家和地区的1567家电视台及其新媒体平台采用。协同《高端访谈》栏目组完成对俄罗斯总统普京、哈萨克斯坦总统托卡耶夫、白俄罗斯总统卢卡申科和格鲁吉亚总理加里巴什维利的专访。

二、合作传播

亚欧总站与俄罗斯全俄国家电视广播公司、今日哈萨克斯坦通讯社等60家国际主流媒体合作，以效果为导向积极打造对外传播精品。与俄罗斯大亚洲电视台合办新闻栏目《中国全景》2023年播出近2000期，总时长约15 600分钟，覆盖受众超5000万人。与哈萨克斯坦阿塔梅肯电视台合办的新闻栏目《丝路之上》和《中国要闻》在首届中国—中亚峰会开幕前夕正式开播，2023年播出66期，总时长约700分钟，覆盖受众约3000万人次。

2023年，亚欧总站在电报、VK等4个俄语社交平台上开设的《中国全景》账号以及电报和脸书开设的《丝路》账号累计发布2.12万条新闻。莫斯科市中心中央行政区的15块LED大屏幕持续推送《中国全景》10秒微视频，日均触达约93万人次。通过开展线上线下品牌推广创意活动，亚欧总站不断提升"中国全景"和"丝路"品牌在俄罗斯和中亚地区的影响力。

通过深化合作传播机制，2023年亚欧总站记者走进辖区主流媒体演播室10次，在合作媒体发表署名文章5篇，接受外媒采访8次，参加媒体线下活动15次，借台唱戏，就地"消毒"，有力有效开展舆论斗争，不断扩大知华友华的国际舆论朋友圈。亚欧总站负责人荣获俄罗斯国际合作与对外贸易奖和俄罗斯年度媒体经理人奖，体现了辖区政府和主流媒体对总台与俄媒合作成果的肯定。

亚欧总站与辖区主流媒体合作举办"中亚情缘"——中国影视节目展映活动和"丝路情缘"——中国影视节目展映活动，将《领航》等十多部反映中国式现代化进程的总台优秀影视节目译配成辖区国家语言在当地主流媒体播出，反响热烈。此外，亚欧总站与俄罗斯、哈萨克斯坦和乌兹别克斯坦媒体合作，将《新疆滋味》《破局1950》等总台精品力作在本土译配播出，助力深化文明交流互鉴。

三、媒体活动

亚欧总站持续创新"媒体外交"，精心策划举办媒体活动。

2023年3月22日，亚欧总站与今日俄罗斯媒体集团联合主办"中国式现代化与世界新机遇"中俄媒体圆桌会，总台领导与俄罗斯主要媒体及高校负责人、政府官员和专家学者代表围绕"符合本国国情的现代化道路"主题展开热烈讨论，分享真知灼见。2023年4月16日，在亚欧总站协调下，总台与俄罗斯全俄国家电视广播公司联合开发并播出反映日本侵华的珍贵历史影像资料，引发巨大反响。

2023年春节期间，在莫斯科市政府音乐厅举办千人观看春晚直播活动，总台春晚灯光秀连续7天点亮莫斯科地标建筑俄罗斯奥斯坦金诺电视塔，通过莫斯科市中心80块户外大屏播发总台春晚宣传片超6万次，触达受众1500万人次。2023年中秋期间在莫斯科548学校举办中俄青年共贺中秋晚会，现场播放总台中秋晚会精彩节目，在莫斯科市中心15块大屏投放秋晚宣传片，实现总台"百城千屏"高清节目首次海外落地。

2023年10月，亚欧总站与俄罗斯独立电视台合作，以西伯利亚天然气管道为主题共同拍摄专题片《丝路回响》。双方记者联合策划、联合出镜，充分展现共建"一带一路"倡议对两国经济发展与全方位合作的重要意义。系列专题片于10月9日开始在俄独立电视台黄金时段连续播出5天。10月11日和12月1日，亚欧总站与合作方分别在"俄罗斯能源周"国际论坛全会以及"俄罗斯展"俄气集团展厅举行纪录片推介活动，被中俄主流媒体广泛报道。

（亚欧总站供稿）

亚太总站工作概况

2023年，亚太总站聚力做好总台"头条工程"、全国两会、对美西方舆论引导等重大主题报道，以及亚太辖区内的重大事件，调动辖区内各种资源，全力以赴在国际舆论场上抢首达首发，争独家，有力有效开展国际舆论斗争，奋力提升总台在亚太地区的引领力、传播力和影响力。

一、新闻报道

2023年，亚太总站聚力做好总台"头条工程"，围绕习近平主席对越南进行国事访问等重大主题报道，在《新闻联播》播出《越南各界人士对习近平总书记署名文章反响热烈》等285条重大主题报道，其中包括《文明互鉴 美美与共——习近平主席提出构建人类命运共同体理念十周年》等4条《新闻联播》头条报道。

7月4日，国家主席习近平在北京以视频方式出席上海合作组织成员国元首理事会第二十三次会议并发表重要讲话。亚太总站记者积极采访辖区国际人士，在《新闻联播》推出《多国人士积极评价习近平主席在上海合作组织成员国元首理事会第二十三次会议上的重要讲话》。"六一"国际儿童节前夕，亚太总站记者赶赴孟加拉国吉大港采访拍摄习近平主席复信孟加拉国儿童阿里法·沁的感人故事。7分半钟的视频报道在总台《国际时讯》栏目系列报道《大国来信》中播出，其新媒体版节目在央视频焦点位推出，观看量超过678万人次。

围绕共建"一带一路"倡议提出十周年，亚太总站突出创新引领，从报道层面"小而美"新媒体短视频产品的创作，以独家小切口精准把握宏大报道主题，到传播层面另辟蹊径在日本举办媒体活动，通过多种方式放大对中国有利声音，高质量彰显总台报道实力和传播能力。

一是创新表达视角和形态品类。围绕印度尼西亚共建"一带一路"标志性工程雅万高铁的开通运营，策划推出《雅万高铁 说走就走》等系列报道。努力构建"谦和化"表达的国际传播叙事新语态，自觉实践习近平总书记要求的"既开放自信也谦逊谦和"的国际传播姿态。节目在新媒体平台刊发后，被国内外百余家媒体广泛转载，累计触达受众1.5亿人次。

二是创新叙事与制作模式。以小视角撬动和创意性策划推出3集"小而美"记者系列Vlog《行走"一带一路"》，兼具主题性和可视性，形成多轮次传播声势，反响积极。相关内容跨平台总触达量超1亿人次。

三是创新表达方式。以穿越机的独家视角一镜到底、第一时间聚焦共建"一带一路"最新成果。《首航在即！抢先"穿越"由中企投建的柬埔寨吴哥新国际机场》没有一句解说，视觉形成震撼力，在央视新闻客户端首发后，获得超过110万人次浏览量，并被国内百余家主流媒体转载使用。

四是创新策略化传播主体。亚太总站通过联合中国驻日本大使馆和中国外文局在日本东京举办"一带一路"国际研讨会，进行逆向传播，借嘴发声，抢占舆论主动权，充分宣介阐述十年共建"一带一路"的发展成果；通过到会的日本前首相福田康夫和老挝、柬埔寨、泰国驻日大使等重量级人物在研讨会上发声，积极引导国际舆论。当地近30家中日媒体进行采访报道。总站通过多语种对外传播新媒体矩阵进行二次传播，覆盖量超1000万人次。本次研讨会跨平台总触达人数超5亿。

2023年，亚太总站全球首发19条重要国际新闻，比2022年全球首发量增长58%；国内首发124条重要新闻，比2022年国内首发量增长27%。

亚太总站记者竭尽全力首达新闻现场，发布大量独家现场视频报道，成为全球媒体的重要信源。据国际视频通讯社统计，2023年，亚太总站记者发布的483条现场视频报道累计被CNN、BBC、英国天空新闻台、澳大利亚广播公司、日本NHK等全球7724家主流媒体播出22 671次。

2023年，日本启动福岛核污染水排海，受到全球关注。亚太总站提前筹划安排，全球首发日本政府宣布自8月24日起将福岛核污染水排海的消息。这条现场视频报道被CNN、英国天空新闻台等全球138家外媒使用677次。亚太总站记者作为中国内地唯一媒体进入福岛第一核电站内部现场拍摄报道。"央视新闻"发布的相关报道的总阅读观看量达1.94亿人次；《新闻联播》播出亚太总站记者现场报道《日本环保组织反对日政府将核污染水排海》的电视端观看人次达8997万。亚太总站首次拍摄和制作《排海之争》等纪录片，在新闻频道、CGTN和纪录片频道播出，取得良好传播效果。其中，纪录片《福岛之殇》累计触达受众2103万人次。

亚太总站及辖区站点全力支持总台《高端访谈》栏目，完成对11位辖区国际政要的专访。《高端访谈》开播一年多来，亚太总站参与专访印度尼西亚总统佐科、柬埔寨首相洪森、新加坡总理李显龙、马来西亚总理安瓦尔、蒙古国总理奥云额尔登、尼泊尔总理普拉昌达、斯里兰卡总统维克拉马辛哈、巴基斯坦总理卡卡尔等11位政要的联络、拍摄、素材、落地传播等工作。

2023年，亚太总站全年在总台电视平台播出2694条报道、广播平台播发1818条和新媒体平台视频和图文报道6334条。亚太总站官方机构账号"央视亚太"境外社交平台总粉丝量超过125万人，全年发布视频和图文内容2095条，播出视频总时长158小时。

二、合作传播

深化媒体合作，拓展总台亚太地区媒体"朋友圈"。2023年，亚太总站积极推动配合元首外交等重大活动，完成总台与印度尼西亚美都电视台、越南国家电视台、柬埔寨国家电视台、马尔代夫公共服务媒体、泰国电视五台等媒体机构签署合作协议和合作备忘录。

亚太总站"中巴友谊""你好，萨瓦迪""樱之华""HK+""你好，中国""记者奥利维亚·杨"等6个网红工作室建设取得可喜成果，全年共发布图文稿件3243篇，视频稿件6894条。"中巴友谊"工作室粉丝量突破150万。工作室利用英语、乌尔都语、葡萄牙语、日语、泰语、中文（粤语）等语种传播。

2023年，经过亚太总站的努力，亚太地区的日本、巴基斯坦、泰国、越南、菲律宾等国家和中国港澳地区超过60家媒体800多次转发转载"头条工程"和总台重点稿件。亚太总站记者先后70多次直播连线，走入日本茨城广播电台、韩国广播公司、印度尼西亚美都电视台、泰国总理府MCOT电台、尼泊尔主流电视台YOHO TV、香港电台、澳门澳广视等媒体机构。亚太总站还通过户外大屏、直播赠播等形式聚焦推介2023年总台春晚和元宵晚会，在中国港澳地区、澳大利亚、日本、泰国、巴基斯坦、柬埔寨等地共4000余块大小屏播发春晚及元宵晚会宣传片，覆盖海外受众近3亿人次。

2023年全国两会结束后，亚太总站在泰国、新加坡和香港举办"中国式现代化与世界新机遇"专场研讨会，相关消息在多家海外重点媒体及总台自有平台转发转载，覆盖近亿受众。7月，在旅韩大熊猫"福宝"三周岁生日之际，亚太总站策划推出"福宝生日会"直播活动，有效开展"媒体外交"，充分利用总台各网络平台和亚太总站新媒体账号进行图文和视频直播，形成对内对外传播矩阵。

三、媒体活动

2023年9月29日，中央广播电视总台"'何以文明'全球巡展·港澳特展"启动仪式在香港和澳门同步举行。此次特展以香港故宫文化博物馆作为主会场，体现港澳民众对祖国文化的认同感。10月13日，亚太总站在日本成功举办共建"一带一路"倡议提出十周年国际研讨会，引起海外广泛关注，近30余家当地日文和中文媒体进行采访报道，50余家国内外媒体进行转载，总站新媒体平台覆盖超1000万人次，研讨会总触达人数超5亿。

（亚太总站供稿）

联合国总站工作概况

2023年，联合国总站在稳妥有序推进筹建工作的同时，充分利用联合国多边舞台的区位优势，做好联合国大会、巴以新一轮冲突、俄乌冲突等报道，开展富有特色的媒体活动，创新落实"头条工程"，不断擦亮总台品牌，提升国际舆论引领力、传播力和影响力。

一、新闻报道

1. 增强传播时效，争抢重大突发事件的第一定义权

《联合国秘书长呼吁立即实现巴以停火和加沙地带人道救援准入》《联合国大会将就巴以局势召开紧急特别会议》等多条稿件的时效领先CNN、BBC、法新社、RT等国际主流媒体，在国际舆论场上不断先声夺人。

2. 坚持"以我为主"，有力阐明中国立场

围绕巴以新一轮冲突，联合国总站推出《联合国安理会未通过巴以问题人道主义决议草案》，谴责美方虚伪本质，阐明中方立场，微博账号浏览量达127万人次，约3万网友点赞和留言。在俄乌冲突方面，外媒炒作"中国联大投票显示对俄立场变化"后，联合国总站与中国常驻联合国代表团充分沟通，立即就为何中国在联合国大会的投票反而证明中国对俄乌冲突的立场没有变化推出评论报道，观看量登上微博当日视频榜前10名，有力配合我国外交大局。在朝核问题上，联合国总站是中国驻联合国媒体中唯一一家多次将安理会会场中美博弈进行完整传播的媒体。

3. 通过独家专访和独家提问，引导舆论

2023年，联合国总站独家采访玻利维亚总统、厄瓜多尔总统、塞拉利昂总统等多位国家元首，独家提问联合国秘书长发言人、联合国开发计划署署长等联合国高级官员，积极"借嘴说话"，展现国际社会对中国主张、中国智慧和中国贡献的积极评价。中国常驻联合国代表张军认为："总台记者通过独家提问、独家报道，在打破西方媒体叙事、引导话语权等方面取得了实质性突破，联合国秘书长发言人很多时候要回答总台的提问，而这些问题西方媒体记者是永远不会提问的。"

二、合作传播

联合国总站充分发挥主观能动性，面向海外受众制作特别节目和推送新闻通稿，不断放大中国声音，塑造大国形象。

1. 推出特别节目《走进联合国》

2023年9月联合国大会期间，联合国总站推出30分钟周播英文特别节目《走进联合国》。作为全球唯一一档专注于联合国报道的电视节目，该节目聚焦联合国事务，倡导构建人类命运共同体理念，为全球治理贡献中国智慧、中国方案和中国力量。节目一经推出，包括玻利维亚总统路易斯·阿尔塞、厄瓜多尔总统吉列尔莫·拉索、第78届联合国大会主席丹尼斯·弗朗西斯等在内的多国政要和联合国官员给予高度评价。中国常驻联合国代表张军认为，《走进联合国》为观众打开一个观察世界的新窗口，让人们更好更深入地了解联合国、了解中国在国际舞台上的主张、地位和独特贡献。截至2023年年底，该节目共推出14期。

2. "中国式现代化与世界新机遇"联合国专场研讨会暨特别节目

2023年3月，联合国总站推出"中国式现代化与世界新机遇"联合国专场研讨会暨特别节目，采访安理会轮值主席国莫桑比克外交与合作部部长马卡莫、匈牙利外交与对外经济部部长西雅尔多等多位重量级官员，向海外受众解读和传播中国新发展理念，152家海外主流媒体转载相关报道，触达海外受众670万人次。

3. 新闻通稿推送

联合国总站积极利用新闻通稿推送的形式传播中国声音。据统计，联合国总站2023年共向全球推送33篇稿件，相关报道累计被北美及其他国家主流媒体转载或引用超过7000人次。

三、媒体活动

1. "中美人文交流友好对话"媒体活动

在习近平主席出席中美元首旧金山会晤并出席2023年APEC峰会期间，联合国总站、北美总站、美中青少年学生交流协会等团体于2023年11月16日在美国旧金山举办"中美人文交流友好对话"媒体活动，共话中美两国人民间代代相传的友谊，拉紧人民纽带，增进人心沟通。报道《共叙友谊！中美人文交流友好对话在旧金山举行》在央视新闻客户端浏览量近125万人次，被美联社、雅虎财经、彭博社等在内的境外30多个国家和地区的1400多家媒体转载，触达海外受众6.88亿人次。

2. "'何以文明'全球巡展·联合国特展"媒体活动

2023年6月29日，联合国总站在联合国总部举办"'何以文明'全球巡展·联合国特展"。相关报道被80多个国家和地区的1500多家海外主流媒体转载转引，触达海外受众8.15亿人次。

（联合国总站供稿）

第四编

统计数据

频道、频率设置及节目播出情况

中央广播电视总台电视频道设置及节目播出情况

截至2023年年底，中央广播电视总台（含台属公司等）共开办电视频道51个，包括31个公共电视频道和20个付费电视频道，另有2个互联网电视频道。

中央广播电视总台电视频道设置一览表

一、公共电视频道31个	
1.总台自办频道27个	
频道名称	开播时间
CCTV-1 综合频道	1958年9月2日
CCTV-1 综合频道（港澳）	2011年3月1日香港版开播 2016年12月20日落地澳门
CCTV-2 财经频道	1973年4月14日（经济·生活·服务频道） 2003年10月20日调整为经济频道 2009年8月24日调整为财经频道
CCTV-3 综艺频道	1986年8月25日
CCTV-4 中文国际频道（亚洲）	1992年12月1日
CCTV-4 中文国际频道（欧洲）	2007年1月1日
CCTV-4 中文国际频道（美洲）	2007年1月1日
CCTV-5 体育频道	1995年1月1日 2019年12月17日落地澳门
CCTV-5+ 体育赛事频道	2013年8月18日
CCTV-7 国防军事频道	1995年12月1日（少儿·军事·农业·科技频道） 2010年10月调整为少儿·军事·农业频道 2011年1月3日调整为军事·农业频道 2019年8月1日调整为国防军事频道
CCTV-8 电视剧频道	1996年1月1日
CCTV-9 纪录频道	2011年1月1日

续表

频道名称		开播时间
CCTV-10 科教频道		2001 年 7 月 9 日
CCTV-11 戏曲频道		2001 年 7 月 9 日
CCTV-12 社会与法频道		2002 年 5 月 12 日（西部频道） 2004 年 12 月 28 日调整为社会与法频道
CCTV-13 新闻频道		2003 年 7 月 1 日
CCTV-14 少儿频道		2003 年 12 月 28 日
CCTV-15 音乐频道		2004 年 3 月 29 日
CCTV-16 奥林匹克频道		2021 年 10 月 25 日
CCTV-17 农业农村频道		2019 年 9 月 23 日
CCTV 超高清频道	CCTV-4K 超高清	2018 年 10 月 1 日
	CCTV-8K 超高清	2022 年 1 月 24 日
CGTN 英语频道		2000 年 9 月 25 日（英语频道） 2010 年 4 月调整为英语新闻频道 2017 年 1 月 1 日调整为中国环球电视网 2022 年 6 月 30 日调整为 CGTN 英语频道，呼号为 CGTN
CGTN 法语频道		2004 年 10 月 1 日（西班牙语法语频道） 2007 年 10 月 1 日调整为法语国际频道 2017 年 1 月 1 日调整为中国环球电视网法语频道 2022 年 6 月 30 日调整为 CGTN 法语频道，呼号为 CGTN FRANÇAIS
CGTN 西班牙语频道		2007 年 10 月 1 日（西班牙语国际频道） 2017 年 1 月 1 日调整为中国环球电视网西班牙语频道 2022 年 6 月 30 日调整为 CGTN 西班牙语频道，呼号为 CGTN ESPAÑOL
CGTN 阿拉伯语频道		2009 年 7 月 25 日（阿拉伯语国际频道） 2017 年 1 月 1 日调整为中国环球电视网阿拉伯语频道 2022 年 6 月 30 日调整为 CGTN 阿拉伯语频道，呼号为 CGTN العربية
CGTN 俄语频道		2009 年 9 月 10 日（俄语国际频道） 2017 年 1 月 1 日调整为中国环球电视网俄语频道 2022 年 6 月 30 日调整为 CGTN 俄语频道，呼号为 CGTN PYCCKИЙ
CGTN 纪录频道		2011 年 1 月 1 日（纪录频道国际版） 2017 年 1 月 1 日调整为中国环球电视网纪录频道 2022 年 6 月 30 日调整为 CGTN 纪录频道，呼号为 CGTN-Documentary 2022 年 7 月 1 日落地香港

续表

2. 中宣部电影卫星频道节目制作中心经办频道 1 个	
频道名称	开播时间
CCTV-6 电影频道	1996 年 1 月 1 日 2012 年 12 月 10 日自行播出

3. 台属公司承办的频道 3 个	
频道名称	开播时间
CCTV 戏曲频道	2004 年 10 月 1 日
CCTV 娱乐频道	2004 年 10 月 1 日
CCTV 中视购物频道	2007 年 1 月 1 日

二、台属公司承办付费电视频道 20 个

频道名称	开播时间	承办公司
风云音乐频道	2004 年 8 月 9 日	中国国际电视总公司
第一剧场频道	2004 年 8 月 9 日	中国国际电视总公司
风云剧场频道	2004 年 8 月 9 日	中国国际电视总公司
世界地理频道	2004 年 8 月 9 日	中国国际电视总公司
卫生健康频道	2004 年 8 月 9 日	中国国际电视总公司
高尔夫・网球频道	2004 年 9 月 1 日	中国国际电视总公司
风云足球频道	2004 年 9 月 1 日	中国国际电视总公司
电视指南频道	2004 年 11 月 1 日	中国国际电视总公司
怀旧剧场频道	2004 年 11 月 1 日	中国国际电视总公司
央视文化精品频道	2005 年 1 月 1 日	中国国际电视总公司
兵器科技频道	2006 年 5 月 8 日（国防军事付费电视频道） 2019 年 8 月 1 日调整为兵器科技付费电视频道	中国国际电视总公司
女性时尚频道	2006 年 8 月 9 日	中国国际电视总公司
央视台球频道	2010 年 4 月 12 日	中国国际电视总公司
央广购物频道	2010 年 6 月 17 日	央广传媒集团有限公司
环球奇观频道	2007 年 11 月 23 日	国广传媒发展有限公司
聚鲨环球精选频道	2011 年 3 月 29 日	国广传媒发展有限公司
中国交通频道	2015 年 10 月 21 日	国广传媒发展有限公司
老故事频道	2005 年 4 月 16 日	中央新闻纪录电影制片厂（集团）
发现之旅频道	2005 年 10 月	中央新闻纪录电影制片厂（集团）
中学生频道	2009 年 5 月 4 日	中央新闻纪录电影制片厂（集团）

中央广播电视总台互联网电视设置一览表

频道名称	开播时间	开办主体
未来电视（New TV）	2011年12月2日	央视国际网络有限公司
银河互联网电视（GITV）	2012年7月25日	央广新媒体文化传媒（北京）有限公司

中央广播电视总台电视频道播出量一览表

播出频道	每日播出量（小时）	全年播出量（小时）
CCTV-1 综合频道	24.0	8 759.9
CCTV-1 综合频道（港澳）	24.0	8760
CCTV-2 财经频道	24.0	8 759.5
CCTV-3 综艺频道	24.0	8 760.1
CCTV-4 中文国际频道（亚洲）	24.0	8760
CCTV-4 中文国际频道（欧洲）	24.0	8760
CCTV-4 中文国际频道（美洲）	24.0	8760
CCTV-5 体育频道	24.0	8760
CCTV-5+ 体育赛事频道	24.0	8760
CCTV-7 国防军事频道	18.9	6 904.5
CCTV-8 电视剧频道	24.0	8 759.9
CCTV-9 纪录频道	24.0	8760
CCTV-10 科教频道	20.8	7 582.9
CCTV-11 戏曲频道	19.8	7 231.3
CCTV-12 社会与法频道	20.2	7 366.4
CCTV-13 新闻频道	24.0	8760
CCTV-14 少儿频道	20.1	7 340.7
CCTV-15 音乐频道	20	7 300.5
CCTV-16 奥林匹克频道	24.0	8760
CCTV-17 农业农村频道	19.1	6 989.4
CGTN 英语频道	24.0	8760
CGTN 法语频道	24.0	8760
CGTN 西班牙语频道	24.0	8760

续表

播出频道		每日播出量（小时）	全年播出量（小时）
CGTN 阿拉伯语频道		24.0	8760
CGTN 俄语频道		24.0	8760
CGTN 纪录频道		24.0	8760
CCTV 超高清频道	CCTV-4K 超高清	18	6 571.7
	CCTV-8K 超高清	16	5 841.6
CCTV 戏曲频道		24.0	8760
CCTV 娱乐频道		24.0	8760
CCTV 中视购物频道		24.0	8760
风云音乐频道		17.7	6 456.5
第一剧场频道		18	6 560.6
风云剧场频道		17.8	6 506.6
世界地理频道		18.3	6 667.9
卫生健康频道		24.0	8760
高尔夫·网球频道		24.0	8760
风云足球频道		24.0	8760
电视指南频道		24.0	8760
怀旧剧场频道		17.8	6 513.3
央视文化精品频道		17.9	6 537.2
兵器科技频道		17.4	6 337.3
女性时尚频道		16.4	5 930.5
央视台球频道		24.0	8760
央广购物频道		24.0	8760
环球奇观频道		24.0	8760
聚鲨环球精选频道		24.0	8760
中国交通频道		17.0	6205
老故事频道		18.0	6570
发现之旅频道		19.0	6935
中学生频道		16.0	5840
总　　计		1 104.2	402 988.3

2023年中央广播电视总台各类电视节目播出量及比例一览表

节目大类	首播 （时:分:秒）	重播 （时:分:秒）	总播出量 （时:分:秒）	首播占比 （%）
新闻资讯类	43 684:52:06	70 783:44:05	114 468:36:11	32.60
专题服务类	20 359:22:12	90 109:37:58	110 469:00:10	31.46
综艺益智类	5548:26:13	40 340:38:32	45 889:04:45	13.07
影视剧类	3771:10:29	66 035:52:43	69 807:03:12	19.88
广告类	6127:26:05	0	6127:26:05	1.74
导视类	4395:53:13	01:12:15	4397:05:28	1.25
总　计	83 887:10:18	267 271:05:33	351 158:15:51	100

中央广播电视总台互联网电视用户情况表

播出频道	日活（每日播放用户数）（个）	全年用户总数（个）
未来电视（New TV）	5146万	3.32亿
银河互联网电视（GITV）	2240万	4.87亿

中央广播电视总台电视频道栏目编排表

CCTV-1综合频道栏目编排表

时间	星期						
	星期一	星期二	星期三	星期四	星期五	星期六	星期日
05:30	人与自然						
06:00	朝闻天下						
08:35	生活圈					电视剧	
09:25	电视剧						
11:50	秘境之眼						
12:00	新闻30分						
12:35	今日说法						

续表

时间	星期						
	星期一	星期二	星期三	星期四	星期五	星期六	星期日
13:15	电视剧						电视剧
17:20	动画乐园+专题节目					星光大道	正大综艺
							季播节目（重播）
19:00	新闻联播+焦点访谈						
20:06	电视剧					季播节目	
22:00	晚间新闻						
22:35	专题节目					开讲啦	等着我
23:30	季播节目（重播）						
次日 01:00	专题节目（重播）	中华民族+人口		专题节目（重播）			
次日 01:30	晚间新闻（重播）						

注：《时代楷模发布厅》在 CCTV-1 综合频道黄金时段 21 点档不定期安排播出。

CCTV-2 财经频道栏目编排表

时间	星期						
	星期一	星期二	星期三	星期四	星期五	星期六	星期日
07:00	第一时间（首播）						
09:00	正点财经（首播）					重播节目+精编节目	
10:00	正点财经（首播）					重播节目+精编节目	
	经济半小时（重播）						
11:00	正点财经（首播）					重播节目+精编节目	
	精编节目						
12:00	天下财经（首播）						
13:00	重播节目+精编节目					重播节目+精编节目	
	回家吃饭（重播）						

续表

时间	星期							
	星期一	星期二	星期三	星期四	星期五	星期六	星期日
14:00	正点财经（首播）					周播节目+ 季播节目 （重播）	
	消费主张（重播）						
15:00	正点财经（首播）					重播节目+ 精编节目	
	生财有道（重播）						
16:00	正点财经（首播）						
17:00	正点财经（首播）						
17:30	精品财经纪录						
18:30	回家吃饭（首播）					欢乐大猜想 （首播）	一槌定音 （首播）
19:00	生财有道（首播）						
19:30	消费主张（首播）					季播节目 （首播）	职场健康课 （首播）
20:00	经济半小时（首播）						
20:30	经济信息联播（首播）						
21:30	央视财经评论（首播）					对话 （首播）	中国经济 大讲堂 （首播）
	精品财经纪录				乡村振兴 中国行 （首播）		
						重播节目+ 精编节目	
23:00	重播节目+精编节目						

CCTV-3 综艺频道栏目编排表

时间	星期							
	星期一	星期二	星期三	星期四	星期五	星期六	星期日
06:00	常规节目（重播）						常规节目 （重播）
07:10	我爱满堂彩 （重播）	文化十分（重播）					越战越勇 （重播）
		黄金100秒 （重播）	回声嘹亮 （重播）	幸福账单 （重播）	我爱满堂彩 （重播）	季播节目 （重播）	
08:15	综艺盛典— 来故居听书 （重播）	回声嘹亮 （重播）	艺览天下 （重播）	我爱满堂彩 （重播）	幸福账单 （重播）	季播节目 （重播）	季播节目 （重播）
09:10	幸福账单 （重播）	综艺盛典— 来故居听书 （重播）	我爱满堂彩 （重播）	回声嘹亮— 了不起的歌 （重播）	我的艺术清单 （重播）		

续表

时间	星期						
	星期一	星期二	星期三	星期四	星期五	星期六	星期日
10:05	星光大道（重播）	开门大吉（重播）	向幸福出发（重播）	越战越勇（重播）	非常6+1（重播）	开门大吉（重播）	季播节目（重播）
11:30	文化十分（首播）						
13:15	越战越勇（重播）	越战越勇（重播）	星光大道（重播）	开门大吉（重播）	星光大道（重播）	季播节目（重播）	星光大道（重播）
	向幸福出发（重播）	我爱满堂彩（重播）	开门大吉（重播）	向幸福出发（重播）	越战越勇（重播）	季播节目（重播）	
14:30	季播节目（重播）	季播节目（重播）	季播节目（重播）	季播节目（重播）	季播节目（重播）	非常6+1（重播）	开门大吉（重播）
15:40	星光大道（重播）	星光大道（重播）	向幸福出发（重播）	越战越勇（重播）	向幸福出发（重播）	越战越勇（重播）	非常6+1（重播）
16:40	天天把歌唱（首播）						
17:10	非常6+1（重播）	幸福账单（重播）	非常6+1（重播）	黄金100秒（重播）	非常6+1（重播）	艺路惊喜（首播）	舞蹈世界（首播）
						中国文艺报道（首播）	
18:00	综艺喜乐汇（首播）						
19:30	开门大吉（首播）	向幸福出发（首播）	越战越勇（首播）	非常6+1（首播）	季播节目（首播）	星光大道（首播）	季播节目（首播）
21:00	幸福账单（首播）	我爱满堂彩—满堂喝彩（首播）	回声嘹亮—了不起的歌（首播）	我的艺术清单（首播）	综艺盛典—来故居听书（首播）	季播节目（首播）	
22:00	艺览天下（首播）	常规节目（重播）					
23:00	电视剧						

CCTV-4 中文国际频道（亚洲）栏目编排表

北京时间	星期						
	星期一	星期二	星期三	星期四	星期五	星期六	星期日
04:00	中国新闻（直播）						
04:30	今日关注						

续表

北京时间	星期						
	星期一	星期二	星期三	星期四	星期五	星期六	星期日
05:00	环球综艺秀	记住乡愁（第一季度）+ 国家记忆（第二季度至第四季度）					中国文艺（周末版）
05:30		走遍中国				鲁健访谈	
06:00	海峡两岸						
06:30	深度国际	今日亚洲					
07:00	中国新闻（直播）						
07:30	今日关注						
08:00	今日环球（直播）						
09:00	中国舆论场	健康中国	今日亚洲				
09:30			中国文艺			中国文艺（周末版）	首播、重播节目带
10:00	中国新闻（直播）						
10:10	远方的家					环球综艺秀	
11:00	中国脊梁	记住乡愁（第一季度）+ 国家记忆（第二季度至第四季度）					
11:30	海峡两岸						
12:00	中国新闻（直播）						
13:00	鲁健访谈	走遍中国				华人故事（首播）	深度国际
13:30	经典剧场					经典剧场	经典剧场
16:45							平凡匠心（首播）
17:00							
17:15	远方的家（首播）					平凡匠心（首播）	健康中国（首播）
17:45							
18:00	中国新闻（直播）					中国文艺（周末版）（首播）	环球综艺秀（首播）
18:30	中国文艺（首播）						
19:00	中国新闻（直播）						

续表

北京时间	星期						
	星期一	星期二	星期三	星期四	星期五	星期六	星期日
19:30	今日亚洲（直播）						中国舆论场（直播）
20:00	记住乡愁（第一季度）（首播）+ 国家记忆（第二季度至第四季度）（首播）					中国脊梁（首播）	
20:30	海峡两岸（首播）						
21:00	中国新闻（直播）						
21:30	今日关注（直播）						
22:00	走遍中国（首播）				鲁健访谈（首播）	深度国际（首播）	中国缘（首播）
22:30	新闻联播						
23:00	电视剧					健康中国	国宝·发现
							电视剧	
次日 01:15	中国文艺					中国脊梁	中国缘
次日 01:45	记住乡愁展播						
次日 02:00	新闻联播						
次日 02:30	走遍中国				鲁健访谈	平凡匠心	
次日 03:00	中国新闻（直播）				华人故事	中国文艺（周末版）
次日 03:10	远方的家				深度国际	
次日 03:45					记住乡愁展播	
次日 03:55	导视						

CCTV-4 中文国际频道（欧洲）栏目编排表

北京时间	星期						
	星期一	星期二	星期三	星期四	星期五	星期六	星期日
04:00	中国新闻（直播）						
04:30	今日关注（重播）						
05:00	星光大道（首播）	远方的家（首播）					开门大吉（首播）
05:45		导视				
06:15	平凡匠心（首播）	探索·发现（首播）					平凡匠心（首播）

续表

北京时间	星期						
	星期一	星期二	星期三	星期四	星期五	星期六	星期日
06:30	中国文艺（周末版）（重播）	记住乡愁（第一季度）+国家记忆（第二季度至第四季度）（重播）					环球综艺秀（重播）
07:00		走遍中国（重播）				华人故事（重播）	
07:30	海峡两岸（重播）						
08:00	今日环球（直播）						
09:00	环球综艺秀（重播）	平凡匠心（重播）		远方的家（重播）+导视+记住乡愁展播			中国文艺（周末版）（重播）
09:15		远方的家（重播）					
10:00	中国缘（重播）	记住乡愁（第一季度）+国家记忆（第二季度至第四季度）（重播）					记住乡愁展播+栏目宣传
10:30	电视剧场一（重播）						
11:15	电视剧场一（重播）						
12:00	中国新闻（直播）						
13:00	华人故事（重播）	走遍中国（重播）				中国脊梁（重播）	深度国际（重播）
13:30	电视剧场二（重播）						
15:00	中国舆论场（重播）	记住乡愁（第一季度）+国家记忆（第二季度至第四季度）（重播）					梨园闯关我挂帅（首播）
15:30		中国文艺（重播）					
16:00	中国新闻（直播）						
16:30	电视剧场一（首播）						
18:00	中国新闻（直播）					鲁健访谈（重播）	环球综艺秀（首播）
18:30	海峡两岸（重播）						
19:00	中国新闻（直播）						
19:30	今日亚洲（直播）						中国舆论场（首播）
20:00	开讲啦（首播）	远方的家（重播）					
20:45	记住乡愁展播						华人故事（首播）
21:00	中国新闻（直播）						
21:30	今日关注（直播）						
22:00	电视剧场二（首播）						

续表

北京时间	星期						
	星期一	星期二	星期三	星期四	星期五	星期六	星期日
23:30	中国缘（首播）	中国文艺（重播）					精彩音乐汇（首播）
次日 00:00	精彩音乐汇（首播）						动画城（首播）
次日 00:45	动画城（首播）						健康中国（首播）
次日 01:30	走遍中国（首播）				国宝·发现（首播）	中国文艺（周末版）（首播）	
次日 02:00	记住乡愁（第一季度）+国家记忆（第二季度至第四季度）（首播）						中国脊梁（首播）
次日 02:30	海峡两岸（首播）						
次日 03:00	新闻联播						
次日 03:30	中国文艺（首播）				深度国际（首播）	鲁健访谈（首播）	

CCTV-4 中文国际频道（美洲）栏目编排表

北京时间	星期						
	星期一	星期二	星期三	星期四	星期五	星期六	星期日
04:00	中国新闻（直播）						
04:30	今日关注（重播）						
05:00	平凡匠心（首播）	中国文艺（重播）					平凡匠心（首播）
05:30	新闻联播（重播）						
06:00	健康中国（首播）	海峡两岸（首播）				
06:30		走遍中国（首播）				鲁健访谈（首播）	华人故事（首播）
07:00	中国新闻（直播）						
07:30	今日关注（重播）						
08:00	今日环球（直播）						
09:00	电视剧场一（首播）						中国脊梁（首播）
09:45	电视剧场一（首播）						

续表

北京时间	星期						
	星期一	星期二	星期三	星期四	星期五	星期六	星期日
10:30	环球综艺秀（首播）	记住乡愁（第一季度）+国家记忆（第二季度至第四季度）（首播）					中国文艺（周末版）（首播）
11:00	中国缘（首播）	远方的家（首播）+导视+记住乡愁展播					深度国际（首播）
12:00	中国新闻（直播）						
13:00	海峡两岸（首播）	海峡两岸（重播）					
13:30	中国舆论场（重播）	走遍中国（重播）				鲁健访谈（重播）	华人故事（重播）
14:30	电视剧场二（重播）（星期二至星期日14:00）						
16:00	中国缘（重播）	远方的家（重播）					梨园闯关我挂帅（首播）
16:30	电视剧场一（重播）						精彩音乐汇（重播）
17:15	电视剧场一（重播）						
18:00	中国新闻（直播）					海峡两岸（重播）	中国文艺（周末版）（重播）
18:30	平凡匠心（重播）	记住乡愁（第一季度）+国家记忆（第二季度至第四季度）（重播）					
19:00	中国新闻（直播）						
19:30	今日亚洲（直播）						中国舆论场（直播）
20:00	环球综艺秀（重播）	中国文艺（重播）					
20:30		走遍中国（重播）				鲁健访谈（重播）	深度国际（重播）
21:00	中国新闻（直播）						
21:30	今日关注（直播）						
22:00	精彩音乐汇（首播）	健康中国（重播）	精彩音乐汇（首播）				
22:45	动画城（首播）						
23:30	中国缘（重播）	国家记忆（重播）					平凡匠心（重播）
次日 00:00	海峡两岸（重播）						

续表

北京时间	星期						
	星期一	星期二	星期三	星期四	星期五	星期六	星期日
次日 00:30	开讲啦（海外版）（首播）	远方的家（重播）					星光大道（首播）
次日 01:15	中国文艺（首播）					开门大吉（首播）	国宝·发现（首播）
次日 01:45	探索·发现（首播）					^	^
次日 02:30	电视剧场二（首播）						

CCTV-5 体育频道栏目编排表

时间	星期						
	星期一	星期二	星期三	星期四	星期五	星期六	星期日
04:00—07:30	现场直播、实况录像、导视（不定时播出）						
07:30—07:55	健身动起来						
07:55—12:00	现场直播、实况录像、导视（不定时播出）						
12:00—12:30	体坛快讯						
12:30—12:50	艺术里的奥林匹克						
12:50—18:00	现场直播、实况录像、导视（不定时播出）						
18:00—18:30	体育新闻						
18:35—19:25	天下足球	现场直播、实况录像、导视（不定时播出）			篮球公园	足球之夜	无固定栏目
19:25—21:25	现场直播、实况录像、导视（不定时播出）						
21:30—22:00	体育世界						现场直播、实况录像、导视（不定时播出）
22:00—次日 00:30	现场直播、实况录像、导视（不定时播出）					
次日 00:30—03:30	顶级赛事（高尔夫）	顶级赛事（围棋）	实况录像		顶级赛事（象棋）	
次日 03:30—04:00	实况录像	现场直播、实况录像、导视（不定时播出）				

注：除了表中所列栏目，CCTV-5 体育频道还有《冠军欧洲》《欧冠开场哨》等非固定时间的栏目、季播节目和特别节目。

CCTV-6 电影频道栏目编排表

时间	星期						
	星期一	星期二	星期三	星期四	星期五	星期六	星期日
06:15	国歌、频道片头						
06:20	国产片						
07:50	光影星播客 1						
08:10	国产片					少儿影院（国产片）	
09:40	光影星播客 2						
09:50	电影快讯（白天）						
10:00	国产片					少儿影院（译制片）	
11:30	光影星播客 3+音乐电影欣赏						
11:55	国产片						
13:30	光影星播客 4						
13:40	译制片					影人 1+1（国产片、译制片轮周）	佳片有约（重播）
15:20	光影星播客 5						
15:30	电影快讯（白天）						
15:40	国产片					影人 1+1（国产片、译制片轮周）	国产片
17:20	光影星播客 6						
17:30	1905 影视频					世界电影之旅	
17:50	电影快讯（晚间）						
17:55	光影星播客 7						
18:05	黄一时段国产片	动作 90 分（黄二时段国产片）				周末影院（黄二时段国产片）	
19:45	光影星播客 8+今日影评						
20:05	黄二时段国产片						
21:50	光影星播客 9						
22:00	中国电影报道						
22:23	译制片（上）	环球影院（译制片）（上）				佳片有约（译制片）（上）	译制片（上）

续表

时间	星期						
	星期一	星期二	星期三	星期四	星期五	星期六	星期日
23:00	中国体育彩票阳光开奖						
23:05	译制片（下）		环球影院（译制片）（下）			佳片有约（译制片）（下）	译制片（下）
次日 00:05	音乐电影欣赏						
次日 00:15	今日影评（重播）+光影星播客 10						
次日 00:30	国产片						探索影厅（国产片）
次日 02:10	国产片						
次日 03:40	国产片	译制片	国产片	译制片	国产片	译制片	国产片

CCTV-7 国防军事频道栏目编排表

时间	星期					时间	星期	
	星期一	星期二	星期三	星期四	星期五		星期六	星期日
06:00	导视（晨曲）					06:00	导视（晨曲）	
06:03	第二战场（重播）	军事纪实（重播）				06:03	军事纪实（重播）	军迷行天下（重播）
06:34	国防故事（重播）					06:34	砺剑（重播）	军武零距离（重播）
06:59	国防微视频—军歌嘹亮					07:04	国防故事（重播）	世界战史（重播）
07:02	世界战史（重播）							
07:30	国防军事早报（直播）					07:30	国防军事早报（直播）	
07:58	讲武堂（重播）	谁是终极英雄（重播）	军事科技（重播）	讲武堂（重播）	谁是终极英雄（重播）	07:58	讲武堂（重播）	老兵你好（重播）
			第二战场（重播）					
09:02	军事制高点（重播）	防务新观察（重播）				09:02	防务新观察（重播）	军事制高点（重播）
09:34	军事科技（重播）	军事纪实（重播）				09:39	军事纪实（重播）	军事科技（重播）
10:04	兵器面面观（重播）					10:09	国防微视频—军歌嘹亮	

续表

时间	星期					时间	星期	
	星期一	星期二	星期三	星期四	星期五		星期六	星期日
10:33	世界战史（重播）					10:25	电影	
10:58	国防故事（重播）					^	^	^
11:27	军事纪录（重播）					^	^	^
11:52	国防微视频—军歌嘹亮							
12:00	正午国防军事（直播）（含天气预报）					12:00	正午国防军事（直播）（含天气预报）	
12:33	军事制高点（重播）	防务新观察（重播）				12:33	防务新观察（重播）	军事制高点（重播）
13:07	砺剑（重播）	军营的味道（重播）	军武零距离（重播）	军营的味道（重播）	军迷行天下（重播）	13:06	军武零距离（重播）	
13:42	兵器面面观（重播）					13:36	国防微视频—军歌嘹亮	
14:07	军事纪录（重播）					13:43	军迷行天下（重播）	军营的味道（重播）
14:37	五星剧场					14:21	五星剧场	
17:03	世界战史（首播）					16:47	军事科技（重播）	老兵你好（重播）
17:30	军事纪录（首播）					17:17	第二战场（重播）	^
17:55	国防微视频—军歌嘹亮					17:47	国防微视频—军歌嘹亮	
18:02	兵器面面观（首播）					17:54	砺剑（重播）	讲武堂（首播）
18:29	国防故事（首播）					18:29	军营的味道（首播）	^
19:00	新闻联播（并机直播）					19:00	新闻联播（并机直播）	
19:33	军事报道（直播）					19:33	军事报道（直播）	
20:03	国防微视频—军歌嘹亮					20:03	国防微视频—军歌嘹亮	
20:10	防务新观察（首播）					20:10	军事制高点（首播）	
20:46	军事纪实（首播）					20:46	老兵你好（首播）	谁是终极英雄（首播）
21:20	军武零距离（首播）	军事科技（首播）	军迷行天下（首播）	砺剑（首播）	第二战场（首播）	^	^	^
21:56	五星剧场					21:54	五星剧场	
23:33	军事纪实（重播）					23:33	军事制高点（重播）	

续表

时间	星期					时间	星期	
	星期一	星期二	星期三	星期四	星期五		星期六	星期日
次日 00:08	兵器面面观（重播）					次日 00:05	第二战场（重播）	军营的味道（重播）
次日 00:45	导视（晚曲）（结束）					次日 00:45	导视（晚曲）（结束）	

CCTV-8 电视剧频道栏目编排表

时间	星期						
	星期一	星期二	星期三	星期四	星期五	星期六	星期日
04:18	星推荐						
04:25	早间剧场						
07:30	星推荐						
07:35	魅力剧场 + 星推荐						
12:16	星推荐						
12:34	佳人剧场（首播/重播）						
16:14	星推荐						
16:30	热播剧场 + 星推荐						
19:20	星推荐						
19:30	黄金强档（首播/重播）						
21:30	经典剧场（首播/重播）						
23:54	星推荐						
次日 00:03	深夜剧场（重播）+ 星推荐						

CCTV-9 纪录频道栏目编排表

时间	星期						
	星期一	星期二	星期三	星期四	星期五	星期六	星期日
04:46	故事·中国（重播）						
05:46	全景自然（重播）						
06:47	魅力万象（重播）						
07:43	9视频（重播）						

续表

时间	星期						
	星期一	星期二	星期三	星期四	星期五	星期六	星期日
07:59	活力·源（重播）						寰宇视野（重播）
08:31	活力·源（重播）						寰宇视野（重播）
08:32	特别呈现（重播）					纪录电影（重播）	特别呈现（重播）
08:59	特别呈现（重播）					纪录电影（重播）	特别呈现（重播）
09:31	特别呈现（重播）					纪录电影（重播）	特别呈现（重播）
09:59	特别呈现（重播）					纪录电影（重播）	特别呈现（重播）
10:00	全景自然（重播）						周末纵排 寰宇视野/ 全景自然/ 魅力万象 （重播）
10:59	寰宇视野（重播）						周末纵排 寰宇视野/ 全景自然/ 魅力万象 （重播）
12:00	特别呈现（重播）						周末纵排 寰宇视野/ 全景自然/ 魅力万象 （重播）
13:04	全景自然（重播）						周末纵排 寰宇视野/ 全景自然/ 魅力万象 （重播）
14:02	魅力万象（重播）						周末纵排 寰宇视野/ 全景自然/ 魅力万象 （重播）
15:02	故事·中国（重播）						周末纵排 寰宇视野/ 全景自然/ 魅力万象 （重播）
16:01	寰宇视野（重播）						周末纵排 寰宇视野/ 全景自然/ 魅力万象 （重播）
17:00	全景自然（首播）						
18:03	魅力万象（首播）						
19:00	9视频（首播）						
19:22	活力·源（首播）						
20:00	特别呈现（首播）						
21:00	寰宇视野（首播）						
22:00	故事·中国（首播）						纪录电影（首播）
23:00	寰宇视野（重播）						纪录电影（首播）
次日 00:03	全景自然（重播）						
次日 00:59	魅力万象（重播）						
次日 01:55	活力·源（重播）						
次日 02:26	故事·中国（重播）						
次日 03:22	9视频（重播）						
次日 03:46	特别呈现（重播）						

CCTV-10科教频道栏目编排表

时间	星期						
	星期一	星期二	星期三	星期四	星期五	星期六	星期日
06:00	读书（重播）						
06:10	百家讲坛（重播）						
06:54	科学动物园（重播）	考古公开课（重播）	解码科技史（重播）			时尚科技秀（重播）	
07:04						大千世界（重播）	
08:01	探索·发现（重播）						
08:48	时尚科技秀（重播）						
09:00	地理·中国（重播）						
09:36	健康之路（重播）						
10:25	百家说故事（重播）					解码科技史（首播）	
10:35	自然传奇（重播）						
11:34	读书（重播）						
11:46	时尚科技秀（首播）						
12:00	百家讲坛（首播）						
12:49	透视新科技（重播）	实验现场（重播）		味道（重播）		实验现场（重播）	实验现场（首播）
13:27	大千世界（重播）			自然传奇（重播）			
14:27	百家说故事（首播）						
14:37	读书（首播）						
14:48	时尚科技秀（重播）						
15:02	地理·中国（重播）						
15:39	探索·发现（重播）						
16:27	百家说故事（重播）						
16:39	创新进行时（重播）					科幻地带（重播）	科幻地带（首播）
17:01	跟着书本去旅行（重播）						
17:27	地理·中国（首播）						
18:05	健康之路（首播）						

续表

时间	星期						
	星期一	星期二	星期三	星期四	星期五	星期六	星期日
18:54	时尚科技秀（重播）	人物故事（重播）			人物故事（首播）	味道（首播）	
19:06	百家说故事（重播)							
19:16	跟着书本去旅行（首播）						19:31 透视新科技（首播）	
19:42	创新进行时（首播）							
20:10	自然传奇（首播）					科学动物园（首播）	考古公开课（首播）
21:10	探索·发现（首播）					21:20 探索·发现（首播）	
22:00	解码科技史（重播）	科学动物园（重播）		考古公开课（重播）	时尚科技秀（重播）		
					22:10 大千世界（首播）		
23:08	地理·中国（重播）						
23:44	探索·发现（重播）						
次日 00:25	百家讲坛（重播）						
次日 01:05	创新进行时（重播）					科学动物园（重播）	考古公开课（重播）
次日 01:25	跟着书本去旅行（重播）							
次日 01:45	健康之路（重播）					次日 02:05 健康之路（重播）	

CCTV-11 戏曲频道栏目编排表

时间	星期						
	星期一	星期二	星期三	星期四	星期五	星期六	星期日
06:06	九州大戏台						
07:16	青春戏苑	角儿来了	戏曲青年说	宝贝亮相吧	角儿来了	一鸣惊人	梨园闯关
07:50			梨园周刊				
08:31	名家书场						
09:15	九州大戏台	戏曲电影	戏曲像音像	九州大戏台	戏曲电影	戏曲像音像	戏曲电影
11:52	影视剧场						
13:33	宝贝亮相吧	梨园周刊	梨园闯关	一鸣惊人	青春戏苑	角儿来了	一鸣惊人
14:00		戏曲青年说					

续表

时间	星期						
	星期一	星期二	星期三	星期四	星期五	星期六	星期日
15:47	戏曲电影	京剧像音像	九州大戏台	空中剧院	九州大戏台	戏曲电影	空中剧院
17:08	影视剧场						
19:00	典藏						
19:30	京剧音配像	戏曲电影/九州大戏台	空中剧院	戏曲像音像	一鸣惊人	空中剧院	宝贝亮相吧
20:34					梨园闯关		角儿来了
21:40		戏曲青年说			梨园周刊		青春戏苑
22:11	影视剧场						
次日 00:49	典藏						
次日 02:10	结束						

CCTV-12 社会与法频道栏目编排表

时间	星期						
	星期一	星期二	星期三	星期四	星期五	星期六	星期日
06:03	夕阳红（重播）						
06:34	道德观察（重播）						
06:56	法律讲堂（重播）		法律讲堂（文史版）（重播）			法律讲堂（重播）	
07:30	热话（重播）		热线 12（重播）			法治深壹度（重播）	
08:05	生命线（重播）						
08:25	夕阳红（首播）						
09:00	道德观察（重播）						
09:24	法律讲堂（重播）						
09:56	小区大事（重播）	生命线（重播）				心理访谈（重播）	
10:36	见证（重播）	10:16 一线					
11:20	从心开始（重播）		11:00 天网（重播）			10:40 现场（重播）	
			11:30 热线 12（重播）			11:20 小区大事（重播）	
12:00	生命线（首播）						

334

续表

时间	星期						
	星期一	星期二	星期三	星期四	星期五	星期六	星期日
12:20	道德观察（重播）						
12:45	社会与法电视剧精选（重播）						
13:34	社会与法电视剧精选（重播）						
14:23	社会与法电视剧精选（重播）						
15:15	生命线（重播）						
15:40	热话（重播）	一线（重播）					法治深壹度（重播）
16:13	夕阳红（重播）	16:23 夕阳红（重播）					夕阳红（重播）
16:47	从心开始（重播）	16:57 天网（重播）					现场（重播）
17:29	方圆剧阵（重播）						
18:20	热线12（首播）					法治深壹度（首播）	热话（首播）
18:50	法律讲堂（首播）						
19:22	一线（首播）					现场（首播）	从心开始（首播）
20:05	天网（首播）					方圆剧阵（首播）	
20:37	方圆剧阵（首播）					20:57 心理访谈（首播）	20:57 见证（首播）
21:27	道德观察（首播）					21:37 道德观察（首播）	
21:50	法律讲堂（文史版）（首播）					22:00 小区大事（首播）	22:00 现场（重播）
22:25	热线12（重播）					22:45 法治深壹度（重播）	22:45 热话（重播）
22:55	天网（重播）					23:15 现场（重播）	23:15 从心开始（重播）
23:28	一线（重播）					23:58 心理访谈（重播）	23:58 见证（重播）
次日00:11	方圆剧阵（重播）					次日00:41 方圆剧阵（重播）	
次日01:04	法律讲堂（重播）					次日01:34 法律讲堂（重播）	

续表

时间	星期						
	星期一	星期二	星期三	星期四	星期五	星期六	星期日
次日 01:30	生命线（重播）					次日 02:04 生命线（重播）	
次日 01:55	结束					次日 02:25 结束	

CCTV-13 新闻频道栏目编排表

时间	星期						
	星期一	星期二	星期三	星期四	星期五	星期六	星期日
00:00	午夜新闻（直播）			午夜新闻（直播）		午夜新闻（直播）	
^^	^^ ^^ ^^	^^ ^^ ^^	^^ ^^ ^^	高端访谈（重播)		新闻调查 （重播）	面对面 （重播）
01:00	新闻直播间（直播）					新闻直播间（直播）	
01:20	焦点访谈（重播）					新闻周刊 （重播）	世界周刊 （重播）
01:36	法治在线（重播）					^^	^^
02:00	新闻直播间（直播）					新闻直播间（直播）	
^^	^^	^^	^^	^^	^^	新闻调查 （重播）	面对面 （重播）
02:33	新闻 1+1（重播）					^^	^^
03:00	新闻直播间（直播）						
03:44	焦点访谈（重播）			高端访谈（重播）		焦点访谈（重播）	
^^	^^ ^^ ^^	^^ ^^ ^^	^^ ^^ ^^	^^ ^^	^^ ^^	军情时间到 （重播）	每周质量报告 （重播）
04:00	新闻直播间（直播）					新闻直播间（直播）	
^^	^^	^^	^^	^^	^^	新闻周刊 （重播）	世界周刊 （重播）
04:33	新闻 1+1（重播）					^^	^^
05:00	新闻直播间（直播）					新闻直播间（直播）	
05:17	焦点访谈（重播）					新闻调查 （重播）	面对面 （重播）
05:33	法治在线（重播）					^^	^^
05:57	国歌						

续表

时间	星期						
	星期一	星期二	星期三	星期四	星期五	星期六	星期日
06:00	朝闻天下（直播）						
09:00	9:12新闻周刊（重播）	上午直播间（直播）					9:12新闻周刊（重播）
12:00	新闻30分（直播）						
12:30	法治在线（首播）					军情时间到（首播）	每周质量报告（首播）
13:00	14:12面对面（重播）	下午直播间（直播）					14:12新闻调查（重播）
18:00	共同关注（首播）						
19:00	新闻联播+焦点访谈（首播）						
20:00	东方时空（首播）						
21:00	新闻联播（重播）						
21:30	新闻1+1（首播）		高端访谈（首播）		新闻调查（首播）	面对面（首播）
22:00	国际时讯（首播）		新闻1+1（首播）		新闻周刊（首播）	世界周刊（首播）
22:30	环球视线（首播）		国际时讯（首播）			
23:00	24小时（首播）						

CCTV-14少儿频道栏目编排表

时间	星期						
	星期一	星期二	星期三	星期四	星期五	星期六	星期日
05:55	台标、频道呼号、晨曲及频道宣传片						
06:00	小小智慧树（首播）					七巧板（首播）	英雄出少年（首播）
06:30	异想天开（首播）	风车转转转（首播）	动物好伙伴（首播）	快乐体验（首播）	看我72变（首播）		
07:15	大手牵小手（首播）	智力快车（首播）	音乐快递（首播）	动感特区（首播）	快乐大巴（首播）	7:00 动画大放映（周末早间版）	
08:00	新闻袋袋裤（首播）					经典人偶童话剧	
08:15	智慧树（首播）						

续表

时间	星期						
	星期一	星期二	星期三	星期四	星期五	星期六	星期日
08:45	动画大放映（早间版）					动画大放映（周末黄金版）	
09:45	动画大放映（上午版）						
11:25	节目导视						
11:30	动漫世界						
15:25	动画大放映（周末上午版）						
17:00	动画大放映（周末下午版）						
18:30	节目导视						
18:35	动画大放映（黄金版）						
21:45	节目导视						
21:50	红色经典电视剧展播带						
次日 00:18	儿童情景剧						
次日 02:00	结束						

CCTV-15 音乐频道栏目编排表

时间	星期						
	星期一	星期二	星期三	星期四	星期五	星期六	星期日
06:00	中国音乐电视（首播）						
06:33	中国节拍（首播）						乐享汇（重播）
07:05	一起音乐吧（重播）	民歌·中国（重播）	合唱先锋（重播）	影视留声机（重播）	乐享汇（重播）	一起音乐吧（重播）	
08:13	风华国乐（首播）						
08:51	民歌·中国（重播）						
10:01	经典（重播）						
11:15	精彩音乐汇（重播）						
12:18	一起音乐吧（重播）	民歌·中国（重播）	合唱先锋（重播）	影视留声机（重播）	乐享汇（重播）	一起音乐吧（重播）	全球中文音乐榜上榜（重播）
13:30	精彩音乐汇（重播）						

续表

时间	星期							
	星期一	星期二	星期三	星期四	星期五	星期六	星期日
14:20	CCTV 音乐厅（重播）						
15:35	音乐周刊	风华国乐（重播）		合唱先锋	风华国乐（重播）		
16:31	音乐人生（重播）	聆听时刻（重播）	乐游天下（重播）		音乐人生（首播）	聆听时刻（首播）	乐游天下（首播）
17:10	民歌·中国（首播）						
18:19	精彩音乐汇（首播）						
19:30	民歌·中国（首播）	合唱先锋（首播）	影视留声机（首播）	乐享汇（首播）	一起音乐吧（首播）	全球中文音乐榜上榜（首播）	音乐公开课（首播）音乐周刊（首播）
20:43	音乐公开课	民歌·中国	乐享汇（纯享版）	一起音乐吧（纯享版）	全球中文音乐榜上榜（重播）	影视留声机（纯享版）	一起音乐吧（纯享版）
21:42	CCTV 音乐厅（首播）						
22:40	经典（首播）						
23:30	CCTV 音乐厅（重播）						

CCTV-17 农业农村频道栏目编排表

时间	星期						
	星期一	星期二	星期三	星期四	星期五	星期六	星期日
05:49	开始曲						
06:00	田园帮帮团（重播）						
06:30	共富经（重播）					乡理乡亲（重播）	
07:00	谁知盘中餐（重播）						
07:30	三农群英汇（重播）						
08:00	三农长短说（重播）						
08:30	田园帮帮团（重播）					乡村大舞台（重播）	
09:00	超级农人秀（重播）						
09:40	共富经（重播）						

续表

时间	星期						
	星期一	星期二	星期三	星期四	星期五	星期六	星期日
10:15	晚间乡村剧场（重播）						
12:00	三农长短说（重播）						
12:30	谁知盘中餐（重播）					乐游新乡村（重播）	谁知盘中餐（重播）
13:00	田园帮帮团（首播）						田园帮帮团（首播）
13:30	下午剧场（重播）						
17:00	超级农人秀（重播）					乡理乡亲（首播）	
17:30	谁知盘中餐（首播）						
18:00	三农长短说（首播）						
18:30	晚间乡村剧场（首播）						
20:15	三农群英汇（首播）						
20:50	共富经（首播）				乐游新乡村（首播）	乡村大舞台（首播）	共富经（首播）
21:30	超级农人秀（首播）						超级农人秀（首播）
22:00	田园帮帮团（重播）						田园帮帮团（重播）
22:30	谁知盘中餐（重播）					乡理乡亲（重播）	
23:00	三农群英汇（重播）						
23:30	共富经（重播）				乐游新乡村（重播）	乡村大舞台（重播）	
次日 00:00	超级农人秀（重播）						
次日 00:30	结束						

CCTV-4K 超高清频道栏目编排表

时间	星期						
	星期一	星期二	星期三	星期四	星期五	星期六	星期日
06:00	国歌						
06:01	专题、纪录片等（第一轮重播：重播前一日）						
09:00	电视剧（重播前一日晚间电视剧）						
10:35	专题、纪录片等（第一轮重播：重播前一日）						

续表

时间	星期						
	星期一	星期二	星期三	星期四	星期五	星期六	星期日
12:00	军武零距离（重播前一日）	专题、纪录片等（第二轮重播：重播前一日）					
12:30	专题、纪录片等（第二轮重播：重播前一日）						
14:00	电视剧						
15:35	专题、纪录片等（第二轮重播：重播前一日）						
18:00	味道						
18:30	我的美丽乡村						
18:55	远方的家						
19:40		美丽中国：自然					军武零距离
19:45		艺术里的奥林匹克				专题、纪录片	
20:00	电视剧						
21:35	探索·发现						
22:15	记住乡愁						
22:45	精选专题、纪录片						

CCTV-8K 超高清频道栏目编排表

时间	星期						
	星期一	星期二	星期三	星期四	星期五	星期六	星期日
07:00	重播前一日 19:00—23:00 节目						
11:00	重播前一日 19:00—23:00 节目						
15:00	重播前一日 19:00—23:00 节目						
19:00	春晚集锦+如果国宝会说话	追踪长臂猿	元宵晚会集锦+碧水长歌颂端阳集锦	短视频集锦+元宵晚会集锦	元宵晚会集锦+如果国宝会说话	美丽中国说	春晚集锦+如果国宝会说话
19:30	大运河之歌	元宵晚会集锦+如果国宝会说话	如果国宝会说话+2023太湖美音乐会集锦	春晚集锦+如果国宝会说话	美丽中国说	元宵晚会集锦+碧水长歌颂端阳集锦	如七而遇 漫歌今夕集锦+元宵晚会集锦
20:00	短视频集锦+元宵晚会集锦	北京冬奥会集锦+短视频集锦	春晚集锦+8K看航展	大运河之歌	春晚集锦+碧水长歌颂端阳集锦	如果国宝会说话+2023太湖美音乐会集锦	短视频集锦+春晚集锦

续表

时间	星期						
	星期一	星期二	星期三	星期四	星期五	星期六	星期日
20:30	如果国宝会说话+碧水长歌颂端阳集锦	春晚集锦+8K看航展	美丽中国说	如七而遇 漫歌今夕集锦+春晚集锦	8K看航展+短视频集锦	春晚集锦+如七而遇 漫歌今夕集锦	大运河之歌
21:00	春晚集锦+2023太湖美音乐会集锦	大运河之歌	短视频集锦+如七而遇 漫歌今夕集锦	如果国宝会说话+碧水长歌颂端阳集锦	元宵晚会集锦+如果国宝会说话	追踪长臂猿	碧水长歌颂端阳集锦+短视频集锦
21:30	中国：野生动物家园	元宵晚会集锦+如果国宝会说话	如果国宝会说话+元宵晚会集锦	元宵晚会集锦+如果国宝会说话	大运河之歌	如果国宝会说话+春晚集锦	如果国宝会说话+北京冬奥会集锦
22:00	元宵晚会集锦+如果国宝会说话	北京冬奥会集锦+短视频集锦	大运河之歌	8K看航展+2023太湖美音乐会集锦	春晚集锦+如果国宝会说话	短视频集锦+北京冬奥会集锦	美丽中国说
22:30	8K看航展+如七而遇 漫歌今夕集锦	春晚集锦+如果国宝会说话	如果国宝会说话+春晚集锦	魅力海南	如七而遇 漫歌今夕集锦+2023太湖美音乐会集锦	如果国宝会说话+元宵晚会集锦	元宵晚会集锦+如果国宝会说话

CGTN英语频道栏目编排表

北京时间	星期						
	星期一	星期二	星期三	星期四	星期五	星期六	星期日
01:00	非洲直播室 Africa Live（首播）（非洲）	非洲直播室 Africa Live（首播）（非洲）					非洲直播室 Africa Live（首播）（非洲）
01:30	非洲人物 Faces of Africa（重播）（非洲）	^					对话非洲 Talk Africa（首播）（非洲）
02:00	锋向标 Razor（重播）（欧洲）	全球财经 Global Business（首播）（非洲）					环球体育 Sports Scene（首播）
02:30	对话非洲 Talk Africa（重播）（非洲）	^					财经高峰会 Biz Talk（重播）

续表

北京时间	星期						
	星期一	星期二	星期三	星期四	星期五	星期六	星期日
03:00	今日世界 The World Today（首播）（北美）						
03:30	传承中国 Inheritors（重播）	世界观察 World Insight with Tian Wei（重播）					旅游指南 Travelogue（重播）
04:00	今日世界 The World Today（首播）（北美）	今日世界 The World Today（首播）（北美）					今日世界 The World Today（首播）（北美）
04:30	旅游指南 Travelogue（重播）	对话 Dialogue（重播）					议程 The Agenda（重播）（欧洲）
05:00	今日世界 The World Today（首播）（北美）	全球财经 Global Business（首播）（北美）					今日世界 The World Today（首播）（北美）
05:30	亚洲观察 Assignment Asia（重播）	视点 The Point with Liu Xin（重播）	舆论纵贯线 The Hub with Wang Guan（重播）	视点 The Point with Liu Xin（重播）	舆论纵贯线 The Hub with Wang Guan（重播）	视点 The Point with Liu Xin（重播）	高端访谈 Leaders talk（重播）
06:00	美洲观察 Americas Now（首播）（北美）	今日世界 The World Today（首播）（北美）				美洲观察 Americas Now（首播）（北美）	全景 Full Frame（首播）（北美）
06:30	^	中国再发现 Rediscovering China（重播）				^	^
07:00	今日世界 The World Today（首播）（北美）	热点 The Heat（首播）（北美）					今日世界 The World Today（首播）（北美）
07:30	非洲人物 Faces of Africa（重播）（非洲）	今日世界 The World Today（首播）（北美）					亚洲观察 Assignment Asia（重播）

续表

北京时间	星期							
	星期一	星期二	星期三	星期四	星期五	星期六	星期日
08:00	今日世界 The World Today（首播）（北美）	全球财经 Global Business（首播）（北美）					今日世界 The World Today（首播）（北美）
08:30	传承中国 Inheritors（重播）	^	^	^	^	^	议程 The Agenda（重播）（欧洲）
09:00	今日世界 The World Today（首播）（北京）	今日世界 The World Today（首播）（北美）				环球纪实 Big Story（重播）	
09:30	锋向标 Razor（重播）（欧洲）	中国 24 小时 China 24（首播）（北美）				^	
10:00	今日世界 The World Today（首播）						
10:30	旅游指南 Travelogue（重播）	世界观察 World Insight with Tian Wei（重播）					传承中国 Inheritors（重播）
11:00	今日世界 The World Today（首播）（15 分钟）						
11:15	环球体育 Sports Scene（首播）（15 分钟）						
11:30	视点 The Point with Liu Xin（首播）	舆论纵贯线 The Hub with Wang Guan（首播）	视点 The Point with Liu Xin（首播）	舆论纵贯线 The Hub with Wang Guan（首播）	视点 The Point with Liu Xin（首播）	旅游指南 Travelogue（首播）	高端访谈 Leaders talk（重播）
12:00	环球瞭望 Global Watch（首播）						
13:00	今日世界 The World Today（首播）					环球纪实 Big Story（首播）	全景 Full Frame（重播）（北美）
13:15	环球体育 Sports Scene（首播）					^	^
13:30	中国再发现 Rediscovering China（首播）				亚洲观察 Assignment Asia（首播）	^	^
14:00	今日世界 The World Today（首播）						

续表

北京时间	星期						
	星期一	星期二	星期三	星期四	星期五	星期六	星期日
14:30	锋向标 Razor（重播）（欧洲）	热点 The Heat（重播）（北美）				财经高峰会 Biz Talk（重播）	
15:00	今日世界 The World Today（首播）						
15:30	环球体育 Sports Scene（首播）						
16:00	今日世界 The World Today（首播）（15 分钟）					今日世界 The World Today（首播）	
16:15	全球财经 Global Business（首播）（亚洲）					财经高峰会 Biz Talk	对话非洲 Talk Africa（重播）（非洲）
17:00	今日世界 The World Today（首播）						
17:30	文化速递 The Vibe（首播）					传承中国 Inheritors（首播）	非洲人物 Faces of Africa（首播）（非洲）
18:00	今日世界 The World Today（首播）（非洲）（15 分钟）						
18:15	非洲直播室 Africa Live（首播）（非洲）（45 分钟）						
19:00	亚洲直播室 Asia Today（首播）						
19:30	对话 Dialogue（首播）					高端访谈 Leaders talk（首播）	周末聚焦 Zoom in（首播）
20:00	今日世界 The World Today（首播）						
20:15	中国 24 小时 China 24（首播）						
21:00	全球财经 Global Business（首播）（亚洲）					今日世界 The World Today（首播）	
21:30	视点 The Point with Liu Xin（重播）	舆论纵贯线 The Hub with Wang Guan（重播）	视点 The Point with Liu Xin（重播）	舆论纵贯线 The Hub with Wang Guan（重播）	视点 The Point with Liu Xin（重播）	财经高峰会 Biz Talk（重播）	议程 The Agenda（重播）
22:00	今日世界 The World Today（欧洲）					亚洲观察 Assignment Asia（重播）	环球纪实 Big Story（重播）
22:30	世界观察 World Insight with Tian Wei（首播）						

续表

北京时间	星期						
	星期一	星期二	星期三	星期四	星期五	星期六	星期日
23:00	今日世界 The World Today（欧洲）						
23:30	文化速递 The Vibe（重播）					传承中国 Inheritors（重播）	旅游指南 Travelogue（重播）
次日 00:00	全球财经 Global Business（首播）（欧洲）					今日世界 The World Today（首播）（欧洲）	
次日 00:30	^^^					议程 The Agenda（首播）（欧洲）	锋向标 Razor（首播）（欧洲）

CGTN 法语频道栏目编排表

北京时间	星期						
	星期一	星期二	星期三	星期四	星期五	星期六	星期日
04:00	中国通	美食大搜索	五洲瞭望	中国通	五洲瞭望	美食大搜索	五洲瞭望
04:30	电视剧						
05:15	电视剧						
06:00	魅力东方						
06:45	对话	光华世界观察	对话（法语）	光华世界观察	时事青年说	你所不知道的中国	巴黎会客厅
07:15	中国通	美食大搜索	五洲瞭望	中国通	五洲瞭望	美食大搜索	五洲瞭望
07:45	动画城（法语，15 分钟）					味道	开讲啦
08:00	中国大舞台	非洲面孔	生活在中国	旅游指南	非洲面孔	^^^	^^^
08:30	纪事东八区						
09:00	中国全视角						
10:00	对话	光华世界观察	对话	光华世界观察	时事青年说	你所不知道的中国	巴黎会客厅
10:30	电视剧						
11:15	电视剧						

续表

北京时间	星期						
	星期一	星期二	星期三	星期四	星期五	星期六	星期日
12:00	中国全视角						
13:00	综合新闻						
13:30	魅力东方						
14:15	动画城				味道	开讲啦		
14:30	中国大舞台	非洲面孔	生活在中国	旅游指南	非洲面孔		
15:00	综合新闻						
15:30	纪事东八区						
16:00	财经时间						
16:30	中国通	美食大搜索	五洲瞭望	中国通	五洲瞭望	美食大搜索	五洲瞭望
17:00	对话	光华世界观察	对话	光华世界观察	时事青年说	你所不知道的中国	巴黎会客厅
17:30	电视剧						
18:15	电视剧						
19:00	综合新闻						
19:30	纪事东八区						
20:00	非洲新闻联播						
20:30	魅力东方						
21:15	动画城				味道	开讲啦		
21:30	中国大舞台	非洲面孔	生活在中国	旅游指南	非洲面孔		
22:00	综合新闻（法语）						
22:30	对话	光华世界观察	对话	光华世界观察	时事青年说	你所不知道的中国	巴黎会客厅
23:00	中国通	美食大搜索	五洲瞭望	中国通	五洲瞭望	美食大搜索	五洲瞭望
23:30	魅力东方						
次日 00:15	电视剧						
次日 01:00	电视剧						
次日 01:45	动画城				味道	开讲啦		
次日 02:00	中国大舞台	非洲面孔	生活在中国	旅游指南	非洲面孔		

续表

北京时间	星期						
	星期一	星期二	星期三	星期四	星期五	星期六	星期日
次日 02:30	纪事东八区						
次日 03:00	中国全视角						

CGTN 西班牙语频道栏目编排表

北京时间	星期						
	星期一	星期二	星期三	星期四	星期五	星期六	星期日
04:00	中华艺苑（首播）						
04:30	动画片（首播）	美洲观察（首播）	神州行（首播）	美洲观察（首播）	动画片（首播)		
05:00	CGTN 咖啡座（首播）	对话（首播）			焦点财经（首播）	CGTN 咖啡座（首播）	
05:30	纪录片 1（首播）						
06:00	影视看台（首播）						
06:45	影视看台（首播）						
07:30	寻味中国（首播）						
07:45	中国通（首播）						
08:00	纪录片 2（首播）						
08:30	这就是中国（首播）						
09:00	综合新闻（直播）						
09:30	文化之约（首播）	中华艺苑（重播）					
10:00	综合新闻（直播）						
10:30	动画片（重播）	美洲观察（重播）	神州行（重播）	美洲观察（重播）	动画片（重播）		
11:00	CGTN 咖啡座（重播）	对话（重播）			焦点财经（重播）	CGTN 咖啡座（重播）	
11:30	影视看台（重播）						
12:15	影视看台（重播）						
13:00	综合新闻（直播）						
13:30	寻味中国（重播）						

续表

北京时间	星期						
	星期一	星期二	星期三	星期四	星期五	星期六	星期日
13:45	中国通（重播）						
14:00	纪录片2（重播）						
14:30	这就是中国（重播）						
15:00	文化之约（重播）	美洲观察（重播）	神州行（重播）	美洲观察（重播）	动画片（重播）		
15:30	中华艺苑（重播）						
16:00	综合新闻（直播）						
16:30	CGTN咖啡座（重播）	对话（重播）				焦点财经（重播）	CGTN咖啡座（重播）
17:00	综合新闻（直播）						
17:30	纪录片1（重播）						
18:00	影视看台（重播）						
18:45	影视看台（重播）						
19:30	寻味中国（重播）						
19:45	中国通（重播）						
20:00	纪录片2（重播）						
20:30	这就是中国（重播）						
21:00	综合新闻（直播）						
21:30	文化之约（重播）	纪录片1（重播）					
22:00	中华艺苑（重播）						
22:30	动画片（重播）	美洲观察（重播）	神州行（重播）	美洲观察（重播）	动画片（重播）		
23:00	CGTN咖啡座（重播）	对话（重播）				焦点财经（重播）	CGTN咖啡座（重播）
23:30	纪录片1（重播）						
次日00:00	影视看台（重播）						
次日00:45	影视看台（重播）						
次日01:30	寻味中国（重播）						
次日01:45	中国通（重播）						

续表

北京时间	星期						
	星期一	星期二	星期三	星期四	星期五	星期六	星期日
次日 02:00	纪录片2（重播）						
次日 02:30	这就是中国（重播）						
次日 03:00	综合新闻（重播）						
次日 03:30	文化之约（重播）	寻味中国（重播）					
		中国通（重播）					

CGTN 阿拉伯语频道栏目编排表

北京时间	星期						
	星期一	星期二	星期三	星期四	星期五	星期六	星期日
04:00	综合新闻（重播）						
04:30	电视剧（重播）						
06:00	综合新闻（重播）						
06:30	财经中国（重播）	面对面（重播）	对话（重播）		面对面（重播）	财经中国（重播）	
07:00	话说中国（重播）						
07:30	中国中东（重播）						
08:00	综合新闻（重播）						
08:30	活力中国（重播）						
09:00	中国文艺（首播）						
09:30	中国之旅（首播）						
10:00	综合新闻（直播）						
10:30	动画公园（首播）						
11:00	纪录片（首播）						
11:30	面对面（首播）	对话（首播）		面对面（首播）		财经中国（首播）	
12:00	综合新闻（直播）						
12:30	电视剧（首播）						
14:00	话说中国（首播）						
14:30	中国中东（首播）						

续表

北京时间	星期						
	星期一	星期二	星期三	星期四	星期五	星期六	星期日
15:00	综合新闻（直播）						
15:30	活力中国（首播）						
16:00	中国文艺（重播）						
16:30	中国之旅（重播）						
17:00	综合新闻（直播）						
17:30	动画公园（重播）						
18:00	纪录片（重播）						
18:30	电视剧（重播）						
20:00	综合新闻（直播）						
20:30	面对面（重播）	对话（重播）		面对面（重播）		财经中国（重播）	
21:00	话说中国（重播）						
21:30	中国中东（重播）						
22:00	综合新闻（直播）						
22:30	活力中国（重播）						
23:00	动画公园（重播）						
23:30	电视剧（重播）						
次日 01:00	综合新闻（重播）						
次日 01:30	中国文艺（重播）						
次日 02:00	中国之旅（重播）						
次日 02:30	纪录片（重播）						
次日 03:00	综合新闻（重播）						
次日 03:30	中国中东（重播）						

CGTN 俄语频道栏目编排表

北京时间	星期						
	星期一	星期二	星期三	星期四	星期五	星期六	星期日
04:00	放映厅（重播）						

续表

北京时间	星期						
	星期一	星期二	星期三	星期四	星期五	星期六	星期日
04:45	放映厅（重播）						
05:30	生财有道（重播）						
06:00	纪录片（重播）						
06:30	纪录片（重播）						
07:00	旅游指南（重播）						
07:30	缤纷中国（重播）						
08:00	欧亚时间（首播）						
08:30	中国厨艺（首播）						
08:45	放映厅（首播）						
09:30	放映厅（首播）						
10:15	健身动起来（首播）						
10:30	生财有道（首播）						
11:00	纪录片（首播）						
11:30	纪录片（首播）						
12:00	综合新闻（直播）						
12:30	对话（首播）	观点聚焦（首播）	对话（首播）	观点聚焦（首播）	对话（首播）	观点聚焦（首播）	对话（首播）
13:00	旅游指南（首播）						
13:30	缤纷中国（首播）						
14:00	综合新闻（直播）						
14:30	放映厅（重播）						
15:15	放映厅（重播）						
16:00	综合新闻（直播）						
16:30	欧亚时间（重播）						
17:00	纪录片（重播）						
17:30	纪录片（重播）						
18:00	综合新闻（直播）						
18:30	对话（重播）	观点聚焦（重播）	对话（重播）	观点聚焦（重播）	对话（重播）	观点聚焦（重播）	对话（重播）

续表

北京时间	星期						
	星期一	星期二	星期三	星期四	星期五	星期六	星期日
19:00	缤纷中国（重播）						
19:30	旅游指南（重播）						
20:00	综合新闻（直播）						
20:30	欧亚时间（重播）						
21:00	纪录片（重播）						
21:30	纪录片（重播）						
22:00	综合新闻（直播）						
22:30	对话（重播）	观点聚焦（重播）	对话（重播）	观点聚焦（重播）	对话（重播）	观点聚焦（重播）	对话（重播）
23:00	健身动起来（重播）						
23:15	中国厨艺（重播）						
23:30	生财有道（重播）						
次日 00:00	放映厅（重播）						
次日 00:45	放映厅（重播）						
次日 01:30	缤纷中国（重播）						
次日 02:00	欧亚时间（重播）						
次日 02:30	健身动起来（重播）						
次日 02:45	中国厨艺（重播）						
次日 03:00	生财有道（重播）						
次日 03:30	旅游指南（重播）						

CGTN 纪录频道栏目编排表

时间	星期						
	星期一	星期二	星期三	星期四	星期五	星期六	星期日
04:00	精彩放送（英）（首播）						精彩放送（英）
05:00	人文地理（英）（首播）						
05:30	时代写真（英）（首播）						
06:00	特别呈现（英）（首播）						

续表

时间	星期						
	星期一	星期二	星期三	星期四	星期五	星期六	星期日
07:00	发现之路（英）（首播）						精彩放送（英）
07:30	历史传奇（英）（首播）						
08:00	味道王国（英）（首播）						
09:00	今天我C位（英）（首播）						
09:30	青萍微览（英）（首播）						
10:00	精彩放送（英）（首播）						
11:00	人文地理（英）（重播）						
11:30	时代写真（英）（重播）						
12:00	特别呈现（英）（重播）						
13:00	发现之路（英）（首播）						
13:30	历史传奇（英）（重播）						
14:00	味道王国（英）（重播）						
15:00	今天我C位（英）（重播）						
15:30	青萍微览（英）（重播）						
16:00	精彩放送（英）（重播）						
17:00	人文地理（英）（重播）						
17:30	时代写真（英）（重播）						
18:00	特别呈现（英）（重播）						
19:00	发现之路（英）（首播）						
19:30	历史传奇（英）（重播）						
20:00	味道王国（英）（重播）						
21:00	今天我C位（英）（重播）						
21:30	青萍微览（英）（重播）						
22:00	精彩放送（英）（重播）						
23:00	人文地理（英）（重播）						
23:30	时代写真（英）（重播）						
次日 00:00	特别呈现（英）（重播）						

续表

时间	星期						
	星期一	星期二	星期三	星期四	星期五	星期六	星期日
次日 01:00	发现之路（英）（首播）						精彩放送（英）
次日 01:30	历史传奇（英）（重播）						
次日 02:00	味道王国（英）（重播）						
次日 03:00	今天我 C 位（英）（重播）						
次日 03:30	青萍微览（英）（重播）						

中央广播电视总台广播频率设置及节目播出情况

截至 2023 年年底，中央广播电视总台共开办 22 套对内广播频率，开办 44 种语言对外广播及 4 种仅有在线广播的外语网站。

中央广播电视总台对内广播频率设置一览表

频率名称	开播时间
中国之声	1940 年 12 月 30 日开播延安新华广播电台 1947 年 3 月至 1949 年 9 月，先后更名为陕北新华广播电台、北平新华广播电台、北京新华广播电台 1949 年 12 月 5 日正式定名为中央人民广播电台 2004 年 1 月 1 日起中央人民广播电台第一套节目改为现呼号
经济之声	1954 年 5 月 30 日开播中央人民广播电台第二套节目 2002 年 11 月 18 日起改为现呼号
音乐之声	1980 年 5 月 5 日开播中央人民广播电台第三套调频立体声节目 2002 年 12 月 2 日起改为现呼号
经典音乐广播	1999 年 8 月 1 日开播面向北京地区的少数民族广播 2003 年 6 月 16 日改为中央人民广播电台第四套节目都市之声 2017 年 7 月 10 日起改为现呼号
台海之声	1954 年 8 月 15 日开播中央人民广播电台对台湾广播 2003 年 12 月 29 日起使用"中央人民广播电台中华之声"呼号播出 2021 年 3 月 24 日转建升级为"中央广播电视总台台海之声"
神州之声	1982 年 10 月 1 日开播中央人民广播电台对台湾广播第二套节目 2003 年 12 月 29 日起使用现呼号

续表

频率名称	开播时间
粤港澳大湾区之声	1992年10月1日开播中央人民广播电台对香港、澳门广播 1994年6月18日起使用"中央人民广播电台华夏之声"呼号播出 2019年9月1日转建升级为"中央广播电视总台粤港澳大湾区之声" 2022年7月1日起通过FM102.8整频率落地香港播出
民族之声	1950年5月22日开播中央人民广播电台藏语广播节目 1950年8月15日开播中央人民广播电台蒙古语广播节目 1956年7月6日开播中央人民广播电台朝鲜语广播节目 1956年12月10日开播中央人民广播电台维吾尔语广播节目 1971年5月1日开播中央人民广播电台哈萨克语广播节目 2000年12月25日起形成一套完整的中央人民广播电台民族语言广播频率 2004年1月1日起使用现呼号
文艺之声	2004年8月18日开播
老年之声	2009年1月1日开播
藏语广播	1950年5月22日开播藏语广播节目 2009年3月1日起开播中央人民广播电台藏语广播频率，使用现呼号
阅读之声	2009年10月28日开播中央人民广播电台娱乐广播 2019年10月21日起改为现呼号
维吾尔语广播	1956年12月10日开播中央人民广播电台维吾尔语广播节目 2010年12月16日起开播中央人民广播电台维吾尔语广播频率，使用现呼号
香港之声	2011年11月7日开播中央人民广播电台香港之声，使用现呼号
中国交通广播	2012年6月26日开播中央人民广播电台中国高速公路交通广播 2017年1月1日起改为现呼号
中国乡村之声	2012年9月25日开播中央人民广播电台中国乡村之声，使用现呼号
哈萨克语广播	1971年5月1日起开播中央人民广播电台哈萨克语广播节目 2015年1月1日起开播中央人民广播电台哈萨克语广播频率，使用现呼号
轻松调频	1984年1月1日开播中国国际广播电台英语综合广播，后改为现呼号
劲曲调频广播	1999年3月28日开播中国国际广播电台国际流行音乐广播 2003年4月16日起改为现呼号
英语资讯广播	2005年9月28日开播中国国际广播电台英语资讯广播 2022年1月17日英文呼号变更为CGTN Radio
环球资讯广播	2005年9月28日开播中国国际广播电台环球资讯广播 2019年6月9日起改为中央广播电视总台环球资讯广播呼号
南海之声	2013年4月9日开播中国国际广播电台南海之声 2021年12月21日改为中央广播电视总台南海之声呼号

中央广播电视总台对内广播频率播出量一览表

播出频率/频道	每日播出量	全年播出量
中国之声	24 小时	8760 小时
经济之声	24 小时	8760 小时
音乐之声	18 小时 10 分钟	6630 小时 50 分钟
经典音乐广播	20 小时 10 分钟	7360 小时 50 分钟
台海之声	20 小时 10 分钟	7360 小时 50 分钟
神州之声	18 小时 10 分钟	6630 小时 50 分钟
粤港澳大湾区之声	21 小时 10 分钟	7725 小时 50 分钟
民族之声	18 小时 10 分钟	6630 小时 50 分钟
文艺之声	21 小时 10 分钟	7725 小时 50 分钟
老年之声	21 小时 40 分钟	7908 小时 20 分钟
藏语广播	18 小时 10 分钟	6630 小时 50 分钟
阅读之声	21 小时 10 分钟	7725 小时 50 分钟
维吾尔语广播	18 小时 10 分钟	6630 小时 50 分钟
香港之声	24 小时	8760 小时
中国交通广播	24 小时	8760 小时
中国乡村之声	24 小时	8760 小时
哈萨克语广播	18 小时 10 分钟	6630 小时 50 分钟
轻松调频	24 小时	8760 小时
劲曲调频广播	24 小时	8760 小时
英语资讯广播	24 小时	8760 小时
环球资讯广播	24 小时	8760 小时
南海之声	24 小时	8760 小时

中央广播电视总台对内广播频率节目播出时间表

中国之声节目播出时间表

播出时段	节目名称	节目属性	节目定位
00:00—00:30	档案揭秘	录播	环球资讯广播优质节目
00:30—01:00	记录中国	录播	广播剧

续表

播出时段	节目名称	节目属性	节目定位
01:00—03:00	昨日新闻重现	录播	回顾昨日重点新闻
03:00—04:00	新闻有观点（重播）	录播	新闻解读类直播节目
04:00—05:00	朝花夕拾（重播）	录播	深夜泛文化类节目
05:00—06:00	云听清晨	录播	健康知识类节目
06:00—06:30	国防时空	录播	军事新闻节目
06:30—07:00	新闻和报纸摘要（首播）	直播	我国历史最长、影响最大、地位最高的新闻广播栏目
07:00—09:00	新闻纵横	直播	广播深度报道
09:00—09:30	新闻和报纸摘要（重播）	录播	我国历史最长、影响最大、地位最高的新闻广播栏目
09:30—12:00	新闻进行时	直播	半小时单元滚动新闻直播
12:00—13:00	正午60分	直播	重点国际新闻版块节目
13:00—16:30	新闻进行时	直播	半小时单元滚动新闻直播
16:30—18:30	新闻晚高峰	直播	新闻新鲜说
18:30—19:00	全国新闻联播（首播）	直播	全国广播晚间龙头新闻栏目
19:00—20:00	新闻有观点	直播	新闻解读类直播节目
20:00—20:30	小喇叭	录播	著名少儿节目
20:30—21:00	全国新闻联播（重播）	录播	全国广播晚间龙头新闻栏目
21:00—22:00	新闻超链接	直播	主持人谈话类节目，萃取新闻中的知识
22:00—23:00	决胜时刻	直播	体育新闻
23:00—次日00:00	朝花夕拾	直播	深夜泛文化类节目

注：1. 全天24小时播音，其中直播16小时，录播8小时。
2. 每周二凌晨02:05—04:25停机检修。

经济之声节目播出时间表

播出时段	星期一至星期五 节目名称	节目属性	星期六至星期日 节目名称	节目属性	节目定位
00:00—01:00	那些年	录播/重播	那些年	录播/首播	历史事件财经解读
01:00—02:00	财经夜读	录播/重播	财经夜读	录播/重播	分享财富人物的最新报道、新锐商业传奇、创业故事、亲情故事等，共赏财经之美

续表

播出时段	星期一至星期五		星期六至星期日		节目定位
	节目名称	节目属性	节目名称	节目属性	
02:00—03:00	视听大会（夜间版）	录播/重播	视听大会（夜间版）	录播/重播	精彩呈现总台优质音视频内容
03:00—04:00	那些年	录播/重播	那些年	录播/重播	历史事件财经解读
04:00—05:00	财经夜读	录播/重播	财经夜读	录播/重播	分享财富人物的最新报道、新锐商业传奇、创业故事、亲情故事等，共赏财经之美
05:00—06:00	新鲜早世界	录播	新鲜早世界	录播	清晨健康类节目
06:00—07:00	视听大会（早间版）	录播/重播	视听大会（夜间版）	录播/重播	精彩呈现总台优质音视频内容
07:00—07:29	新闻和报纸摘要	录播	新闻和报纸摘要	录播	转播中国之声《新闻和报纸摘要》栏目
07:29—09:00	天下财经	直播	天下财经	直播	最新鲜的财经要闻
09:00—12:00	交易实况（上午版）	直播	王冠红人馆	直播	交易实况：能听能看的证券市场，耳边的投资顾问 王冠红人馆：动听的财经周刊
12:00—12:30	环球新财讯（午间版）	直播	天天315（周末版）	直播	环球新财讯：实时追踪全球最新财经新闻资讯 天天315：权威的消费维权节目
12:30—13:00	天天315	直播	天天315（周末版）	直播	权威的消费维权节目
13:00—16:00	交易实况（下午版）	直播	王冠红人馆	重播/直播	交易实况：能听能看的证券市场，耳边的投资顾问 王冠红人馆：动听的财经周刊
16:00—17:30	视听大会（下午版）	直播	视听大会（下午版）	直播	精彩呈现总台优质音视频内容
17:30—19:00	环球新财讯（晚间版）	直播	环球新财讯（晚间版）	直播	实时追踪全球最新财经新闻资讯
19:00—19:30	天天315（重播）	直播	天天315（周末版）	重播/直播	天天315：权威的消费维权节目
19:30—20:00	视听大会（晚间版）	录播	视听大会（周末晚间版）	录播	视听大会：精彩呈现总台优质音视频内容
20:00—21:00					
21:00—22:00	那些年	录播/首播			那些年：历史事件财经解读
22:00—23:00	财经夜读	录播/首播	财经夜读	录播/首播	分享财富人物的最新报道、新锐商业传奇、创业故事、亲情故事等，共赏财经之美

359

续表

播出时段	星期一至星期五		星期六至星期日		节目定位
	节目名称	节目属性	节目名称	节目属性	
23:00—次日 00:00	视听大会（夜间版）	录播/首播	视听大会（夜间版）	录播/首播	精彩呈现总台优质音视频内容

注：每周二00:05至04:55停机检修（其间，04:35至04:40试线），节目相应调整。

音乐之声节目播出时间表

播出时段	星期						
	星期一	星期二	星期三	星期四	星期五	星期六	星期日
05:55—06:00	开始曲						
06:00—07:00	城市初音（流行音乐节目）					我要我的音乐（流行音乐节目）	
07:00—10:00	早安双声道（音乐话题类节目）						
10:00—12:00	Music Corner（流行音乐节目）					音乐LIVE（流行音乐节目）	
12:00—14:00	超级冲击（音乐话题类节目）					我要我的音乐	
14:00—17:00	Music Corner（流行音乐节目）						
17:00—19:00	尖峰音乐秀（音乐互动类节目）					音乐LIVE	
19:00—21:00	中国TOP排行榜（音乐榜单类节目）					我要我的音乐	
21:00—22:00	音乐VIP（音乐访谈类节目）						
22:00—次日00:00	听说（音乐互动类节目）					城市节奏（流行音乐节目）	
次日00:00—00:05	结束曲						

注：每周二14:05至16:55停机检修。

经典音乐广播节目播出时间表

播出时段	星期						
	星期一	星期二	星期三	星期四	星期五	星期六	星期日
04:55—05:00	开始曲						

续表

播出时段	星期							
	星期一	星期二	星期三	星期四	星期五	星期六	星期日
05:00—08:00	日出古典 （古典音乐节目）					Classical Songs （经典歌曲联播）	
08:00—09:00	他电台 （以主持人为核心的主题音乐节目）						
09:00—11:00	耳朵的旅行 （世界各地经典歌曲联播）						
11:00—12:00						耳朵的旅行 （世界各地经典歌曲联播）	
12:00—14:00	梦剧院 （传播音乐文化信息、赏析经典剧目）						
14:00—16:00	民歌走天下 （新创作、经典民歌及各民族原生态歌曲展播）					中国民歌榜 （新创作、经典民歌展播）	
16:00—17:00	时间的歌 （华语流行音乐精选）					地球寻声计划 （世界及"一带一路"共建国家音乐展播）	
17:00—18:00								
18:00—19:00	她电台 （以主持人为核心的主题音乐节目）					时间的歌 （华语流行音乐精选）	
19:00—21:00	Lets...Live——黑胶时刻 （爵士、蓝调、布鲁斯的晚间音乐空间）						
21:00—22:00	不眠古典 （经典悦耳的古典音乐赏析）					当诗遇见歌 （古典文学与经典音乐融合传播）	
22:00—次日 01:00	用音乐说晚安 （电影原声、流行经典的晚间音乐陪伴）						
次日 01:00—01:05	结束曲						

台海之声节目播出时间表

播出时段	节目名称	节目属性	播出时段	节目名称	节目属性
04:55—05:00	开始曲、节目预告	首播	10:00—11:00	两岸好生活	首播
05:00—06:00	流行乐歌单	首播	11:00—12:00	流行乐歌单	重播
06:00—08:00	音乐小聚蛋	重播	12:00—12:30	聚焦台海	首播
08:00—08:30	朝闻两岸	首播	13:00—14:00	华夏原创金曲榜	首播
08:30—09:00	两岸开讲	首播	14:00—15:00	根脉中华	首播
09:00—10:00	趣旅行	首播	15:00—16:00	艺文两厅苑	首播

续表

播出时段	节目名称	节目属性	播出时段	节目名称	节目属性
16:00—18:00	音乐小聚蛋	首播	22:00—23:00	华夏原创金曲榜	重播
18:00—19:00	趣旅行	重播	23:00—次日 00:00	两岸好生活	重播
19:00—20:00	两岸观潮	首播	次日 00:00—01:00	流行乐歌单	重播
20:00—21:00	根脉中华	重播	次日 01:00—01:05	结束曲、节目预告	首播
21:00—22:00	艺文两厅苑	重播			

注：播出频率为中波 AM549、AM765、AM837 和 AM1116，调频为马祖 FM102.3 和金门 FM94.9。

神州之声节目播出时间表

播出时段	节目名称	节目属性	播出时段	节目名称	节目属性
05:55—06:00	开始曲、节目预告	首播	14:00—15:00	有味生活（客家话）	首播
06:00—07:00	咱厝上正港（闽南话）	首播	15:00—16:00	涯爱转屋卡（客家话）	首播
07:00—08:00	融合逗阵行（闽南话）	首播	16:00—17:00	融合逗阵行（闽南话）	重播
08:00—08:30	朝闻两岸	首播	17:00—18:00	两岸斗相共（闽南话）	重播
08:30—09:00	两岸开讲	首播	18:00—19:00	涯爱转屋卡（客家话）	重播
09:00—10:00	趣旅行	首播	19:00—20:00	有味生活（客家话）	重播
10:00—11:00	两岸好生活	首播	20:00—21:00	根脉中华	首播
11:00—12:00	流行乐歌单	首播	21:00—22:00	艺文两厅苑	首播
12:00—13:00	咱厝上正港（闽南话）	重播	22:00—次日 00:00	音乐小聚蛋	首播
13:00—14:00	两岸斗相共（闽南话）	首播	次日 00:00—00:05	结束曲、节目预告	首播

注：播出频率为中波 AM684、AM909 和 AM1089，调频为马祖 FM106.2 和金门 FM107.9。

粤港澳大湾区之声节目播出时间表

播出时段	节目名称	节目属性	播出时段	节目名称	节目属性
04:55—05:10	开始曲、节目预告	首播	06:00—07:00	韵味岭南	首播
05:10—06:00	醒晨好音乐	首播	07:00—08:00	叹世界	首播

续表

播出时段	节目名称	节目属性	播出时段	节目名称	节目属性
08:00—08:30	湾区,早晨!	首播	17:00—18:00	听多啲识多啲	首播
08:30—09:00	"港"清楚	首播	18:00—18:30	湾区在线	首播
09:00—10:00	科创梦工场	首播	18:30—19:00	"港"清楚	重播
10:00—11:00	华夏原创金曲榜	首播	19:00—20:00	揾食大湾区	首播
11:00—11:30	湾区速递	首播	20:00—21:00	根脉中华	重播
11:30—12:00	"港"清楚	重播	21:00—22:00	天下潮人	首播
12:00—13:00	谈股论金	首播	22:00—23:00	四海客家	首播
13:00—14:00	根脉中华	首播	23:00—次日 00:00	韵味岭南	重播
14:00—15:00	科创梦工场	重播	次日 00:00—02:00	千千阙歌	首播
15:00—16:00	叹世界	重播	次日 02:00—02:05	结束曲	首播
16:00—17:00	谈股论金	首播			

注:播出频率为香港 FM102.8,澳门和珠海 FM105.4,广州 FM98.0,深圳 FM101.2,佛山 FM93.2。

民族之声节目播出时间表

播出时段	节目名称
04:35—04:40	试线音乐
04:55—05:00	全天播音开始曲
05:00—06:00	知书达理(蒙古语)
06:00—07:00	声动民族风(蒙古语)
07:00—08:00	新闻联播与深度热搜(蒙古语)(重播)
08:00—09:00	声动民族风(蒙古语)(重播)
09:00—10:00	新时代新征程(普通话)
10:00—11:00	经典一小时(蒙古语)
11:00—12:00	新闻联播与深度热搜(蒙古语)
12:00—13:00	经典一小时(蒙古语)(重播)
13:00—14:00	新时代新征程(普通话)(重播)
14:00—15:00	午后茶座(朝鲜语)
15:00—16:00	缤纷金达莱(朝鲜语)(重播前一日节目)
16:00—17:00	新时代新征程(普通话)

续表

播出时段	节目名称
17:00—18:00	新闻与解读（朝鲜语）（重播）
18:00—19:00	缤纷金达莱（朝鲜语）
19:00—20:00	与书相伴（朝鲜语）
20:00—21:00	新闻与解读（朝鲜语）
21:00—22:00	缤纷金达莱（朝鲜语）（重播当日节目）
22:00—23:00	新时代新征程（普通话）（重播）
23:00—23:05	全天播音结束曲

注：1. 全天播音18小时10分钟，均为录播。
2. 除了《新时代新征程》用普通话播出，每天05:00至14:00为蒙古语广播，14:00至23:00为朝鲜语广播。

文艺之声节目播出时间表

播出时段	节目名称	节目属性
04:35—04:40	试线音乐	录播
04:55—04:59	全天节目预告	录播
05:00—06:00	评书听天下	录播
06:00—07:00	中国相声榜	录播/首播
07:00—09:00	快乐早点到	直播
09:00—11:00	综艺对对碰	直播
11:00—12:00	天天听书	录播
12:00—13:00	文艺大家谈	直播
13:00—14:00	中国相声榜	录播/重播
14:00—15:00	戏迷天地	直播
15:00—16:00	民歌风行	直播
16:00—17:00	文旅中国	直播
17:00—18:30	海阳现场秀	直播
	海阳现场秀（周末版）	录播
18:30—19:30	快乐晚高峰	直播
19:30—20:00	精彩故事汇	录播
20:00—21:00	文化聊吧	直播

续表

播出时段	节目名称	节目属性
21:00—22:00	品味书香	直播
22:00—23:00	李峙的不老歌（星期一至星期五）	直播
	国家大剧院（星期六）	录播
	人文课堂（星期日）	录播
23:00—次日 00:00	交响时空（星期一至星期五）	录播
	国家大剧院（星期六）	录播
	人文课堂（星期日）	录播
次日 00:00—02:00	午夜书场	录播
次日 02:00—02:05	结束曲	录播

注：每周二 13:05 至 16:55 停机检修。

老年之声节目播出时间表

播出时段	节目名称	节目属性
04:05—04:10	试线音乐	录播
04:25—04:30	开始曲	录播
04:30—06:00	养生音乐馆	录播
06:00—07:00	健康之家	录播/首播
07:00—08:00	乐享时光	录播/首播
08:00—09:00	笑口常开	录播/首播
09:00—10:00	听书	录播/首播
10:00—11:00	养生音乐馆	录播
11:00—12:00	评书开讲	录播/首播
12:00—13:00	戏曲舞台	录播/首播
13:00—14:00	文史精品节目荐赏	录播
14:00—15:00	养生音乐馆	录播
15:00—16:00	听书	录播/重播
16:00—17:00	健康之家	录播/重播
17:00—18:00	乐享时光	录播/重播
18:00—19:00	笑口常开	录播/重播
19:00—20:00	养生音乐馆	录播

续表

播出时段	节目名称	节目属性
20:00—21:00	戏曲舞台	录播/重播
21:00—22:00	健康之家	录播/重播
22:00—23:00	评书开讲	录播/重播
23:00—次日 00:00	伴你入眠（导引篇）	录播
次日 00:00—02:00	伴你入眠（音乐篇）	录播
次日 02:00—02:05	结束曲	录播

注：每周二 14:05 至 16:55 停机检修。

藏语广播节目播出时间表

播出时段	节目名称
05:35—05:40	试线音乐（藏语）
05:55—06:00	全天播音开始曲（藏语）
06:00—07:00	新时代新征程（普通话）
07:00—08:00	新闻联播（藏语）（重播）
08:00—09:00	行进中国（藏语）
09:00—10:00	译彩纷呈（藏语）
10:00—12:00	安多在线（安多方言）（重播）
12:00—13:00	新闻和报纸摘要（藏语）
13:00—14:00	康巴在线（康巴方言）（重播）
14:00—15:00	行进中国（藏语）（重播）
15:00—16:00	新时代新征程（普通话）（重播）
16:00—17:00	新闻和报纸摘要（藏语）（重播）
17:00—18:00	声动民族风（藏语）
18:00—19:00	康巴在线（康巴方言）
19:00—20:00	新闻联播（藏语）
20:00—22:00	安多在线（安多方言）
22:00—23:00	声动民族风（藏语）（重播）
23:00—次日 00:00	译彩纷呈（藏语）（重播）
次日 00:00—00:05	藏语全天播音结束曲

注：藏语广播频率全天播音 18 小时 10 分钟，均为录播。

阅读之声节目播出时间表

播出时段	节目名称	节目属性	播出时段	节目名称	节目属性
04:35—04:40	试线音乐	录播	15:00—16:00	评书开讲	录播/重播
04:55—05:00	全天节目预告	录播	16:00—17:00	名著经典	录播/重播
05:00—06:00	评书开讲	录播/首播	17:00—18:00	网络书吧	录播/重播
06:00—06:30	阅读时光	录播/首播	18:00—19:00	作家文库	录播/重播
06:30—07:00	人文课堂	录播/首播	19:00—20:00	畅销书屋	录播/重播
07:00—08:00	纪实春秋	录播/首播	20:00—20:30	人文课堂	录播/重播
08:00—09:00	都市言情	录播/首播	20:30—21:00	睡前故事	录播
09:00—10:00	名著经典	录播/首播	21:00—22:00	纪实春秋	录播/重播
10:00—11:00	网络书吧	录播/首播	22:00—23:00	作家文库	录播/重播
11:00—12:00	作家文库	录播/首播	23:00—次日00:00	都市言情	录播/重播
12:00—13:00	畅销书屋	录播/首播	次日00:00—01:00	午夜悬疑	录播
13:00—13:30	阅读时光	录播/重播	次日01:00—02:00	畅销书屋	录播/重播
13:30—14:00	人文课堂	录播/重播	次日02:00—02:05	结束曲	录播
14:00—15:00	纪实春秋	录播/重播			

注：每周二13:05至16:55停机检修。

维吾尔语广播节目播出时间表

播出时段	节目名称
07:35—07:40	试线音乐
07:55—08:00	全天播音开始曲
08:00—09:00	早安中国
09:00—10:00	新闻在线（重播）
10:00—11:00	广播杂志
11:00—12:00	知书达理（重播）
12:00—13:00	社会纵横
13:00—14:00	声动民族风（重播）
14:00—15:00	广播杂志（重播当日节目）
15:00—16:00	行进中国

续表

播出时段	节目名称
16:00—17:00	社会纵横（重播当日节目）
17:00—18:00	新时代新征程（普通话）
18:00—19:00	声动民族风（重播当日节目）
19:00—20:00	行进中国（重播）
20:00—21:00	社会纵横（重播当日节目）
21:00—22:00	新闻在线
22:00—23:00	广播杂志（重播当日节目）
23:00—次日 00:00	新时代新征程（普通话）（重播）
次日 00:00—01:00	声动民族风
次日 01:00—02:00	知书达理
次日 02:00—02:05	全天播音结束曲

注：维吾尔语广播频率全天播音18小时10分钟，均为录播。

香港之声节目播出时间表

播出时段	节目名称	节目属性	播出时段	节目名称	节目属性
00:00—01:00	天下潮人	首播	12:00—13:00	谈股论金	首播
01:00—02:00	四海客家	首播	13:00—14:00	叹世界	首播
02:00—04:00	千千阙歌	首播	14:00—15:00	流行乐歌单（粤语）	重播
04:00—05:00	流行乐歌单（粤语）	首播	15:00—16:00	韵味岭南	重播
05:00—06:00	"港"好普通话	首播	16:00—17:00	谈股论金	首播
06:00—07:00	韵味岭南	首播	17:00—18:00	听多啲识多啲	首播
07:00—07:10	国歌、节目预告	首播	18:00—18:30	湾区在线	首播
07:10—08:00	醒晨好音乐	首播	18:30—19:00	"港"清楚	重播
08:00—08:30	湾区，早晨！	首播	19:00—20:00	根脉中华	首播
08:30—09:00	"港"清楚	首播	20:00—21:00	叹世界	重播
09:00—10:00	科创梦工场	首播	21:00—22:00	"港"好普通话	重播
10:00—11:00	华夏原创金曲榜	首播	22:00—23:00	揾食大湾区	重播
11:00—12:00	揾食大湾区	首播	23:00—次日 00:00	根脉中华	重播

注：播出频率为 FM87.8 和 AM675。

中国交通广播节目播出时间表

播出时段	星期	
	星期一至星期五	星期六至星期日
00:00—02:00	千山万水只为你	
02:00—04:00	车友书场	
04:00—06:00	汽车相声大会	
06:00—06:45	乐活清晨	
06:45—07:00	中国交通新闻	乐活清晨
07:00—09:00	向快乐出发	早安，假日
09:00—10:00	一呼百应帮帮忙	家在996
10:00—11:00	央广车友会	岁月如歌
11:00—12:00	高速加油站	
12:00—14:00	锵锵麦克风	岁月如歌
14:00—15:00	畅游天下	
15:00—16:00	汽车风云	
16:00—17:00	月吃越美	
17:00—19:00	下班快乐	周末FUN局
19:00—20:00	汽车能量音乐	
20:00—21:00	全球流行音乐金榜	
21:00—22:00	乐夜越动听	电波光影
22:00—次日00:00	汽车相声大会	岁月如歌

注：1. 中国交通广播频率全天24小时播音，均为直播。
2. 每周二00:05至04:55停机检修。

中国乡村之声节目播出时间表

播出时段	节目名称	节目属性
00:00—01:00	这里有说法	录播/首播
01:00—02:00	健康到家	录播/重播
02:00—04:00	听见乡村	录播/重播
04:00—05:00	这里有说法	录播/重播
05:00—07:00	田园新主张（精编版）	录播/重播

续表

播出时段	节目名称	节目属性
07:00—08:00	健康到家	录播/重播
08:00—09:00	这里有说法	录播/重播
09:00—12:00	田园新主张	录播+直播
12:00—14:00	听见乡村	录播/首播
14:00—15:00	这里有说法	直播
15:00—16:00	健康到家	直播
16:00—18:00	听见乡村	录播/重播
18:00—21:00	田园新主张	录播
21:00—22:00	健康到家	录播/首播
22:00—次日00:00	听见乡村	录播/重播

注：1. 中国乡村之声频率全天24小时播音。其中，直播4小时，录播20小时。
2. 每周二00:05至04:55停机检修。

哈萨克语广播节目播出时间表

播出时段	节目名称
07:35—07:40	试线音乐
07:55—08:00	全天播音开始曲
08:00—09:00	行进中国（重播）
09:00—10:00	弹起冬布拉（重播）
10:00—11:00	品味书香（重播）
11:00—12:00	人生百味（重播）
12:00—13:00	幸福时光（重播）
13:00—14:00	新闻进行时
14:00—15:00	新视线
15:00—16:00	弹起冬布拉
16:00—17:00	新时代新征程（普通话）
17:00—18:00	人生百味
18:00—19:00	行进中国（重播）
19:00—20:00	文化长廊

续表

播出时段	节目名称
20:00—21:00	品味书香
21:00—22:00	幸福时光
22:00—23:00	新闻进行时（重播）
23:00—次日 00:00	新时代新征程（普通话）（重播）
次日 00:00—01:00	文化长廊（重播）
次日 01:00—02:00	新视线（重播）
次日 02:00—02:05	全天播音结束曲

注：1. 全天播音 18 小时 10 分钟，均为录播。
2. 除《新时代新征程》为普通话播出，其他节目均为哈萨克语广播。

轻松调频节目播出时间表

播出时段	星期						
	星期一	星期二	星期三	星期四	星期五	星期六	星期日
06:00—07:00	Special English 慢速英语						
	More to Read 美文阅读						
07:00—08:00	The Agenda 议程（重播）	World Insight 世界观察				Sideline Story 侃体育吧	
	Biz Talk 财经高峰会	Dialogue 对话				Music Talks 音悦中国（重播）	
08:00—11:00	Music Matters 音乐至上					Classical Saturday 古典言色	Classical Sunday 古典星期天
11:00—13:00						Music Memories 岁月留声	
13:00—14:00	Round Table 圆桌议事						
14:00—16:00	Music Matters 音乐至上						
16:00—18:00	On the Road 一路有聊						
18:00—19:00	The Beijing Hour 新闻纵贯线					Pods Plus 爱播客	The Agenda 议程
						Music Talks 音悦中国	Footprints 足迹
19:00—20:00	World Today 今日					Chat Lounge 时事聊天室	World Today 今日

续表

播出时段	星期					
	星期一	星期二	星期三	星期四	星期五	星期六	星期日
20:00—22:00	The Groove Sessions 酷乐空间					
22:00—23:00	All That Jazz 爵士春秋			All About Rock 摇滚战国		All That Jazz 爵士春秋
23:00—次日 00:00	Jazz Show 爵士漫步					
次日 00:00—06:00	Music Matters 音乐至上					

劲曲调频广播节目播出时间表

播出时段	星期					
	星期一	星期二	星期三	星期四	星期五	星期六	星期日
00:00—05:00	Music Flow						
06:00—07:00	Morning Call					Music Flow	
07:00—08:00							
08:00—09:00	Morning Hits						
09:00—10:00						Weekend Morning Show	
10:00—11:00							
11:00—12:00	At Work Net Work						
12:00—13:00						Hit the Road	Rock DJ
13:00—14:00							
14:00—15:00	Lazy Afternoon					Soul Make	中国电子音乐巅峰榜
15:00—16:00							
16:00—17:00						Rock DJ	Hit FM OST
17:00—18:00	Big Drive Home						
18:00—19:00						Top 20 Countdown	
19:00—20:00							
20:00—21:00	New Music Express					中国电子音乐巅峰榜	Hit FM Dance Carta & Co.
21:00—22:00							
22:00—23:00	Hit FM Dance					

英语资讯广播节目播出时间表

播出时段	星期						
	星期一	星期二	星期三	星期四	星期五	星期六	星期日
00:05—01:00	World Today 今日						Chat Lounge 时事聊天室
01:05—01:30	Sideline Story 侃体育吧	World Insight 世界观察					China Africa Talk 中国与非洲
01:30—02:00	Music Talks 音悦中国	Dialogue 对话					Faces of Africa 非洲人物
02:05—02:30	China Africa Talk 中国与非洲	Pods Plus 爱播客	The Heat 热点				
02:30—03:00	Biz Talk 财经高峰会	Global Business 全球财经					Biz Today 今日财经
03:05—04:00	Round Table 圆桌议事						
04:05—05:00	The Bridge 桥						
05:05—05:30	Alight on Literature 文学之光						
05:30—06:00	Takeaway Chinese 随行汉语						
06:05—06:30	Chinese Theatre 中国剧场						
06:30—07:00	Special English 慢速英语						
07:05—07:30	The Agenda 议程	World Insight 世界观察					Sideline Story 侃体育吧
07:30—08:00	Biz Talk 财经高峰会	Dialogue 对话					Music Talks 音悦中国
08:05—09:00	World Today 今日						Chat Lounge 时事聊天室
09:05—10:00	Round Table 圆桌议事						
10:05—10:30	Alight on Literature 文学之光						
10:30—11:00	Takeaway Chinese 随行汉语						
11:05—12:00	The Bridge 桥						
12:05—12:30	Pods Plus 爱播客	The Heat 热点					China Africa Talk 中国与非洲
12:30—13:00	Special English 慢速英语						

续表

播出时段	星期						
	星期一	星期二	星期三	星期四	星期五	星期六	星期日
13:05—13:30	The Agenda 议程	World Insight 世界观察					Sideline Story 侃体育吧
13:30—14:00	Biz Talk 财经高峰会	Dialogue 对话					Music Talks 音悦中国
14:05—15:00	World Today 今日						Chat Lounge 时事聊天室
15:05—16:00	The Bridge 桥						
16:05—16:30	Alight on Literature 文学之光						
16:30—17:00	The Point/The Hub 观点						Footprints 足迹
17:05—18:00	Round Table 圆桌议事						
18:00—18:05	The Beijing Hour 新闻纵贯线					Hourly News 整点新闻	
18:05—18:30	The Beijing Hour 新闻纵贯线					Pods Plus 爱播客	The Agenda 议程
18:30—19:00	The Beijing Hour 新闻纵贯线					Music Talks 音悦中国	Footprints 足迹
19:05—20:00	World Today 今日					Chat Lounge 时事聊天室	World Today 今日
20:05—20:30	The Agenda 议程	The Heat 热点					China Africa Talk 中国与非洲
20:30—21:00	Global Business 全球财经					Biz Today 今日财经	Biz Talk 财经高峰会
21:00—21:05	The Beijing Hour 新闻纵贯线					Hourly News 整点新闻	
21:05—21:30	The Beijing Hour 新闻纵贯线					Pods Plus 爱播客	The Agenda 议程
21:30—22:00	The Beijing Hour 新闻纵贯线					Music Talks 音悦中国	Footprints 足迹
22:05—23:00	Round Table 圆桌议事						
23:05—次日 00:00	The Bridge 桥						

环球资讯广播节目播出时间表

播出时段	星期						
	星期一	星期二	星期三	星期四	星期五	星期六	星期日
00:00—01:00	环球财富故事（重播）	资讯有故事（重播）					环球财富故事（重播）
01:00—02:00	环球军事报道（重播）	环球阅读（重播）					
02:00—03:00	边走边看（重播）						
03:00—04:00	环球阅读（精选）						环球军事报道（重播）
04:00—05:00	环球名人坊（重播）	环球阅读（重播）					
05:00—06:00	新闻盘点（重播）						
06:00—06:30	档案揭秘（重播）					老外看点（精选）	
06:30—08:00	直播世界（首播）						
08:00—09:00	早间第一资讯（首播）						
09:00—10:00	资讯导航仪（首播）					环球名人坊（首播）	记者视界（首播）
10:00—11:00	资讯有故事（首播）					环球财富故事（重播）	环球财富故事（首播）
11:00—12:00	环球直播间（首播）						
12:00—13:00	午间第一资讯（首播）						
13:00—13:30	老外看点（首播）						
13:30—14:00	档案揭秘（重播）						
14:00—15:00	边走边看（首播）					环球直播间（首播）	
15:00—16:00	资讯有故事（重播）					环球军事报道（首播）	
16:00—16:30	档案揭秘（首播）						
16:30—17:00	老外看点（重播）						
17:00—18:00	环球新闻眼（首播）						
18:00—19:00	资讯非常道（首播）						
19:00—19:30	新闻联播（转播）						
19:30—20:00	资讯空间站（首播）						
20:00—21:00	新闻盘点（首播）						

续表

播出时段	星期						
	星期一	星期二	星期三	星期四	星期五	星期六	星期日
21:00—22:00	大话体坛（首播）						
22:00—23:00	环球阅读（首播）					记者视界（重播）	
23:00—次日 00:00	新闻盘点（重播）						

南海之声广播节目播出时间表

播出时段	星期						
	星期一	星期二	星期三	星期四	星期五	星期六	星期日
00:00—01:00	南海旅行家						
01:00—02:00	南海圆桌派						
02:00—03:00	平常记录					听见	
03:00—06:00	Music Matters						
06:00—07:00	慢速英语+美文阅读						
07:00—08:00	行走自贸港						
08:00—11:00	Music Matters					古典言色	古典星期天
11:00—12:00	南海轻阅读						
12:00—13:00	中国新闻						
13:00—14:00	圆桌议事					岁月留声	
14:00—16:00	Music Matters						
16:00—17:00	南海旅行家						
17:00—18:00	行走自贸港						
18:00—19:00	南海圆桌派						
19:00—20:00	平常记录					听见	
20:00—22:00	酷乐空间						
22:00—23:00	南海轻阅读						
23:00—次日 00:00	岛屿不寂寞						

注：每日 12 点与 CCTV-4 中文国际频道同步播出《中国新闻》。

中央广播电视总台对外广播语种设置一览表

频率语种	开播时间	频率语种	开播时间
日语	1941年12月3日	意大利语	1960年4月30日
英语	1947年9月11日	塞尔维亚语	1961年6月2日
广州话	1949年6月20日	斯瓦希里语	1961年9月1日
潮州话	1949年6月20日	豪萨语	1963年6月1日
闽南话	1949年6月20日	泰米尔语	1963年8月1日
客家话	1950年4月10日	蒙古语	1964年12月1日
印度尼西亚语	1950年4月10日	世界语	1964年12月19日
越南语	1950年4月10日	菲律宾语	1965年10月30日
泰语	1950年4月10日	乌尔都语	1966年8月1日
缅甸语	1950年4月10日	捷克语	1968年8月27日
朝鲜语	1950年7月2日	波兰语	1968年8月27日
俄语	1954年12月24日	罗马尼亚语	1968年8月30日
汉语普通话	1955年12月15日	孟加拉语	1969年1月1日
西班牙语	1956年9月3日	阿尔巴尼亚语	1969年6月6日
柬埔寨语	1956年12月15日	普什图语	1973年7月15日
老挝语	1956年12月15日	保加利亚语	1974年4月19日
波斯语	1957年10月15日	僧伽罗语	1975年1月1日
土耳其语	1957年10月21日	尼泊尔语	1975年6月25日
阿拉伯语	1957年11月3日	匈牙利语	1976年7月26日
法语	1958年6月5日	克罗地亚语	2010年3月30日
马来语	1959年3月1日	乌克兰语（仅网站）	2008年5月30日
印地语	1959年3月15日	希腊语（仅网站）	2009年9月23日
德语	1960年4月15日	希伯来语（仅网站）	2009年9月23日
葡萄牙语	1960年4月15日	白俄罗斯语（仅网站）	2009年9月23日

中央广播电视总台对外广播首播节目播出时数统计表

播出频率	每日首播时数（小时）	全年播出时数（小时）	播出频率	每日首播时数（小时）	全年播出时数（小时）
华语环球广播	4	1460	闽南话	2	730
广州话	2	730	客家话	2	730

续表

播出频率	每日首播时数（小时）	全年播出时数（小时）	播出频率	每日首播时数（小时）	全年播出时数（小时）
潮州话	2	730	泰米尔语	1	365
温州话	1	365	僧伽罗语	1	365
南海之声	1	365	孟加拉语	3	1095
英语环球广播	8.92	3 255.8	土耳其语	1	365
西班牙语	2	730	普什图语	0.5	182.5
法语	2	730	波斯语	0.5	182.5
阿拉伯语	2	730	豪萨语	1	365
俄语	1	365	斯瓦希里语	1	365
日语	3	1095	捷克语	1.5	547.5
蒙古语	1	365	塞尔维亚语	1	365
朝鲜语	1	365	罗马尼亚语	1.5	547.5
越南语	1	365	阿尔巴尼亚语	1	365
老挝语	1	365	保加利亚语	1.5	547.5
柬埔寨语	1	365	匈牙利语	1	365
泰语	1	365	波兰语	1	365
马来语	1	365	克罗地亚语	1	365
菲律宾语	0.5	182.5	德语	2	730
印度尼西亚语	1	365	世界语	1	365
缅甸语	1	365	意大利语	1	365
尼泊尔语	1	365	葡萄牙语	1	365
印地语	1	365	合计	68.92	25 155.8
乌尔都语	1	365			

（总编室供稿）

技术发展情况

重要技术建设项目

复兴路办公区 D01 演播室群超高清系统改造

一、项目介绍

复兴路办公区 D01 演播室群，包括一号厅演播室和第六演播室。为落实总台"5G+4K/8K+AI"战略布局，D01 演播室群超高清系统改造设计为全 IP/SMPTE ST 2110（基于 IP 网络的视音频传输标准）核心的系统，在 4K 超高清制作的基础上，使其具备 8K 超高清制作能力，并且具备 JPEG XS（视觉无损低延迟压缩编码标准）远程制作能力。通过构建一个全文件化、智能化的演播室系统，实行集群化设计、集中化管理，实现资源的有效整合和配置。

改造后的 D01 演播室群能够满足各类大型综艺节目、专题类节目 4K、8K 超高清的制作需求，并且能够在群内实现同一个节目的协同制作。依托第六演播室，可实现节目远程制作，有效减少在前方制作区投入的设备和资源；D01 演播室群系统还可以完成复兴路办公区大审看间和其他空闲演播室的信号制作，提高演播室的使用率。

二、技术特点

D01 演播室群系统采用 IP 架构设计，具备高度灵活性和可扩展性。系统以 IP 核心调度设备作为数据交换核心，用于信号控制调度和状态监视。制作中心采用 IP 切换台，采用双主机模式，支持 192 路 4K 信号的输入和输出（一号演播厅 80 路、第六演播室 112 路）。系统采用 SMPTE ST 2022-7（RTP 数据包的无缝保护切换）规范，通过主备冗余链路方式确保系统安全。备用系统采用 IP 网关卡的净切换。系统使用 PTP（精确时间协议）信号作为 IP 设备同步基准，使用 BB 信号作为基带设备同步基准，基带信号经 IP 网关设备转换后接入系统。

系统配置了 16 个 4K 摄像机迅道和 6 个 8K 摄像机迅道，还包括视频切换系统、演播室数据交换系统、监看监听系统、在线包装制作系统、同步系统、切换提示灯（TALLY）系统、时钟系统、通话系统、管理监看系统等。系统为全 4K+ 高动态范围成像（HDR）制播环境，采用的信号分辨率为 3840×2160/50P，支持 BT.2020 宽色域和 HLG/1000 nit 高动态范围。第六演播室还具备 8K 和 JPEG XS 的制作能力，在进行 8K 超高清电视节目制作时，分辨率为 7680×4320/50P，支持 BT.2020 宽色域和 HLG/1000 nit 高动态范围格式。

系统采用 IP/SMPTE ST 2110 信号交互方式与总控进行信号对接，一号演播厅和第六演播室系统均可接收总控传送的16路4K外来信号，均可向总控输出4路4K信号。第六演播室在制作8K节目时，可接收总控传送的4路8K外来信号，可向总控输出2路8K信号。第六演播室具备发送4路JPEG XS 4K信号的能力，制作时将接收到的JPEG XS压缩视频流通过解码器解码后转为SMPTE ST 2110视频流，进入核心系统，本地与远程制作区的交互均通过专用传输网络完成。

三、实践应用

复兴路办公区D01演播室群超高清系统改造项目于2023年正式立项，2023年12月通过国家广播电视总局广播电视规划院广播电视计量检测中心的测试工作，所有技术指标均达到设计要求。

推进CMG媒体云平台建设支撑总台全媒体节目生产

随着云计算、5G传输及边缘计算、4K/8K超高清制播、人工智能媒体应用技术的不断成熟，总台以"5G+4K/8K+AI"战略格局构建基于"云边端"技术架构的CMG媒体云，形成了中心云、边缘节点、本地端混合多级架构的节目生产体系，使内容生产制作方式由岛域制作模式向云化生产模式转变，推动总台全媒体节目高质量发展。

2023年，技术团队持续推进CMG媒体云平台建设，支撑总台多址办公区的全媒体节目生产，积极推动"云边端"技术架构在大型活动中应用落地。同时，依托广域覆盖的云化平台技术架构，媒体云技术团队完成了大型活动主转播机构的云转播服务平台建设，实现总台技术能力的对外输出。CMG媒体云通过提供更加优质、高效、灵活的云化制作服务，满足各种规模和需求的全媒体生产场景，有效提高总台全媒体节目的传播力和影响力。

一、光华路边缘节点和三个制作区同步建成投产

技术团队持续推进CMG媒体云—光华路边缘节点建设与调试工作。该节点是媒体云平台中业务丰富、功能较全、体量较大的边缘节点，承载多个专业制作区高清/超高清（HD/UHD）节目制作业务。与此同时，光华路边缘节点采用软件定义系统、按需适配业务的建设模式，有效缩短了新制作区的建设周期。

该节点通过可弹性伸缩的集约式架构，搭建统一的后台服务引擎集群，为各专业制作区提供统一的分布式模块化部署的计算能力、存储能力、渲染能力、AI能力等，结合生产资源管理服务、稿件编辑及发布服务、超高清编辑制作服务、边缘网关服务、媒体资源共享服务等，实现了生产能力共享、设备资源弹性分配。

CMG媒体云—光华路边缘节点逐步支撑复兴路制作区1、光华路制作区1、梅地亚中视前卫制作区的全媒体节目生产任务。复兴路制作区1位于方楼6层，配备20套4K/8K非编工作站，4套轻量化编辑终端及其他配套设备。光华路制作区1位于塔壹6层，配备42套4K/8K非编工作站，8套轻量化编辑终端及其他配套设备。梅地亚制作区位于梅地亚中心9层，配备4套4K/8K非编工作站及配套设备。

2023年，三个制作区全部投入正式运行，

开展常态化节目制作与送播业务，已支撑多个频道50余个栏目完成近2930小时成品节目的入库工作。

二、实现复兴门办公区与京外制作室的一体化生产

为满足港澳台节目中心和民族语言节目中心前方编辑部（制作室）的音频节目专业化、移动化制作需求，进一步完善业务流程，技术团队依托CMG媒体云构建一套不依赖大量音频专业设备、轻量化部署、可移动使用的音频节目桌面制作系统，形成一个可安全高效连接前方编辑部（制作室）与复兴门办公区制作系统的数据流转平台。

CMG媒体云为桌面制作系统提供用户统一认证、文件高效传输与安全存储的业务支撑，与前方专业音频制作工具相耦合，支持将制作完成的音频节目一键回传至复兴门办公区制作系统并快速送播。本系统的部署，不仅提高节目制播效率，降低系统运维的复杂度，而且实现复兴门办公区与京外制作室的一体化生产。

该系统自2023年2月起在港澳台节目中心厦门节目制作室、梅州节目制作室正式上线，截至2023年年底，已累计回传素材近1700小时，供节目部门播出使用。

三、临时型边缘节点支撑总台前方制作区生产报道

2023年，技术局承担杭州亚运会和成都大运会前方制播保障任务。技术团队在主媒体中心的总台持权转播制作区部署临时型边缘节点，支撑前方制作区的全媒体节目生产。

两项赛事期间，临时型边缘节点均提供超高清4K/8K赛事公共信号采集制作、演播室文件化播出、移动化制作生产、融合媒体直播、首推首发流信号监看等功能，实现前方制作区的全媒体生产能力覆盖，支撑总台前方节目制播生产。此外，结合赛事实时数据图形化展示能力，制作团队将实时比赛数据与多样化包装模板库结合，图形化包装一键快速送至大屏频道播出和生成短视频，提升赛事数据的美观性和可视性，让观众通过数据读懂赛事，丰富节目制作内容与形式，两项赛事共计输出数据包装成品1122条。

同时，临时型边缘节点发挥"云边端"技术架构优势，作为就近内容生产侧，将前方赛事内容回传至中心云，打通前后方地域限制，实现后方光华路制作区、复兴路制作区、复兴门制作区和鲁谷制作区的多个频道频率的协同内容生产，支撑总台对大型活动的全方位、立体式转播报道。

四、助力主转播机构云转播服务平台的建设应用

2023年，总台承接杭州亚运会、成都大运会的主转播机构云转播服务系统的建设任务，技术团队沿用CMG媒体云"云边端"技术架构，融合超高清电视制播、5G轻量化新媒体制作、云化移动制作等多种业务能力，实现了主转播机构各工种之间、主转播机构与持权转播商之间在确权范围内互联互通，以创新形式丰富大型赛事活动的传播途径，带动中国承办的大型体育赛事在世界范围内的传播与触达。

成都大运会期间，主转播机构云转播服务平台为国际大学生体育联合会、香港无线电

视（TVB）等6家持权媒体提供素材挑选1977条，赛事文件分发3057条；提供云端赛事流媒体信号分发，其中高清赛事信号489路累计分发2974小时，4K赛事信号256路累计分发789小时。

除了赛事内容云端分发，面向主转播机构赛事内容制作，云转播服务系统以"转播车+云制作"的云化制作形式，完成1000余条直播伴随式短视频内容的制作。转播车多路机位信源快速上云，在云端结合赛事数据包装完成在线剪辑后，利用手机客户端云端在线审校，形成云端一站式制作审校流程，极大提升直播伴随式短视频内容制作效率，高效、快节奏的伴随式短视频赛事内容产出，也为持权转播商多角度、多平台呈现大运会精彩内容提供有效支撑。

杭州亚运会主转播机构云转播服务以杭州国际广播电视中心为核心，以中国香港、新加坡、印度孟买的边缘节点为外延，利用"云边端"技术架构以及适配的媒体分发能力，通过"1中心+3边缘"节点部署实现转播服务的跨区域性覆盖。杭州亚运会期间，云转播服务平台为日本TBS电视台、韩国广播公司等15家国际一级持权转播机构提供赛事内容下载和赛事信号分发服务，其中包含赛事内容挑选2323条、赛事文件下载分发3948条，赛事流媒体信号分发包含59路智慧观赛信号累计分发387小时、高清赛事信号490路累计分发4636小时、4K赛事信号186路累计分发2167小时。主转播机构云转播服务平台的应用使杭州亚运会成为首届采用云转播技术的亚运会，在国际媒体机构面前彰显了总台的技术创新实力。

杭州亚运会IP化电竞转播系统建设应用

2023年，技术局承担杭州亚运会电竞赛事部分公共信号制作和智能观赛信号制作任务。9月24日至10月1日，技术团队完成赛事公共信号制作共计20场，信号成品时长约47小时；智能观赛信号制作共计39场，信号成品时长约387小时。

技术团队针对电竞赛事特点，设计并完善了一套专用的IP化电竞转播系统。这一系统能够应对杭州亚运会电竞项目繁多、比赛场次紧密、衔接迅速的多项目并行转播需求，实现不同项目间快速无间断的切换转场，以及多路智能观赛信号的制作输出。同时，该系统兼容ST.2110-20（基于IP网络的无压缩视频传输标准）和网络设备接口协议（NDI）的混合切换，可以根据信号制作流程自由定义信源组合方式、切换模式和画面叠加数量。这一突破使系统能够满足电竞转播的独特需求，提供更加灵活、易于扩展、高质量且低延迟的解决方案。此外，系统中的关键设备，如IP流矩阵、包装渲染机、慢动作服务器等，实现了本土化，进一步提升了自主可控能力，降低了系统集成难度，增强了技术的适配性和整体协同性。

此外，电竞赛事公共信号中的包装内容具有样式丰富、变换逻辑复杂、数据种类众多等特点。为保证电竞公共信号的视觉效果和数据时效性，总台包装团队基于国产图文包装系统实现对数据接口的集成与解析，实时获取局内比赛数据，将高频竞赛数据与视觉包装进行统一表达，有效提高了比赛画面的吸引力、可读性和分享性，增强了电竞赛事的观赏性和互动性。同时，通过国产化AR包装渲染和轻量化跟踪设备，拓展比赛场馆环境，技术团队依据杭州城市景观制作了虚拟AR场景，并根据赛组委提供的吉祥物矢量图制创建了杭州亚运会电竞吉祥物的数字资产和相关动画，在赛事公共信号制作流程中呈现AR内容，进一步丰富画面表现力，提升电竞公共信号的画面质量和观赛效果。

音乐播出系统国产化替代顺利完成

2023年，技术局完成复兴门办公区两套音乐播出系统、鲁谷办公区一套音乐播出系统的国产化替代工作，新的国产化系统上线运行稳定。

音乐播出系统国产化替代是根据总台对设备软件国产化工作的要求，为满足音乐播出系统的网络安全需求，解决原国外的音乐播出系统存在的问题而定制开发。国产化音乐播出系统满足《广播电视安全播出管理规定》（国家广播电视总局令第62号）及实施细则的要求，符合等级保护四级的防护要求，实现了音乐播出系统软件国产化替代。

该项工作的具体目标是分别对复兴门办公区音乐之声、经典音乐广播和鲁谷办公区劲曲调频广播播出系统软件进行定制开发，新建音乐播出系统，实现国产化替代，将这3套音乐广播的制播业务分别纳入复兴门办公区制播系统和鲁谷办公区制播系统统一管理，满足网络安全要求。

技术局国产化音乐播出系统在完成建设之后，经过3个月试运行并与原用音乐播出系统并行运行两周后，于2023年3月21日凌晨率先在经典音乐广播上线运行，于4月15日在劲曲调频广播、5月16日在音乐之声顺利上线运行。

技术局复兴门办公区国产化音乐播出系统具有智能编排、播单预警、在线备播、高扩展性、高安全的特点。系统支持自定义策略组合智能抽单排单，能够与复兴门办公区播出监测系统联动，对排单漏洞进行预警，主、备机双播可实现在线无差别切换，提高安全播出保障，高扩展性支持与总台其他业务系统如总台广告管理系统相交互，身份认证等安全措施可保证系统的安全性。为确保该系统顺利启用，技术局制定了详细的启用方案和应急预案，进行了4次系统启用演练，并对用户部门、系统运维部门、系统运行部门的人员进行了7轮、超过120人次有针对性的业务培训。技术局对鲁谷办公区劲曲调频广播国产化音乐播出系统创新式采用四分频触发式智能播出模式，能够将节目播发至北京、上海、广州等城市的调频广播渠道，并同步至互联网新媒体平台。主持人能够灵活调控分频广告播出时间，确保分频广告本地化和互联网播出的同时，保障音乐和广告的自然衔接播出。新系统还采用类型化策略智能编排播单，编播人员可依据用户收听习惯制定目标、衔接、类别等各类规则。系统根据制定的规则智能化编排播单，确保具有不同节奏、情绪、能量、流派等特点的歌曲被编排至特定时段，以提升听众收听体验。新系统制播全流程支持S48、MP3、WAV等多种音频格式，并最高兼容CD品质码率1 411.2 kbps，支撑导入音乐可原格式高码率高品质播出。此外，新系统在设计时采用松耦合架构，将播出网和分频切换网进行分离，确保系统稳定运行，有效保障安全播出。

拥有国内自主产权的音乐播出系统的上线运行，实现了总台音乐广播播出系统的国产化替代，改变了国家级广播电台音乐类型播出软件长达20年使用进口软件的状况，为总台高品质音乐节目制播提供了有力技术支撑和安全保障。

5G+4K/8K+AI等技术研究与应用情况

5G媒体应用在重大节目报道和节目生产中的实践

总台5G媒体应用实验室秉承"技术实验+节目实践"的工作方式，紧密贴合总台节目生产需求，不断推出技术创新成果，并在杭州亚运会、成都大运会、北京马拉松暨全国马拉松锦标赛（简称"北京马拉松比赛"）、2023年中央广播电视总台春节联欢晚会、2023年中央广播电视总台中秋晚会等重大活动中落地应用，充分展现总台"5G+4K/8K+AI"战略格局下，超高清视频依托5G网络进行传输制作和播出分发的技术实力，为总台高质量发展、打造国际一流新型主流媒体提供强大的科技助力。

一、5G技术在重大活动和日常节目制播中的应用

杭州亚运会和成都大运会采用5G传输和轻量化制播技术，实现多角度观赛、单边连线和大巴车移动直播，满足相关节目制播业务和新媒体制播的需要。在北京马拉松比赛中，使用5G传输技术，实现马拉松全程多路4K超高清信号的稳定传输制作。

总台5G媒体应用实验室为适应大小屏同步、互补的发展趋势，助力总台各中心个性化新媒体直播创新突破，按照"轻量、移动、云化"的新媒体制播技术路线，持续推进5G轻量化移动制播系统的功能迭代和应用推广，结合XR/AR技术，为总台各部门100余档节目500余场提供横竖屏、多角度等不同类型新媒体节目制作和播出技术支持。向地方总站进行5G轻量化制播系统应用推广，并为总站提供相关的5G轻量化融媒体技术培训。

二、竖屏制作应用实践

在2023年春晚中，技术局从技术上丰富节目制作和画面表达创新手段，并与文艺节目中心制作团队密切合作，充分贯彻总台"思想+艺术+技术"的创作理念，共同研究节目制作方式和画面呈现效果，力争充分体现竖屏新媒体节目制播特点，使小屏端达到眼前一亮、爱不释手的播放效果。在技术实现和节目呈现方面完成竖屏新媒体的多个"首次"：首次实现全流程高动态范围成像50P视频+三维菁彩声音频的制作和播放；引入分屏包装技术，首次满足导演对不同画面呈现效果的灵活设计和丰富展现；部署5G移动机位，首次将春晚演员和主持人台前幕后的花絮独家呈现给竖屏端观众，充分体现竖屏春晚新媒体制作的特点；引入AI图像处理技术，通过对春晚横屏信源画面实时智能分析和竖屏裁切处理，为竖屏直播提供有效信源供导演组直播切换使用。

2023年，全新升级打造的"竖屏看春晚"海内外受众规模超过1.9亿人次，比2022年增长56.7%，场观破亿时间较2022年度提前1.5

小时,"更沉浸、更丰富、互动感更强"的竖屏观看感受获 3.8 亿人次网友点赞,直播间分享次数与评论次数皆高达近 1000 万次,收视时长达 5 亿小时。

2023 年中央广播电视总台中秋晚会首次采用全新的竖屏录播技术流程进行前后期节目拍摄和制作。充分利用已有横屏机位信号,辅以必要的竖屏关键机位进行制作,通过总台"5G+4K"传输系统将中秋晚会录制现场 20 余路超高清画面实时传输至云端,首次借助云端 AI 智能横转竖技术,在没有架设原生机位的情况下完成多路竖屏讯道机信号同步生成,再及时回传至前方竖屏制作系统进行混合切换制作,满足竖屏导演即时制作、即时审看、随时丰富呈现创意的需要,AI 技术的应用有效减少了前期制作横竖屏机位重复投入。通过此次"竖屏看秋晚"制作支持和深度参与,技术局摸索出一套适配录播类大型文艺节目的竖屏制作技术流程。

在杭州亚运会乒乓球项目和成都大运会体操项目中,技术团队继续推进竖屏新媒体节目制作。竖屏制播系统基于 5G 轻量化移动制播系统架构搭建,根据赛事特点融合竖屏慢动作回放、赛事数据包装、赛事转场包装、多画面呈现等功能,为观众带来耳目一新的竖屏观赛体验。

在杭州亚运会"竖屏看乒乓球"竖屏直播中,技术团队应用 AI 横转竖服务处理生成 5 路竖屏直播流,与原生竖屏拍摄的 4 路直播流进行混合切换制作。

AI 横转竖服务采用"服务器—客户机(C/S)+云端"部署的架构进行建设,可根据实际应用需求进行部署,不受地域和硬件设备数量的限制,实现灵活弹性应用调配。客户端安装在操作电脑上,服务端部署在公有云上,在客户端实时呈现裁切画面,在服务端完成数据传输和竖屏转码合成。由客户端在获取服务端传送的直播流和裁切位置信息后进行实时呈现。

为弥补 AI 算法在画面自动识别过程中对场景转换和特征动作识别的局限,并在实际竖屏制作的裁切过程中满足导演或导播对画面的要求,在 AI 横转竖服务中增加人工干预、辅助裁切的功能,使其能够随时对 AI 识别的裁切框进行人工接管,根据现场导演的指导和需求跟踪画面,提供想要的竖屏制作素材。

AI 横转竖技术为竖屏直播制作的生产流程提供了助力和新方式。一是突破了架设原生机位的场地和人力成本的限制,使所有横屏拍摄的直播画面均可成为竖屏制作的素材。二是基于横屏的自动竖屏生成,能更好地捕捉和呈现画面的细节和特写镜头,更加适应移动端用户的观看习惯和需求。三是摆脱专用制作设备的限制,利用云端部署的服务端进行直播流处理,客户端安装在笔记本电脑上即可进行实时预览和干预裁切,实时生成竖屏,为制作团队提供丰富的素材。此外,AI 横转竖服务可以根据制作的需求,随时切换需要处理的横屏直播流,也可以随时进行资源的弹性调整,避免资源浪费,降低制作成本。

三、5G 新技术研究和实践

总台 5G 媒体应用实验室大力推进 5G+JPEG-XS 编码便携传输技术研究实践,在第三十届北京国际广播电影电视展览会(BIRTV 2023)和杭州亚运会的展示上,实现基于 5G-A 网络的超高清浅压缩高质量实时制作,并在鲁谷办公区网红融媒体演播区和金融街观察点进行5G-A+浅压缩高质量制作试点应用。

重大赛事8K直播应用

2023年，随着总台"5G+4K/8K+AI"发展战略不断推进，总台技术局运用世界领先的超高清制播技术，顺利完成杭州亚运会、成都大运会等重大赛事的8K直播。通过在系统IP化、设备国产化等8K制播全流程方面不断探索，实现了科技和运动完美融合。

一、成都大运会网球赛事8K公用信号制作技术创新

在成都大运会网球比赛期间，技术局充分开展前沿技术创新，首次调用一套8K箱载式转播系统同时提供8K、4K、高清信号等多种格式信号制作，使8K制作系统由并行制作提升至独立制作，推进8K设备应用，探索出新型制作模式。国产设备运用充分彰显我国科技实力，并为"百城千屏"8K超高清推广和总台8K超高清频道提供珍贵的顶级赛事8K直播资源。此次技术创新应用实现了8K、4K和高清同播，为未来的赛事转播提供新的借鉴。

（一）8K IP转播视音频系统构建

1. 视频系统

在网球公共信号制作中，现场共配置9个讯道，其中有7台8K摄像机和1台超高速摄像机，还使用1台国产8K摄像机，搭配定焦广角镜头实现电影质感画面，2台66倍长焦8K镜头和1台107倍长焦镜头提供精彩特写画面。公共信号采用原生8K制作，参与节目制作8K信号共14路，包括9路摄像机信号，1路超高速回放信号，2路慢动作回放信号和2路字幕信号。技术团队在系统设计时，充分考虑8K高动态信号特点，采用全链路超高清色域标准和高动态监看，确保色彩和动态范围调整的精确性。截至2023年年底，1路8K信号由4路4K信号以四画面拼接的方式在系统内部进行交换和制作，即1路8K信号需要占用4路4K信号的传输和制作能力，14路的8K信号就需要切换台具备不少于56路4K信号的处理能力，对不支持IP流传输的8K设备要使用网关设备进行基带到IP的转换，对使用4K输出的设备（慢动作回放系统和超高速）要使用5个处理单元来进行4K到8K的上变换处理，为此需要在调度系统调度多达数百路的多格式信号。8K公共信号制作不仅对系统的性能要求提高了，系统设计和搭建的复杂程度也随之增加。

2. 音频系统

系统采用全IP架构，使用主备调音台双路制作。输入信号分别为8K摄像机机头话筒信号、中英文评论声、慢动作回放系统的多通道数字音频输出、体育展示的现场扩声等，在5.1.4监听环境下进行台内标准三维菁彩声制作。主备调音台分别输出8K 16CH音频流、4K 16CH音频流和HD 8CH音频流，并依次送至网关系统进行IP加嵌。

（二）8K公用信号制作技术创新

1. 国产设备运用

成都大运会网球赛事转播中使用国产8K摄像机，摄像机8K信号传输使用国产双8K信号单纤传输设备，整体运行情况稳定，图像质量优秀，功能满足制作需求。8K原生信号录制设备和存储设备使用国产录像机配合国产NAS硬盘阵列对全赛事进行备份录制，确保素材安全。

2. 实现 8K、4K 和 HD 三种公共信号同时播出

成都大运会网球 8K 制作除了提供满足要求的 8K/4K 高清公共信号，还要为场馆体育展示提供 1 路高清主节目信号。主备 8K 信号通过基带 4×12G 方式分别嵌入 16CH 三维菁彩声，送至总控 8K 浅压缩编码器，然后通过光纤以 IP 单流 2074M 码率浅压缩编码方式送至国际广播中心。主备 4K 信号以基带 12G SDI 方式分别嵌入 16CH 三维菁彩声，送至总控浅压缩编码器，通过光纤以 800M 码率浅压缩编码方式送至国际广播中心。主备高清信号则分别嵌入 6CH 立体声，送至总控编码器，通过光纤以 50M 码率 H.265 压缩的编码方式送至国际广播中心。

在成都大运会网球项目 8K 公共信号转播中，8K IP 箱载式转播系统展现了卓越性能，为观众带来超越以往的视觉盛宴。通过高清晰度、高质量的画面，观众近乎身临其境般感受到运动员的激烈拼搏，为大运会网球项目增色不少。这次经验不仅提升了总台在 8K 转播技术领域的转播实力，更为类似赛事的转播提供了技术借鉴。

二、杭州亚运会开闭幕式和田径赛事 8K 转播

2023 年 9 月 23 日至 10 月 8 日，杭州亚运会在浙江杭州举行。技术局在杭州奥体中心体育场综合制作区搭建 8K 转播系统，在复兴路办公区第九演播室搭建 8K 后方直播系统，顺利完成杭州亚运会开闭幕式和田径赛事 8K 转播。

杭州亚运会开闭幕式和田径赛事 8K 转播系统是一套全 8K 的无压缩 IP 系统，为节目制作提供信号采集、现场制作、信号传输等全功能的 8K 节目直播解决方案。整套系统基于 IP 无压缩标准，采用主备叶脊架构的核心交换机，用于信号分发调度，同时与音频系统采用交换机端口直连的形式，进行 IP 信号双向互通。视频系统配备 6 讯道 8K 摄像机，接收总台转播车提供的 6 路 4K 外来信号，通过上变换为 8K 信号参与制作。从信号采集到节目制作，再到节目播出，系统内部均以 8K 信号进行处理。

第九演播室 8K 后方包装直播系统由第九演播室 4K 超高清系统调改转换而成。为适配此次播出任务，第九演播室切换台、网关板卡、画面分割器、包装字幕机、多通道收录等设备均切换为 8K 模式，并接入 8K 的延时器、示波器、技术监看器、电视等设备。8K 后方包装直播系统接收总控送来的 8K 信号和 4K 信号，经过延时、加字幕等处理后将信号送回总控供 8K 频道播出。

技术局杭州亚运会 8K 转播团队在本届亚运会期间配合 8K 频道直播约 17 小时，8K 公共信号的总制作时长约 31 小时。在完成公用信号制作及 8K 频道直播的同时，团队利用前后方两套 8K 系统对国产设备进行了一次完整的实践性检验。前方摄像机部分测试了国产卓曜 8K 摄像机，对摄像机使用功能进行测试；通过这次长时间的 8K 制作任务，对国产 8K 周边设备制作的功能性和稳定性进行完整测试，为 8K 系统国产化提供了宝贵经验。

面向视听新媒体的 AI 自动化广告替换插播关键设备研制

"面向视听新媒体的 AI 自动化广告替换插

播关键设备研制"是中央广播电视总台超高清视音频制播呈现国家重点实验室和北京数码视讯软件技术发展有限公司联合开展的人工智能媒体处理技术研究项目。

该项目围绕新媒体直播广告播出与运营的实际需求，对国内外有关目标识别、实时视频流分析、特征检测等技术进行调研，并提出一种基于AI自动化的广告替换插播技术。该项目按照技术研究、原型实现、性能提升等依次展开，针对系统准确性、实时性和健壮性进行重点优化，提出了一种基于AI技术的自动化直播流广告智能识别、实时替换和插播的实现方案，利用特征向量提取、测度计算、广告定位等自研算法，实现系统性能指标优化。该项目创新性采用直播流编解码环节（用时一至两秒）替换的方案，其中广告识别替换处理用时不超过50毫秒，可实现终端对实时视频流替换无感知，并在总台新媒体集成发布平台进行部署，使总台新媒体业务具备个性化广告运营能力。

该项目于2023年12月正式通过验收。

杭州亚运会视频技术质量控制综述

杭州亚运会期间，中央广播电视总台作为主播机构，围绕"5G+4K/8K+AI"战略格局，坚持守正创新，将"思想+艺术+技术"融合传播理念广泛应用于转播制作。首次设立面向超高清高清同播的视频技术质量控制，显著提升公共信号整体制作水平，保证超高清/高清视频质量和画面呈现，并将总台超高清高清同播信号的制作经验推广到国际性重大体育赛事信号制作中。

一、视频技术质量控制岗位设立职责

依据杭州亚运会广播电视视频制作标准，公共信号包括4K公共信号（UHD 2160 50p HDR BT.2020）和高清公共信号（HD 1080 50i/59.94p SDR BT.709）两种格式。其中，制作4K公共信号的团队采用实时下转换的方式同时提供高清版本的公共信号。

为确保杭州亚运会公共信号制作的高质量和一致性，主播机构首次在国际广播中心的节目质量控制中心内设立视频技术质量控制岗位，由总台技术人员首次担任。赛事期间，视频技术质量控制团队在每日第一个项目开赛前3小时至最后一个项目传送结束近20小时的时间里，负责监控来自所有场馆的超高清和高清公共信号视频技术质量，包括4K信号图像质量、高清信号图像质量和4K高清的转换关系，保证高动态范围和标准动态范围转换效果与所有场馆公共信号视频质量的一致性，同时协助各场馆视觉调控工程师解决视频质量相关的各种问题。

二、视频技术质量控制质量监控工作要点

（一）创立杭州亚运会4K高清系统工作流程，规范高动态范围—标准动态范围转换关系

根据杭州亚运会广播电视视频制作标准和视频质量监控总体要求，明确质量监控重点，即4K转播系统下转换高清系统技术质量。技术团队依据总台技术局科研项目成果《4K超高清和高清节目同播关键技术研究与测试》，参照ITU-R BT.2408-10、ITU-R BT.2525等相关国际标准，《中央广播电视总台HDR视频制作

白皮书》（2022版）、《4K超高清高清视频兼容制作指南》等技术规范开展相关工作。充分吸取奥林匹克广播服务公司信号制作流程和视频技术质量控制监控经验，最终确定杭州亚运会4K-（下转）高清系统工作流程，明晰上下转换测试环节，涵盖公共信号制作工作流程中所需的所有必要转换。

为同时保证4K信号的图像质量和下转高清信号的图像质量，需要规范4K信号制作方式，也要对4K-（下转）高清转换关系做出明确要求。具体包括以下3个转换环节：

转换1（T1）：HD SDR BT.709格式的信号源上转换为4K UHD HDR BT.2020格式的信号，广泛应用于4K转播系统中高清慢动作设备。

转换2（T2）：HD SDR BT.709格式的图文信号上转换为4K UHD HDR BT.2020格式的信号，广泛应用于4K转播系统中高清字幕设备。

转换3（T3）：4K UHD HDR BT.2020格式的信号下转换为HD SDR BT.709格式的信号，广泛应用于4K转播系统中4K节目母线（PGM）输出下转换为HD PGM输出（或同时输出HD和PGM）。

针对上述工作内容，团队提前在杭州亚运会节目制作会议上，面向所有存在转换环节的转播机构，提出统一技术要求，并开展相应技术培训。

（二）全方位开展设备测试，制定操作手册，阐述重点技术环节

团队提前对各转播机构所用转播系统进行技术设备调查，包括转播系统工作模式（4K/HD）、主要摄像机型号/品牌、高动态范围和标准动态范围转换设备型号/品牌、视觉调控工程师联系方式等，针对统计结果全方位开展设备测试，测试所有型号摄像机和转换设备正确的操作方法和最佳的参数设置，验证总台查找表在不同设备间的适配性，综合汇编形成《杭州第19届亚运会VQC手册（HLG-SDR）转换要求与设备调整》，提供统一的总台查找表转换文件和核心设备参数设置，供各转播系统参考使用。将总台超高清、高清同播工作经验作为亚运会广播电视视频制作标准，推广至所有亚运会转播机构和持权转播商。

（三）规范制定赛时质量监控工作内容

在赛前信号测试阶段，与各场馆转播系统视觉调控工程师协同完成高动态范围和标准动态范围转换环节效果测试、宣传片/图文字幕/扫画特技显示效果一致性测试，配合各转播系统解决关键技术难点，完成系统调改，确保开赛前满足技术要求。各转播系统遇到的典型技术问题包括：信号格式转换器参数设置有误、4K IP信号载荷标识符设置有误、信号格式变换器导入总台查找表设置有误、画面细节参数设置过高、宣传片或图文字幕亮度过曝/色度超标、色矩阵未开、画面饱和度偏低、光圈过曝或曝光不足、画面底电平偏高或偏低、不同机位色彩一致性欠佳、白平衡效果欠佳、部分机位焦点不实等。

在赛中质量监控阶段，依照公共信号制作传输程序，完成每日各转播系统赛前信号质量和通话连通性测试；实时监看各项目4K高清公共信号图像视频质量和转换效果，关注公共信号的总体质量和一致性。

在赛后图像技术质量主观评价阶段，创建《公共信号VQC、AQC评分表》，对每路公共信号视频图像质量进行主观评价，写清存在问题并于次日上报主播机构。

自9月19日杭州亚运会开赛至10月8日闭幕，视频技术质量控制团队共完成50个场馆、78个项目、24路4K超高清信号、83路高清信号的视频质量监控工作。提前与44个技术团队积极沟通，完成20套4K超高清转播系统、35套高清转播系统视频质量技术测试。在20套4K超高清转播系统中，8套4K超高清转播系统同时制作4K和高清信号，12套4K超高清转播系统通过下转换的方式制作高清信号。赛期20天内累计完成高清公共信号质量监控时长2920小时，4K公共信号质量监控时长1011小时，累计监控高清公共信号路数635路，4K信号路数164路。其中，单日最高监控路数达52路，单日最高测试系统数量达31个。

杭州亚运会视频技术质量控制岗位的设立，填补了公共信号制作期间节目质量控制中心系统对技术质量把控的空白，进一步规范和统一了超高清制作要求和高动态范围—标准动态范围转换关系，显著提升了公共信号整体制作水平，向国际性高等级重大体育赛事转播的质量控制提供了重要参考和实践指导。

基于深压缩的8K一体化IP播出服务器研制

根据中央广播电视总台"5G+4K/8K+AI"发展战略和超高清视音频制播呈现国家重点实验室技术科研规划，技术局面向8K大屏节目个性化的运营需求，积极开展"基于深压缩的8K一体化IP播出服务器关键技术的研究"项目并展开测试工作，旨在探索基于深压缩的8K一体化IP播出服务器的系统架构，开发编解码、切换、图文等功能模块，试制基于深压缩的8K一体化IP播出服务器。

该项目结合AVS3 8K（超高清视频编码）深压缩文件的解码、切换、图文、编码等功能要求，研究在压缩编解码算法、压缩数据帧型结构、净切换机制、实时图文包装等方面的关键技术，实现8K节目在深压缩方式下的播出与应用。

在解码方面，采用GOP级的并行解码和SIMD指令集优化的方法，充分利用中央处理器（CPU）资源来进行视频解码加速，创建多个解码器内核，应对AVS3 8K编码视频的高复杂度和高码率运算，有效解决实时解码的性能问题。

在编码方面，采用主从节点架构，主节点主要负责视音频信号的采集、预处理、编码等工作，从节点则只负责编码工作。主从节点通过高速网卡传输数据，主节点将需要从节点负责编码的YUV数据传输到从节点，同时从节点将编码压缩后的数据传回主节点，主节点合并编码数据后正常完成封装层的工作，完成整个编码链路。编码过程采用编码块提前决策、预测模式提前决策、快速运动搜索等一系列AVS3 8K优质高效编解码算法，尽可能避免无效计算，实现实时编码，并将画质的损失控制在很小的幅度内。

在净切换方面，针对深度压缩的IP信号，每个GOP会有IPB帧的图像，对PB帧作为切换点则会出现卡顿或者马赛克现象，此次研制的深压缩服务器通过监控前后深压缩数据的GOP，基于I帧进行切换，达到在1个GOP控制内的净切换效果。建立监控模型，优化深压缩画面组的关键帧缓存，通过实时监测 CPU 和内存负载，动态调节下一个视频解码任务的运行状态，提高整机 CPU 的负载均衡。

在图文叠加方面，静态图文可以支持全帧解码，动态图文全帧解码性能不够，需要提前预读、预解、预裁、缓冲等，再实时叠加，通过增加线程池预读，提取有效区域以减少运算量。根据动态图片数量自由配置缓冲池，避免 IO 过多读取造成性能不足问题；设置多个并行的运算单元来实现动态文字和视频的混叠。通过对图文控制器的数据结构和流程的优化，减少中间数据的拷贝，提高数据使用效率，进而提升图文包装性能。

该项目通过技术标准调研和设备选型，探索视频服务器适用的系统框架、功能和性能，研制一种基于 8K 深压缩编码播出的一体化 IP 服务器。服务器应用于节目播出工程项目中，与播出域其他设备交互，按照播出下级机的控制指令，完成本地文件自动播出，支持 AVS3 8K 文件编解码、净切换控制和图文叠加功能，实现 8K 节目在深压缩方式下播出与应用。同时，服务器采用自主知识产权标准，加快了制播领域关键设备的国产化进程。

全遥控微型云台摄像机直播系统

2023 年 5 月 18 日至 19 日，首届中国—中亚峰会在西安国际会议中心举行，中央广播电视总台依托"5G+4K/8K+AI"战略布局，充分发挥融合传播优势，全方位报道峰会盛况。峰会转播期间，节目信号制作增加多种特种设备和传输手段，西安国际会议中心共使用 12 套特种设备，其中包括 6 套全遥控微型摄像机。以峰会圆桌为应用环境，因地制宜地开展特种设备技术实施，向世界传递中国声音，阐释中国方案。

在圆桌会议花坛内部，架设 6 套 4K 超高清遥控微型摄像机，视频和控制信号通过光端机传回转播车，实现一个遥控面板控制多台遥控摄像机的远程制作模式，运用自制光端传输系统实现 12G 信号和控制信号传输。与以往不同的是，此次活动因圆桌等限制因素，最终采用六合一光纤盒代替 SMPTE 复合光缆的方式，将视频和控制两个信号分为两路光纤传输，并在后端各取所需，减少额外的传输设备和传输链路。摄像机本身选用前端外部供电，并在此基础上增加一台交换机和一台独立 4K 光端机，实现 6 个摄像机的 IP 控制链路备份和主机位视频链路备份，最大程度上保障设备稳定运行。

6 套微型遥控云台摄像机架设在圆桌中花坛四周，镜头高度与各国领导人坐姿视线相近，并用中等焦距实现人物半身画面的拍摄。在机位架设上，考虑到机位布置的可实施性，此次摄像机的位置选取不仅需要配合花坛内鲜花的摆放，更要时刻注意摄像机的稳定工作状态，包括摄像机的开机自检、视频和遥控信号的备份方案，做到步步配合跟进，及时修正调整。

首届中国—中亚峰会的全遥控微型云台摄像机直播系统实现重大时政全遥控直播，所有摄像远程操作，减少现场人员，保证会议现场干净整洁，安全高效。大外场的融合调配，使人员的配备和各工种之间的配合衔接更加流畅，优化外场人员配比和数量，进而保证转播任务顺利完成。

采编、制作、媒资管理与共享新技术及应用

总台"全球新闻云"应用实践

"全球新闻云"是技术局积极响应国家内宣外宣战略，贯彻落实总台关于打造国际一流新型主流媒体要求，并结合总台实际新闻业务发展和生产需要而重点打造的新一代全球新闻一体化全媒体生产平台。该平台致力于实现总台全球化全媒体新闻业务的快速采集、高效生产、首发首推、安全可控、灵活迭代等业务目标。在"5G+4K/8K+AI"战略布局下，运用超清化、移动化、智能化等媒体融合技术，全面提升新闻报道的时效性、传播力和影响力。该平台以总台北京本部为核心，以国内外总站为外延节点，以记者站和单兵记者为触角，形成覆盖全球的新一代新闻全媒体云制播网络，可为遍布全球的总台新闻记者提供面向广播、电视和新媒体各渠道的轻量化、移动化、智能化等全媒体技术支撑，实现新闻内容在可管可控前提下"一次采集、全面共享、多元编辑、多元传播"。

一、部署建设

总台"全球新闻云"在全球范围内采用"1+4+N"部署模式，建设一个台本部私有云节点和四个全球公有云节点，并附以多个公有云加速节点，共同支撑起总台各新闻类频道、频率和新媒体内容的一体化融合生产。

同时，"全球新闻云"在总台北京本部私有云和四大公有云节点均部署多个逻辑上具备独立资源和业务应用的可用区。各可用区部署的业务具备"单元化"特征，一次业务动作不依赖其他可用区，彼此相互独立，并具备数据同步能力，互为灾备可用区，进一步确保新闻生产业务安全稳定运行。

二、技术优势

（一）提升发稿效率和数量

"全球新闻云"与总台新闻类重点发稿平台（如新闻中心、CGTN、新闻新媒体中心、华语环球节目中心、财经节目中心等）选题报送和稿件回传渠道完成对接，用户可使用该平台一键完成全媒体、多渠道的"一题多报"和"一稿多发"，大幅简化报题和供稿流程，提高新闻生产效率。

此外，"全球新闻云"具备详细的数据统计查询功能，用户回传的每条稿件均会被单独标记ID，并按照节目引用情况进行统计，供用户查询、核对和统计工作量使用。

（二）提高现场到达率

总台"全球新闻云"的"互联网线索"功能可针对用户提供的区域内新闻机构发布的热点信息进行实时爬取和归类，丰富了用户第一时间了解区域内所发生热点事件的信息报道渠道。用户只需携带轻量便捷的终端设备（笔记本电脑、手机等），即可快速出发赶往事发现场，借助"全球新闻云"极轻量化的演播能力，快速在现场通过互联网完成直播工作，如采访报道、记者连线等，并使用"全球新闻云"智能化的稿件编辑和节目制作工具，前后端协同完成新闻稿件素材的接力制作，在最短时间内供稿至总台大小屏多渠道播出，从根本上提高现场到达率，保障新闻内容生产时效性。

(三) 增强传播效果

得益于与总台新闻类重点发稿平台的对接，用户可以使用"全球新闻云"安全高效地完成"一题多报"和"一稿多发"，对电视、广播、新媒体等全媒体播发渠道进行广泛覆盖，有效扩大触达受众总人次，进一步增强新闻内容传播效果。

(四) 优化流程管理

"全球新闻云"支持"三审三校"制度，也可根据用户的实际业务流程进行定制化配置。选题与稿件的编辑、审核等信息均有明确的记录留存，确保新闻内容生产流程各环节的透明性和可追溯性。同时，所有选题和稿件均支持多维度的筛选查询，便于用户定期进行统计和管理工作。

三、应用案例

"全球新闻云"作为总台新一代新闻全媒体生产体系建设的重要成果，已全面支撑起总台、国内及海外总站用户的常态化新闻生产制播和发布工作。技术团队始终致力于为用户日常生产应用提供全方位的技术保障服务。2023年，总台"全球新闻云"注册用户数量累计3025人，完成各类型素材交互1.7亿次、新媒体发布79 004条、稿件回传23 340条、选报题16 321条、云演播2849场。技术团队及时响应用户相关咨询达10 813次，开展现场培训或技术支持59天。

其中，第78届联合国大会期间，北美总站通过"全球新闻云"顺利完成大会的现场制播报道任务，总计制作回传29条新闻素材，被各频道、栏目引用和播出361次。2023年APEC峰会期间，北美总站使用"全球新闻云"进行现场稿件制作回传24条，共计被频道播出引用367次。非洲总站因当地网络情况受限，文件传输效率不稳定，使用"全球新闻云"后，传输效率得到明显提升，南非金砖峰会期间共向总台供稿24条，被总台各频道播出使用超300次。

2023年，"全球新闻云"还高质量助力多项重大时政活动和新媒体直播活动。

(一) 中老铁路客运开通直播

2023年4月13日，"一带一路"标志性工程——中老铁路正式开通国际客运。"全球新闻云"建设团队前往中老边境口岸，协助总台亚洲非洲地区语言节目中心老挝语部和云南总站成功完成现场多种类、多数量终端在云端首次跨境直播应用，提供给总台央视频、央视新闻、新闻频道、财经频道、老挝国家电视台新闻频道、脸书等众多国内外全媒体平台同步播出，受到国际社会广泛关注。

在直播中，"全球新闻云"充分展现其移动便捷、稳定高效的云化演播能力，通过云演播将位于中老两国八地的多路手机和摄像机信号推流至互联网，完成长达8小时不间断跨境推流工作。同时，首次远程对接和推流无人机信号，供大小屏播出平台使用。此外，"全球新闻云"顺利实现将本地信号通过"上云+下云"的方式远距离传送至卫星车供电视大屏播出，灵活解决了远距离直播场景中摄像机与卫星车因距离过远而无法传输信号的问题，助力用户在全媒体直播报道中扩充直播手段、丰富直播内容、提升直播效果。

(二) 巴以新一轮冲突直播报道

2023年10月，巴以新一轮冲突爆发。技术局收到CGTN紧急业务需求，要求立刻提供前后方连线直播服务。技术局基于"全球新闻云"即时响应服务，快速搭建直播访谈演播区系统，供线上嘉宾加入节目评论，与台内主持人进行实时互动。相关节目于10月14日至16日每天播出2—3小时，连续开展"巴以现场实时直击"直播连线活动，并持续通过微博平台的CGTN账号进行发布，向世界展现中国视角、发出中国声音。

其间，欧洲总站使用"全球新闻云"对接TikTok平台CGTN欧洲总站官方账号，客观真实地直播呈现出现场情况。直播全程视频画面稳定，播放流畅，未出现卡顿或断流的情况。画面质量清晰，真实呈现冲突现场状况。"全球新闻云"充分发挥全球覆盖、全球协同生产、全球传播等优势，在支撑各总站常态化新闻生产的同时，进一步提升了各类突发新闻事件报道的时效性。

四、价值与意义

总台技术部门始终牢牢把握创新这条主线，以国家中长期科技发展规划为导向，以技术安全保障、智能运行服务、科技创新支撑、融合传播覆盖等四大能力建设为支撑，保持科技创新的持续推动力，不断探索新的软硬件技术以打造超清化、移动化、智能化的技术体系，"聚变"式提升总台新闻制播生产效率和效果。同时，深入调研新闻节目生产业务，探索应用包括人工智能、大数据、云生态、5G等诸多世界前沿技术，遵循总台"云网一体化"技术路线，全力全面优化"全球新闻云"全媒体生产平台。通过持续优化业务应用和流程，为总台业务部门在全球范围内的节目生产制播、日常流程管理统计等方面提供强有力的技术支撑与服务保障；进一步深化总台内部以及总台与总站间的业务技术交流，让技术持续创新赋能新闻采编播业务和精品节目制作；推动总台新闻制播技术的不断迭代升级，夯实"思想＋艺术＋技术"融合传播理念，不断提高总台节目制作创新能力。

总台"广播电视新媒体媒资项目"稳步推进

"广播电视新媒体媒资项目"是技术局按照总台"十四五"科技发展规划，落实"三个转变"的重要举措，目标是构建标签化、移动化、智能化的新型媒体资产服务能力。总台"广播电视新媒体媒资项目"团队运用人工智能等先进技术，充分挖掘媒体资产价值，为总台融媒体生产播发带来更多更好媒体资产资源服务支撑。

首先，该项目在已保存近300万小时电视节目素材视音频资料和近200万小时广播及版权音乐纯音频资料的基础上，成为新媒体（2+4+N）各生产平台原创成品高质量节目的长期存储系统，同时提供广播电视新媒体素材为各类制作平台提供检索浏览下载的媒资服务。特别设计开发支持新媒体用户以移动互联网访问方式下载到终端的服务功能。其次，该项目全面继承新媒体原创内容的标签数据，并展示新媒体传播大数据，面向总台各类用户提供基于标签检索、基于栏目节目树等方式的媒资服务方案，更好提升用户使用体验。再次，该项目积极探索外场大型赛事在"小前场、大后场模式"下提供高质量素材，并从技术上实现当天（T+0）高效入库。同时，针对"大前场模式"，技术团队开发赛事期间收录新媒体码率赛事素材当天入库功能，便于新媒体用户的广泛共享使用。最后，基于总台媒资云，为各地方总站提供媒资服务，包括基于总站互联网及移动互联网络条件下的素材入库、下载、互联网传输加速及具备版权保护手段的下载到端服务。另外，技术团队使用成熟的 AI 能力，为媒资系统标签化生产方式、媒资查重、敏感资源设限管理、数据回溯等提供支持，为总台媒资服务提质增效；不仅重构媒资云移动端"掌上通"服务，还实现电视节目入库备播系统与全媒体媒资资源服务系统剥离解耦和媒资云业务监控服务功能，实现完备信息安全和国产化数据库使用。

2023 年，技术局及音像资料馆项目组人员紧密配合，围绕总台全媒体发展战略，坚持守正创新，坚持用户思维，按计划积极稳步推进项目建设各项工作。截至 2023 年年底，项目主体建设完成上线，主要包括以下几项工作：一是总站媒资子系统上线，并提供试用功能；开展面向 12 个国内总站人员的系统培训推广工作。二是完成标签编目子系统上线，系统功能提供给音像资料馆试用。三是完成中心媒资系统上线工作，系统升级视频和音频检索。推出体育赛事当天的赛事素材入库及提供服务支持。新媒体下载到终端等功能面向全台节目部门编辑用户和新媒体百余名用户试用，完成媒资云服务"掌上通"功能的切换升级。四是启动数据库国产化分步替代工作，完成总站媒资子系统数据库切换升级，改为使用华为高斯数据库系统，不再使用国外公司开发的数据库，这标志着总台国产化工作进入实质阶段。整体来看，总台"广播电视新媒体媒资项目"卓有成效，为后续项目的推进奠定基础。

CGTN 多语种新媒体演播区制播能力提升

CGTN 多语种新媒体演播区位于总台光华路办公区塔壹 35 层，以西班牙语、法语、阿拉伯语、俄语等语种节目为主要服务对象。技术团队于 2023 年 2 月对总台光华路办公区塔壹 35 层新媒体演播区进行直播能力扩建，服务多语种新媒体节目制作 240 余场，面向国内外新媒体平台分发。具体技术特点如下：

一、演播区 5G 网络覆盖具备快速接入及制作能力

CGTN 多语种新媒体演播区已覆盖 5G 网络，在较低的延时和传输带宽保障下，为互联网信源接收和推送带来质量和可靠度。CMG 媒体云提供全球连线服务，结合 CGTN 多语种新媒体演播区采集制作设备，促使远程互动类应用逐步成为 CGTN 多语种新媒体节目的常态制作手段。例如，新闻类新媒体节目、网红工作室专题类新媒体节目，可以即刻发起全球直播连线，配合无人值守的虚拟演播室和轻量化制作包装设备和 H5 播放终端，快速向对象国进行了新媒体直播分发。

二、设计新媒体配音设备支持多语种配音直播

在 CGTN 多语种节目制播中，直播信源来源较广、涉及语种较多、新媒体首发需求大，对不同国籍的配音编辑人员来说，配音需要监听不同语种的内容。技术团队设计 CGTN 多语种新媒体移动配音设备，满足多语种配音中多名配音人员需个性化监听不同声音源的需求。设备兼顾轻量、移动、集约等特点，可兼容各类型拾音设备，根据音视频识别码进行直播流

的实时分解，自由配置多人监听，实现直播流同声传译、交互式传译配音制作。

三、将AI横竖转换嵌入新媒体制播流程

技术团队将总台AI横转竖能力集成于总台光华路办公区塔壹35层新媒体演播区和CGTN多语种新媒体支撑系统，辅助CGTN多语种新媒体节目制播，实现新媒体内容横竖屏同时制作输出的制播形态。根据不同节目展现形态，可通过人工手动干预方式选取裁切区域，达到更精准的竖屏裁切及平移制作效果。同时，对网站视频的竖屏转换，技术局对CGTN西班牙语、法语、阿拉伯语和俄语网站前端播放器进行竖屏适配开发。多语种用户可直接选取素材库中竖屏视频用于网站及第三方平台的视频稿件发布，推动AI技术在新媒体对外报道内容生产侧的常态化应用。

传输、覆盖、监测监管新技术及应用

基于"SD-WAN+互联网"技术的跨省远程制作探索实践

2023年，技术局结合浅压缩编码应用实践，深入探索"保质量、提效率、降成本"的技术路径。为应对各种节目多元化制作需求，依托"软件定义广域网（SD-WAN）+互联网"的网络架构，以"低成本、低时延、高质量"为目标，总台技术团队分别在杭州亚运会田径项目和成都大运会网球项目转播期间，积极开展基于"SD-WAN+互联网"技术的跨省远程制作探索实践，完成跨省远程制作时延专项测试工作。

一、远程制作时延专项测试系统构建

转播前方技术系统分别位于成都的四川川投国际网球中心和杭州奥体中心体育场，技术团队人员配置前端业务交换机、防火墙、IP摄像机、示波器、JPEG-XS编解码器等设备，后方技术系统位于总台北京光华路办公区49层5G实验室，技术团队人员配置后端业务交换机、防火墙、远程控制面（RCP）、源名显示系统（TALLY）服务器、XS编解码器、切换台、画面分割等设备。

核心制作系统采用基于IP架构的箱式转播系统。视音频信号通过ST 2110-20/30（无压缩视频标准/无压缩音频标准）协议封装为IP信号，通话、TALLY、摄像机控制等信号也以IP方式通过网络进行传输和调度。

技术团队于总台光华路办公区和四川川投国际网球中心各租1条中国联通互联网专线和1条中国电信互联网专线。利用SD-WAN技术在中国联通和中国电信骨干网络各虚拟出一条专属高速加密传输通道。利用SD-WAN网络传输优化、调配纠错、抖动缓冲等技术，同时配备防火墙功能，以较低的成本，实现接近点到点专线的安全性和稳定性的跨省传输通道。这一举措打破以往仅能通过租用运营商点到点专线才能传输节目视频流的限制，为节目制作大大降低了成本。此外，采用"SD-WAN+互联网"技术，开通速度更快，部署更加灵活，为节目制作节省时间。

二、跨省远程制作解决方案的全面印证

关于远程制作测试过程中的传输业务信号的编码格式，视频采用 JPEG-XS 浅压缩编码信号，音频采用 ST 2110-30（无压缩音频标准）无压缩编码信号，通话、TALLY、RCP 控制信号采用 TCP/IP（传输控制/网络协议）单播形式传输。跨省远程制作专项测试以"远程制作链路处理时延"为测试核心，探究远程制作过程中信号处理时延和链路处理时延的问题，在业务信号安全稳定可靠接收的前提下，优化相关设备参数，最大限度降低远程制作信号链路处理时延，兼顾防火墙安全功能测试，探究远程制作系统接入防火墙后加强网络安全防护的同时，设定防火墙安全防护功能对音视频业务信号产生的影响，以及相关安全防护功能的检测阈值。在专项测试过程中，前端技术团队通过远程通话系统调度后端技术人员进行信号切换，观察低时延下"切点"效果，与本地切换效果保持一致。

三、远程制作全链路及各环节的时延测试

（一）时延数据测试

在此次跨省远程制作探索实践中，技术团队重点完成了时延专项测试的所有内容。通过测试远程制作时延主备"SD-WAN+互联网"链路，得出最大 PING（因特网包探索器）延时链路约为 35 毫秒，主备链路差值约为 3 毫秒。在上述传输条件下，优化系统处理设备参数，传输高清 50i 的浅压缩信号往返（成都—北京）最低时延值为 170 毫秒，摄像机视音频业务信号及节目母线返送业务信号可以安全稳定可靠传输。传输高清 50p 的浅压缩信号往返（成都—北京）最低时延约为 100 毫秒，摄像机视音频业务信号和节目母线返送业务信号可以安全稳定可靠传输。传输 4K 50p 浅压缩信号往返（杭州—北京）最低时延约为 100 毫秒，摄像机视音频业务信号和节目母线返送业务信号可以安全稳定可靠传输。

通过时延专项测试，技术团队发现远程制作系统信号时延调整需要根据主备传输链路状况、视频信号压缩比、核心系统选型等因素而定，核心宗旨是以保证业务信号安全稳定可靠的传输为前提，最大限度优化远程制作链路处理设备的参数。

（二）国产防火墙应用

在专项测试过程中，远程制作前端系统和远程制作后端系统均加入国产防火墙设备，验证防火墙对远程制作业务时延和稳定性均无影响，防火墙开启病毒过滤、入侵检测、攻击防护等三种安全防护功能，提高远程制作前后两端系统在"SD-WAN+互联网"传输链路上的安全性。通过设置防火墙相关的安全策略和防护功能阈值，增加安全防护性能，根据远程制作时延测试系统使用到的标准协议、厂家私有协议，调整防火墙的白名单列表，避免防火墙设备对远程制作过程中的业务视音频信号和控制信号的影响。

该系列远程制作后端处理系统采用基带架构、IP 架构和算力架构，不仅提高现有设备的兼容性，也拓展转播技术的前瞻性。远程制作时延专项测试也为互联网"低成本、低时延、高质量"的浅压缩远程制作提供重要理论数据依据及主观观测数据。

无线网格网络自组网结合高通量卫星系统在深中通道移动直播中的应用与实践

深中通道西起中山，东至深圳，集合"桥、岛、隧"三种结构（包括中山大桥、伶仃洋大桥以及西人工岛、东人工岛和海底隧道）。海底隧道部分全长6.8千米，整体呈"W"形，由32个管节组成，最深处距离海平面39米。在"深中通道主线正式贯通"直播报道时，深中通道部分桥面、路面仍在施工过程中，各项基础设施仍不完善，通信设施不完备，尤其是隧道段无任何信号，处于"信息孤岛"的状态。

经过与节目部门的深度沟通，技术团队确定行进中直播报道方式。一是在深中通道中山段起点处，记者直播连线并在行进中进行直播报道。二是在伶仃洋大桥进行行进中直播报道。三是在西人工岛隧道口，由岛到隧的转换过程中进行行进中直播报道。四是在海底隧道最低处进行定点直播报道。五是在东人工岛，由隧到岛的转换过程中进行行进中直播报道。

同时，节目组还设计了移动拍摄车及无人机航拍车，以便在行进中进行多角度的画面支撑，丰富直播报道画面。

为了保证报道效果，总台卫传团队制定了完善的技术方案，并根据报道窗口的实际情况，提出无线网格网络（Mesh）自组网结合高通量卫星传输系统的信号传输模式，以保证整个深中通道信号传输全程有效。

首先，桥岛部分以高通量动中通卫星车作为核心节点，通过Mesh自组网构建区域覆盖，将移动拍摄车、无人机航拍车和高通量动中通卫星车纳入同一网络，在高通量动中通卫星车上完成信号的汇聚与切换制作。同时，通话系统与视音频业务一起通过车载高通量卫星终端提供的网络通道实现一体化传输。其次，在海底隧道部分，涉及岛隧—隧道—隧岛三个分段，尤其是岛隧与隧岛的过渡段，技术团队采用Mesh自组网构建链式拓扑结构，将西人工岛隧道口到东人工岛隧道口串联在一起，并在东人工岛设置Mesh终端节点通过卫星传输视音频业务和网络通话，保证整个海底隧道部分的信号全覆盖。桥岛部分因与海底隧道部分使用不同的网络传输，西人工岛隧道口需要进行网络切换，由高通量动中通卫星车的互联网接入改为由Mesh链接至东人工岛高通量卫星站进行互联网接入。

根据技术方案，技术团队组建了移动直播报道车队，主要由高通量动中通卫星车、移动拍摄车和无人机航拍车组成。移动拍摄车配备两个自带稳定器的镜头，分别装置于车顶和车尾，可提供大自由度的画面支持。无人机航拍车配备两架无人机互为补充，并在车内选切出一路作为航拍信号提供画面支持。车队在行进中通过2.4GHz频段Mesh自组网完成信号互联，并完成海上大桥段的直播报道任务。

在海底隧道部分，技术团队选用1.4GHz频段Mesh设备，并在高通量动中通卫星车上架设节点，使局域网络覆盖与长距离网络接续统一到Mesh这一技术体系，以与车队Mesh信号互联作区分，简化系统设计，降低系统运行复杂度。

本次深中通道直播报道任务在海底隧道实现了全程信号覆盖，并完成了总长20余千米包含"桥、岛、隧"等复杂环境的移动直播，综合运用高通量卫星传输系统、Mesh自组网系统、IP编解码系统、专业通话系统等，通过网状网与链式网络拓扑结构实现信号汇聚与接续式传输，突破了海底隧道这一"信息孤岛"的桎梏，为节目形态的创新提供了新方式，进一步提高总台在各种环境下的信号覆盖能力和传输能力，提升了应急突发直播报道水平。

广播电视技术标准制定情况

2023年度总台广播电视和网络视听技术标准发布情况统计表

序号	标准名称	标准类别	标准号	发布时间	发布部门	制订/修订
1	The present state of ultra-high definition television	国际标准	ITU-R Report BT.2246	2023-03	国际电信联盟	修订
2	A method of skin tone analysis for programme production	国际标准	ITU-R Report BT.2525	2023-09	国际电信联盟	制订
3	4K超高清晰度电视节目录制规范	行业标准	GY/T 364—2023	2023-03	国家广播电视总局	制订
4	4K超高清晰度电视节目文件格式规范	行业标准	GY/T 365—2023	2023-03	国家广播电视总局	制订
5	IP交换矩阵技术要求和测量方法	行业标准	GY/T 367—2023	2023-03	国家广播电视总局	制订
6	超高清晰度电视节目制作系统分布式存储技术要求和测量方法	行业标准	GY/T 366—2023	2023-03	国家广播电视总局	制订
7	三维声编解码及渲染	行业标准	GY/T 363—2023	2023-03	国家广播电视总局	制订
8	数字电视转播车技术要求和测量方法	行业标准	GY/T 222—2023	2023-03	国家广播电视总局	修订
9	高速运动下基于5G网络的4K超高清直播技术要求和测试方法	团体标准	T/CSMPTE 25—2023	2023-11	中国电影电视技术学会	制订
10	融媒体大数据技术规范——电视频道数据指标	总台标准	CMG/J 101—2023	2023-05	中央广播电视总台	制订
11	融媒体大数据技术规范——新媒体数据采集	总台标准	CMG/J 102—2023	2023-05	中央广播电视总台	制订
12	融媒体大数据技术规范——新媒体数据指标	总台标准	CMG/J 103—2023	2023-05	中央广播电视总台	制订

续表

序号	标准名称	标准类别	标准号	发布时间	发布部门	制订/修订
13	融媒体大数据技术规范——新媒体用户画像	总台标准	CMG/J 104—2023	2023-05	中央广播电视总台	制订
14	中央广播电视总台8K超高清JPEG XS信号传输技术规范（暂行）	总台技术规范	—	2023-02	中央广播电视总台	制订
15	中央广播电视总台8K超高清JPEG XS编码MXF文件交换格式技术规范（暂行）	总台技术规范	—	2023-02	中央广播电视总台	制订
16	"云边端"（CET）全媒体内容生产平台技术白皮书（2022版）	总台白皮书	—	2023-03	中央广播电视总台	制订

2023年度总台广播电视与网络视听技术专利授权情况统计表

序号	专利名称	专利类型	专利号	授权时间
1	一种4K8KIP制播调度控制方法、装置和系统	发明	ZL202211169292.2	2023-01
2	视频画面漂移识别方法、装置及计算机设备、存储介质	发明	ZL202211437241.3	2023-03
3	融合媒体云自适应访问控制方法、装置、终端及介质	发明	ZL202010876532.7	2023-03
4	一种台标、时钟、副标控制方法、设备、存储介质	发明	ZL202211659756.8	2023-03
5	一种包装图文制作方法、设备、存储介质	发明	ZL202211660496.6	2023-03
6	音频流查看方法、装置，电子设备及存储介质	发明	ZL202110205122.4	2023-04
7	超高清视频信号的异常监测方法及相应装置	发明	ZL202110096356.X	2023-05
8	一种垃圾评论识别方法、装置及计算机可读存储介质	发明	ZL201810873081.4	2023-06
9	电视节目生产监控系统、方法和计算机程序产品	发明	ZL201811564846.2	2023-06
10	一种字幕编辑方法、装置及计算机存储介质、电子设备	发明	ZL201911046035.8	2023-09
11	频道包装及资讯播出系统	发明	ZL202210416186.3	2023-09
12	确定编码延时的方法、装置及电子设备、存储介质	发明	ZL202310729514.X	2023-09
13	频道包装及资讯播出系统的文件调度方法	发明	ZL202210415262.9	2023-09
14	媒体流收录方法、装置及计算机存储介质、电子设备	发明	ZL202010387830.X	2023-10
15	视频数据的处理方法、装置、设备及计算机可读存储介质	发明	ZL202210388188.6	2023-10
16	一种媒体设备流量精度分析方法、装置及可读存储介质	发明	ZL202110849832.0	2023-11

续表

序号	专利名称	专利类型	专利号	授权时间
17	IP媒体流处理方法、装置、计算机设备及可读存储介质	发明	ZL202111158279.2	2023-11
18	一种时钟校准方法、装置、计算机设备及可读存储介质	发明	ZL202210120423.1	2023-11
19	频道包装任务、包装项和包装子项的生成方法	发明	ZL202310158282.7	2023-11
20	切换方法及装置、视频净切换系统及方法	发明	ZL202210454179.2	2023-11
21	一种认证鉴权方法、设备、芯片及存储介质	发明	ZL202111322308.4	2023-11
22	一种基于电子节目单的用户专属频道定制方法、系统	发明	ZL202210356646.8	2023-12
23	一种实现净切换的方法、系统、设备及存储介质	发明	ZL202210897058.5	2023-12
24	用于电视台的审计系统和电子设备	发明	ZL202110700575.4	2023-12
25	演播系统监控方法、装置、计算机设备及可读存储介质	发明	ZL202111157679.1	2023-12
26	一种云台用俯仰轴臂及一种云台	实用新型	ZL202222987170.6	2023-03
27	一种云台用连接装置、云台及一种航拍无人机	实用新型	ZL202222995016.3	2023-03
28	一种云台用连接装置及一种云台搭载系统	实用新型	ZL202222987167.4	2023-03
29	一种直升机客舱顶棚用摄像机滑轨	实用新型	ZL202223189358.2	2023-03
30	一种航拍摄像设备辅助安装装置	实用新型	ZL202223225867.6	2023-03
31	一种无附盘的移动线缆轴	实用新型	ZL202222894546.9	2023-03
32	一种水下摄影云台	实用新型	ZL202222902521.9	2023-03
33	一种航拍陀螺仪吊舱安装装置	实用新型	ZL202223188406.6	2023-05
34	一种广播电视设备航拍用多功能机柜	实用新型	ZL202223188412.1	2023-07
35	一种轨道摄影车用减速装置	实用新型	ZL202320198748.1	2023-08
36	用于显示屏幕面板的信息管理图形用户界面	外观设计	ZL202230563102.X	2023-02
37	用于显示屏幕面板的信息管理图形用户界面	外观设计	ZL202230563073.7	2023-03
38	摄影云台	外观设计	ZL202230725861.1	2023-03

2023年度总台广播电视与网络视听软件著作权登记情况统计表

序号	软件名称	登记号	证书号	登记时间
1	超高清图像及肤色智能分析系统	2023SR0984649	13307690	2023-08
2	中央广播电视总台评选业务服务平台	2023SR1533048	12120221	2023-11

技术局主导的国际电信联盟独立报告书正式发布

2023年10月11日，由技术局主导的国际电信联盟独立报告书《一种电视制作中的肤色分析方法》（ITU-R BT.2525-0）正式发布，这是中国首次在国际电信联盟负责广播电视业务的第六研究组（ITU-R SG6）中主导的一份全新的报告书的编制和发布。该报告书于2021年度国际电信联盟无线通信部门秋季会议上由技术局首次提交，经过各国广播电视技术专家多轮会议讨论，在2023年度国际电信联盟无线通信部门秋季会议上获得通过，正式被纳入国际电信联盟国际标准体系。

人物肤色的还原度是影响电视节目图像质量的重要因素之一。特别是进入超高清时代，超高清高动态范围成像节目及超高清高动态范围成像与高清标准动态范围成像（SDR）节目相互转换时，确保人物肤色准确还原是全球电视工作者共同关注的议题。报告书《一种电视制作中的肤色分析方法》（ITU-R BT.2525-0）以总台超高清视音频制播呈现国家重点实验室视音频评测技术研究实验室的"超高清图像和肤色智能分析及转换方法研究"项目为基础，介绍总台在超高清节目制作中对人物肤色主、客观分析和呈现质量的研究成果。从色彩空间的选择、肤色测试方法到应用软件研发提出一套与人眼主观感受相一致、基于中国色彩空间理论$J_ZA_ZB_Z$、可用于自动化判别肤色的分析方法。

报告书《一种电视制作中的肤色分析方法》（ITU-R BT.2525-0）创新性提出区别于传统测试工具的肤色分析维度，即在中国色彩空间理论的基础上，通过分离计算图像的三个属性——亮度、色相和饱和度，对节目中的人物肤色进行无参考、单刺激、可量化的客观评测，在高动态、宽色域的条件下，对图像的色彩差异和亮度差异实现更准确识别，达到传统肤色分析方法无法辨别的感知精度。《一种电视制作中的肤色分析方法》（ITU-R BT.2525-0）相较于报告书《HDR电视制作操作实践指南》（ITU-R BT.2408）中提出的单一亮度指标，更能精准判别图像的呈现质量。

根据报告书中的测试方法和研发的测试工具，项目组成员对不同类型人物肤色进行了测试，确定了在电视制作中肤色呈现的色相、饱和度和亮度的参数区间值，补充了《HDR电视制作操作实践指南》和《中央广播电视总台HDR视频制作白皮书》（2022版）中关于肤色的色相和饱和度的参数区间值。依据测试结果，设置了电视中肤色呈现的安全区、告警区和不合格区，为总台超高清和高清节目制作中精准把控图像质量获得优质的视觉呈现效果提供了参考依据，也为超高清图像质量控制与评估体系提供了技术支撑。

肤色分析方法及软件已在总台前后期多个制作环节中得以应用。在演播室拍摄、外场转播和节目直播中，这种方法可对多机位摄像机拍摄的人物肤色进行一致性实时校准，辅助视觉工程师进行摄像机调整。在后期制作中，调色师单人不同时段或多人多时段制作节目时，可用于人物肤色的一致性校验，也可在技术质量控制、节目素材管理、成片技术审核等环节起到良好应用示范效果。

另外，总台技术局的科研与应用实践相关报告书《用于图像质量评价的高清、超高清及

HDR电视测试素材》《中国超高清HDR和高清SDR同播实践》《中国8K超高清电视大屏传播应用实践》相继被纳入国际电信联盟推荐报告中，成为超高清国际标准体系的重要组成部分，推动世界超高清技术发展。

三维菁彩声标准发布并投入应用

总台牵头组织起草的三维菁彩声标准，于2023年2月经过国家广播电视总局组织审查后形成《三维声编解码及渲染》，被批准为中华人民共和国广播电视和网络视听推荐性行业标准予以发布（标准号：GY/T 363-2023），在2022年世界超高清视频产业联盟发布的团体标准基础上，进一步提升标准的覆盖范围和影响力，并以Audio Vivid（三维菁彩声）品牌名称继续开展产业化推广。

2023年，总台积极开展与三维菁彩声标准相关的实践与验证工作。在2023年中央广播电视总台春节联欢晚会转播中，实现了基于标准规范的三维菁彩声播出，并在8K频道、"百城千屏"户外大屏和央视频客户端落地应用。3月，在上海总站完成AVS3（第三代数字音视频编解码技术标准）（8K）+三维菁彩声展示，实现三维菁彩声8K视音频编码流正确存储和读取。7月，在成都大运会转播中，总台担纲制作的开闭幕式、田径、体操、网球等公共信号采用三维菁彩声制作，并通过总控和新媒体集成发布平台，为"央视体育"提供三维菁彩声音频信号，在终端实现菁彩声双耳渲染。同时，技术人员在前方搭建三维菁彩声展示环境，实现对三维菁彩声多音箱渲染展示。9月，在杭州亚运会转播中，通过新媒体集成发布平台对前方信号进行5.1环绕声的菁彩声编码，在"央视体育"实现5.1环绕声的菁彩声双耳渲染，并对田径公共信号进行5.1.4的菁彩声编码，在"央视体育"的清流直播中实现三维菁彩声双耳渲染；同时，在前方搭建的三维菁彩声展示环境中，技术团队还运用央视频投屏助手APP，对三维菁彩声节目进行投屏展示。

（技术局供稿）

人员情况

2023年中央广播电视总台各系统在职人员情况统计

行政系统　735人
节目系统　8050人
技术系统　2083人
经营系统　270人
合计　11 138人

2023年中央广播电视总台专业技术职称人员统计

正高级职称　1155人
副高级职称　3490人
中级职称　5307人
初级职称　586人
合计　10 538人

（人事局供稿）

受众调查

2023年度中央广播电视总台电视端年度收视报告

一、2023年中央广播电视总台电视市场收视概况

1.中央广播电视总台频道组继续领跑全国市场份额

2023年，全国观众在电视市场日人均收视投入时间达93.25分钟，相对2022年（98.69分钟）有所降低。其中，中央广播电视总台频道组整体收视份额为29.37%。

2023年，总台各季度收视份额呈上升趋势，第三季度和第四季度收视份额分别达29.39%和30.96%，均创2020年以来新高。

2023年，在全国电视市场中，总台半数开路播出频道收视份额居于全国头部地位。总台10个频道进入全国市场收视份额排名前20名，排名前五均为总台频道，其中CCTV-1综合频道提升显著。这10个频道分别是CCTV-1综合频道、CCTV-8电视剧频道、CCTV-6电影频道、CCTV-4中文国际频道、CCTV-13新闻频道、CCTV-5体育频道、CCTV-3综艺频道、CCTV-14少儿频道、CCTV-2财经频道和CCTV-7国防军事频道。收视份额进入全国前20名的数量较2022年减少1个。全国市场收视份额排名前五的频道均属总台，即CCTV-1综合频道、CCTV-8电视剧频道、CCTV-6电影频道、CCTV-4中文国际频道和CCTV-13新闻频道。

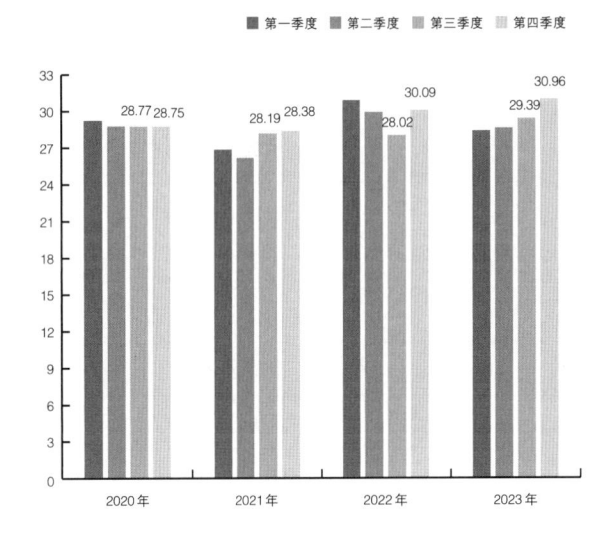

2020—2023年总台各季度收视份额（%）对比

相较于2022年，CCTV-1综合频道是全国上星频道中收视份额提升最多的频道（提升0.39个百分点）。另外，总台CCTV-3综艺频道、CCTV-5体育频道、CCTV-7国防军事频道、CCTV-9纪录频道、CCTV-11戏曲频道、CCTV-14少儿频道、CCTV-17农业农村频道、CCTV-5+体育赛事频道、CCTV-16奥林匹克频道等收视份额也有不同程度提升。

2023年全国上星频道收视份额排名前20名

2023年排名	频道名称	收视份额（%）2022年	收视份额（%）2023年	差值	排名变化
1	CCTV-1综合频道	4.32	4.71	0.39 ↑	—
2	CCTV-8电视剧频道	4.16	4.11	-0.05 ↓	—
3	CCTV-6电影频道	4.11	3.98	-0.13 ↓	—
4	CCTV-4中文国际频道	3.87	3.04	-0.83 ↓	—
5	CCTV-13新闻频道	3.15	2.55	-0.60 ↓	—
6	湖南卫视	2.07	2.36	0.29 ↑	—
7	CCTV-5体育频道	2.04	2.18	0.14 ↑	—
8	江苏卫视	1.56	1.88	0.32 ↑	1 ↑
9	CCTV-3综艺频道	1.45	1.68	0.23 ↑	1 ↑
10	浙江卫视	1.45	1.57	0.12 ↑	1 ↑
11	湖南金鹰卡通	1.70	1.35	-0.35 ↓	-3 ↓
12	上海东方卫视	1.05	1.34	0.29 ↑	3 ↑
13	CCTV-14少儿频道	1.05	1.21	0.16 ↑	3 ↑
14	山东卫视	1.19	1.12	-0.07 ↓	-2 ↓
15	CCTV-2财经频道	1.09	1.07	-0.02 ↓	-1 ↓
16	北京卫视	0.91	1.06	0.15 ↑	1 ↑
17	广东卫视	0.85	1.01	0.16 ↑	2 ↑
18	卡酷少儿频道	1.19	0.94	-0.25 ↓	-5 ↓
19	深圳卫视	0.71	0.92	0.21 ↑	2 ↑
20	CCTV-7国防军事频道	0.86	0.89	0.03 ↑	-2 ↓
—	前5名	19.61	18.39	-1.22	—
—	前10名	28.43	28.06	-0.37	—
—	前20名	38.80	38.97	0.17	—

2. 观众在不同类别电视节目中的收视投入格局与上年基本一致。总台在11个垂类节目市场中份额过半，5个垂类市场份额创2011年以来新高

在15个主要节目类型市场中，观众投入最大的三个类型累计投入时间占六成，分别是电视剧（37%）、新闻/时事（14%）和综艺（9%）。相对2022年，2023年观众对综艺、体育、戏曲、农业等类节目的收视投入有所增加，其中增幅最大的是综艺类节目，相对2022

年增幅达 11.36%。

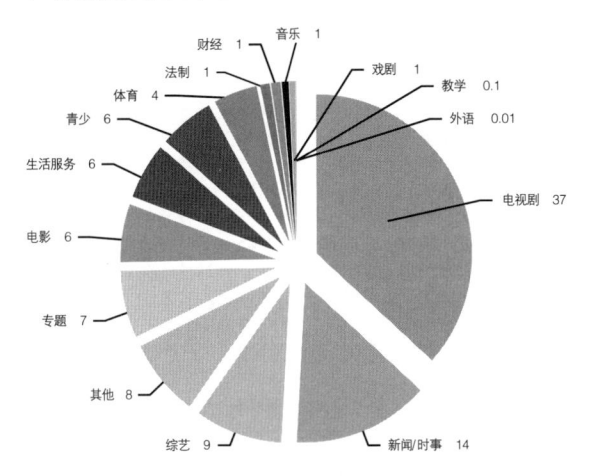

2023年全国市场各类型节目观众收视投入时间占比（%）情况

总台在新闻/时事、财经、专题、体育、电影、军事、纪录片、戏曲、法制、音乐、农业等11个类型节目全国市场份额占比超过50%。其中，财经、体育、军事、音乐、农业和电影类节目的收视份额超过80%。

从历史数据来看，总台在综艺、体育、戏曲、农业、电影等五类节目市场中的收视份额创2011年以来新高，在新闻/时事、财经、电视剧、法制等四类节目市场创历史第二好成绩，在纪录片、音乐、青少等三类节目市场创2021年以来新高。与2022年同期相比，农业（87.23%）和青少（27.75%）类份额提升明显，分别提升25.98个百分点和7.44个百分点。

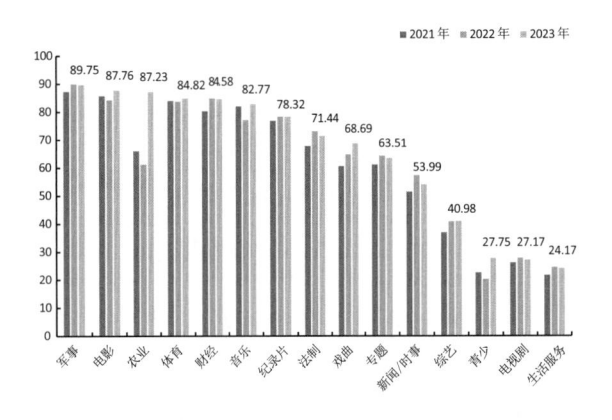

2021—2023年总台在全国各类型节目市场收视份额占比（%）情况

总台专业性频道在对应垂类市场也继续保持领跑状态，CCTV-7国防军事频道、CCTV-17农业农村频道、CCTV-6电影频道、CCTV-2财经频道、CCTV-5体育频道、CCTV-10科教频道、CCTV-15音乐频道、CCTV-11戏曲频道等在垂类市场的份额均超过66%。

2022—2023年总台专业性频道在对应垂类市场收视份额（%）对比

频道名称	节目类型市场	2022年	2023年
CCTV-7 国防军事频道	军事	87.19	87.24
CCTV-17 农业农村频道	农业	61.25	87.23
CCTV-6 电影频道	电影	82.59	85.72
CCTV-2 财经频道	财经	84.82	84.58
CCTV-5 体育频道、CCTV-5+ 体育赛事频道和 CCTV-16 奥林匹克频道	体育	78.51	81.99
CCTV-10 科教频道	科教	76.24	74.53
CCTV-15 音乐频道	音乐	64.34	71.25

续表

频道名称	节目类型市场	2022 年	2023 年
CCTV-11 戏曲频道	戏曲	63.69	66.39
CCTV-9 纪录频道	纪录片	32.05	35.46
CCTV-12 社会与法频道	法制	30.18	28.87
CCTV-14 少儿频道	青少	17.45	24.07
CCTV-3 综艺频道	综艺	23.31	23.78
CCTV-13 新闻频道	新闻/时事	25.09	22.59
CCTV-8 电视剧频道	电视剧	14.44	13.56

3. 中老年观众仍是电视收视投入最多的观众群体，大年三十当天是各类型观众全年收视投入时间最多的一天，大型赛事期间高收入观众相对集中

近几年，55 岁以上观众仍然是在电视上收视投入时间最多的观众群体，其中 65 岁以上观众 2023 年人均收视时长为 205.46 分钟，超过总体平均水平的 2 倍。2023 年，55—65 岁观众人均收视时长为 139.32 分钟，是总体平均水平的 1.5 倍。2023 年，总台在 55 岁以上观众中的份额为 36.18%。

从全年的收视高峰来看，大年三十是全国电视观众收视投入时间最多的日子。2023 年大年三十当天人均收视时长为 162.49 分钟，相对全年平均水平提升 69 分钟，增幅达 74%。大年三十也是各类观众全年收视投入时间最多的日子。从年龄层次来看，大年三十当天提升最多的是 15—24 岁观众，增幅达 200.62%。从受教育程度来看，大学以上高学历观众提升最多，增幅达 109.40%。2023 年大年三十，总台在观众总体份额中占比 42.62%；在青少年观众中的份额为 43.46%；在大学以上高学历观众中的份额为 48.86%。

大型赛事转播对特定观众群体的收视行为也起到明显拉动作用。杭州亚运会期间，高收入观众收视相对集中，个人月收入 10 000 元以上的观众对总台 CCTV-5 体育频道、CCTV-5+ 体育赛事频道、CCTV-16 奥林匹克频道等 3 个体育频道的收视投入是平时的近 4 倍。杭州亚运会期间，总台在观众总体中的份额为 33.59%，在高收入观众中的份额为 38.50%。

二、2023 年总台电视频道传播效能

1. 总台频道组月均观众规模超 8 亿人，总台 9 个频道月均观众规模超 3 亿人，CCTV-1 综合频道月均观众规模超 5 亿人

2023 年，总台月均观众规模 8.60 亿人，较 2022 年（8.82 亿人）略有减少。

在全国市场 87 个上星频道中，月均观众规模超 5 亿人的频道仅有一个，即 CCTV-1 综合频道（5.68 亿人）。月均规模在 3 亿人至 5 亿人的频道有总台专业化地位突出的 8 个频道（CCTV-6 电影频道、CCTV-8 电视剧频道、CCTV-4 中文国际频道、CCTV-3 综艺频道、CCTV-13 新闻频道、CCTV-2 财经频道、CCTV-5 体育频道和 CCTV-7 国防军事频道）和 1 个省级卫视频道（湖南卫视）。

2022—2023年上星频道月均观众规模区间分布情况

（从上至下降序排列）

频道组	月均观众规模（人）	2022年	2023年
总台央视	超过5亿	CCTV-1综合频道（5.68亿） CCTV-6电影频道（5.05亿）	CCTV-1综合频道（5.68亿）
总台央视	3亿至5亿	CCTV-8电视剧频道 CCTV-4中文国际频道 CCTV-13新闻频道 CCTV-3综艺频道 CCTV-2财经频道 CCTV-5体育频道 CCTV-7国防军事频道 CCTV-9纪录频道	CCTV-6电影频道（4.73亿） CCTV-8电视剧频道（4.15亿） CCTV-4中文国际频道（3.69亿） CCTV-3综艺频道（3.67亿） CCTV-13新闻频道（3.49亿） CCTV-2财经频道（3.23亿） CCTV-5体育频道（3.17亿） CCTV-7国防军事频道（3.05亿）
省级上星频道	超过5亿	—	—
省级上星频道	3亿至5亿	湖南卫视 浙江卫视	湖南卫视（3.03亿）

2. 总台多个频道收视份额创历史同期新高

2023年，CCTV-1综合频道收视份额为4.71%，稳居全国第一，创频道近9年来新高。尤其进入第四季度，该频道收视份额为5.61%，创近12年来新高。CCTV-5体育频道收视份额为2.18%，创2009年以来新高。另外，CCTV-9纪录、CCTV-5+体育赛事、CCTV-7国防军事和CCTV-16奥林匹克的收视份额均创频道开播以来历史新高，CCTV-14少儿和CCTV-17农业农村均创2021年以来新高。

2023年总台部分频道收视份额创新高情况一览表

频道名称	2023年收视份额（%）	2023年收视份额创近年新高	备注
CCTV-5体育频道	2.18	近15年	2009年以来新高
CCTV-9纪录频道	0.79	近13年	频道开播以来，历史新高
CCTV-5+体育赛事频道	0.40	近11年	频道开播以来，历史新高
CCTV-1综合频道	4.71	近9年	—
CCTV-7国防军事频道	0.89	近5年	频道开播以来，历史新高
CCTV-14少儿频道	1.21	近3年	
CCTV-17农业农村频道	0.66	近3年	
CCTV-16奥林匹克频道	0.13	近3年	频道开播以来，历史新高

3. 2023年总台CCTV-1综合、CCTV-2财经、CCTV-4中文国际、CCTV-5体育等频道收视率处于高位的节目相对较多

根据2023年总台全媒体平台考核电视端收视数据，处于2021年以来收视率高位的节目数量合计达5484期。从分布来看，CCTV-5体育频道和CCTV-5+体育赛事频道合计1690期，占比30.82%；CCTV-1综合频道760期，占比13.86%；CCTV-2财经频道540期，占比9.85%；CCTV-4中文国际频道488期，占比8.9%。

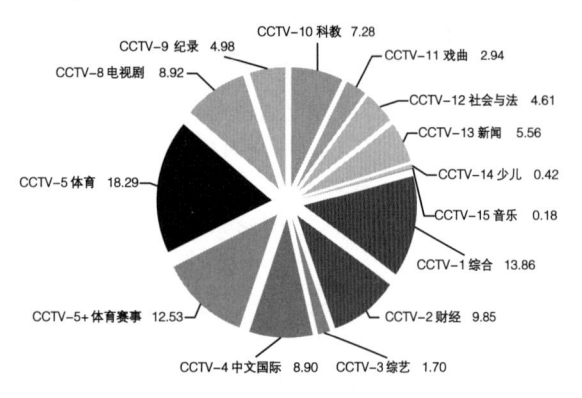

2023年总台收视处于2021年来收视率高位节目数量占比（%）

饼图数据：
- CCTV-10科教 7.28
- CCTV-11戏曲 2.94
- CCTV-12社会与法 4.61
- CCTV-13新闻 5.56
- CCTV-14少儿 0.42
- CCTV-15音乐 0.18
- CCTV-1综合 13.86
- CCTV-2财经 9.85
- CCTV-3综艺 1.70
- CCTV-4中文国际 8.90
- CCTV-5+体育赛事 12.53
- CCTV-5体育 18.29
- CCTV-8电视剧 8.92
- CCTV-9纪录 4.98

4. 总台收视率超过1%的高收视节目，八成来自新闻、电视剧、体育赛事等频道的优势节目资源

2023年，总台收视率超过1%的单期栏目/节目共计1437期，其中电视剧类节目占比最高，达32.43%（466期）；其次为新闻类，占比30.41%（437期）；体育类占比18.93%（272期）。

从具体节目来看，高收视电视剧集均来自CCTV-1综合频道（占比20.39%）和CCTV-8电视剧频道（占比79.61%）。CCTV-8电视剧频道《狂飙》全剧39集单集收视率均超过1%；新闻类节目中，《新闻联播》《焦点访谈》《今日亚洲》《今日关注》《海峡两岸》等品牌栏目整体表现突出；在体育类节目中，CCTV-5体育频道直播的《杭州第19届亚运会女子排球决赛》和《杭州第19届亚运会田径男子4×100米接力决赛》收视率均超过2%。

三、2023年总台电视频道品牌影响

1. 总台各频道继续保持强大品牌影响，全国频道品牌受众提及率前10名均为总台频道

2023年进行的4次全国受众调查数据汇总显示，在无提示第一提及的电视频道统计中，总台整体受众提及率为82.5%，继续稳定保持高位。在全国上星频道品牌影响竞争中，总台各频道也继续处于领先地位，而且有明显提升趋势。在排名前20位的频道中，除了CCTV-6电影频道和4个省级卫视频道，总台其他频道2023年受众提及率均高于2022年，而且CCTV-4中文国际频道、CCTV-5体育频道、CCTV-14少儿频道提升均超过2个百分点。值得注意的是，CCTV-3综艺频道是CCTV-1综合频道之外，唯一一个提及率超过50%的频道，位列第二，在受众心目中保持较强的品牌号召力。

2022—2023年全国受众调查电视频道无提示全部提及率（%）排名

（2023年从上至下按降序排列）

品牌提及排名	频道名称	2022年	2023年
1	CCTV-1综合频道	78.7	79.3
2	CCTV-3综艺频道	54.6	55.9
3	CCTV-8电视剧频道	43.9	44.9
4	CCTV-5体育频道	39.1	41.7
5	CCTV-13新闻频道	37.8	39.1

续表

品牌提及排名	频道名称	2022 年	2023 年
6	CCTV-6 电影频道	39.1	38.2
7	CCTV-2 财经频道	35.8	36.4
8	CCTV-12 社会与法频道	29.1	30.2
9	CCTV-4 中文国际频道	26.6	28.7
10	CCTV-7 国防军事频道	22.9	24.4
11	CCTV-10 科教频道	20.7	21.7
12	湖南卫视	21.9	21.4
13	CCTV-9 纪录频道	20.4	21.2
14	CCTV-14 少儿频道	14.0	16.1
15	CCTV-11 戏曲频道	14.1	15.5
16	CCTV-15 音乐频道	14.8	15.0
17	浙江卫视	15.4	14.5
18	CCTV-17 农业农村频道	12.1	12.1
19	江苏卫视	12.0	11.5
20	东方卫视	6.5	6.1

2. 总台品牌内容矩阵覆盖全类型节目

2023 年，总台品牌内容在受众心中保持绝对强势地位。在 2023 年进行的 4 次全国受众节目品牌影响力调查中，在无提示状况下，受众对 14 个垂类节目市场首先想到的电视节目内容均来自总台的品牌栏目、季播节目和重点节目的资源。

2023 年全国受众调查各类型无提示提及次数排名前三的电视栏目／节目

（从左至右按降序排列）

类型	电视栏目／节目		
新闻类	新闻联播	焦点访谈	新闻 30 分
财经类	经济半小时	天下财经	正点财经
文艺／综艺类	开门大吉	星光大道	越战越勇
季播类	中国诗词大会	典籍里的中国	经典咏流传
体育类	体育新闻	体育世界	体坛快讯
军事类	军事纪实	国防故事	军事报道

续表

类型	电视栏目/节目		
电视剧	狂飙	人世间	他是谁
纪录片/纪实类	故事中国	全景自然	魅力万象
科教类	百家讲坛	探索·发现	地理中国
戏曲类	九州大戏台	一鸣惊人	角儿来了
法制类	今日说法	法律讲堂	天网
少儿类	智慧树	大风车	动漫世界
音乐类	精彩音乐汇	民歌·中国	音乐人生
农业/农村类	致富经	我爱发明	农业气象

四、2023年总台电视频道内容融合传播

1. 总台电视频道内容在新媒体端影响力进一步提升，日均新媒体用户规模同比增长超过2000万人

据中国广视索福瑞媒介研究全媒体视听同源数据统计，2023年总台全媒体日均受众规模为5.03亿人，全国人口覆盖率为37.30%。

2023年，总台内容在新媒体端的日均受众规模为2.69亿人，较2022年增长2037万人，日均网民覆盖率从2022年的24.37%上升至26.05%。

2. 总台内容成为大屏观众点播回看首选，占比近三成

2023年，在电视大屏观众点播回看行为中，总台内容视听时长占比32.3%，较2022年（27.7%）增长4.6个百分点，总台内容成为电视大屏观众点播回看的第一选项。

3. 总台重点内容在互联网端形成广泛影响

一是总台大屏端内容品牌在网络受广泛关注。2023年总提及量为2.39亿次，日均提及超过65万次。

二是总台重点新闻的网络置顶比率逐年增加。2023年，总台重点新闻网络置顶比例为41.4%，较2022年（36.1%）提升5.3个百分点。

三是总台重点内容资源的新媒体影响力不断创出新高。2023年中央广播电视总台春节联欢晚会、《新闻联播》等总台重点品牌在新媒体端积聚庞大用户规模。2023年中央广播电视总台春节联欢晚会新媒体端直播用户规模达7.66亿人，创历史新高；《新闻联播》平均每季度新媒体用户规模达4.84亿人，网民覆盖率为46.88%。

在重点活动报道中，总台在新媒体端继续发挥主力军和压舱石作用。2023年，总台对杭州亚运会相关转播和报道在新媒体端触达受众人次达72.7亿次；全国两会相关报道在新媒体端触达受众86.16亿次；第三届"一带一路"国际合作高峰论坛相关报道在新媒体端触达受众23.6亿次；对中美元首旧金山会晤和2023年APEC峰会相关报道在新媒体端触达受众

43.96亿次。

4.超过四成用户通过移动端收看过总台文化类节目

2023年，总台文化类节目全媒体受众规模达10.72亿人，排名前十的重点文化季播节目的全媒体受众规模均超过1.6亿人。《山水间的家》《典籍里的中国》《非遗里的中国》的全媒体受众规模位居前三。

总台文化类节目在移动端受到广泛关注，有40.50%的用户通过移动端收看过节目相关内容。其中，有51.17%的15—44岁年轻用户通过移动端收看过总台文化类节目。

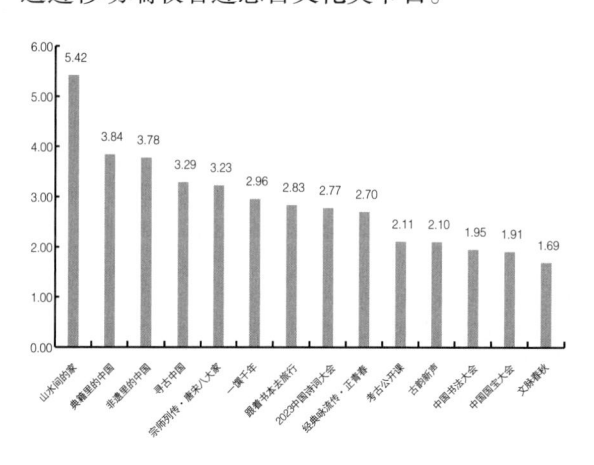

2023年总台排名前十的文化类节目全媒体受众规模（亿人）

五、总台重点电视资源市场竞争表现

1."大事看总台"，有深度、有速度的总台新闻报道引领国内国际大事传播

2023年，总台在全国新闻节目市场的份额占比达53.99%，连续四年超过50%。

2023年，《新闻联播》在电视端平均每季度用户规模7.81亿人，电视人口覆盖率达60.61%。2023年，《新闻联播》全国并机频道每期平均收视率为4.88%，较2022年提升0.13个百分点，创2021年以来新高，稳居全国电视市场常态栏目第一名。

2023年，各重大新闻事件报道期间，CCTV-13新闻频道收视份额均有明显提升。全国两会报道期间，CCTV-13新闻频道收视份额为3.14%，较平时提升32%；"2·6"土耳其—叙利亚大地震期间，收视份额为2.54%，较平时提升20%；"12·18"积石山地震首周收视份额为2.59%，较平时提升13%。

总台其他新闻栏目占主体的频道在重大新闻事件中同样发挥强大传播效能。俄罗斯"瓦格纳事件"发生当天（6月23日），CCTV-4中文国际频道单日收视份额达4.40%，创2023年新高。巴以新一轮冲突爆发一周以来收视份额达3.26%，环比提升20%。其间，CCTV-4中文国际频道多档常态新闻节目收视水平均保持高位。

2023年重大新闻事件总台传播效果（%）

排名	事件名称	时间周期	传播效果
1	"2·6"土耳其—叙利亚大地震	2月6日	CCTV-13新闻频道当周（2月6日至12日）收视份额达2.54%，环比提升20%
2	2023年全国两会报道	3月3日起	总台全国两会报道电视端观众收视人次达196.69亿
3	神舟十五号返回	6月4日	总台多频道并机直播《中国空间站》，收视率为0.41%，较6月3日同时段提升164%
4	俄罗斯"瓦格纳事件"	6月25日	总台CCTV-4中文国际频道重点报道"瓦格纳事件"当天收视份额为4.40%，创2023年单日新高

续表

排名	事件名称	时间周期	传播效果
5	巴以新一轮冲突	10月7日	巴以新一轮冲突爆发，一周以来，总台CCTV-4中文国际频道收视份额为3.26%，环比提升20%
6	神舟十六号返回舱安全着陆	10月31日	CCTV-1综合频道和CCTV-13新闻频道并机直播中国空间站神舟十六号航天员返回地球，收视率为0.72%，较10月30日同时段提升110%
7	李克强同志遗体火化	11月2日	李克强同志遗体火化，CCTV-13新闻频道当日收视份额为4.81%，创2023年单日新高
8	"12·18"积石山地震	12月18日	甘肃积石山突发地震，CCTV-13新闻频道对抗震救灾进行重点报道，当周（12月18日至24日）收视份额为2.59%，环比提升13%

2."大剧看总台"，艺术品质和收视口碑助力总台包揽全年收视率前20名全部剧目

2023年，总台在电视端全国电视剧市场的份额为27.17%，创有收视数据以来历史第二好成绩。2023年，全国上星频道电视剧收视率前20名剧目全部来自总台，为2010年以来首次（近14年）。其中，有12部电视剧收视率突破1%，数量较2022年增加1部。CCTV-8电视剧频道开年剧《狂飙》首播平均收视率为1.54%，大结局单集收视率达2.20%。另外，"大剧看总台"号召力在各个年龄段，尤其年轻观众群体中得以强化。例如，CCTV-8电视剧频道播出的《欢乐颂4》《爱情而已》4—44岁观众占比分别为50%和42%。

2023年全国上星频道电视剧收视率（%）前20名剧目一览表

排名	剧目名称	播出频道	收视率（%）
1	狂飙	CCTV-8电视剧频道	1.540
2	画眉	CCTV-8电视剧频道	1.400
3	人生之路	CCTV-1综合频道	1.210
4	向风而行	CCTV-8电视剧频道	1.200
5	无所畏惧	CCTV-8电视剧频道	1.150
6	好事成双	CCTV-8电视剧频道	1.100
7	我们的日子	CCTV-1综合频道	1.083
8	问心	CCTV-8电视剧频道	1.077
9	潜行者	CCTV-8电视剧频道	1.052
10	小满生活	CCTV-8电视剧频道	1.051
11	南洋女儿情	CCTV-8电视剧频道	1.030
12	追光的日子	CCTV-1综合频道	1.020

续表

排名	剧目名称	播出频道	收视率（%）
13	珠江人家	CCTV-1 综合频道	0.960
14	梦中的那片海	CCTV-8 电视剧频道	0.950
15	情满九道弯	CCTV-8 电视剧频道	0.900
16	一路朝阳	CCTV-8 电视剧频道	0.890
17	冰雪尖刀连	CCTV-1 综合频道	0.880
18	此心安处是吾乡	CCTV-1 综合频道	0.870
19	心想事成	CCTV-8 电视剧频道	0.860
20	龙城	CCTV-8 电视剧频道	0.850

3. "大片看总台"，总台专题片（纪录片）留存时代记忆、弘扬家国精神，收视份额屡创新高

2023年，总台专题片（纪录片）在全国市场的收视份额为78.32%，创2021年以来新高。2023年全国上星频道收视率排名前二十的专题片（纪录片）均为总台出品。在全国受众调查中，提及率前20名的专题片（纪录片）也均为总台出品。

2023年全国上星频道主题系列专题片（纪录片）收视率（%）前20名一览表

排名	节目名称	播出频道	收视率（%）
1	同志加兄弟携手创未来　中共中央总书记国家主席习近平访问越南纪实	CCTV-1 综合频道和CCTV-13 新闻频道并机	2.04
2	时时放心不下的牵挂　习近平总书记在北京河北考察灾后恢复重建工作	CCTV-1 综合频道和CCTV-13 新闻频道并机	1.74
3	历史性的旧金山之行　习近平主席赴美举行中美元首会晤出席APEC会议	CCTV-1 综合频道和CCTV-13 新闻频道并机	1.72
4	一次世界瞩目的友谊合作和平之旅	CCTV-1 综合频道和CCTV-13 新闻频道并机	1.63
5	共同谱写丝路新交响　习近平主席出席第三届一带一路高峰论坛纪实	CCTV-1 综合频道和CCTV-13 新闻频道并机	1.58
6	大道众行远携手启新程　习近平主席出席金砖国家领导人第十五次会晤	CCTV-1 综合频道和CCTV-13 新闻频道并机	1.46
7	春天里的盛会	CCTV-1 综合频道和CCTV-13 新闻频道并机	1.18
8	长安复携手丝路启新程　习近平主席主持中国中亚峰会纪实	CCTV-1 综合频道和CCTV-13 新闻频道并机	1.11

续表

排名	节目名称	播出频道	收视率（%）
9	这个春天　2023年春季中国元首外交纪实	CCTV-1综合频道和CCTV-13新闻频道并机	1.08
10	永远吹冲锋号	CCTV-1综合频道	0.68
11	通向繁荣之路	CCTV-1综合频道	0.63
12	长征之歌	CCTV-1综合频道	0.61
13	一带一路上的中国名片	CCTV-4中文国际频道	0.59
14	非凡的领航2022	CCTV-13新闻频道	0.55
15	奋进新时代	CCTV-1综合频道	0.53
16	逐梦	CCTV-1综合频道	0.51
17	了不起的工程中国桥	CCTV-1综合频道	0.38
18	大国基石	CCTV-1综合频道	0.32
19	福岛的记忆	CCTV-13新闻频道	0.31
20	扎什伦布	CCTV-4中文国际频道	0.29

4."大赛看总台"，黄金资源赛事贯穿全年，助推总台在体育市场收视份额创历史新高

2023年，总台体育类节目在全国市场的收视份额为84.82%，创有收视数据以来历史新高。总台三个体育类频道全年累计观众规模达8.85亿人次，覆盖68.59%的电视人口。其中，CCTV-5体育频道收视份额为2.18%，创2009年以来新高；CCTV-5+体育赛事频道和CCTV-16奥林匹克频道均创频道开播以来历史新高。

2023年，总台20余项黄金资源赛事和自主自办赛事贯穿全年，全年累计122场赛事收视率突破1%，较2022年增加13场。杭州亚运会期间，总台融合传播硬实力得以充分展现。在所有赛事和新闻报道中，总台全媒体视听份额为91.07%，全媒体受众规模达10.20亿人。在移动端所有平台用户收视投入中，总台视听份额为30.80%。

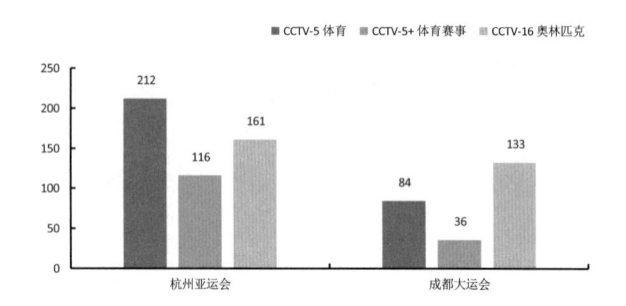

2023年体育类频道重大赛事期间收视份额较平时提升幅度（%）

在传统优势体育赛事中，乒乓球拥有广泛的群众基础。2023年多场乒乓球赛事举办期间，CCTV-5体育频道收视份额环比均有所提升。其中，2023年世界乒乓球职业大联盟（WTT）冠军赛新乡站和2023年世界乒乓球锦标赛期间，CCTV-5体育频道收视份额环比提升幅度在100%以上。

2023年CCTV-5体育频道重大赛事收视表现

赛事名称	播出日期	收视份额（%）	较平时提升幅度（%）
2023年世界乒乓球职业大联盟新加坡大满贯	3月10日至3月19日	2.19	67
2023年世界乒乓球职业大联盟冠军赛新乡站	4月9日至4月15日	2.15	107
2023年世界乒乓球职业大联盟冠军赛澳门站	4月17日至4月23日	2.43	15
2023年世界乒乓球锦标赛	5月20日至5月28日	3.51	118
2023年世界女排联赛中国香港站	6月13日至6月18日	2.76	54
2023年世界游泳锦标赛	7月14日至7月30日	2.72	13
第31届世界大学生夏季运动会	7月28日至8月8日	3.88	49
2023年乒乓球亚洲锦标赛	9月3日至9月10日	2.73	23
2023年世界乒乓球职业大联盟冠军赛法兰克福站	10月29日至11月5日	2.08	8
第一届国际乒乓球联合会混合团体世界杯	12月4日至12月10日	2.42	40
2023年世界乒乓球职业大联盟冠军赛女子总决赛	12月15日至12月17日	2.69	54

5. 总台创新节目数量质量双提升

2023年，全国上星频道共推出134档创新节目，较2022年（132档）增加两档，其中总台10个频道（CCTV-1综合、CCTV-2财经、CCTV-3综艺、CCTV-4中文国际、CCTV-5体育、CCTV-10科教、CCTV-11戏曲、CCTV-13新闻、CCTV-14少儿和CCTV-17农业农村）共推出39档新节目，较2022年（36档）增加3档。

CCTV-1综合频道和CCTV-3综艺频道是2023年度推出新节目数量最多的频道，各有9档；CCTV-2财经频道和CCTV-17农业农村频道分别推出7档和5档创新节目。

2023年，总台高收视新节目数量增加，首期收视率超过0.5%的新节目共有11档（CCTV-1综合频道8档，CCTV-3综艺频道1档，CCTV-4中文国际频道1档，CCTV-5体育频道1档），较2022年（3档）大幅提升，共增加8档。

2023年，在全国市场上星频道首期收视率超过0.5%的创新节目共有17档（2022年9档），其中总台推出11档，省级卫视推出6档。总台11档高收视新节目分别属于文化专题类（7档）、综艺类（2档）、体育类（1档）和生活服务类（1档）。省级卫视推出的7档高收视创新节目均属综艺类。

2023年上星频道黄金及晚间时段收视率超过0.5%的创新节目档数统计表

频道组	综艺类（档）	文化专题类（档）	体育类（档）	生活服务类（档）
总台（CCTV）	2	7	1	1
省级卫视	6	0	0	0
总计	8	7	1	1

2023年总台黄金及晚间时段收视率超过0.5%的创新节目收视情况（%）统计表

节目名称	所属频道	节目类型	首播日期	开播首期收视率（%）
三餐四季	CCTV-1综合频道	生活服务	2023-12-30	0.86
中央广播电视总台2023主持人大赛	CCTV-1综合频道	专题	2023-10-06	0.82
宗师列传·唐宋八大家	CCTV-1综合频道	专题	2023-11-10	0.78
中国中医药大会	CCTV-1综合频道	专题	2023-12-23	0.66
全景亚运会	CCTV-5体育频道	体育	2023-09-24	0.63
中国脊梁	CCTV-4中文国际频道	专题	2023-06-10	0.62
简牍探中华	CCTV-1综合频道	专题	2023-11-25	0.56
中央广播电视总台2023小品相声大会	CCTV-3综艺频道	综艺	2023-11-17	0.56
文脉春秋·历史文化名城篇	CCTV-1综合频道	专题	2023-11-23	0.54
美美与共	CCTV-1综合频道	综艺	2023-10-05	0.51
中国书法大会	CCTV-1综合频道	专题	2023-06-02	0.51

（总编室供稿）

2023年度中央广播电视总台广播收听调查综述

2023年，中央广播电视总台中国之声、经济之声、环球资讯广播、音乐之声、中国交通广播、文艺之声、经典音乐广播、劲曲调频、老年之声、阅读之声、中国乡村之声等11个大众广播频率，播出总时长近9万小时。本报告主要通过听众规模、收听份额等指标对上述频率2023年的传播效果情况进行梳理分析。

1. 总体收听情况

2023年，总台对内主要广播频率在中国广视索福瑞媒介研究全国广播调查网的听众规模为3.38亿人（覆盖91%的15岁以上推及人口），日均听众规模为1596万人，听众人均每日收听时长为37分钟。

在总台广播频率听众中，男性比例高于女性，占听众总数的六成以上；35—44岁年龄段听众比例相对较高，占听众总数的1/4；八成以上听众受教育程度为高中以上，其中大学及以上听众占总听众比例达50%。

2. 总台各频率市场份额

2023年，总台各频率在中国广视索福瑞媒介研究全国广播调查网中的总收听份额为16%，约占广播收听市场的1/6。

从具体频率来看，中国之声收听份额为9.98%，稳居第一；经济之声收听份额为1.94%，位居第二；音乐之声、环球资讯广播和中国交通广播排名第三至第五，收听份额均在0.8%以上。

2023年总台各频率收听份额（%）前10名

收听份额排名	所属频率	收听份额（%）
1	中国之声	9.98
2	经济之声	1.94
3	音乐之声	0.95
4	环球资讯广播	0.93
5	中国交通广播	0.81
6	文艺之声	0.51
7	劲曲调频	0.32
8	经典音乐广播	0.20
9	老年之声	0.16
10	阅读之声	0.08

3. 总台各频率台内收听份额贡献率

2023年，在台内收听贡献率较高的频率中，中国之声的贡献率最高，达62%；其次是经济之声（12%）、音乐之声（6%）、环球资讯广播（6%）、中国交通广播（5%）和文艺之声（3%）；其他频率的贡献率合计为6%。

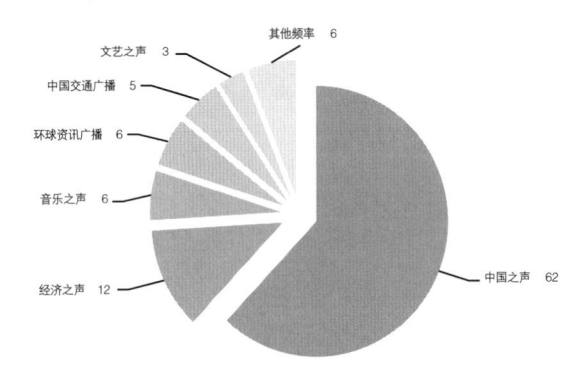

总台各频率台内收听贡献率（%）

4. 各节目类型对全台的收听贡献率

2023年，在台内收听贡献率较高的节目类型中，新闻/时事类节目的贡献率最高，达62%；其次是音乐类节目（11%）；再次是财经类节目（8%）和综艺/文艺类节目（7%）；最后是专题类节目（4%）和生活服务类节目（4%）。

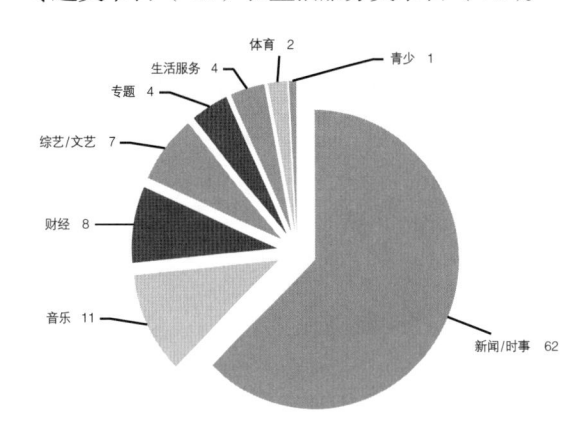

总台各节目类型台内收听贡献率（%）

5. 部分频率收听情况

（1）中国之声

2023年，中国之声在全国广播网的听众规模为1.95亿人，日均听众规模为747万人，听众人均每日收听时长为50分钟。

中国之声每日收听率最高时段为清晨06:30—07:00，播出《新闻和报纸摘要》；晚间18:30—19:00是另一个收听高峰，播出《全国新闻联播》。

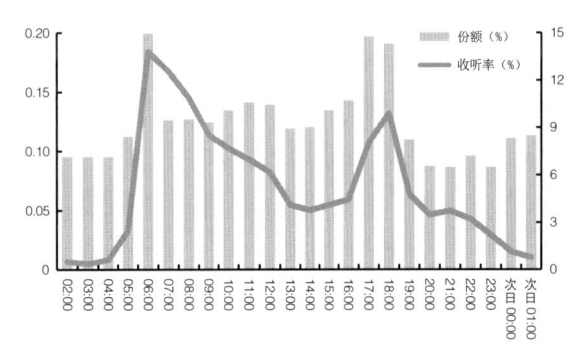

中国之声每日收听率（%）变化曲线

中国之声2023年收听率最高单期节目为11月16日播出的《新闻和报纸摘要》节目，收听率为0.535%；其次是7月28日播出的

《全国新闻联播》，收听率为0.300%。

2023年度中国之声节目收听率（%）前5名
（单期最高）

收听率排名	节目名称	播出日期	开始时间	单期最高收听率（%）
1	新闻和报纸摘要	2023-11-16	06:30	0.535
2	全国新闻联播	2023-07-28	18:30	0.300
3	新闻纵横	2023-09-11	07:00	0.272
4	国防时空	2023-11-21	06:00	0.261
5	新闻进行时	2023-03-05	11:37	0.237

中国之声听众以男性为主，占比64.5%；15—24岁和35—54岁听众是收听主力，共占比47.2%；大学及以上学历听众占比47.1%；听众职业主要集中于干部/管理人员，占比68.8%。

（2）经济之声

2023年，经济之声在全国广播网的听众规模为1.55亿人，日均听众规模为224万人，听众人均每日收听时长为32分钟。

经济之声每日收听率最高时段是清晨07:00—10:00，播出《新闻和报纸摘要》《天下财经》《王冠红人馆》等节目。

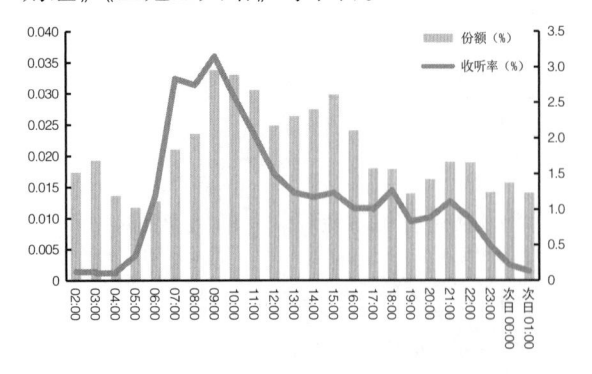

经济之声每日收听率（%）变化曲线

经济之声2023年收听率最高的单期节目是10月20日12:30播出的节目《天天315》，收听率为0.119%；其次是1月24日12:00播出的节目《环球新财讯》（午间版），收听率为0.108%。

2023年度经济之声节目收听率（%）前5名
（单期最高）

收听率排名	节目名称	播出日期	开始时间	单期最高收听率（%）
1	天天315	2023-10-20	12:30	0.119
2	环球新财讯（午间版）	2023-01-24	12:00	0.108
3	十四届全国人大一次会议开幕会	2023-03-05	08:50	0.105
4	天下财经	2023-01-31	07:30	0.104
5	新闻和报纸摘要	2023-02-02	07:00	0.096

在经济之声听众中，男性比例略高于女性，占比55.4%；年龄段35—44岁的听众是收听主力，占比27.4%；9成以上听众受教育程度在高中及以上；职业主要集中于干部/管理人员，占比73.0%。

（3）环球资讯广播

2023年，环球资讯广播在全国广播网的听众规模为1.20亿人，日均听众规模为129万人，听众人均每日收听时长为27分钟。

环球资讯广播每日收听率最高的时段是清晨07:00—08:00，播出《直播世界》；晚间19:00—20:00是另一个收听高峰，播出《新闻联播》和《资讯空间站》。

环球资讯广播2023年收听率最高的单期节目是11月3日19:00播出的节目《新闻联

播》和 19:30 播出的《资讯空间站》，收听率为 0.117%；其次是 11 月 10 日 20:00 播出的节目《新闻盘点》，收听率为 0.088%。

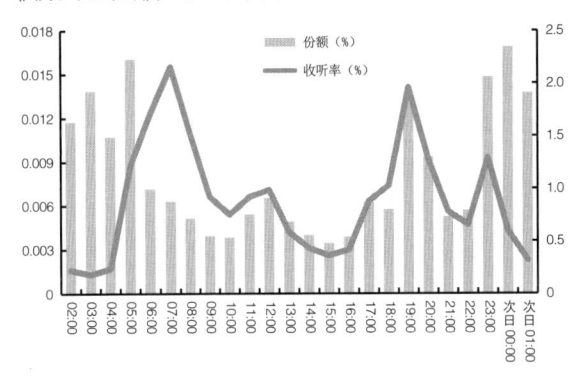

环球资讯广播每日收听率（%）变化曲线

2023 年度环球资讯广播节目收听率（%）前 5 名
（单期最高）

收听率排名	节目名称	播出日期	开始时间	单期最高收听率（%）
1	新闻联播资讯空间站	2023-11-03	19:00	0.117
2	新闻盘点	2023-11-10	20:00	0.088
3	环球新闻眼	2023-11-11	17:00	0.084
4	环球阅读	2023-12-13	22:00	0.083
5	资讯非常道	2023-11-15	18:00	0.080

环球资讯广播听众中有 3/4 为男性，女性只占 26.4%；各年龄段听众中 45—54 岁和 65 岁以上听众占比相对较高，超过 25%；大学及以上学历听众占比 48.3%；职业主要集中于干部/管理人员，占比 75.6%。

（4）音乐之声

2023 年，音乐之声在全国广播网的听众规模为 1.15 亿人，日均听众规模为 146 万人，听众人均每日收听时长为 24 分钟。

音乐之声每日收听率最高时段是清晨 07:00—09:00，播出《早安双声道》节目；晚间 17:00—19:00 是另一个收听高峰，播出《尖峰音乐秀》《音乐 LIVE》等节目。

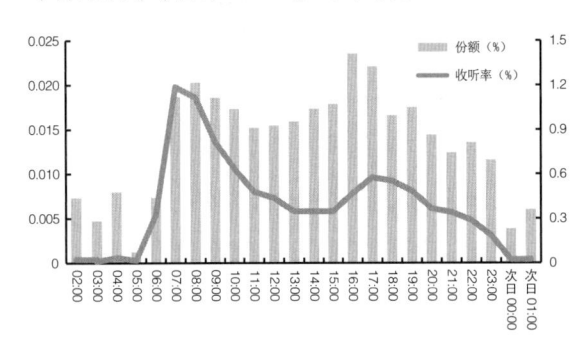

音乐之声每日收听率（%）变化曲线

音乐之声 2023 年收听率排名靠前的节目均为晚会类节目，其中最高的是 2 月 5 日 20:00 播出的《2023 年中央广播电视总台元宵晚会》，收听率为 0.150%；其次是 9 月 29 日 20:00 播出的《2023 年中央广播电视总台中秋晚会》，收听率为 0.123%。

2023 年度音乐之声节目收听率（%）前 5 名
（单期最高）

收听率排名	节目名称	播出日期	开始时间	单期最高收听率（%）
1	2023 年中央广播电视总台元宵晚会	2023-02-05	20:00	0.150
2	2023 年中央广播电视总台中秋晚会	2023-09-29	20:00	0.123
3	启航 2024——中央广播电视总台跨年晚会	2023-12-31	20:00	0.076
4	早安双声道	2023-11-07	07:00	0.060
5	音乐 VIP	2023-08-30	21:00	0.060

音乐之声以男性听众为主，占比60.3%；25—34岁听众占比23.8%，35—44岁听众占比33.3%；大学及以上学历听众占比50.4%；职业主要集中于干部/管理人员，占比53.0%。

（5）中国交通广播

2023年，中国交通广播在全国广播网的听众规模为1.74亿人，日均听众规模为160万人，听众人均每日收听时长为19分钟。

中国交通广播每日收听率最高的时段为清晨07:00—09:00，播出《向快乐出发》节目；晚间19:00—22:00是另一个收听高峰，播出《汽车能量音乐》《全球流行音乐金榜》等节目。

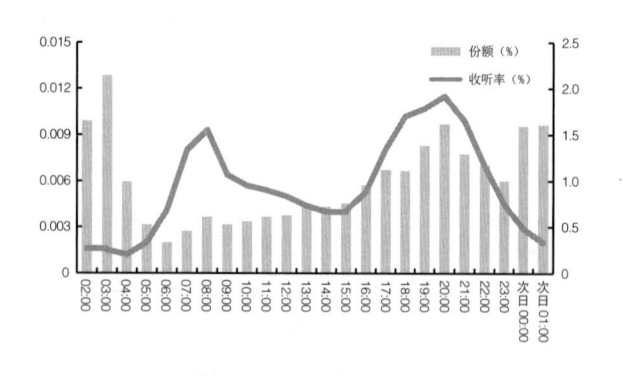

中国交通广播每日收听率（%）变化曲线

中国交通广播2023年收听率最高的单期节目为7月12日21:00播出的《乐夜越动听》节目，收听率为0.093%；其次为7月11日20:00播出的《全球流行音乐金榜》节目，收听率为0.086%。

中国交通广播听众男性比例略高于女性，占比54.7%；35—44岁听众是收听主力，占比42.6%；大学及以上学历听众占比62.6%；职业主要集中于干部/管理人员，占比71.0%。

2023年度中国交通广播节目收听率（%）前5名
（单期最高）

收听率排名	节目名称	播出日期	开始时间	单期最高收听率（%）
1	乐夜越动听	2023-07-12	21:00	0.093
2	全球流行音乐金榜	2023-07-11	20:00	0.086
3	岁月如歌	2023-07-08	22:00	0.079
4	汽车相声大会	2023-07-11	22:00	0.079
5	电波光影	2023-07-08	21:00	0.076

（6）文艺之声

2023年，文艺之声在全国广播网的听众规模为1.21亿人，日均听众规模为89万人，听众人均每日收听时长为21分钟。

文艺之声每日收听率最高的时段为上午09:00—11:00，播出《综艺对对碰》节目；清晨06:00—07:00收听率也较高，播出《中国相声榜》节目。

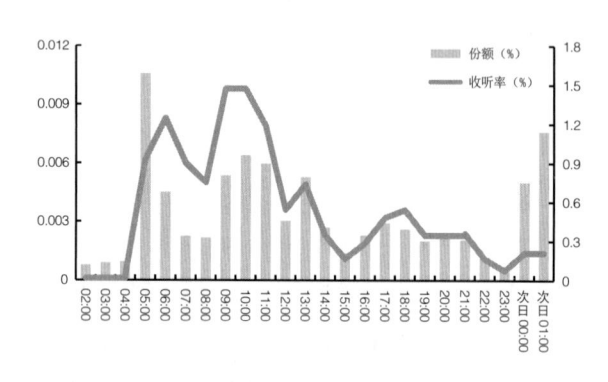

文艺之声每日收听率（%）变化曲线

文艺之声2023年收听率最高的单期节目为1月21日12:00播出的《2023春晚倒计时》节目，收听率为0.103%；其次为8月14日11:00播出的《天天听书》节目，收听率为0.084%。

2023年度文艺之声节目收听率（%）前5名
（单期最高）

收听率排名	节目名称	播出日期	开始时间	单期最高收听率（%）
1	2023春晚倒计时	2023-01-21	12:00	0.103
2	天天听书	2023-08-14	11:00	0.084
3	文艺大家谈	2023-07-12	12:00	0.079
4	启航2024——中央广播电视总台跨年晚会	2023-12-31	20:00	0.079
5	综艺对对碰	2023-07-03	09:00	0.078

文艺之声男性听众占比52.7%，略高于女性听众占比；55岁以上听众是收听主力，约占一半（共计47.0%）；高中学历听众占比44.1%，大学及以上学历听众占比36.2%；职业主要集中于干部/管理人员，占比72.5%。

（7）经典音乐广播

2023年，经典音乐广播在全国广播网的听众规模为0.55亿人，日均听众规模为34万人，听众人均每日收听时长为22分钟。

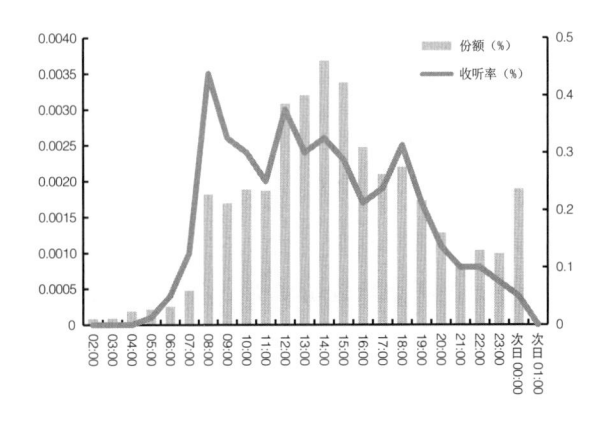

经典音乐广播每日收听率（%）变化曲线

经典音乐广播每日收听率最高的时段为清晨08:00—09:00，播出《他电台》节目。

经典音乐广播2023年收听率最高单期节目为9月20日16:00播出的《时间的歌》节目，收听率为0.029%；其次为12月22日18:00播出的《她电台》节目，收听率为0.019%。

2023年度经典音乐广播节目收听率（%）前5名
（单期最高）

收听率排名	节目名称	播出日期	开始时间	单期最高收听率（%）
1	时间的歌	2023-09-20	16:00	0.029
2	她电台	2023-12-22	18:00	0.019
3	耳朵的旅行	2023-04-07	09:00	0.018
4	用音乐说晚安	2023-12-10	22:00	0.017
5	民歌走天下	2023-07-12	14:00	0.016

经典音乐广播以男性听众为主，占比80%以上；35—44岁听众是收听主力，占比32.4%；大学及以上学历听众占比53.0%；职业主要集中于干部/管理人员，占比84.9%。

（8）劲曲调频

2023年，劲曲调频在全国广播网的听众规模为0.3亿人，日均听众规模为37万人，听众人均每日收听时长为32分钟。

劲曲调频每日收听率最高的时段为清晨07:00—08:00，播出《Morning Hits阳光音乐早餐》节目。

劲曲调频2023年收听率最高的单期节目是11月12日18:00播出的《Top 20 Countdown顶尖20排行榜》节目，收听率为0.040%；其次是5月4日19:00播出的《New Music Express新音乐速递》节目，收听率为0.037%。

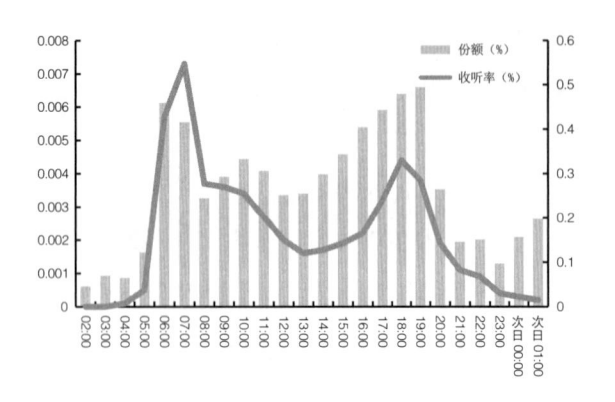

劲曲调频每日收听率（%）变化曲线

2023 年度劲曲调频节目收听率（%）前 5 名
（单期最高）

收听率排名	节目名称	播出日期	开始时间	单期最高收听率（%）
1	Top 20 Countdown 顶尖 20 排行榜	2023-11-12	18:00	0.040
2	New Music Express 新音乐速递	2023-05-04	19:00	0.037
3	Hit FM Dance 电音	2023-05-04	22:00	0.030
4	Hit FM OST 电影原声坊	2023-11-12	16:00	0.022
5	At Work Network 工作随身听	2023-11-17	10:00	0.021

劲曲调频听众以男性为主，占比 76.9%；25—44 岁听众是收听主力，占比 70.2%；大学及以上学历听众占比 91.2%；职业主要集中于干部/管理人员，占比 70.5%。

（9）老年之声

2023 年，老年之声在全国广播网的听众规模为 0.18 亿人，日均听众规模为 18 万人，听众人均每日收听时长为 33 分钟。

老年之声每日收听率最高的时段为清晨 08:00—09:00，播出《笑口常开》节目。

老年之声 2023 年收听率最高的单期节目为 8 月 30 日 11:00 播出的《评书开讲》，收听率为 0.037%；其次为 9 月 6 日 12:00 播出的《戏曲舞台》节目，收听率为 0.035%。

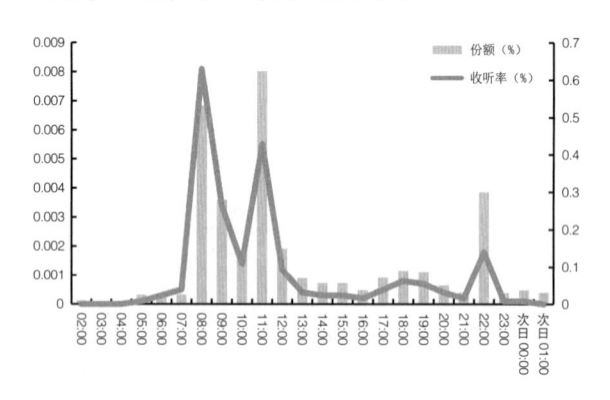

老年之声每日收听率（%）变化曲线

2023 年度老年之声节目收听率（%）前 5 名
（单期最高）

收听率排名	节目名称	播出日期	开始时间	单期最高收听率（%）
1	评书开讲	2023-08-30	11:00	0.037
2	戏曲舞台	2023-09-06	12:00	0.035
3	笑口常开	2023-09-22	08:00	0.033
4	听书	2023-10-07	09:00	0.033
5	养生音乐馆	2023-09-20	10:00	0.027

老年之声听众以男性为主，占比 64.7%；45 岁及以上听众是收听主力，占比 70.0%；受教育程度为大学及以上的听众占比最高，为 60.0%；职业主要集中于干部/管理人员，占比 54.0%。

（10）阅读之声

2023年，阅读之声在全国广播网的听众规模为0.86亿人，日均听众规模为52万人，听众人均每日收听时长为6分钟。

阅读之声每日收听率最高时段为上午09:00—10:00，播出《名著经典》节目；午间时段12:00—13:00播出《畅销书屋》节目也相对较受欢迎。

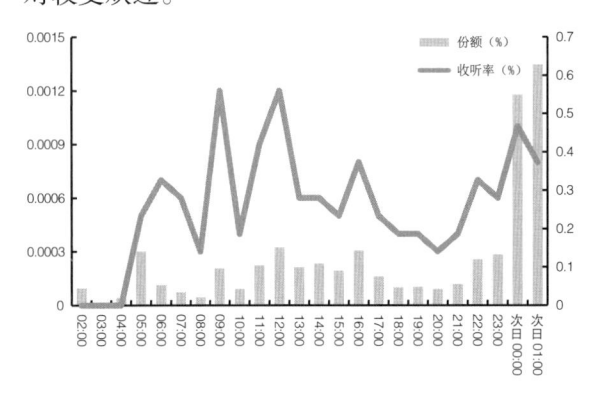

阅读之声每日收听率（%）变化曲线

阅读之声2023年收听率最高的单期节目为1月31日6:00播出的《阅读时光》节目，收听率为0.050%；其次为11月5日20:00播出的重播《人文课堂》和4月12日5:00播出的《评书开讲》，收听率均为0.024%。

2023年度阅读之声节目收听率（%）前5名
（单期最高）

收听率排名	节目名称	播出日期	开始时间	单期最高收听率（%）
1	阅读时光	2023-01-31	06:00	0.050
2	人文课堂（重播）	2023-11-05	20:00	0.024
3	评书开讲	2023-04-12	05:00	0.024
4	午夜悬疑	2023-09-24	00:00	0.019
5	作家文库（重播）	2023-03-08	22:00	0.015

阅读之声以男性听众为主，占比61.6%；各年龄段听众分布比较均匀，35—44岁听众占比相对较高，为23.2%；受教育程度为高中及以上的听众，占比60.6%。

（11）中国乡村之声

2023年，中国乡村之声在全国广播网的听众规模为0.46亿人，日均听众规模为20万人，听众人均每日收听时长为7分钟。

中国乡村之声每日收听率较高的时段为清晨07:00—08:00，重播《健康到家》；午间13:00—14:00时段播出的《听见乡村》也相对较受欢迎。

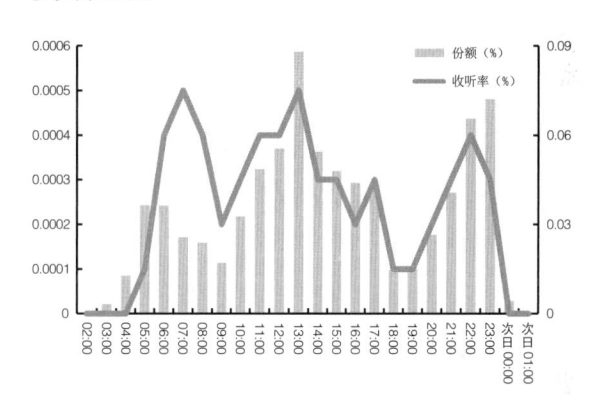

中国乡村之声每日收听率（%）变化曲线

中国乡村之声2023年收听率最高的节目为4月20日14:00播出的《这里有说法》节目，收听率为0.023%，其次为2月14日11:00播出的《乡村音乐》和2月14日10:30播出的《乡村故事汇》，收听率均为0.022%。

2023年度中国乡村之声节目收听率（%）前5名
（单期最高）

收听率排名	节目名称	播出日期	开始时间	单期最高收听率（%）
1	这里有说法	2023-04-20	14:00	0.023

续表

收听率排名	节目名称	播出日期	开始时间	单期最高收听率（%）
2	乡村音乐	2023-02-14	11:00	0.022
3	乡村故事汇	2023-02-14	10:30	0.022
4	听见乡村	2023-09-27	12:00	0.021
5	健康到家	2023-04-20	15:00	0.018

中国乡村之声以男性听众为主，占比57.4%；35—44岁听众占比相对较高，达到39.9%；受教育程度为高中及以上的听众占比57.4%。

（总编室供稿）

2023年度中央广播电视总台海外重点国家收视分析报告

本报告主要对2023年度中央广播电视总台7个国际频道在海外11个国家落地传播的收视效果进行年度综合分析。调查内容包括CGTN英语频道在美国、马来西亚、菲律宾、肯尼亚、尼日利亚、坦桑尼亚和乌干达，CGTN西班牙语频道在西班牙，CGTN法语频道在法国，CGTN阿拉伯语频道在沙特阿拉伯，CGTN俄语频道在俄罗斯，CGTN纪录频道在肯尼亚、尼日利亚、坦桑尼亚和乌干达，以及CCTV-4中文国际频道在马来西亚的收视效果（考虑到CCTV-4中文国际频道受众主要为海外华人，CCTV-4中文国际频道的监测国家选择华人比例较高的马来西亚）。调查数据来自尼尔森、凯度、益普索等全球领先的国际市场调查机构，以及监测国家当地的权威收视调查机构；报告根据国际通用的收视测量指标，采用专业的收视率分析方法进行分析。

2023年总台国际频道在海外十一国收视表现

频道	国家/地区	日均观众规模（万人次）	日均到达率（%）	收视率（%）
CGTN英语频道	肯尼亚	13.50	1.712	0.02269
	美国华盛顿特区和纽约	0.34	0.013	0.000017
	乌干达	7.95	1.365	0.03190
	坦桑尼亚	5.72	0.774	0.01270
	尼日利亚	14.20	0.777	0.00852
	马来西亚	1.64	0.072	0.00122
	菲律宾	0.23	0.010	0.00002
CGTN西班牙语频道	西班牙	2.24	0.048	0.00019
CGTN法语频道	法国	65.20	0.114	0.10953
CGTN阿拉伯语频道	沙特阿拉伯	11.19	0.569	0.03564
CGTN俄语频道	俄罗斯	9.28	0.068	0.00031
CGTN纪录频道	尼日利亚	15.83	0.867	0.00878
	肯尼亚	18.33	2.325	0.03988
	坦桑尼亚	6.04	0.816	0.01091
	乌干达	4.60	0.790	0.01388
CCTV-4中文国际频道	马来西亚	30.57	1.352	0.08489

一、CGTN 英语频道收视情况

2023年，CGTN英语频道在美国全年有6个月收视率较2022年有所增长，午间时段和晚间时段收视率较2022年提升明显。在肯尼亚，该频道收视率较2022年增长4.5%，人均收视时长增长11.8%，市场份额增长3.9%。在马来西亚，该频道各项收视数据竞争优势明显。从栏目分析来看，国际社会对CGTN英语频道国际资讯类栏目《今日世界》和中国文化类栏目《传承中国》关注度高。

2023年CGTN英语频道整体收视情况

国家/地区	收视率(%)	日均观众规模（万人次）
美国华盛顿特区和纽约	0.000017	0.34
肯尼亚	0.022690	13.50
乌干达	0.031900	7.95
坦桑尼亚	0.012700	5.72
尼日利亚	0.008520	14.20
马来西亚	0.001220	1.64
菲律宾	0.000020	0.23

二、CGTN 西班牙语频道收视情况

2023年，CGTN西班牙语频道在西班牙日均观众规模为2.24万人次，收视率为0.00019%。在竞争力方面，该频道日均观众规模超过美国CNN国际频道。频道收视高峰集中在当地时间22时至23时。西班牙观众对频道播发的中国精品电视剧、美食文化和汉语教学类节目比较感兴趣。

三、CGTN 法语频道收视情况

2023年，CGTN法语频道在法国整体收视表现较为平稳，日均观众规模为6.52万人次，收视率达0.10953%。CGTN法语频道各项收视指标均超过德国Deutsche Welle频道。频道收视高峰出现在当地时间黄金时段（20:00—21:00），法国观众对中国精品电视剧、动画、美食文化等展现出浓厚兴趣。

四、CGTN 阿拉伯语频道收视情况

2023年，CGTN阿拉伯语频道在沙特阿拉伯各项收视数据均有跨越式提升。该频道各项核心收视指标均超过BBC阿拉伯语频道、RT阿拉伯语频道和美国自由电视台（Al Hurra TV），频道竞争力大幅提升。

五、CGTN 俄语频道收视情况

2023年，CGTN俄语频道在俄罗斯整体收视表现稳步提升，频道竞争力不断增强。其中，收视率较2022年增长10.7%，日均观众规模增长19.2%，市场份额扩大18.3%。从内容偏好来看，俄罗斯观众除了喜欢中国精品影视剧，对新闻、纪录片和中国美食内容也较感兴趣。

六、CGTN 纪录频道收视情况

2023年，CGTN纪录频道收视情况整体向好。在非洲四国（尼日利亚、肯尼亚、坦桑尼亚和乌干达）中，该频道在尼日利亚和肯尼亚的各项收视指标较2022年全面提升，其中收视率分别增长59.9%和21.8%，市场份额分别扩大55.9%和22.2%，日均观众规模分别增长49.8%和18.0%。2023年，CGTN纪录频道全面扩版升级，提升节目内容品质，激发频道收视增长。

2023年CGTN纪录频道在非洲四国收视情况

国家	收视率（%）	日均观众规模（万人次）
尼日利亚	0.00878	15.83
肯尼亚	0.03988	18.33
坦桑尼亚	0.01091	6.04
乌干达	0.01388	4.60

七、CCTV-4 中文国际频道收视情况

2023年，CCTV-4中文国际频道在马来西亚日均观众规模稳定在30.5万人左右，其中9月至12月日均观众规模超过2022年同期水平，收视高峰出现在当地时间15时至16时。从节目分析来看，该频道播发的电视剧、中国新闻等内容对马来西亚观众吸引力较强。

（总编室供稿）

2023年中央广播电视总台头部平台用户体验调查

2023年，总台融合发展中心在2021年和2022年用户体验研究的基础上，开展主流媒体客户端用户体验调研。

该体系共包括5个一级指标、16个二级指标和75条评价语句，对主流媒体平台在生产、运营、技术、服务、品牌等方面的表现进行数字画像。2023年度评价筛选出具有代表性的48家主流媒体移动应用作为研究对象，针对全国15岁及以上手机用户开展体验评价调查，有效访问人数为1505人。

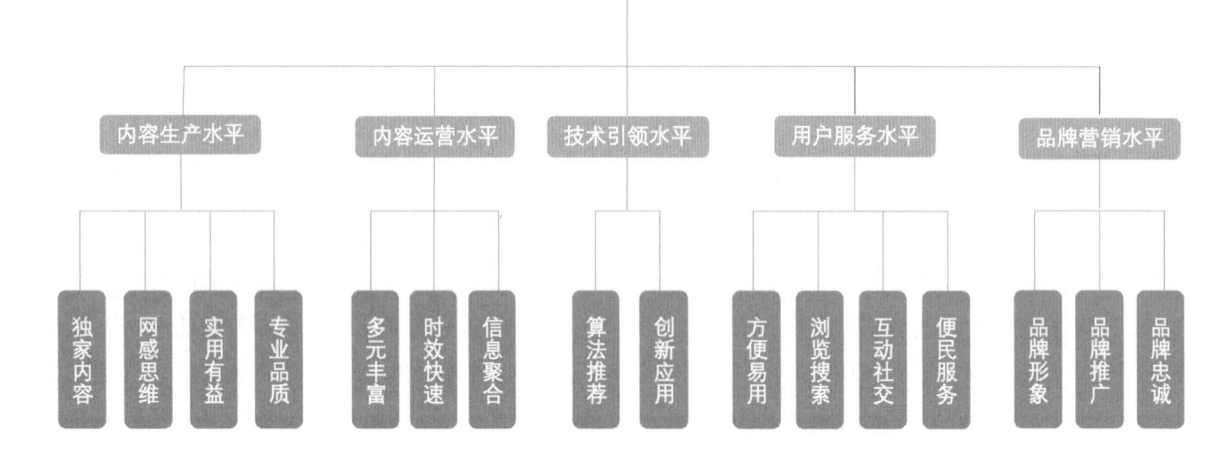

主流媒体客户端用户体验评价体系结构图

一级指标：内容生产水平、内容运营水平、技术引领水平、用户服务水平、品牌营销水平

二级指标：独家内容、网感思维、实用有益、专业品质、多元丰富、时效快速、信息聚合、算法推荐、创新应用、方便易用、浏览搜索、互动社交、便民服务、品牌形象、品牌推广、品牌忠诚

本次评价理论值域范围为1至10分，得分越高说明体验评价越高。数据显示，主流媒体客户端用户体验评价得分为7.14，整体保持良好发展态势。

总台央视新闻客户端、央视频客户端和云听客户端的用户体验得分为7.237，居于领先地位。央视新闻客户端以其专业品质展现实力，得分7.28，位居榜首，而且5个一级指标得分也全部高于平均值。其中，内容生产水平高出0.17，品牌营销水平和内容运营水平分别高出0.12和0.11，用户服务水平和技术引领水平分别高出0.08和0.06。

具体来说，总台头部平台在近八成用户的体验评价中高于平均水平，在"操作简单方

便""视音频播放流畅"等基础感官操作层面均获得高评价，特别是在"文化特色""调性高""思想性+艺术性"等方面优势显著。

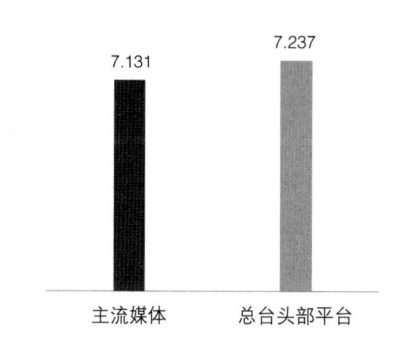

总台头部平台与主流媒体平台体验评价综合指数得分对比

主流媒体 7.131
总台头部平台 7.237

总台头部平台与主流媒体平台一级指标得分对比

（雷达图维度：内容生产水平、内容运营水平、技术引领水平、用户服务水平、品牌营销水平）

（数据来源：2023年主流媒体平台体验评价调研）

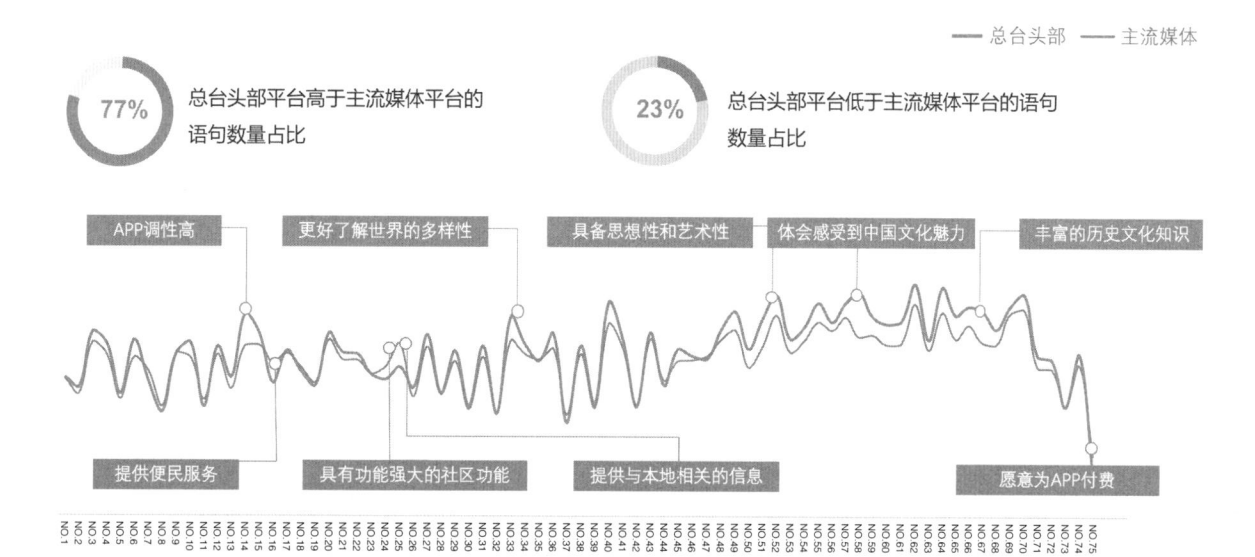

77% 总台头部平台高于主流媒体平台的语句数量占比

23% 总台头部平台低于主流媒体平台的语句数量占比

总台头部平台与主流媒体平台用户体验评价对比

（折线图标注：APP调性高、更好了解世界的多样性、具备思想性和艺术性、体会感受到中国文化魅力、丰富的历史文化知识、提供便民服务、具有功能强大的社区功能、提供与本地相关的信息、愿意为APP付费）

（数据来源：2023年主流媒体平台体验评价调研）

同时，央视频客户端、央视新闻客户端、云听客户端优势各异，体现出充分的差异化特征。用户认为央视频客户端"权威可信"。央视频客户端在"权威可信"选项上得分8.168，在"让我体会和感受到中国文化的魅力和内涵"选项上得分8.085，在"传递正能量，激发了我积极向上的动力"选项上得分8.010，在"内容客观真实准确"选项上得分8.002，以上四个维度得分均超过8分。调查显示，央视新闻客户端"真实准确""时效性强":在"内容客观真实准确"上得分最高,为8.451;在"第一时间发布新闻"上得分8.228;在"权威可信"上得分8.168;在"独家报道"上得分8.135;在"全面新闻报道"上得分8.107,得分也较高。云听客户端的知识属性较强,在"文化内涵""历史知识丰富""让我体会和感受到中国文化的魅力和内涵"等方面得分最高,为8.200;在"提供丰富多彩的历史文化知识"方面得分也超过8分,为8.007。

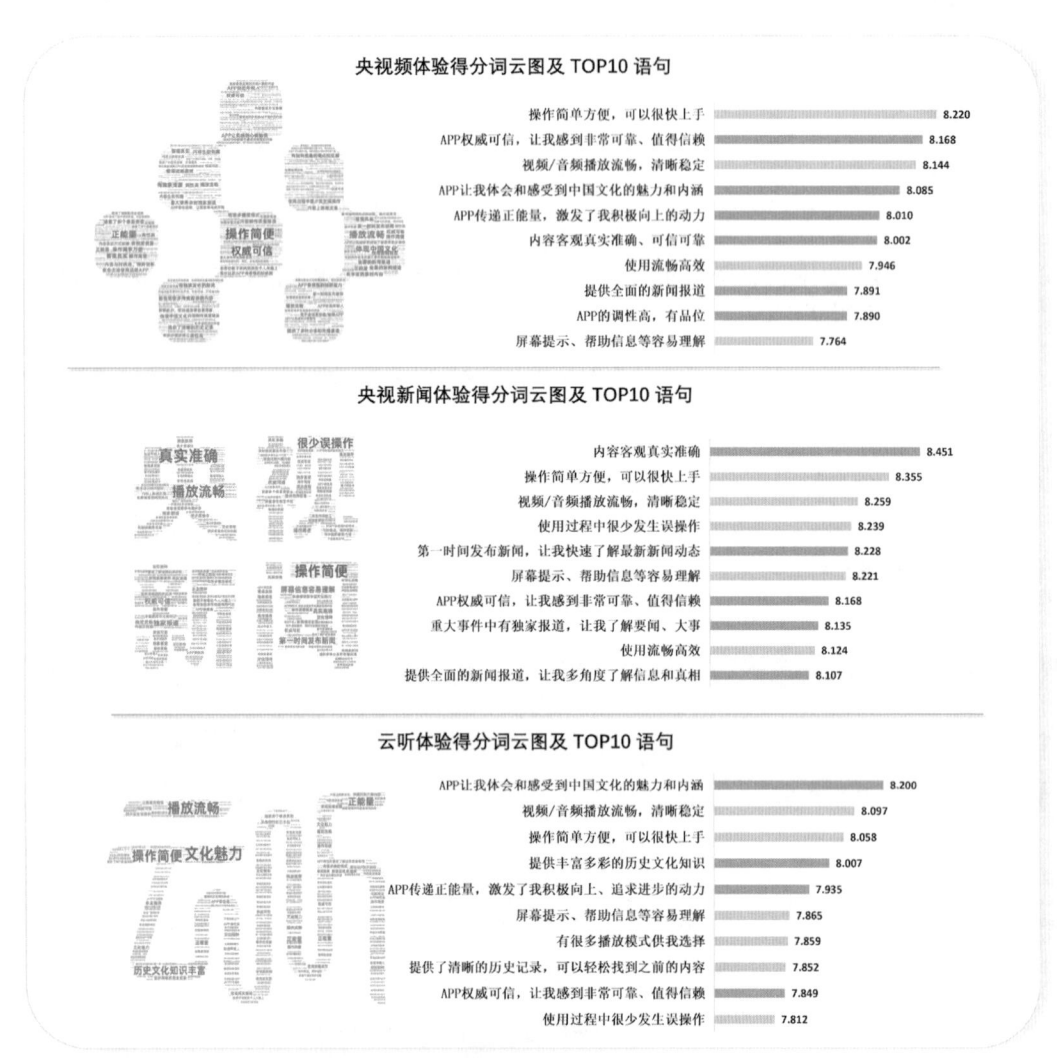

央视频体验得分词云图及 TOP10 语句

语句	得分
操作简单方便,可以很快上手	8.220
APP权威可信,让我感到非常可靠、值得信赖	8.168
视频/音频播放流畅,清晰稳定	8.144
APP让我体会和感受到中国文化的魅力和内涵	8.085
APP传递正能量,激发了我积极向上的动力	8.010
内容客观真实准确、可信可靠	8.002
使用流畅高效	7.946
提供全面的新闻报道	7.891
APP的调性高,有品位	7.890
屏幕提示、帮助信息等容易理解	7.764

央视新闻体验得分词云图及 TOP10 语句

语句	得分
内容客观真实准确	8.451
操作简单方便,可以很快上手	8.355
视频/音频播放流畅,清晰稳定	8.259
使用过程中很少发生误操作	8.239
第一时间发布新闻,让我快速了解了最新新闻动态	8.228
屏幕提示、帮助信息等容易理解	8.221
APP权威可信,让我感到非常可靠、值得信赖	8.168
重大事件中有独家报道,让我了解要闻、大事	8.135
使用流畅高效	8.124
提供全面的新闻报道,让我多角度了解信息和真相	8.107

云听体验得分词云图及 TOP10 语句

语句	得分
APP让我体会和感受到中国文化的魅力和内涵	8.200
视频/音频播放流畅,清晰稳定	8.097
操作简单方便,可以很快上手	8.058
提供丰富多彩的历史文化知识	8.007
APP传递正能量,激发了我积极向上、追求进步的动力	7.935
屏幕提示、帮助信息等容易理解	7.865
有很多播放模式供我选择	7.859
提供了清晰的历史记录,可以轻松找到之前的内容	7.852
APP权威可信,让我感到非常可靠、值得信赖	7.849
使用过程中很少发生误操作	7.812

总台头部平台体验得分词云图 TOP10 语句

(数据来源:2023年主流媒体平台体验评价调研)

(融合发展中心供稿)

报刊音像图书出版情况

报刊出版情况

2023年中央广播电视总台出版报刊一览表

名称	类别	主管单位	主办单位
中国电视报	周报	中央广播电视总台	中央广播电视总台
电视研究	月刊	中央广播电视总台	中央广播电视总台
国际传播	双月刊	中央广播电视总台	中央广播电视总台
中国视听	双月刊	中央广播电视总台	中央广播电视总台
现代电视技术	月刊	中央广播电视总台	中央广播电视总台

（创新发展研究中心供稿）

音像制品出版情况

2023年中国国际电视总公司音像制品出版一览表

出版物名称	制作单位	出版单位	出版时间	载体类型	集数/盘数（张）	时长（分钟）
领航	中央广播电视总台	中国国际电视总公司	2023-01	DVD	8	400
征程	中央广播电视总台	中国国际电视总公司	2023-01	DVD	10	500
追光	中央广播电视总台	中国国际电视总公司	2023-01	DVD	5	75
2023年春节联欢晚会	中央广播电视总台	中国国际电视总公司	2023-02	DVD	2	270
长征之歌	中央广播电视总台	中国国际电视总公司	2023-02	DVD	6	300
航拍中国第四季—北京	中央广播电视总台	中国国际电视总公司	2023-03	DVD	1	50
航拍中国第四季—辽宁	中央广播电视总台	中国国际电视总公司	2023-03	DVD	1	50
航拍中国第四季—湖北	中央广播电视总台	中国国际电视总公司	2023-03	DVD	1	50

续表

出版物名称	制作单位	出版单位	出版时间	载体类型	集数/盘数（张）	时长（分钟）
航拍中国第四季—重庆	中央广播电视总台	中国国际电视总公司	2023-03	DVD	1	50
航拍中国第四季—河南	中央广播电视总台	中国国际电视总公司	2023-03	DVD	1	50
航拍中国第四季—西藏	中央广播电视总台	中国国际电视总公司	2023-03	DVD	1	50
航拍中国第四季—澳门	中央广播电视总台	中国国际电视总公司	2023-03	DVD	1	50
航拍中国第四季—广西	中央广播电视总台	中国国际电视总公司	2023-03	DVD	1	50
航拍中国第四季—青海	中央广播电视总台	中国国际电视总公司	2023-03	DVD	1	50
航拍中国第四季—香港	中央广播电视总台	中国国际电视总公司	2023-03	DVD	1	50
航拍中国第四季—台湾	中央广播电视总台	中国国际电视总公司	2023-03	DVD	1	50
通向繁荣之路	中央广播电视总台	中国国际电视总公司	2023-12	DVD	6	300

（中国国际电视总公司供稿）

2023年中国国际广播音像出版社音像制品出版一览表

出版物名称	制作单位	出版单位	出版时间	载体类型	集数（盘数）	时长（分钟）
替罪羊	引进	中国国际广播音像出版社	2023-05-31	DVD	1	92
城堡	引进	中国国际广播音像出版社	2023-05-31	DVD	1	80
无形斩—股票期货实战技巧	合作	中国国际广播音像出版社	2023-04-30	DVD	1	88
股票期货短线投机操作技巧	合作	中国国际广播音像出版社	2023-04-30	DVD	1	82
隆美尔	引进	中国国际广播音像出版社	2023-06-30	DVD	1	118
寂静人生	引进	中国国际广播音像出版社	2023-06-30	DVD	1	92
雪豹女王	引进	中国国际广播音像出版社	2023-08-30	DVD	1	92
神医	引进	中国国际广播音像出版社	2023-08-30	DVD	1	150
奇怪的她	合作	中国国际广播音像出版社	2023-07-30	DVD	1	124
今天的恋爱	合作	中国国际广播音像出版社	2023-07-30	DVD	1	118

续表

出版物名称	制作单位	出版单位	出版时间	载体类型	集数（盘数）	时长（分钟）
请点赞	合作	中国国际广播音像出版社	2023-07-30	DVD	1	122
如此美好	合作	中国国际广播音像出版社	2023-07-30	DVD	1	122
金融决战	合作	中国国际广播音像出版社	2023-07-30	DVD	1	143
国家破产之日	合作	中国国际广播音像出版社	2023-07-01	DVD	1	114
我的小小英雄	合作	中国国际广播音像出版社	2023-07-31	DVD	1	135
致敬大师奏鸣曲——张晨钢琴独奏音乐会（现场版）	自编	中国国际广播音像出版社	2023-07-08	DVD	1	61
一场大火之后	引进	中国国际广播音像出版社	2023-11-30	DVD	1	109
达科塔	引进	中国国际广播音像出版社	2023-11-30	DVD	1	96
反斗神偷	引进	中国国际广播音像出版社	2023-11-30	DVD	1	87
恋爱假期	引进	中国国际广播音像出版社	2023-12-17	DVD	1	135
人类之子	引进	中国国际广播音像出版社	2023-12-29	DVD	1	105

（中国国际广播音像出版社供稿）

图书出版情况

2023年中国国际广播出版社有限公司图书出版一览表

出版物名称	出版单位	出版时间	版次信息
媒体外交实践论：中央广播电视总台的探索与思考	中国国际广播出版社有限公司	2023-01	初版
从教室到教研：基于核心素养的课堂教学实践	中国国际广播出版社有限公司	2023-01	初版
大学生职业生涯规划与就业指导	中国国际广播出版社有限公司	2023-01	初版
现代信息技术与大学英语教学研究	中国国际广播出版社有限公司	2023-01	初版
钢琴技能教学与实践应用研究	中国国际广播出版社有限公司	2023-01	初版
高等院校教学创新团队建设研究	中国国际广播出版社有限公司	2023-01	初版
高校大学生就业与创业的发展与创新研究	中国国际广播出版社有限公司	2023-01	初版
新闻工作方法论：我们的探索与思考	中国国际广播出版社有限公司	2023-02	初版
红色密档	中国国际广播出版社有限公司	2023-02	初版

续表

出版物名称	出版单位	出版时间	版次信息
20世纪美国钢琴教学理念变迁研究（京师青年艺术论丛）	中国国际广播出版社有限公司	2023-02	初版
影像材质与电影理论新思维——第六届全国电影青年学者论坛论文集	中国国际广播出版社有限公司	2023-02	初版
区块链的商业模式	中国国际广播出版社有限公司	2023-02	初版
白俄罗斯当代文学作品选	中国国际广播出版社有限公司	2023-02	初版
新闻采写70问	中国国际广播出版社有限公司	2023-02	初版
论戏剧性	中国国际广播出版社有限公司	2023-02	初版
青少年移动互联网使用及影响研究	中国国际广播出版社有限公司	2023-02	初版
陈洪绶之谜	中国国际广播出版社有限公司	2023-02	初版
大地的召唤	中国国际广播出版社有限公司	2023-02	初版
英语阅读与续写教学研究	中国国际广播出版社有限公司	2023-02	初版
丹青难写是精神：CMG观察文萃	中国国际广播出版社有限公司	2023-03	初版
新时代主流电视剧的发展路径与创作特征（京师艺术论丛）	中国国际广播出版社有限公司	2023-03	初版
创意的力量：全球价值链视野下的节目模式（京师艺术论丛）	中国国际广播出版社有限公司	2023-03	初版
高校造型艺术教学研究与实践断想（京师艺术教育丛书）	中国国际广播出版社有限公司	2023-03	初版
MAX理论与实践之Max篇（京师艺术教育丛书）	中国国际广播出版社有限公司	2023-03	初版
走向穷途：嘉庆帝陵卷	中国国际广播出版社有限公司	2023-03	初版
中国传媒年度对话	中国国际广播出版社有限公司	2023-03	初版
法治题材电视剧文化价值研究	中国国际广播出版社有限公司	2023-03	初版
我国红色动画理论与创作研究	中国国际广播出版社有限公司	2023-03	初版
国际传播视野中的纪录片创作	中国国际广播出版社有限公司	2023-03	初版
中国生肖史话：典藏版（传媒艺苑文丛·第二辑）	中国国际广播出版社有限公司	2023-03	初版
中国门文化：典藏版（传媒艺苑文丛·第二辑）	中国国际广播出版社有限公司	2023-03	初版
犁园沃土——做改革创新型校长	中国国际广播出版社有限公司	2023-03	初版
秋韵	中国国际广播出版社有限公司	2023-03	初版
燕殇	中国国际广播出版社有限公司	2023-03	初版
情绪：网络空间研究的新向度（京师传播文丛）	中国国际广播出版社有限公司	2023-04	初版

续表

出版物名称	出版单位	出版时间	版次信息
全媒体时代下的国际视野与数字变革（京师传播文丛）	中国国际广播出版社有限公司	2023-04	初版
中外经典电影表演100例（北京电影学院精品系列教材）	中国国际广播出版社有限公司	2023-04	初版
历练之旅：服务北京冬奥会口述实录	中国国际广播出版社有限公司	2023-04	初版
青年笃行：服务北京冬奥会社会实践案例	中国国际广播出版社有限公司	2023-04	初版
中国织染史话（传媒艺苑文丛·第二辑）	中国国际广播出版社有限公司	2023-04	初版
萤火虫的爱情（北欧文学译丛）	中国国际广播出版社有限公司	2023-04	初版
文化旅游项目策划与管理	中国国际广播出版社有限公司	2023-04	初版
电影创意与策划	中国国际广播出版社有限公司	2023-04	初版
卡通雕塑教程	中国国际广播出版社有限公司	2023-04	初版
傀儡天子：同治帝陵卷	中国国际广播出版社有限公司	2023-04	初版
新闻传播学前沿·2023年·上	中国国际广播出版社有限公司	2023-04	初版
志书编纂理论与实践	中国国际广播出版社有限公司	2023-04	初版
走读楠溪江	中国国际广播出版社有限公司	2023-04	初版
永嘉山水诗选	中国国际广播出版社有限公司	2023-04	初版
数学文化教学百年梦想系列研究：小学数学科学性数学文化局部建构与教学随想	中国国际广播出版社有限公司	2023-05	初版
跟着运动健将一起练——羽毛球	中国国际广播出版社有限公司	2023-05	初版
小学教学科学性数学文化局部建构与教学随想	中国国际广播出版社有限公司	2023-05	初版
象征的影像（京师艺术论丛）	中国国际广播出版社有限公司	2023-05	初版
影像形态流变论（京师艺术论丛）	中国国际广播出版社有限公司	2023-05	初版
舞蹈社会学研究（京师艺术论丛）	中国国际广播出版社有限公司	2023-05	初版
影视管理学（北京电影学院精品系列教材）	中国国际广播出版社有限公司	2023-05	初版
影视广告短片创作（北京电影学院精品系列教材）	中国国际广播出版社有限公司	2023-05	初版
新闻评论：融合表达与思维创新（21世纪高等院校影视艺术经典教材）	中国国际广播出版社有限公司	2023-05	初版
青春的记忆：服务北京冬奥会工作日志	中国国际广播出版社有限公司	2023-05	初版
中国井文化（传媒艺苑文丛·第二辑）	中国国际广播出版社有限公司	2023-05	初版
2010年以来中国电影的类型化创作	中国国际广播出版社有限公司	2023-05	初版
岭南声乐作品集	中国国际广播出版社有限公司	2023-05	初版
虚拟现实影像的用户心理研究（京师青年艺术论丛）	中国国际广播出版社有限公司	2023-06	初版

续表

出版物名称	出版单位	出版时间	版次信息
从历史走向未来：北京地区博物馆展陈发展研究（京师艺术论丛）	中国国际广播出版社有限公司	2023-06	初版
电视剧音乐艺术基础与美学功能诠释（21世纪高等院校影视艺术经典教材）	中国国际广播出版社有限公司	2023-06	初版
赛场全景观：服务北京奥运会实践报告	中国国际广播出版社有限公司	2023-06	初版
严肃的游戏（北欧文学译丛）	中国国际广播出版社有限公司	2023-06	初版
理论探索与实践展望	中国国际广播出版社有限公司	2023-06	初版
影视文化前沿	中国国际广播出版社有限公司	2023-06	初版
视频写作实务	中国国际广播出版社有限公司	2023-06	初版
视听新闻实务	中国国际广播出版社有限公司	2023-06	初版
高凉大地："高凉文学"优秀作品选	中国国际广播出版社有限公司	2023-06	初版
我的生活我的梦：揭阳奋斗者	中国国际广播出版社有限公司	2023-06	初版
当代高安采茶戏的音乐传播学研究	中国国际广播出版社有限公司	2023-06	初版
纪录片再造性视觉语言系统	中国国际广播出版社有限公司	2023-06	初版
电影项目开发制作预算编制实务（北京电影学院精品系列教材）	中国国际广播出版社有限公司	2023-07	初版
剧本创作方法与实战（21世纪高等院校影视艺术经典教材）	中国国际广播出版社有限公司	2023-07	初版
光影内外：倪震自选集（北京电影学院学者文库）	中国国际广播出版社有限公司	2023-07	初版
时空与造型：周登富自选集（北京电影学院学者文库）	中国国际广播出版社有限公司	2023-07	初版
狼新娘（北欧文学译丛）	中国国际广播出版社有限公司	2023-07	初版
电影的历史性：论（散）文电影文论选	中国国际广播出版社有限公司	2023-07	初版
色韵《满城尽带黄金甲》	中国国际广播出版社有限公司	2023-07	初版
戏剧本体论（修订本）	中国国际广播出版社有限公司	2023-07	初版
2019湖南艺术发展报告	中国国际广播出版社有限公司	2023-07	初版
艺道·第2辑	中国国际广播出版社有限公司	2023-07	初版
心灵的航标：初中心理健康教育课程参考课例	中国国际广播出版社有限公司	2022-07	初版
春满河山文集	中国国际广播出版社有限公司	2023-07	初版
小学实践创新设计研究	中国国际广播出版社有限公司	2023-07	初版
信息化环境下的教学设计研究与实践	中国国际广播出版社有限公司	2023-07	初版
建筑在说话	中国国际广播出版社有限公司	2023-08	初版

续表

出版物名称	出版单位	出版时间	版次信息
电视纪录片解说艺术教程（21世纪高等院校影视艺术经典教材）	中国国际广播出版社有限公司	2023-08	初版
我思故我在：侯克明自选集（北京电影学院学者文库）	中国国际广播出版社有限公司	2023-08	初版
电影考古学与世纪记忆：戈达尔《电影史》文论集	中国国际广播出版社有限公司	2023-08	初版
国际视听研究第4辑	中国国际广播出版社有限公司	2023-08	初版
网络素养研究·第2辑	中国国际广播出版社有限公司	2023-08	初版
中国美丽乡村案例研究	中国国际广播出版社有限公司	2023-08	初版
外语教学实践与语言文化研究	中国国际广播出版社有限公司	2023-08	初版
表演九重城：林洪桐自选集（北京电影学院学者文库）	中国国际广播出版社有限公司	2023-09	初版
互联网平台未成年人保护发展报告（2022）（京师传播文丛）	中国国际广播出版社有限公司	2023-09	初版
中央广播电视总台年鉴（2022）	中国国际广播出版社有限公司	2023-09	初版
医患共同体：数字健康传播的图景想象（京师传播文丛）	中国国际广播出版社有限公司	2023-09	初版
沟通技巧（北京电影学院精品系列教材）	中国国际广播出版社有限公司	2023-09	初版
戏剧艺术的特性（修订版）	中国国际广播出版社有限公司	2023-09	初版
全国新闻记者职业资格考试·新闻采编实务	中国国际广播出版社有限公司	2023-09	初版
全国新闻记者职业资格考试·新闻基础知识	中国国际广播出版社有限公司	2023-09	初版
全国新闻记者职业资格考试·一本通	中国国际广播出版社有限公司	2023-09	初版
全国中小学安全教育彩绘读本：我的安全防护宝典⑤	中国国际广播出版社有限公司	2023-09	初版
全国中小学安全教育彩绘读本：我的安全防护宝典⑥	中国国际广播出版社有限公司	2023-09	初版
艺术与科技：数字影视动画创作与研究文集	中国国际广播出版社有限公司	2023-09	初版
百年动画的梦与记忆：中国动画民族化历程	中国国际广播出版社有限公司	2023-09	初版
影视剧类型教程	中国国际广播出版社有限公司	2023-09	初版
温州老照片（第四辑）	中国国际广播出版社有限公司	2023-09	初版
中国网络动画发展现状研究	中国国际广播出版社有限公司	2023-09	初版
英语演讲理论与实训：如何讲好中国故事	中国国际广播出版社有限公司	2023-09	初版
全球电影时代的小国电影	中国国际广播出版社有限公司	2023-09	初版
枫溪陶瓷文化·潮州枫溪瓷塑	中国国际广播出版社有限公司	2023-09	初版
英语教育教学理论与实践分析研究	中国国际广播出版社有限公司	2023-09	初版
记者视界：中央广播电视总台驻外记者一线手记	中国国际广播出版社有限公司	2023-10	初版

续表

出版物名称	出版单位	出版时间	版次信息
歌唱中的语言发音规律和技巧（京师艺术教育丛书）	中国国际广播出版社有限公司	2023-10	初版
中国舞蹈经典作品巡礼（京师艺术教育丛书）	中国国际广播出版社有限公司	2023-10	初版
电影分线发行：理论构建与中国实践（京师艺术论丛）	中国国际广播出版社有限公司	2023-10	初版
艺术程序设计讲义（北京电影学院精品系列教材）	中国国际广播出版社有限公司	2023-10	初版
天堂（北欧文学译丛）	中国国际广播出版社有限公司	2023-10	初版
2017湖南艺术发展报告	中国国际广播出版社有限公司	2023-10	初版
中国传媒经济发展报告（2023）	中国国际广播出版社有限公司	2023-10	初版
丝路重生："一带一路"文化遗产的创意营造	中国国际广播出版社有限公司	2023-10	初版
多元生态背景下的动画理论与创作研究	中国国际广播出版社有限公司	2023-10	初版
中国电视剧叙事艺术	中国国际广播出版社有限公司	2023-10	初版
数字人文与中国电影知识体系	中国国际广播出版社有限公司	2023-10	初版
媒体融合背景下主流影视形态的创新发展	中国国际广播出版社有限公司	2023-10	初版
山西文化与旅游融合发展研究	中国国际广播出版社有限公司	2023-10	初版
吃茶去：中国历代茶文化鉴考	中国国际广播出版社有限公司	2023-10	初版
高校教育教学研究与管理实践研究	中国国际广播出版社有限公司	2023-10	初版
新时代中国法治题材剧中的"法律人"形象研究（京师艺术论丛）	中国国际广播出版社有限公司	2023-11	初版
基础教育舞蹈赏析教程（京师艺术教育丛书）	中国国际广播出版社有限公司	2023-11	初版
当代中国笛子演奏理论与实践（京师艺术教育丛书）	中国国际广播出版社有限公司	2023-11	初版
新青年的网络生活与消费形态："Z世代"与新营销研究报告（京师传播文丛）	中国国际广播出版社有限公司	2023-11	初版
中国电影研究⑤：文化传统与电影表达	中国国际广播出版社有限公司	2023-11	初版
中国文化十六讲：俄汉对照版	中国国际广播出版社有限公司	2023-11	初版
中国短视频发展研究报告（2023）	中国国际广播出版社有限公司	2023-11	初版
银幕特效：与中国当代电影视效创作者对话	中国国际广播出版社有限公司	2023-11	初版
华侨高等教育研究2023（1—2）合辑	中国国际广播出版社有限公司	2023-11	初版
跨文化传播视野下国际中文教育研究	中国国际广播出版社有限公司	2023-11	初版
公共危机治理中科学传播的对话机制研究	中国国际广播出版社有限公司	2023-11	初版
小学语文课堂教学与实践研究	中国国际广播出版社有限公司	2023-11	初版
大学生心理健康教育教学改革创新理论与实践研究	中国国际广播出版社有限公司	2023-11	初版

续表

出版物名称	出版单位	出版时间	版次信息
现代英语阅读与教学创新教育综述	中国国际广播出版社有限公司	2023-11	初版
长江之犊	中国国际广播出版社有限公司	2023-11	初版
舞蹈符号学理论与实践（京师艺术教育丛书）	中国国际广播出版社有限公司	2023-12	初版
文创设计实践教学现场（第一辑）（京师艺术教育丛书）	中国国际广播出版社有限公司	2023-12	初版
华夏传播研究学术史	中国国际广播出版社有限公司	2023-12	初版
宁波广播电影电视发展报告（2023）	中国国际广播出版社有限公司	2023-12	初版
中国电视剧蓝皮书2023	中国国际广播出版社有限公司	2023-12	初版
交互式教学媒体导论：概念和实践	中国国际广播出版社有限公司	2023-12	初版
影像的记忆巡回：录像与媒体艺术家文选	中国国际广播出版社有限公司	2023-12	初版
和孩子一起读诗	中国国际广播出版社有限公司	2023-12	初版

（中国国际广播出版社有限公司供稿）

获奖与表彰

作品奖

第 33 届中国新闻奖中央广播电视总台获奖名单

类别	奖项等级	作品/栏目名称	播出频道/频率或发布平台	刊播/创办时间
新闻直播	特别奖	中国共产党第二十届中央政治局常委同中外记者见面会	CCTV-1 综合频道	2022-10-23
消息	一等奖	中国共产党第二十次全国代表大会在京开幕 习近平代表第十九届中央委员会向大会作报告	CCTV-1 综合频道	2022-10-16
评论	一等奖	玉渊谭天丨三年：三问三答	央视新闻客户端	2022-12-15
新闻纪录片	一等奖	新时代中国人权	CCTV-4 中文国际频道	2022-12-26
新闻访谈	一等奖	高端访谈丨专访印度尼西亚总统佐科	CCTV-13 新闻频道	2022-10-14
新闻直播	一等奖	独家直播丨解放军在台岛周边海空域进行重要军事演训行动	央视新闻客户端	2022-08-04
新闻直播	一等奖	中国之声特别直播《国家公园·两天一夜》——海南热带雨林国家公园之《林间密语》	中国之声	2022-11-20
新闻专栏	一等奖	新闻联播	CCTV-1 综合频道	1978-01-01
重大主题报道	一等奖	领航	CCTV-1 综合频道	2022-10-08—10-15
国际传播	一等奖	《永动的战争机器》系列专题	CGTN	2022-05-27—07-14
典型报道	一等奖	中国 UP！	央视新闻客户端	2022-04-25—10-06
融合报道	一等奖	三星堆新发现丨古蜀国的青铜时代	央视新闻客户端	2022-06-14
新闻专题	二等奖	《零容忍》第一集《不负十四亿》	CCTV-1 综合频道	2022-01-15
新闻专题	二等奖	《香江永奔流》第四集《拨乱反正》	CCTV-1 综合频道	2022-06-29
系列报道	二等奖	解码十年	CCTV-13 新闻频道	2022-08-09—08-22

续表

类别	奖项等级	作品/栏目名称	播出频道/频率或发布平台	刊播/创办时间
舆论监督报道	二等奖	"丰县生育八孩女子"事件调查	CCTV-13 新闻频道	2022-02-23
国际传播	二等奖	Global Thinkers Special: What does China really want?（对话思想者电视论坛：中国特色大国外交与全球新格局）	CGTN	2022-09-14
融合报道	三等奖	连心丨百炼钢做成了绕指柔！总书记嘱托"手撕钢"技术要勇攀高峰	央视新闻客户端	2022-09-27
新闻业务研究	三等奖	云网一体，向原创视音频内容生产发布的全媒体迈进	《电视研究》期刊	2022-07-15

（创新发展研究中心供稿）

第31届中国人大新闻奖中央广播电视总台获奖名单

奖项等级	评选项目	作品名称	播出频道/频率或发布平台	刊播/创办时间
特别奖	消息	总书记与我们在一起丨共同建设伟大祖国 共同创造美好生活	CCTV-1 综合频道	2022-03-06
一等奖	消息	发展全过程人民民主 彰显中国式民主优势	中国之声	2021-11-08
一等奖	消息	十三届全国人大常委会第二十二次会议分组审议个人信息保护法草案，草案如何切实保护你我信息？	中国之声	2020-10-17
一等奖	专题	小巷里的中国民主故事	环球资讯广播	2021-11-04
一等奖	系列报道和连续报道	两会锐地带	中国之声	2021-03-04
一等奖	消息	新闻特写丨爱国者治港 香港再出发	CCTV-1 综合频道	2021-03-30
一等奖	消息	8993件！全国人大代表建议全部办理完毕	CCTV-1 综合频道	2021-12-21
一等奖	评论	直击两会·两会划重点	CCTV-13 新闻频道	2022-03-08
一等奖	专题	《今日说法》2022年两会特别节目《公平正义新时代》"依法带娃"第一令	CCTV-1 综合频道	2022-03-09
一等奖	专题	新奋进（New Endeavors）	CGTN 英语频道	2021-07-11
一等奖	系列报道和连续报道	CGTN"全过程人民民主"系列 Whole-process People's Democracy	CGTN 英语频道	2021-11-02
一等奖	访谈	香港大视野	CGTN 英语频道	2021-03-12
一等奖	新媒体	人民代表习近平	央视新闻客户端	2022-03-04
一等奖	新媒体	时政新闻眼丨十三届全国人大四次会议系列特稿	央视新闻客户端	2021-03-12

续表

奖项等级	评选项目	作品名称	播出频道/频率或发布平台	刊播/创办时间
二等奖	评论	您身边的两会：职业教育怎样大有可为	中国之声	2022-03-10
二等奖	消息	今天是国家宪法日　全国人大常委会多措并举推进备案审查工作	CCTV-13 新闻频道	2021-12-04
二等奖	评论	数据立法，深圳的先行先试！	CCTV-13 新闻频道	2021-07-06
二等奖	系列报道和连续报道	龙洋说两会	CCTV-2 财经频道	2022-03-06
二等奖	现场直播	两会1+1（2021-03-08）	CCTV-13 新闻频道	2021-03-08
二等奖	访谈	石光银：从沙漠到绿洲	CCTV-13 新闻频道	2021-07-11
二等奖	评论	国际锐评丨中国两会是一场广泛真实管用的民主盛会	央视新闻客户端	2022-03-08
二等奖	专题	有事好商量	央视新闻客户端	2022-03-03
二等奖	访谈	相对论Vol.11　对话谭耀宗、马逢国丨定香江！奔向未来日子	央视新闻客户端	2020-07-02
二等奖	新媒体	粉碎标题党：完善香港选举制度是"香港民主的终结"？外媒又错了！	CGTN 官网	2021-03-12
二等奖	新媒体	看图说话丨全过程人民民主好在哪儿？	国际在线	2022-03-10
二等奖	新媒体	独家视频丨习近平"下团组"这些话震撼人心	央视新闻客户端	2021-03-08
二等奖	新媒体	时政微视频丨心怀"国之大者"	央视新闻客户端	2022-03-12
三等奖	消息	全国人大台湾团代表热议：人大代表如何更好地履行职责	台海之声	2022-03-06
三等奖	消息	全国人大代表梁倩娟："线上线下"同步履职	CCTV-13 新闻频道	2022-03-11
三等奖	消息	上海立法为红色资源"保驾护航"	CCTV-13 新闻频道	2021-06-26
三等奖	专题	关注高空抛物罪	CCTV-13 新闻频道	2021-05-11
三等奖	专题	通道前后　代表通道上的基层声音	CCTV-13 新闻频道	2022-03-07
三等奖	专题	反电信网络诈骗法草案首次亮相	CCTV-12 社会与法频道	2021-10-25
三等奖	系列报道和连续报道	两会你我他	CCTV-13 新闻频道	2021-03-05
三等奖	系列报道和连续报道	人大代表：民主就在你我身边	CCTV-4 中文国际频道	2022-03-06
三等奖	系列报道和连续报道	十三届全国人大常委会第三十二次会议系列报道	CCTV-1 综合频道	2021-12-20
三等奖	访谈	金融界话两会——对话全国人大代表董明珠	央视财经客户端	2022-03-07

442

续表

奖项等级	评选项目	作品名称	播出频道/频率或发布平台	刊播/创办时间
三等奖	新媒体	Younger Voices 两会青年之声：你好，我是"95后"人大代表	CGTN 官网	2021-02-25
三等奖	新媒体	"未来盲盒"都有啥？康辉第一个开箱视频来了	"央视新闻"微信公众号	2021-04-01

（创新发展研究中心供稿）

中国广播电视大奖2021—2022年度广播电视节目奖中央广播电视总台获奖名单

类别	参评项目	作品/栏目名称	播出频道/频率或发布平台	刊播/创办时间
广播电视新闻	电视消息	中国共产党第二十次全国代表大会在京开幕 习近平代表第十九届中央委员会向大会作报告	CCTV-1 综合频道	2022-10-16
广播电视新闻	电视消息	"象"往何处	CCTV-13 新闻频道	2021-04-20
广播电视新闻	电视现场直播	庆祝中国共产党成立100周年大会特别报道	CCTV-13 新闻频道	2021-07-01
广播电视新闻	电视栏目	新闻联播	CCTV-1 综合频道	1978-01-01
广播电视新闻	电视专题	领航	CCTV-1 综合频道	2022-10-08
广播电视新闻	电视纪录片	看见纪南城	CCTV-10 科教频道	2022-11-18
广播电视新闻	广播消息	记者接力记录：暴雨中遇险的K599次列车99小时曲折旅程	中国之声	2021-07-24
广播电视新闻	广播消息	直播带货乱象调查（3集）	经济之声	2021-12-12
广播电视新闻	广播评论	录音述评：春耕关键时期，打通农资运输堵点卡点刻不容缓！	中国之声	2022-04-21
广播电视新闻	广播栏目	新闻和报纸摘要	中国之声	1950-04-10
广播电视新闻	广播现场直播	神舟十五号载人飞行任务——中国之声特别直播《筑梦空间站》	中国之声	2022-11-29
广播电视新闻	广播专题	十年，这里（10集）	中国之声	2022-08-08
对外电视	电视专题	人类碳足迹	CGTN 英语频道	2022-12-10
对外广播	广播专题	Beat the Rush（分秒人生）	英语资讯广播	2022-05-20
对港澳台广播	广播评论	大湾区之声热评：高票通过决定就是最大的民意！	大湾区之声	2021-03-12
广播文艺	音乐	音乐之声庆祝中国共产党成立100周年特别策划《颂歌》之《情深谊长》	音乐之声	2021-06-23
广播剧	微剧	千里江山（第十集 飞鹤云空）	中国之声	2022-10-09

（创新发展研究中心供稿）

第二届中国播音主持"金声奖"中央广播电视总台获奖名单

获奖名称	姓名	性别	工作单位
优秀广播播音员主持人	陈 旻	男	新闻新媒体中心
优秀广播播音员主持人	陈 星	女	港澳台节目中心
优秀电视播音员主持人	龙 洋	女	总编室
优秀电视播音员主持人	任鲁豫	男	文艺节目中心

（创新发展研究中心供稿）

2023年度公益广告奖中央广播电视总台获奖作品名单

奖项名称及获奖等级	作品名称	播出频道/频率或发布平台
2022年度广播电视公益广告扶持项目电视作品类（一类）	"二十大"主题公益广告《鼓舞中华》	央视全频道
2022年度广播电视公益广告扶持项目电视作品类（一类）	2023春晚公益广告乡村振兴《"村"晚》	央视全频道
2022年度广播电视公益广告扶持项目广播作品类（一类）	二十四节气——外婆的菜篮	中国之声、经济之声等13套频率
2022年度广播电视公益广告扶持项目电视作品类（二类）	"二十大"主题公益广告《中国道路》	央视全频道
2022年度广播电视公益广告扶持项目电视作品类（二类）	2023春晚公益广告《花开种花家 幸福中国年》	央视全频道
2022年度广播电视公益广告扶持项目广播作品类（二类）	生态文明——当地球变成桑拿房	中国之声、经济之声等13套频率
2022年度广播电视公益广告扶持项目广播作品类（二类）	传统文化——中国诗词里的四季	中国之声、经济之声等13套频率
第30届中国国际广告节黄河奖—重大主题金奖	新疆主题系列公益广告	央视全频道
第30届中国国际广告节黄河奖—社会主题银奖	2023春晚公益广告《花开种花家 幸福中国年》	央视全频道
第30届中国国际广告节黄河奖优秀奖	二十四节气——外婆的菜篮	中国之声、经济之声等13套频率
第30届中国国际广告节黄河奖优秀奖	文明旅游——毁掉的诗意	中国之声、经济之声等13套频率
第30届中国国际广告节黄河奖优秀奖	一带一路十周年——坐上动车回老挝	中国之声、经济之声等13套频率
第30届中国国际广告节黄河奖优秀奖	中国航天——神话圆梦	中国之声、经济之声等13套频率
2023北京国际公益广告大会创意征集大赛发布类特等奖	新疆民族团结主题公益广告《汇聚篇》	央视全频道
2023北京国际公益广告大会创意征集大赛发布类一等奖	文明旅游——毁掉的诗意	中国之声、经济之声等13套频率
2023北京国际公益广告大会创意征集大赛发布类二等奖	2023春晚公益广告《花开种花家 幸福中国年》	央视全频道

续表

奖项名称及获奖等级	作品名称	播出频道/频率或发布平台
2023北京国际公益广告大会创意征集大赛发布类三等奖	新疆生态文明主题公益广告《大美新疆》	央视全频道
2023北京国际公益广告大会创意征集大赛发布类三等奖	2023春晚公益广告乡村振兴《"村"晚》	央视全频道
2023北京国际公益广告大会创意征集大赛发布类三等奖	2023春晚公益广告《"跃"来"跃"好》	央视全频道
CAMA2023影视公益广告金奖	"二十大"主题公益广告《中国道路》	央视全频道
CAMA2023影视公益广告金奖	"二十大"主题公益广告《鼓舞中华》	央视全频道
CAMA2023影视公益广告铜奖	2023春晚公益广告《"跃"来"跃"好》	央视全频道

（总经理室供稿）

第28届上海电视节"白玉兰奖"中央广播电视总台获奖名单

奖项名称	作品名称	获奖单位
组委会特别奖	领航	社教节目中心
评委会大奖	大决战	影视剧纪录片中心
最佳综艺节目	山水间的家	总编室
最佳中国电视剧、最佳导演、最佳编剧（改编）、最佳男主角、最佳男配角	人世间	影视剧纪录片中心

（创新发展研究中心供稿）

2023首届"金熊猫奖"中央广播电视总台获奖名单

奖项名称	作品名称	获奖单位
雷佳音获最佳男主角奖	人世间	影视剧纪录片中心
纪录片单元最佳摄影奖	雪豹的冰封王国	影视剧纪录片中心

（创新发展研究中心供稿）

第十九届中国国际动漫节"金猴奖"中央广播电视总台获奖名单

奖项名称	作品名称	获奖单位
综合奖动画电影金奖	新大头儿子和小头爸爸5：我的外星朋友	央视动漫集团有限公司
综合奖动画系列片银奖	熊猫和卢塔	央视动漫集团有限公司

（中国国际电视总公司供稿）

2023年度中央广播电视总台优秀作品奖获奖名单

奖次	参评类别及项目	作品标题	作品类型	主发布平台	首发日期	报送单位
特别奖	新闻类新闻直播	十四届全国人大一次会议特别报道（三次全体会议选举国家领导人）	电视	CCTV-13新闻频道	2023-03-10	新闻中心
特别奖	新闻类重大主题报道	第19届亚洲运动会开幕式转播报道	电视	CCTV-5体育频道	2023-09-23	体育青少节目中心
特别奖	文化艺术类演出活动	2023年中央广播电视总台春节联欢晚会	电视	CCTV-1综合频道	2023-01-21	文艺节目中心
一等奖	消息	十四届全国人大一次会议选举产生新一届国家领导人 习近平全票当选国家主席中央军委主席 赵乐际当选全国人大常委会委员长	电视	CCTV-13新闻频道	2023-03-10	新闻中心
一等奖	消息	习近平同美国总统举行中美元首会晤	电视	CCTV-13新闻频道	2023-11-16	新闻中心
一等奖	消息	【一线调研】"新三样"火爆折射出口结构升级	电视	CCTV-13新闻频道	2023-04-22	新闻中心
一等奖	消息	以巴爆发大规模冲突造成严重伤亡	电视	CCTV-13新闻频道	2023-10-07	新闻中心
一等奖	评论	华为新手机，拆解出了什么？	电视	CCTV-13新闻频道	2023-09-05	新闻中心
一等奖	评论	经济随笔丨中央经济工作会议精神的深层逻辑	新媒体（移动端）	央视新闻客户端	2023-12-07	新闻新媒体中心
一等奖	评论	述评：地铁站建在基本农田里成"孤岛"，如此"超前规划"要不得！（上下集）	广播	中国之声	2023-05-12	新闻中心
一等奖	新闻专题	永远吹冲锋号（4集）	电视	CCTV-1综合频道	2023-01-07	新闻中心
一等奖	新闻专题	大数据起底美国"攻心战"（3集）	新媒体（移动端）	央视频客户端	2023-07-06	新闻中心
一等奖	新闻专题	江西胡某宇事件追踪	电视	CCTV-13新闻频道	2023-02-02	新闻中心
一等奖	新闻专题	气壮山河·永不消逝的声音（4集）	广播	中国之声	2023-07-24	新闻中心
一等奖	新闻专题	英雄回家（10集）	电视	CCTV-7国防军事频道	2023-04-01	军事节目中心
一等奖	新闻专题	万里归途 祖国带你回家——在苏丹中国公民安全保护和紧急撤离背后的故事	电视	CCTV-4中文国际频道	2023-06-07	华语环球节目中心

续表

奖次	参评类别及项目	作品标题	作品类型	主发布平台	首发日期	报送单位
一等奖	新闻纪录片	通向繁荣之路（6集）	电视	CCTV-1综合频道	2023-10-11	新闻中心
一等奖	新闻纪录片	东西岔三年（上下集）	电视	CCTV-13新闻频道	2023-12-02	新闻中心
一等奖	系列报道	时政微纪录｜习主席的旧金山时间（4集）	新媒体（移动端）	央视新闻客户端	2023-11-16	新闻中心
一等奖	系列报道	党旗在基层一线高高飘扬（11集）	电视	CCTV-13新闻频道	2023-08-07	新闻中心
一等奖	系列报道	隐形冠军（13集）	广播	中国之声	2023-08-01	新闻中心
一等奖	系列报道	战地纪实：巴以一线报道（6集）	新媒体（网站）	微博	2023-10-14	英语环球节目中心
一等奖	系列报道	传感中国（5集）	电视	CCTV-13新闻频道	2023-01-26	新闻中心
一等奖	系列报道	新春走基层（15集）	电视	CCTV-13新闻频道	2023-01-06	新闻中心
一等奖	新闻访谈	《高端访谈》专访叙利亚总统巴沙尔	电视	CCTV-13新闻频道	2023-09-29	新闻中心
一等奖	新闻访谈	落坡岭的温暖	电视	CCTV-13新闻频道	2023-08-06	新闻中心
一等奖	新闻直播	第三届"一带一路"国际合作高峰论坛开幕式特别报道	电视	CCTV-13新闻频道	2023-10-18	新闻中心
一等奖	新闻编排	2023年3月10日《新闻联播》	电视	CCTV-13新闻频道	2023-03-10	新闻中心
一等奖	重大主题报道	以中国式现代化全面推进中华民族伟大复兴——习近平总书记今年以来治国理政纪实（5集）	电视	CCTV-13新闻频道	2023-08-02	新闻中心
一等奖	重大主题报道	绘制十年（《领航》国际版）	电视	CGTN英语频道	2023-02-27	英语环球节目中心
一等奖	重大主题报道	重庆谈判（6集）	电视	CCTV-10科教频道	2023-12-26	社教节目中心
一等奖	典型报道	"千万工程"二十年	电视	CCTV-13新闻频道	2023-07-01	新闻中心
一等奖	典型报道	先生（10集）	新媒体（移动端）	云听客户端	2023-09-29	云听
一等奖	舆论监督报道	"农机骗补"真相调查	电视	CCTV-2财经频道	2023-12-01	财经节目中心
一等奖	舆论监督报道	填坑？挖坑！	电视	CCTV-13新闻频道	2023-05-23	新闻中心

续表

奖次	参评类别及项目	作品标题	作品类型	主发布平台	首发日期	报送单位
一等奖	电影	大道十年	电影	电影院线	2023-12-18	中央新闻纪录电影制片厂（集团）
一等奖	动画片	新大头儿子和小头爸爸——欢乐亲子营101—200集（100集）	电视	CCTV-14少儿频道	2023-05-23	中国国际电视总公司
一等奖	纪录片	共和国符号（10集）	电视	CCTV-4中文国际频道	2023-01-23	华语环球节目中心
一等奖	纪录片	寻古中国（32集）	电视	CCTV-1综合频道	2023-05-26	总编室（综合频道）
一等奖	纪录片	陶寺——地中之国（5集）	电视	CCTV-1综合频道	2023-11-20	社教节目中心
一等奖	纪录片	赤诚（6集）	电视	CCTV-1综合频道	2023-11-26	影视剧纪录片中心
一等奖	纪录片	文脉春秋·历史文化名城篇（10集）	电视	CCTV-1综合频道	2023-11-23	总编室（综合频道）
一等奖	纪录片	栋梁之材（6集）	电视	CCTV-2财经频道	2023-07-17	财经节目中心
一等奖	纪录片	逐梦（8集）	电视	CCTV-1综合频道	2023-08-01	军事节目中心
一等奖	专题	《宗师列传·唐宋八大家》"韩愈"篇（上下）	电视	CCTV-1综合频道	2023-11-10	总编室（综合频道）
一等奖	专题	碧水长歌颂端阳	电视	CCTV-3综艺频道	2023-06-22	文艺节目中心
一等奖	专题	2023开学第一课	电视	CCTV-1综合频道	2023-09-01	总编室（综合频道）
一等奖	专题	《山水间的家》第二季（12期）	电视	CCTV-1综合频道	2023-08-05	总编室（综合频道）
一等奖	综艺节目	原声天籁——中国民歌盛典（9集）	电视	CCTV-3综艺频道	2023-10-09	文艺节目中心
一等奖	综艺节目	非遗里的中国（10集）	电视	CCTV-1综合频道	2023-04-22	总编室（综合频道）
一等奖	综艺节目	中国短视频大会（12期）	新媒体（移动端）	央视频客户端	2023-07-14	央视频融媒体发展有限公司
一等奖	演出活动	2023年中央广播电视总台中秋晚会	电视	CCTV-1综合频道	2023-09-29	华语环球节目中心
一等奖	演出活动	CMG首届中国电视剧年度盛典	电视	CCTV-1综合频道	2023-01-23	影视剧纪录片中心
一等奖	广播剧	中国之声全流程菁彩声广播剧《钢的交响》（3集）	广播	中国之声	2023-10-15	新闻中心

续表

奖次	参评类别及项目	作品标题	作品类型	主发布平台	首发日期	报送单位
一等奖	国际传播新闻作品	独家视频丨中美元首会晤后拜登亲自将习近平主席送到上车处道别	新媒体（移动端）	央视新闻客户端	2023-11-16	新闻中心
一等奖	国际传播新闻作品	中美元首APEC旧金山峰会	电视	CGTN英语频道	2023-11-16	英语环球节目中心
一等奖	国际传播新闻作品	炮火之下	电视	CGTN英语频道	2023-11-09	英语环球节目中心
一等奖	国际传播新闻作品	《高端访谈》专访俄罗斯总统普京	电视	CCTV-13新闻频道	2023-10-20	新闻中心
一等奖	国际传播新闻作品	大国来信（3集）	电视	CCTV-13新闻频道	2023-11-11	新闻中心
一等奖	国际传播新闻作品	中方首次发声 王毅独家回应巴以冲突中方立场	电视	CGTN英语频道	2023-10-13	英语环球节目中心
一等奖	国际传播新闻作品	鲁健访谈丨对话《流浪地球2》（上下集）	电视	CCTV-4中文国际频道	2023-03-17	华语环球节目中心
一等奖	国际传播新闻作品	美国遗留 炸弹之痛（3集）	电视	CCTV-13新闻频道	2023-07-10	国际交流局（亚太总站）
一等奖	国际传播影视纪录作品	新丝路上的交响——共赴未来	电视	CGTN英语频道	2023-10-13	英语环球节目中心
一等奖	国际传播影视纪录作品	扎什伦布（5集）	电视	CCTV-4中文国际频道	2023-02-13	华语环球节目中心
一等奖	国际传播影视纪录作品	月背之上：太空变革的黎明	电视	CCTV-9纪录频道	2023-04-05	影视剧纪录片中心
一等奖	国际传播文化艺术作品	美美与共	电视	CCTV-1综合频道	2023-12-09	总编室（综合频道）
一等奖	国际传播文化艺术作品	好吃客（4集）	电视	CGTN英语频道	2023-01-01	英语环球节目中心
一等奖	国际传播融合报道	遇见习近平（10集）	新媒体（移动端）	央视新闻客户端	2023-07-31	新闻新媒体中心
一等奖	国际传播融合报道	动析人类命运共同体	新媒体（移动端）	脸书	2023-09-27	亚洲非洲地区语言节目中心
一等奖	国际传播融合报道	"和合之美"海外大熊猫系列融合传播（32篇）	新媒体（网站）	央视网熊猫频道	2023-01-07	央视网
一等奖	国际传播融合报道	"将读诗进行到底——我在全世界为你读诗"24小时跨年读诗直播活动	新媒体（移动端）	脸书	2023-12-31	英语环球节目中心

续表

奖次	参评类别及项目	作品标题	作品类型	主发布平台	首发日期	报送单位
一等奖	国际传播融合报道	乘风破浪巡海峡	新媒体（移动端）	央视频客户端	2023-04-06	新闻中心
一等奖	融合报道	新年Flag！和习主席同读一本书	新媒体（移动端）	央视新闻客户端	2023-12-31	新闻中心
一等奖	融合报道	中南海月刊（12期）	新媒体（网站）	央视网	2023-01-04	央视网
一等奖	融合报道	这就是中国国色！	新媒体（移动端）	央视新闻客户端	2023-03-04	新闻新媒体中心
一等奖	融合报道	乐动中国：中国传统乐器公开课（111篇）	新媒体（移动端）	央视新闻客户端	2023-06-23	新闻中心
一等奖	融合报道	一起看村超	新媒体（移动端）	央视频客户端	2023-07-28	视听新媒体中心
一等奖	融合报道	"金牌新字号"融媒体活动	新媒体（移动端）	央视财经客户端	2023-04-16	财经节目中心
一等奖	融合报道	互动游戏体验+视频融合产品《亚运山水间》	新媒体（移动端）	央视新闻客户端	2023-09-29	新闻新媒体中心
一等奖	融合报道	丝路上的新征程（52集）	新媒体（网站）	CGTN官网	2023-09-04	英语环球节目中心
一等奖	融合报道	《在中国大地上边走边跳》大型融媒体互动活动（6站）	新媒体（移动端）	央视新闻客户端	2023-04-25	文艺节目中心《中国电视报》
一等奖	应用创新	何以文明——中华文明探源工程成果数字艺术大展	新媒体（网站）	央视网	2023-05-27	央视网
一等奖	应用创新	"北方地区暴雨救助信息上报"平台	新媒体（移动端）	微信公众号	2023-08-03	央广网
一等奖	栏目	玉渊谭天	新媒体（网站）	央视网	2019-04-06	新闻中心
一等奖	栏目	高端访谈	电视	CCTV-13新闻频道	2022-10-14	新闻中心
一等奖	栏目	新闻和报纸摘要	广播	中国之声	1950-04-10	新闻中心
一等奖	栏目	国际漫评	新媒体（网站）	国际在线	2020-07-15	国际在线
一等奖	新闻论文	大道至简 相与有成——大型纪录片《通向繁荣之路》的思想性、艺术性	期刊	《电视研究》期刊	2023年11月	新闻中心
一等奖	新闻论文	从理论中汲取力量 构建新时代的中国叙事——对外宣介中国式现代化的实践与思考	期刊	《中国视听》期刊	2023年6月	《中国视听》编辑部
一等奖	公益广告	中国式现代化主题公益广告《用你的方式》	电视	CCTV广告时段	2023-10-01	总经理室

续表

奖次	参评类别及项目	作品标题	作品类型	主发布平台	首发日期	报送单位
一等奖	公益广告	讲好中国故事　传递中国声音	新媒体（移动端）	央广网客户端	2023-12-18	央广网
一等奖	公益广告	新疆民族团结公益广告《汇聚篇》	电视	CCTV广告时段	2023-06-10	总经理室

（创新发展研究中心供稿）

2022年度全国广播电视新闻"百佳"推优结果总台获评名单

1. 优秀广播新闻作品		
作品标题	作品体裁	报送中心
声音里的中国（100集）	系列报道	新闻中心
见证新时代（20集）	系列报道	新闻中心
遇见中国（61集）	系列报道	新闻中心
2. 优秀电视新闻作品		
作品标题	作品体裁	报送中心
中国共产党第二十届中央政治局常委同中外记者见面	直播	新闻中心
解码十年（13集）	系列报道	新闻中心
3. 优秀广播新闻栏目		
栏目名称	栏目类型	报送中心
你的样子	广播	新闻中心
新闻盘点	广播	新闻中心
4. 优秀电视新闻栏目		
栏目名称	栏目类型	报送中心
中国舆论场	电视	华语环球节目中心
高端访谈	电视	新闻中心
5. 广播电视优秀新闻"头条"作品		
作品标题	作品体裁	报送中心
中国共产党第二十次全国代表大会在京开幕　习近平代表第十九届中央委员会向大会作报告	消息	新闻中心
习近平在瞻仰延安革命纪念地时强调　弘扬伟大建党精神和延安精神　为实现党的二十大提出的目标任务而团结奋斗	消息	新闻中心
领航中国	系列报道	新闻中心
大国来信	系列报道	新闻中心

续表

6.广播电视调研式报道优秀案例		
作品标题	作品体裁	报送中心
站塘路："今天"和"明天"	专题	财经节目中心
一线调研	系列报道	新闻中心

7.广播电视议题设置优秀案例		
作品标题	作品体裁	报送中心
美国人权状况劣迹斑斑	系列报道	新闻中心
CGTN批美系列专题四部曲	专题	英语环球节目中心

8.优秀新闻记者编辑	
推荐名单	报送中心（单位）
王丰	北京总站
李菁菁	英语环球节目中心
赵东辰	新闻中心

9.优秀新闻播音员主持人	
姓名	报送中心（单位）
王端端	华语环球节目中心
宝晓峰	新闻中心

10.广播电视所属优秀新媒体平台账号（矩阵）	
名称	报送中心（单位）
央视新闻	新闻新媒体中心
央视频	视听新媒体中心
云听	央广传媒集团有限公司

（创新发展研究中心供稿）

2023年度中央广播电视总台获国际奖作品名单

作品项目名称	奖项名称	获奖单位
诗画中国	2023年亚洲—太平洋广播电视联盟奖电视类娱乐节目奖	文艺节目中心

续表

作品项目名称	奖项名称	获奖单位
《我们为什么爱敦煌》第3集《佛陀波利的故事》	2023年亚洲—太平洋广播电视联盟奖新媒体类奖	英语环球节目中心
《南飞的燕子》第1集《燕宝宝学飞翔》	2023年亚洲—太平洋广播电视联盟奖广播类广播剧奖	体育青少节目中心
中国之声主持人林溪代表作《心中的琴》	2023年亚洲—太平洋广播电视联盟奖广播类主持人奖	新闻中心
家	2023年亚洲—太平洋广播电视联盟奖广播类亚广联视野奖	内蒙古总站
《中央广播电视总台（CMG）区块链技术在版权经营开发及运营保护中的应用》	2023年度亚洲—太平洋广播电视联盟知识产权和法律委员会大奖	总经理室

（新闻新媒体中心、总经理室、创新发展研究中心供稿）

科技奖

2022中国电子学会科学技术奖中央广播电视总台获奖名单

奖励等级	项目名称	完成单位	主要完成人
科技进步一等奖	4K/8K超高清电视制播呈现系统及产业化应用	中央广播电视总台 上海交通大学 华为技术有限公司 凌云光技术股份有限公司 国家广播电视总局广播电视规划院 海信视像科技股份有限公司 成都索贝数码科技股份有限公司 华光影像科技有限公司 京东方科技集团股份有限公司 广东博华超高清创新中心有限公司	姜文波　赵贵华　王延峰 唐湜　徐进　智卫 邓向冬　姚毅　梅剑平 关朝洋　葛涛　蔺飞 周磊　宋蔚　李岩

（技术局供稿）

2023年度中国电影电视技术学会科技进步奖中央广播电视总台获奖名单

获奖等级	项目名称	完成单位	主要完成人
一等奖	国产化总控4K/8K超高清IP化全媒体信号调度和分发系统	中央广播电视总台 华为技术有限公司 北京格非科技股份有限公司	葛涛　薛知行　赵蕾　宋翠翠 李思炜　况德新　邓琳　杨杉杉 唐湜　鲍放　肖立　杜丹 郭现强　叶科
一等奖	冬奥超高清8K数字转播技术与系统	中央广播电视总台 北京大学 中国有线电视网络有限公司	智卫　周磊　马悦　王苦社 郭洋　周希　罗新艳　李培 薛鹏　焦扬　潘晓菲　马健 秦萌　肖立　叶亮显
一等奖	大跨度一维有线传输索道摄像机系统	中央广播电视总台	周磊　陈强　赵志明　孙洁洁 刘浩　郭树鹏　杨言　董凯 王峰　刘海琳　祝威　刘慧旭 唐建评　赖旻　王璥琢
一等奖	4K超高清视频图像质量主观评价用测试图像标准（标准号GY/T 329–2020）	中央广播电视总台 国家广播电视总局广播电视规划院	崔建伟　王珮　张乾　刘新 宁金辉　程受琦　彭飞　史海静 王惠明　宋科　袁旭稚　贾裕之 吴鹏　肖立
一等奖	中央广播电视总台A级三维声录音车	中央广播电视总台 博科达（北京）科技有限公司 北京星光陆通视音频广播技术有限公司	韦焕　唐沁　汪涛　庞超 郭伟萍　李晓山　杨奇　方栖泽 周帆　吴轩　高磊　尹宝兴 梁琳　高景行　张宏艳
一等奖	人工智能编辑部	央视国际网络有限公司	赵磊　魏驱虎　樊翠芳　费有文 毕云天　高玉龙　谭景瑜　李璇 李志学　王雷　程明　苍大龙 戴鸣泉　张航源　王楠
二等奖	AI时间切片系统	中央广播电视总台	陈辰　赵伟　韩铮　关键 慕永晖　张百奥　王刚　张雅琢 徐启倬　王丽英
二等奖	基于智能化的媒资标签业务系统	中央广播电视总台 北京中科大洋信息技术有限公司	杨磊　安桂霞　苏超　张毅 王杰中　史维涛　张炜雄　赵金松 雒勇　宋波
二等奖	中央广播电视总台4K超高清频道包装及资讯播出系统	中央广播电视总台 新奥特（北京）视频技术有限公司	许钢鸣　琚初蔚　杨硕　张雨希 黄振川　许璐　张少颖　谭海娟 彭莉　刘刚
二等奖	央视网大数据系统	央视国际网络有限公司	赵磊　李义彪　盛尧　展祎萌 武海玲　崔菲菲　侯丽芳　凌钏 李明宵　秦明辉

续表

获奖等级	项目名称	完成单位	主要完成人
三等奖	广播电视IP化制播体系建设技术研究报告	中广电广播电影电视设计研究院有限公司 中央广播电视总台 湖南广播电视台	梅剑平 牛 睿 赵贵华 葛 涛 姚高远 张小雨 孙 扬 颜金尧
三等奖	三维声测试方法研究与实践	国家广播电视总局广播电视规划院 中央广播电视总台	张建东 宁金辉 王倩男 鹿楠楠 刘汉源 汪 芮 庞 超 焦健波

（技术局供稿）

2023年度"王选新闻科学技术奖"项目奖中央广播电视总台获奖名单

获奖等级	项目名称	完成单位	主要完成人
一等奖	基于大数据的融媒体传播评估技术	中央广播电视总台 东软集团股份有限公司	梅剑平 刘志忠 李 杰 刘 斌 李伟男 芦丽丽 董 堃 王 晓 崔 雪 董 峰 张欣琦 迟 健 乔立新
一等奖	中国共产党成立100周年庆祝活动天安门广场音响保障工程	中央广播电视总台 中广电广播电影电视设计研究院有限公司 北京第七九七音响股份有限公司	姜文波 朱 峰 张长征 陈 晨 姚 石 李建伟 张 京 孙 峥 张立宇 郭向军 吕兆明 董 帅 陈 洋
一等奖	基于知识图谱的融媒体智能播控审核平台	北京易橙天下科技有限公司 央视国际网络有限公司	张相君 赵 磊 薛梦蛟 冯 晨 李 坤 罗 丽 韩 洁 杨志斌 卢 东 宫 健 王 宁 焦永智 钱 俊
一等奖	人工智能编辑部	央视国际网络有限公司	赵 磊 魏驱虎 樊翠芳 费有文 毕云天 谭景瑜 李 璇 李志学 支环宇 张晨歌 刘思好 刘 瑶 李 明
二等奖	新媒体融合直播生产系统	中央广播电视总台	史 强 李 明 邓淑南 竺茂昆 霍泓昊 陆 伟 杨学涛 符建华 王建波 王天伟 闫 博
二等奖	中央广播电视总台8K超高清播出分发融合平台	中央广播电视总台 北京中科大洋信息技术有限公司 博科达（北京）科技有限公司	智 卫 宋 蔚 刘晶晶 许春蕾 孙彦龙 邓 楠 王汗青 赵 旭 丁 研 郭 歌 吴 俊
二等奖	总台复兴门办公区广播融媒体总控建设项目	中央广播电视总台	刘朝晖 仲灵毓 潘 宇 潘立麒 尹 澎 王 亮 耿慧达 张 豫 王子微 周 彬 潘贤振

续表

获奖等级	项目名称	完成单位	主要完成人
二等奖	基于广播电视节目收视综合评价大数据的央视频道收视大数据指标体系研究	国家广播电视总局广播影视信息网络中心 中央广播电视总台技术局	李　杰　曹　志　杨质祺　郑冠雯 董　堃　李忠炤　遇　琪　崔　雪 李伟男　王　祎　胡曈宸
二等奖	网络视听 APP 服务安全及业务合规评估方法和检测系统研究	国家广播电视总局广播电视规划院 中央广播电视总台 中国广电网络股份有限公司	孙黎丽　宫　良　高　力　万　涛 李英斌　蔡　冉　李征昊　吴钟乐 朱　玥　赵　虎　赵丽娜
二等奖	央视网多终端直播播控平台	央视国际网络有限公司	费有文　盛　尧　谢　胜　王　剑 林非非　何辉辉　白绍元　唐俊权 陈　恩　徐金刚　苗国亮
二等奖	宜春市智能融媒体平台建设项目	宜春市广播电视台 北京中视广信科技有限公司	张　敏　李　戈　蔡广伟　易　强 汤　奋　何宇兴　胡　峰　邬李云 唐俊辉　邹亚琼
三等奖	清晏审核智能云平台	央视国际网络无锡有限公司	田文祥　张玉兰　黄建杰　谈忠珩 谭志洪　段晓敏　韩　凯　李　磊 刘　璐
三等奖	央视频 AI 虚拟主持人生产力平台	央视频融媒体发展有限公司	姚　远　姜　华　赵芯悦　白如雪 石传凯　傅　琼　高　跃　王　瑶 王　冠
三等奖	央视网大数据系统	央视国际网络有限公司	赵　磊　韩　嫄　高玉龙　方　政 李义彪　展祎萌　武海玲　崔菲菲 侯丽芳
三等奖	互联网电视集成平台国产化技术研究	未来电视有限公司 国家广播电视总局广播电视科学研究院	李　鸣　肖　云　刘　巍　刘金涛 刘永刚　张　伟　何　晶
三等奖	AI 听译系统	环球国际视频通讯社有限公司	王　琳　端木义平　张万星 王　昊　段　炼　刘文雯　赵　磊 宋博超　葛家诚
三等奖	源新闻智能资讯系统	环球国际视频通讯社有限公司	王　琳　端木义平　董笑言 刘春伟　孟　硕　张文涛　马　娜 王宇照　王世金

（技术局、央视国际网络有限公司、中国国际电视总公司、环球国际视频通讯社有限公司供稿）

第三届广播电视和网络视听人工智能应用创新大赛中央广播电视总台获奖名单

获奖情况	赛道	项目名称	主要完成单位
一等奖	智能推荐技术应用	总台算法	中央广播电视总台技术局 中央广播电视总台视听新媒体中心 央视频融媒体发展有限公司

续表

获奖情况	赛道	项目名称	主要完成单位
一等奖	虚拟数字人技术应用	《2023中国诗词大会》第六场第一轮诗词对抗赛——情景共答题 唐三彩仕女俑题目视频	中央广播电视总台技术局
一等奖	虚拟数字人技术应用	央视频跨平台3D卡通AIGC智能语音助手央小频	中央广播电视总台视听新媒体中心 央视频融媒体发展有限公司 腾讯云计算（北京）有限责任公司
二等奖	智能推荐技术应用	海量媒资数据智能检索与推荐	中央广播电视总台音像资料馆 国家广播电视总局广播电视科学研究院 北京中广恒通科技有限公司
二等奖	视频修复技术应用	基于4K/8K超高清视频智能增强系统的历届冬奥会开幕式集锦素材修复增强项目	中央广播电视总台上海总站 上海交通大学 上海云视科技股份有限公司
二等奖	视频修复技术应用	《1997那一刻》香港回归25周年修复系列	中央广播电视总台军事节目中心 腾讯多媒体实验室
优秀奖	虚拟数字人技术应用	虚拟人播报视频快速生成软件	国广传媒发展有限公司 国广东方网络（北京）有限公司 北京元境数字科技有限公司

（技术局供稿）

第28届全国广播电视技术能手竞赛（网络安全专业）决赛中央广播电视总台获奖名单

获奖情况	获奖人员	工作单位	选送单位
一等奖	肖 晨	技术局	中央广播电视总台
三等奖	葛睿博	央视频融媒体发展有限公司	中央广播电视总台
团体二等奖	中央广播电视总台	中央广播电视总台	中央广播电视总台

（技术局供稿）

第三届高新视频创新应用大赛中央广播电视总台获奖名单

获奖情况	赛道	场景	项目名称	主要完成单位
一等奖	超高清视频	4K超高清视频	基于《2023央视春节联欢晚会》开场短片实拍与动画结合的高新视频应用	中央广播电视总台文艺节目中心
一等奖	互动视频	内容交互	《冰雪年话》——"隔空传人"玩转"冰雪九宫格"	中央广播电视总台技术局 中央广播电视总台体育青少节目中心 北京锦冠文化传媒有限公司 北京中科大洋传媒技术服务有限公司

续表

获奖情况	赛道	场景	项目名称	主要完成单位
一等奖	互动视频	多视角切换	央视频多角度看赛场	中央广播电视总台体育青少节目中心 中央广播电视总台视听新媒体中心
一等奖	沉浸式视频	沉浸式XR虚拟拍摄	XR虚实融合智能生产平台——大型活动视觉呈现及交互创新应用	中央广播电视总台技术局 凌云光技术股份有限公司
一等奖	VR视频	VR视频	2022年北京冬奥会官方VR宣传片——《她，独树一帜》	中央广播电视总台视听新媒体中心 中央广播电视总台技术局
二等奖	云游戏	移动终端云游戏	轻量化云互动空间游戏产品——《擎动元宇宙》	中央广播电视总台技术局 中央广播电视总台体育青少节目中心 元象唯思控股（深圳）有限公司
三等奖	超高清视频	8K超高清视频	8K超高清虚拟现实视效制作在短片《四时舞·秋分》中的应用	中央广播电视总台技术局 中央广播电视总台文艺节目中心
三等奖	超高清视频	8K超高清视频	2022年中央广播电视总台中秋晚会4K/8K融合制作系统创新应用	中央广播电视总台技术局
三等奖	VR视频	AR视频	"央视新闻"国风诗意系列微动画《人间好时节》	中央广播电视总台技术局

（技术局供稿）

2023年度中央广播电视总台电视节目技术质量奖获奖名单

申报奖项		节目名称	制作单位	主要完成人员	获奖等级
超高清节目录制	综艺	2023年中央广播电视总台春节联欢晚会（4K）	技术局录制三部 技术局录制四部	秦 培　柴 路　赵洺苑 刘 暄　侯涵睿　李 艳 翟音音　吴红叶	一等奖
	大型活动	2023两会—十四届全国人大一次会议（4K）	技术局录制一部 技术局转播一部	田文东　肖京湘　马 严 张红月　谭 昕　范文森 赖 旻　徐启倬	一等奖
高清节目录制	新闻	中国新闻（2022-08-22）	技术局新闻制播二部	魏 咚　邱 锦　杨晓亮 马 驰	一等奖
		中国共产党第二十次全国代表大会开幕会	技术局录制三部 技术局新闻制播一部 技术局转播一部	陈辉程　裴楚棋　蒋 励 张峻峰　王 刚　任正龙	一等奖
		新闻联播（2022-08-09）	技术局新闻制播一部	郭 培　范 辉　方琪琪 闫 寒	一等奖

续表

申报奖项		节目名称	制作单位	主要完成人员	获奖等级
高清节目录制	综艺	2023扬帆远航大湾区音乐会—1	技术局录制四部	薛　佳　刘　愈　孙　萌 张　骏　蔡梦森　李　玥	一等奖
		庆祝中国共产党成立101周年交响音乐会—2	技术局转播一部 技术局录制四部	张　宇　张继跃　赵志明 李增辉　孙　涛　孙　硕 王少飞　张小川	一等奖
	专题	遇见当年—1	技术局录制四部	庞　博　常　旗　扈新峰 高　硕	一等奖
	益智	2023中国影视之夜	技术局转播一部	田会昌　苑海庆　靳　嵩 石　健	一等奖
电视声音制作	综艺	国家大剧院2023新年音乐会	技术局音频制作一部	王鸣白　赵　月　夏　钒 万玉鹏　裴久怀　张　燕	一等奖
		时代交响　国家大剧院管弦乐团音乐会（二）	技术局音频制作二部	薛彦欢　曾　明　蔡　霄 李建辉　欧阳宇晴 肖　璠	一等奖
	专题	领航（第一集）	技术局音频制作二部	毛薇薇　王　玥　童　贺 王瑞克	一等奖
	体育	2023年CBA全明星周末全明星赛（4K）	技术局音频制作二部	李　泉　陈　洋　张　磊 蔡　雨　靳裕龙　贾　佳	一等奖
视频图形设计制作	片头	领航	技术局录制五部	赵衍雷　邢　丽　林　燕	一等奖
	短片	2022北京国际电影节	技术局录制五部	张　浩　毛婧璇　张世博	一等奖
	演播室图形设计	2023年中央广播电视总台春节联欢晚会	技术局录制五部	谭　栋　郭　威　柏嘉铭	一等奖
设计制作灯光美术	灯光综艺	2023年中央广播电视总台春节联欢晚会（4K）	技术局制作部	张　冲　夏诚梓　续　航	一等奖
	美术综艺	2023年中央广播电视总台春节联欢晚会（4K）	技术局制作部	刘明辉	一等奖

（技术局供稿）

2023年度中央广播电视总台广播节目技术质量奖获奖名单

申报奖项	节目名称	制作单位	主要完成人员	获奖等级
语言	听见丰收	技术局录制六部	初　熙　李晓东	一等奖
片花	长城	技术局录制六部	初　熙	一等奖
	《中国声音中国年》开始曲	技术局录制六部	李晓东	一等奖

（技术局供稿）

2023年度中央广播电视总台网络视听节目质量奖获奖名单

申报奖项	节目名称	首播平台	制作单位	主要完成人员	获奖等级
短视频	飞天圆梦丨一镜到底看航天	央视新闻客户端	技术局新闻制播三部	邢祎 郭帅 吴迪	一等奖
短视频	兔年是个什么年	央视新闻客户端	技术局录制五部	张浩 毛婧璇 张潇雷	一等奖
音频类短视频	2023年春节联欢晚会—演武	视频号	技术局音频制作二部	王璐 王馨悦 王宝莹	一等奖
长视频	绿色中国之北京：动植物爱好者的寻宝乐园	CGTN客户端及官网	技术局录制二部	周瑜 刘帆 樊守冲	一等奖
长视频	曹俊—华彩绽放	央视频	技术局录制二部	张英楠 万晓 王辞	一等奖
长视频	微短剧《超级马立》	央视新闻客户端	技术局新闻制播三部	高志明 李寒 刘毅鹏	一等奖
直播	竖屏看春晚	微信视频号	技术局录制五部 技术局网络运行部 技术局质量管理部	王天阳 王嘉艺 梁泽仁 刘子冬 潘波	一等奖
直播	中国—中亚峰会文艺演出《携手同行》	央视频	技术局转播一部	李东洲 焦岩 王帆	一等奖
直播	探秘2023"巅峰使命"珠峰科考	央视新闻客户端	技术局新闻制播三部	范宏运 钱鑫 姜啸尘	一等奖

（技术局供稿）

集体和个人荣誉

2023年度中央广播电视总台获全国级表彰的集体名单

获奖名称	获奖单位
2023年全国工人先锋号	社教节目中心《平"语"近人——习近平喜欢的典故》节目组
2023年度全国三八红旗集体	英语环球节目中心采访部
2022全国巾帼文明岗	上海总站总编室
2022全国巾帼建功先进集体	新闻中心国际新闻部新闻联播组
第21届全国青年文明号	5G媒体应用实验室
第21届全国青年文明号	新闻中心特别报道部
第21届全国青年文明号	欧洲拉美地区语言节目中心"中国人权纪实"融媒体报道团队
全国侨联系统先进组织	中央广播电视总台侨联

续表

获奖名称	获奖单位
2022年度最佳志愿服务组织	总编室《今日说法》公益法律咨询志愿服务小分队
2022年度最佳志愿服务项目	福建总站"山海情深　筑梦有我——为贫困学子送温暖"志愿服务项目
第十四届中国青年志愿者优秀组织奖	财经节目中心"为盲人讲电影"志愿服务小分队
第六届中国青年志愿服务公益创业赛铜奖	社教节目中心《现场》栏目"普法宣传"志愿服务项目
第十二届"中华慈善奖"	社教节目中心《善行中国》

（机关党委供稿）

2023年度中央广播电视总台获全国级表彰的人员名单

获奖名称	姓名	性别	民族/国籍	工作单位
享受国务院政府特殊津贴专家	彭健明	男	汉族	总经理室
	贺亚莉	女	汉族	总编室
	梁　红	女	汉族	影视剧纪录片中心
	肖振生	男	汉族	广东总站
2023年度全国三八红旗手	邹　韵	女	汉族	新闻中心
2023年全国巾帼建功标兵	贺亚莉	女	汉族	总编室
2023年度中国电影电视技术学会杰出科技人才奖	朱　峰	男	汉族	技术局
2023年全国优秀共青团干部	刘晓雪	女	汉族	机关党委
翻译文化终身成就奖	李顺然	男	汉族	离退休干部局
"资深翻译家"荣誉称号	夏吉宣	男	汉族	离退休干部局
	高兰云	女	汉族	离退休干部局
	王永利	男	汉族	离退休干部局
	薛进荣	男	汉族	离退休干部局
	凌德林	男	汉族	离退休干部局
	蔚　玲	女	汉族	离退休干部局
	野露露	女	汉族	离退休干部局
	李守明	男	汉族	离退休干部局
	贾燕京	女	汉族	离退休干部局
	安　实	女	朝鲜族	离退休干部局
	田晓明	男	汉族	离退休干部局

续表

获奖名称	姓名	性别	民族	工作单位
"资深翻译家"荣誉称号	朴日善	男	朝鲜族	离退休干部局
"翻译中国外籍翻译家"荣誉称号	拉斯洛	男	匈牙利籍	欧洲拉美地区语言节目中心
2023年全国归侨侨眷先进个人	吕涛	男	满族	华语环球节目中心
	宋丹	女	汉族	英语环球节目中心
第十四届中国青年志愿者优秀个人奖	唐子文	男	汉族	新闻中心
第十二届"中华慈善奖"	海霞	女	回族	总编室
2023年全国最美家庭	童盈	女	汉族	财经节目中心
2022年度最美志愿者	任鲁豫	男	汉族	文艺节目中心
	李佳明	男	汉族	文艺节目中心
	田咏力	男	汉族	影视剧纪录片中心
第十届"好记者讲好故事"最佳选手	沙晨	男	回族	新闻中心

（人事局、机关党委、技术局供稿）

2023年度中央广播电视总台获中直级、首都级表彰的集体名单

获奖名称	获奖单位
中央和国家机关三八红旗集体称号	新闻中心早间节目《新闻和报纸摘要》栏目组
中央和国家机关"四强"党支部	办公厅秘书处党支部
	办公厅文电机要处党支部
	总编室信息研究部党支部
	总编室播音员主持人管理中心党支部
	新闻中心时政新闻中心第一党支部
	新闻中心环球资讯广播部党支部
	内参舆情中心视频室党支部
	财经节目中心统筹策划部党支部
	民族语言节目中心融媒体部党支部
	军事节目中心广播节目部党支部
	农业农村节目中心专题节目部党支部
	英语环球节目中心策划部党支部
	英语环球节目中心采访部党支部

续表

获奖名称	获奖单位
中央和国家机关"四强"党支部	亚洲非洲地区语言节目中心日语部党支部
	亚洲非洲地区语言节目中心越南语部党支部
	欧洲拉美地区语言节目中心德语部党支部
	欧洲拉美地区语言节目中心葡萄牙语部党支部
	华语环球节目中心纪录片部党支部
	融合发展中心统筹运营部党支部
	新闻新媒体中心客户端编辑部党支部
	人事局人才工作处党支部
	财务局综合处党支部
	总经理室第五党支部
	技术局工程管理部党支部
	技术局网络运行部党支部
	技术局音频制作一部党支部
	技术局总控一部党支部
	技术局总控二部党支部
	创新发展研究中心发展战略部党支部
	机关党委组织处党支部
	离退休干部局离退休直属党支部
	离退休干部局离退休第 20 党支部
	离退休干部局离退休第 22 党支部
	离退休干部局离退休第 27 党支部
	离退休干部局离退休第 37 党支部
	离退休干部局离退休第 57 党支部
	离退休干部局离退休第 68 党支部
	音像资料馆第五党支部
	影视翻译制作中心第一联合党支部
	北京总站第二党支部
	河北总站第二党支部
	吉林总站第一党支部

续表

获奖名称	获奖单位
中央和国家机关"四强"党支部	上海总站总编室党支部
	江苏总站第一党支部
	安徽总站第一党支部
	福建总站第三党支部
	江西总站第一党支部
	广西总站第一党支部
	重庆总站第一党支部
	陕西总站第一党支部
	甘肃总站第一党支部
	新疆总站第一党支部
	青海总站第一党支部
	中国国际电视总公司鹿鸣影业有限公司党支部
	中国国际电视总公司中视科华有限公司北京新闻技术服务分公司党支部
	中国国际电视总公司中视国际传媒（北京）有限公司党支部
	中国国际电视总公司北京中视广信科技有限公司党支部
	中国国际电视总公司北京中电高科技电视发展有限公司党支部
	中国国际电视总公司北京央视瑞安技术服务有限公司第二党支部
	中央新闻纪录电影制片厂（集团）影资部党支部
	中央新闻纪录电影制片厂（集团）发现纪实传媒公司第一党支部
	中央新闻纪录电影制片厂（集团）总编室党支部
	中国电视剧制作中心有限责任公司第三党支部
	中广影视卫星有限责任公司第二党支部
	央视国际网络有限公司政企事务中心党支部
	央视国际网络有限公司第三联合党支部
	央视频融媒体发展有限公司职能部门联合党支部
	央广传媒集团有限公司央广网党支部

（机关党委供稿）

2023年度中央广播电视总台获中直级、首都级表彰的人员名单

获奖名称	姓名	性别	民族	工作单位
中央和国家机关三八红旗手	白玛央金	女	藏族	新闻中心
中央和国家机关优秀工会工作者	成 蜜	女	汉族	总编室
中央和国家机关优秀工会积极分子	王籽涵	女	汉族	体育青少节目中心
中央和国家机关优秀工会之友	邹 为	男	汉族	文艺节目中心
第九届首都民族团结进步奖先进个人	兰汝生	男	畲族	民族语言节目中心
中央和国家机关"青年学习标兵"	吴龙海	男	汉族	新闻中心
中央和国家机关最美家庭	郭一淳	男	汉族	江西总站
中央和国家机关最美家庭	童 盈	女	汉族	财经节目中心
中央和国家机关最美家庭	王培亮	男	汉族	离退休干部局

（机关党委供稿）

中央广播电视总台第二届青年英才名单

获奖名称	姓名	性别	民族	工作单位
中央广播电视总台第二届青年英才（新闻采编）	贺 炜	男	汉族	体育青少节目中心
	赵东辰	男	汉族	新闻中心
	崔天奇	男	汉族	新闻中心
	胡 洋	女	汉族	内参舆情中心
	平 凡	男	汉族	财经节目中心
	宝音特格西	男	蒙古族	民族语言节目中心
	何 鹏	男	汉族	农业农村节目中心
	杜 炜	男	汉族	港澳台节目中心
	陈毓娟	女	汉族	华语环球节目中心
	房轶婷	女	汉族	新闻新媒体中心
	王秀帅	男	汉族	视听新媒体中心
	王 丰	男	汉族	北京总站
	刘 涛	男	汉族	陕西总站
	何欣蕾	女	汉族	亚太总站
	韩春苗	女	回族	创新发展研究中心

续表

获奖名称	姓名	性别	民族	工作单位
中央广播电视总台第二届青年英才（新闻采编）	樊 帆	女	汉族	央视国际网络有限公司
	王 言	男	汉族	新闻中心
	丁 飞	女	汉族	新闻中心
	刘晓晨	女	壮族	新闻中心
	刘 晖	女	汉族	新闻中心
	李晓周	男	满族	新闻中心
	范 鑫	男	汉族	内参舆情中心
	廖 晟	女	汉族	财经节目中心
	冯 旭	男	汉族	体育青少节目中心
	赵耀东	男	汉族	体育青少节目中心
	高 菡	女	汉族	体育青少节目中心
	汤 涛	男	汉族	江苏总站
	陈 杨	女	汉族	重庆总站
	孟晓光	男	汉族	河北总站
	张芊芊	女	回族	新闻中心
	陈小小	女	汉族	新闻中心
中央广播电视总台第二届青年英才（专题和文艺）	郝 婧	女	汉族	文艺节目中心
	王韦妮	女	汉族	文艺节目中心
	苏 裴	女	汉族	文艺节目中心
	张 韬	男	汉族	新闻中心
	王依依	女	汉族	华语环球节目中心
	孟 琛	男	汉族	总编室
	黄 磊	男	汉族	社教节目中心
	张涵冰	女	汉族	影视剧纪录片中心
	刘 星	女	汉族	财经节目中心
	孟湛东	男	汉族	财经节目中心
	章缘缘	女	汉族	央视频融媒体发展有限公司
	李熠祺	女	汉族	社教节目中心
	姚 睿	男	汉族	社教节目中心
	王振波	男	汉族	视听新媒体中心
	陈子隽	女	汉族	中央新闻纪录电影制片厂（集团）

续表

获奖名称	姓名	性别	民族	工作单位
中央广播电视总台 第二届青年英才 （国际传播）	王雪靖	女	汉族	英语环球节目中心
	任岩	女	汉族	英语环球节目中心
	杨钊	男	汉族	英语环球节目中心
	何卫卫	女	汉族	英语环球节目中心
	周磊	女	汉族	英语环球节目中心
	张怡康	女	汉族	亚洲非洲地区语言节目中心
	朱雨涵	女	汉族	欧洲拉美地区语言节目中心
	包佳节	男	汉族	融合发展中心
	韩子乔	男	汉族	国际传播规划局
	董婧唯	女	汉族	国际交流局
	侯佳琦	女	汉族	拉美总站
	薛婧萌	女	满族	欧洲总站
	王汝飞	女	满族	影视翻译制作中心
	闫明	男	满族	新闻中心
	李曈曈	女	汉族	新闻中心
	王馨	女	汉族	英语环球节目中心
	关馨	女	汉族	英语环球节目中心
	赵翠云	女	汉族	英语环球节目中心
	宫振梅	女	汉族	英语环球节目中心
	谢敏	女	汉族	英语环球节目中心
	鲁子奇	女	汉族	华语环球节目中心
	李琬	女	汉族	中国环球广播电视有限公司
	孟庆生	男	满族	英语环球节目中心
中央广播电视总台 第二届青年英才 （媒体技术）	王猛	男	回族	技术局
	仲灵毓	男	蒙古族	技术局
	孙硕	男	汉族	技术局
	赵旭	男	蒙古族	技术局
	贾亦雄	男	汉族	技术局
	黄卓伟	男	汉族	技术局
	黄振川	男	汉族	技术局
	简维毅	男	汉族	技术局

续表

获奖名称	姓名	性别	民族	工作单位
中央广播电视总台第二届青年英才（媒体技术）	张昊	男	汉族	文艺节目中心
	刘溟帆	男	汉族	音像资料馆
	邓婕	女	汉族	新闻中心
	迟超	男	汉族	技术局
中央广播电视总台第二届青年英才（经营）	郭明伟	男	汉族	总经理室
	肖遥	男	汉族	总经理室
	张超	男	汉族	总经理室
	王晓迪	女	汉族	中国国际电视总公司
	邱天	男	汉族	中广影视卫星有限责任公司
	陈佳伟	女	汉族	办公厅
	付诗迪	女	汉族	总编室
	郭闻捷	女	汉族	总编室
中央广播电视总台第二届青年英才（管理）	李毅	男	汉族	人事局
	杨华东	男	汉族	财务局
	黄文娟	女	汉族	机关党委
	饶雷	女	汉族	创新发展研究中心
	赵晓瑀	女	汉族	离退休干部局
	朱棋	男	汉族	总编室
	李伟	男	汉族	新闻新媒体中心
	盛情	女	汉族	视听新媒体中心
	张雷	男	汉族	新闻中心
	孙振	男	汉族	人事局
	王戈菲	女	汉族	机关纪委

（人事局供稿）

第五编

大事记

一月

新闻中心推出时政专题片《非凡的领航 2022》 1月1日，新闻中心推出时政专题片《非凡的领航 2022》。该片分为党的二十大、重大事件和重要主题、元首外交等三个篇章，全景式呈现习近平总书记2022年的治国理政历程。

"央视新闻"视频号推出《全球日出·追光 2023》直播节目 1月1日，"央视新闻"开启《全球日出·追光 2023》视频号直播。长达14个半小时的慢直播让网友领略全球50多个国家和地区不同景观、不同地貌上的绝美日出，从太空、远洋、大漠、高原等独特视角观看日出瞬间，以全球"逐日"开启2023年，通过一早一晚两场小型演唱会致敬守护美好时光的人们。超过3600万人次观看该直播节目。

新闻新媒体中心推出《开局之年看中国》系列报道 1月1日起，新闻新媒体中心在"央视新闻"推出《开局之年看中国》系列报道。该系列报道分为元旦、春运、复工复产等主题，通过探访直播、纪实直播、短视频等节目样态，展示人民生活幸福美好、各行各业蓬勃兴旺、祖国大地生机勃勃的美丽图景。

财经节目中心推出"寻百强 看中国"融媒体活动 1月1日起，财经节目中心推出"寻百强 看中国"融媒体活动，走进全国100个县（区、市），寻百强、探百业、赏百景、品百味，用镜头记录和感知中国经济的韧性与活力，助力县域经济高质量发展。

总经理室、央视频公司全面开启媒资内容二创和版权经营合作 1月1日，总经理室和央视频融媒体发展有限公司全面开启媒资内容二次创作和版权经营合作。在总经理室的部署下，各单位全面梳理总台版权运营中心的授权片单和电视栏目，开发搭建央视频媒资枢纽管理平台，拓展版权媒资商业化合作，释放总台独家内容价值潜能。

"中国电视"海外宣推专区正式上线 1月1日起，国际传播规划局主办的"中国电视"海外宣推专区，正式在加拿大与中国香港地区和澳门地区的华文新媒体平台上线。该业务的海外合作华文媒体已扩展至12家，覆盖美国、俄罗斯、法国、意大利、日本等G7、G20、"一带一路"共建国家和地区，初步形成海外华文新媒体传播矩阵。

海外总站创新推出"海外千屏"项目 1月1日起，国际交流局统筹海外总站，创新推出"海外千屏"项目。首次推动全球1642块户外大屏和院线银幕联动播出总台春晚节目，海外10块地标大屏同步直播总台春晚，总台灯光秀点亮8处世界知名地标，推出12场春晚主题线下媒体活动，成为打造春晚名片的海外传播新亮点。

"大春晚季"品牌授权与版权文创暨"百人千创"合作计划云发布 1月5日，总台在北京举办"大春晚季"品牌授权与版权文创暨"百人千创"合作计划云发布活动。总台以春晚为核心，整合围绕春晚衍生的各种电视节目、新媒体内容、宣传资源和春节期间其他精品文化节目，打造"大春晚季"整体品牌概念，统一开展品牌授权、版权运营和广告营销工作。

总台与土库曼斯坦国家电视广播电影委员会签署新闻合作备忘录　1月6日，在土库曼斯坦总统谢尔达尔·别尔德穆哈梅多夫对中国进行国事访问之际，在习近平主席与别尔德穆哈梅多夫总统共同见证下，中央广播电视总台台长慎海雄与土库曼斯坦国家电视广播电影委员会主席阿尔斯兰·阿希罗夫签署《中国中央广播电视总台与土库曼斯坦国家电视广播电影委员会新闻合作备忘录》。

新闻中心推出系列报道《新春走基层》　1月6日起，新闻中心与多个地方总站联动，推出系列报道《新春走基层》，多路记者深入基层一线，用群众语言和百姓视角反映各地发展变化，营造喜庆的节日氛围。

新闻中心推出融媒体节目《"天宫"是怎么炼成的？》　1月6日至10日，新闻中心推出系列节目《"天宫"是怎么炼成的？》，多视角展现中国航天梦圆历程。节目在新闻频道播出，在"空天逐梦"新媒体账号、"央视新闻"等总台新媒体平台推出，获全网推荐，新华网、光明网、中国军网等主流媒体和腾讯新闻、网易新闻等平台转载转发。

新闻中心推出电视专题片《永远吹冲锋号》　1月7日起，总台新闻中心联合中央纪委国家监委宣传部推出4集专题片《永远吹冲锋号》，选取12个案例，采访纪检监察干部、有关审查调查对象及涉案人员、干部群众等100多人，讲述中国共产党以自我革命引领伟大社会革命，坚持不懈推进全面从严治党，引发社会广泛关注。

总台首个春晚吉祥物"兔圆圆"对外亮相　1月8日，由中国国际电视总公司主办、中视实业集团承办的2023年总台文创产品发布会暨重点项目签约仪式举行，总台首个春晚吉祥物"兔圆圆"、总台文创兔年生肖形象"兔团团"等产品对外亮相，"瑞兔春碗""新春喜兔盘""2023春节福礼"等特色产品正式推出。

总台召开2023年工作会议　1月10日，总台召开2023年工作会议。中宣部副部长，中央广播电视总台党组书记、台长兼总编辑慎海雄传达中央领导重要批示，代表总台党组作题为《牢记习近平总书记殷切嘱托　全面学习贯彻落实党的二十大精神　奋力打造具有强大引领力、传播力、影响力的国际一流新型主流媒体》的讲话，总结2022年工作成绩，安排部署2023年重点工作。

财经节目中心发布精品节目片单　1月10日，"记录中国式现代化进程·呈现百姓美好生活画卷"中央广播电视总台财经节目中心2023年精品节目片单发布。中宣部副部长、中央广播电视总台台长慎海雄出席活动，并与嘉宾共同启动"专精特新·制造强国"大型融媒体活动，为财经节目中心2023年精品纪录片开机。2023年，财经节目中心以15部精品节目充分展现中国经济的韧性，提振发展信心，凝聚全社会奋进新征程的力量。

总台发布黄金赛事资源　1月11日，总台发布2023年10项黄金大赛和10项黄金联赛，启动总台与国家体育总局系列自主自办赛事。中宣部副部长、中央广播电视总台台长慎海雄出席活动，并与嘉宾共同发布2023年总台黄金赛事资源。

少儿频道发布创新节目片单　1月13日，总台举办少儿频道焕新发布活动。中宣部副部长、中央广播电视总台台长慎海雄，全国妇联党组书记、副主席、书记处第一书记黄晓薇等嘉宾出席活动，共同发布2023年少儿频道创新节目片单。少儿频道以春夏秋冬四季为主题，发布15部原创季播节目和15部精品动画新片。

文艺节目中心发布精品节目片单 1月14日，文艺节目中心发布2023年精品节目片单。中宣部副部长、中央广播电视总台台长慎海雄出席发布会，并与文化和旅游部副部长、国家文物局局长李群，中央广播电视总台副台长王晓真，国家大剧院院长王宁等嘉宾共同为大型文化节目《国家舞台》启动开拍。

总台2023网络春晚顺利播出 1月14日（农历小年），中央广播电视总台2023网络春晚在总台综合频道、综艺频道和央视网、央视频、"央视新闻"、"央视财经"、"央视文艺"等新媒体矩阵同步播出。晚会以"一起开新，共造未来"为主题，以"网络化、年轻态"为核心，生动讲述新时代中国青年的奋斗故事，激励广大青年奋进新征程。晚会跨媒体总触达受众9.65亿人次。

CMG首届中国电视剧年度盛典举行 1月14日，由总台主办的CMG首届中国电视剧年度盛典在北京举行。中宣部副部长、中央广播电视总台台长慎海雄出席，并为年度优秀作品颁发荣誉证书。CMG首届中国电视剧年度盛典揭晓年度突破男女演员、年度海外传播剧、年度幕后、年度实力男女演员、年度制作人、年度编剧、年度导演、年度男女演员、年度优秀电视剧、年度大剧等13项荣誉，并发布2023年中国电视剧发展趋势关键词。

军事节目中心发布重点节目片单 1月15日，军事节目中心2023年重点节目片单发布，15部精品力作记录强军新征程，开启国防军事报道新篇章。中宣部副部长、中央广播电视总台台长慎海雄与嘉宾共同为军事中心2023年重点节目推杆启航。

社教节目中心发布创新节目片单 1月16日，社教节目中心2023年创新节目片单发布。中宣部副部长、中央广播电视总台台长慎海雄出席，并与嘉宾共同发布《盛世中华》《时代之进》《历史之旅》《翰墨华章》等4个版块18档创新节目片单。

华语环球节目中心发布重点节目片单 1月17日，"传中国声音 览华语精品"——中央广播电视总台2023年华语环球节目中心重点节目片单发布。中宣部副部长、中央广播电视总台台长慎海雄出席，并与嘉宾一道向海内外观众推介19档华语精品节目。

微纪录片《向春而行》播出 1月17日，新闻新媒体中心推出系列微纪录片《向春而行》，用纪实镜头为受众报道中国正在发生的故事，展现中国经济的韧劲和中国人积极乐观的精神。

综合频道发布重点节目片单 1月18日，2023年综合频道重点节目片单发布。中宣部副部长、中央广播电视总台台长慎海雄出席。活动发布综合频道20档重点节目片单。

中央广播电视总台数字文化艺术博物馆"央博"数字平台上线 1月18日，中央广播电视总台数字文化艺术博物馆"央博"数字平台上线暨"央博新春云庙会"发布仪式在北京举行。中宣部副部长、中央广播电视总台台长慎海雄出席活动，并与出席嘉宾共同启动项目。"央博"平台以"用前沿科技传播中华优秀传统文化"为定位，将中华优秀传统文化与数字化手段深度融合，为广大受众和用户提供可触及、可互动、可持续的精神文化服务。同步推出的"央博新春云庙会"元宇宙体验活动，给兔年春节贺岁献福，为中华优秀传统文化的传承发展注入高科技血液。

央视频发布重点节目片单 1月19日，央视频2023年重点节目片单发布。中宣部副部长、中央广播电视总台台长慎海雄出席，并与嘉宾共同发布央视频2023年重点节目片单。片单以"视听新未来，央Young新风尚"为主题，共分4大系列30档节目，全方位展示央视频2023年新媒体IP节目矩阵。

系列纪录片《大国基石》完成首播 1月20日，系列纪录片《大国基石》完成在综合频道首轮播出。该片聚焦国企中的骨干力量中央企业，用一个个生动可触的故事，将国之重器与民之关切紧密相连，多视角、多层次、立体化呈现央企在推进中国式现代化进程中的使命担当和非凡成就。

新闻新媒体中心发布创新节目片单 1月20日，新闻新媒体中心2023年创新节目片单发布。中宣部副部长、中央广播电视总台台长慎海雄出席，和与会嘉宾共同发布创新节目片单。新闻新媒体中心创新节目片单以"@新征程上的中国"为主题，共发布13个创新节目和融媒体产品。

总台新春灯光秀在迪拜哈利法塔成功举办 1月20日至21日（农历腊月二十九至大年三十），总台在阿拉伯联合酋长国迪拜知名地标哈利法塔连续投放两场新春灯光秀。这是总台第四年举办哈利法塔新春灯光秀，单场展示时长由90秒增至150秒，吸引数万名来自世界各地的游客驻足观看，实现社会效益与经济效益双丰收。

总台广播春节特别节目《中国声音中国年》播出 1月21日9时30分至18时30分，中国之声和环球资讯广播并机推出9小时除夕特别节目《中国声音中国年》，为听众奉献一场"声音年夜饭"，用"奋发""勇毅""创造""荣光""梦想""收获""生机""新征程"等八大关键词，回望催人奋进的历史瞬间，聆听动人心扉的声音，铭记划破长空的誓言，细数人间的欢歌笑语。节目首次使用菁彩声制作，让听众享受沉浸式聆听效果。央视新闻、央视频、云听等三大客户端音视频同步直播。

《古韵新声》春节节目播出反响热烈 1月21日，由总台与国家文物局联合摄制的《古韵新声》春节节目在综合频道播出。节目以"文物展演+文化访谈+古风乐舞"的形式，带领观众感受春节文化之美，领略"思想+艺术+技术"交融的中华文化魅力。

2023年总台春节联欢晚会播出 传播效果创历史新高 1月21日晚（农历除夕），2023年中央广播电视总台春节联欢晚会向全球直播。晚会以"欣欣向荣的新时代中国，日新月异的更美好生活"为主题，为海内外亿万观众打造一场欢乐吉祥、喜气洋洋的文化盛宴。海内外传播数据创历史新高，全媒体累计触达受众达162.16亿人次，电视端全国并机频道总收视率达20.61%，全国电视市场收视份额达76.29%。新媒体端直播用户规模达7.66亿人。全球173个国家和地区的1000多家媒体对春晚进行同步直播和报道。总台春晚正片或宣传片登陆海外1642块户外大屏和院线银幕，实现春晚宣介"海外千屏"新突破。

2023年总台春节戏曲晚会播出 1月

22日，2023年中央广播电视总台春节戏曲晚会在综合频道、戏曲频道并机播出。来自全国近30个戏曲剧种、70余个院团、院校的百位戏曲名家和新秀汇聚一堂，在山水实景、大美天地之间为受众带来一场戏曲盛宴。

总台第二届青年英才评选结果揭晓 1月22日，总台作出表彰奖励第二届青年英才的决定。本届总台青年英才分新闻采编、专题、文艺、国际传播、媒体技术、经营、管理等类别，首次在组织推荐的基础上增加了个人自荐环节，全台青年员工踊跃报名。共评选出100名员工为中央广播电视总台第二届青年英才。

大型纪录片《共和国符号》收获广泛好评 1月23日至2月3日，华语环球节目中心推出10集大型纪录片《共和国符号》，首次以高科技三维细致展现国旗、国徽、国印、人民币等的设计过程和背后感人故事，展现新时代的发展变化和辉煌成就。节目收获广泛好评，电视端首播触达观众1.41亿人次，新媒体端累计浏览量近4500万人次。

社教节目中心《2023中国诗词大会》亮相新春荧屏 1月25日至2月3日，由社教节目中心联合教育部和国家语言文字工作委员会共同打造的《2023中国诗词大会》在综合频道连播。该节目聚焦"赏中华诗词、寻文化基因、品生活之美"主题，通过激烈精彩的诗词比拼，传递生活诗意，为观众奉上2023年新春的中华文化大餐。节目累计触达受众达11.37亿人次。

财经频道推出美食文旅节目《澳门双行线》 1月28日至4月15日，由总台与澳门特别行政区联合制作的大型美食文旅节目《澳门双行线》在财经频道晚间黄金时段播出，央视频、"央视财经"同步播出。节目以澳门美食和文旅为线索，全方位呈现"一国两制"下澳门多元文化交流互鉴、和谐汇融的景象，讲述澳门故事。

总台召开领导干部会议 传达中央任免决定 胡劲军、邢博任中央广播电视总台副台长 1月29日和30日，总台分别召开领导干部会议，传达中央任免决定。中央批准，胡劲军、邢博同志任中央广播电视总台副台长，免去阎晓明、蒋希伟同志的中央广播电视总台副台长职务。中组部批准，胡劲军、邢博同志任中央广播电视总台党组成员，免去阎晓明、蒋希伟同志的中央广播电视总台党组成员职务。

CGTN西班牙语频道在西班牙马德里自治区实现高清播出 1月底起，CGTN西班牙语频道在西班牙马德里自治区正式以高清方式播出。

二月

中央新闻纪录电影制片厂（集团）发布重点影视节目片单 2月2日，中央新闻纪录电影制片厂（集团）2023年重点影视节目片单发布。中宣部副部长、中央广播电视总台台长兼总编辑慎海雄同与会嘉宾共同见证重点项目合作协议签约，并启动2023年重点影视节目片单发布。片单发布活动以"新春传新声，新影新征程"为主题，集中发布24档重点影视节目。

总台推出2023年元宵晚会 2月5日

（农历正月十五），2023年中央广播电视总台元宵晚会在电视、广播、新媒体等多媒体平台播出。晚会以"花灿灯彩闹元宵"为主题，涵盖非遗灯彩、南狮、戏曲、曲艺、民歌等多种传统文化元素，融合歌舞、魔术、艺术体操、默剧等多种艺术形式，营造欢天喜地闹元宵的氛围。节目获得海内外受众喜爱。

时政微纪录片《习近平的文化情缘》上线 2月6日，新闻新媒体中心精心策划推出系列时政微纪录片《习近平的文化情缘》，讲述习近平总书记在文物保护、文明探源、少数民族文化保护等领域的故事。10集节目在总台全媒体平台、多语种海外平台、海外友华媒体等渠道同步上线，获现象级传播效果，总触达量达66亿人次，总浏览量突破13.5亿人次。

新闻中心推出系列报道《一线调研 实干见闻》 2月6日起，新闻中心推出系列报道《一线调研 实干见闻》，调派10路记者奔赴全国多地，走访企业、科研单位、民航业、行政部门等，以调研和纪实方式，捕捉中国经济社会发展场景，反映实干中国的发展活力。

总台新闻节目关注土耳其大地震 2月6日9时17分，土耳其发生7.8级大地震。总台及时派出记者赶赴灾区，发回大量报道。总台新闻中心、军事节目中心、CGTN、华语环球节目中心、新闻新媒体中心等单位新闻节目多时段连线总台前方记者和中国救援队队员，及时报道震中灾区实况和救援工作，重点聚焦中国提供国际救援情况，全网广泛转载。

央视频融媒体发展有限公司自主开发的一体化集成支付平台正式投入使用 2月8日，央视频融媒体发展有限公司自主开发的"央视频一体化集成支付平台"正式投入使用。用户可通过二维码、客户端、H5页面、小程序、苹果应用商店等渠道完成央视频各类场景支付。该支付平台是对央视频原有用户支付模式的一次全面升级，可满足用户的多元化支付需求，有效提升平台用户黏性，推动央视频平台商业化经营加速发展。

新闻新媒体中心推出新栏目《上联播啦！》 2月9日，新闻新媒体中心"新闻联播"新媒体运营团队推出全新栏目《上联播啦！》，创新延展《新闻联播》碎片化传播形式。栏目以图文版块和视频版块对《新闻联播》当日播发的重点内容加以解构与重建，提升《新闻联播》权威内容和主题主线报道的传播力和影响力。

总台与柬埔寨新闻部签署合作备忘录 2月10日，在柬埔寨首相洪森对我国进行正式访问之际，在李克强总理与洪森首相共同见证下，中央广播电视总台台长慎海雄与柬埔寨新闻部大臣乔干那烈签署《中国中央广播电视总台与柬埔寨新闻部合作备忘录》。

媒资云服务平台音频检索系统上线运行 2月10日，由音像资料馆与技术局共同搭建的媒资云服务平台音频检索系统正式上线运行，音像资料馆近200万条馆藏音频资料实现总台用户共享。

历史文化纪录片《扎什伦布》开播 2月13日起，由华语环球节目中心制作的5集历史文化纪录片《扎什伦布》在中文国际频道首播。该片从中华文明多元一体格局的形成与发展过程，以扎什伦布寺近600年历史为主轴，生动讲述历代班禅爱国爱教、护国利民的故事，展现西藏在新时代的崭新面貌。

总台与伊朗伊斯兰共和国声像组织签署

合作备忘录 2月14日，在伊朗伊斯兰共和国总统赛义德·易卜拉欣·莱希对我国进行国事访问之际，在习近平主席与莱希总统共同见证下，中央广播电视总台台长慎海雄与伊朗外交部副部长巴盖里签署《中国中央广播电视总台与伊朗伊斯兰共和国声像组织合作备忘录》。

丝绸之路电视共同体高峰论坛在北京举行 2月14日，由中央广播电视总台主办、中国国际电视总公司承办的2023丝绸之路电视共同体高峰论坛在北京举行。本届论坛以"携手共建发展，合作互利共赢"为主题，推动"一带一路"共建国家媒体实现更高质量合作，深化人文交流，促进民心相通。来自33个国家和地区的54家主流媒体机构120余位代表以线上线下结合的方式参会。

总台召开2023年技术工作会议 2月15日，总台2023年技术工作会议召开。中宣部副部长，中央广播电视总台党组书记、台长慎海雄出席会议，并代表总台党组作题为《坚持科技创新主旋律 深度赋能总台高质量融合发展》的讲话。

总台召开2023年经营工作会议 2月16日，总台召开2023年经营工作会议。中宣部副部长，中央广播电视总台党组书记、台长慎海雄代表总台党组作题为《坚定信心 抢抓机遇 奋发有为 全力推动总台经营工作高质量发展》的讲话。

社教节目中心推出大型文化节目《大师列传》（第二季） 2月16日至25日，社教节目中心制作的大型文化节目《大师列传》（第二季）在科教频道播出，央视频和央视网同步上线。该节目聚焦文学、舞蹈、书法、绘画、曲艺等领域，访谈10位文化艺术名家，记录他们的精彩故事。

"冬奥超高清8K数字转播技术与系统"项目通过综合绩效评价 2月16日，由总台牵头的国家重点研发计划"科技冬奥"重点专项"冬奥超高清8K数字转播技术与系统"项目通过科学技术部组织的项目综合绩效评价。

总台发布2023年纪录片片单 2月17日，纪录·时代答卷——2023年"大片看总台"发布，50部重量级纪录片集中亮相，组成总台2023年纪录片矩阵。中宣部副部长、中央广播电视总台台长慎海雄出席，并同与会嘉宾共同启动中央广播电视总台纪录片制播联盟。

专题片《奋进新时代》在综合频道首播 2月19日至20日，2集专题片《奋进新时代》在综合频道首播。全片以党的十八大以来以习近平同志为核心的党中央治国理政为主线，聚焦新时代十年党和国家事业的伟大成就、伟大变革，以电视专题叙事手法，全景式展示"奋进新时代"主题成就展览的精华内容，深入挖掘与呈现展品背后的人物故事、难忘的瞬间与声音，展现新时代事业发展的新局新貌，揭示变革背后的力量和动能。

中国影像节"一带一路"主题展映活动正式启动 2月20日，由总台与外交部、文化和旅游部联合举办的中国影像节"一带一路"主题展映活动以线上方式正式启动。40多个国家和地区的50多位政要、前政要、媒体机构负责人发来视频致辞，共同祝愿本届中国影像节成功举办。展映活动向全球观众放送60余部纪录片、专题片，展现共建"一带一路"倡议源于中国，但机会和成果属于世界的实景。

民族语言节目中心发布十一世班禅额尔德尼·确吉杰布藏历水兔新年祝词 2月21日，民族语言节目中心录制并发布十一世班禅额尔德尼·确吉杰布藏历水兔新年祝词。节目通过藏语广播、藏语新媒体、CGTN等平台播出。其中，新媒体播放量超过130万次，并被广泛转载。

《擎动中国》线上模拟器赛车城市赛举办 2月24日至28日，总台首档大型融媒体汽车竞技赛事节目《擎动中国》线上模拟器赛车城市赛湖北十堰站开赛，并在央视频、央视体育客户端和央视网同步播出。体育青少节目中心以创新科技赋能内容传播，多角度展现赛车文化多样性，累计触达受众突破5亿人次，微博话题阅读量近4亿人次。

新闻中心推出系列报道《总书记的人民情怀》 2月25日，《新闻联播》栏目开栏播出系列报道《总书记的人民情怀》，系统梳理党的十八大以来，习近平总书记考察调研的足迹，展现人民领袖根植人民、心系人民、造福人民的情怀。

社教节目中心推出考古纪录片《2022年中国考古新发现》 2月26日，社教节目中心推出的纪录片《2022年中国考古新发现》在综合频道、科教频道播出，央视频、央视网同步上线。该片讲述湖北十堰市学堂梁子（郧县人）旧石器时代遗址、河北尚义县四台新石器时代遗址、甘肃庆阳市南佐新石器时代遗址、河南安阳市殷墟商王陵区及周边遗存、云南昆明市河泊所青铜时代遗址、宁夏贺兰县苏峪口西夏瓷窑址等6大考古遗址项目的考古发掘过程，展示2022年我国考古新成果。

纪录片《样式雷》以小见大展现中国古建史 2月26日，影视剧纪录片中心精心打造的5集纪录片《样式雷》在CCTV-9纪录频道播出。该片讲述"样式雷"家族八代人200余年建设和修缮宫廷、园林的故事，展现中国古代建筑设计集大成者的华彩。

《绘制十年》海外传播效果良好 习近平总书记作出重要批示 2月27日，CGTN与社教节目中心联手打造的大型专题片《绘制十年》(《领航》国际版）通过总台CGTN英语频道向全球首播，西班牙语、法语、阿拉伯语、俄语等语言版本也在CGTN相关外语频道播出。节目在自有平台和外媒平台实现全球阅读量达2.1亿人次，互动量达194万人次。习近平总书记就该片海外传播取得良好效果作出重要批示。

"2023年全国消费促进月暨京津冀消费季"启动 2月28日，由商务部、中央广播电视总台、北京市人民政府、天津市人民政府和河北省人民政府共同举办的"2023年全国消费促进月暨京津冀消费季"在北京、天津、河北三地联动开启。首届"京津冀消费季"是京津冀三地基于各自资源禀赋与优势，打造的具有地方特色的品牌项目和促消费平台。

纪录片《走进西藏·高原之歌》获赞誉 2月28日至3月3日，华语环球节目中心摄制的大型纪录片《走进西藏·高原之歌》在综合频道、中文国际频道、科教频道和纪录频道相继播出，获得良好传播效果，累计观众规模突破1亿人。该片讲述西藏各族青年从传统中汲取智慧，抓住时代机遇，为实现人生梦想不懈奋斗的故事，向全球观众呈现西藏传统与现代有机融合、充满生机活力的新面貌。

三月

总台与白俄罗斯国家电视广播公司签署合作协议 3月1日，在白俄罗斯总统亚历山大·卢卡申科对我国进行国事访问之际，中央广播电视总台台长慎海雄与白俄罗斯外交部部长阿列伊尼克在北京签署《中国中央广播电视总台与白俄罗斯国家电视广播公司合作协议》。在习近平主席与卢卡申科总统共同见证下，双方签署这份合作文件。

总台全国两会报道刷新多项传播纪录 3月4日至13日，全国政协十四届一次会议、十四届全国人大一次会议在北京召开。总台充分发挥电视、广播、新媒体及68种语言对外传播平台的强大优势，以全方位、矩阵式、立体化传播，全景式报道全国两会盛况。央视新闻新媒体全网首发首推《习近平：人民的信任，是我前进的最大动力，也是我肩上沉甸甸的责任》等12条视频快讯均被全网置顶转载。时政微视频《习近平进行宪法宣誓》累计播放量达13.9亿次；完成全国两会开闭幕会、宪法宣誓仪式等22场重要直播。总台全国两会相关报道多平台总触达人次为282.85亿。国际视频通讯社采用多渠道、多形式对外发布22场全国两会重要活动直播信号，编发的1138篇新闻素材和多语种文稿，被CNN、CNBC、FOX、BBC、RT等105个国家和地区的1248家电视台及其新媒体平台引用，累计播出达26 600多次。覆盖国家和地区数、采用媒体平台数、采用次数、播出总时长等多项全国两会传播纪录均创历史新高。

总台与澳门特别行政区政府展开新一轮合作 3月6日，总台在北京举办"春暖花开正当时——中央广播电视总台精品节目澳门展映暨赛事媒体权利授权仪式"。总台向澳门特别行政区政府赠播9部党的二十大系列精品节目，双方签署《第19届杭州亚运会媒体权利许可协议》《第33届巴黎奥运会媒体权利许可协议》，开拍由澳门特别行政区政府与总台联合摄制的纪录片《世界遗产漫步》（澳门篇）和《中国微名片·世界遗产》（澳门历史城区篇）。

机关党委开展2022—2023年度总台"四强"党支部评选工作 3月8日至7月12日，机关党委在全台范围内开展2022—2023年度中央广播电视总台"四强"党支部评选工作，办公厅秘书处党支部等68个党支部获得总台"四强"党支部称号。

直播报道2023年世界乒乓球职业大联盟新加坡大满贯赛 3月11日至19日，体育青少节目中心组织全平台直播报道2023年世界乒乓球职业大联盟新加坡大满贯赛，累计触达观众规模达8.57亿人次。

总台在海外举办多场"中国式现代化与世界新机遇"研讨会 3月13日至4月12日，总台分别在美国、英国、泰国、新加坡、俄罗斯、巴西、伊朗、阿拉伯联合酋长国等国家，以及联合国举办"中国式现代化与世界新机遇"专场研讨会。国际政商界许多知名代表和国际组织高级官员与会，他们一致认为中国的发展给世界带来信心和机遇,高度评价中国促进可持续发展、消除贫困的经验给世界带来启示。相关报道被北美、欧洲、拉美等地区上百家媒体转载。

第33届"3·15"晚会收视创新高 3月15日,总台第33届"3·15"晚会在财经频道现场直播,央视财经客户端、央视频和经济之声频率同步播出。晚会以"用诚信之光照亮消费信心"为主题,曝光一批侵害消费者利益的典型案例,引起社会热烈反响。晚会收视率达0.64%,创2021年以来新高,相关内容获全网热搜78个,总话题阅读量超过31亿人次。

"奋斗有我 国聘行动"湖北专场启动 3月16日,由视听新媒体中心联合湖北总站组织的"奋斗有我 国聘行动"湖北专场启动。活动创新推出"走进校园""走进企业""校企联合"等特色活动,助力湖北稳就业、保就业。

庆祝总台成立五周年座谈会召开 3月17日,庆祝中央广播电视总台成立五周年座谈会在北京召开。2018年3月,习近平总书记作出组建中央广播电视总台的重大战略决策,开启了新时代广播电视事业和党的新闻舆论工作的崭新篇章。5年来,习近平总书记7次给总台发来贺信并作出一系列重要指示批示,以鼓励、以指导、以期望。总台的舆论引领力实现大幅跃升,党的宣传报道主力军、压舱石的重要作用日益彰显;国际传播力持续骤升,在国际舆论场上的地位、分量、份额今非昔比;"思想+艺术+技术"融合传播催生精品喷涌,综合实力取得历史性跨越。中宣部副部长、中央广播电视总台台长兼总编辑慎海雄传达习近平总书记对总台工作的重要指示。中央广播电视总台副台长王晓真主持座谈会,中央广播电视总台副台长胡劲军、邢博,总台编务会议成员姜文波、刘晓龙、范昀,总会计师董为民,总工程师李跃山等出席座谈会。

青少年国防教育节目《今天我当"兵"》(第三季)开播 3月17日起,军事节目中心制作推出的全国首档青少年国防教育节目《今天我当"兵"》(第三季)在国防军事频道及相关新媒体平台播出。节目相关内容及报道跨媒体总触达人次达1.48亿,电视端累计观众规模达8933万人次,新媒体端用户总触达人次5821万。

纪录片《中国自然秘境》呈现新疆生态之美 3月20日起,由华语环球节目中心制作的系列节目《中国自然秘境》(新疆篇)在中文国际频道首播。节目聚焦新疆辖区内的国家公园候选区及其所覆盖的十余个国家级自然保护地,向世界展现新疆的自然之美、和谐之美、发展之美等。

总台多平台聚焦习近平主席俄罗斯之行 3月20日至22日,习近平主席应俄罗斯总统普京邀请,对俄罗斯进行国事访问。总台以立体报道、全球传播充分彰显习近平主席世界级大国领袖非凡的战略定力、政治智慧和魄力担当。相关报道在总台自有平台跨媒体触达受众达24.73亿人次。国际视频通讯社投送的新闻素材被101个国家和地区的1411家电视台及其新媒体平台采用播出。

总台与俄罗斯全俄国家电视广播公司签署多项合作备忘录 3月21日,中国国家主席习近平对俄罗斯进行国事访问期间,中宣部副部长、中央广播电视总台台长兼总编辑慎海雄与全俄国家电视广播公司总裁多布罗杰耶夫在莫斯科签署《中国中央广播电视总台与俄罗斯全俄国家电视广播公司合作备忘录》。该合作文件被列入习近平主席访问俄罗斯成果清单。

总台成立5周年纪念邮品发行 3月21日，中国邮政面向全国公开发行中央广播电视总台成立5周年纪念邮资信封一套一枚。同时，专门定制庆祝中央广播电视总台成立5周年个性化邮票一套。

央视新闻客户端推出文物科普产品《文博日历》 3月21日起，央视新闻客户端联合全国博物馆推出文物科普产品《文博日历》。以"每天认识一件文物"为宗旨，搭载预约服务功能，用"新闻+服务"的模式，为网友打开了解传统文化的新方式，首次实现主流媒体新媒体平台与博物馆受众服务上的直接连通。截至12月31日，约有110家博物馆的票务预约服务入驻央视新闻客户端。

总台"飞兔领跑行动"启动 3月22日，总台在北京召开2023年"飞兔领跑行动"动员大会，组建营销团队，深入上海、山东、江苏、浙江、福建、广东等6个省市和东北、西南、华中三大片区，深挖各区域重点行业潜力客户，为经营收入提供新增量。

CGTN与非洲五国主流媒体合办电视栏目《共享繁荣》 3月23日，CGTN联合毛里求斯国家电视台、卢旺达国家电视台、加蓬国家电视台、马达加斯加MATV电视台、贝宁海湾电视台等非洲五国主流媒体合办的电视栏目《共享繁荣》正式启动。《共享繁荣》栏目以生动鲜活的节目形式向非洲受众阐释中国式现代化的内涵和中非命运共同体理念，分享中国经验。该栏目在上述非洲五国主流媒体同步播发，覆盖非洲法语区上亿人。

总台发展历史陈列馆开馆 3月24日，中央广播电视总台发展历史陈列馆开馆仪式在总台光华路办公区举行。中宣部副部长、中央广播电视总台台长慎海雄，中央档案馆馆长、国家档案局局长陆国强在仪式上致辞，并为陈列馆揭牌。中央广播电视总台发展历史陈列馆分"从这里走来"和"向未来进发"两个展厅，通过图片、文字、独家视音频、文物展示、新媒体互动体验等手段，展现中央人民广播电台、中国国际广播电台、中央电视台的发展历史和总台成立5年来的拼搏历程。

经济之声上线总台首个常态化运行元宇宙直播间 3月25日，经济之声《王冠红人馆》栏目成功上线总台首个常态化运行元宇宙直播间。该直播间采用项目组自研"声音驱动AI形象直播引擎"，搭建"元宇宙直播操作台"，采用虚拟场景实时渲染技术，创新性通过主持人和嘉宾语音对AI形象直接驱动。

总台特古西加尔巴记者站揭牌 3月28日，总台特古西加尔巴记者站揭牌仪式在洪都拉斯总统府举行。该站是中洪两国政府共同批准成立的首家驻洪都拉斯中国媒体机构，也是总台在海外设立的第191个记者站点。在揭牌仪式上，总台与洪都拉斯国家广播电视台签署合作交流意向书。这是中洪建交后在传媒领域签署的首份合作协议。

总台第三届中欧音乐节暨中西建交50周年音乐会成功举办 3月31日，中央广播电视总台第三届中欧音乐节暨中西建交50周年音乐会成功举办，中国和西班牙百余名艺术家演绎了中西两国经典曲目和民族舞蹈。音乐会特别节目由总台欧洲总站和文艺节目中心联合录制，在总台音乐频道、音乐之声频率、央视频等总台自有平台播出，西班牙和欧洲多国主流媒体平台也陆续播出，190余家国际主流媒体进行报道。

总台国家电子竞技发展研究院揭牌成立 3月31日，中央广播电视总台国家电子竞技发展研究院揭牌仪式在北京举行。中宣部副部长、中央广播电视总台台长慎海雄出席，并同与会嘉宾共同揭牌。总台成立国家电子竞技发展研究院旨在防止青少年过度沉迷于网络游戏，促进电竞文化正向传播，助力电竞产业行业健康有序发展。在揭牌仪式上，总台与重庆市人民政府签署了《关于促进电子竞技产业健康可持续发展战略合作协议》。

纪录片《行走天下——草原》以行进力量诠释生态之美 3月31日，由影视剧纪录片中心原创打造的大型文旅纪录片《行走天下——草原》收官。该片创作历时一年半，辗转8万多公里，选择中国15个草原、近百位草原人的故事，从生态、生活、生计、生命等维度，展示草原文化的价值和独特魅力。

四月

音像资料馆对总台24套广播频率节目实现全时段档案留存 4月1日，音像资料馆对总台24套广播频率播出节目实现全时段档案留存，全年留存节目档案超过17万小时，同时制定了从播出档案采集到后续利用的完整规范，总台各广播频率播出内容和播出形态首次得到完整保留。

总台发布《2022城市营商环境创新报告》 4月3日，总台《2022城市营商环境创新报告》在北京发布。发布活动现场重点发布了三项成果——2022城市营商环境创新城市、2022城市营商环境创新县（市）和2022城市营商环境创新举措十大关键词。

农业农村节目中心全国和美乡村篮球大赛启动 4月3日，农业农村节目中心与河北省唐山市丰南区人民政府联合主办的全国和美乡村篮球大赛落地开赛。该活动创新采用"体育赛事+"模式，将篮球比赛与乡村集市、民俗演出相结合，让农民在轻松欢快的气氛中体验拼搏进取、公平竞争的体育精神，助推当地特色产业振兴。

中法合拍系列纪实影像作品在北京发布 4月4日，"合拍·以影像为桥"中法合拍纪实影像作品发布会在北京举行。中宣部副部长、中央广播电视总台台长慎海雄在活动上致辞，并与中法嘉宾共同发布多部中法合拍纪实影像作品。

华语环球节目中心系列纪录片《绝笔》（第三季）开播 4月5日，由华语环球节目中心制作的5集系列纪录片《绝笔》（第三季）在中文国际频道首播。该片讲述11位中国共产党英烈的故事，通过深度剖析他们的临终绝笔，诠释英烈们向死而生、不忘初心的理想信念。

新闻新媒体中心推出时政特稿栏目《时政微观察》 4月5日，时政特稿栏目《时政微观察》在央视新闻客户端首发。该栏目紧紧围绕习近平总书记地方考察、重要会议、回信贺信、元首外交等重大活动和重要讲话，通过生动鲜活的故事和清新晓畅的表达，深入阐释习近平新时代中国特色社会主义思想，展现大国领袖风采。

总台全媒体报道马克龙访华 触达受众超15亿人次 4月5日至7日，应国家主席习近平邀请，法国总统马克龙对中国进行国事访问。总台以此次中法元首会晤为契机，创新打造国际传播精品，向国际社会充分展现习近平主席世界级大国领袖魅力风范，进一步提升中国理念、中国主张、中国智慧的世界影响力。相关报道在总台自有平台跨媒体触达受众15.23亿人次。

总台开展2023年"年度党建品牌"评选 4月6日至7月12日，机关党委在全台范围内开展"年度党建品牌"评选工作。经各基层党组织推荐、机关党委常委会审议、总台党组研究决定，授予新闻中心新闻联播编辑部党支部"双周大练兵"、总编室播音员主持人管理中心党支部"喜德公益课堂"、财经节目中心统筹策划部党支部"为盲人讲电影"等12个党建活动为2023年中央广播电视总台"年度党建品牌"称号。

财经节目中心举办第三届中国汽车风云盛典 4月7日，财经节目中心打造的第三届中国汽车风云盛典在总台财经频道、经济之声、"央视财经"新媒体等平台同步播出。中国汽车风云盛典是对中国乘用车产品力与品牌力的综合检验，已成为中国汽车行业发展风向标。

总台文化类IP创新节目推介活动在成都举办 4月9日，总经理室联合四川总站在成都举办总台文化类IP创新节目推介活动，以第108届全国糖酒商品交易会为契机，以总台2023创新文化节目为突破口，抢抓糖酒行业品牌传播商机。活动现场举行了总台多个文化IP与冠名合作企业签约仪式。

大型文化节目《典籍里的中国》（第二季）收官 4月9日，大型文化节目《典籍里的中国》（第二季）在综合频道收官。本季节目通过专家访谈和舞台戏剧演绎，讲述《永乐大典》《诗经》《越绝书》《说文解字》等著名典籍的流传故事，用观众喜闻乐见的形式诠释深奥的古代典籍，让中华优秀传统文化焕发新的生命力。

总台与华中科技大学开展全面战略合作 4月12日，总台与华中科技大学签署全面战略合作伙伴关系框架协议。中宣部副部长、中央广播电视总台台长慎海雄，华中科技大学党委书记李元元出席签约仪式，共同为中央广播电视总台—华中科技大学信息存储联合研究中心和中央广播电视总台—华中科技大学网络安全联合研究中心揭牌。

总台召开学习贯彻习近平新时代中国特色社会主义思想主题教育动员大会 4月12日，总台召开学习贯彻习近平新时代中国特色社会主义思想主题教育动员大会，认真学习贯彻习近平总书记在主题教育工作会议上的重要讲话精神，对总台主题教育进行动员部署。中宣部副部长、中央广播电视总台党组书记、台长慎海雄主持会议，宣读总台主题教育领导小组名单，并作动员讲话。中央第十九指导组组长巴音朝鲁出席会议并作指导讲话。

总台与巴西总统府机构关系部签署合作备忘录 4月14日，在巴西总统卢拉对中国进行国事访问之际，在习近平主席与卢拉总统共同见证下，中宣部副部长、中央广播电视总台台长慎海雄与巴西总统府机构关系部特别顾问科姆尼斯基在北京签署《中国中央广播电视总台与巴西总统府机构关系部合作备忘录》。

非洲总站及时跟进报道苏丹武装冲突事件 4月15日，苏丹爆发武装冲突，非洲总站快速反应、持续跟进、立体呈现，多条独家视频获国际媒体广泛转引转载。其中，《冲突后的喀土穆街头》被BBC阿拉伯语频道、卡塔尔半岛电视台等28个国家和地区的50家电视台采用，累计播出158次。记者第一时间独家采访亲历撤离的中方人员的短视频全网播放量超过1000万次，点赞量超过100万人次。

财经节目中心推出《金牌新字号》融媒体活动 4月16日，财经节目中心推出《金牌新字号》融媒体活动，以"新国潮、新技术、新体验"为主线，打造"云+场+端+商"四大亮点，通过电视纪实节目、新媒体直播和短视频展播，线下举办"金牌之路"沉浸式展览等，与行业协会、地方商务部门和平台合作，组织开展系列促消费活动，让各地消费热起来。

华语环球节目中心与重庆总站打造直播节目《何以中国·渝见》 4月16日，华语环球节目中心与重庆总站联合推出9小时大型融媒体直播《何以中国·渝见》，围绕新文旅、新产业、新通道和新生活，全景式展示重庆新样貌。

农业农村节目中心"17助农日"系列活动落地山东 4月17日，农业农村节目中心"乡村助农团"项目"17助农日"系列活动落地山东省临沂市兰陵县。"乡村助农团"统筹专家学者、各大高校和相关企业从品牌打造、文旅产业发展、特色农产品集采销售等方面，为山东地方政府提供新思路，助力当地提升"好品山东"品牌影响力。

军事节目中心纪录片《壮丽新航程》致敬人民海军 4月17日至21日，军事节目中心推出系列纪录片《壮丽新航程》，首次系统性梳理新时代人民海军在习近平主席的坚强领导下取得的重大成就，全面展示74年来人民海军从无到有，一路劈波斩浪、勇闯大洋的历程。

总台举办第三届海外影像节活动 4月20日，2023年联合国中文日暨中央广播电视总台第三届海外影像节活动在联合国日内瓦办事处万国宫举办。影像节以"路"为题，通过征集展示全球中文爱好者的优秀影像作品，解读共建"一带一路"倡议内涵，共收到来自英国、法国、德国、意大利、俄罗斯等37个国家和地区的939部作品。美联社、雅虎、《英国时报》、德国财经新闻等220余家国际主流媒体对活动进行报道。

"推动共同富裕浙江实践研讨会暨媒体行动"传播效果突出 4月21日，由总台主办的"推动共同富裕浙江实践研讨会暨媒体行动"在浙江杭州举行。活动包括一线调研、专家研讨、总台主持人探访共富观察点、带货直播等环节。浙江总站携手新闻新媒体中心、视听新媒体中心、创新发展研究中心等部门，开启3场活动接力直播，在总台多平台同步呈现。人民网、新华网、光明网、搜狐、腾讯、网易等广泛转载。

系列报道《活力夜中国》生动反映中国经济活力 4月21日起，新闻频道《东方时空》栏目推出系列报道《活力夜中国》，通过《快节奏短片》《纪实态夜访》《特写式人物故事》《演播室专家评论》等四大版块，聚焦不同产业创新推动高质量发展的实践，报道中国经济发展恢复向好势头。

新闻新媒体中心《奋斗为基》暨《"县"在出发》大型融媒体行动正式启动　4月21日，"央视新闻"正式启动《奋斗为基》暨《"县"在出发》大型融媒体行动。行动围绕"县"进行中国式现代化县域实践大调研，全年直播探访50个县（区、市），展现中国县域经济发展的强劲势头。

第十三届北京国际电影节开幕　4月22日，由国家电影局指导、中央广播电视总台和北京市人民政府主办的第十三届北京国际电影节在北京雁栖湖国际会展中心开幕。中宣部副部长、中央广播电视总台台长、第十三届北京国际电影节组委会主席慎海雄在开幕式上致辞并宣布电影节开幕。北京市委常委、宣传部部长、第十三届北京国际电影节组委会常务副主席莫高义出席开幕式并致辞。

大型文化节目《非遗里的中国》在综合频道播出　4月22日，由总台与文化和旅游部联合摄制的大型文化节目《非遗里的中国》在综合频道开播。该节目以高科技影像展示非遗奇绝技艺，以互动体验方式聚焦非遗创新应用，以非遗传承故事致敬匠人匠心，以创新展示展演，阐释东方非遗美学。

"粤港澳大湾区消费季暨第三届直播电商节"启动　4月26日，由商务部、中央广播电视总台、广东省人民政府、香港特别行政区政府、澳门特别行政区政府共同举办的"粤港澳大湾区消费季暨第三届直播电商节"在广州市正式开启。中共中央政治局委员、广东省委书记黄坤明出席活动，并与中宣部副部长、中央广播电视总台台长慎海雄，广东省委副书记、省长王伟中等共同启动"粤港澳大湾区消费季暨第三届直播电商节"。

华语环球节目中心融媒体IP《早安中国》在多平台上线　4月26日，华语环球节目中心推出融媒体IP《早安中国》，通过巧妙的画面剪辑，展现中国各地独特的自然风光和人文魅力。同时以习近平总书记引用过的古代经典语句作落版，与海外华侨华人共绘"同心圆"。CGTN、央视网海外平台及多家海外华文媒体平台同步上线《早安中国》中英文版本。

广东总站暨粤港澳大湾区总部运行揭牌　4月26日，广东总站暨粤港澳大湾区总部在广州运行揭牌。中共中央政治局委员、广东省委书记黄坤明出席，并与中宣部副部长、中央广播电视总台台长慎海雄揭牌。广东省委副书记、省长王伟中出席并致辞。

总台首届版权生态合作大会在上海举行　4月28日，以"共融共生　共创未来"为主题的中央广播电视总台首届版权生态合作大会在上海举行。中宣部副部长、中央广播电视总台台长慎海雄，上海市委常委、宣传部部长赵嘉鸣出席，同与会嘉宾共同见证总台首批版权生态伙伴签约。

文艺节目中心推出城市实景灯火音乐秀《灯火里的中国》　4月29日，由文艺节目中心制作的城市实景灯火音乐秀《灯火里的中国》在综艺频道黄金时段首播。节目以"灯火"为核心符号，走进10座城市，制作10场独特的城市楼顶交响音乐会，在城市夜景中展现民众的美好生活。

2023国际消费季暨第四届上海"五五购物节"启动　4月29日，由商务部、中央广播电视总台、上海市人民政府共同举办的2023国际消费季暨第四届上海"五五购物节"正式启动。中共中央政治局委员、上海市委书记陈吉宁出席活动，并与商务部部长王文涛，中宣部副部长、中央广播电视总台台长慎海雄共同启动2023国际消费季暨第四届上海"五五购物节"。

五月

总台召开《新闻联播》栏目开播45周年座谈会 传达学习习近平总书记重要指示精神 5月1日，总台召开央视《新闻联播》栏目开播45周年座谈会。中宣部副部长、中央广播电视总台台长兼总编辑慎海雄传达习近平总书记重要指示和中央领导批示要求。慎海雄强调，要深刻领会习近平总书记重要指示精神，把领袖的关怀嘱托转化为扎扎实实的具体行动，坚持"字字千钧、秒秒政治、天天考试"业界最高最严的编播"金标准"，进一步把《新闻联播》办好、办出色、办精彩，更加有力有效地履行好职责使命，推动"两个维护"再上新台阶。

新闻中心推出《学思想 强党性 重实践 建新功》专栏 5月3日起，新闻中心推出主题教育报道专栏《学思想 强党性 重实践 建新功》，反映各地区、各部门扎实开展学习贯彻习近平新时代中国特色社会主义思想主题教育情况。

特别节目《团结奋进新时代》播出 5月3日，由总台与国家民族事务委员会联合摄制的《团结奋进新时代——第十批全国民族团结进步示范区示范单位授牌活动》特别节目在CCTV-1综合频道播出。节目以铸牢中华民族共同体意识为主线，将民族团结进步故事专题片、现场访谈、文艺表演等结合在一起，展现全国各族人民休戚与共、建设祖国、创造美好生活的景象。

中国之声推出新栏目《听懂报摘》 5月4日，中国之声推出新栏目《听懂报摘》。该栏目依托《新闻和报纸摘要》节目，以亲切自然的语言讲述新闻事件的来龙去脉，帮助受众了解新闻事件的背景及意义。除了音频，《听懂报摘》还制作记者出镜的短视频，上线央视频、抖音、快手、微信视频号等，用自然清新的表达解读新闻，吸引大量网友点播和互动。

总台召开2023年党的建设工作会议 5月5日，总台2023年党的建设工作会议在北京召开。中宣部副部长，中央广播电视总台党组书记、台长兼总编辑慎海雄代表总台党组作题为《牢记习近平总书记殷切嘱托 全面贯彻落实党的二十大精神 以高质量党建推动"两个维护"再上新台阶》的讲话。会上，慎海雄与总台党组成员、编务会议成员及总会计师、总工程师签订并交换《中央广播电视总台2023年落实全面从严治党责任书》。

总台2022—2023年度"中国美好生活城市"发布盛典系列活动在成都举办 5月5日，总台2022—2023年度"中国美好生活城市"发布盛典系列活动在四川成都举行，发布"十大大美之城""十大秀美之城""十大旅游向往之城""十大魅力打卡之城"等4个榜单。成都、大连、厦门、南京、青岛、贵阳等33座城市代表齐聚一堂，分享打造美好生活城市的经验，展现美好生活城市的魅力。

总台正式受邀成为2024年巴黎奥运会主转播机构 5月6日,国际奥委会奥林匹克广播服务公司与中央广播电视总台在北京签署合作备忘录,总台正式受邀承担体操、乒乓球、羽毛球和攀岩四个大项的国际公用信号制作,成为2024年巴黎奥运会上承担公用信号制作项目最多的国家广播电视台。

总台"5·10中国品牌日媒体行动"在北京举行 5月9日,中央广播电视总台"5·10中国品牌日媒体行动"在北京举行,主题为"品牌强国工程:打造共同的桥梁,推动高质量发展"。中宣部副部长、中央广播电视总台台长慎海雄,国家市场监督管理总局局长罗文出席并致辞。

2023世界超高清视频产业发展大会举办 5月9日,由工业和信息化部、国家广播电视总局、中央广播电视总台和广东省人民政府主办的2023世界超高清视频产业发展大会在广州越秀国际会议中心开幕。会议以"超高清视界 高质量发展"为主题,探讨超高清视频技术路径和市场趋势,展示最新创新技术和应用成果。其间,总台超高清视音频制播呈现国家重点实验室承办2023世界超高清视频产业发展大会"8K超高清暨'百城千屏'技术产业发展"主题论坛。

新闻新媒体中心推出原创时政系列专栏《跟着总书记打卡》 5月13日起,"央视新闻"微信运营团队推出《跟着总书记打卡》系列专栏。紧扣习近平总书记考察足迹,图文并茂地展现各地风光、风土人情和发展风貌。该栏目填补了央媒时政类图文风物稿件的空白。2023年《跟着总书记打卡》共推出稿件16期,每期稿件一经推出,即迅速刷屏网络。

总台多平台重点报道首届中国—中亚峰会 5月18日至19日,首届中国—中亚峰会在陕西西安举行,国家主席习近平主持峰会并发表主旨讲话。总台电视、广播、新媒体多平台新闻节目精心策划,充分报道习近平主席把握世界大势、引领时代潮流的大国领袖风范,广泛传播构建人类命运共同体的中国贡献,有力对冲美西方对中国的攻击抹黑。相关报道总触达规模超过36.17亿人次。国际视频通讯社对外发布的新闻素材、CGTN推出的时政特稿被70多个国家和地区的主流媒体大量引用、转载。

总台与哈萨克斯坦、吉尔吉斯斯坦和塔吉克斯坦有关机构签署合作备忘录 5月18日至19日,在首届中国—中亚峰会期间,中央广播电视总台推出的中国—中亚媒体高端对话交流活动、"中亚情缘"——中国影视节目展映活动两项媒体活动被纳入峰会成果清单;总台分别与哈萨克斯坦、吉尔吉斯斯坦、塔吉克斯坦的政府机构或主流媒体签署《中国中央广播电视总台与哈萨克斯坦哈巴尔通讯社合作备忘录》《中国中央广播电视总台与吉尔吉斯斯坦国家广播电视公司合作备忘录》《中国中央广播电视总台与塔吉克斯坦国家广播电视委员会合作备忘录》。这三份合作文件分别被列入中哈、中吉和中塔元首会晤成果文件。

大型援藏纪录片《高原之上》播出 5月18日起,由财经节目中心承制的5集援藏纪录片《高原之上》在综合频道首播。该片通过纪实拍摄手法,讲述青藏高原上许多真实感人的援藏故事,多维度呈现西藏经济文化发展,展现援藏工作的非凡历程和成就。

文艺节目中心推出有声书《〈牡丹亭〉的世界》 5月18日,文艺节目中心阅读之声频率在昆曲申遗成功纪念日推出昆曲导赏类有声书《〈牡丹亭〉的世界》。该有声书历时3年精心策划制作，从戏剧美学和大文化的角度，阐释《牡丹亭》的社会背景和文化内涵，旨在普及和传播昆曲文化。

融合发展中心推出"象舞指数"榜单系列短视频　5月19日，融合发展中心推出《"象舞指数"榜单》系列短视频，由虚拟数字人介绍"象舞指数"榜单内容，实现榜单的可视化播报。系列短视频第一期《AI王冠"象舞指数"主流媒体短视频榜单播报（2023年4月）》上线24小时内，端内播放量超22万次。该视频以"象舞指数"主流媒体短视频月榜为核心，"象舞指数"视觉体系为表达，虚拟数字人技术为支撑，展现了4月短视频舆论场不可错过的"月度瞬间"，深化了"思想+艺术+技术"融合传播理念。"象舞指数"是中央广播电视总台短视频融媒体传播评价体系指数化产品的统一品牌。融合发展中心将持续推进"象舞指数"创新升级，推出短视频月榜、短视频周榜等综合类榜单播报视频，体育榜单、科普榜单等垂类榜单播报视频，让行业内外共同见证"好短视频的样子"。

中国之声特别节目《江山壮丽　我说长城》收官　5月20日，新闻中心中国之声特别节目《江山壮丽》首季《我说长城》收官。该节目为45集的音视频产品，从传承保护、文旅结合等角度，讲述"我与长城"的故事，邀请权威专家解读长城的军事、经济、历史、文化特点和价值。

纪录片《智能时代》解码人工智能　5月20日，由影视剧纪录片中心原创打造的纪录片《智能时代》在CCTV-9纪录频道收官。该片历时4年制作，围绕人工智能技术的演变和发展，从起源探索、科技创新、对人类的冲击、城市演进、技术风险与挑战、未来新机遇等6个维度，描绘智能时代的全新图景。

农业农村节目中心优化升级多档节目　5月21日，CCTV-17农业农村频道《田间示范秀》栏目优化升级为《田园帮帮团》，以"节目+公益服务"为特色，建立"帮帮团专家库"，带领专家深入田间地头，为农民解决急难愁盼问题。《致富经》栏目升级改版为《共富经》，栏目宗旨从报道"致富"转为聚焦"共富"，与过去相比，更关注农民群体的增收，报道产业、区域共同富裕的典型案例。

《美术经典中的党史》画册在北京首发　5月22日，由中央广播电视总台、浙江省委宣传部、浙江出版联合集团主办的《美术经典中的党史》画册首发仪式在中国共产党历史展览馆举行。中宣部副部长、中央广播电视总台台长慎海雄出席仪式，同与会嘉宾一起为画册首发揭幕。画册以总台同名特别节目《美术经典中的党史》为基础，是第一部以美术经典为载体，展现中国共产党百年光辉历史的大型画册。

纪录片《中国秦岭：一只金丝猴的记忆》播出　5月22日，社教节目中心与法国第三视角制片公司、中国广播电影电视节目交易中心有限公司联合制作的纪录片《中国秦岭：一只金丝猴的记忆》在科教频道播出。该片生动展示中国生态文明建设成就，以及人与自然和谐共生的生态智慧。超过380家国内媒体发布相关短视频及图文报道940余篇，全网视频播放量超过1 448.9万次。该片还登陆法国国际电视五台，实现中法两国同版同播。

社教节目中心专题片《美的殿堂》启播　5月23日，由社教节目中心摄制的3集专题片

《美的殿堂》在中国美术馆举行启播仪式。专题片围绕中国美术馆"弘扬优秀传统文化、典藏大家艺术精品、加强国际国内交流、促进当代艺术创作、打造美术高原高峰、惠及公共文化服务"的职责展开，全面呈现中国美术馆开馆60年以来取得的成果。

2023北京国际电视技术研讨会在北京举行 5月24日，由总台技术局和中国电影电视技术学会联合主办的2023北京国际电视技术研讨会在北京举行。中央广播电视总台副台长胡劲军在开幕式上致辞，并与中国工程院院士丁文华等嘉宾共同见证《中央广播电视总台与鹏城实验室战略合作协议》的签署，启动央视频推进超高清进入千家万户项目。

总台举办2023中国国际大数据产业博览会"数智融媒"论坛 5月25日，总台技术局、贵州总站联合贵州广播电视台承办的2023中国国际大数据产业博览会"数智融媒"论坛在贵阳市举办。会议以"数据洞察媒介，智能驱动传播"为主题，聚焦传媒行业大数据、人工智能等前沿科技最新发展情况，邀请业界专家进行精彩分享，为通过大数据、AI等先进技术推动媒体融合提供新方案、新路径。

总台与刚果民主共和国国家广播电视台签署合作备忘录 5月26日，在刚果民主共和国总统齐塞克迪对我国进行国事访问之际，在习近平主席与齐塞克迪总统共同见证下，中宣部副部长、中央广播电视总台台长慎海雄与刚果民主共和国国家广播电视台台长西尔维在北京签署《中国中央广播电视总台与刚果民主共和国国家广播电视台合作备忘录》。

大型系列纪录片《寻古中国》在综合频道开播 5月26日，由总台和国家文物局联合摄制的大型系列纪录片《寻古中国》在综合频道首播。该片第一批包括《古滇记》《古蜀记》《玉石记》《稻谷记》《云梦记》《河洛记》《寻夏记》等7个系列，运用XR+、自由视角、大场景3D扫描等新技术，给观众带来大片级的视听体验。

总台"何以文明——中华文明探源工程成果数字艺术大展"启动 5月27日，中央广播电视总台数字文化艺术博物馆"央博"数字平台"何以文明——中华文明探源工程成果数字艺术大展"启动仪式在北京举行。该展览首次利用数字化技术构建移动化、全沉浸、交互式的时空框架，实现中华文明探源工程10个重点考古遗址线上展出，观众可通过该展探访文明成果、体验祖先生活等，感受五千多年中华文明的伟大辉煌。截至12月底，"何以文明——中华文明探源工程成果数字艺术大展"先后在纽约联合国总部，以及肯尼亚、秘鲁、英国、埃及等国家和地区举办8场全球巡展。

总台与中国人民大学合作共建新时代国际传播研究院 5月30日，中央广播电视总台与中国人民大学合作共建的新时代国际传播研究院正式成立。中宣部副部长、中央广播电视总台台长慎海雄与中国人民大学党委书记张东刚共同为研究院揭牌。

农业农村节目中心系列纪录片《院士下田记》反响积极 5月30日，农业农村节目中心精心策划推出系列纪录片《院士下田记》，关注涉农领域专家院士深入田间地头、服务"三农"生产等先进事迹，引发积极反响。

大型文化节目《中国书法大会》启播 5月31日，总台大型文化节目《中国书法大会》启播仪式在北京举行。中宣部副部长、中央广播电视总台台长慎海雄，中国文联党组书记、副主席、书记处书记李屹参加活动，并同与会嘉宾共同为节目启播。《中国书法大会》以中国书法发展源流为主线，聚焦中国书法史上代表性作品，通过音乐、舞蹈等艺术形式和科技手段，全景式展现中国书法艺术发展历史。

总台"你好童年"六一快乐季启动 5月31日，中央广播电视总台"你好童年"六一快乐季启动仪式在北京举行，14个原创精品节目和融媒体活动陆续与广大少年儿童见面。中宣部副部长、中央广播电视总台台长慎海雄参加活动，并与中国科学技术协会专职副主席、书记处书记孟庆海，全国妇联书记处书记杜芮等嘉宾共同启动总台六一快乐季。

"央视新闻"打造科普互动类直播系列节目《顶级实验室》 5月起，央视新闻客户端倾力打造科普互动类直播系列节目《顶级实验室》。节目联合有关部委和有科技创新成果、顶级实验室的高校，为观众展示中国如何一步步实现科技自立自强，迈入创新型国家行列；展示企业在关键核心技术创新和重大原创技术突破中发挥的作用。

六月

"六一"晚会传播效果良好 6月1日，总台2023年"六一"晚会《童心追梦　闪耀明天》在综合频道和少儿频道与央视频、央视网、"央视少儿"等新媒体平台同步播出。晚会通过歌曲、舞蹈、魔术、杂技等节目表现童真童趣，引发观众广泛共情。同日，体育青少节目中心推出的新媒体节目《"欢唱六一　童趣无限"——2023央视少儿云上"六一"联欢会》，用丰富的内容营造欢乐的节日氛围，通过央视频、央视少儿客户端等平台直播，累计观看量达1.8亿人次。

CGTN英语频道、西班牙语频道、纪录频道和CCTV-4中文国际频道在洪都拉斯整频道落地播出 6月1日，CGTN英语频道、西班牙语频道、纪录频道和CCTV-4中文国际频道以高清方式在洪都拉斯整频道落地播出，覆盖包括洪都拉斯第二大城市圣佩德罗苏拉在内的重要区域。

国际传播规划局在南方航空国际航班投放CGTN精选播客节目 6月1日，国际传播规划局在中国南方航空公司国际航班客舱内的媒体平台投放《CGTN精选播客》节目，播出总台授权的介绍中华优秀传统文化的英语播客类节目。

2023"东盟伙伴"媒体合作论坛在广西举行 6月6日，由中央广播电视总台和广西壮族自治区人民政府共同主办的2023"东盟伙伴"媒体合作论坛在广西南宁举行。来自中国和东盟国家的200多位媒体人士、国际组织代表和专家学者以线上线下结合的方式，围绕"创新·携手·未来"主题展开深入对话交流，为构建更为紧密的中国—东盟命运共同体贡献智慧和力量。

中国国际电视总公司连续15年入选"全国文化企业30强" 6月7日，在中宣部主办的首届文化强国建设高峰论坛暨第十五届"全国文化企业 30 强"发布会上，中国国际电视总公司再度上榜，连续 15 年入选。

音像资料馆协同技术局完成地方总站媒资子系统的模块开发和系统上线　6 月 8 日，音像资料馆协同技术局完成地方总站媒资子系统的模块开发和系统上线，并先后赴四川、贵州、湖南等 12 个地方总站进行功能部署和培训推广，初步实现为地方总站提供标准化媒资服务。

首本国家级视听杂志《中国视听》公开出版发行　6 月 9 日，我国首本国家级视听杂志《中国视听》在北京公开发行。中央广播电视总台副台长王晓真与中宣部出版局、中央网信办网络传播局、中央党校学习时报社相关负责人、地方广电媒体代表等共同为杂志创刊启动。经国家主管部门批准，由总台主办的期刊《中国广播》正式更名为《中国视听》，向海内外公开发行。《中国视听》与《电视研究》和《国际传播》一同构建起中央广播电视总台学术期刊矩阵。

海外总站推出第二期"全球'街'力"网红媒体活动　6 月 9 日至 19 日，国际交流局统筹海外总站策划推出第二期"全球'街'力"网红媒体活动。海外总站记者在华盛顿、伦敦、莫斯科、新德里、内罗毕、迪拜、布宜诺斯艾利斯等全球近 40 座城市进行"蹲点式"街采，从端午节、汉语推广、中医中药、中国品牌手机等切入，呈现外国人眼中有趣的中国文化，阐释中华文明的特性，助力国际社会更好地理解中国。

社教节目中心特别节目《中国记忆》展现我国文化遗产保护成果　6 月 10 日，社教节目中心聚焦文化和自然遗产日，推出特别节目《中国记忆》，讲述故宫、金沙遗址、南越王宫等 10 个文物保护故事，展现我国文化遗产保护成果。节目播出后，社会反响良好。

上海总站举办上海国际电影节"2023 中国影视之夜"　6 月 10 日，由上海总站主办的"2023 中国影视之夜"在上海国际传媒港 CMG 融媒影城举行。活动以"光影世界　中国故事"为主题，围绕中国原创优秀影视作品打造系列活动，首次设立"中国影视之夜·CMG 年度推荐荣誉"，进行年度推荐作品、年度推荐男女演员、年度推荐导演、年度推荐科技创新作品等 9 项荣誉推荐。

总台自主自办赛事 2023 年中华龙舟大赛开赛　6 月 10 日至 11 日，由总台体育青少节目中心、国家体育总局社会体育指导中心和中国龙舟协会共同主办的 2023 年中华龙舟大赛首站比赛在江苏盐城举行。总台体育频道、奥林匹克频道同步直播开幕式、颁奖仪式及 39 场比赛，累计观众量达 1.22 亿人次。

华语环球节目中心推出人物纪录片《李苦禅》　6 月 11 日，华语环球节目中心创作的人物纪录片《李苦禅》在中文国际频道播出。纪录片讲述著名画家李苦禅的艺术创新与绘画成就，用有温度的镜头呈现李苦禅饱经磨难、丰富多彩的艺术人生。

总台与洪都拉斯国家电信委员会签署合作备忘录　6 月 12 日，在洪都拉斯总统卡斯特罗对我国进行国事访问之际，在习近平主席与卡斯特罗总统共同见证下，中宣部副部长、中央广播电视总台台长慎海雄与洪都拉斯外交部部长雷纳在北京签署《中国中央广播电视总台与洪都拉斯国家电信委员会合作备忘录》。

总台红色基因传承实践基地在江西吉安

挂牌 6月12日，中央广播电视总台红色基因传承实践基地在江西吉安干部学院挂牌。总台机关党委、江西省委宣传部、总台江西总站和吉安市委市政府相关负责人共同为基地挂牌。

总台精品资源亮相第23届阿拉伯广播电视节 6月12日至15日，中东总站联合英语环球节目中心阿拉伯语部，代表总台参加在突尼斯首都突尼斯城举办的第23届阿拉伯广播电视节，通过设置展台、节目参评、互动交流等形式推介总台精品资源。

总台播音员主持人赴重庆开展主题教育基层调研 6月13日，总编室播音员主持人管理中心组织部分播音员主持人代表，在重庆开展"新时代红岩精神新实践"主题教育基层调研，与重庆总站党委在中央广播电视总台党史学习教育基地举行"传承红岩精神 赓续红色血脉"主题党日活动。

总台推出"值得向亚洲推荐的中国品牌"融媒体活动 6月15日，在杭州亚运会倒计时100天之际，总经理室联合财经节目中心、亚洲非洲地区语言节目中心等部门在北京召开发布会，推出"值得向亚洲推荐的中国品牌"大型融媒体品牌传播活动。总台相关负责人、总台近百家合作品牌企业代表、总台4A、3A广告代理公司负责人参加活动。

海外总站举办多场"寻美之约"文化沙龙 6月16日至22日，国际交流局统筹海外总站在日本、巴西、英国、俄罗斯、以色列等国举办5场"寻美之约"文化沙龙，邀请中外嘉宾互动交流，让海外受众近距离感受中华优秀传统文化的魅力，促进文明交流互鉴。

电视剧《梦中的那片海》引发受众情感共鸣 6月19日，京味年代剧《梦中的那片海》在电视剧频道收官。该剧以20世纪70年代的北京为背景，在30年的时间跨度下，演绎一代人的青春岁月，引发受众的情感共鸣。该剧实时收视率最高达2.0797%。

第28届上海电视节举行 总台多部作品获"白玉兰"奖 6月19日至23日，由国家广播电视总局、中央广播电视总台、上海市人民政府主办的第28届上海电视节举行。本届上海电视节共征集到49个国家和地区的近1900部电视作品，首次实现网络视听内容的全类别覆盖。总台选送的《领航》《大决战》《山水间的家》等多部作品获奖。

山东总站文化创意研发中心揭牌 6月20日，山东总站与中国传媒大学、山东工艺美术学院分别签署《中央广播电视总台山东总站 中国传媒大学战略合作框架协议》和《共建中央广播电视总台山东总站文化创意研发中心的战略合作协议》，山东总站文化创意研发中心同时揭牌。

"2023山东夏日消费季"在烟台开启 6月20日，由中央广播电视总台、山东省人民政府联合主办的"2023山东夏日消费季"在烟台市正式开启。中宣部副部长、中央广播电视总台台长慎海雄，山东省委副书记、省长周乃翔出席活动，并与多位领导嘉宾共同启动"2023山东夏日消费季"。

总台成功主办中国国际动漫节"金猴奖"评奖活动 6月20日，由总台主办的第十九届中国国际动漫节"金猴奖"颁奖仪式在浙江杭州举行。本届国际动漫节共收到来自俄罗斯、法国、瑞士、匈牙利、比利时、日本、加拿大等15个国家和地区的620部参赛作品，其中有73部入围终评，有34部作品获奖。总台选送的《新大头儿子和小头爸爸5：我的外星朋友》《中国奇谭》《界》《木兰辞》《你好，辫子姑娘》等多部作品获奖。

央视频网页版完成建设并上线运行 6月20日，央视频网页版1.0.0版本正式上线，包含首页推荐、电视直播、会员等功能，开放广大互联网用户访问使用，为电脑端提供运营支撑服务的内容运营管理系统同步上线。

总台与河南省人民政府战略合作框架协议签约 6月21日，中央广播电视总台与河南省人民政府举行战略合作框架协议签约仪式，总台河南总站同时运行揭牌。河南省委书记、省人大常委会主任楼阳生与中宣部副部长、中央广播电视总台台长慎海雄出席，并为河南总站运行揭牌。河南省委副书记、省长王凯出席仪式。双方共同签署《中央广播电视总台与河南省人民政府战略合作框架协议》。

"2023河南夏日消费季"启动 6月21日，由中央广播电视总台、河南省人民政府联合主办的"2023河南夏日消费季"在郑州正式开启。河南省委书记、省人大常委会主任楼阳生，中宣部副部长、中央广播电视总台台长慎海雄出席活动，并共同启动"2023河南夏日消费季"。

端午特别节目《碧水长歌颂端阳》口碑热度双丰收 6月22日，总台2023年端午特别节目——大型交响诗《碧水长歌颂端阳》在综合频道、综艺频道、音乐之声、经典音乐广播、文艺之声，"央视新闻"、央视频、云听、央视网等平台与受众见面。节目用生动的文学语言和交响诗画形式，品读屈原经典作品，传播端午节文化习俗，展现爱国主义情怀和源远流长的中华文化。播出期间，近1000万人次通过多平台实时收看，相关话题总阅读量达3.3亿人次。

香港特别行政区行政长官李家超参观总台亚太总站 6月23日，香港特别行政区行政长官李家超前往位于香港九龙红磡的总台亚太总站新址参观，实地察看新址建设及新技术运用情况，了解总站辖区站点分布情况、新闻报道业务范围以及建站以来的主要工作成果，并参与《新闻1+1》节目录制。

CGTN融媒体特别节目《文明的畅想：中国之路》对外宣介中华文明特性 6月23日，CGTN推出融媒体特别节目《文明的畅想：中国之路》，对外宣介中华文明的五大突出特性。相关新媒体内容被美国、英国、法国、加拿大、印度等20个国家和地区的主流网络媒体转载。

总台与巴巴多斯加勒比广播公司签署合作备忘录 6月25日，在巴巴多斯总理莫特利对我国进行正式访问之际，在李强总理与莫特利总理共同见证下，中宣部副部长、中央广播电视总台台长慎海雄与巴巴多斯外交和外贸部部长西蒙兹在北京签署《中国中央广播电视总台与巴巴多斯加勒比广播公司合作备忘录》。

总台国际频道进入全球头部"快速电视"平台试播 自6月26日起，CGTN英语频道和CGTN纪录频道在欧洲最大的"快速电视"平台——乐天电视台正式播出。12月18日，CGTN西班牙语频道和法语频道在乐天电视台落播。其中，西班牙语频道可在西班牙和安道尔两国收看，法语频道可在法国、比利时、卢森堡和摩纳哥四国收看。

青海总站创新打造《2023湟鱼洄游季

再探青海湖》节目　6月26日至29日，青海总站联合新闻中心、新闻新媒体中心、CGTN、江西总站、甘肃总站、辽宁总站、湖北总站和青海广播电视台，连续4天推出直播特别节目《2023湟鱼洄游季　再探青海湖》，调派70多名记者及技术人员，运用"5G+4K/8K+AI"技术，通过水陆空立体视角，探寻湟鱼洄游的奥秘，展示青海湖的生态之美、绿色发展之变。

欧洲拉美地区语言节目中心推出系列报道《践行》　6月26日至12月30日，欧洲拉美地区语言节目中心创新推出36期多语种融媒体系列报道《践行》，聚焦生态文明建设、共同富裕、人类命运共同体等主题，通过"具体案例＋金句呈现"的方式，展现中国各行各业的"践行"故事。

纪录电影《穿越烽火》全国首映礼在北京举行　6月27日，由中央新闻纪录电影制片厂（集团）联合多家单位出品的纪录电影《穿越烽火》全国首映礼在北京举行。该片讲述的是在中国共产党领导下，第一部人民电影《延安与八路军》从拍摄到洗印的坎坷故事，以纪念延安电影团诞生85周年暨中央新闻纪录电影制片厂（集团）成立70周年，告慰先辈。

《棉花糖和云朵妈妈》首部系列原创动画电影首映　6月28日，中国国际电视总公司所属央视动漫集团精心打造的"大头儿子"姊妹篇动画电影《棉花糖和云朵妈妈1·宝贝"芯"计划》在北京举行首映仪式。该片聚焦女童成长和教育，加入AI、机器人等科技元素，讲述母女陪伴成长、执着追梦的故事。

"4K超高清电视制播系统研制"项目通过综合绩效评价　6月30日，由总台牵头的国家重点研发计划"宽带通信和新型网络"重点专项"4K超高清电视制播系统研制"项目通过科学技术部组织的项目综合绩效评价。

新闻中心推出《新时代赶考路》主题报道　6月30日和7月2日，新闻中心在《新闻联播》栏目推出《新时代赶考路》主题报道，充分反映在全面建设社会主义现代化国家的新征程上，以习近平同志为核心的党中央踔厉奋发、勇毅前行，奋力走好新时代赶考路，团结带领全国各族人民以中国式现代化全面推进强国建设、民族复兴伟业。

七月

总台部分频道在中国香港澳门扩大播出　7月1日，国际传播规划局与香港电台、澳门广播电视股份有限公司扩大合作，CGTN英语频道高清版正式通过香港电台公共数字电视平台播出。CCTV-1综合频道（港澳版）、CCTV-13新闻频道和CGTN英语频道、CGTN纪录频道正式在澳广视的数字地面电视平台升级为高清播出。

总台举办庆祝中国共产党成立102周年主题党日活动　7月3日，总台隆重举办"学思想　强党性　重实践　建新功——庆祝中国共产党成立102周年主题党日活动"。中宣部副部长，中央广播电视总台党组书记、台长慎海雄为全台党员干部讲授专题党课。活动集中展示总台深入开展主题教育成果，为获得"光荣在党50年"老党员代表颁授纪念章，为获得"四好"党员、"四强"党支部和"年度党建品牌"代表颁奖。

环球资讯广播《新闻盘点》栏目进行常态化视频直播 7月3日起,新闻中心环球资讯广播《新闻盘点》栏目进行常态化视频直播,在央视频全新推出音视频融合节目,通过字板、图片、照片等视觉化要素,解读热点新闻。

总台与国际皮划艇联合会签约合作 7月5日,中央广播电视总台与国际皮划艇联合会合作签约暨首届国际皮划艇超级杯发布仪式在北京举行。根据合作协议,国际皮划艇联合会将旗下所有赛事未来两年在中国大陆地区和中国澳门地区的独家电视转播权、非独家新媒体权利授予总台。

军事节目中心纪录片《中国航天员》弘扬中国载人航天精神 7月5日起,军事节目中心推出9集系列纪录片《中国航天员》,首次全面系统梳理中国人民解放军航天员大队成功飞天的18位航天员的故事,多维度展现他们的成长经历和历次载人航天飞行任务,展示中国载人航天事业的进步与发展,弘扬中国载人航天精神。

新闻频道推出特别策划《2023藏羚羊大迁徙》 7月6日至8月2日,新闻中心在新闻频道推出特别策划《2023藏羚羊大迁徙》,报道新疆、青海、西藏等地的藏羚羊产仔地动态,呈现冰川、高山、草原等的壮丽美景。

《山水间的家》(国际版)在CGTN纪录频道开播 7月7日,由影视译制中心创译的《山水间的家》(国际版)在CGTN纪录频道开播。《山水间的家》(国际版)遴选原片中5个特色村落,精编成5集节目,用故事化表达呈现乡村振兴、生态保护、文化传承等主题,在轻松明快的气氛中展现中国新时代的和美乡村。

中央新闻纪录电影制片厂(集团)举办成立70周年系列活动 7月7日,纪念延安电影团诞生85周年暨中央新闻纪录电影制片厂(集团)成立70周年系列活动在北京举行。中央广播电视总台副台长胡劲军,全国政协副秘书长、民盟中央副主席、中国美术馆馆长吴为山出席活动,并为烈士塑像揭幕。

大型音乐文化节目《经典咏流传·正青春》传播效果显著 7月9日,文艺节目中心大型音乐文化节目《经典咏流传·正青春》收官。本季节目以"正青春"为主题,邀请大专院校和著名院团的多位专家学者,从不同维度诠释青春精神,通过"和诗以歌"的形式,挖掘传统文化中的青春力量。通过大屏小屏融合传播,全网视频播放量累计超过6.4亿次。

北京总站与北京景山学校签署战略合作框架协议 7月10日,中央广播电视总台"家校社共育基地"揭牌暨北京总站与北京景山学校战略合作框架协议签约仪式在北京举行。中宣部副部长、中央广播电视总台台长慎海雄,北京市委常委、宣传部部长莫高义,北京市副市长刘宇辉等出席活动。

大型融媒体节目《中国短视频大会》开播 7月14日,由中央广播电视总台、浙江省委宣传部和杭州市政府联合出品,总台国家(杭州)短视频基地、视听新媒体中心、财经节目中心、浙江总站、融合发展中心、央视频公司和杭州市委宣传部、杭州文化广播电视集团联合主办,央视频公司下属央视创造传媒公司制作的大型融媒体节目《中国短视频大会》正式开播,以"短视频里看中国"为主题,为优质短视频提供全新展示平台。

第 20 届世界游泳锦标赛直播报道精彩纷呈　7 月 14 日至 30 日，第 20 届世界游泳锦标赛在日本九州地区福冈市举行。总台体育频道、体育赛事频道、奥林匹克频道全程直播报道，取得亮眼传播效果，累计触达观众 8.16 亿人次。

财经节目中心推出纪录片《栋梁之材》　7 月 15 日，纪录片《栋梁之材》开播暨苏州先进材料创新联合体集群发布会在江苏苏州举行。该片首次对中国材料产业体系进行深入探访和全面展示，艺术性地展现材料科技的独特魅力和重要作用，讲述全球材料竞争中的中国故事。

总台与上海市联合举办第二届全球媒体创新论坛　7 月 19 日至 21 日，第二届全球媒体创新论坛在上海举办。论坛以"开放　普惠　共赢——携手同行现代化之路"为主题，由总台和上海市人民政府联合主办。中共中央政治局委员、中央书记处书记、中宣部部长李书磊通过视频方式出席开幕式并发表主旨讲话，中共中央政治局委员、上海市委书记陈吉宁出席开幕式并致辞，中宣部副部长、中央广播电视总台台长慎海雄作大会发言。来自国际组织、媒体机构、中外智库、跨国企业等各领域代表共 230 余人以线上线下相结合的方式参会。

总台与上海市人民政府签署合作协议　7 月 20 日，中央广播电视总台与上海市人民政府签署关于上海工业博物馆项目的战略合作框架协议。中宣部副部长、中央广播电视总台台长慎海雄，上海市委副书记、市长龚正出席活动。中央广播电视总台副台长邢博与上海市副市长刘多代表双方签署协议。

总台《中国·保定乡村音乐大会》启动　7 月 20 日，总台在北京举办《中国·保定乡村音乐大会》发布会。中央广播电视总台副台长胡劲军，河北省委常委、宣传部部长张政出席发布会。

第 9 届国际足联女子世界杯直播报道触达观众超过 9 亿人次　7 月 20 日至 8 月 20 日，第 9 届国际足联女子世界杯在澳大利亚和新西兰举办。体育青少节目中心派出 14 人团队、3 个电子新闻采集组赴前方进行采访报道，多角度呈现 32 支球队竞技，重点对中国女足及其对手进行跟踪报道。总台体育频道、体育赛事频道、奥林匹克频道直播比赛 49 场，录播 101 场，触达观众 9.44 亿人次。

《朝闻天下》栏目推出系列报道《重读志愿军家书》　7 月 21 日起，新闻中心联动江苏总站、辽宁总站、重庆总站，在新闻频道《朝闻天下》栏目推出系列报道《重读志愿军家书》，通过一封封感人至深的家书，继承和弘扬伟大的抗美援朝精神。

财经频道播出《民营企业家集体发声：看好中国经济！》　7 月 23 日，在中共中央、国务院《关于促进民营经济发展壮大的意见》发布后，财经频道《对话》栏目第一时间邀请 17 位民营企业家共同发声，坚定民企坚守主业、做强实业的信心和决心，推动民营经济健康、高质量发展。

文化和旅游部与总台开展战略合作　7 月 24 日，文化和旅游部与中央广播电视总台战略合作框架协议签约暨大型国际文化交流节目《美美与共》开机仪式在北京举行。中宣部分管日常工作的副部长、文化和旅游部部长胡和平，中宣部副部长、中央广播电视总台台长慎海雄致辞，并同与会嘉宾一道为《美美与共》开机启拍。

总台与国家国防科技工业局签署合作协议 7月24日，中央广播电视总台与国家国防科技工业局建立全面战略合作伙伴关系框架协议签约仪式在北京举行。中宣部副部长、中央广播电视总台台长慎海雄出席，并与嘉宾共同发布总台重点军工题材节目。中央广播电视总台副台长王晓真、国家国防科技工业局副局长潘爱华在仪式上致辞。

"从北京到巴黎——中法艺术家奥林匹克行"主题活动在北京启动 7月25日，中央广播电视总台"从北京到巴黎——中法艺术家奥林匹克行"主题活动在北京启动。中宣部副部长、中央广播电视总台台长慎海雄为首批参加"从北京到巴黎——中法艺术家奥林匹克行"的艺术家代表颁发邀请函。国际奥委会主席巴赫向活动致贺信，中国驻法大使卢沙野、法国驻华大使白玉堂分别发来祝贺视频。

总台举行2023年暑期电视剧纪录片推介活动 7月25日，"夏日故事汇——中央广播电视总台2023年暑期电视剧纪录片推介"活动在北京举行。23部大剧、大片集中亮相，带领受众在故事中寻找诗意，感悟生活，探索世界。中宣部副部长、中央广播电视总台台长慎海雄参加推介活动，并与嘉宾共同为"夏日故事汇"揭幕。

经济之声推出"共同富裕中国行"融媒体活动 7月26日，财经节目中心经济之声推出大型融媒体活动"共同富裕中国行"。调研团队历时4个月，跨越9个省，深入基层一线采访，制作15集专题报道在经济之声播出，并在总台央广网、央视频、央视财经客户端等新媒体平台呈现。

纪录片《忠骨》讲述抗美援朝英雄故事 7月27日至28日，CCTV-9纪录频道推出纪录片《忠骨》。该片摄制团队赴全国十余个省份，采访30多位抗美援朝战争的亲历者和烈士亲属，首次全面、系统、完整展现9批在韩中国人民志愿军烈士遗骸回国的历史背景和详细过程，讲述"忠骨"归国背后的动人故事。

总台全媒体立体报道成都大运会 7月28日至8月8日，成都大运会举办期间，总台派出2500人的报道和转播团队赴成都开展转播报道和主转播机构服务工作，统筹安排自有新媒体平台、15个电视频道和8个广播频率，全方位、立体化开展成都大运会赛事报道。据统计，成都大运会相关报道在总台全媒体平台总阅读播放量达86.77亿次。在开展赛事转播报道的同时，总台还承担成都大运会主转播机构服务工作，以全4K标准向全球提供国际公用信号和相关媒体服务，以全球领先的8K技术制作开闭幕式、网球、田径等项目公用信号。这是我国传媒机构首次承担世界大学生运动会赛事主转播机构服务工作。

纪录片《定风波》立体再现苏轼传奇人生 7月31日至8月4日，由影视剧纪录片中心原创打造的纪录片《定风波》在CCTV-9纪录频道首播。该片以时间为线，以标志性事件为点，以诗词为面，交织串联起苏轼坚韧丰盈的人生历程，通过他的家庭生活、政治抱负、艺术理念、人生美学等视角，立体展现苏轼的道德品行与人格魅力。节目引发网友好评热议，众多主流媒体给予高度评价。

新闻节目持续关注国内强降雨天气　及时报道抢险救灾情况 7月底至8月初，受台风

"杜苏芮"影响，华北、黄淮等地出现极端降雨过程，引发洪涝和地质灾害。总台新闻节目持续跟进报道，及时准确报道习近平总书记对防汛救灾工作的重要指示；调派记者第一时间奔赴暴雨洪涝灾害现场，从第一现场发回大量报道，介绍各地抢险救援、群众转移、安全保障应急等情况；播发预警信息，做好应急服务报道，提醒各地持续做好防范准备工作等。

八月

总台与国家林业和草原局开展对外传播战略合作 8月1日，中央广播电视总台与国家林业和草原局在北京举行对外传播战略合作框架协议签约仪式。中宣部副部长、中央广播电视总台台长慎海雄，国家林业和草原局局长关志鸥见证签约，并共同为纪录片《国家公园：万物共生之境》启播。

军事节目中心思想解读类融媒体片《逐梦》开播 8月1日，由中央广播电视总台、中央军委政治工作部、中央网信办联合出品的8集思想解读类融媒体片《逐梦》在综合频道首播。中央主要新闻网站、重点门户网站、"学习强国"学习平台、"学习强军"客户端等平台同步推出，中央网信办推荐全网置顶转发。

CGTN纪录频道中国艺术香港展播季发布 8月2日，CGTN纪录频道"赓续文明 艺绽紫荆"中国艺术香港展播季在京港两地共同发布。总台30余部展现中华优秀传统文化的纪录片和专题片，于8月2日至9月4日通过CGTN纪录频道在香港播出。

新疆总站揭牌运行 总台援疆设备正式启用 8月3日，总台新疆总站、兵团记者站在乌鲁木齐同时揭牌运行。中共中央政治局委员、新疆维吾尔自治区党委书记马兴瑞出席，并与中宣部副部长、中央广播电视总台台长慎海雄共同为总台新疆总站揭牌。同时，慎海雄与新疆维吾尔自治区党委副书记、新疆生产建设兵团党委书记、政委李邑飞为新疆总站兵团记者站揭牌。活动现场还举行了总台援疆设备交接、启用仪式。

大型文旅探访节目《山水间的家》（第二季）开播 8月5日，由总台与文化和旅游部联合摄制的大型文旅探访节目《山水间的家》（第二季）在综合频道开播。节目从不同维度解码各个村庄的特色产业发展模式，聚焦新时代乡村因地制宜跑出乡村振兴的"加速度"，带观众领略乡村美丽的山水田园、地方民俗、生活方式等，感受乡村振兴的活力。

《"央Young之夏" 草原之夜歌会》实现破圈传播 8月5日，由央视网与内蒙古总站、总经理室和央视频共同举办的大型融媒体节目《"央Young之夏" 草原之夜歌会》在央视频、央视网等平台同步直播。总台主持人与内蒙古音乐人以草原文化歌会的形式，给观众带来"跨屏"夏日狂欢。据不完全统计，节目收获全网热搜话题42个，微博话题"央Young之夏 草原之夜歌会"阅读量突破2.2亿次。

央视网熊猫频道上线10周年 全球活跃用户超5600万 8月6日，央视网熊猫频道迎来上线10周年。自2013年8月上线以来，熊猫频道以大熊猫为原点，以多终端、多语种为媒介，布局全球化传播，成为对外传播熊猫文化、中华优秀传统文化和展示中国生态文明建设成就的新媒体平台。截至2023年年底，熊猫频道全球活跃用户突破5600万。

华语环球节目中心推出 4K 纪录片《国家公园：万物共生之境》 8月7日，华语环球节目中心推出5集4K纪录片《国家公园：万物共生之境》，聚焦中国首批设立的5座国家公园及若干原国家公园体制试点区，讲述雪豹、东北虎、大熊猫等国宝级明星动物与人类相伴同行、和谐共生的故事，展现中国生态文明建设的壮美画卷。该片播出后引发全网热议，跨媒体阅读观看量突破16亿次。

财经节目中心推出纪录片《智造中国》 8月7日，大型工业纪录片《智造中国》首映仪式暨高质量发展与先进制造大会在江苏苏州举行。《智造中国》由财经节目中心联合工业和信息化部共同打造，内容涉及汽车、造船、航空、航天、机器人、机床等20多个行业，通过一个个人物故事，展现中国智造的蜕变和百姓智能生活的升级，报道中国制造业数字化转型、智能化升级进程。

国际传播规划局新媒体信号集成发布平台正式上线 8月8日，国际传播规划局新媒体信号集成发布平台正式上线。这一平台旨在服务总台国际频道在海外新媒体平台落播的信号集成与发布，提升相关新媒体平台落地项目信号传输的安全性、稳定性、统一性、可靠性和经济性。

总台多平台报道美国夏威夷州毛伊岛大火 8月8日，美国夏威夷州毛伊岛突发山火，全球舆论关注。总台中英文团队第一时间抵达火灾核心现场，成为首家在核心现场报道的中国媒体，连续发回多条报道，独家新闻素材累计被82个国家和地区的1204家电视台及其新媒体平台引用播出9722次。

"央视新闻"推出首部网友众筹纪录片《爱，在落坡岭》 8月8日，"央视新闻"以K396车上旅客拍摄发布的内容为主体，加上总台一线记者拍摄的独家素材，经剪辑、加工、组合后，推出首部网友众筹纪录片《爱，在落坡岭》。这部众筹纪录短片呈现的是受强降雨影响，被迫滞留北京门头沟落坡岭站的K396次列车从被困到全员脱险的爱心救援全过程。视频一发布，立即引发受众广泛关注，相关微博话题阅读总量近2亿人次，短视频平台总播放量超过3325万次。

《大运河之歌》以运河为媒 赓续中华文明 8月9日起，由影视剧纪录片中心原创打造的大型纪录片《大运河之歌》在CCTV-9纪录频道播出。该片以时间为轴，以文明创造、经济和社会发展、工程智慧、文化影响、传承利用等为故事主线，深入挖掘大运河深厚的文化价值和精神内涵，将历史与现实相交融，呈现生生不息的中国文化面貌。

总台与应急管理部签署战略合作框架协议 8月11日，应急管理部与中央广播电视总台战略合作框架协议签约暨"国家应急科普库"共建项目启动仪式在北京举行。应急管理部部长王祥喜，中宣部副部长、中央广播电视总台台长慎海雄致辞，并与出席活动的领导嘉宾共同启动"国家应急科普库"共建项目。

CGTN 推出原创纪录片《美丽中国说》英文版 8月12日，CGTN推出原创纪录片《美丽中国说》高清英文版，报道中国生物多样性保护和生态文明建设新成就。该片是总台首部全流程 8K 纪录片。

2023"非洲伙伴"媒体合作论坛在内罗毕举行　8月14日，由中央广播电视总台和非洲广播联盟联合主办的2023"非洲伙伴"媒体合作论坛在肯尼亚首都内罗毕举行。论坛以"共谋文明互鉴，携手开创未来"为主题。来自肯尼亚、南非、尼日利亚等27个非洲国家的百余名媒体机构负责人、专家学者和中非企业代表，以线上线下结合的方式参加论坛。

新闻中心推出大型融合报道《实干笃行·大省勇担当》　自8月16日起，新闻中心在综合频道、新闻频道、央视新闻客户端等平台，推出大型融合报道《实干笃行·大省勇担当》，持续聚焦广东、江苏等经济大省着力推动高质量发展，为全国稳住经济大盘提供坚实支撑。

华语环球节目中心推出纪录片《典籍耀中华》　自8月16日起，华语环球节目中心推出3集纪录片《典籍耀中华》，首次全景式呈现中国国家版本馆相关内容，梳理历史文脉的传承赓续，彰显盛世修文的文化传统，并利用三维制作技术，让观众近距离感受中华文明的博大精深和中华典籍的创新应用。

央视频8K超高清频道上线运行　8月18日，央视频客户端上线CCTV-8K超高清频道，正式为小屏端用户提供超高清视音频服务。

大型城市美食人文融媒体节目《"小美好"中国行》上线　8月19日，由央视频出品、央视娱乐传媒策划制作的大型城市美食人文融媒体节目《"小美好"中国行》在央视频上线。活动以城市大巴巡游、美食探店打卡等形式，自浙江杭州启程，跨越我国南北7座城市，在探寻美食的过程中，感受7座城市的人文魅力和人间烟火。

总台与非洲媒体达成新合作　8月19日至24日，在习近平主席出席南非金砖峰会并对南非进行国事访问之际，中宣部副部长、中央广播电视总台台长慎海雄在约翰内斯堡分别与南非广播公司首席运营官普拉杰斯签署《中国中央广播电视总台与南非广播公司合作备忘录》，与南非约翰内斯堡大学校长姆佩迪签署《中国中央广播电视总台与南非约翰内斯堡大学合作协议》，与南非足球协会主席乔登签署《中国中央广播电视总台与南非足球协会合作备忘录》。这三份合作文件均被纳入国家主席习近平对南非国事访问成果清单。

总台创新第19届世界田径锦标赛直播报道　8月19日至27日，第19届世界田径锦标赛在匈牙利布达佩斯举行。体育青少节目中心派出31人报道团队赴前方工作，搭建"轻系统"直播混合区制作体系；结合赛事特点，制定多频道、跨平台转播方案；聚焦中国田径队的夺金点、冲金点和突破点，并关注世界顶尖选手的精彩表现，累计观众规模达4.4亿人。

《平"语"近人——习近平喜欢的典故》（第二季）在非洲启播　8月20日，在国家主席习近平出席南非金砖峰会并对南非进行国事访问之际，由总台制作的《平"语"近人——习近平喜欢的典故》（第二季）英语、法语、阿拉伯语、豪萨语、斯瓦希里语等外语版本发布仪式在约翰内斯堡举行。节目自当日起在非洲38个国家的主流媒体落地播出。

总台多平台聚焦南非金砖峰会　8月21日至24日，国家主席习近平出席南非金砖峰会并对南非进行国事访问。总台投入近200人团队精准聚焦习近平主席金砖时刻，以权威报道、丰富品类和生动语态，立体呈现、积极传播中国声音，多项核心传播数据创历史新高。相关报道在自有平台跨媒体触达规模达45.67亿人次。国际视频通讯社对外发稿被100多个国家和地区的706家主流媒体采用播出，CGTN相关报道全球阅读量达3.01亿人次。

8K超高清电视高峰论坛举办 8月22日，总台技术局与中国广播电视国际经济技术合作总公司在第三十届北京国际广播电影电视展览会（BIRTV2023）上，联合举办8K超高清电视高峰论坛，探讨8K超高清电视制播技术最新发展及我国8K超高清视频和三维菁彩声技术标准，交流8K超高清电视和"百城千屏"应用经验。

总台直播日本福岛核污染水排海　关注全球民众关切 8月24日，日本政府宣布启动福岛核污染水排海。"央视新闻"联动亚太总站、新闻中心等相关部门，第一时间推出新媒体跟踪式直播报道，持续9小时，连线总台驻日本福岛和东京、韩国等地记者，关注全球对日本非法排放核污水的反应，报道世界各地民众的关切。直播各平台总观看量达2.6亿次。

《网络视听节目音频响度技术要求和测量方法》发布 8月25日，由央视频融媒体发展有限公司参与编制的《网络视听节目音频响度技术要求和测量方法》，经国家广播电视总局审查，正式被批准为国家广播电视和网络视听推荐性行业标准，并予以发布。

首届中国北京金海湖帆船赛鸣笛起航 8月26日至27日，首届中国北京金海湖帆船赛举行。该赛事吸引来自加拿大和北京、深圳、烟台等全国多个地区帆船俱乐部的运动员和青少年帆船爱好者参加。总台体育频道、央视频、央视体育客户端等对比赛进行全方位转播报道。

中国国际广播电视台工作机制启动运行 8月30日，中国国际广播电视台（CGTN）工作机制成立会议举行。中宣部副部长，中央广播电视总台党组书记、台长兼总编辑慎海雄出席会议并讲话。

第二届中国（四川）国际熊猫消费节在成都启动 8月30日，由商务部、中央广播电视总台和四川省人民政府联合主办的2023全国金秋购物节暨第二届中国（四川）国际熊猫消费节在成都正式启动。

总台IPTV与西藏广播电视台和西藏电信签署IPTV协议 8月31日，总台IPTV总平台与西藏广播电视台、中国电信西藏分公司IPTV三方合作协议签约仪式在拉萨举行。此举标志着总台IPTV业务在西藏地区完成规范对接。

九月

新闻中心推出系列报道《大国来信》聚焦中美民间友谊 9月1日，新闻中心联合北美总站、云南总站、广西总站、重庆总站、福建总站等多路报道团队，在《东方时空》栏目推出系列报道《大国来信》，生动讲述中美民间友谊故事，展现习近平主席亲力亲为推动中美民间友好的大国领袖情怀，以及美国人民对中美友好未来的殷切期盼和真诚祝福。

总台与贝宁共和国签署公共媒体合作谅解备忘录 9月1日，在贝宁共和国总统塔隆对中国进行国事访问之际，在习近平主席与塔隆总统共同见证下，中宣部副部长、中央广播电视总台台长慎海雄与贝宁共和国外交合作部部长奥吕谢甘·阿贾迪·巴卡里在北京签署《中华人民共和国与贝宁共和国公共媒体合作谅解备忘录》。

CGTN多语种客户端项目正式上线 9月7日，国际传播规划局开展的CGTN多语种客户端项目正式上线。该项目通过传音智能手机内置的"Palmstore"应用商店上架CGTN多语种客户端，覆盖海外48个国家。

2023年中国国际智能传播论坛在无锡举行 9月9日，由中央广播电视总台和江苏省人民政府联合主办的2023年中国国际智能传播论坛在江苏无锡举行。本届论坛以"新征程 '智'无界"为主题，围绕智能传播的前沿议题进行交流探讨，为深化文明交流互鉴、促进全球媒体融合创新贡献力量。在开幕式上，总台发布了"总台算法"成果，央视网与无锡市滨湖区人民政府签署战略合作协议。

总台与委内瑞拉新闻通讯部签署合作备忘录 9月13日，在委内瑞拉总统马杜罗对中国进行国事访问之际，在习近平主席与马杜罗总统共同见证下，中宣部副部长、中央广播电视总台台长慎海雄与委内瑞拉新闻通讯部部长尼阿涅斯在北京签署《中国中央广播电视总台与委内瑞拉新闻通讯部合作备忘录》。

总台与赞比亚国家广播公司签署合作备忘录 9月15日，在赞比亚共和国总统希奇莱马对中国进行国事访问之际，在习近平主席与希奇莱马总统共同见证下，中宣部副部长、中央广播电视总台台长慎海雄与赞比亚外交与国际合作部部长卡库博在北京签署《中国中央广播电视总台与赞比亚国家广播公司合作备忘录》。

总台多语种人文纪录片《最忆是杭州》开机 亚运官方纪录片《嗨，亚运》启播 9月16日，总台多语种人文纪录片《最忆是杭州》在浙江杭州开机。杭州亚运会官方纪录片《嗨，亚运》同步启播。该片由亚奥理事会和杭州第19届亚运会组委会联合出品，总台中央新闻纪录电影制片厂（集团）承制。

"亚洲艺术家杭州亚运艺术创作季"展播启动 9月16日，由中央广播电视总台和杭州第19届亚运会组委会发起，亚洲各国近百位艺术家和各界人士参与的"亚洲艺术家杭州亚运艺术创作季"，在浙江杭州正式展播展示。中宣部副部长、中央广播电视总台台长慎海雄与嘉宾共同启动艺术季展播。即日起，中外艺术家的艺术作品将在央视频客户端、央视体育频道、奥林匹克频道和全国"百城千屏"项目户外大屏等展播。

特别节目《国防公开课》（2023）播出 9月16日，军事节目中心联合中宣部宣教局、教育部体育卫生与艺术教育司、中央军委国防动员部政治工作局联合制作的第23个全民国防教育日特别节目《国防公开课》（2023）在国防军事频道播出。节目立足国家安全观，以"踔厉奋发强国防，勇毅前行向复兴"为主题，打造具有时代特色、全民接受的"多元国防课堂"，普及国防教育知识。

中国首个《亚运电竞赛事制作规范》发布 9月20日，融合发展中心联合总台相关部门和行业专业力量共同编制的《亚运电竞赛事制作规范》正式发布。《亚运电竞赛事制作规范》制定了电子竞技赛事节目拍摄和制作技术标准，填补了中国在电子竞技领域赛事制作标准的空白。这一标准在杭州亚运会上得到应用。

总台加大对四川省喜德县定点帮扶工作力度 9月21日，中央广播电视总台党组成员、副台长王晓真带队赴四川省凉山彝族自治州喜德县调研总台定点帮扶工作。调研期间，总台向喜德县小学捐赠奖学金、专项资金、书籍光盘、运动用品、校服等。此外，总台总经理室引进社会帮扶资金，为喜德县城关小学修复运动场，帮助喜德县红莫中学引进教学一体机等。

《2023年中国农民丰收节晚会》反响积极 9月22日，农业农村节目中心打造的《2023年中国农民丰收节晚会》在综合频道和农业农村频道播出。晚会落地内蒙古自治区鄂尔多斯市伊金霍洛旗，为观众带来更多新鲜互动体验，获得积极反响。"中国农民丰收节晚会""央视丰收节晚会首次走进内蒙古"等相关话题登上全网热搜榜超过30次，累计阅读量近7亿人次。

总台全媒体立体报道杭州亚运会 9月23日至10月8日，杭州亚运会在浙江杭州举行。总台CCTV-1综合频道、CCTV-13新闻频道、CCTV-2财经频道、CCTV-5体育频道、CCTV-4K/8K超高清频道等11个电视频道，中国之声、环球资讯广播、南海之声等6个广播频率，央视新闻、央视频、云听、央视体育客户端等7个自有新媒体平台同步全程直播杭州亚运会开幕式。全国90座城市的710余块"百城千屏"8K超高清公共大屏组网同步进行直播。作为赛事持权转播商和主转播机构，总台派出4500余人的工作团队，以全4K标准向全球提供国际公用信号和相关媒体服务，以全球领先的8K技术制作开幕式公用信号。这是总台首次承担亚运会主转播机构服务工作。总台国际视频通讯社对外发稿、CGTN多语种特稿被85个国家和地区的主流电视台及其新媒体平台采用播出，全球阅读量达6.83亿人次。

融媒体品牌传播活动"亚洲时刻·中国好礼"上线 9月24日起，总台倾力打造的"亚洲时刻·中国好礼"融媒体品牌传播活动在国内以及日本、老挝、柬埔寨、菲律宾、马来西亚、阿拉伯联合酋长国等亚洲国家同步上线。

第十届丝绸之路国际电影节在福州启幕 9月25日，由总台与福建省人民政府、陕西省人民政府共同主办的第十届丝绸之路国际电影节启动仪式在福州举行。本届电影节举办了"金丝路奖"评选、"丝路十年·有福电影"成果展、"一带一路"国别展、电影展映、电影论坛、电影市场等9大主体活动。

2023年总台中秋晚会相关话题总阅读量超过130亿人次 9月29日，2023年中央广播电视总台中秋晚会通过总台多频道、频率向全球同步播出。晚会围绕中秋文化、时代主题、地域特色相融相生谋篇布局，唤起全球华人的乡情乡愁和家国情怀。晚会电视端总收视率达3.34%，相关话题总阅读量超过130亿人次，收获全网热搜话题660多个。

新媒体文件播出系统上线 支撑2023年总台"竖屏秋晚" 9月29日，总台技术团队推出的新媒体文件播出系统正式承接首个大型活动——"竖屏秋晚"，并于当晚顺利完成"竖屏秋晚"面向央视频、抖音等第三方平台的直播态分发。该系统实现了总台新媒体内容的高效分发，进一步推动总台全媒体生产流程优化升级。

文博知识竞答节目《中国国宝大会》（第三季）开播 9月30日，文博知识竞答节目《中国国宝大会》（第三季）在财经频道开播。大会分12个主题，从青铜器、书画、瓷器、建筑、音乐等品类，讲述国宝背后的动人故事，让观众通过文博知识问答题"知来处，明去处"，开启中华文明的探索之旅。

十月

《中国梦·家国情——2023国庆特别节目》广受好评　10月1日，由文艺节目中心精心策划的《中国梦·家国情——2023国庆特别节目》在综合频道、综艺频道、音乐频道、音乐之声、经典音乐广播、文艺之声、央视频、央视网等同步播出。节目的故事性、创新性和艺术性获得社会各界好评。相关话题阅读量突破1.7亿人次，20余个相关话题进入热搜榜单。

特别节目《中欧非遗》在欧洲多平台同步传播　自10月起，由国际传播规划局、CGTN与欧洲新闻台合作推出的《中欧非遗》海上丝绸之路篇特别节目在欧洲新闻台大屏端、数字端和社交媒体平台以10种语言同步传播。

大型国际文化交流节目《美美与共》开播　10月5日，总台与文化和旅游部联合摄制的大型国际文化交流节目《美美与共》在综合频道开播。该节目以"文化丝路"为主题，邀请中外艺术家和共建"一带一路"倡议的参与者、建设者、受益者、传播者等，演绎多元文化之美，讲述共建"一带一路"倡议下开放合作、文明互鉴、文化交融的动人故事。

总台多路记者奔赴巴以新一轮冲突现场一手素材成国际报道信源　10月7日，巴以爆发新一轮大规模冲突。总台中东总站统筹协调全片区报道力量，成立应急报道小组，兵分多路赶赴现场，第一时间发回现场画面和出镜报道。总台新闻节目通过直播连线前线记者和总台驻加沙、特拉维夫、埃及的报道员，跟进报道冲突动态，以专业、客观、平衡的报道成为国际媒体报道巴以新一轮冲突的重要信源。大量一手素材被114个国家和地区的2253家电视台及其新媒体平台引用播出超过24.4万次。

纪录片《共同的建造》播出　10月9日至16日，财经频道播出8集纪录片《共同的建造》。纪录片以"一带一路"的工程建造为主线，行程近100万千米，深入30个国家的50个重点项目现场，向世界讲述真实、立体、全面的"一带一路"共建国家故事。

国际视频通讯社获评"2023—2024年度国家文化出口重点企业"　10月10日，商务部、中宣部、文化和旅游部与国家广播电视总局联合发布《关于2023—2024年度国家文化出口重点企业和重点项目的公告》，总台国际视频通讯社获评"2023—2024年度国家文化出口重点企业"和"2023—2024年度国家文化出口重点项目"。

2023科创大会在上海举行　10月11日，由总台和上海市人民政府共同主办的2023科创大会在上海举行。本次大会以"创新驱动　自立自强"为主题，200余位知名院校和园区代表、国内外证券交易所负责人、业内专家学者、科创企业负责人等齐聚一堂，畅谈科技创新与产业发展深度融合的未来。中共中央政治局委员、上海市委书记陈吉宁，中宣部副部长、中央广播电视总台台长慎海雄出席开幕式并致辞。

新闻新媒体中心推出《中外导演共创计划》系列微纪录作品　10月11日，新闻新媒体中心推出系列微纪录作品《中外导演共创计划》。该系列邀请10位中外导演，共创10部纪录短片，分别用汉语、英语、法语、西班牙语等6种语言摄制，真实记录共建"一带一路"倡议走过的10年历程。

大型纪录片《通向繁荣之路》播出　10月11日至16日，大型纪录片《通向繁荣之路》在综合频道、"央视新闻"、央视频、央视网等平台播出。该片首次系统梳理共建"一带一路"倡议的时代背景、内涵外延和发展脉络；首次通过大数据挖掘、可视化设计与政论和纪实相结合的方式，生动展现共建"一带一路"10年来取得的成果；首次揭秘共建国家突破旧有规则制度壁垒、弥合不同标准阻隔的历程，展现共建国家携手推动全方位多领域互联互通的实际行动。

总台首个电竞自主赛事成功签约　10月11日，上海总站与上海市体育局签署电竞产业联建战略合作框架协议。双方将依托总台VR、AR、XR和"百城千屏"超高清技术成果，以及上海电竞产业资源优势，共同创新体育观赛模式，推进数字体育建设，持续促进电竞产业健康发展，助力上海打造"全球电竞之都"。

第十一届全球视频媒体论坛在北京举行　10月12日，由中央广播电视总台主办的第十一届全球视频媒体论坛在北京举行。论坛以"共建丝路新视界"为主题，来自63个国家和地区的108家国际媒体组织、主流媒体机构负责人等140余位嘉宾，以线上线下结合的方式参与论坛及相关活动。论坛发布6项成果。其中，丝路媒体《共同行动联合宣言》、"中东伙伴"合作机制、开展"一带一路"新视界全球短视频成果征集活动等3项成果被列入第三届"一带一路"国际合作高峰论坛多边合作成果文件清单和务实合作项目清单。

2024"品牌强国工程"发布活动在北京举行　10月12日，总台2024"品牌强国工程"发布活动在北京举行。活动以"奋楫劈波浪，携手共远航"为主题，发布全新的2024"品牌强国工程"融媒体传播服务方案。中宣部副部长、中央广播电视总台台长慎海雄出席活动并致辞，与嘉宾共同见证"品牌强国工程"公益传播服务项目签约。

《原声天籁——中国民歌盛典》播出　10月14日，总台《原声天籁——中国民歌盛典》在综艺频道、音乐频道播出，"央视文艺"、"央视新闻"、央视频等新媒体平台联动全国近百座城市的数百块户外大屏、各商业平台以及纽约时代广场纳斯达克等地标大屏呈现，全网累计触达人次近15亿。《原声天籁——中国民歌盛典》是一档集中展现经典及新创优秀民歌作品的系列节目，节目充分展现中华文化的深厚底蕴和中国人的精神气质。

总台完成第三届"一带一路"国际合作高峰论坛宣传报道　10月17日至18日，第三届"一带一路"国际合作高峰论坛在北京举行。总台多平台全媒体全程直播报道，第一时间将重大主场外交的热烈气氛传遍全球。总台播发的《第三届"一带一路"国际合作高峰论坛》系列报道在自有平台总阅读播放150.91亿人次。国际视频通讯社对外传播多项核心数据创新高。总台14项重要成果被列入第三届"一带一路"国际合作高峰论坛成果清单。

总台召开干部任职会议　范昀同志任总台副总编辑　10月19日，总台召开干部任职宣布会议，中宣部副部长，中央广播电视总台党组书记、台长兼总编辑慎海雄宣读任免决定并讲话。经党中央、国务院批准，范昀同志任中央广播电视总台副总编辑。经中组部批准，范昀同志任中央广播电视总台党组成员。

纪录片《大敦煌》诉说美美与共的中国故事　10月19日，影视纪录片中心原创打造的纪录片《大敦煌》在CCTV-9纪录频道圆满收官。该片以多项首次展示的敦煌文物，揭示鲜为人知的历史。同时，以宏阔的国际视野展现中华民族的命运变迁，与当今中国积极共建"一带一路"、共享发展繁荣的国际交流合作相呼应，传递中国"和而不同、美美与共"的价值观。

总台超高清视音频制播呈现国家重点实验室举办"VR+超高清"主题论坛　10月20日，总台超高清视音频制播呈现国家重点实验室联合江西总站、世界超高清视频产业联盟在江西南昌举办的2023世界VR产业大会上，举办以"文化元宇宙"为主题的"VR+超高清"论坛。论坛分享和探讨XR虚实融合超高清制作、VR影像绘制、三维菁彩声、AI视频修复增强、央视听媒体大模型等前沿技术发展和实践经验。

《高端访谈》栏目专访俄罗斯总统普京　10月20日，《高端访谈》栏目播出独家专访俄罗斯总统普京节目。节目突出普京总统回忆同习近平主席交流的往事、三次主动提及共建"一带一路"倡议等细节，展现普京总统对中国理念的认同与支持。

多平台关注杭州亚残运会开幕　10月22日，杭州亚残运会开幕，总台统筹综合频道、新闻频道、体育频道、体育赛事频道、奥林匹克频道等电视频道，中国之声等广播频率，"央视新闻"、央视频、央视网、"央视体育"等新媒体平台同步直播开幕式。

总台与2024年巴黎奥组委签署合作备忘录　10月23日，中央广播电视总台与2024年巴黎奥组委正式启动战略合作。中宣部副部长、中央广播电视总台台长慎海雄与2024年巴黎奥组委主席托尼·埃斯坦盖在巴黎签署合作备忘录，就2024年巴黎奥运会推广、专题节目制作等方面的深化合作达成共识。总台将与2024年巴黎奥组委深化合作，在总台平台大力推广2024年巴黎奥运会；聚焦"从北京到巴黎"主题，讲好两座奥运之城的故事；开设2024年巴黎奥运会相关专题报道节目等。

总台与法国网球协会签署合作备忘录　10月23日，中宣部副部长、中央广播电视总台台长慎海雄与法国网球协会主席吉尔·莫敦签署《中国中央广播电视总台与法国网球协会合作备忘录》，双方就共同举办赛事、推动行业交流、促进青少年网球发展等方面达成合作意向。

总台迎接中法建交60周年影视合拍项目启动　10月24日，总台在法国巴黎举行"同心向未来——迎接中法建交60周年影视合拍项目"启动仪式，发布总台与法国多家主流媒体和机构合作的多个影视合拍项目。

总台与法国新闻社签署合作协议　10月25日，中宣部副部长、中央广播电视总台台长慎海雄与法国新闻社社长弗里在巴黎签署《中国中央广播电视总台与法国新闻社合作备忘录》。

总台与哥伦比亚信息技术和通信部签署合作备忘录　10月25日，在哥伦比亚总统佩特罗对中国进行国事访问之际，在习近平主席与佩特罗总统共同见证下，中央广播电视总台副台长邢博与哥伦比亚信息技术和通信部部长利斯卡诺在北京签署《中国中央广播电视总台与哥伦比亚信息技术和通信部合作备忘录》。

《习近平的故事》多语种播客向全球发布　10月26日，由英语环球节目中心制作的《习近平的故事》多语种播客在德国法兰克福向全球发布。相关报道获得美国、英国、加拿大、印度、德国等20多个国家和地区的817家海外主流网络媒体转载转发，触达海外潜在受众超过4亿人次。

总台与世界知识产权组织签署合作意向书　10月26日，中宣部副部长、中央广播电视总台台长慎海雄与世界知识产权组织总干事邓鸿森在瑞士日内瓦签署《中国中央广播电视总台与世界知识产权组织关于加强版权保护及宣传的合作意向书》，双方将在加强知识产权保护和宣传、开展国际交流活动等方面展开合作。

总台与国际奥委会签署合作备忘录　10月27日，中宣部副部长、中央广播电视总台台长慎海雄与国际奥委会主席巴赫在瑞士洛桑签署《中国中央广播电视总台与国际奥林匹克委员会合作备忘录》，总台与国际奥委会将在奥运赛事转播报道、奥林匹克文化推广等领域持续深化合作。慎海雄和巴赫还在奥林匹克博物馆共同见证中央广播电视总台纪念砖揭幕。

总台推出周播英文特别节目《走进联合国》　10月27日，总台在CGTN英语频道推出30分钟周播英文特别节目《走进联合国》，并在脸书、推特、优兔等海外社交媒体平台及中国常驻联合国代表团官方网站播出。作为全球唯一一档专注于联合国报道的电视节目，《走进联合国》聚焦联合国事务，倡导人类命运共同体和多边主义，为全球治理贡献中国智慧、中国方案和中国力量。

总台与国际奥林匹克学院签署合作备忘录　10月28日，中宣部副部长、中央广播电视总台台长慎海雄与国际奥林匹克学院院长科维洛斯在雅典签署《中国中央广播电视总台与国际奥林匹克学院合作备忘录》，就促进中希两国文明交流互鉴、弘扬奥林匹克精神等方面达成合作意向。

中文国际频道推出《健康中国》栏目　10月29日起，华语环球节目中心在中文国际频道推出《健康中国》栏目。该栏目通过"电视+新媒体"平台传播。其中，电视端60分钟在中文国际频道（亚洲、欧洲、美洲）向全球播出，向世界传播健康知识，阐述中国人的健康理念和生活方式；新媒体端90分钟在"CCTV4"新媒体矩阵播出，为网友答疑解惑。

军事节目中心全面开启第十届北京香山论坛报道　10月29日至31日，第十届北京香山论坛在北京举办。军事节目中心多点位全面报道论坛动态，"一对一"专访印度尼西亚、老挝、美国等国家和地区组织的十余位嘉宾，播发大量独家报道，传播权威声音，展现全球视野。

新闻节目报道神舟十六号航天员乘组返回　10月31日，神舟十六号载人飞船返回舱成功着陆。总台新闻节目及时直播神舟十六号航天员乘组返回。新闻频道和综合频道并机推出特别节目《中国空间站——神舟十六号航天员返回》，直击神舟十六号乘组返回全过程，受到广泛关注，收视率较前一天同时段提升110%。

十一月

总台国际频道上线知名智能电视OTT平台 11月1日，总台多个国际频道成功在智能电视OTT平台Open Browser和MetaX TV上线播出。这是首个通过总台"新媒体集成发布平台"实现国际频道新媒体信号传输海外落地项目。

新闻中心推出系列融媒体报道《权威访谈》 11月3日起，新闻中心推出系列融媒体报道《权威访谈》，专访国家发展和改革委员会等部委主要负责人，解读政策措施，阐释中国经济的潜力和后劲，提振发展信心。

文艺节目中心推出《中央广播电视总台首届青年京剧演员大会》 11月5日起，《中央广播电视总台首届青年京剧演员大会》在综合频道、综艺频道、戏曲频道及央视网、央视频、长城平台等同步播出。来自全国29个省份，62家院团和院校的671位青年京剧演员汇聚一堂，一展风采。

专题片《人类文明新形态——中国式现代化》播出 11月6日，财经节目中心拍摄制作的总台重点项目——五集专题片《人类文明新形态——中国式现代化》在财经频道、央视频、"央视新闻"和央视网同步播出。专题片通过中国式现代化美好图景一步步变成现实的故事，呈现人类文明新形态，诠释新时代新征程中国共产党的使命任务。

军事节目中心推出首部招收飞行员纪录片《想飞的少年》 11月6日至10日，军事节目中心联合空军招收飞行学员工作局推出的国内首部招飞系列纪录片《想飞的少年》在国防军事频道首播。该系列纪录片通过真人拍摄、全程纪实的方式，展现广大青年学子怀揣梦想、矢志空天的奋斗历程，阐释招收飞行员工作的重要意义，感召更多有志青年投身强军事业。

综合频道推出全新融媒体IP《好物来一套》 11月7日，综合频道联合华语环球节目中心、总经理室和上海总站推出直播融媒体节目《好物来一套》。首期节目以第六届中国国际进口博览会为契机，通过"文化交流、进博宣传、好物分享"主题，为观众呈现"中国大市场，世界大舞台"的进博会盛况。

粤港澳大湾区中心演播室正式投入使用 11月7日，广东总站首次启用粤港澳大湾区中心演播室，围绕深圳第二十五届中国国际高新技术成果交易会，推出《聚焦史上最大高交会 新科技迎"高光"时刻》新媒体直播以及系列大屏直播节目，取得良好传播效果。

上海总站举办科学嘉年华"金盒子奇妙夜"活动 11月7日，由上海总站和世界顶尖科学家协会联合主办的第六届世界顶尖科学家论坛官方活动——科学嘉年华"金盒子奇妙夜"在上海国际传媒港国家重点实验室"金盒子"举办。该活动聚焦天文、脑科学、人工智能等领域，集结老中青三代"最强大脑"，探寻宇宙奥秘，展望未来科技。

大型文化综艺节目《宗师列传·唐宋八大家》在综合频道开播 11月10日，总台大型文化综艺节目《宗师列传·唐宋八大家》在综合频道首播。节目采用"古今双向穿越"的叙事架构，以8位唐宋文化宗师的人生故事为线索，通过"沉浸式实景演绎+电影化拍摄+XR创新呈现"模式，巧妙讲述唐宋文学名篇诞生的历史过程，展现中华文脉的千载绵延。

总台档案管理系统上线试运行 11月10日，办公厅联合人事局组织开展行政办公外网档案管理系统上线试运行培训。新闻中心、文艺节目中心、农业农村节目中心、英语环球节目中心、欧洲拉美地区语言节目中心、人事局等6家系统试运行部门和单位的兼职档案员100余人参加在线培训。本次培训活动标志着总台档案管理系统上线试运行。

总台与北美职业冰球联盟、美国职业网球协会签署合作备忘录 11月10日，中央广播电视总台与北美职业冰球联盟、美国职业网球协会分别签署合作备忘录，就新周期版权合作、技术创新研发、体育领域交流等方面达成一致。中央广播电视总台台长慎海雄分别与北美职业冰球联盟总裁加里·贝特曼、美国职业网球协会首席执行官洛·谢尔签约，共同宣布启动全面合作。

饮食文化节目《一馔千年》（第二季）收官 11月10日，文艺节目中心打造的大型饮食文化探索节目《一馔千年》（第二季）在综艺频道收官。该节目以"诚邀八方贵客，探索古籍典章，共创招牌美馔"为主旨，以美食为引，展现中华大地上的人文风物；以智慧科技助力，让历史美馔重现餐桌。相关亮点内容在总台传播矩阵、全网政务媒体矩阵合力传播，累计收获全网各平台88个热搜热榜话题，相关话题阅读量突破10亿人次，相关短视频播放量达1.5亿次。

《中央广播电视总台2023主持人大赛》第一赛段反响热烈 11月12日，《中央广播电视总台2023主持人大赛》第一赛段收官。大赛吸引众多年轻人参赛。选手们丰富的知识储备、出色的表达能力和应变能力，展现了新时代青年的朝气和全媒体时代主持人应有的素养，引发社会广泛关注和好评。

新闻中心推出时政纪录片《时时放心不下的牵挂》 11月13日，综合频道和新闻频道并机播出时政纪录片《时时放心不下的牵挂——习近平总书记在北京河北考察灾后恢复重建工作纪实》，生动记述习近平总书记实地考察北京、河北两地的过程，展现习近平总书记对受灾地区、受灾群众的深情牵挂和深切关怀。

英语环球节目中心推出专题片《我们的现代化故事》 11月13日，英语环球节目中心、财经节目中心和国际传播规划局共同策划推出总台重点专题片《人类文明新形态——中国式现代化》（国际版）——《我们的现代化故事》，精选12个生动鲜活故事，"以小见大"展示中国在全体人民共同富裕、物质文明和精神文明相协调、人与自然和谐共生等方面取得的历史性成就，阐释中国式现代化五大特征。

总台与印度尼西亚美都电视台签署合作协议 11月14日，中央广播电视总台与印度尼西亚美都电视台合作协议签署仪式在美都电视台举行。中央广播电视总台副台长胡劲军与印度尼西亚美都传媒集团CEO穆罕默德·米尔达尔·阿基布共同见证协议签署。

总台"全球新闻云"首次亮相海外媒体展会 11月14日至16日，中东总站联合技术局参加在阿拉伯联合酋长国举办的第二届全球媒体大会，在展会现场设置总台专属展台，演示总台"全球新闻云"系统的"云导播"平台和5G聚合传输、新闻云"极轻量化"制播流程、"智能虚拟"技术等，宣介总台优势技术和精品资源，拓展"媒体外交"。

多平台聚焦报道习近平主席美国之行 11月14日至17日，应美国总统拜登邀请，国家主席习近平赴美国旧金山与美国总统拜登会晤，并出席2023年APEC峰会。总台统筹调度北京本部、北美总站、联合国总站、CGTN北美分台等180余人的前方报道力量，充分发挥电视、广播和新媒体融合传播优势和68种语言对外传播优势，推出一系列重磅报道，形成强大传播声势。相关报道在总台自有平台跨媒体总阅读浏览量达83.09亿人次，多项数据再创传播纪录。多家美国主流媒体打破惯例，CNN、NBC、哥伦比亚及华纳兄弟联合电视网（CW）、CBS、PBS等从习近平主席抵达旧金山开始，便持续引用总台CGTN、"央视新闻"的直播讯号，将习近平主席的风采第一时间向全美受众发布。

"中美人文交流友好对话"在旧金山举行 11月16日，由中央广播电视总台、美中青少年学生交流协会等团体联合举办的"中美人文交流友好对话"媒体活动在美国旧金山举行。总台还分别与美中青少年学生交流协会、美中航空遗产基金会和海伦·福斯特·斯诺基金会交换合作备忘录，在文化、新闻、教育等领域展开合作，共同为推动中美人文交流注入新动能。

创新发展研究中心CMG创意实验室举办年终分享活动 11月17日起，创新发展研究中心CMG创意实验室启动"创意碰碰月"系列活动，面向创新资金孵化的各中心融媒体创意工作站团队，针对其日常内容创作和新媒体运营中的痛点难点，提供实操层面的孵化赋能支持，助力团队"开脑洞""转思路"。

纪录片《长城，我来了！》实现跨文化传播 11月18日，由中国、英国、荷兰、新加坡等国联合制作，总台影视剧纪录片中心打造的纪录片《长城，我来了！》在CCTV-9纪录频道收官。该片立足长城国家文化公园建设大背景，邀请英国年轻探险家阿什·戴克斯开启了一段非凡的长城之旅，带领观众感受长城沿线丰富的历史文化资源、绚丽的地域风情、良好的自然生态等，围绕"长城：中华民族的脊梁"这一主题，向国际社会讲好中国故事。

中国工业遗迹创新创意联盟成立 11月18日，财经节目中心联合中国企业改革与发展研究会、成都传媒集团、首钢集团有限公司等单位，在成都发起成立中国工业遗迹创新创意联盟，整合全国工业遗迹资源，搭建行业交流平台，为中国工业遗迹的创新发展和中国工业文化注入更多活力。

总台首档电竞微纪录片《致"竞"热爱》上线 11月19日，由央视频融媒体发展有限公司创新打造的总台首档电竞微纪录片《致"竞"热爱》在央视频平台上线。该片以电竞比赛首次作为正式项目登上亚运会舞台为背景，聚焦中国电竞产业发展，传递电子竞技正向价值，展现电竞业的蓬勃生机。

纪录片《智在匠心》展现非遗里的"中国智慧" 11月20日，纪录片《智在匠心》在纪录频道收官。该片聚焦国家级非遗项目，描摹八闽匠人的生活图景与精神世界，展现中国工匠在文化传承和发展上自信自强、守正创新。

《宪法的精神　法治的力量——2023年度法治人物》节目录制完成　11月21日，由司法部、全国普法办公室和中央广播电视总台共同主办，社教节目中心承办的《宪法的精神　法治的力量——2023年度法治人物》完成录制。节目聚焦重点领域的典型人物，揭晓10位"2023年度法治人物"和3位"2023年度致敬英雄"，讲述他们在法治战线上坚守和付出，展示新时代全面依法治国的新理念、新举措和新成就。

总台与乌拉圭国家视听传播总署签署合作备忘录　11月22日，在乌拉圭总统拉卡列对我国进行国事访问之际，在习近平主席与拉卡列总统共同见证下，中宣部副部长、中央广播电视总台台长慎海雄与乌拉圭外交部部长帕加尼尼在北京签署《中国中央广播电视总台与乌拉圭国家视听传播总署合作备忘录》。

《文脉春秋》启播　住房和城乡建设部与总台签署战略合作框架协议　11月23日，《住房和城乡建设部与中央广播电视总台战略合作框架协议》签约暨大型系列纪录片《文脉春秋》开播仪式举行。《文脉春秋》由总台与住房和城乡建设部联合推出，通过艺术性创作、全媒体报道、互动化传播、沉浸式体验等，描绘正在中华大地上徐徐展开的"登得上城楼、望得见古塔、记得住乡愁"的文化长卷。双方以《文脉春秋》开播为契机，将开展多领域密切合作。

国家应急广播中心工作机制揭牌　11月24日，中央广播电视总台国家应急广播中心工作机制揭牌暨全民安全公开课全媒体行动启动仪式举行。应急管理部部长王祥喜，中宣部副部长、中央广播电视总台台长慎海雄在活动上致辞，并为国家应急广播中心工作机制揭牌。在新的工作机制下，总台将以智慧媒体技术赋能，"一键升级"预警信息、应急新闻、应急科普等全平台传播能力，进一步提高应急信息的传播速度和精准度，为民众提供高效实用的应急信息。

文化季播节目《简牍探中华》在综合频道开播　11月25日，大型文化季播节目《简牍探中华》在综合频道播出。该节目首次以简牍为切入点，通过"实地探访＋实景戏剧＋文化访谈"等表现形式，探访考古发掘地和文物陈列馆，还原简牍历史原貌，阐释文化内涵。

总台与中国工商银行签署战略合作协议　11月27日，中央广播电视总台与中国工商银行战略合作协议签约仪式举行。中宣部副部长、中央广播电视总台台长慎海雄出席，并同与会嘉宾共同见证合作签约。

十二月

首届"中国ESG榜样"年度盛典举办　12月2日，财经节目中心在北京推出首届"中国ESG（企业社会责任）榜样"年度盛典，呈现中国ESG榜样企业的优秀案例。中国石化、国家电力投资集团、国家能源集团、中国移动、中国宝武、华润集团、中国农业银行、腾讯、吉利控股集团、宁德时代等获选十大"中国ESG榜样"企业。

社教节目中心推出生态纪录片《大秦岭》　12月3日，社教节目中心推出4集生态纪录片《大秦岭》和24集微纪录片《律动的秦岭》，通过长短片联合播出的方式，全景式展现秦岭壮美的自然景象，突出秦岭对人类文明的贡献，彰显中国生态文明建设成果。

总台召开2023年新员工入职暨"五年培养计划"启动座谈会 12月5日，总台召开2023年新员工入职暨"五年培养计划"启动座谈会，中宣部副部长、中央广播电视总台台长兼总编辑慎海雄与2023年新入职员工座谈。慎海雄要求新员工要守住"正心"，怀有"匠心"、永葆"进心"，以青春之我、奋斗之我建设青春之总台、奋斗之总台。

英语环球节目中心推出藏文化纪实长片《尼玛爷爷的心愿》 12月6日，英语环球节目中心在藏历燃灯节期间推出时长60分钟全流程4K纪录片《尼玛爷爷的心愿》，讲述在青藏高原上有着1300年历史的久河卓舞的故事，展现中国政府保护藏地文化的成果。该片在CGTN纪录频道和CGTN新媒体平台推出，获得良好的传播效果。

总台与国家中医药管理局开展战略合作 12月8日，中央广播电视总台与国家中医药管理局战略合作备忘录签约暨大型文化节目《中国中医药大会》启播仪式举行。中宣部副部长、中央广播电视总台台长慎海雄，国家中医药管理局局长余艳红见证签约，并共同为节目启播。《中国中医药大会》节目集结近百位权威中医药专家学者，探寻中华医脉，科技化、时尚化、生活化地传播中医药文化，展现中医药文化的智慧与魅力。

《新闻联播》推出《破浪前行 高质量发展迈出坚实步伐》系列报道 12月8日，《新闻联播》栏目推出系列报道《破浪前行 高质量发展迈出坚实步伐》，讲述在以习近平同志为核心的党中央掌舵领航下，2023年中国经济走过"波浪式发展、曲折式前进"的历程。该系列报道在环球资讯广播和央视新闻客户端同步推出，并获得全网推送。

《开讲啦》节目全新改版 12月9日，历经11年的综合频道品牌栏目《开讲啦》再次升级改版。结合全媒体时代的受众习惯，重构栏目内容，首次将新媒体APP引入传统大屏，配合信息流的内容交互和类互联网化的三维视觉体系，让青年人在"刷屏中"获取新知与感悟。

《全球电子竞技发展报告（2022—2023）》发布 12月10日，中央广播电视总台国家电子竞技发展研究院发布《全球电子竞技发展报告（2022—2023）》。报告立足总台定位，以全球视野进行全产业链研究，通过梳理国内外虚拟体育赛事的典型案例，对全球电子竞技产业的发展现状和未来趋势进行分析与展望。

港澳台节目中心积极做好香港第七届区议会选举报道 12月10日，香港特别行政区举行第七届区议会选举。港澳台节目中心与亚太总站紧密联动，密切跟踪选举动态，"大湾区之声"新媒体平台境内外全平台发稿100余条，阅览量近1000万人次，有效引导涉港舆论。

总台与越南之声广播电台、越南电视台签署合作协议 12月12日，在中共中央总书记、国家主席习近平对越南进行国事访问之际，中共中央宣传部副部长、中央广播电视总台台长慎海雄分别与越南之声广播电台台长杜进士、越南电视台台长黎玉光签署《中国中央广播电视总台与越南之声广播电台合作协议》《中国中央广播电视总台与越南电视台合作备忘录》。习近平总书记同越共中央总书记阮富仲共同见证双方签署的合作文本。

总台全景式报道习近平总书记对越南进行国事访问 12月12日至13日，中共中央总书记、国家主席习近平应邀对越南进行国事访问。总台多样态报道、全程全景式呈现习近平总书记越南之行，多角度阐释此访的重要意义。新媒体平台推送图文报道，报道最新动态。相关报道在自有平台总阅读观看量达35亿人次。国际视频通讯社对外投送的新闻素材被包括CNN、彭博电视、CNBC、RT等在内的66个国家和地区的主流媒体采用播出。

总台多平台关注报道南京大屠杀死难者公祭仪式 12月13日是第十个南京大屠杀死难者国家公祭日。总台多平台予以重点报道。新闻中心、军事节目中心、CGTN、华语环球节目中心等现场报道公祭仪式，"央视新闻"、央视网等新媒体平台发布多篇图文稿件，国际视频通讯社采用卫星和网络两种方式全程对外发布直播信号，美联社、法新社等积极转发，中国港澳台地区媒体纷纷播发。

总台评出2023年度国内、国际十大体育新闻 12月14日，总台评出2023年度国内、国际十大体育新闻。体育频道于12月30日至31日推出年终特别节目《回眸2023》《奔向2024》，回顾2023年国内外重大体育赛事及事件，并以中国军团备战2024年巴黎奥运会为主线，展望2024年国内、国际体坛发展格局与趋势。

总台光华路办公区新建高标清播出系统正式上线 12月14日，总台光华路办公区新建高标清播出系统历时近一个月，分两批次顺利完成播出频道搬迁上线。该系统沿用成熟的全文件化播出工作流程及系统架构，支持节目、广告、包装和资讯播出，系统上线后将承接总台25个公共频道的播出工作，在确保安全播出的同时，进一步提高运维效率和安全播出保障。

总台发布2024年电视剧片单 12月15日，中央广播电视总台举行"龙年大剧看总台"电视剧片单发布活动。38部全新力作立足时代、纵贯古今，多层面、多维度讲述中国故事，描绘中国画卷，书写中国精神。中宣部副部长、中央广播电视总台台长慎海雄出席，并同与会嘉宾共同发布总台龙年新春大剧。

特别节目《中国式现代化万千气象》展现改革开放成就 12月16日至18日，新闻频道推出3期直播特别节目《中国式现代化万千气象》，展现改革开放45年来，特别是全面深化改革10年以来，党和国家事业发展取得的历史性成就和发生的历史性变革。

总台跟进报道甘肃临夏州积石山县地震救援动态 12月18日晚，甘肃省临夏回族自治州积石山县发生6.2级地震。总台多平台及时调派总台总部、甘肃总站、青海总站等多路记者前往灾区一线，报道救援进展和灾区群众安置情况。

港澳台节目中心推出融媒体文化栏目《根脉中华》 12月18日起，港澳台节目中心推出融媒体文化栏目《根脉中华》。该栏目时长60分钟，分别制作粤语和普通话两种版本，每天在大湾区之声、香港之声、台海之声和神州之声的黄金时段播出，并在"大湾区之声""看台海"等新媒体平台上呈现精彩内容。

中法合拍纪录电影《北京人：人类最后的秘密》超前首映式举行 12月19日，由中国中央广播电视总台、法国国家电视集团、法国 10.7 制作公司等联合出品的中法合拍纪录电影《北京人：人类最后的秘密》在法国巴黎联合国教科文组织总部举行超前首映式。中宣部副部长、中央广播电视总台台长慎海雄作视频致辞。来自中法两国文化界和科学界的 700 多名嘉宾参加活动。

总台首届"国潮盛典"晚会在北京举行
12 月 20 日，总台首届"国潮盛典"晚会在北京举行。晚会发布《2023 国潮创新趋势报告》《2023 国潮美好生活趋势报告》《2023 国潮出海趋势报告》，旨在展示中国国货"潮品"的壮盛阵容和实力，培育壮大新型消费，营造关注国潮品牌的良好氛围，推动中国经济高质量发展。

2023 央视财经论坛在北京举行 12 月 21 日，由财经节目中心主办的 2023 央视财经论坛在北京举行。论坛以"高质量发展的新质生产力"为主题，深入探讨在推动中国经济恢复和产业升级的关键时期，如何以新质生产力助力经济社会高质量发展。

总台发布 2024 年纪录片片单 12 月 22 日，"纪录大时代——2024 年'大片看总台'纪录片片单发布活动"举行，50 部纪录片集结亮相，擦亮中华文明独特的精神标识，展现新时代中国故事的丰富内涵。中宣部副部长、中央广播电视总台台长慎海雄出席，并同与会嘉宾共同发布总台 2024 年纪录片片单。

2023—2024 年度"中国美好生活大调查"活动启动 12 月 22 日，由财经节目中心联合国家统计局、中国邮政集团有限公司和北京大学国家发展研究院共同发起的 2023—2024 年度"中国美好生活大调查"活动在中国国家图书馆正式启动。"中国美好生活大调查"是全球最大规模的民生感受型调查，已举办 18 届。在启动仪式现场，"中国美好生活大调查"的10 年数据报告被中国国家图书馆收藏，成为永久馆藏。

总台 2023 年度乡村振兴十大新闻发布
12 月 23 日，总台发布 2023 年度乡村振兴十大新闻。乡村振兴十大新闻由农业农村部、水利部等相关部委领导，中国农业科学院、中国农业大学等科研、学术机构学者和媒体代表组成的专家评审团，通过现场讨论、投票的方式评选产生。

总台超高清示范园"央视界"启动建设
12 月 23 日，总台超高清示范园"央视界"在北京启动建设。中共中央政治局委员、北京市委书记尹力出席活动。中宣部副部长、中央广播电视总台台长慎海雄，中宣部副部长、文化和旅游部党组书记孙业礼，北京市委副书记、市长殷勇，国家广播电视总局副局长朱咏雷，中央广播电视总台副台长胡劲军，北京市委常委、宣传部部长莫高义等领导参加启动活动。

总台发布 2023 年度国内、国际科技十大新闻 12 月 24 日，总台发布 2023 年度国内、国际十大科技新闻。此次评选由总台联合科学技术部、中国科学院、中国工程院、中国科学技术协会、国家国防科技工业局及两院院士、科研院所和高校专家共同完成。

总台发布 2023 年度国内、国际考古十大新闻 12 月 24 日，总台发布 2023 年度国内、国际十大考古新闻。此次评选由社教节目中心联合中国社会科学院考古研究所、北京大学考古文博学院、中国科学院古脊椎动物与古人类研究所、国家文物局考古研究中心以及国内近三十家省级考古研究机构的专家共同完成。

系列纪录片《农耕探文明》在综合频道开播 12月25日，综合频道推出大型系列纪录片《农耕探文明》。该节目首次系统展示中国重要农业文化遗产的保护传承、开发利用和创新成果，深入挖掘农业文化遗产在当下经济、社会、文化、生态、科技等方面的功能价值，阐释中华农耕文明生生不息的基因密码。

2024年全国"村晚"示范展示活动启动 12月25日，文化和旅游部公共服务司、文化和旅游部全国公共文化发展中心和总台视听新媒体中心在北京联合举办2024年全国"村晚"示范展示活动启动仪式。中宣部副部长、中央广播电视总台台长慎海雄，中宣部副部长、文化和旅游部党组书记孙业礼出席，并共同启动2024年全国"村晚"示范展示活动。

总台发布2023年度国内、国际军事十大新闻 12月25日，总台发布2023年度十大国内军事新闻和十大国际军事新闻。本次评选由总台联合中央军委、各大战区、各军兵种相关部门和国内知名高校、研究机构的军内外专家共同完成。

文献电视片《重庆谈判》在科教频道播出 12月26日至31日，为纪念毛泽东同志诞辰130周年，社教节目中心在科教频道推出6集文献电视片《重庆谈判》。该片生动讲述1945年抗日战争胜利之际，在中国两种前途、两种命运的抉择面前，毛泽东把握历史发展大势，以"弥天大勇"赴重庆与蒋介石展开谈判的故事。

总台2023年度国内、国际财经十大新闻发布 12月28日，总台发布2023年度国内十大财经新闻、国际十大财经新闻，展现中国经济的韧性与活力，描述全球经济发展的脉动、挑战与机遇，以国际视野关注世界发展中的中国力量。

财经节目中心发布2024年精品节目片单 12月29日，财经节目中心2024年精品节目片单发布。28部精品力作、8个专业财经指数和央视财经智库精彩亮相。

"在中国大地上边走边跳"大型融媒体互动活动持续提升"两个效益" 由《中国电视报》发起，联合各地方总站、文艺节目中心《舞蹈世界》栏目、技术局、"央视文艺"、"央视财经"、"CMG观察"等团队共同推出的"在中国大地上边走边跳"大型融媒体互动活动，已在广西南宁及北海、贵州榕江、四川遂宁、山东乐陵、河南三门峡成功举办，12月30日在吉林长春收官。全年七站活动，相关话题词总阅读量8 173.1万，相关视频总播放量2 710.39万，总触达1.32亿次。《舞蹈世界》栏目在播出"在中国大地上边走边跳"内容时，收视率较以往传统节目最高提升至300%，为大屏节目提升影响力、传播力带来新思路。

大型美食文旅节目《三餐四季》在综合频道首播 12月30日，大型美食文旅季播节目《三餐四季》在综合频道开播。该节目由总台主持人与社会知名人士组成寻味团，每期探访一省两城，探寻地方独特美食和风土人情，真实呈现各地社会生活面貌和中国式现代化的万千气象。

"村BA"战略合作伙伴关系签约仪式举行 12月30日，总台央视频公司与贵州省榕江县"村超"和台江县"村BA"举行战略合作伙伴关系签约仪式，双方共同致力于发挥地方体育赛事在助力乡村全面振兴、推动和美乡村建设等方面的积极作用。

纪录片《二十五载正青春——中南友好合作纪实》在非洲首映　12月30日，由总台与南非广播公司合拍的系列纪录片《二十五载正青春——中南友好合作纪实》非洲首映礼在南非约翰内斯堡举行，这是首部登陆南非影院大银幕的中国纪录片。南非政界、学界和媒体界代表约50人出席首映典礼并观影。

财经节目中心推出年终特别节目《2023财经榜》　12月31日，财经节目中心推出年终直播特别节目《2023财经榜》，内容包括2023文旅新场景、2023消费新态度、2023农业新"物种"、2023行业新势力、2023国际财经面孔、2023黑科技等6张财经子榜单，盘点2023年度国内外财经大事，前瞻经济发展新动能。

总台新闻节目重点报道习近平主席二〇二四年新年贺词　12月31日，国家主席习近平通过中央广播电视总台和互联网，发表二〇二四年新年贺词。总台精心组织，全媒体充分报道。国际视频通讯社以直播形式与《新闻联播》栏目同步向全球媒体发布习近平主席二〇二四年新年贺词完整视频，美联社、路透社、法新社和欧洲广播联盟全程转发，实现贺词视频全球覆盖。

附 录

中央广播电视总台年鉴（2023）供稿人员名单

办公厅
负责人 周振红
联络人 韦娅迪
撰稿人 朱梦文　张凌云　郑利锋　姜希伦
　　　　　高潇潇　傅欣艺　李㤛婧　刘　凡
　　　　　孙　楠　周　寅　朱　岩

总编室
负责人 梁建增
联络人 刘　畅
撰稿人 李　宾　董　堃　朱　琛　李　雪
　　　　　龙云凯　刘晓霏　白紫冉　赵春雨
　　　　　魏翥凡　李　岩　赵飞飞　王　乐
　　　　　朱筱瑜　黄　瑾　孙　萌　黄逸雯
　　　　　高　虹　支　萍

新闻中心
负责人 申　勇
联络人 郑秀国　张继宏　刘　晖
撰稿人 李中华　陈双双

内参舆情中心
负责人 吴朝晖　李　伟

联络人 陈　朴
撰稿人 罗　厚　范　鑫　陈　朴

财经节目中心
负责人 朱宏钧　杨　曦
联络人 覃大庆
撰稿人 覃大庆　黄　崀　陈昊冰　罗　树
　　　　　孟艳艳　王美荣　姜文博　张玉宇
　　　　　张大卫　王　莹　刘霖聪　李　硕
　　　　　李　莹

文艺节目中心
负责人 张国飞
联络人 孙立红
撰稿人 郑滨生　吕　朋　王　娟　李　谦
　　　　　迟　宇　王　兰　彭倩芸　邓晓楠
　　　　　张　菊　刘玉婷　王　菲　崔海涛
　　　　　邹　蕾　张　鹏　皇甫玮琳

体育青少节目中心
负责人 许　强　徐　彬　马　政
联络人 魏　星

撰稿人　梁　玥　张晓同　孙　畅　黄小川
　　　　许　柯　王　鹏　梁　冰　高　军
　　　　王秀粉　卢　帜　杨　烨　曹雯蓉
　　　　杨　锋　王晓洁　王　昊　王洪娟
　　　　安　涛　梅　龙　孙　燕　张　静
　　　　欧阳鲁晔

社教节目中心

负责人　杨继红

联络人　赵京津　贾　晗　陈　曦

撰稿人　杨　梅　普艳斌　包　婧　谭雅丹
　　　　于海霞　李　沛　李　柠　翟　颖
　　　　胡恋亲　王亚丽　季　新　田　晶
　　　　李建华　李玲燕

影视剧纪录片中心

负责人　梁　红

联络人　吴燕妮

撰稿人　杨春果　姜　灏　刘　茜　韩　雯
　　　　刘鸿雁　徐　欢　张凯夫　吴燕妮

民族语言节目中心

负责人　赵连军

联络人　郭　璇

撰稿人　郭　璇

军事节目中心

负责人　何新宇　侯东合　肖　璞　吕锡成

联络人　于建国　汤　丽　盛　潇

撰稿人　刘　欢　李潇潇　谢　帆　刘　畅

　　　　吴麒佑　王亚鑫　姜　虹　李　丹
　　　　汪　超　赵志婕　杨晓佳　于婷婷
　　　　宋　杨　纪乃琪　刘　乐　李思远
　　　　于　澜　邱虹霞

农业农村节目中心

负责人　王晓斌

联络人　张清春

撰稿人　刘旻嘻

港澳台节目中心

负责人　王全杰

联络人　李涧松

撰稿人　宋　雪　李　珂　田　晓　周　旋
　　　　毛　强　李涧松

英语环球节目中心

负责人　刘　聪

联络人　陈佳楠

撰稿人　冯　玲　陈　梦　陈佳楠　刘子轩
　　　　刘思琪

亚洲非洲地区语言节目中心

负责人　安晓宇

联络人　万　兵

撰稿人　万　兵　崔　姗　郭　莹

欧洲拉美地区语言节目中心

负责人　孙宇峰

联络人　赵　力

撰稿人	王婷婷　罗　琦　赵洪超　丁　浩
	卜卫军　李爱莲　李　璐　田　宇
	李　菁　郭　昊　胡　浩　王艺菲
	王雨桐　王珊珊　张　辉　秦　靓
	张　帆　杨晓囡　张　荻　郑棋文
	赵　力

华语环球节目中心

负责人	麻　静
联络人	昝瑞春　端木礼昕　王劲竹
撰稿人	昝瑞春　李唯骏　颜占领　陶跃庆
	张舒扬　李瑞宁　方绍敏　贾雪纯
	孙宏峰　周　密　李洪晓　张　堃
	马　威　赵　斌　袁兴旺　薛红霞
	陈映锜　崔　狄　王　肖　陈毓娟

融合发展中心

负责人	骆红秉　杨庆华　张　弘
联络人	唐　秀
撰稿人	唐　秀

新闻新媒体中心

负责人	闫帅南　王姗姗　宋　莉
联络人	张　鸥　王　竹　李子仪
撰稿人	王　竹　张云鹭　于莎莎　李子仪
	徐艳清　陶　郎　赵　静　张乔雪
	姜思彤　刘　佳　毕　磊　费　翔
	孙煜祁　高佳鑫　黄羽麒　郭云飞
	申　珅　董新稳　彭裔然　杜晓东
	宁黎黎　姜昊宇

视听新媒体中心

负责人	钱　蔚　俞　勤　许文广　陈　旻
联络人	董文芳　马战英　连新元
撰稿人	张　杰　田小波　米善倩　肖晾琼
	靳涛铭　马　翠　李　爽　马　毅
	朱　丹　徐诗茹　辛晓娇　闫秀君
	王　伟

国际传播规划局

负责人	滕云平
联络人	曾　晋
撰稿人	曾　晋　赵一丞　赵露茜　陈小鹏
	罗　鹏　肖逸飞　寇思远　张译丹

人事局

负责人	朱焰焰
联络人	梁　策　祝睿琪
撰稿人	白梓敬　李　毅　李白茹　谷小洁
	韩　巍　张黎阳　刘路路　许新颖

财务局

负责人	高华中　涂昌波
联络人	刘　正
撰稿人	刘　正

总经理室

负责人	彭健明　任学安
联络人	杨莉莎　马　萌　王　倩
撰稿人	佘贤君　陈荣勇　谢　俊　杨正良

薛博涵　王　倩

技术局
负责人　徐　进
联络人　吕兆明
撰稿人　智　卫　赵永礼　李　涛　颜　枫
　　　　　姬海啸　王俊涛　唐伟莉

国际交流局
负责人　齐竹泉　花　凯　刘　岩
联络人　张雄飞　李　巍　吴东方　冯　颖
　　　　　祝镜涵　曹　旻　邓宗宇
撰稿人　张雄飞　王　萍　郭燕燕　董欣然
　　　　　曹　旻　邓宗宇　徐苏洁　冯　颖
　　　　　刘媛媛

创新发展研究中心
负责人　杨　华
联络人　任永雷
撰稿人　李　蕾　何　菲　秦乙玉

机关党委
负责人　潘晓闻　陈福生　钱宏江
联络人　肖恒刚
撰稿人　肖恒刚　卢玲玉　闫晓文　隋秋月
　　　　　朱　隽　王岳峰　吕　啸　白　净
　　　　　李　雁

机关纪委
负责人　马书平

联络人　李国栋
撰稿人　冯志超

审计部门
负责人　贾　丽
联络人　郭红淼
撰稿人　许　萌　郭红淼

离退休干部局
负责人　牛道斌　边传久
联络人　张春梅
撰稿人　张春梅　钮立华

国家应急广播中心
负责人　宋　莉
联络人　王长权
撰稿人　温秋阳　王长权　张亚然　孙盛楠

音像资料馆
负责人　刘智力
联络人　杨旻星
撰稿人　吴　琼　王昆伦　杨旻星

影视翻译制作中心
负责人　王　璐
联络人　江　峰
撰稿人　姜　平　江　峰

中国国际电视总公司
负责人　姜海清　李　岳

联络人　李春秀
撰稿人　肖志涛　杨　华　李春秀

央视国际网络有限公司

负责人　王玉娟
联络人　贾尚为
撰稿人　孙　浩　乔　莲　贾尚为

中央新闻纪录电影制片厂（集团）

负责人　姚永晖
联络人　左　权
撰稿人　程喆林　刘　颖　陈思莹　苗　月

中广影视卫星有限责任公司

负责人　黄瑞刚
联络人　高　峰　刘　翎
撰稿人　何　芳　张人元　方文静

中国电视剧制作中心有限责任公司

负责人　李向东
联络人　李林涛
撰稿人　林　晓

中国环球广播电视有限公司

负责人　高　伟
联络人　凡译媛
撰稿人　符　霞　杨桂军　李海洲　凡译媛
　　　　王　静

央视频融媒体发展有限公司

负责人　过　彤
联络人　邱志超
撰稿人　王苑璐　贺新春　颜熠萌
　　　　孟忆江南　宋禹宣　刘　婧
　　　　梁振红

央广传媒集团有限公司

负责人　王跃进
联络人　金依韡
撰稿人　张　莉　易　珏　张红亮

国广传媒发展有限公司

负责人　黄永国
联络人　汝佳霖
撰稿人　钟仁宗　赵　健　高　跃　汝佳霖
　　　　陈　刚　胡珊珊

中广视资产管理有限公司

负责人　韩　峰
联络人　王　惠
撰稿人　段亢亢　余晓娟　李树彬　陈思
　　　　李延政

中国国际广播出版社有限公司

负责人　张宇清　田利平
联络人　李　卉　郑凤杰
撰稿人　李　卉　肖　阳　郑凤杰　王清阳
　　　　闫　磊　张　娜　潘　磊

北京国广物业管理有限公司
负责人 康 悦
联络人 邵明友
撰稿人 梁建军 马 迪 邵明友

北京总站
负责人 王小节
联络人 牛慧君
撰稿人 钱 伟 王伟超 魏 畅 李文蕊

天津总站
负责人 方 钢
联络人 赵婧淳
撰稿人 丁 旭 陈庆滨 赵婧淳

河北总站
负责人 刘 涛 万 灵
联络人 孟晓光
撰稿人 孟晓光

山西总站
负责人 王跃军
联络人 毛 侠
撰稿人 李 楠 毛 侠

内蒙古总站
负责人 刘晓波
联络人 张 昊
撰稿人 聂红江 张 昊

辽宁总站
负责人 裴 奔
联络人 张四清
撰稿人 张四清 徐志强 齐莉莉 王彬彬
　　　　　黄 璐

吉林总站
负责人 公海泉
联络人 于中涛
撰稿人 于中涛

黑龙江总站
负责人 冯雪松 毛更伟
联络人 迟 嵩
撰稿人 迟 嵩 杨 洋 乔仁慧

上海总站
负责人 陈永庆
联络人 刘皓玮 袁 芬
撰稿人 周 涛 梁志玮 胡曼妮 魏 璇
　　　　　信 勇 方铁林 朱 军

江苏总站
负责人 季 明
联络人 何晓鸣
撰稿人 胡 敏

浙江总站
负责人 胡作华
联络人 陈瑜艳

撰稿人　王贵山　曹美丽　高　珧　陈瑜艳
　　　　张　延　冯小洁

安徽总站
负责人　彭德全　杜　震
联络人　张秋实
撰稿人　胡潜馥　张秋实

福建总站
负责人　洪　波
联络人　林　骏
撰稿人　张子亚　林　舟

江西总站
负责人　宋大珩
联络人　梁晓明
撰稿人　宋大珩　李竟成

山东总站
负责人　陈永庆
联络人　王　涵
撰稿人　陶海军　王　涵　宋文瑾

河南总站
负责人　毛才桃
联络人　李　凡
撰稿人　杨依璐

湖北总站
负责人　王亚民　张　巍

联络人　熊　颜
撰稿人　左艾甫

湖南总站
负责人　朱兴建　蒋　琦
联络人　王　华
撰稿人　闫乃之　姜文婧

广东总站
负责人　肖振生
联络人　李郁文
撰稿人　殷　骏　王志达

广西总站
负责人　何　盈　李健飞
联络人　孔祥新
撰稿人　米　鹤　廖　汩　许大为　孔祥新
　　　　唐伟强

海南总站
负责人　王文昌
联络人　朱　永
撰稿人　张瀚予

重庆总站
负责人　郭　彦　吴　方
联络人　张　丹
撰稿人　王　磊　张　丹

四川总站
负责人　樊承志
联络人　贾宜超
撰稿人　贾宜超

贵州总站
负责人　阎建光　周　强
联络人　张兆福
撰稿人　张兆福

云南总站
负责人　张江元
联络人　包继荣
撰稿人　王　溪

西藏总站
负责人　曾晓东
联络人　德庆白珍
撰稿人　曾晓东　陈　琴

陕西总站
负责人　李亚玮
联络人　刘　涛
撰稿人　刘　涛

甘肃总站
负责人　赵　旭　刘　湛
联络人　刘　杰
撰稿人　赵　旭　焦　健　张　磊　王　妍　安文剑　柴世文　王　皓　刘　杰　苏文婷

青海总站
负责人　熊传刚　张　雷
联络人　李永辉
撰稿人　李永辉　葛修远

宁夏总站
负责人　郭长江
联络人　许新霞
撰稿人　许新霞　严立勇

新疆总站
负责人　张　立
联络人　吴卓胜
撰稿人　吴卓胜

北美总站
负责人　曹　日　张　欣
联络人　张博旭
撰稿人　张博旭

拉美总站
负责人　朱博英　李伟林　尹晓通
联络人　孙　宇
撰稿人　孙　宇　耿之倩　徐丹娜　侯佳琦

非洲总站
负责人　宋嘉宁　李福胜　李培春

联络人　徐　广
撰稿人　赵　震　华　磊　李　晔

中东总站
负责人　穆　莉
联络人　吴王磊
撰稿人　张雨辰　李　超　万泽群　许洛瑜

欧洲总站
负责人　姜秋镝
联络人　梁　弢
撰稿人　梁　弢　解　铮　魏　帆　李耀洋

亚欧总站
负责人　王　斌

联络人　朱铭廷
撰稿人　朱铭廷

亚太总站
负责人　李　毅　李　凤
联络人　陈孙逸
撰稿人　陈孙逸　田大明　李志强　洪梦求

联合国总站
负责人　张　欣
联络人　卞广磊
撰稿人　潘思塑

索引

本索引以机构名称、活动名称、事件（事物）名称为主题词，主要选自本年鉴正文部分：领导讲话及文章、组织机构、工作概况、统计数据和大事记，图片纪事、表格和附录不在索引范围内。

本索引按主题词汉语拼音字母顺序排列，主题词后面的数字和字母分别表示所在页码和分栏位置（a 和 b 分别表示本页码左右两栏）。

汉语拼音索引

A

阿尔玛电视台　303a

《阿尔泰山》　180a

阿富汗地震一周年　300ab

《阿富汗艰难求变》　300b

《阿富汗人民的困境》　289b，294a

阿富汗塔利班重返喀布尔一周年　300a

《阿富汗之殇：美式民主改造的失败》　118b

阿根廷国家公共内容公司　180a

阿根廷首都布宜诺斯艾利斯春节庙会　296a

阿拉伯国家广播联盟　156a

阿拉伯国家广播联盟总部　301b

"阿拉伯伙伴"　18a，24b

阿拉伯联合酋长国 7eNews 网站　301a

阿拉伯联合酋长国达夫拉电视台　301a

阿拉伯联合酋长国迪拜电视台　301a

阿拉伯联合酋长国迪拜媒体委员会　301b

阿拉伯联合酋长国趋势研究与咨询中心　301b

阿鲁科尔沁旗游牧转场报道　232b

埃及国家电视台　119b

埃塞俄比亚广播公司　299a

艾美奖—工程科学技术奖　152b

"爱台护牌　遵规守纪"答题活动　170b

《爱我人民爱我军——走进双拥模范城文登》　109a

《爱，在落坡岭》　498b

《爱在中国》　128b

《安徽黄山　南溪南村：豆腐村变形计》　248b

《安徽黄山　文化传承　看西递村的和美生活》　248b

《安徽六安　凭实力成"村宝"！一只大白鹅拉动数十亿元产业链》　248b

安徽总站　67b，247a，247b，248a，248b，249a，249b

安徽总站工会委员会（联合）　249a

《安徽总站机构奖金及年终奖考核细则》　249a

安全播出技术体系建设　8b

奥林匹克冬季运动　23a

奥林匹克广播服务公司　97a，389a，486a

奥林匹克精神　23a，30b，303b，506b

奥运会开幕式和闭幕式 8K 国际公用信号制作　21a，29a

"奥林匹克之家"奖杯　156a

澳大利亚广播公司　307b

澳门故事　22a，474b

澳门广播电视股份有限公司　156a，493b

澳门回归祖国 23 周年　22a

澳门科技大学师生　22b

澳门科技事业　22b

澳门青年　22b，23a，23b

澳门青年发展服务中心　135b

《澳门日报》　115a

《澳门双行线》　22a，91b，474a

澳门特别行政区　62b，474a

澳门特别行政区政府　22a，23b，91b，139b，156a，478b，484a

B

"八八战略" 18b，19b，247a

"八分钟论坛" 220b，226b

八一建军节 108b

巴基斯坦 GNN 电视台 179a，179b，180b–181a

巴拉圭"蛛网绣"电视台 295b

巴黎奥运会 21a，24b，30a，31b

巴西东北部重镇累西腓新春灯光秀 296a

巴西环球电视台 296a

巴西旗手传媒集团 295b

巴西旗手传媒集团新闻网站 288a

巴西旗手电视台 125a，296a

巴西网络平台 CB Media 184a

巴以新一轮冲突 86b，109a，117b，129b，134a，135b，156b，157a，200a，200b，289a，289b，291b，295a，297b，299b，300a，302a，309a，393b，413b，503b

巴以新一轮冲突报道 74b，118a

《把两岸关系发展的前途命运牢牢掌握在两岸中国人手中》 115a

《把土耳其大巴扎"打包"到中国》 301a

白俄罗斯国家电视广播公司 478a

《白山松水看振兴》 237a

"百城千屏" 29b，137a，151a，226a，241b，242a，246b，301a，306a，386a，403a，500a，502a，504a

"百城千屏"公共大屏项目建设 221a

《"百城千屏"活动推进意见》 285b

"百城千屏"项目 4b，8b，75b，144a，153b，281a，285b，287b，501b

《百川汇流》 106b

《百年变局：呼唤新形态现代文明》 121a

《摆脱贫困》 19a

版权保护 196b，303b

版权保护手段 395a

版权交易中心 221a

版权运营机制建设 10a

办公厅 60a，77a，79b，81a，162a，165a，165b，172a，190b，239b，291b，508a

办公厅秘书处党支部 478b

办公厅物业管理处 218a

《办公厅项目管理廉洁风险防控手册》 81b

《榜样的力量》（第二季） 101a

《宝"藏"青年》 105a，106b

"宝宝秀"摄影作品征集活动 164a

《报得三春晖》 292b

"北国好风光　美在黑龙江" 239b

北京朝阳国际茶香文化节 223a

北京大学国家发展研究院 513a

北京大学考古文博学院 513b

《北京二十四节气图鉴》 220a

北京国广物业管理有限公司 66b，218a

北京科幻嘉年华 223a

北京理工大学 88b

北京平谷国际桃花节 223a

《北京人：人类最后的秘密》 30a，104a，512b，513a

北京市 8K 超高清视听作品专项扶持项目 184b

《北京市代市长谈"乙类乙管"》 222b，223b

北京市西城区心飞扬青少年志愿服务中心 171a

北京市政府门户网站国际版 211b

北京数码视讯软件技术发展有限公司 388a

北京雁栖湖国际会展中心 484a

《北京扎实调研解难题　着力优化营商环境》 222b

《北京中轴线 VS 罗马城市中心：城市轴线西方与东方的对话》 298b

北京总站 67a，214a，222a，222b，223a，223b，224a，224b，494b

《北粮南运》 234a

北马其顿 303a

北美职业冰球联盟 97a，221b，508a

北美总站 69a，201b，290a，292a，292b，293a，294a，294b，310b，393a，500b，509a

"北溪"天然气管道被炸事件 74a，293a

529

《"北溪"疑云与真相：赫什接受总台专访》 293a

《"北溪"疑云与真相：专访前五角大楼顾问波斯托尔》 293a

北约官网 302a

《贝家花园》 30b

贝宁海湾电视台 480a

《被遗忘的阿富汗》 289b，294a

本土化媒体产品 127b

《奔赴救灾现场的最后身影》 237a

《奔跑的青春——2023五四青年节特别节目》 93b

《奔向2024》 512a

《必由之路 | 改革开放再出发 万千气象新征程》 73b

《毕业季 看就业》 91a

《碧水长歌颂端阳》 92b，95a，198b，221b，260a，492a

边境城市发展现状 220a

"边境城市发展现状" 239a

《冰天雪地瞰新疆》 286b

《冰雪尖刀连》 102a

《"病毒溯源"的应有之意》 126a

《玻利维亚宣布与以色列断交》 295b

博鳌亚洲论坛 267a

博鳌亚洲论坛2023年年会 85b，90a，117a

《博物馆乐游记》（唐乐篇） 93b

《博物馆里的中华文明》 128a

《博眼球造谣视频是如何炮制的》 261b

《捕捉深空中的"烟花"》 100a

"不断增强'下沉力' 走好网上群众路线" 158b

《不言放弃的豆豆："我上小学啦"》 270b

《不一Young的成都》 204a

《不一Young的杭州——亚洲航家》 136b

《不远万里——寻找真实的白求恩》 191a

C

《财经法规制度汇编》 146ab

财经节目中心 61b，89a，138a，196a，261b，392b，470a，471b，482a，483a，486b，491a，494b，495a，496a，498a，507a，508b，509b，510b，513a，514b，515a

财经节目中心统筹策划部党支部"为盲人讲电影" 482a

财会监督总结报告 145a

财务局 64b，82a，141a，143a，171b，172a，226a，285b

财政部 143b，145a

采编经营两分开 266b

"采编经营两分开、两加强" 266a

"采编经营两分开"专项纪律教育 166a

《餐桌上的中国》 191b

《曹妃甸湿地候鸟云集》 228a

《茶馆论道》 119a

产业信息化 29a

"厂BA" 147b

《长白天下雪》 237b

长城国家文化公园 509b

《长城，我来了！》 103b，509b

《长城之歌》 81b

《长春，实在是太有性价比》 238a

长春马拉松 221b

《长江之歌》（文明篇） 103a

长三角一体化 241a，248a

长沙橘子洲读书会 262a

长征国家文化公园贵州段重点建设区 274a

《长征之歌》 81b，99b，101a

《唱支山歌给党听》 93a

《超162亿人次！总台春晚热四海，全球共享中国年！》 159a

超高清版权保护技术项目 189a

超高清电视 8b

超高清电视制播 381b

《超高清高清同播技术方案》 152a

超高清示范园"央视界" 4b，8b，29b，75b，143a，

索 引

221a，223a，513b
超高清视音频制播呈现国家重点实验室 4ab，8b，29b，75b，144b，152a，189a，221a，242a，388a，390a，402a，486a，505a
超高清音视频技术 7b
《超"吉"解码》 237a
《超级工厂》 189b
《超级农人秀》 112a
《超级生产线 苏州加速度》 244a
《超级斯巴德》 192a
《超能钢小侠》 183a
《超越时代的大智慧、大勇气——走近戴高乐》 30b
成都大运会 24b，81b，85b，95a，96b，125b，131a，136b，141b，144b，146a，147a，150b，151a，152b，153b，176b，182a，185b，188a，195b，221a，241b，271b，381a，381b，384a，385a，386a，496b
"成都大运会" 155b
成都大运会国际公用信号制作 96b
"成都大运会吉祥物" 290a
成都大运会网球8K制作 387a
成都大运会网球比赛 386a
成都大运会网球赛事转播 386b
成都大运会网球项目 151a，387a，396a
成都大运会转播 403b
成都高新减灾研究所 175a
《城中之城》 197b
《乘着大巴看中国》 135b，185a，221b，281a
《乘着大巴看中国｜为大自然办场音乐节》 283a
"橙果计划"乐享会新媒体直播 212b–213a
《驰援舒兰——36小时全记录》 109a
"持续擦亮集团品牌，推动纪录片创作高质量发展" 194a
《赤诚》 75a，82b，102a
《炽热的银发少年》 94a
《冲突后的喀土穆街头》 483a
"重播重审" 148a，193b

《重读志愿军家书》 495b
《重庆积极推动长江文化保护发展传承》 269b
重庆史迪威博物馆 34a
重庆市委"一号工程"——"双圈"建设 270a
《重庆谈判》 75a，131a，131b，176a，514a
重庆总站 68b，83b，151a，269a，269b，270a，270b，483a，491a，495b，500b
"重生"雕塑群 32b
《重走马可·波罗之路》 183b
《宠物旅店》 98b
《出彩中原·权威访谈》 257a
"触梦三星堆——12K沉浸式数字全球巡展" 136a
《穿越风暴》 118b
《穿越烽火》 170a，192a，493a
《穿越千年的丰收》 111a
"传承工匠精神 彰显国潮魅力" 147a
《传承与发展》 125b
《传奇中国节》 129a
《窗外是蓝星》 198b
《闯关再向前》 133b
创发中心 158a，158b，160a，160b
创新发展研究中心 65a，158a，171b，238a，261a，483b
创新发展研究中心CMG创意实验室 509a
《创新驱动 北京全力打造国际科创中心》 222b
"创新文创融媒体创意工作站" 195b
"创新·携手·未来" 20b，155b，489b
《创新中国说》 100a
《春茶地图》 112a，265b
《春风习习》 84b
《春耕进行时》 111b
"春季大练兵" 120b
"春季健步走" 164a，262b
《春节海采—新春新愿》 271a
"春节剧起来" 104a
"春节文化走出去" 188b

531

"春暖花开正当时——中央广播电视总台精品节目澳门展映暨赛事媒体权利授权仪式" 139b，156a，478b

《春天的中国》 46b

《春天里的盛会》 84b–85a

春晚 9a，75a，131b，150b，254b，290b，304a，305b，308b，470b，473b

春晚吉祥物 184a，471b

《踔厉奋发看名企》 90a

《此心安处是吾乡》 103a

从"0"到"1"的原创性研究 12b

从北京到巴黎的奥运故事 303b

"从北京到巴黎——中法艺术家奥林匹克行"主题活动 30b，496a

"从北京到巴黎"主题 505b

《从"大写意"到"工笔画"》 73b，133a

《从"东盟伙伴"媒体合作论坛看如何提升国际传播能力》 266b

从"解决一个问题"向"解决一类问题"转变 15b

《从"两会"看中伊关系发展前景》 300b

《从"人口红利"到"人才红利"》 126a

《从故宫开始了解中华文化》 106b

《从故宫开始了解中华文化》（第三季） 105a

"从广电行业现状看总台的实践与探索" 158a

《从脱贫攻坚到乡村振兴》大型融媒体特别节目 261a

《从玉渊潭到日月潭，看总台谭主揭批"台独"》 159ab

"促进女大学生就业" 135b

"村BA" 136b，147b，221b，273a，273b，514b

"村超" 136b，147b，221b，261b，273a，273b，514b

《村里来了个洋媳妇》 180a

《村庄十年》（国际版） 110b

D

"打卡'一带一路'新地标"融媒体活动 122b

《打开地球的B面》 191a

"打造具有强大引领力、传播力、影响力的国际一流新型主流媒体" 52a

"大编辑部"运行效能 81a

大场景3D扫描 488b

"大春晚季"版权营销活动 147b

"大春晚季"品牌授权 470b

《大道十年》 192a

《大道薪火》 102a，197a

《大地的歌谣》 94b

《大地之上》 103a，192a

《大敦煌》 102a，183a，505a

《大国基石》 82b，473a

《大国金融》 189b

《大国来信》 86b，306b，500b

《大国来信丨鼓岭故事》 250a

《大国外交最前线》 47a

《大宏图·"县"在启航》 208b

"大剧看总台" 2b，104b，197a，205b，414b

《大决战》 491b

《大咖陪你看》 188a

《大开局》 208b

《大凉山的新生活》 271a

《大美风光看华夏》 209b

《大美西藏丨景观慢直播》 277a

《大美中国》 46b，86a

《大美中国·冬天系列》 103a

《大美中国·览夏》 268a

《大脑深处》 192a

"大片看总台" 104b，205b

"大屏+小屏" 10b，110ab，147b

《大秦岭》 100b，510b

《大山里的地下实验室》 271ab

大师级人才 142b

《大师列传》 100a，183a，476a

《大时代》 208b

"大食物观"节目策划 234a

"大手拉小手"活动 171a

"大数据监测系列分析" 158b

大湾区青年 23a

《大湾区 新征程》 113b

"大湾区之声" 114a,512b

"大湾区之声"新媒体 75ab,114a,114b,511b

《大湾区之声热评》 45a,72b,115a

"大文化、大资本、大经营"战略蓝图 10a

大小屏联动 19a,130b,232a,237b

大兴调查研究之风 6b,44b,53b

《大运河之歌》 75a,81b,102a,103b,498b

《大运会里的巴蜀文化》 271b

《大运英豪》 96b

《大众日报》 254b

"大作看总台" 2b

《代表委员这一天 | 陈宝超:"番茄村书记"两会"取经"记》 256a

《代表委员这一天 | 三位"牛"代表 共"犇"富裕路》 256a

《"带路"项目人物志》 297b

《丹青难写是精神——CMG观察文萃》 159b

《当法老遇见三星堆》 119b

"当下改"与"长久立" 169a

"当下改"与"长久立"相结合 14b,54a

《当心!这些古画会动》 122a

《当中国故宫遇上法国埃菲尔!赵聪与理查德·克莱德曼再度携手演绎〈红玫瑰与白茉莉〉》 188ab

党的二十大报道 43b

"党的二十大精神应知应会"答题 172b

党的二十大主旋律报道 2b

党的新闻舆论工作 2a,11a,42a,42b,43b,44a,479a

党的意识形态重镇和国家广播电视台 19a,48b,52a,55a

党风廉政建设专题讲座暨项目管理廉洁风险防控培训 81b

党和国家对外工作大局 154a,157a

党和国家工作大局 2a,3b,6a,12a,14b,19b,43a,53a,55b,72a

党和国家战略全局 11a,42b

《党旗在基层一线高高飘扬》 86a

《〈党旗在基层一线高高飘扬〉冲锋在前 全力守护百姓安全》 222b

党委理论学习中心组 54b,109b,178b,236a,244b,266a,272b

党支部标准化规范化建设 58a,224a

《档案揭秘》 150b

档案"三合一制度"编制工作 78b

"档案业务交流会" 178a

《倒污水》 118b

《稻花"湘"里说丰年》 261b

德国巴登—符腾堡州地方电视台 128b

德国首都电视台 125a,179a

德国新闻电视台 N-TV 115b

德国之声 302a

《灯火里的中国》 484b

《灯火里的中国》(西安篇) 198b

地方总站 4b,55a,58a,79b,81b,88b,94b,103a,128b,135a,135b,136b,137a,141b,143a,143b,150a,151a,162a,162b,166a,171ab,177a,177b,185b,202a,219a,231b,234a,234b,238a,245b,254a,260b,262a,263a,384b,395a,471a,490a,514b

地方总站保障体系 140a

地方总站采编业务线下集中培训 143b

地方总站党建工作季度考核评价体系 77a

地方总站房产价值评估 145b

地方总站工会委员会 163a

《地方总站工会委员会(联合)建设方案》 249a

《地方总站管理办法》 220b

《地方总站国际传播能力建设不足》 245b

地方总站经理室　10b
《地方总站联席调研机制工作方案》　143ab
地方总站媒资子系统　490a
地方总站人员回京轮训常态化机制　143b
地方总站人员回京轮训工作　141a
《地方总站人员轮训方案》　143b
地方总站新媒体账号　229b
地方总站新址建设　143a
地方总站新址项目　144a
地方总站职责使命　280a
《地方总站重点工作、突出问题约谈提醒机制工作方案》　143a
地方总站资产管理　145b
《地球村民声：对于日本强推核污染水排海的做法，全球各地的人们都怎么看》　293b
《地震来临，避难时如何保暖？》　173b
第108届全国糖酒商品交易会　482a
《第19届杭州亚运会媒体权利许可协议》　478b
第19届世界田径锦标赛　499b
第19届亚洲夏季运动会　75b
第20届世界游泳锦标赛　495a
第20届中国—东盟博览会　265b
第23届阿拉伯广播电视节　301b，491a
第25届江苏新闻奖　244b
第25届上海国际电影节　75a，243b
第28届上海电视节　179b，491b
第28届上海电视节"白玉兰奖"　183a，198a
第28届上海电视节"白玉兰奖"最佳综艺节目　82b
第30届中国公益广告黄河奖　148b
第31届世界大学生夏季运动会　75b
第31届中国电视"金鹰奖"　198a
第31届中国人大新闻奖　280a
第33届"3·15"晚会　91a，479a
《第33届巴黎奥运会媒体权利许可协议》　478b
第33届大连马拉松赛转播　235b
第33届中国新闻奖　160a，183a，229a，243b，266b-267a，267a，274a，277a，280a，282a
第39届中国·哈尔滨国际冰雪节　239a
第42届温哥华国际电影节　289b
第44届泰利奖　157a，289b，294a
第60届亚广联奖　160a，231b
第60届亚广联奖广播类广播剧大奖　98b
第60届亚洲—太平洋广播电视联盟奖　93b
第61届纽约国际电影电视节奖　157a，289b，294a
第61届纽约国际电影电视节世界金奖　294a
第61届纽约国际电影电视节银奖　277a
第8届泰国金吉纳利奖"大众传媒类"最佳电视节目奖　122b
第9届国际足联女子世界杯　495b
第八届海上丝绸之路（福州）国际旅游节　251b
第八届中华优秀出版物奖　183a
第二届阿根廷"中国影视展播季"　296b
第二届北京城市更新论坛暨首届北京城市更新周开幕活动　198b
《第二届春兰节特别直播》　137a
第二届高新视频创新应用大赛一等奖　185b
第二届华语纪录电影大会　192b
第二届"金扁担"农业现代化论坛　110b，112b
第二届"民主：全人类共同价值"国际论坛　74a，118ab
第二届全国技能大赛　225a
第二届全球媒体创新论坛　73a，74b，82a，155a，201a，221b，242a，495a
第二届全球媒体大会　152b，301b，508b-509a
第二届三联人文城市奖颁奖盛典　213a
第二届吴越文化节　203a
第二届新视听媒体融合创意大赛—媒体融合模式创新赛道　204b
第二届"遇见你"中非青年原创短视频大赛　299b
第二届中国（成都）生活体育大会　189b
第二届中国春兰节　203a
第二期"全球'街'力"网红媒体活动　490a

第二十九届丝绸之路吐鲁番葡萄节开幕式　287b

第二十九届中国纪录片学术盛典短片十优作品　257a

第二十三届中国国际投资贸易洽谈会　251b

第九届尼山世界文明论坛　254a

第九届全国微电影春晚　192b

第六届世界顶尖科学家论坛官方活动——科学嘉年华"金盒子奇妙夜"　507b

第六个中国农民丰收节　111a

第六届21世纪海上丝绸之路博览会　251b

第六届世界绿色发展投资贸易博览会　253a

第六届数字中国建设峰会　221b，251b

第六届中国—阿拉伯国家博览会　284b

第六届中国国际进口博览会　85b，90a，117a，144b，147b，507b

第六届中国天津国际直升机博览会　108b-109a，225b

第七届国际显示技术大会（ICDT 2023）　152b

第七届河北省旅游产业发展大会　228a

第七届丝绸之路国际博览会　279a

第七届中国—南亚博览会　274b，275a，276a

"第三届澳门之味巡礼——五都荟萃《鲜生史》"　205b

第三届巴西"中国影视展播季"　296b

第三届"一带一路"国际合作高峰论坛　26a，32b，73b，85b，89b，93b，113a，117a，124a，127b，134a，135a，138b，139b，144a，144b，149a，154a，154b，183b，185b，190b，198b，201a，289a，295a，297a，297b，298a，304b，412b，504b

第三届中非经贸博览会　261a

第三届中国国际消费品博览会　85b，90a，117a，275a

第三届中国（宁夏）国际葡萄酒文化旅游博览会　284a

第三届中国汽车风云盛典　91b，482a

第三届中国—中东欧国家博览会暨国际消费品博览会　125b

第三批"蹲苗"人员和2023年新入职员工培养工作　228b

第三批"蹲苗"选派工作　76b，141a，141b

第三十二届哈尔滨国际经济贸易洽谈会　239a

第三十届北京国际广播电影电视展览会（BIRTV2023）　385b，500a

"第三只眼看中国"　37b

第十个南京大屠杀死难者国家公祭日　512a

第十届法库国际飞行大会　235b

第十届丝绸之路国际电影节　75a，180b，250b，502b

第十届亚洲微电影艺术节　192b

第十九届大连国际沙滩文化节　235b

第十九届中国国际动漫节　75a

第十九届中国国际动漫节"金猴奖"　183a，491b

第十九届中国吴桥国际杂技艺术节　228a

第十九届中美电影节年度最佳动画电影　183a

第十六届精神文明建设"五个一工程"奖　197b-198a

第十三届北京国际电影节　75a，136a，484a

第十一届全球视频媒体论坛　154b，201a，504a

第四届上海"五五购物节"　241b，242b

第四届"铁路好新闻"十佳作品　277a

第四十届河南新闻奖　257a

第五届海南岛国际电影节　75a，180b，189b，268b

第五届金风筝国际微视频（微电影）征集展播活动　192b

第一定义权　12a，156b

第一话语权　12a

第一届全国城市生活垃圾分类主题宣传周活动　189b

第一届亚洲通用航空展　109a

第一届直属党总支部委员会　140b

"第一议题"　76a，172b，226b

"第一议题"制度　165a，228b，264b，274a

《典籍里的新思想》　54b，121a，191b

《典籍里的中国》　39b，50a，413a

《典籍里的中国》（第二季） 82b，138b，203b，482b
《典籍耀中华》 128a，499a
《典赞·2022科普中国》 100a
《电波音乐节》 94b
电竞赛事国际公用信号制作 96b
《电视研究》 159b，490a
《电视制作中肤色分析的方法》 152a
《电子竞技健康发展联合倡议》 130b
《电子竞技在中国——杭州亚运会特辑》 193a
《丁宝桢》 197a
《顶级实验室》 28b，133b，489a
定点帮扶四川省喜德县工作 77b，148b
《定风波》 102b，191b，496b
《东部战区新闻发言人就美P-8A反潜巡逻机过航台湾海峡发表谈话》 108b
《东方时空》 224b，246a，264a，268b，279a，483b，500b
《东方时空丨中国新动能》 254a
《东非大裂谷》 298b
"东盟" 265a
东盟国家媒体 20a，266a
东盟国家主流媒体 123b
东盟伙伴 20a，21a，21b
"东盟伙伴" 18a，24b，27b，201a
"东盟伙伴"看中国式现代化媒体行 21b，123b
"'东盟伙伴'看中国式现代化媒体行采访活动" 266a
"东盟伙伴"媒体合作论坛 21b
《东数西算一体化算力服务平台正式上线运营》 284a
《东西艺鉴》 120a
《动感中国》 122b
《动析新概念》 121a
《栋梁之材》 91a，495a
"豆选"干部 36b
"读书与生活"季度分享会 172a

《端午诗会》 93a
《断点》 118b
《对华"去风险化"的背后》 126a
《对话》 244a，495b
《对话思想者》 117b
对美西方舆论斗争持久战 45b
对外传播格局 45b
"蹲苗计划" 181b-182a
"多彩京秋"融媒体行动 223a
《多国人士积极评价习近平主席在上海合作组织成员国元首理事会第二十三次会议上的重要讲话》 306b
多画面"分屏"和幕后花絮 75a，92a
《多情的土地——2023年清明特别节目》 93a
多语种网红工作室 21b
多语种音频媒资系统收录工作 150a
《夺金时刻》 96b

E

《俄罗斯报》 288b
俄罗斯独立电视台 306a
俄罗斯大亚洲电视台 179a，180a，305a
俄罗斯国际合作与对外贸易奖 305b
"俄罗斯能源周"国际论坛全会 306b
俄罗斯年度媒体经理人奖 305b
俄罗斯全俄国家电视广播公司 305a，305b
俄罗斯"瓦格纳事件" 304b，413b
俄罗斯"瓦格纳事件"报道 118a
俄乌冲突 74a，86b，88a，109a，109b，129b，135b，156b，200b，295a，302a，302a，304a，304b，309a
俄乌冲突报道 118a
俄语国家和地区 288b
《鹅养我，我养鹅！》 248b
二〇二二年新年贺词 44b
二〇二三年新年贺词 105a，124a，135a，292b
二〇二四年新年贺词 72b，515b

《二十五载正青春——中南友好合作纪实》 298b，515a

F

《发现东方之美丨归来吧！少年》 129b
《发现梵净山》 273a
《发现中国》 295b
"发展权" 37b
法国10.7制作公司 512b–513a
法国24电视台 289a
法国EVERROSE公司 303b
法国戴高乐基金会 30b
法国凡尔赛宫 30b
法国国际电视五台 30b，103b，487b
法国国家电视集团 30b，512b
法国网球协会 97a，303b
法国泽德制作公司 30b
法国职业足球联盟 97a，303b
法新社 116b，303b，309a，512a，515b
"法治在线" 160b
《凡而不凡》 94a
《凡人好事2022》 101a
《繁花》 75a，103a
《方言这么美·青春环游记》 129b
"飞兔领跑行动" 146a，146b，255a
《飞"乐"山海夏日歌会》 93a
《飞越杭州》 246b
《非凡的领航2022》 84b，470a
《非凡的领航——习近平总书记2023年治国理政纪实》 72b
《非凡十年》 44b
《非凡十年丨打通新"天路" 开辟幸福路》 277a
《非凡新时代》 187a
非广联 156a，298b
《非热爱不遗传》 133b
非物质文化遗产 39a，39b

非物质文化遗产保护工作 39b
非遗技艺 39a
《非遗里的中国》 40a，41a，41b，50a，75a，82b，182b，183a，413a，484a
非洲广播电视组织联盟 201a
非洲广播联盟 26a，155b，299a，499a
"非洲伙伴" 18a，24b，27b
非洲媒体 26a，26b，299a
《非洲时报》 115a
"非洲视频媒体联盟" 26b，201a
非洲总站 69a，145b，201b，297a，297b，298a，298b，299a，393b，483a
菲律宾国家电视台 180a
《费加罗报》 103b
《奋斗百年路 启航新征程》 46a
《奋斗为基》暨《"县"在出发》大型融媒体报道 19b，133b
《奋斗为基》暨《"县"在出发》大型融媒体行动 253a，484a
"奋斗有我 国聘行动" 221a，260a
"奋斗有我 国聘行动"促进女大学生就业专场 225b
"奋斗有我 国聘行动"湖北专场 479a
《奋斗者 正青春》 108b
《奋楫扬帆海之南——海南自贸港建设纪实》 89b
《奋进的中国》（第二季） 103a
《奋进新时代》 73a，476b
"奋进新时代"主题成就展览 476b
《奋进新征程 共筑中国梦》 241b
《奋力谱写中国式现代化新篇章——习近平总书记在四川、陕西汉中考察引起广大干部群众强烈反响》 278b
《丰收渔年》 236b
"丰收中国"融合传播行动暨"三农"主题宣传系列重点项目 110a，111a
《"丰县生育八孩女子"事件调查》 243b，274a

537

《风从东方来》 191b
《风起黄河》 208b
《风雨送春归》 103a，183a
"福宝生日会"直播活动 308b
《福岛之殇》 307b
《福建，力争上游看开局》 250b
福建总站 67b，250a，250b，251a，251b，252a，500b
《福建总站办公室工作手册2023》 251a
《福建总站总编室新闻业务管理办法（修订）》 251a
"福满月圆一家亲" 115a
《福气啦！融合区》 114b–115a
《父辈的荣耀》 103a
《父亲遭遇重大车祸 7岁女儿用爱书写生命奇迹》 270b
复兴路办公区D01演播室群超高清系统 153a，380a
复兴路办公区新闻联播演播室 153a

G

改革开放45周年 73b，85a
《改革助推粤港澳大湾区建设迈上新台阶》 263a
甘南藏族自治州70周年庆典 203a
《甘肃积石山县地震已致111人遇难》 173b
《甘肃庆阳：部分高标准农田建设存在造假》 280b
甘肃应急管理厅 173b
甘肃总站 68b，203a，280a，280b，281a，281b，493a，512b
"感动南网"颁奖礼 264b
《感受中越经贸合作的热度》 265a
"感悟百年初心 赓续红色血脉"主题党日活动 240b
干部队伍教育整顿 13b，14a，14b，54a，76b，81b，145b，162a，165a，178b
干部队伍教育整顿实施方案 76b
干部选育管用全链条机制 76b
干部选育管用全链条机制建设 140b–141a

《"赣"得漂亮！》 252b
《"港"清楚》 113b，116a
《高端访谈》 18b，50a，72b，82a，86b，117b，157a，159a，289b，296a，300a，302a，305a，307b，308a，505a
《高素质劳动力的规模比人口规模更重要》 298a
高铁列车5G超高清移动直播演播室 29a
《高温下的旅游热》 275a
《高原上的"守望者"》 100a
《高原之上》 181a，191b，486b
"高质量发展调研行"四川主题采访活动 271b
《高质量发展调研行》 73b，91a，219b，239a，247b，254a，258b，279a
《高质量发展在吉林》 237a
格兰德奖最佳电视栏目奖 122b
《根脉中华》 115b，512b
"根在基层"调研实践活动 194a
《根在泉州》 129b
《跟着丁真探乡村》 111b
《跟着习主席看世界》 187ab
《跟着小央看村超》 204a
《跟着总书记打卡》 132b，486a
"赓续红色血脉，坚守文化传承" 231a
工业和信息化部 152a，486a，498a
工业和信息化部赛迪研究院 88b
公安部 210a
《公民报》 298a
《共赴未来 有你有我》 125b
《共富经》 112a，487b
《共和国符号》 106b，129a，474a
《共话大湾区》 114b
《共话"疆"来》新IP 286b
《共话"疆"来》系列报道 286a
"共建'一带一路'" 155b
共建"一带一路"倡议 16a，17b，26b–27a，27a，27b，32b，33a，91a，121a，121b，122b，192a，

298a，306b，476b，483b，503a，504a，505a
共建"一带一路"倡议提出十周年　20b，88a，100b，104a，117b，125b，138b，155a，176a，180a，182a，182b，191b，256ab，265b，275a，286b，295a，300a，304a，304b，307a，308b
《共建"一带一路"：构建人类命运共同体的重大实践》　183b
共建"一带一路"合作文件　33a
《共建"一带一路"·河南说｜在古都"豫见"新丝路》　256b
《共建"一带一路"·权威访谈》　279a
《共建"一带一路"·权威访谈｜把握机遇 河南从内陆省份迈向开放前沿》　256b
《共建"一带一路"·新疆｜霍尔果斯：在"新丝路"上焕发勃勃生机》　286b-287a
《共建中央广播电视总台山东总站文化创意研发中心的战略合作协议》　491b
共商共建共享　27b，28b，33a
《共同的建造》　91a，503b
共同富裕　18a，19a，19b，20a，245b，246a，487b，493a，508b
共同富裕理念　180b
共同富裕示范区　19a
共同富裕示范区观察点　19a，246a
共同富裕示范区观察点大调研　246b
共同富裕示范区观察点建设　245a
"共同富裕中国行"　496a
《共同富裕中国行》　91a，209b
《共同关注》　225a，248a，267a
《共享繁荣》　119b，480a
《共叙友谊！中美人文交流友好对话在旧金山举行》　294b，310b
《共筑国防　有你有我》　109a
构建讲好中国人权故事的话语和叙事体系　36b
构建全过程人民民主和中国抗疫主流叙事　118a
构建全球文明对话合作网络　17b-18a

构建人类命运共同体　17a，18b，24b，27b，28a，38b，124b，128a，486b
构建人类命运共同体故事　125b
构建人类命运共同体理念　16a，27a，37a，121a，155a，297a，309b-310a
构建人类命运共同体理念提出10周年　85a，117b
构建新发展格局　10b，12b，20a，210b
构建中国话语和中国叙事体系　4a，12a，35a，54b
构建中国人权话语　35a，36b
《购物车里的中国与世界》　86a
古巴国家电视台　295b，296b
《古厝里的中国》（第二季）　251b
《古都奇妙游》　125b
《古"津"博谈二十四节气》　220a，225b
《古树下的告白》　131b
《古韵新春》　181a
《古韵新声》　39b，473b
《古镇芳华　生态屏南》　112b
《怪怪奇小怪》　183a
关键核心技术攻坚战　8b，12b
《关于2023—2024年度国家文化出口重点企业和重点项目的公告》　503b
《关于促进电子竞技产业健康可持续发展战略合作协议》　481a
《关于促进民营经济发展壮大的意见》　495b
《关于规范涉违纪违规事项管理办法（试行）》　170b
《关于加强中央广播电视总台处级干部队伍建设的指导意见（试行）》　141a
《关于加强中央和国家机关部门机关纪委建设的意见》　167b
《关于实行"三会一课"和主题党日报备制的通知》　162b
《关于学习宣传贯彻〈进一步加强财会监督工作的意见〉的通知》　145a
《关于中央广播电视总台杭州基地新业态构建的调研报告》　130a

《观察点月报》 246a

《观点报》 300b

《观进博》专栏 121b

《"冠"察两会》 137b

《冠军时刻》 136b

《管理制度汇编》 186a

贯彻习近平新时代中国特色社会主义思想 53a

光华路办公区C区新闻直播演播室 153a

"光华路鸣" 160b

《光脚扣杀、板凳打球……海南"村排"火了！》 268b

"光荣在党50年"纪念章 161b-162a，170b

《光影之约》 136b

《广播电视安全播出管理规定》（国家广播电视总局令第62号）及实施细则 383a

广播电视新媒体媒资系统 150a

"广播电视新媒体媒资项目" 394b，395a

广播电视装备国产化 8b

广播融媒节目常态化直播 150b

广东广播电视台 264b

《广东锚定高质量 开启发展新篇章》 263a

广东南方新媒体 195b

广东省广告集团股份有限公司 264b

广东省委省政府 263a

广东省文化和旅游厅 146a，264b

广东总站 68a，262a，263a，263b，264a，264b，507b

广东总站暨粤港澳大湾区总部 143a，484b

《广东总站学习材料》 264b

"广告+版权" 10b

《广交天下客》 263b

《广西高质量发展调研行》 266b

广西总站 68a，123b，265a，266a，266b，500b

广西总站"大兴调查研究之风"特别行动队 266a

广西总站党委理论学习中心组 266a

广西总站第一党支部 266a

《广西总站"三重一大"决策制度》 266b

《广州日报》 263b

《归来》 192a

《贵州加快建设数字经济发展创新区》 273a

《贵州深入开展主题教育 推动农业现代化建设》 274a

贵州总站 68b，272a，273a，273b，274a，274b，488a

《贵州总站禁止不正当新闻采访管理规定》 274b

《贵州总站重大事项请示报告制度（暂行）》 274b

《"桂"在调研》 266a

《国宝面对面》 188a

"国宝挑战活动"（新春季） 104a

国产C919大型客机 85b，121b，241a

国产化AR包装渲染和轻量化跟踪设备 383a

国产化AR虚拟渲染 151a

《国防公开课》（2023） 109a，501b

《国风遇见亚运》 136a，203a

国广传媒发展有限公司 66b，210a

国广国际在线网络（北京）有限公司 211b

国际奥林匹克委员会 95a

国际奥林匹克委员会2023年度"和平"纪念奖章 156a

国际奥林匹克学院 303b

国际奥委会 97a，303b，506a

《国际传播》 159b，490a

国际传播格局 21a

国际传播规划局 64a，138a，139b，140a，149a，296b，470b，489b，493b，501a，503a，508a

国际传播规划局新媒体信号集成发布平台 498a

国际传播力 2b，5a，11a，53a，99a，479a

国际传播能力建设 4a，12a，50b，51a，64a，74a，97a，139b，143a，144a，154a，212a

"国际传播能力建设审计风险防范" 169a

《国际传播如何一语胜千言？〈高端访谈〉一周年座谈会这样说》 159b

国际传播资金专项审计整改任务　145a

国际传媒港　185a

国际大学生体育联合会　96b，381b

国际电信联盟　152a，402a，403a

国际电信联盟国际标准　152b

国际电信联盟国际标准体系　402a

国际合作平台　27a

国际交流局　65a，154a，177b，288a，288b，289a，290a，291b，470b，490a，491a

国际媒体合作机制　18a，21b

国际媒体"统一战线"　4a，12ab，156a，301b

国际皮划艇联合会　97a，494a

国际人权话语权　36a

"国际人文交流合作杰出成就奖"奖章　156a

《国际日报》　103b，138b

《国际锐评》　45a，72b，74a，126a，134a

国际生物多样性日　275a

《国际时讯》　306b

"国际时讯"微博账号　298b

国际视角　37b，128b

国际视频通讯社　21b，54b，200a，200b，307b，478a，479b，486b，500a，502b，503b，504b，512a，515b

国际一流新型主流媒体　3b，6a，8a，10a，11b，28a，38b，47b，50b，55b，58b，140a，165a，384a，392a

"国际一流新型主流媒体评价指标体系研究"　158b

国际一流原创视音频制作发布的全媒体机构　3a，50a

国际舆论场　2b，4a，11a，45a，45b，51a，289b，297a，304b，306b，309a，479a

国际在线社交媒体分发系统　150a

国际在线中文网　211b

国家安全教育日　108b

"国家出版基金资助"　216a

国家档案局　80a

国家电影局　484a

国家多语种影视译制基地　180b，221a，242a

国家发展和改革委员会　152a，189b，507a

国家发展和改革委员会城市和小城镇改革发展中心　88b

国家公园候选区　479b

《国家公园·两天一夜》　282b

《国家公园·两天一夜》——海南热带雨林国家公园之《林间密语》　267a

《国家公园：万物共生之境》　128a，497a，498a

国家广播电视和网络视听推荐性行业标准　500a

国家广播电视总局　197b，198a，204b，403a，486a，491b，500a，503b

国家广播电视总局推荐2023年第一季度、第二季度优秀国产纪录片　82b

国家广播电视总局广播电视规划院广播电视计量检测中心　380a

国家广播电视总局宣传司、政法司　130b

国家国防科技工业局　496a，513b

国家（杭州）短视频基地　4b，8b，19b，29b，75b，143a，144a，221a，494b

国家（杭州）短视频基地项目　168a，214b

国家（杭州）短视频基地新业态构建　130a

国家机关事务管理局"桑榆金辉"教育云平台　172a

国家级电竞研究院　130b

国家级非物质文化遗产项目　110a

国家级人才项目　142b

国家级自然保护地　479b

《国家记忆》　192a

国家林业和草原局　128a，497a

国家民族事务委员会　485a

国家能源集团　510b

国家"十四五"文化发展规划重大文化工程——中国戏曲像音像工程　191a

国家体育总局　221b，241b，471b

国家体育总局社会体育指导中心　490b

国家体育总局信息中心　130b

国家统计局　513a

国家卫生健康委员会百姓健康频道　208b

"国家文化出口重点企业"　182a

国家文化工程项目"有声版中华文化精品库"　207b

《国家文化公园特别直播丨江山壮丽　我说长江》　270a

国家文化数字化战略　29a

国家文物局　473b，488a

国家文物局考古研究中心　513b

《国家舞台》　472a

国家乡村振兴局2022社会帮扶典型案例　160b

国家应急广播网　173b

国家应急广播预警信息　134b

国家应急广播中心　98b，173a，175a

国家应急广播中心端内账号运营工作　205b

国家应急广播中心工作机制　134b，173a，510a

"国家应急科普库"内容资源　174b

"国家应急科普库"建设方案　174b

"国家应急科普库"共建项目　174b，498b

国家影像典藏工程4K高清修复　191a

国家影像典藏工程实验室及展厅建设　193b

国家影像典藏工程（一期）项目　193b

"国家影像纪录者和典藏者"　190a

国家语言文字工作委员会　474a

国家哲学社会科学文献中心　159b

国家中长期科技发展规划　8a，394a

国家中医药管理局　129a，511a

国家重点实验室　143a，144a

《国家主席习近平发表二〇二三年新年贺词》　105ab

《国内新闻报道监测专报》　83a

"国聘行动"　19a，53b，73b，135b，205b

"国聘行动"（第四季）　135b

国铁集团　209b，210a，277a

国务院办公厅　87a

《国之大雅·二十四节气》　136a，205b，238a

国重实验室　152b

《国资央企助力东北全面振兴座谈会在沈阳举行》　234b-235a

"过紧日子"　10b，214b

"过紧日子"常态评估机制　144a

"过紧日子"要求　143a，185a，213b，247a

《"过境"窜美的真相》　126a

《"过境"美国的蔡英文何以成了"过街鼠"？》　115b

H

《嗨！好久不见》　187b-188a

《嗨，亚运》　191b，501b

《海岸线生态守护者》　110b

《海归追梦人》　129b

海南热带雨林国家公园建设　268a

海南省委深改办　267ab

《海南万宁："体育+旅游"深度融合　培育特色产业集群》　269a

《海南文昌"村排"：椰林树影扣响排球快乐》　268b

海南总站　68b，135b，267a，267b，268a，268b，269a，269b

海外本土化制作室融媒体生产能力和水平　127b

《海外博主看中国》　128a，128b

海外传播"声量"　156b

"海外过大年"　130a

"海外过中秋"　130a

《海外华人观察》　128a

"海外千屏"　473b

"海外千屏"项目　156a，290b，470b

海外投送能力　4a，15b，51a，154a，304b

海外投送能力建设　12a

海外总站　21b，54b，73b，74a，74b，142b，150a，155a，155b，156b，157a，157b，166a，200a，201b，254a，288a，288b，289a，289b，290a，290b，291a，291b，393a，470b，490a，491a

海外总站党风廉政建设工作机制　291a

海外总站党风廉政建设座谈会　166a，291a

《海外总站派驻人员调整常驻站点流程规范（修订版）》　291a

《海外总站业务动态》　157b，291b

海峡飞虹　211b

《海峡两岸》　129b，410b

《海峡两岸来辟谣》　129b

海峡论坛　250b

《海峡时评》　72b

韩国广播公司　96a，308b，382a

《韩雷：知识成就梦想　努力逆袭人生　以勤补拙　一路追赶奔赴人生下一站》　225b

杭温铁路楠溪江特大桥段工程建设　19a

《杭州2022年第19届亚运会VQC手册》　150b

《杭州第19届亚运会VQC手册（HLG-SDR）转换要求与设备调整》　389b

杭州国家版本馆　40b

"杭州记忆"　19b

杭州文化广播电视集团　215a，494b

杭州市委宣传部　122a，494b

杭州亚残运会　80b，85b，95a，96a，505b

《杭州亚运　大圣来也》　188a

杭州亚运会　19b，24b，29a，75b，76a，80b，81b，85b，95a，95b，96a，96b，113a，117a，119a，120a，122a，125b，130b，131a，134a，136a，137a，137b，141b，144a，144b，146a，147a，147b，150b，151a，152a，152b，153b，156a，163a，176b，182a，185b，188a，195a，205b，221a，228a，241b，246a，246b，300a，381a，381b，382a，384a，385b，386a，387a，388a，390a，403b，408b，412a，416a，491a，502a

杭州亚运会电竞吉祥物　383a

杭州亚运会电竞赛事　95a，382b

杭州亚运会电竞赛事选手通话终端　152b

杭州亚运会广播电视视频制作标准　388b

杭州亚运会开闭幕式和田径赛事8K转播系统　387a

杭州亚运会乒乓球赛竖屏直播　151b

杭州亚运会乒乓球项目　385a

杭州亚运会视频技术质量控制　390a

杭州亚运会田径项目　151a，396a

"杭州亚运会艺术创作季"活动　95b

杭州亚运会主转播机构云转播服务　382a

杭州亚运会转播报道和主转播机构服务　49b

《航拍中国》（第四季）　75a，183a，184b，191b

《航拍中国》（台湾篇）　103a

《航拍中国·西藏篇》　180a

《航天Vlog｜火箭去"上班"还有专属"座驾"？》　267b

《航天"梦想课堂"》　100a

《航天知识100问》　209b

《好Young的主持人》　94a

《好吃客·杭州》　120a

"好感传播"　12a，15b，51a，155b，292a，294b

《好记者讲好故事——2023年中国记者节特别节目》　93b

"好品山东"　483ab

《好书推荐官》　207b

《好物来一套》　507b

《合规管理办法（试行）》　193b–194a

"合规审计"　168b

"合规审计+数据预警"　168b

"合拍·以影像为桥"中法合拍纪实影像作品发布会　104a，481b

合作传播　20b，116a，119a，156a，290b，292a

合作传播机制　305a

合作传播精品节目　119a

"何以文明"　24b，51a

《何以文明》　117b

"何以文明"全球巡展　24b，26b，31a，73b，74b，82a，155a，188b，288b

"'何以文明'全球巡展·埃及特展"启动仪式暨《当

543

法老遇见三星堆》阿拉伯语版　301b

"'何以文明'全球巡展·秘鲁特展"　296b

"'何以文明'全球巡展·港澳特展"启动仪式　308b

"'何以文明'全球巡展·联合国特展"　196a，310b

"'何以文明'全球巡展·英国特展"　179b，304b

"何以文明"万国宫特展　31a，303b

"何以中国"文化沙龙　304b

"何以文明——中华文明探源工程成果数字艺术大展"　29b，188b，488b

"何以中国"　51a

《何以中国·渝见》　128b，151a，220a，270b，483a

《和合的亚运逐梦之旅》　182a

《和合之美》　187b

"和美好礼"秋晚互动产品　136b

《和美团圆夜》　203a

和美乡村　494b，514b

"和平合作、开放包容、互学互鉴、互利共赢"的丝路精神　27b

《和平精英》亚运版　96a

和平主题壁画长卷　32b

《和人民在一起》　117a

河北总站　67a，227a，227b，228a，228b，229a，229b

《河北总站党委落实全面从严治党主体责任清单》　229b

《河北总站加强年轻干部和人才队伍建设的实施意见》　228b

《河北总站廉洁风险防控清单》　229b

河南省人民政府　257b，492a

河南总站　68a，143a，256a，256b，257a，257b，258b，492a

《河西走廊新发现》　280b

《核辐射是如何伤害人体的：吃下核污染食品后果有多严重？》　188a

"黑龙江千万吨粮食产能增产计划"　239a

黑龙江总站　67b，238a，239a，239b，240a，240b

黑山广播电视台　125a

"黑土地保护"　236b

"恒爱行动——百万家庭亲情一线牵"公益编织活动　164b

横琴粤澳深度合作区　23b

横竖屏同播能力扩展　151a

"红人馆沉浸式元宇宙"　92a

《红色吉林　三地三摇篮》　237b

"红色经典作品"　208a

《红色烙印——革命文物的故事》（第二季）　99b

《红色印记——百件革命文物的声音档案》　216a

《红岩记忆》　99b

洪都拉斯国家电信委员会　296b

洪都拉斯国家广播电视台　119a，480b

洪都拉斯特古西加尔巴记者站建设　157a

洪都拉斯与台湾"断交"　117b

《洪都拉斯召回驻以色列大使》　295b

《后院起火的"民主灯塔"》　126a

"胡鑫宇事件"报道　252a

湖北省委省政府　259a，259b

《湖北襄阳：矿洞"变形"计　探访尧治河村的转型密码》　259a

湖北总站　68a，258a，258b，259a，259b，260a，479a，493a

《湖北总站保密安全工作规定（试行）》　259b

《湖北总站财务管理暂行办法（试行）》　259b

湖北总站党支部　260b

《湖北总站公章使用管理办法（试行）》　259b

《湖北总站"三重一大"决策制度实施细则（暂行）》　259b

《湖北总站消防安全管理规定（试行）》　259b

《湖北总站新闻宣传管理制度（试行）》　259b

《湖南：智能制造开新局　释放产业新动能》　261a

湖南卫视　261a

索 引

湖南总站　68a，203a，260a，261a，261b，262a，262b

《湖南总站领导班子调研制度》　262a

《湖山雅集》　120a

《虎胆巍城》　102a

互联网传播规律　47a

"护牌行动"　78a，221b，239b，249a

《花开中国——2023"三八"国际妇女节特别节目》　93a

"华人头条"　250b

《华盛顿每日新闻》　118b

华语环球节目中心　63b，107b，127a，151a，176b，253a，270b，289a，392b，472b，474a，475a，477b，479b，481b，483a，484b，490b，498a，499a，506b，507b，512a

华夏耕织文化　41b

华夏文明中人权理念　35b

华语中心　127b，129b

"华子鱼洄游"系列报道　232b

《"欢唱六一　童趣无限"——2023央视少儿云上"六一"联欢会》　98a，489b

《欢乐大猜想》　91a

《环境司法护佑绿水青山》　100b

环球公司　201b，202b

环球公司编委会工作机制　202a

《环球华人》　128a

《环球同此凉热》（第二季）　191a

《环球直击》　129b

环球资讯广播　84b，150b，207b，418a，418b，419a，420b，421a，473b，494a，502a，511b

环台岛战备警巡和"联合利剑"演习　45b，108b

《黄河之歌》　81b

《回访美丽的嘎拉村》　105b

《回家吃饭》　254b

《回眸2023》　512a

《回眸十年——人类命运共同体启示录》　124b

《回望2023——国内、国际十大考古新闻》　100a

《会变颜色的湖泊》　100b

《会员俱乐部》　203a

《会员"剧"乐部》　136b

《会员请回答》　203a

《会展行业市场调研与研究报告》　196b

《绘制十年》　23b，29b，72a，73a，81a，99b，116b，138b，179a，180a，477b

《"慧"种田的新农人》　261b

"活动＋节目"　110a

《活力亚洲》　119b

《活力夜中国》　483b

《活力中国》　128b

"火箭式"思维　8a

J

机关党委　56b，58b，65b，161a，161b，162a，162b，163b，164b，171b，262b，283b，478b，482a，491a

机关纪委　58b，79b，165a，165b，166b，167b，170b，171b，251a，291a

《机关纪委"三重一大"决策制度实施细则》　167b

《机关纪委严禁"灯下黑"问题十条禁令》　167b

基层党组织书记精品党课　79b

基于"SD-WAN+互联网"技术的跨省远程制作探索实践　396b

基于国产三维菁彩声标准的音频传输分发系统　185b

基于深压缩的8K一体化IP播出服务器　390b

"基于深压缩的8K一体化IP播出服务器关键技术的研究"项目　390ab

"基于知识图谱的融媒体智能播控审核平台"项目　189a

《激情·奉献·廉洁——2023全国广播电视和网络视听先进事迹报告会》　100b-101a

《激情夏日　燃动"村超"｜"卷粉"射手王　生活与热爱齐飞》　273a

吉安城市形象宣传片　253a

《吉聚欢喜》 93a
《吉林公主岭丨在玉米之乡看"金玉满堂"》 236b
吉林总站 67a,236a,236b,237a,237b,238b
《吉牛蹄春——探访吉林肉牛全产业链》 236b
《极致中国》（第二季） 103a
《急急侠》 98b
《集市里的中国》 281a
"记录中国式现代化进程·呈现百姓美好生活画卷"中央广播电视总台财经节目中心2023年精品节目片单 471b
《记者/主播说两会》 106a
"记者奥利维亚·杨" 308a
《记者观察》"五一"系列 280a
记者节团建 262b
《记者亲历15级大风下的道路救援》 286a
《记者推优选先工作流程》 281b
《记住乡愁》（乡村振兴篇） 129a
"纪律教育在身边"主题 166a
"纪律教育在身边"专项行动 81b
纪念抗美援朝战争胜利70周年 108b
"纪念抗美援朝战争胜利70周年"宣传报道 192a
纪念延安电影团诞生85周年暨中央新闻纪录电影制片厂（集团）成立70周年 493a
纪念延安电影团诞生85周年暨中央新闻纪录电影制片厂（集团）成立70周年系列活动 77b,494b
技术安全保障 8a,394a
技术局 64b,116a,137a,137b,149a,164b,172a,177b,180b,205a,206a,226a,244a,273b,281a,283a,285a,291a,381a,382b,383a,383b,384b,385a,386a,387a,387b,388b,390a,392a,393b,394b,395a,396a,402a,402b,475b,488a,490a,500a,508b,514b
《绩效分配考核办法》 281b
加快构建中国话语和中国叙事体系 35a
《加快建设金融强国》 90b
《加快形成新质生产力》 73b,89b,90b

加拿大广播公司 289a
《加拿大怎么了》 293b
加蓬国家电视台 480a
《家》 231b
《家节有礼　跟着李白游剑阁》 128b
《家事如天》 100b
《家事如天》（第三季） 100b
《家庭酷跑大会》 98a,253a
《家庭应急包一定要准备这几样，转需！》 174a
《家宴》（第三季） 204b
《坚持科技创新主旋律　深度赋能总台高质量融合发展》 476a
《坚定信心　抢抓机遇　奋发有为　全力推动总台经营工作高质量发展》 476a
《坚持思想引领　坚持守正创新　坚持以攻为守——总台台长谈〈新闻联播〉栏目开播45周年》 159a
监督审查联席会议制度 166b
《监看监听日报》 83a
柬埔寨国家电视台 308a
柬埔寨仙女电视台 179b
柬埔寨新闻部 123a
《简牍探中华》 51a,75a,82b,203b,510b
"见底清零" 15b
《见证60年》 30b
《建设现代化产业体系》 91a
《健康中国》 129a,192a,506b
《践行》 124b,493a
《践行强军目标·我们这十年》 108a
《江河奔腾看中国》 44b
《江山如画》 93b,265b
《江山壮丽》 487a
《江山壮丽　我说长江丨古船归来见繁华》 241b
《江山壮丽　我说黄河》 257b
江苏总站 67b,151a,214a,215a,243a,243b,244a,244b,495b
江西吉安干部学院 491a

《江西金溪：旧债未清又添新债 治污"漏洞"在哪里？围墙裂缝渗出酸水污染 相关企业屡遭投诉》 252b

江西总站 68a，83b，252a，252b，253a，253b，491a，493a，505a

江西总站党委第一党支部 253b

《讲习所》 211b

"胶片上的非洲"——中非电影沙龙 180b，242a

《焦点访谈》 86a，225a，227b，248a，264a，265a，269a，273a，276a，410b

《焦点访谈》（内参版） 88a

"焦桐院" 255b

脚力、眼力、脑力、笔力 46a

教育部 474a

教育部体育卫生与艺术教育司 501b

教育部中外语言交流合作中心 139a，204a

《揭秘海底古森林》 125b

节目融合样态 109a

"节目委托制作管理风险防范" 169a

结算审计工作 168b

《姐妹花探"进博"》 128a

《解码长三角》 91a

《解码十年》 19a，46a，50a，180b，277a

《解码新动能》 86a

《解码中国》 128b

《界》 492a

"借船出海" 201b

"借筒传声" 156b，201b

"借嘴说话" 201b，309b

今日俄罗斯电视台 289b

今日俄罗斯国际媒体集团 16a

今日俄罗斯通讯社 288b

《今日关注》 105a，410b

今日哈萨克斯坦通讯社 305a

《今日中国》 46a

《今天我当"兵"》（第三季） 109a，479b

"金牌新字号" 91b，221b，261b

"金牌之路"沉浸式展览 483a

《金秋丰收季》 227b

金沙滩海滨露天电影放映 202b

《金丝猴王国：勇者的世界》 30a，103b，104a

"金穗行动·17联县"品牌推介活动 112b

金砖国家领导人第十五次会晤 89b

金砖国家组织 295a

《金砖时间到》 298b

《紧急避难时保护好双脚》 173b

《锦月安笙》 197b

"进校园"系列讲座 171a

晋江企业家发展大会传播服务项目 251b

京杭大运河 246b

京沪新时代文明实践中心建设工作 77b

《京之轴》 191b

《经典里的中国智慧》 54b

《经典里的中国智慧》（第二季） 117a

《经典咏流传·正青春》 93b，203b–204a，494b

《经典咏流传·正青春》国际版节目 139a

《经济大省挑大梁》 271b

《经济随笔》 133b

《经济新担当》 91a

《经济新担当·打开江苏制造的密码》特别节目 244a

经济责任审计 194a

"经营工作同样要讲导向" 10b

"经营铁军" 197a

《"菁"彩腔调——曲苑留声》 94a

《精彩香港讲你知》 114b

"精品创译节目宣介片花文案创作大赛"岗位练兵 182a

"精准扶贫" 23b，123a，261a

"镜鉴与境健"廉政主题教育实践活动 262a

《九九又重阳》 257a

"就爱西吉好吃头" 112b

547

《剧说很好看》 198a

《聚焦海之南》 267a

《聚焦两会·对话全国人大代表巩学峰》 232a

《聚焦史上最大高交会　新科技迎"高光"时刻》 507b

《聚焦中国》 295b

《聚焦中国两会》 301a

《决不掉队》（第四季） 101a

《决策者》 117b

《绝笔》（第三季） 481b

《爵妙之乐》 94b

"军地共建"系列培训 171a

《军事家毛泽东》 108b

《军医来了》 109b

《菌生万物》 111b

K

《喀什见闻》 122a

《卡卡虎大冒险》 98b

卡塔尔半岛电视台 299b，483a

《开好局　起好步》 258a，286b

《开好局　起好步｜重庆：激发新动能　推进双城经济圈建设》 269b

《开好局　起好步｜宁夏：以绿色转型助推高质量发展》 284a

《开好局　起好步｜山西：做强重点产业链　促进制造业发展》 229b

《开好局　起好步｜上海：巩固拓展高质量发展新优势》 240b

《开好局　起好步｜天津：抓项目　促创新　稳中求进》 224ab

《开好局　起好步｜拓市场扩投资　浙江高质量发展开新局》 245b

《开好局　起好步｜云南：培育新业态　做大做强旅游产业》 275a

《开好局　起好步｜浙江多措并举推动高质量发展》 245b

《开讲啦》 511b

《开讲啦·夜听》 207b

《开局之年看中国》 133b，219b，470a

"开新局"系列报道 219b

《看丹观察》 208b

"看台海" 75b，114a，114b，115b，512b

《看文物　知中国》 125b

《看中国》 237b，301a

"康辉说" 136b

《康辉咬文嚼字》 136b

《康熙王朝》 184b

《科创板白皮书2023》 29b

科华总公司"十佳" 244b

科技创新支撑 8a，394a

科学技术部 152a，157b，476b，493b，513b

科学技术部2023年度国家外国专家项目 157b

"科技冬奥"重点专项"冬奥超高清8K数字转播技术与系统"项目 476b

《科技小院的"KU"学生》 110b

《科普短视频创作指南》 131a

《科学理财见成效　提质升级助发展》 144b

"可爱的中国"国际传播主题创作机制 120a

"客家摇篮"主题系列活动 253a

肯尼亚广播公司 298a

肯尼亚英文主流媒体《星报》 298a，299b

肯尼亚首都调频 298b

"空天逐梦" 135b，160b，471a

《跨过鸭绿江》 103b，123b

《跨境新零售店实现家门口"买全球"》 256b

跨媒体新生态 47a

《跨越山海的牵手》 101a

《快速升温的中国经济让世界充满期待》 128b

《狂飙》 75a，102b，104a，410a，414b

L

《拉贝日记》 157b

索 引

拉美多国举行重要反霸权活动　295b
拉美和加勒比国家共同体第七届峰会　295a
拉美应对极端天气变化　295b
"拉美伙伴"　18a，24b，27b，201a
拉美总站　69a，295a，295b，296a，296b
《来故居听书》　94a
"来央视频看纪录片"　137a
"来央视频看两会"　135a
"来央视频看体育赛事"　137a
《来自地球村》　117b
《来自人民》　133a
"来自土地的诗词合诵有多震撼"　112a
《牢记习近平总书记殷切嘱托　全面贯彻落实党的二十大精神　以高质量党建推动"两个维护"再上新台阶》　485b
《牢记习近平总书记殷切嘱托　全面学习贯彻落实党的二十大精神　奋力打造具有强大引领力、传播力、影响力的国际一流新型主流媒体》　471b
老红军老战士"口述历史"纪录工程　191a
《老舍与新北京》　193a
老挝国家电视台　121b
老挝国家电视台新闻频道　393b
《老阎说》　126a
乐天电视台　492b
《乐游新乡村》　112a
《礼记·中庸》　21b
理论学习长效机制　56b
利比亚洪灾　200b，300a
《了不起的科技追光者》　100a，101a
《了不起的戏曲》　94a
《离退休干部服务手册》　170b
离退休干部局　65b，170a，172b
离退休干部局党委　170b，172b
离退休干部局党委直属党支部　170b
《礼敬文明》　115b
李白故里文化旅游节暨中国数字文旅IP产业发展大会　189b
《历史性的旧金山之行》　85a
《历史照亮未来——我的博物馆故事》　183b
历史自信　49a
《立足特色　各地为乡村振兴添活力》　286b
《立足新能源优势　辽宁加快新能源基地建设》　234a
《连心丨百炼钢做成了绕指柔！总书记嘱托"手撕钢"技术要勇攀高峰》　229a
《莲花楼》　102b
《联播+》　47a
《联播划重点》　159a
《联合报》　115a
《联合国安理会未通过巴以问题人道主义决议草案》　309a
联合国大会　151b，309a，309b，393a
《联合国大会将就巴以局势召开紧急特别会议》　309a
联合国教科文组织非物质文化遗产名录、名册　39b
联合国教科文组织总部　513a
《联合国秘书长呼吁立即实现巴以停火和加沙地带人道救援准入》　309a
联合国中文日　139a
联合国中文日庆祝活动　304a
联合国总部　24b，31a，188b，288b，310b，488b
联合国总站　69b，157a，290a，294a，309a，309b，310a，310b，509a
《联合早报》　115b
《"联"时代　"通"未来》　198b
联通国际国内双向传播　37b
《联通世界　塑造陕西发展新优势》　279a
廉政主题教育实践活动　262a
脸书　74b，126b，188b，276b，277a，294a，300b，305a，393b，506a
良渚国家考古遗址公园　246b
良渚遗址　188b
《两岸开讲》　113b
《两岸头条》　129b

549

《两岸新春同乐会》 114b
"两个大局" 45a, 50a, 53a
"两个确立" 2b, 3a, 4b, 5a, 6a, 6b, 11b, 12a, 13a, 19a, 45a, 47b, 52a, 53a, 53b, 55b, 165a, 178b
"两个维护" 2b, 3a, 4b, 5a, 6a, 6b, 11b, 12a, 13a, 14b, 19a, 45a, 47b, 52a, 53a, 53b, 55b, 56b, 57b, 76a, 161a, 165a, 178b, 195a, 211b, 228b, 236b, 485a
"两个先行" 19b-20a
"两个效益"双丰收 4a, 6b, 12b, 13b, 15b, 53b, 101a, 147a, 158b, 168a, 176a, 185a, 197a, 208b, 223b, 242a, 244a, 264b, 270b, 303b
《两会你我他》 185a
《亮剑2023》 100b
亮马河通航 223a
《辽宁：高质量发展新征程 东北振兴新突破》 234b
《辽宁各地全力保秋收》 234a
辽宁总站 67a, 234a, 234b, 235a, 235b, 236a, 236b, 493a, 495b
烈士纪念日 108b
《林海雪原》 183a
《灵草小战士》（第一季） 98b
"灵川开渔节" 265b
《领导班子成员公务用车管理规定》 194a
《领导干部报告个人有关事项规定》 81b
《领航》 19a, 50a, 99b, 156b, 179b, 184b, 305b, 491b
《领航》国际版专题片 23b, 28a, 29b, 56a, 72a, 73a, 76a, 81a, 116b, 179a, 180a
《另一种足球》 275b
《流觞曲水》 189a
"流萤学堂" 220b, 255b
"流萤学堂"中华优秀传统文化美学系列 255b
六一儿童节亲子游 262b
"六一"晚会 95a, 97b, 489a

《龙报》 103b, 138b
《龙江新篇章》 239a
卢旺达非中评论网 298a
卢旺达国家电视台 480a
鲁谷办公区400平方米演播区 150a
"鹿鸣课堂" 160b
《路通墨脱 十年巨变》 276b
路透社 116b, 201a, 299b, 302a, 515b
"露天电影院——中柬优秀电影巡映" 123b
《论党的宣传思想工作》 53b
《论坛》杂志 295b
裸眼3D大屏 134b
《律动的秦岭》 100b, 510b
"绿色可持续 童心创意汇"——第二届青少年志愿服务艺术展"最佳公益伙伴"称号 171a
《绿水青山》 179b, 181a
"绿水青山就是金山银山" 23b

M

马达加斯加MATV电视台 480a
马尔代夫公共服务媒体 308a
马克思主义人权观 35a
马克思主义文化理论 48a
"马拉松移动直播车+微波回传"系统 234b
马来西亚Astro Awani电视台 122a
马来语部 122a, 236b
《"麻烦制造者"赖清德的谋"独"挑衅行径注定失败！》 115b
"满屏皆精品" 2b, 3b, 4a, 6b, 12b, 13b, 15b, 47b, 51a, 53b, 99b, 101a, 168a, 176a, 208b, 245a
"满屏皆精品"传播格局 102a
"满屏皆精品"工程 143b
《满堂喝彩》 94a
"茅盾文学奖作品展播" 208a
毛里求斯国家电视台 119b, 480a

梅地亚塞特传媒　153a
媒体大数据　8b
媒体公益行动　9b
媒体技术　29a，173a，474a
媒体技术标准体系　152b
媒体科技创新　15b，51a
媒体科技创新实力　3a，21a
"媒体外交"　4a，12a，15b，51a，116a，119a，154a，242a，276b，288b，290a，292a，296b，302a，304a，305b，308b，509a
"媒体外交"活动　82a，117a，303a，304a
《每日一习话》　208b
《每天云听》　207b
《每周战略前沿》　196b
《美的殿堂》　100a，488a
美欧贸易争端　302b
《美国"碰瓷"，得到了什么》　289b
美国波士顿美术博物馆　119b
《美国儿童的眼泪》　129b
美国公共电视网（PBS）　183b-184a
美国广播公司（ABC）　119a
《美国经济观察》　293b
《美国控枪系列》　293b
美国联合通讯社　116b
"美国那些事儿"　120b
美国全国广播公司（NBC）　119a
美国探索频道（东南亚）　117a
美国消费者新闻与商业频道（CNBC）　116b
《美国遗留　炸弹之痛》　289b，300b
《美国与国际社会背道而驰　违背一个中国原则》　126a
《美国原住民》　293b
美国职业网球协会　97a，508a
《美国种族歧视》　289b，293b
美国自由电视台（Al Hurra TV）　427b
美军多次盗运叙利亚石油　300b

美国夏威夷州毛伊岛大火　74a，200b，289a，293a，498a
"美式人权"　35b
《美丽中国》　184b，209b
"美丽中国行"　146b
《美丽中国看梯田》　110b
《美丽中国日日新》　128b
《美丽中国说》　185a
《美丽中国说》高清英文版　498b
《美丽中国说｜可爱的国　美丽的家》　137a
美联社　201a，294b，299b，304b，310b，483b，512a，515b
《美美与共》　51a，73b，75a，82a，203b，495b，496a，503a
"美美与共——中央广播电视总台员工书画摄影展"　79a，172a
《美食中国》　129a
《美术经典中的党史》　99b，487b
《美术里的中国》　27a，100a，125b，179b，180a，181a
美西方炒作中国人口问题　289b，293a
美中青少年学生交流协会　290a，294b，310b，509a
"魅力中文"专题　139a
《萌兔的奇妙旅程》　102b
蒙古国 NTV 电视台　122b，179b
蒙内铁路　25a
孟加拉国 RTV 电视台和愿景电视台　179a
《梦中的那片海》　491b
《棉花糖和云朵妈妈》（第二季）（精编版）　98b
《棉花糖和云朵妈妈·快乐生活2》　183a
《棉花糖和云朵妈妈1·宝贝"芯"计划》　493a
缅甸 SKYNET 电视台和 YTV 电视台　179ab
缅甸国家电视台　276a
"面向视听新媒体的 AI 自动化广告替换插播关键设备研制"　387b-388a
《妙不可言》　133b

"民心工程"　3a，4a，4b，7b，13b，78a，142b，143b，144a，144b，145b，197a，213a，215b

《民宿里的共同富裕》　19b

《民营企业家集体发声：看好中国经济！》　90a，495b

《民主：全人类共同价值》　74a

民族地区　105b，106b

"民族匠心品牌"　146b

民族语言　105a，105b，107a

民族语言版本公益广告　148b

民族语言传播　105a，107a

民族语言广播　106a

民族语言广播节目　105b

民族语言节目新媒体平台　106a

民族语言节目中心　62a，105a，150b，381a，477a

民族中心　105a，105b，106a，106b，107a，107b

"闽宁合作资助贫困女生暨闽宁兴证春蕾助学项目"　251a

"名家系列"　208a

《明月照家国》　150b

《鸣龙少年》　197a

《茗新村的乡村振兴新实践》　271a

《铭记》　101a，105a，106b

莫斯科国立国际关系学院　16a

《母亲节：习近平和母亲爱的传承》　292b

《牡丹亭》　487a

《〈牡丹亭〉的世界》　94b，487a

《木兰辞》　492a

《牧民毕力格图的梦想》　122a

N

《那一刻　这两年》　300b

《南方日报》　263b

南方日报报业集团　264b

《南飞的燕子》　98b

南非独立传媒集团　288a

南非广播公司　298b，299a，515a

南非金砖峰会　149a，151a，154b，155b，191a，211b，288a，295a，297a，297b，298b，299a，393b，499b

《南非探秘元宇宙》　298b

南非《外交圈报》　298a

南非卫星电视五台　299a

南非约翰内斯堡大学　299a

南非足球协会　299a

《南丰7层楼房倒塌始末》　252b

南海之声　129b，211b，502a

南海之声总部　4b

《南水北调中线工程水源区：黑臭污水暗管偷排　灰白泥浆明渠入河》　259a

内罗毕评论网　298a

《内控风险评估报告》　145a

《内控管理手册》　145a

《内控评价手册》　145a

《内控自评报告》　145a

《内蒙古博物院：游牧与农耕　两种文明的融合》　233a

《内蒙古乌兰察布：漫步草原火山群　体验"月球之旅"》　233a

内蒙古总站　67a，202b，231a，231b，232a，232b，233a，233b，497b

"内蒙古总站新办公区维修改造项目"　233b

内容标签模型　150a

内容生产供给侧　8a，8b

内容生产供给侧结构性改革　3a，50a

内容生态聚合　135a

尼泊尔主流电视台 YOHO TV　308b

《尼玛爷爷的心愿》　511a

尼日利亚国家电视台　288a

《你不知道的敦煌》　94a

《你的假期自驾安全 LIST》　205b

《你敢不敢享用来自福岛的金枪鱼？》　126a

《你好，辫子姑娘》　492a

"你好，萨瓦迪" 308a
《你好生活》（第四季） 94a
"你好童年"六一快乐季系列节目 95a
《你好，新农人》 91a
"你好，中国" 308a
《你好！中国航天》 135b
《"你们更相信谁？"海外网友热评总台CGTN记者和美国MSNBC记者》 159a
"年度党建品牌" 77a，162a，251a，482a
《年画画年·玉兔纳福》 111b-112a
《宁夏银川烧烤店爆炸事故新闻发布会》 285a
《宁夏银川一烧烤店发生爆炸　现场明火已扑灭》 285a
宁夏总站 69a，284a，284b，285a，285b
宁夏总站党委 285a，285b
《农耕赓续者》 110a
《农耕探文明》 191b，514a
农业农村部 513b
农业农村部官网 112b
农业农村节目中心 62b，110a，481b，488b，502a，508a
农业农村节目中心"春茶地图"项目 160b
农业农村节目中心"乡村助农团"项目"17助农日"系列活动 483a
"'女性悦驾'主题征集活动" 205b
"女足世界杯" 137a

O

《欧华联合时报》 250b
欧拉中心 236b，268a，275b，276a，276b，286b
欧洲多国反战游行 302a
欧洲广播联盟 515b
"欧洲伙伴" 18a，24b，27b，201a
欧洲拉美地区语言节目中心 63a，124a，176b，493a，508a
《欧洲拉美多国政治观察家揭露美"民主峰会"用心险恶》 126a
《欧洲侨报》 115a
《欧洲时报》 103b，138b
《欧洲头条》 302b
欧洲新闻台 117a，120a，138a，138b，503a
欧洲战略自主 302b
欧洲总站 69b，145b，201b，288a，302a，302b，303a，304b，394a，480b
欧洲总站技术方案 153b
欧洲总站台级网红工作室"耀洋频道" 303a

P

《排海之争》 289b，307b
《陪读妈妈》 180a
彭博社 294b，310b
澎湃新闻 294b
《片警老马的46把钥匙》 254a
"品牌强国工程：打造共同的桥梁，推动高质量发展" 486a
"品牌强国工程" 10a，144a，146a，205b，221b，230b，235b，264b，270b
"品牌强国工程"公益传播服务项目 504b
"品牌强国工程"融媒体传播服务 9a
"品牌强国工程"融媒体服务措施 147b
"品牌强国工程"宣传片 189b
"品牌强国工程——乡村振兴典范"公益项目 9b
品牌影响力 2b，112a，127a，135a，171a，207a，212a，281a，411a，483b
《品味书香年终品读会·2023》 94a
《品味中国　美丽溧阳》 112b
《平安行·2023》 100b
"平陆运河" 265b
《平陆运河今天在广西开工建设》 267a
《平"语"近人——习近平喜欢的典故》 99a
《平"语"近人——习近平喜欢的典故》（第二季） 25b，73a，82a，117a，120b-121a，184b-185a，

288a，297a，299a，499b

《平"语"近人——习近平喜欢的典故》（第二季）俄语版 154b，201a，288a

《平"语"近人——习近平喜欢的典故》（第二季）非洲首播暨中非媒体合作启动仪式 154b，298b-299a

《平"语"近人——习近平喜欢的典故》（第三季） 54a，99a，176a

《平"语"近人——习近平喜欢的典故》（第一季） 185a

《平"语"近人——习近平喜欢的典故》节目组 101b

《破局》 118b

《破局1950》 305b

《破局芬太尼》 74a，118b

《破浪前行 高质量发展迈出坚实步伐》 511a

《破晓东方》 102a

《浦江春潮涌》 241a

"浦江大讲堂" 220b

浦江实验室 29b，152b

《浦江水暖话两会》 241a

"普洱景迈山古茶林文化景观"申遗成功报道 276ab

"普洱景迈山古茶林文化景观"申遗成功系列节目 275a

《普氏野马放归自然》 280b

Q

"七个着力" 49b，50b

"七天资讯网" 103b

《齐鲁巨匠·手造》 220a

《奇妙中国》（第一季） 204a

《奇奇和努娜》 98b

《旗帜·力量》 106b

"企业整合前置" 141a

《企业综合信用评价等级证书》 212b

《启鱼·成语故事—动物篇》 98b

《起底"蔡氏骗局"：窜美卖台何时休》 118b

《起底美式民主》 118b

"千行百品就业行" 112b

"千行百品就业行"融媒体活动 112b

《千里江山》 179b

《千年丝路今犹在丨新疆：宝马跃千年 奔腾续传奇》 287a

《千年调·宋代人物画谱》 119b

《千年调·宋代山水花鸟》 119b

"千万工程" 148a

《"千万工程"看"浙"里》 128b

"千万工程"实施20周年 85a，110b

《签约！中央广播电视总台与北美职业冰球联盟、美国网球协会宣告合作》 221b

《前11个月广西对越南进出口货值超2200亿元》 265a

《前线》 222b

《钱塘诗乐会》 120a

《潜行者》 102a

《将进酒》 189b

"强国建设·奋进河南"大型品牌传播工程 257b

《强军目标引领我成长》 108b

《抢收夏粮》 257a

《谯国夫人》 102b

《"秦"牵中亚话共赢》 278a

《"青"爱的城》 133b，235b，238a

《"青"爱的城·实力杠杠 "沈"得我心》 235a

《"青"城一串进吉大》 238b

《@青春2023》 187b

《青春大课》（第二季） 188a

《青春匠心》 271a

《青春如画》 94a

《青春如画》（第二季） 191b

《青春手艺人》 110a

"青春知行"澳门青年职业发展关切计划、就业创业能力培训计划、内地高新产业研学实践计划等系

索 引

列媒体活动　23a
"青岛楷模"　254b
青海总站　69a，282a，282b，283a，283b，493a，512b
《青年干部培养"三步走"方案（试行）》　281b
"青年理论小组学习"　231b
"青年说"　120b
"青年英才"　182a
"青年与未来"促进澳门青年发展媒体行动　22a，22b，135b，156b
《清新隽永中国情·名家名器名曲精赏》　94a
"情满太行春耕助农"　112b
《情系河姆渡》　131b，180a
《擎动中国》　22b，477a
《擎动中国》（第三季）　204b
《庆祝中国共产党成立102周年交响音乐会》　93a
庆祝中央广播电视总台成立五周年系列活动　77b
庆祝中央广播电视总台成立五周年座谈会　479a
庆祝中央广播电视总台成立5周年个性化邮票　480a
《秋粮收储进行时》　234a
"秋收观察"　239a
秋晚　150b，153b，290b，306a
《秋韵正浓》　237a
区域经营"桥头堡"　10b
"区域全面经济伙伴关系协定（RCEP）"　265a
《区域协调发展新观察·长三角区域》　248a
"曲江讲堂"　220b
《趣中国》　302b，303a
《"权"新生活全民升舱》　203a
全俄国家电视广播公司　156b，288a，288b，289a
"全国党员教育培训优秀读物"　216a
全国工人先锋号　163a
全国构建新发展格局先行区　258b
全国归侨侨眷先进个人　163a
全国和美乡村篮球大赛　112b，481b
《全国技能大赛比拼中顶尖工匠如何炼成》　225a

全国巾帼建功标兵　163a
全国科普教育基地——上海传媒港科技乐园　152b
全国两会　80b，82b，85b，100b，104a，113a，116b，125a，127b，134a，144b，179a，179b，182a，185b，190b，198a，211b，232a，256a，273a，275a，297a，298a，300a，301a，303a，306a，412b，478a，478b
全国两会报道　73a，106a，116b，144a，256a，258b，292b，413b
全国两会时政报道　73a
全国两会新闻中心服务保障任务　185b
全国两会直播　84a
全国普法办公室　510a
全国青年文明号　163a
全国三八红旗集体　163a
"全国书籍设计艺术展优秀奖"　216a
全国文化和旅游新媒体创新发展大会　228a
"全国文化企业30强"　182a
"全国新闻记者职业资格考试培训丛书"　217b
《全国新闻联播》　252b，419b，420a
全国学雷锋志愿服务"四个100"最美志愿者　163a
全国优秀共青团干部　163a
"全国政府系统优秀值班室"　78a
全国最美家庭　163a
全过程人民民主　36b，37a，121a，125a
"全过程人民民主"　23b，37b
《全景》　276a
《全景亚运会》　95b
《全力以赴　你会很酷》　134b
全流程高动态范围成像50P视频+三维菁彩声音频　384b
全媒体传播体系　27b，51a
全媒体传播体系建设　2b-3a
全媒体技术服务　150b
全媒体技术支撑　392a
"全媒体融合传播技术研究实验室"建设　189a
全面建设社会主义现代化国家　3a，3b，12a，48a，

555

106b，493b
全面深化改革 10 周年　85a
《全面深化改革　扩大高水平对外开放　在推进中国式现代化建设中走在前列——习近平总书记在广东考察在当地广大干部群众中引起强烈反响》263a
全面推进中华民族伟大复兴　3a，48a
《全民参与　国防有我》　109a
《全民健康》　189b
全屏传播联盟　4b，134b
《全球 CEO 看中国经济》　128b
全球安全倡议　16a，17b，21b，24a，121a
《全球电子竞技发展报告（2022—2023）》　130b，511b
全球发展倡议　16a，17b，21b，24a，121a
全球公共产品　27a
"全球伙伴计划"　201a
"全球伙伴计划"暨"中东伙伴"合作机制　201a
"全球'街'力"　73b
《全球"街"力》　294a，296b，301a
"全球'街'力"网红媒体活动　155b，290a
"全球媒体创新论坛"　18a，21b，54b
全球媒体融合创新　501a
全球人权治理　36a
《全球日出·追光2023》　470a
全球文明倡议　16a，17b，21b，24a，32a，121a，155a
全球文明发展新时代　33b
"全球新闻云"　392a，392b，393a，393b，394a
"全球新闻云"建设团队　393b
"全球新闻云"平台　152b
"全球新闻云"全媒体生产平台　394a
"全球新闻云"系统　509a
全球舆论生态　24ab，26a，38b，54b
《全球智库看中国》　128a
全球"最佳科技集群"　28a

全人类共同价值　18b，21b，24b，27b，28a，117b
全人类共同价值理念　119b
"全竖屏超高清+海上演播室"直播模式　135b
"全台一盘棋"　10b
全体人民共同富裕的现代化　18a
"全体人民共同富裕的现代化"　18b
全遥控微型云台摄像机直播系统　391b
《全资、控股企业经营目标考核管理办法（试行）》193b

R

《让灾区群众温暖过冬》　227b
《热点观察》　126a
《热解读》　187a
《热"雪"沸腾　自在长春》　238a
《人大代表带着螺蛳粉参加两会》　265b
人工智能　134b，303b，394a，394b，488a，507b
"人工智能编辑部"　189a
"人工智能编辑部"项目　189a
人工智能基础能力　9a
人工智能技术　487a
人工智能媒体处理技术研究项目　388a
人工智能媒体应用技术　380a
人工智能能力开放平台基础能力　151b
人工智能视频"横转竖"生产技术研究　205a
人工智能问答　188a
《人间好时节》　133b
人类命运共同体　33b，36a，493a，506b
人类命运共同体故事　29b
人类命运共同体理念　16a，17b，27ab，124b，297a
人类人权文明新形态　38b
人类社会百年未有之大变局　16b
人类社会现代化进程　16b，17b，21a，24a
人类社会现代化新图景　17a，25ab
《人类碳足迹》　180a
人类文明新形态　24b，28a，507a

《人类文明新形态——中国式现代化》 51a，73a，89ab，138b，196a，507a

《人类文明新形态——中国式现代化》（国际版） 27a，31b，138a

《人类文明新形态——中国式现代化》（国际版）——《我们的现代化故事》 73a，508b

《人民代表大会制度——全过程人民民主的重要制度载体》 125a

《人民的小康》 19a

《人民法院报》 100b

《人民领袖习近平》 187a

《人民日报》 100a，128a，216b，222b，298a

人民日报客户端 254a

人民日报社办公厅 80a

《人民万岁》 192b

人民网 97b，216b，294b，483b

"人权" 37b

"人权灯塔" 35b

人权自信 36a，37b

"人人话保密"系列微视频 80b

《人生之路》 103a

《人世间》 197b

人事局 64a，140a，163b，165a，171b，178a，226b，285b，291b，508a

《人象接力救援被困亚洲象》 275a

日本TBS电视台 96a，382a

日本茨城广播电台 308ab

日本大阪市立美术馆 119b

《日本的潘多拉魔盒》 118b

日本放送协会（NHK） 123a

日本非法排放核污水 118b，126a，129b，293a，500a

日本共同通信社 123a

《日本核污水排海威胁人类安全》 126a

《日本环保组织反对日政府将核污染水排海》 307b

日本吉本株式会社 123a

日喀则市第十八届珠峰文化旅游节 277b

《日月谭天》 45a，50a，72b，75a，115a，115b

荣休制度 171b

融发中心 130a，130b，131a，131b

融合传播覆盖 8a，394a

《融合创新案例参考——"春晚新玩法"系列专报》 131b

《融合创新案例观察周刊》 131b

融合发展中心 63b，130a，153b，428a，487a，494b，501b

融媒体定制化平台（AMSP） 119b，201a

融媒体技术支撑和服务能力 150a

融媒体技术支撑能力 8b

融媒体演播室集群 150a

《如果国宝会说话》 24b，102b

《如果真的"掉"进东非大裂谷会看到什么？》 298b

《如何打扫震碎的玻璃》 173b

《如七而遇 漫歌今夕》 93a

《睿观察》 126a

S

萨尔瓦多TVX电视台 180a

《飒！智能复兴号》 238a

塞尔维亚BRAINZ电视台 303a

塞尔维亚贝塔通讯社 125a

"三八"国际妇女节系列活动 164a

三八节主题活动 172b

"三必谈"制度 247a

"三标准体系" 143a

"三不腐"能力和水平 146a

《三餐四季》 514b

三大全球倡议 124b，155a

"三服务"工作 77a

"三高四新"战略 260b

"三个表率" 6a

"三个关系" 8a

557

"三个加强" 139b

"三个结合" 80a

"三个区分开来" 7b

"三个务必" 12b

三个"一号工程" 19b，245a

"三个转变" 9b，72a，107a，143b，394b

"三会一课" 80b，146a，199b，229b，231b，236a，240a，244b，258b，272b

"三级联动"分析研判 166b

"三级研判" 166b

"三农"人物事迹 111a

"三农"生产 488b

"三农"事业发展 111a

"三农"事业新发展 112b

《三农群英汇》 192a

《三农长短说》 112a

"三审—安审—巡检"内容安全工作链条 137b

"三审三校" 148a，193b，247a，274b

"三审三校"制度 249a，393a

《三体》 75a，102b，183b，230a

三维菁彩声 98b，134b，137b，150b，386b，387a，403a，403b，505a

三维菁彩声 8K 视音频编码流 403b

三维菁彩声标准 185b，403a

三维菁彩声沉浸式家居体验系统 242b

三维菁彩声沉浸式音频扩声系统 242b

三维菁彩声技术 150b

三维菁彩声技术标准 500a

三维菁彩声节目 403b

三维菁彩声音频 153b

三维菁彩声音频信号 403b

三维菁彩声展示环境 403b

《三维声编解码及渲染》 403a

《三星堆 古老的城市》 30b

《三星堆青铜器天马行空风格科幻》 125b

三星堆遗址 188b

"三重一大" 146a

"三重一大"集体决策机制 231b

"三重一大"集体决策制度 235a，262a

"三重一大"事项 259b，260b

"三重一大"事项集体决策 244b

《三重一大制度实施办法》 217b

《沙海之上：敦煌》 179b

《沙海之上：敦煌和威尼斯》 181a

沙特阿拉伯阿拉比亚电视台 289b

沙特阿拉伯和伊朗北京对话 17a

沙特阿拉伯和伊朗复交 200b

《山川神气具在眼·寻访藏书阁》 85b

山东省交通厅 255b

山东总站 68a，136b，151a，214b，254a，254b，255a，255b，491b

山东总站"K饭"项目 160b

山东总站工会委员会（联合） 255b

山东总站项目消防验收 214b

《山海传奇·大禹》（第一季） 196a

"山海和鸣谱华章——中央广播电视总台与'一带一路'媒体新一轮合作启动仪式" 139b

《山海经》 102b

《山海惊奇》 102b

"山海相通 中希辉映：中国希腊'一带一路'对话会" 303b

《山海友情 一带一路》 134a

《山海之间》 110a

《山河锦绣》 19a，197b，198a

《山河破碎 20 载》 118b

《山水间的家》 27a，39b，82b，179b，180a，180b，181a，257b，413a，491b，494a

《山水间的家》（第二季） 203b，497b

《山水有戏》 94a

山西省委宣传部 146a，230b

《山西推动制造业高质量发展》 229b

山西总站 67a，229a，229b，230a，231a，231b

558

《闪亮的名字》（2023"最美"系列） 101a

《闪闪发光的少年》（第二季） 204a

《陕西西安：千年丝路驼铃响 "长安"续写新传奇》 279a

《陕西西安：引领"一带一路" 人文交流合作新高地》 279a

《陕西延川对新泰煤矿闪爆事故 7 名负责人采取刑事强制措施》 279b

陕西榆林市委宣传部 196a

陕西总站 68b，278a，278b，279a，279b，280a

《善行中国 2023》 100b

商务部 147a，242b，477b，484a，484b，500b，503b

上海百视通 195b

上海博物馆 119b

"上海传媒港科技乐园（全国科普教育基地）"项目 243a

上海国际传媒港 4b，29b，180b，221a

上海国际传媒港"5G+4K/8K 超高清制播示范平台" 220a，242b

上海国际传媒港 CMG 融媒影城 490b

上海国际传媒港国家重点实验室"金盒子" 507b

上海国际传媒港"金盒子"技术创新系统 242b

上海国际传媒港园区 243b

《上海·开年在行动》 241a

上海人工智能实验室 243a

上海总站 67b，137a，180b，240a，240b，241a，241b，242a，242b，243a，403b，490b，504a，507b

上海总站 AI 图像增强及节目制作平台项目政府采购 243a

《上联播啦！》 133a，475b

《上线吧！华彩少年》 181a

《少年问》 267b

《少年英雄小哪吒》 98b

《舌尖上的中国》 195b

《设计标准手册》 213b

"社保园地"服务平台 142b

社会效益和经济效益双丰收 10b，146a，182a，196a，202b，260a

"社会效益和经济效益双丰收" 247b

社会主义核心价值观 39b，50b，101a，224a

社会主义文化强国 3b

社教节目中心 62a，80b，99a，131a，131b，198b，472b，474a，476a，477a，477b，487b，490a，510a，510b，513b，514a

《社教节目中心关于加强外请嘉宾和演艺人员的管理办法》 101b

《社教节目中心广告执行审批流程单》 101b

《社教节目中心"三重一大"决策制度实施细则》 101b

《社教节目中心消防安全管理方案》 101b

《社教节目中心消防应急处置预案》 101b

社教中心 99a，99b，101a，101b

深蓝汽车 146a，270b

《深入学习贯彻习近平文化思想 开创新时代宣传思想文化工作新局面》 272b

《深入学习贯彻习近平总书记对新时代办公厅工作重要指示精神 推动办公厅工作提质升级》 79b

深圳第二十五届中国国际高新技术成果交易会 507b

深圳记者站 264a

深圳市委 264a

《深圳特区报》 263b

深中通道主线贯通 85b

《神奇的真菌世界》 104a

"神奇绿洲·醉美绥宁·四月八姑娘节"品牌 193a

《神奇绿洲·醉美绥宁·四月八姑娘节》 112b

《神舟十七号发射》 144b

神舟十五号载人飞行任务——中国之声特别直播《筑梦空间站》 267a

神州之声 115b，116a，512b

审计部门　168a

审计成果　169a，169b

审计服务平台移动端　169b

审计工作　168a，168b，199a，206b

审计机制　287a

审计监督"最后一公里"　169a

审计署　145a，194a，199a，206b

审计署经济责任审计　77a

审计数据采集　169b

审计问题整改　186a

审计整改报告　145a

审计整改工作　77a

审计整改长效机制　169a

"生产+展示+科普"三位一体　242b

"生存权"　37b

"生活有点'田'"　113a

《生态持续向好　北京打造生物多样性之都》　222b

生态多样化知识　100b

生态环境部　259a

生态文明报道特别节目江苏篇　244a

生态文明贵阳国际论坛　273a

生态文明建设　86a，232a，493a

生态文明建设成果　100b

生态文明建设新成就　498b

《生态文明看贵州》　273a

生态文明理念　100b

《声波里的"铁人"　听王进喜"讲述"打下第一口井的故事》　239b

《声动中国》　208b

"声音驱动AI形象直播引擎"　480b

圣马力诺国家电视台　303a

"盛世华章耀濠江"　22a

"盛世欢歌"景泰蓝花瓶　32b

《盛世清明·宋韵开封》　257a

《诗板题名》　189a

《诗画杭州》　95b

《诗画中国》　93b，181a

《诗经》　38b，482b

《诗意清明》　93a

《诗约万里》（第二季）　119b

"十大大美之城"　485b

"十大旅游向往之城"　485b

"十大魅力打卡之城"　485b

"十大秀美之城"　485b

"十四个强调"　49b

"十项行动"　224a，225a

《"十项行动"看发展》年终特别报道　225b

十堰市委市政府　259a

"时代楷模"　9b

时代课题　16b，24a，222b

《时间里的家当》　191a

《时政长镜头》　132b

《时政微调查》　84b

《时政微观察》　132b，481b

"时政微观察+时政长镜头+学习卡+其他时政创意产品"　132b

《时政微纪录》　219b

《时政微纪录｜赓续历史文脉　谱写当代华章——习近平总书记川陕之行的文明印记》　278b

《时政微纪录｜习近平总书记川陕行》　278b

《时政微视频》　219ab

《时政微视频｜啊！鼓岭！》　250a

《时政新闻眼》　47a，265a

《时政新闻眼｜习近平赴四川陕西考察，足迹之中饱含深意》　278b

时政新闻中心　232a，272b，278a

《时政资料摄制保存维护经费、党和国家领导人重大活动专题片拍摄制作补助经费项目支出标准规定》　193b

《实干笃行·大省勇担当》　86a，219b，499a

《实干笃行·大省勇担当｜安徽》　248a

《实干笃行·大省勇担当｜福建》　250b

《实干笃行·大省勇担当丨河南》 256b
《实干笃行·大省勇担当丨湖北》 258b
《实干笃行·大省勇担当丨湖南》 261a
《实干笃行·大省勇担当丨江苏》 244a
《实干笃行·大省勇担当丨浙江》 245b
《使用塑料袋和毛巾制作简易尿不湿》 173b
《使用饮料瓶制作简易提灯》 173b
世界百年未有之大变局 44a，50a
《世界报》 103b
世界超高清视频产业联盟 403a，505a
世界人权理论 36a
世界人权文明新篇章 38b
世界文明百花园 24b，32a，32b
世界现代化之问 16b
《世界遗产漫步》（澳门篇） 478b
世界知识产权组织 28a，156a，303b
《视点》 125b
《视角》 126a
《视频专访丨李家超：强国建设民族复兴 香港是参与者推动者见证者》 113b
视听新媒体中心 64a，135a，198b，204a，205b，225b，479a，483b，494b，514a
"视听新未来，央Young新风尚" 473a
《手工制作光源》 173b
《首次公开！总台独家影像揭露日本侵华滔天罪行》 221b
《首个中国旅行团抵达 当地民众热烈欢迎》 298a
《首航在即！抢先"穿越"由中企投建的柬埔寨吴哥新国际机场》 307a
首家驻洪都拉斯中国媒体机构 74b，480b
首届长江文明论坛 270a
首届"国潮盛典"晚会 91b，513a
首届华侨金融助推高质量发展高峰论坛 189b
首届全球媒体创新论坛 23a
首届石窟寺保护国际论坛 269b
首届世界武当太极大会 130b

《首届"碳中和"亚运会怎么达成的》 187b
首届文物保护技术装备应用展 269b–270a
首届文化强国建设高峰论坛暨第十五届"全国文化企业30强"发布会 489b–490a
首届"中国ESG榜样"年度盛典 510b
首届"中国ESG榜样"年度盛典系列活动 91b
首届中国北京金海湖帆船赛 500a
首届中国健康产业大会 90b，196a
首届中国—中亚峰会 74b，85b，89b，117a，121a，127b，135a，144b，154a，154b，179b，190b，278a，304a，304b，305a，391a，391b，486b
首届中国—中亚峰会成果清单 180a
首届中国—中亚峰会文艺演出《携手同行》 93b
首届中国—中亚峰会转播报道 144a
首届"总台工匠"人才项目 141a
首届总台文创大赛 160a，178a
《受灾群众如何度过灾后第一夜？震区更多消息汇总》 174a
《书记区长说》 222a
"书屋有来客"活动 157b
"书香总台" 7a
《数风流人物》 46a
"竖屏看春晚" 75a，92a，150b，384b
"竖屏看秋晚" 129a，136b，151b，385a
"竖屏看体育" 150b
竖屏录播技术流程 385a
"竖屏秋晚" 502b
"竖屏秋晚"新媒体分发 149b
竖屏新媒体节目 384b，385a
竖屏信号制作 137b
竖屏讯道机信号 385a
"竖屏原生拍摄+AI横屏裁切"技术 137b
竖屏制作系统 385a
《数字赋能活水来》 248a
数字经济 12b，19b，29a，29ab，53b，130a，215a，284a

《数字人文与中国电影知识体系》 216b
《数字中国城市发展典型案例》 198b
《双宝茶话会》 131a，188a
《双标的美式"主权剧本"》 126a
《双城开新局 启航新重庆丨一线访谈》 270a
《双向奔赴！中老铁路国际旅客列车开通》 149b
水利部 175b，259a，513b
《瞬间中国》 192a
《说文解艺》 94b
《说文解字》 482b
司法部 510a
"丝绸之路电视合作共同体" 21b，24b
《丝路》 305a
《丝路繁花——共建"一带一路"倡议十周年音乐会》 93b
《丝路画卷》 73b
《丝路回响》 27a，306a
《丝路：奇妙声音之旅》 94a
"丝路情缘"——中国影视节目展播 179b，180a
"丝路情缘"——中国影视节目展映活动 305b
《丝路上的新征程》 73b
丝路视频新闻联盟 201a
《丝路之上》 305a
《思辨深一度》 126a
"思想+艺术+技术" 2b，19b，28b，39b，251b，384b，473b
"思想+艺术+技术"创新融合 7b
"思想+艺术+技术"融合传播 3b，8b，11a，12b，13a，21a，24a，32a，47b，50a，53b，57a，84a，102a，108a，135a，143b，235a，479a
"思想+艺术+技术"融合传播理念 111b，245a，388a，394b，487a
"思想+艺术+技术"融合传播实践 8a
《思想的力量》 179b，181a
《思想力》 121a
四川观察 261a

四川省"大运会先进集体"荣誉称号 272a
四川省地震局 175a
四川总站 68b，271a，271b，272a，272b，482a
四川总站记者 271a
"四个100" 6b，14b，55a，57b，251a
"四个100"评优活动 262b
"四个100"系列活动 76a，161a，194a
"四个意识" 5a，6a，52a
"四个自信" 5a，6a，52a
"四好"党员 77a，162a，266a，493b
"四级把关" 166b
《四季交响·"春之声"系列经典音乐会》 93a
"四强"党支部 55a，146b，162a，178b，224a，251a，283b，493b
"四强"党支部创建 5b
《诵读，你眼中的丰收》 112a
《孙悟空、木卡姆与交响乐》 191a

T

《他们看好中国》 90a
《他是谁》 103a
《台海会客厅》 114b
台海之声 113a，113b，115b，116a，512b
台海之声频率 115b
《台媒曝蔡英文通话"被解放军打断"》 114b
台属企业工资决定机制改革 141b
台属外包单位优秀人才引进常态化机制 76b，141a，142b
《台湾——美国遏制中国的棋子》 118b
"太平洋岛国伙伴" 201a
"太阳岛课堂" 220b
泰国电视五台 308a
泰国民族电视台 122b
泰国总理府 123a
泰国总理府MCOT电台 308b
《探访"未来之城"》 227b

《探访中国》 122b
《探访中国国家版本馆》 85b
"逃逸式辞职" 142a
《桃花猫和东海鱼》 98b
《陶寺——地中之国》 100a
特古西加尔巴记者站 45b，74b，296b，480b
《提振消费一线调研》 90a
《提振信心在行动》 73b，133b，219b
《提振信心在行动丨广西》 265b
《提振信心在行动丨山西：多措并举　全力推进煤炭增产保供》 229b
《提振信心在行动丨云南：推进口岸建设　打造辐射中心》 275a
《体坛英豪》 95b
《体育短视频创作指南》 131a
体育青少节目中心 61b，95a，130b，137b，204b，477a，478b，489b，490b，495b，499b
"体育赛事+"模式 481b
《天鹅归来》 257a
《天工开物》 39a
《"天宫"是怎么炼成的？》 471a
《天宫筑梦记》 267b
《天津：深度融入京津冀　塑造发展新动能》 224b
天津市委宣传部 225a
"天津市'新时代先进人物进校园'资源库" 226a
天津总站 67a，214a，224a，224b，225a，225b，226a
天津总站项目 214a
《天山南北》 180a
《天天315》 420b
《天天成长记》 180ab
《天天听书》 422b
《天天学习》 187a
《天望》 197b
《天下财经》 284b，420a
《天下黄河》 128b

天舟六号货运飞船点火发射 267b
"天舟六号货运飞船发射"融媒体报道 135b
《田园帮帮团》 111b，112a，487b
《填坑？挖坑！》 86a
"挑战传奇" 122b
《听懂报摘》 485b
《听多哟识多哟》 115a-116b，116b
《"听见彼此"音乐会》 130b
《听见国风》 207b
《听见经典》 207b
《听见乡村》 425b
《听说这个职业很"治愈"》 128b
《通过这场会，西方应该重新审视科技竞争的叙事》 289b
《通向繁荣之路》 51a，73b，82b，85b，133b，176a，182b，183b，184b，191b，504a
"同心向未来——迎接中法建交60周年影视合拍项目"启动仪式 303b，505b
"童心筑梦　共创中非未来"——"星空计划"总台原创动漫展播活动 290a，299ab
"童心筑梦　共创中非未来"——"星空计划"总台原创动漫展播 155b-156a
《童心追梦　闪耀明天》 489a
《童心追梦　闪耀明天——中央广播电视总台"六一"动漫音乐会》 98a
"头条工程" 44a，47a，57a，84a，99a，105a，106a，108a，113a，117a，128a，135a，143b，159b，176a，208b，240a，250b，258a，272b，292b，297a，300a，301a，308a，309a
"头条工程"报道 87a
"头条工程"建设 211b
"头条工程"一体化统筹协调机制 15a
"头条关注" 128a
《头雁》 111a
头雁效应 47a，54b
《透过两会看中国》 125a

563

《土地宽广的地方》 198b
《土耳其突发地震》 151a
《吐鲁番的葡萄熟了》 286b
《团结奋斗　忠诚履职丨向华：促进急救康复医疗资源向基层下沉》 260a
《团结奋进新时代——第十批全国民族团结进步示范区示范单位授牌活动》特别节目　485ab
"团结就是力量"主题活动　228b
"推动共同富裕浙江实践研讨会暨媒体行动"　160a，221a，246a，483b
《推动"央地合作"可持续发展》 206ab
推进长三角地区更高质量一体化发展优秀集体　248a
《推进绿色发展　凝聚全球共识》 273a
推特　74b，126b，506a
《脱贫攻坚答卷》 46a

W

"外籍暖心工程"　157b
外交部　286b，476b
外交部非洲司　180b
外交部领事司　157a
外媒定制化报道　119a
《外媒视角看"中共二十大报告关键词"》 211b
《外伤出血应急处置》 173b
《外资看好中国》 90a
《湾区大调查》 114b
《湾区三分钟》 220a，263b
《晚间新闻》 268b
《万里归途　祖国带你回家——在苏丹中国公民安全保护和紧急撤离背后的故事》 128b
"万里同行　相约丝路"——"一带一路"影视国际合作成果发布会　183b
《万桥飞架　黔贵大地充满活力》 273a
《万盏灯　亮中国》 90a，91b
《王冠红人馆》 92a，420a，480b
《王者荣耀》亚运版　96a

"网红传播"　155b
网红工作室融媒体技术支撑和服务能力　150a
《网红小区"拒客"之后》 270a
《网络视听节目音频响度技术要求和测量方法》 204b，500a
《望见山水——绿水青山生态兴》 103a
《为民主还是伪民主：美国民主深度扫描》 118b
《伟大复兴　壮丽航程》 44b
《微观丝博会》 279a
"维度"思维　8a
"卫星视角+大数据调查+新闻故事"　46a
《未知之城》 123a
《味道中国·大海篇》 180a
"温暖回家路之过年的礼物——分享你的归家旅途故事"征集活动　209b-210a
《文博日历》 133b，480a
"文创大篷车"线下营销活动　195b-196a
"文创赋农计划"　196b
《文化产业出海研究报告》 196b
文化和旅游部　136a，269b，476b，484a，495b，497b，503a，503b
文化和旅游部公共服务司　514a
文化和旅游部全国公共文化发展中心　514a
文化惠港惠澳工作　156a
文化惠港政策　75b
《文化面孔》 115b
《文化名家面对面》 114b
文化强国　48b，52b，100a
文化自信　39b，41b，48a，49a，75a，110a，203b
文化自信自强　39b
《文汇报》 115a
《文脉春秋》 39b，51a，75a，82b，198a，510a
《文明的畅想：中国之路》 117b，492b
《文明的荣光》 30b
文明交流互鉴　17b，20b，21b，39b，50b，125b，130b，305b，491a，501a，506b

"文明互鉴"联合倡议　27a

《文明互鉴　美美与共——习近平主席提出构建人类命运共同体理念十周年》　306ab

"文学里的美丽中国"　208a

文艺节目中心　61b，79a，92a，95a，131b，203b，237b，238a，268b，384b，472a，480b，484b，486b，494b，503a，507a，508a，514b

《文艺节目中心创新项目管理办法》　94b

《文艺节目中心电视栏目考核管理办法》　94b

"文韵燃秋——2023重阳诗会"　79a，172b，178a

《稳经济　促发展　强信心·权威访谈》　86a

《稳妥解决涿州基地困境课题调研报告》　199a

《稳增长　看开局｜内蒙古跑出新能源发展的"加速度"》　231b

《问答中国经济》　90a

《问径》　204a

《我爱发明》　192a

"我爱我台　家的味道"职工菜谱进食堂活动　79a，163b

"我爱我台"楹联创作　172a

"我爱我台"征文　163b

"我爱我台——中央广播电视总台员工书画摄影展"　79a

《我从基层来》　273a

《我的"村晚"　我的年》　185a

《我的汉字故事》（第二季）　139a

《我的哪吒与变形金刚》（第1—26集）　183b

《我的温暖人间》　103a

《我和空中剧院有个约会》　94a

《我和我的春晚》　198b

"我和'一带一路'的故事"全球征集活动　128a，155a，289a

《我建议》　101a

《我们的毕业歌会》　188a

《我们的节日》　108b

《我们的日子》　103a，183a

《我们的现代化故事》　73a，82a，117b，138b

《我们的新征程》　106b

《我们的足迹》　193b

《我们为什么爱敦煌》　120a

《我们在中国》　301a

《我们这样过春节》　106b

《我说长城》　487a

"我喜爱的乡村振兴齐鲁样板"　221b，254b

《我眼中的香港》　114b

"我眼中的中国"媒体校园行动　120a

"我有一联献总台"为主题的楹联征集活动　163b

"我与雄安共成长记者林"植树活动　228b

"我@悦读"主题党日活动　190b

《邬达克》　191a

"吾家吾国"　160b

《吾家吾国》　196a

《五级书记话乡村振兴》　254b

"五无甘南·十有家园"　203a

《舞蹈世界》　94a，514b

舞蹈协会　172b

《舞起来！2023年全国广场舞大会》　136a

《婺源，有才华！》　252b

X

《西安警方控制13名为"回流生"提供服务的涉嫌违法人员》　279b

西班牙Britel传媒集团　119b

西班牙地中海第八电视台　303a

西班牙马德里自治区　474b

西班牙语国家和地区　119a，201b

西班牙语合作传播　119a

《西部陆海新通道黄桶至百色铁路8日开工建设》　265a

"西部陆海新通道"　265b

《西藏　墨脱公路通车十年》　276b

《西藏，在路上》（第二季）　122a

西藏总站　68b，276a，276b，277a，277b
希腊《航运与商业报》　33a，303b
希腊直播卫星平台 NOVA 公司　33a，303b
稀有媒资央视频锁会员机制　206a
《习近平出席俄罗斯总统举行的欢迎仪式》　84b
《习近平春节前夕视频连线看望慰问基层干部群众》系列重要报道　272b
《习近平的故事》　117a，506a
《习近平的七年知青岁月》　172b
《习近平的文化情缘》　72b，133a，138b，475a
《习近平对甘肃临夏州积石山县 6.2 级地震作出重要指示》　173b，174a
习近平法治思想　49a，100b
《习近平进行宪法宣誓》　478a
习近平经济思想　49a，90a
《习近平内蒙古行｜建好现代农业园区　带动农业高质量发展——走进乌梁素海南岸现代农业示范园区》　232a
《习近平内蒙古行｜走进"塞外明珠"——乌梁素海》　232a
习近平强军思想　49a，108a，108b
《习近平：人民的信任，是我前进的最大动力，也是我肩上沉甸甸的责任》　478a
《习近平陕西行｜走进汉中市博物馆》　278b
《习近平陕西行｜走进汉中市天汉湿地公园》　278b
习近平生态文明思想　46b，49a，110b，128a，232b，270a，273a
《习近平谈治国理政》（第三卷）　105b
《习近平同志关于办公厅（室）工作的重要论述汇编》　80a
习近平外交思想　49a，128a，302a
习近平文化思想　28b，48a，48b，49a，49b，50a，50b，51a，51b，72a，99a，102a，106a，113a，128a，272a，288b
《习近平心中的乡情乡愁》　187a
习近平新时代中国特色社会主义思想　2a，3a，3b，4a，5a，6a，6b，10a，13b，15a，15b，18b，36ab，43a，44a，44b，45a，46a，48a，49a，49b，50b，52b，53a，53b，54a，56b，72a，89a，99a，105a，106a，108a，109b，113a，113b，116a，116b，117a，120a，124a，127a，132b，138a，140b，165a，172b，187b，190b，200b，218b-219a，222a，222b，228b，237a，238b，246b，262a，283b，285a，297a，482a
习近平新时代中国特色社会主义思想宣传报道　12a，113b
《习近平新时代中国特色社会主义思想学习纲要》　53b，281b
《习近平新时代中国特色社会主义思想专题摘编》　53b
《习近平与"一带一路"的故事》　187b
《习近平在四川考察时强调　推动新时代治蜀兴川再上新台阶　奋力谱写中国式现代化四川新篇章　返京途中在陕西汉中考察》　278ab
《习近平著作选读》　13a，53b，86b-87a，161b，207b，228b，281a
《习近平总书记对中央广播电视总台工作重要指示批示汇编》　53b，80a
习近平总书记给中国农业大学科技小院学生回信精神　110b
《习声回响》　84b，208b
《习式妙语》　187a
《习语品读》　187a
"喜迎二十大"　9b
《戏韵湖州鹊桥会》　93a
《下一个"中国"，还是中国》　90a
《下一站出口》　103b，198a
"夏日故事汇"　496a
"夏日故事汇"推介活动　104b
"夏日故事汇——中央广播电视总台 2023 年暑期电视剧纪录片推介"活动　496a
《先声夺人》　74a，118b，126a

《鲜生史》(第二季) 102b,104a
《县委大院》 103a
"县域经济起高原" 257a
《"县"在出发》 254a,281a
《"县"在出发》(甘肃篇) 280b
《现场深镜头》 134a
"线下+线上" 110b
《宪法的精神 法治的力量——2023年度法治人物》 100b,510a
《宪法宣誓!郑重的誓言 人民的选择》 85a
《乡村5G助诊包 助医又便民》 269a
《乡村故事汇》 425b
《乡村行 看振兴》 86a,219b,225b,232b,244a, 248b,254a,259a,261b,269a,275a
《乡村音乐》 425b
《乡村振兴群英汇》 110b
"乡村振兴行动" 19a
《乡村振兴中国行》(第二季) 91a
《乡村中国》 19b
《乡聚春天里 振兴开新篇》 110b
《相对论》 134a
《相约丝路·共话未来》 120a
香港电台 116b,156b,308b,493b
香港电台第五台 116b
香港电台公共数字电视平台 156b,493b
香港特别行政区举行第七届区议会选举 511b
香港特别行政区政府广播处 116b
香港特别行政区政府 75b,156b,484a
《香港有"艺"思——在香港遇见三星堆》 114b
香港之声 115b,116a,116b,512b
《想飞的少年》 507b
《向春而行》 472b
《向快乐出发》 422a
"向老兵致敬 重温烽火岁月"主题党日活动 231a
《"象"往何处》 274a
"象舞实战训练营"系列培训 131a

"象舞指数" 130a,487a
《"象舞指数"榜单》 487a
《像石榴籽一样紧紧抱在一起》 105b
《消除贫困 起点在哪里?》 122a
"消费季" 53b,73b,146a,147a,257b
《消费新观察》 90a
《消费正回暖》 90a
《小雏鸡"萌翻"这个春天》 236b
《小村大事》系列节目 123b
《小过重罚 陕西一商户卖5斤芹菜被罚6万6》 229a
《小康梦圆》 46a
《小喇叭》 98b
《小喇叭开始广播了 一起寻找童年的快乐》 98b
《"小美好"中国行》 203b,499a
"小球转动大球" 34b
《小神驾到》 98b
"小雪归来"系列报道 252b
《小原子·大宇宙》 198a
《携手共创中国—中东欧国家经贸合作蓬勃未来》 125b
"携手同行现代化之路" 24a
"写楹联·送福字" 163b
《心心相融》 122a
《新兵入列》 109a
"新春走基层"采访报道 271a
"新春走基层"采访活动 231a,231b,243b,267a
"新春走基层"特写报道 252a
《新春走基层》 185a,239a,471a
《新春走基层》系列报道 46b
《新春走基层·军营春早》系列报道 108a
《新春走基层|从江苏苏州到河南信阳的跨省"招工记"》 243b
《新春走基层|沙漠深处 默默坚守的治沙工》 231b
《新大头儿子和小头爸爸·欢乐亲子营》 98ab,183a
《新大头儿子和小头爸爸5:我的外星朋友》 183a,

567

492a

《新代表委员说》 114a

新工体整体亮相 223a

《新冠病毒五问五答——专访意大利帕多瓦大学传染病学家卡罗·贾昆托教授》 126a

新华社北京分社 223b

新华社客户端 112b

新纪实（北京）传媒投资有限公司 191b

《新疆：加快建设现代化产业体系》 286b

《新疆：以学促干 全面贯彻新时代党的治疆方略》 286b

《新疆牧业开新局》 220a，286a

《新疆滋味》 180a，305b

新疆总站 69b，143a，286a，286b，287a，287b，497b

《新疆总站采购流程图》 287a

《新疆总站限额以下采购项目采购文件模板》 287a

新疆最大水利惠民工程"三高一深" 198b

新媒体文件播出系统 149b，502b

《新能源汽车下乡》 91a

新年龙舟赛 296a

《新气象 新作为｜市州"一把手"话"黔"行》 273a

《新任驻美大使谢锋：为增进中美交流合作而来》 292b

新时代故事 4a，43a

新时代国际传播研究院 120a，488b

"新时代红岩精神新实践"主题教育基层调研 491a

"新时代 新鲁菜"创新职业技能竞赛 137a，151a，221b，254b

《新时代 新亚运》 246b

《新时代赶考路》主题报道 493b

《新时代新征程新伟业》 44b，54b，72b，85a，239a

《新时代新征程新伟业｜持续优化营商环境 打造"北京服务"品牌》 222b

《新时代新征程新伟业——代表委员议国是》 273a

《新时代新征程新伟业——实干笃行》 258a，272b-273a

《新时代新征程新伟业——实干笃行｜重庆打造智能网联新能源汽车产业集群》 269b

《新时代新征程新伟业——实干笃行｜重庆加快推进国际消费中心城市建设》 269b

《新时代新伟业新征程——实干笃行｜湖南加快打造内陆地区改革开放高地》 261a

"新时代新征程新伟业"选题策划会和选题宣传推广活动 253b

新时代中国发展故事 29b

《新时代中国人权》 35a，36a，36b，37a，37b，38a

"新时代总台价值再发现" 158a

《新说中国经济》 133b

《新丝路上的交响》 73b，117b，138a

《新丝路上的交响》精编版 138b

《新思想引领新征程》 44b，54b，85a，105b，133a，219a，258a，258b，271a，272b

《新思想引领新征程｜传承践行"浦江经验" 下访接访为民解忧》 245b

《新思想引领新征程｜加大生态建设 绘就美丽北京新篇章》 222b

《新思想引领新征程｜守护好青藏高原 构建国家生态文明高地》 276ab

《新思想引领新征程｜"千万工程"实施二十年 描绘村美人和共富新画卷》 245b

新提任处级干部专题培训班 141a

《新闻 1+1》 248a，264a，267a，492b

《新闻 30 分》 177a，232b

《新闻采编工作记录管理办法（试行）》 226b

《新闻单位驻地方机构管理办法（试行）》 220b

《新闻调查》 86a，270a

新闻共享池（多语种） 150a

《新闻和报纸摘要》 224a，224b，228a，234a，243b，246b，248b，250b，252b，256a，265a，269a，274a，276a，419b，420a，485b

《新闻里的中国》 295b

《新闻联播》 42b，43a，43b，44a，44b，45a，45b，46a，46b，47a，47b，53a，72b，84a，84b，85a，115a，133a，149b，222a，222b，223b，224a，224b，225b，227a，227b，228a，229a，229b，230b，231a，232b，234a，236a，237a，240b，241a，243b，245a，245b，246b，247b，248a，248b，250a，250b，252a，252b，254a，256a，256b，259a，261a，263a，263b，264a，265a，267a，267b，269a，269b，273a，274a，276a，276b，278a，278b，279a，279ab，280a，282a，282b，284a，284b，286a，297b，302a，306a，306b，307b，410b，412b，413b，420b，420b–421a，475b，477a，485a，493b，511a，515b

《新闻联播》栏目开播45周年 22b，28a，56a，72a，76a，77b，485a

《新闻盘点》 421a，494a

《新闻热线》 201a

新闻首发迟发奖惩和时间阈值机制 302a

"新闻铁军" 15a，47b，51b，54a，249a，274b

新闻新媒体中心 63b，132a，191a，235a，238a，252b，261a，277a，392b，470a，472b，473a，475a，475b，481b，483b，484a，486a，493a，504a

新闻云适配技术项目联合工作组 149b

《新闻直播间》 225b，228a，256b，284a

新闻中心 61a，84a，86a，86b，196a，200b，225a，225b，232a，254a，267b，268b，271b，272b，275a，277a，286b，291a，392b，470a，471a，475a，477a，485a，487a，493a，493b，494a，495b，499a，500a，500b，507a，508a，508b，512a

《新闻中心进一步深化提升"头条工程"的方案》 84a

新闻中心"空天逐梦"账号 135b

新闻中心特别报道部 259a

新闻中心新闻联播编辑部党支部"双周大练兵" 163a，482a

《新闻周刊》 257a，264a

《新闻纵横》 276a

《新型工业化特别报道》 254a

《新影工作室》 192b

新影集团 190a，192a，192b，193a，193b，194a

新影集团党委 194a

"新影像·国家影像典藏工程4K修复"延安系列短视频 191a

《新语》 187b

《新征程 看未来——港澳台青年共话践行二十大精神》 113b

《新征程的首都答卷》 222b

《新征程上看中国》 54a，128a

《新征程上领路人》 128a

《新质生产力一线调研》 128a

"薪酬服务"平台 142b

"薪火传承，增强四力" 231a

"薪火传承践初心 青春向党担使命"主题党日活动 172b

《信心从哪里来》 133b

《信仰的力量》 105b

"星空计划号"大篷车动画片展映 299b

《星条旗下的枪"殇"》 129b

《星星才知道》 98a

《行北疆·看发展》 233a

《行走长城》 227b

《行走海南》 268a

《行走天下——草原》 481a

《行走"一带一路"》 307a

《行走中东》 300b

"幸福工程——救助困境母亲行动"捐款活动 164ab

匈牙利中心电视台 125a

《雄安 雄安》 191b

《雄安新区："未来之城"雄姿初显》 227b

雄安新区高质量发展先进集体突出贡献奖　227a
《雄安新区建设持续提速，打造承接北京非首都功能疏解的高质量样板》　227b
《熊猫和卢塔》（第二季）　183b
《熊猫和小白象》　183b
《熊猫月亮》　104a
虚拟AR场景　383a
虚拟场景实时渲染技术　480b
《许你万家灯火》　183a
宣传思想文化战线工作者　39b
"悬崖村"　23a
"学党章　守党规　践思想"　172b
学懂弄通做实习近平新时代中国特色社会主义思想　13b，49b-50a
学思践悟习近平新时代中国特色社会主义思想　44b
"学思想、强党性、重实践、建新功"　14a，165b，178b，195a
《学思想　强党性　重实践　建新功》　54b，85b，105b，108a，239a，258a，279b，485a
《学思想　强党性　重实践　建新功｜严督实导　推动主题教育走深走实》　256b
《学思想　强党性　重实践　建新功｜真抓实干　保障西部陆海新通道畅联内外》　269b
《学思想见行动　为奋进新征程凝心聚力》　279a
学习贯彻习近平文化思想主题联学活动　172b
学习贯彻习近平新时代中国特色社会主义思想　5a，15a，47b，51b，55b，253b
学习贯彻习近平新时代中国特色社会主义思想主题教育　6a，6b，12b，14a，44b，52a，53a，55b，56b，88b，145b，158a，161a，186b，195a，222b，223b，226ab，230b，235a，238b，239a，257b，264b，266a，274a，279a，281a，281b，283b，485a
《学习贯彻习近平新时代中国特色社会主义思想主题教育》　44b，54b，133a
学习贯彻习近平新时代中国特色社会主义思想教育报道　274a
学习贯彻习近平新时代中国特色社会主义思想主题教育成果　238b
学习贯彻习近平新时代中国特色社会主义思想主题教育动员大会　482b
学习贯彻习近平新时代中国特色社会主义思想主题教育读书班　260b，277b
学习贯彻习近平新时代中国特色社会主义思想主题教育活动　199b
学习贯彻习近平新时代中国特色社会主义思想主题教育联学活动　240b
学习贯彻习近平新时代中国特色社会主义思想主题教育领导小组及办公室　76b
学习贯彻习近平新时代中国特色社会主义思想声音库建设　207b
学习贯彻习近平新时代中国特色社会主义思想主题教育民主生活会和组织生活会　240a
学习贯彻习近平新时代中国特色社会主义思想主题教育实施方案　140a，272ab
《学习时间》　105a
"学习型总台"　7a
学习宣传贯彻习近平新时代中国特色社会主义思想　76a，140ab，178ab，190b
《学习园地》　105b
"寻百强　看中国"　19a，91ab
"寻百强　看中国"融媒体活动　470a
《寻根中国》　129b
《寻古中国》　39b，75a，82b，183a，257b，488b
《寻古中国·稻谷记》　191b
《寻古中国·古蜀记》　191b
《寻古中国·寻夏记》　191b
《寻古中国·玉石记》　181a
"寻美之约"巴西专场文化沙龙　296b
"寻美之约"文化沙龙　73b，155b，491a
"寻美之约"以色列专场文化沙龙　301b
《寻美之约》　298b

索 引

"寻找西藏最美牦牛" 277a
"寻找新时代的破冰者"大型融媒体活动 304b
《巡山》 125b

Y

《崖柏重生》 270a
《雅万高铁 说走就走》 307a
"雅韵东方 向光而行"岚图汽车展示活动 212b
亚非中心 121b，122a，122b，123a，149b，236b，275b，276a，276b，286b
亚广联奖 160a，198a
亚欧总站 69b，180a，304a，304b，305a，305b，306a，306b
亚太经济合作组织（APEC） 295a
亚太总站 69b，116a，306a，306b，307a，307b，308a，308b，492b，500a，511b
《亚运电竞赛事制作规范》 96a，130b，153b，501b
《亚运电竞项目宣传报道参考》 130b
"亚运古风长卷"创意视频 205b
亚运会广播电视视频制作标准 389b
《亚运会日报》 203a
《亚运科技"秀"》 100a
《亚运现眼包》 182a
《亚运一点通》 246b
《亚运有我》 246b
亚洲非洲地区语言节目中心 63a，120a，176b，393b，491a
《亚洲经济》 290b
《亚洲看亚运》 128a，300a
"亚洲时刻·中国好礼" 146b，502b
《亚洲时刻·中国好礼》 91a，182a
亚洲—太平洋广播联盟 201a
"亚洲艺术家杭州亚运艺术创作季" 501b
"亚洲艺术家杭州亚运艺术创作季"展播 137a
"烟台国际葡萄酒节"战略合作 202b
延安电影团诞生85周年暨中央新闻纪录电影制片厂（集团）成立70周年 190a，193ab
《延安记忆》 136a
《延安与八路军》 192a，493a
《沿"路"看中东》 300a
《沿海看中国》 128b
"盐碱地治理" 236b
"盐碱地治理与农业现代化发展"主题青年分论坛 110b
"演员春节值班计划" 104a
"央Young之夏 草原之夜歌会" 497b
《"央Young之夏" 草原之夜歌会》 187b，204a，497b
"央博"平台 188b，189a，472b
"央博新春云庙会" 188b
"央博新春云庙会"元宇宙体验活动 473a
《央广财评》 209a
《央广车友会》 210a
央广传媒集团有限公司 66b，167a，207a
央广广告2024融合营销推介会 209b
"央广军事" 108a
"央广军事"新媒体矩阵 109b
《央广时评》 209a
央广视讯传媒股份有限公司 210a
《央广网评》 209a
"央视财经" 89a，150a，209b，277a，472a，474b，514b
"央视财经金融之夜" 91b
央视财经客户端 92b，254b，255a，261a，479a，496a
"央视财经"新媒体 482a
《央视财经·中国好医生》 196a
央视动漫集团有限公司 183a
"央视丰收节晚会首次走进内蒙古" 502a
央视国际网络有限公司 66a，167a，187a
《央视国际网络有限公司全面从严治党（意识形态工作责任制）考核细则》 190b

571

"央视剧评"　104b
《央视剧评》　104b
"央视军事"　108a，109a，109ab，109b，225a
《央视快评》　45a，54b，72b，187b
央视频　94a，94b，95b，96a，96b，97b，101b，104b，107b，111b，112a，131a，132b，135a，136b，137a，149b，150a，150b，151b，173b，176b，185a，195b，198b，204a，209b，210a，225a，225b，227b，228a，231b，232a，237b，238a，254a，254b，255a，255b，261b，267b，269a，270a，277a，286a，286b，287b，297b，298b，300b，306b，393b，472a，473b，474a，475b，476a，477a，479a，480b，485b，488a，489a，489b，492a，494a，496a，497b，499a，500a，502a，502b，503a，504a，504b，505b，507a
央视频2023年新媒体IP节目矩阵　473a
央视频2023年重点节目片单　473a
央视频AI剪辑系统　137b
央视频AI虚拟主持人生产力平台　204b
央视频端　203b
央视频多终端APP矩阵　137b
央视频公司　202a，203a，204b，205a，206a，206b，494b，514b
央视频客户端　75b，135a，137a，172b，174b，205a，428a，429a，499a，501b
央视频慢直播　149b
央视频媒资枢纽管理平台　470b
央视频品牌价值　203b
央视频平台　98b，254b，475b，509b
央视频全品类　205a
"央视融媒体产业投资基金"　29b
央视频融媒体发展有限公司　66a，176b，202a，470b，475a，500a，509b
《央视频审核标准》　137b
央视频投屏助手APP　403b
央视频网页版　150a
央视频网页版1.0.0版本　137b，492a

央视频网页端　205a
央视频新媒体平台　268b
央视频"亚运古风长卷"创意物料　137a
央视频"央视财经"标签页　92a
"央视频一体化集成支付平台"　475a
《央视频账号风险管理暂行办法》　137b
央视频智慧观赛　96a
"央视少儿"　97b，489b
央视少儿客户端　97b，489b
"央视社教"第三方平台矩阵　101b
"央视体育"　403b，505b
央视体育客户端　95b，96a，96b，97b，150b，477a，500a，502a
"央视听媒体大模型"　29b
央视网　75b，95b，96a，188a，188b，189a，189b，190a，191b，203a，206a，225a，253a，256b，257a，257b，261b，297b，472a，476a，477a，489ab，492a，497b，501a，503a，504a，505a，507a，512a
《央视网2023年落实意识形态工作责任制监督检查工作方案》　190b
央视网海外平台　204a，484b
《央视网评》　187b
央视网熊猫频道　290b，497b
"央视文艺"　472a，504b，514b
"央视新闻"　132b，134a，134b，173b，174a，225a，225b，237b，238a，245b，253a，268b，277a，284b，286b，307a，470a，471a，472a，484a，492a，498a，500a，504a，504b，505b，507a，509b，512a
"央视新闻"3·21直播带货项目　251b
央视新闻客户端　72b，75b，133b，134b，149a，151b，174a，174b，222b，227b，228a，229b，232a，235a，237b，248a，248b，256b，257a，261a，265a，266a，268a，268b，275b，277a，279b，285b，293a，294b，297b，298a，298b，307a，310b，428a，429a，429b，480b，481b，489a，499a，511b
"央视新闻"平台资源　134b

索　引

"央视新闻"全媒体矩阵服务全台　133a
"央视新闻"全平台　134a
"央视新闻"新媒体　236b
"央视新闻"微信运营团队　486a
"央视亚太"境外社交平台　308a
"央友圈"　137a，185a
《样式雷》　191b，477b
《咬文嚼字》　198b
也门电视台　180a
《野性四季：珍稀野生动物在中国》　104a
"业务大比武"　220b
《业有所成》　112b
《叶长千年茂　根扎大地深——习近平与树的故事》　250a
《一代匠师》　102b，197a
《一带繁花一路歌》　93b
"一带一路"　23b，26b，27a，27b，28b，33a，37a，117b，135b，139b，290a，302a，502b，503b
"一带一路"标志性工程——中老铁路　393b
"一带一路"共建国家　73b，117b，180b，192a，201b
"一带一路"共建国家故事　503b
"一带一路"共建国家和地区　470b
"一带一路"共建国家媒体　476a
"一带一路"国际研讨会　307a
《"一带一路"跨山海》　91a，92a
"一带一路"媒体　26a，27a，27b
"一带一路"媒体合作　27a，27b
"一带一路"媒体朋友　26b
"一带一路"人文交流　27b
"一带一路上的中非合作"　26a
《一带一路上的中国名片》　128a
《一带一路　向阳而生》　189b
"一带一路"新视界全球短视频成果征集活动　504b
《"一丹"说节气》　136a
"一国两制"　22b-23a，23b，113a，474b

"一国一策"　12a，73a，155b
"一国一策"精准化传播策略　201b
"一课一库一基地"　174a
"一路情长"融媒体活动　121b
《一路幸福》　192a
《一鸣惊人》　94a
"一片一策"常态化开展总台精品节目国际版创译　179a
"一起咖啡吧"沪上咖啡嘉年华　137a，221b，242b
《一起看春晚》　302b，303a
《一起看村超！燃情村超，足够精彩！》　273a
《一起年夜饭》　91a
《一起守护"海洋蓝"！》　268a
"一群一策"　12a
《一日千年　常来长安》　278a
"一体两翼三创"发展规划布局　209a
《一条路　一座城　从无到有　开拓新天地》　283b
《一条热搜短视频的背后》　261b
"一县一品一策"模式　196b
《一线看上海》　241a
《一线调研》　44b，86a，254a，271b
《一线调研　实干见闻》　475a
《一线调研·加快形成新质生产力｜沈阳："最后一公里"的突破》　234a
《一线调研｜辽宁彰武：治沙 70 年　沙海变林海》　234b
"一支部一品牌"创建　6b，57b
《一种电视制作中的肤色分析方法》　402a，402b
《一馔千年》　257b
"《一馔千年》菜品落地总台食堂"活动　79a
《一馔千年》（第二季）　93b，198a，508a
《一馔千年》宣传片《鲁豫哥打卡宣州早餐　口味"宣城味道"》　249b
伊比利亚报业集团　303a
伊拉克国家电视台　301a
《伊拉克战争 20 周年》　289b，301a

573

伊拉克战争爆发20周年　118b，126a，300b
《伊拉克战争——教科书级的反人类罪》　126a
伊朗mihanvideo　179a
伊朗国家通讯社官网　300b
伊朗—中国友好协会　301b
《医心向党》（第二季）　101a
"依法治国"　37b
《噫～"村戏"，关注一下？｜相对论·蹲点乡村戏台》　257a
《"宜"起看》　267b
《以军要求加沙地带北部所有居民撤往南部》　289a，300a
《以军夜间对加沙地带发起一次大规模地面进攻》　289a，299b
"以民为本"　36b
《以融合创新形态探寻革命历史题材内容破圈之道——〈重庆谈判〉项目调研报告》　131b-132a
《以微短剧创新形态追寻中华文明之源——〈情系河姆渡〉项目调研报告》　131b
《以学促干　为高质量发展注入创新动能》　224b
《以中国式现代化全面推进强国建设民族复兴伟业——习近平总书记在上海、江苏盐城考察时的重要讲话引发热烈反响》　240b-241a
《以中国式现代化全面推进中华民族伟大复兴——习近平总书记今年以来治国理政纪实》　73a，85a
《艺览天下》　94a
《艺术没那么高冷》　94a
意大利《日报》网站　302b
意大利TGCOM24电视台　302a
意大利埃瑞亚通讯社　125a
意大利广播电视公司　119b，289a
意大利米兰—帕维亚电视台　125a
意大利希肖内传媒集团　303a
音像资料馆　65a，172a，172b，176a，206a，239b，395a，475b，481a，490a
音像资料馆党委理论学习中心组　178b

音乐LIVE　421b
音乐播出系统国产化替代　383a
《音乐快递·草坪亲子音乐会》　98a
《音乐小史》　94b
音乐之声　94b，207b，383a，383b，418a，418b，419a，421a，421b，422a，492a，503a
音乐之声频率　480b
"银发先锋"系列党建品牌　170b
银河互联网电视有限公司　208a
"银龄学堂"　172a
"银龄学堂"线上理论学习视频课程　170a
《引领者》　121a
《隐秘的背叛》　289b
印度《每日晨报》网站　180b
印度尼西亚艾尔辛达新闻网　179a
印度尼西亚美都电视台　308a，308b，508b
印度新方向网　180b
印度亚洲国际新闻社　180b
英国天空新闻台　289b，307b
英国"脱欧"后遗症　302b
《英雄回家》　108b，191b
英语环球节目中心　63a，116a，506a，508a，508b，511a
英语环球节目中心阿拉伯语部　300b，301a，491a
英语环球节目中心阿拉伯语部海外社交媒体账号　301b
英语环球节目中心西班牙语部　296b
英语新闻直播演播室　149b
英语中心　116b，117b，119a，120b，200b，275b
"樱之华"　308a
"迎冬奥　一起向未来"媒体行动　34b
"萤火虫大经济"系列报道　271b
影视翻译制作中心　66a，131ab，131b，177a，179a，179b，242a
影视精品节目创作　143a
影视剧纪录片中心　62a，102a，136b，237b，477b，

481a，487a，496b，498b，509b
《影视文化学》 216a
应急管理部 173a，173b，174a，210a，498b
应急科普权威专业资源 174b
《应用智能生成技术建设》 206b
《硬核老爸用8年为孤独症儿子造火车》 270b
《永不负"娘的心"》 187a
《永乐大典》 482b
《永远吹冲锋号》 471a
用户画像模型 150a
"用前沿科技传播中华优秀传统文化" 472b
优兔 74b，126b，237a，506a
优兔"ChinaZone" 184a
《优质短视频创作指南》 131a
"有声版中华文化精品库" 207b
《又是一年丰收季》 236b
《渝见·陆海之约》 270b
《与"粽"不同—大黄米粽》 110a
《与大使面对面》 128b
《宇宙来电》 100a
《宇宙起源探索记》 100a
《玉渊谭天》 45a，45b，50a，72b，74a，86b，126a，289b
《预防为主 生命至上——警惕有限空间安全风险》 174a
《预见未来 迈向3060》 189b
《预制菜争霸赛》 112b
"遇见MINI，遇见美好"的屋顶电音活动 213ab
《遇见大咖》（第六季） 91a
《遇见你｜王妙：为"脆弱"人生编织"坚强"未来》 257a
《遇见你｜文昌排球"三剑客"：激情"村排" 火热生活》 268b
《遇见习近平》（第二季） 133a，292b
《遇见浙江》 95b
《遇见中国》 86b

"遇鉴文明·圆梦之旅"媒体行动 31b
"元宇宙直播操作台" 480b
元宇宙直播间"红人馆元宇宙" 92a
"员工管理服务平台" 142b
《原创ING》 94a
《原声天籁——中国民歌盛典》 75a，93a，95a，185a，221b，230b，504b
《圆梦》 121b
《"圆"宇宙星团》 188a
《远方的家·迢迢我自宜兴来》 244a
《院士下田记》 111a，488b
《约定"苏"城 "县"在出发——打卡苏州宝藏县市》 244a
《月背之上：太空变革的黎明》 103b，104a
《月到中秋越想你》 93a
月度、季度和年度"三期挂钩"工作考核机制 167b
"月度会晤机制" 230b
《乐动中国：中国传统乐器公开课》 85b
《乐在旅途》 94a
《阅读时光》 425a
《阅见中国》 139a
《阅见中国》（第一季） 204a
《越绝书》 482b
《越南各界人士对习近平总书记署名文章反响热烈》 306a
越南国家电视台 308a
越南国家媒体数字电视台 121a
越南之声 123a
粤港澳大湾区 22b，23b，114b，263a，264a
粤港澳大湾区中心 4b，264a
粤港澳大湾区中心演播室 264a，507b
"粤港澳大湾区消费季暨第三届直播电商节" 221a，264ab，484a，484b
"云边端"技术架构 150b，380a，381b，382a
"云＋场＋端＋商" 483a
云化平台技术架构 380a

云化演播能力　393b
云化移动制作　381b
云化制作服务　380b
云南省文化和旅游厅　146a
《云南玉溪森林火灾全部扑灭·火场遭遇罕见爆燃全员成功避险》　275b
云南总站　68b，149b，274a，275a，275b，393b，500b
《云赏音乐厅》　94a
《云上花开》　103a
《云听开讲·国声公益讲堂》　171a
《云听总台大剧》　207b
"云网一体化"技术路线　9a，394a
《云游非洲》　298b
《云游中国 | 珠峰故里·吉祥日喀则》　277b
"'韵味杭州' 2023年全国游泳冠军赛"直播　136b

Z

《再说古农书》　110a
《在岗位》　271a
《在故宫遇见绝美克莱因蓝》　125b
《在江河奔涌的地方》　91a
《在南沙任公职的香港青年》　113b
《在土耳其发现中国》　300b
《在希望的田野上》　86a，254a
《在希望的田野上·吉林篇》　236b
《在希望的田野上·辽宁篇》　234a
《在希望的田野上·主产区迎丰收》（湖北篇）　258b
《在希望的田野上·主产区迎丰收》（湖南篇）　261a
《在习近平强军思想指引下　我们在战位报告》　108b
《在习近平新时代中国特色社会主义思想指引下》　44ab
《在现场》　208b
《在一线》　118b-119a
"在中国大地上边走边跳"　161b，172b，265b，514b
"在中国大地上边走边跳"大型融媒体互动活动　159a，514b
《在中国大地上边走边跳》　94a，238a，257b
《在中国式现代化进程中更好建设美丽新疆——习近平总书记在新疆的重要讲话在广大干部群众中引发强烈反响》　286ab
《咱村开赛啦》　268b
赞比亚5fm广播电台　298a
赞比亚国家广播公司　299a
赞比亚国家通讯社　299b
《早安双声道》　421b
《早安中国》　127b，484b
《早点·中国人》　209b
《扎根中国》　125b
《扎什伦布》　129a，475b
《宅兹中国》　93a
《绽放的新声》　94a
"掌上通"　131a，131b，142b，151b，291a，395a
"掌上通" APP 平台　161b
《朝闻天下》　228a，248a，256b，279a，284b，495b
照片墙　126b，303a
照片墙平台"CCTV"英文账号　188b
《这 Young 巴州葡萄酒》　204a
《这个七夕，很高兴认识你》　131b
《这里有说法》　425b
《这是他生前留下的最后一段语音》　237a
《这条"路"，将铺得更宽更远》　133a
浙江华数集团　195b
浙江省委宣传部官方视频号"美丽浙江"　246a
"浙江之窗"　19b
浙江总站　67b，136b，137a，204a，245a，245b，246a，246b，247a，247b，483b，494b
《真"财"实料》　119a
"真实亲诚"对非政策理念和正确义利观　25b
"真实亲诚"对非政策理念　297a，298a
《真实亲诚　携手同行　能力建设为中非合作再添生机》　297b

《真是好样的》 98a
《真相放大镜》 119a
《镇北烽火》 196a
《征程》 19a，156b，184b
《征途如虹》 108b
《峥嵘岁月　家国记忆》（第二季） 225a
《郑板桥》 191b
"政府采购和工程建设领域防范化解风险" 169a
《政府采购需求审查标准》 145a
"政商旋转门" 142a
《知产要闻速递》 196b
"值得向亚洲推荐的中国品牌"大型融媒体品牌传播活动 146b，491a
《直面大屏生态深刻变革，赢取总台更大市场》 158b
《职教院校走出的金牌工匠》 225a
"指数级"思维 8a
"志愿公益"Tab页 135b
《志愿军（第一部）：雄兵出击》 198b
《治理电视"套娃"收费和操作复杂问题》 158b
《致富经》 487b
《致"竞"热爱》 204a，509b
《致敬英雄　抗美援朝出国作战73周年》 107a
《致最爱的你》 93a
智慧媒体技术赋能 510b
智慧媒体学院 189a
"智能传播工程" 4b，75b–76a
智能时代 487b
《智能时代》 28b，487a
"智能虚拟"技术 509a
"智能译"影视译制全流程AI辅助软件试用版 180b
智能运行服务 8a，394a
智能语音转写系统AI能力扩充 151b
"智能制造发展指数（区域）" 90b
《智在匠心》 509b
《智造美好生活》 28b，185a
《智造中国》 498a

《智造中国　调研一"线"》 90b
《智战》 109a
中巴友谊工作室 290a
《中办国办关于进一步加强财会监督工作的意见》 145a
"中东伙伴"合作机制 201a，504b
《中东面面观》 300b
《中东那些事儿》（第四季） 300b
中东总站 69a，145b，291b，299a，299b，300a，300b，301a，301b，491a，503b，508b
"中法高端经贸电视论坛" 30ab
中法合拍纪实影像作品 481b
中法合拍纪实影像作品发布会 30a
中法建交60周年 30a，31b，303b
中法建交60周年影视合拍项目 30a
中法文化交流内涵 30b
中法文化旅游年 30a
中非儿童公益画大赛 299b
"中非情缘"——中国影视节目展映 26b
"中非情缘"——中国影视节目展映（第四季） 179b，180b，181b
中非数字经济合作 25b
中广联合会网站 211b
中广视公司 214a，214b，215b，226a
中广视听谷（南京）项目园区 214a，215a
中广视听谷（南京）有限公司 196b，215a
中广视资产管理有限公司 66b，213a，228a
中广影视卫星有限责任公司 66a，176b，195a
《中国8K超高清电视大屏传播应用实践》 403a
《中国8K超高清节目大屏幕播出实践》 152a
"中国ESG榜样"企业 510b
《中国UP！》 277a
《中国·保定乡村音乐大会》 495b
中国（北流）国际陶瓷博览会 265b
《中国草》 191a
《中国茶》 106b，107b

577

中国产业转移发展对接活动（云南） 275a

中国城市数字经济论坛 221b

中国传统思想文化 31a

《中国"船"说丨直击我国首艘国产大型邮轮即将出坞》 135b

《中国的宝藏》（第二季） 183b

《中国的脚步》 117a

中国地震局 175a，175b

《中国电视报》 158b，159a，172a，172b，240b，253a，514b

中国电视剧制作中心有限责任公司 66a，197a

中国电影电视技术学会 488a

中国东方演艺集团有限公司 189b

中国—东盟传媒港 221a，265b

"中国—东盟传媒港人工智能演播室" 21a

中国—东盟命运共同体 20a，21b，155b，489b

中国—东盟商务与投资峰会创办第 20 年 265b

《中国短视频大会》 19b，80b，131b，136a，204a，494b

《中国风物大集》 91a

"中国干部网络学院" 228b

中国高校科创联盟 29b

中国歌剧舞剧院 40b

《中国歌曲 TOP 排行榜》 94b

中国工程院 513b

中国工业遗迹创新创意联盟 90b，509b

中国公益广告黄河奖 148b

中国共产党故事 4a，43a

中国故事 4a，43a，99b，103a，103b，155a，196a，204a，211b，220a，227a，239a，241a，249a，254a，495a，509b，512a，513a

《中国故事》 295b

中国广播电视大奖 2021—2022 年度广播电视节目奖 274a

中国广播电视大奖 2021—2022 年度广播现场直播类大奖 267a

中国广视索福瑞媒介研究全国广播调查网 418a，418b

中国广视索福瑞媒介研究全媒体视听同源数据统计 412a

中国广视索福瑞媒介研究数据 110a

中国广视索福瑞媒介研究有限公司 148a

《中国国宝大会》（第三季） 91b，503a

中国国际电视总公司 66a，167a，182a，471b，476a，490a，493a

中国国际电视总公司节目代理部 176b

中国国际广播出版社有限公司 66b，216a

中国国际广播电台 480b

中国国际广播电视台（CGTN）工作机制 500b

中国国际进口博览会 121b

中国国际投资贸易洽谈会 250b

中国国际友好联络会 155b，290b

中国国际智能传播论坛 244b

中国国家图书馆 513a，513b

《中国航天员》 494a

中国和洪都拉斯建交 74b，119a，295b

中国和尼加拉瓜复交两周年 295b

中国和世界知识产权组织 50 周年纪念活动 179b

中国互联网协会 189a

《中国话》 102b，139a

中国环球广播电视有限公司 66a，200a

"中国号"巨轮 52b

《中国脊梁》 129a

中国记协 109b，286a

中国记协网 216b

《中国记忆》 490b

《中国纪行 感受活力》 124b-125a

中国建筑第五工程局有限公司 262a

中国交通广播 209b，210a，418a，418b，419a，422a

中国交通广播融合内容直播机房改造 150b

《中国交通新闻》 210a

《中国骄傲 2023》 100b

《中国节气大会》 207b
中国经济"光明论" 125a，125ab，200b，263b
《中国经济2023：信心与举措》 125a
《中国经济复苏》 128b
《中国经济观察》 125a，125b
《中国经济信心说》 73b，133b
《中国巨树科考》 276b
《中国考古大会》 39b
中国科学技术协会 513b
中国科学院 513b
中国科学院古脊椎动物与古人类研究所 513b
《中国空间站》 85b
《中国空间站——神舟十六号航天员返回》 506b
《中国粮·中国仓》 257a
《中国粮·中国仓》（第二季） 257a
《中国两会：凝共识 开新局》 125a
《中国路 "桥"见贵州》 273a
中国旅游日 188a，275a
"中国美好生活大调查" 513a，513b
中国美术学院 119b
《中国梦·家国情——2023国庆特别节目》 93b，503a
《中国梦·劳动美——2023五一国际劳动节"心连心"特别节目》 93ab
《中国米食大会》 91b
《中国酿造》 198a
中国农民丰收节报道 261ab
中国农业大学 513b
中国农业科学院 88b，513b
"中国品牌消费节" 189b
"中国品牌新消费论坛" 189b
中国七夕（新余）晚会 253a
《中国奇迹》 30b
《中国奇谭》 492a
中国气象局 175b
中国气象局国家预警信息发布中心 175b

《中国汽车榜Young盛典》 204a
中国汽车风云盛典 482a
《中国侨界杰出人物》 129b
《中国秦岭：一只金丝猴的记忆》 100b，101a，131a，487b
《中国全景》 305a
中国人权故事 35a，36a，37a，37b–38a，38a，38b
中国人权研究会 36a
中国日报网 254a
《中国荣耀》 95b
中国社会科学院考古研究所 513b
《中国神气局》 188a
中国生态文明建设 498a
中国生态文明建设成果 511a
中国生态文明建设成就 487b，498a
中国生态文明建设故事 128a
中国生态文明建设者 125b
中国生物多样性保护 498b
《中国声音中国年》 473b
《中国诗词大会》 159a，207b
《中国时间》 301a
《中国式民主》 300b
中国式现代化 16b，17a，17b，18a，20b，23a，24a，24b，28b，29a，29b，31b，37a，89b，91a，114b，121b，124b，125a，128b，139a，148a，155a，222a，266a，480a，493b，514b
"中国式现代化" 16b，26a，73b，155b，290a
中国式现代化成就 125a
中国式现代化道路 53a
《中国式现代化的脚步》 113b
《"中国式现代化"调研行》 54a
《中国式现代化 | 共同富裕 中国实践》 246a
中国式现代化贵州实践 273a
中国式现代化建设 40b，46a，263a
中国式现代化建设进程 180a
中国式现代化进程 305b，473a

《中国式现代化进行时　一场"村超"打出的中国农民精气神》　273a
中国式现代化开局之年　17b
中国式现代化理念　298a
中国式现代化辽宁新篇章　234b
中国式现代化美好图景　507a
中国式现代化省域实践　19a
中国式现代化实践　46a，133b
《中国式现代化万千气象》　73b，512b
中国式现代化五大特征　508b
中国式现代化县域实践大调研　484a
"中国式现代化与世界"　74b
"中国式现代化与世界"媒体活动　18a
"中国式现代化与世界"系列媒体活动　20ab，24a，73a，82a
"中国式现代化与世界"主题研讨会　125a
"中国式现代化与世界新机遇"　16a，16b，17b，296b
"中国式现代化与世界新机遇"电视论坛　292b
"中国式现代化与世界新机遇"联合国专场研讨会暨特别节目　310a
"中国式现代化与世界新机遇"系列媒体活动　155a，288b
"中国式现代化与世界新机遇"研讨会　34b
"中国式现代化与世界新机遇"伊朗专场研讨会和阿拉伯联合酋长国专场研讨会　301b
"中国式现代化与世界新机遇"中俄媒体圆桌会　154b，288b，305b
"中国式现代化与世界新机遇"专场研讨会　308b，478b
《中国式现代化之路》　124b
"中国式现代化"主题　117b
"中国式现代化"主题宣讲活动　121b
《中国视听》　159b，490a
《中国书法大会》　75a，99b，181a，488b，489a
《中国台湾选手李东宪双手高举五星红旗登上颁奖台》　114b
《中国通史》　207b
《中国土特产大会》　110a
中国外文局　88b，307a
"中国网球巡回赛"　221b，241b
《中国微名片·世界遗产》（澳门历史城区篇）　478b
《中国未来式》　183b
《中国文艺报道》　94a
《中国戏曲像音像集萃》　94a
中国县域经济　484a
《中国新活力》　254a
《中国新任驻美大使谢锋抵美履新》　292b
《中国新闻》　128a，268b，284b
中国新闻网　97b，294b
《中国虚拟现实艺术发展报告》　216a
《中国养老 2023》　101a
《中国要闻》　305a
"中国夜经济活力指数"启动仪式　261b
《中国夜经济活力指数报告》　91b
《中国夜市全攻略》　90a
"中国影视之夜"　221b
"中国影视之夜·CMG 年度推荐荣誉"　490b
中国影像节"一带一路"希腊专场活动　33a
中国影像节"一带一路"主题展映活动　117a，476b
《中国优化新冠病毒防控政策有利于与非洲的交流》　298a
《中国优化疫情防控　进一步释放经济活力》　126a
中国邮政集团有限公司　513a
《中国舆论场》　128b
中国园区科创联盟　29b
《中国缘》　139a
《中国战疫纪》　118b
《中国真相》　118b
中国之声　84b，85b，86b，150b，172b，207b，209b，232b，245b，267a，268b，270a，418a，418b，419a，419b，420a，473b，485b，487a，502a，505b

"中国之治" 19b

《中国之治》 100b

《中国直播电商品牌联盟组建方案》 130a

《中国智慧》 288a

《中国—中亚峰会转播报道》 168a

中国—中亚媒体高端对话交流活动 74b，154b，486b

中国—中亚命运共同体 154b

《中国中央广播电视总台与巴巴多斯加勒比广播公司合作备忘录》 492b

《中国中央广播电视总台与巴西总统府机构关系部合作备忘录》 483a

《中国中央广播电视总台与白俄罗斯国家电视广播公司合作协议》 478a

《中国中央广播电视总台与俄罗斯全俄国家电视广播公司合作备忘录》 479b–480a

《中国中央广播电视总台与法国网球协会合作备忘录》 505b

《中国中央广播电视总台与法国新闻社合作备忘录》 505b

《中国中央广播电视总台与刚果民主共和国国家广播电视台合作备忘录》 488a

《中国中央广播电视总台与哥伦比亚信息技术和通信部合作备忘录》 506a

《中国中央广播电视总台与国际奥林匹克委员会合作备忘录》 506a

《中国中央广播电视总台与国际奥林匹克学院合作备忘录》 506b

《中国中央广播电视总台与哈萨克斯坦哈巴尔通讯社合作备忘录》 486b

《中国中央广播电视总台与洪都拉斯国家电信委员会合作备忘录》 490b

《中国中央广播电视总台与吉尔吉斯斯坦国家广播电视公司合作备忘录》 486b

《中国中央广播电视总台与柬埔寨新闻部合作备忘录》 475b

《中国中央广播电视总台与南非广播公司合作备忘录》 499b

《中国中央广播电视总台与南非约翰内斯堡大学合作协议》 499b

《中国中央广播电视总台与南非足球协会合作备忘录》 499b

《中国中央广播电视总台与世界知识产权组织关于加强版权保护及宣传的合作意向书》 506a

《中国中央广播电视总台与塔吉克斯坦国家广播电视委员会合作备忘录》 486b

《中国中央广播电视总台与土库曼斯坦国家电视广播电影委员会新闻合作备忘录》 471a

《中国中央广播电视总台与委内瑞拉新闻通讯部合作备忘录》 501a

《中国中央广播电视总台与乌拉圭国家视听传播总署合作备忘录》 510a

《中国中央广播电视总台与伊朗伊斯兰共和国声像组织合作备忘录》 476a

《中国中央广播电视总台与越南电视台合作备忘录》 511b

《中国中央广播电视总台与越南之声广播电台合作协议》 511b

《中国中央广播电视总台与赞比亚国家广播公司合作备忘录》 501ab

《中国中医药大会》 129a，183a，511a

中国驻日本大使馆 307a

中国驻外使馆 180b

《中国自然秘境》（新疆篇） 479b

《中华好儿女》 108b，192a

《中华经典诵读大会》 208b

中华龙舟大赛 185a

中华民族共同体意识 106a

中华民族凝聚力 39b

《中华人民共和国与贝宁共和国公共媒体合作谅解备忘录》 501a

中华少年儿童慈善救助基金会 171a

中华文化　35b，39a，39b，75a，473b，474a，492b，504b

《中华文化千问》　120a

中华文化数字影像东盟巡展　21b

中华文化影响力　39b

中华文明　17a，22a，24b，25b，31a，31b，39a，40a，41b，42a，51a，121a，129a，180a，296b，488b，490a，492b，499a，503a，513a

中华文明多元一体格局　475b

中华文明故事　100a，104a，114b，155a

中华文明探源工程　188b，488b

中华五千多年灿烂文明沃土　24b

"中华学术外译推荐书目"　216a

中华医脉　511a

中华优秀出版物奖　182a

中华优秀传统文化　35a，39a，39b，41a，49a，91b，93b，94a，100a，106b，110a，114b，122a，127a，133b，138b，139a，148a，155b，191b，196a，200b，208a，278b，288b，472b，473a，482b，489b，491a，497a，498a

中华优秀传统文化创造性转化、创新性发展　39b，51a，100a

中华优秀传统文化创造性转化和创新性发展　50b

"中华优秀传统文化的数字化传播与实践创新——以中国戏曲为例"　194a

中华优秀传统文化故事　29b，39b，100a

中华优秀传统文化海外传播　138b

中华优秀传统文化美学系列　255b

中华优秀传统文化图书　216b

中拉共建"一带一路"国际合作　295a

中拉重大双边活动和元首外交活动　295b

中老铁路　27a，121b，122a，275a

中老铁路国际客运全线贯通　85b

"中美人文交流友好对话"　74b

"中美人文交流友好对话"媒体活动　33a，82a，155a，196a，290a，294a，310b，509a

中美元首旧金山会晤　113a，116b，117b，119a，121a，124a，127b，132b，154a，154b，290a，292a，294b，310b，412b

中美元首旧金山会晤精神　155b

《中南海月刊》　187a

中欧班列　23b，27a

《中欧非遗》　24b，138a，138b，503a

《中欧非遗》（第二季）　120a

《中欧关系的健康发展关系到世界和欧洲的福祉》　125b

《中欧经贸合作需要排除干扰》　126a

《中欧携手新征程》　303a

《中秋云诗会》　189a

《中外导演共创计划》　134a，504a

中希文明交流互鉴　33a，303b

中希文明互鉴中心　33a，303b

中宣部　36a，72a，145a，157b，190a，192a，239a，254a，282a，286a，286b，489b，495b，503b

中宣部出版局　490a

中宣部"党建好书"　185a

中宣部和中央网信办舆情信息报送先进单位　190b

中宣部宣教局　501b

"中亚情缘"——中国影视节目展映　180a

"中亚情缘"——中国影视节目展映活动　74b，117a，154b，305b，486b

中央办公厅机要局　80a

中央党校学习时报社　490a

《中央广播电视总台2023年调研工作方案》　53b

《中央广播电视总台2023年调研工作自查情况报告》　79b

《中央广播电视总台2023年落实全面从严治党责任书》　485b

中央广播电视总台2023网络春晚　472a

《中央广播电视总台2023网络春晚》　187b

《中央广播电视总台2023小品相声大会》　93a

《中央广播电视总台2023主持人大赛》　80b，93a，

索引

94a，203b，508b

《中央广播电视总台 8K 超高清制播规范—JPEG XS 编码 MXF 文件格式技术要求（暂行）》 151b

《中央广播电视总台 8K 超高清制播规范—JPEG XS 编码信号传输技术要求（暂行）》 151b

《中央广播电视总台 HDR 视频制作白皮书》（2022 版） 388b–389a，402b

"中央广播电视总台北京总站科幻前沿技术实践基地" 223a

《中央广播电视总台财会监督协调工作机制方案》 145a

《中央广播电视总台采购工作规程（试行）》 145a

《中央广播电视总台采购印章管理暂行办法》 145a

中央广播电视总台成立 5 周年 19a，22b

中央广播电视总台成立 5 周年纪念邮资信封 480a

《中央广播电视总台处级干部选任中影响提任情形处理工作规程》 141a

中央广播电视总台党史学习教育基地 491a

《中央广播电视总台党组关于加强新时代离退休干部党的建设工作的实施意见》 170a

《中央广播电视总台党组关于学习贯彻习近平总书记重要指示精神情况的报告》 77b

《中央广播电视总台党组深入落实中央八项规定精神的具体措施》 76b–77a

《中央广播电视总台党组巡视工作规划（2023—2027 年）》 77a，167a

《中央广播电视总台地方总站用房管理暂行规定》 145b

中央广播电视总台第二届青年英才 142a，161a，227a，244b，474a

中央广播电视总台第二届青年英才评选活动 76b

中央广播电视总台第二届"十佳" 142a

中央广播电视总台第三届职工乒乓球、羽毛球团体赛 163b

中央广播电视总台第三届中欧音乐节暨中西建交 50 周年音乐会 93b，155b，290a，480b

中央广播电视总台第一届职工篮球赛 163b

中央广播电视总台发展历史陈列馆 480b

《中央广播电视总台法律诉讼案件办理及风险防范分析报告》 78b

《中央广播电视总台干部人才选育管用全链条机制建设工作方案（2023—2025 年）》 76b，141a

《中央广播电视总台关于学习宣传贯彻党的二十大精神情况的报告》 77b

中央广播电视总台国家电子竞技发展研究院 481a，511b

中央广播电视总台国家应急广播中心工作机制揭牌暨全民安全公开课全媒体行动启动仪式 173a，510a

《中央广播电视总台国内地方总站业务考核办法》 83a

《中央广播电视总台海外总站业务考核办法》 83a

《中央广播电视总台海外总站业务用车管理办法》 79a

《中央广播电视总台海外总站综合考核办法（试行）》 290b

中央广播电视总台（杭州）短视频基地有限公司 215a

中央广播电视总台红色基因传承实践基地 491a

中央广播电视总台—华中科技大学网络安全联合研究中心 482b

《中央广播电视总台机关纪委工作规则》 167b

《中央广播电视总台机要收发工作管理办法》 78a

《中央广播电视总台基层党组织配备专职组织员方案》 77a，163b

《中央广播电视总台加强党的政治建设工作方案》 56b

《中央广播电视总台节目委托制作管理办法》（修订版） 82a

《中央广播电视总台进一步加强财会监督工作实施方案》 145a

"中央广播电视总台精品节目'一带一路'共建国家展播活动" 179b

《中央广播电视总台开展典型案例解剖式调研情况

583

报告》 79b

《中央广播电视总台框架协议采购方式征集和交易规范》 145a

《中央广播电视总台老年大学组建方案》 172a

《中央广播电视总台领导班子开展调研情况报告》 79b

《中央广播电视总台领导干部个人有关事项报告工作规范》 141a

《中央广播电视总台领导干部交流工作规定（试行）》 141a

《中央广播电视总台领导干部政治素质考察办法（试行）》 141a

《中央广播电视总台媒资系统元数据规范（电视节目部分）》 177a

中央广播电视总台"你好童年"六一快乐季启动仪式 489a

《中央广播电视总台年鉴》（2022） 159b，217b

《中央广播电视总台派驻海外人员选拔、赴任及卸任管理办法》 291a

《中央广播电视总台企业负责人经营业绩考核办法（试行）》 141b

《中央广播电视总台企业负责人薪酬管理办法》 141b

《中央广播电视总台青年业务骨干赴派出机构锻炼管理办法》 141a

《中央广播电视总台全媒体平台业务考核办法》 83a

《中央广播电视总台融媒体大数据技术规范》 150a

"中央广播电视总台山东总站文化创意研发中心" 255a

《中央广播电视总台山东总站 中国传媒大学战略合作框架协议》 491b

《中央广播电视总台社会责任报告（2022年度）》 83b

中央广播电视总台首届版权生态合作大会 76a，147a，221a，484b

《中央广播电视总台首届青年京剧演员大会》 93a，507a

《中央广播电视总台数字身份证书安全认证管理规定》 153a

中央广播电视总台数字文化艺术博物馆"央博"数字平台 75a

中央广播电视总台数字文化艺术博物馆"央博"数字平台"何以文明——中华文明探源工程成果数字艺术大展"启动仪式 488b

中央广播电视总台数字文化艺术博物馆"央博"数字平台上线暨"央博新春云庙会"发布仪式 472b

《中央广播电视总台算法的探索和创新实践》 158b

《中央广播电视总台所属企业国有资本产权登记管理办法（试行）》 145b

《中央广播电视总台头部客户端用户评价分析报告》 132b

《中央广播电视总台外请演艺人员及单位审核规则》 77b

《中央广播电视总台网络安全信息通报工作规定》 153a

《中央广播电视总台下属企业每月经营动态》 147b

"中央广播电视总台新入职大学生五年培养计划" 76b，142a

《中央广播电视总台新闻报道记者署名规范（暂行）》 83a

《中央广播电视总台信息系统网络安全等级保护定级备案原则》 153a

《中央广播电视总台行政保障中心交通保障处驾驶员工作手册（试行）》 79a

中央广播电视总台熊猫巴斯影像计划 155b

中央广播电视总台学术期刊矩阵 490a

"中央广播电视总台优秀年轻干部培育计划" 76b

中央广播电视总台与国际皮划艇联合会合作签约暨首届国际皮划艇超级杯发布仪式 97a，494a

《中央广播电视总台与河南省人民政府战略合作框架协议》 257a，492a

《中央广播电视总台与鹏城实验室战略合作协议》 488a

索 引

"中央广播电视总台与'一带一路'共建国家媒体促进文明互鉴联合倡议" 139b

中央广播电视总台与国家中医药管理局战略合作备忘录签约暨大型文化节目《中国中医药大会》启播仪式 511a

《中央广播电视总台与应急管理部国家应急科普库共建项目建设方案（草拟稿）》 174b

《中央广播电视总台直播带货业态调研报告》 130a

《中央广播电视总台制度建设规划（2023—2025年）》 78b

《中央广播电视总台驻外人员管理办法（试行）》 141a

《中央广播电视总台专项考核考察工作实施细则（试行）》 141a

《中央广播电视总台涿州项目（启动区）住房分配实施办法》 79a

《中央和国家机关部门机关纪委工作规则》 167b

中央和国家机关部门党组（党委）落实机关党建主体责任座谈交流会 56a

中央和国家机关部门党组（党委）落实机关党建主体责任座谈交流会精神 57b

中央和国家机关第二届运动会 163b

中央和国家机关离退休干部第二届"平安杯"象棋比赛 172a

中央和国家机关纪检监察系统先进典型事迹报告会 165b

中央惠澳政策 139b

中央纪委国家监委网站 167a

中央纪委国家监委宣传部 471a

中央军委国防动员部政治工作局 501b

中央军委政治工作部 497a

中央美术学院 119b

中央人民政府驻澳门特别行政区联络办公室 22a

《中央日报》 290b

中央网信办 497a

中央网信办年度网上重点宣传项目 208b

中央网信办全网置顶推荐 115a，128a，191b，208b，263b

中央网信办全网置顶推送 211b，229b

中央网信办全网转发并置顶推送 225a

中央网信办推荐全网前五条置顶通发 187a

中央网信办推荐全网置顶转发 497a

中央网信办网络传播局 490a

中央学雷锋"四个100"优秀项目 251a

中医药文化 511a

中英文联动机制 302a

"中冶·重庆早晨"项目 270b

中直机关 251a

中组部 474b，505a

中组部党员教育培训"精品特色教材" 185a

《忠骨》 102a，496b

《种子 种子》 191b

《众生戏》 94a

《众生戏·零卡餐厅》 94a

《重大突发事件报道中如何捕捉战机》 160a

《重大突发事件应急报道统筹协调机制》 88a

重大主题宣传报道 2b，55a

《重器筑梦 我爱你中国》 134b

《周末谈》 187b

《周易》 31a

《珠峰寻芯记》 277a

《珠江人家》 102a，104a

株洲首届"厂BA"篮球锦标赛 261b

《逐梦》 108b，131a，497a

《主播看阿里》 122a

《主播视点》 107a

《主播说》 210a

"主播说联播" 133a

《主播说联播》 47a，54b，72b，133a

《主播说联播丨必须全部转移 不要抱侥幸心理》 237a

"主播说三农" 160b

《主播说事》 107a
《主产区迎丰收》 244a
《主持人一起来当班》 94a
"主题教育 正当其时" 231a
"主题教育工作特辑" 133a
《主题教育应知应会问答》 161b
《"助浴夫妇"范智和陈泽英：让失能老人"沐浴"幸福》 284b
住房和城乡建设部 510a
《住房和城乡建设部与中央广播电视总台战略合作框架协议》签约暨大型系列纪录片《文脉春秋》开播仪式 510a
《驻站观察》 134a
《驻站观察丨安徽蚌埠：占盲道 毁路面 围挡封桥为哪般？》 248b
《驻站观察丨福建东泗乡：农村饮水安全工程完工八年未通水 缘何烂尾？》 251a
《驻站观察丨甘肃天水：文保院落为何"变味"了？》 280b
《驻站技术推优选先工作办法》 281b
《铸牢共同体 奋进新征程》 106a
铸牢中华民族共同体意识 106a，485b
铸牢中华民族共同体意识主线 105a，106a
《筑梦/寻梦·丝路画卷》 300a
《筑梦空间站》 128b
《筑梦新征程》 19b
"专精特新·制造强国"大型融媒体活动 471b
专项审计模块 169b
专项审计作业 169b
专职组织员培养机制 182a
《壮丽新航程》 483b
"壮美广西" 265b
《追捕者》 197b
《追光》 184b
《追光者》 91a，94a
《追问养老诈骗》 86a

《追着时间的厨房》 136a，205b
涿州市政府 199a
涿州文化产业综合项目规划设计理念 214b
涿州项目 8b，143b，168a，171b，221a，228a
涿州项目（启动区） 144a，213a
涿州项目工程建设 4b
涿州项目招标文件 145ab
《资讯空间站》 420b，421a
《自然守护人》 125b
自然资源部国家海洋环境预报中心 175a
自行车"驼峰航线" 30b
自主知识产权三维菁彩声技术应用 152a
"字字千钧、秒秒政治、天天考试"业界最高最严的编播"金标准" 43b，485a
《宗师列传·唐宋八大家》 75a，82b，182b–183a，257b，507b
总编室 60b，81a，83a，87b，88b，94a，107b，178a，291a
总编室编前会 131a
总编室播音员主持人管理中心 491a
总编室播音员主持人管理中心党支部"喜德公益课堂" 482a
总经理室 10b，64b，82a，94b，141a，146a，147a，148a，148b，176b，181a，202a，205b，206a，235b，242a，247b，249b，251b，253a，255a，257b，261b，266a，280b，285b，287b，470b，482a，491a，497b，502a，507b
总经理室"飞兔领跑行动"融媒体营销团队 242a
《总师传奇》（第二季） 191b
《总书记的惦念》 219a，258a
《总书记的惦念丨糍粑越打越黏 日子越过越甜》 252a
《总书记的牵挂》 133a，271a
《总书记的人民情怀》 219a，258a，477a
《总书记的新春祝福》 149a
《总书记的新春祝福来了》 84b

索 引

《总书记与我们在一起》 44b
总台2023"年度党建品牌" 160b，163a，170b，190b，255b
总台"AI能力开放平台"建设 177b
总台版权交易中心 4b
总台版权生态合作大会"战略合作签约" 241b
"总台标准" 184b
总台成立5周年 6b，28a，53a，56a，72a，76a
"总台出品" 75a，197a
总台党风廉政建设协调小组会议 166a
《总台党建》杂志 162a，240b
《总台独家专访贺一诚：澳门将和国家步伐保持一致 紧抓机遇往前走》 113b
"总台工程师" 9b
"总台工匠"评选方案 76b
"总台故事" 12a
《总台"桂"观丨一条大河通江海 潮起平陆天地宽》 265b
"总台国际传播效能评估研究" 158b
《总台海峡时评》 45a，115a，115b
总台基层党组织分管党建工作副书记专题培训班 262a
总台"记功集体" 272a
《总台记者调查丨陕西榆林荒漠化地区违建高尔夫球场 无任何审批手续营业十余年》 280ab
"总台奖" 160a
总台"金牌新字号"大型融媒体活动暨《夜经济活力指数报告》发布活动 221b
总台经济责任审计工作 186a
总台"精品节目及影视作品洪都拉斯推介会" 290a，296b
《总台喀布尔见闻》 300b
《总台看浙江》 246a
总台科技创新项目集群 8b
"总台科学家" 9b
"总台老干部之家"小程序 171b

总台"年度党建品牌"评选 6b，57b，163a
《总台年度招聘完成：录取率2‰，有志者为何心向往之？》 159b
总台年度最佳主题党日活动 172b
总台"青年学习标兵"称号 238b
总台全民国家安全教育日保密宣传活动 80b
《总台人物》 158b-159a
总台融媒体大数据库 150a
总台融媒体数据服务支撑体系 150a
《总台生活》报纸 162a，240b
总台"十四五"规划 78a
总台"十四五"科技发展规划 394b
总台首届内参业务培训班 88b
总台首届青年京剧演员大会 75a
总台首届青年学习标兵 161a
总台"四个100"系列活动优秀微党课 283b
总台"四好"党员 238b，244b，262b，266a
总台"四强"党支部 77a，81a，83b，163a，186b，224a，238b，251a，253b，266a，478b
"总台算法" 8b，137b，150a，205a
"总台算法"成果 501a
"总台算法"技术体系 150a
"总台铁军" 12a
总台"头条工程" 2b，3b，6b，12a，13b，50a，54a，179a，271a，286a，295a，302b，304b，306a
"总台'头条工程'创新传播研究"调研课题 83b
总台"外国专家书屋" 157b，177b
"总台文创出海"战略 196a
总台新媒体资源变现能力 10a
总台异地灾备数据中心 153b，221a，273b
总台异地灾备数据中心建设工作 281a
总台影视译制基地 4b
总台与香港特别行政区政府深化合作系列活动 156b
"总台院士" 9b
总台"云听"东盟专区 21a

587

总台云数据中心 AI 实验室数据训练和资料需求　177b

"总台之声"　55a，162b，240b

"总台主办"金标准　180b

总台主题教育典型案例　160b

《纵横新视野》　295b，296b

《走啊！去旅游！》　188a

《走遍中国》　129a，192a

《走遍中国·即将启程》　151a

《走遍中国·走进南京》　244a

《走进大秦看保供》　229b—230a

《走进老区看新貌　15 万亩月季花开正当时》　257a

"走进历史的记忆"拍摄活动　172a

《走进联合国》　309b，310a，506a，506b

"走进企业看发展"系列采访活动　121b

《走进西藏·高原之歌》　477b

《走进县城看发展》　219b

《走进"象"往的地方——西双版纳》　275b

《走进新疆》　183b

《走进中国》　302b

《走一线　过大年》　91a

《最长情的告白》　187a

"最美基层民警"　254b

"最美人间四月天——2023 清明诗会"　79a，172b，178a

"最美赏花路"IP 手拍项目　137a

"最美自驾路"　277a

《最美自驾路》　265b，281a

《最美自驾路》（第二季）　91a，253a

《最美自驾路》青海特别节目　283a

《最炫农科　"职"为你来》　111b

"最炫农科生"（第二季）　111b

《最忆是杭州》　120a，246b，501b

数字索引

1.0 版"江西宝藏区县"　253a

"10·7"阿富汗地震　291b

《12K 微距看国宝》　136a

16∶9 高清制播　47a

《17 故事会》　192a

"17 助农日"特色助农项目　113ab

2.0 版"江西宝藏古村落"　253a

"2·3"美国俄亥俄州火车脱轨事故　74a

"2·6"土耳其—叙利亚大地震　117b，118a，156b，157a，200b，289a，291b，300a，413b

"2020—2023 年青海省宣传思想文化工作特殊贡献单位"荣誉称号　283a

2021 年度国际电信联盟无线通信部门秋季会议　402a

2022—2023 年度"中国美好生活城市"发布盛典　91a，485b

2022—2023 年度中央广播电视总台"四强"党支部称号　238b

2022—2023 年度中央广播电视总台"四强"党支部评选工作　478b

2022—2023 年中国飞盘联赛（首届）　97b

《2022 城市营商环境创新报告》　91b，481b

2022 城市营商环境创新城市　481b

2022 城市营商环境创新举措十大关键词　481b

2022 城市营商环境创新县（市）　481b

2022 年度天津市新闻奖　226a

2022 年度"宣传广西好新闻奖"一等奖　267b

2022 年度优秀国产电视动画片及创作人才扶持项目优秀制作机构　183a

2022 年度优秀国产纪录片及创作人才扶持项目优秀制作机构　193a

2022 年度优秀媒体社会责任报告单位　83b

2022 年度总台"四个 100"系列活动　186b

2022 年度总台舆论监督报道优秀作品　229a

《2022 年中国考古新发现》　477a

2022 中国版权金奖　198a

索 引

《2022 中国经济年报》 90a
《2022 中国汽车风云盛典》 168a
"2023—2024 年度国家文化出口重点企业" 503b
"2023—2024 年度国家文化出口重点项目" 503b
2023—2024 年度"中国美好生活大调查"活动 513a
2023 北京·昌平生命科学国际论坛 189b
2023 北京朝阳国际灯光节 223a
2023 北京国际电视技术研讨会 152b，488a
2023 北京国际公益广告大会特等奖 148b
《2023 财经榜》 91a，515a
《2023 超级夜看春晚》 119b
2023 成渝双城消费节 221a，270b
《2023 春晚进行时》 93a
《2023 春晚倒计时》 422b
《2023 "巅峰使命" 珠峰科考》 220a，277b
2023 电竞产业发展大会 242a
2023 "东盟伙伴" 媒体合作论坛 155b，221b，265b，266b，489b
2023 "非洲伙伴" 媒体合作论坛 155b，298b，499a
《2023 高考报考（农科）专业指南》 111b
"2023 广场舞之夜" 273b
《2023 国潮出海趋势报告》 513a
《2023 国潮创新趋势报告》 513a
《2023 国潮美好生活趋势报告》 513a
2023 国际消费季暨第四届上海"五五购物节" 484b，485a
"2023 国际消费季暨第四届上海'五五购物节'" 221a
"2023 河南夏日消费季" 221a，257b，492a
《2023 候鸟迁徙》 86a，151a，220a，228a，244a
"2023 湖北'6·16 三好节'暨武汉国际消费季" 221a，260a
《2023 湟鱼洄游季　再探青海湖》 220a，282a，493a
"2023 开工开新局"高质量发展主题系列报道 135a

《2023 开学第一课》 82b
2023 科创大会 29b，242a，503b
2023 空军航空开放活动·长春航空展 108b，237b
"2023 两会前瞻" 120b
《2023 美泉宫夏季音乐会》 94ab
《2023 年 3·15 晚会》 168a
2023 年 APEC 峰会 121a，123a，135a，154a，154b，191a，292a，294b，295b，310b，393a，412b，509a
2023 年春晚 76a，133a，136b，137b，138b，144b，147b，148a，166a，221a，241a，290b，384b
2023 年春晚版权合作 221a，241b
2023 年春晚精编版 179b，181a
2023 年春晚宣传片 293b
2023 年第二季度广播电视创新创优节目 82b
2023 年第一季度优秀国产纪录片 198a
2023 年度广播电视创新创优节目 183a
2023 年度广播电视公益广告扶持项目一类作品 148b
2023 年度国际电信联盟无线通信部门秋季会议 402a
2023 年度"王选新闻科学技术奖" 185b，189a，204b
2023 年度项目技术方案编制论证、招投标筹备 193b
2023 年度"新春走基层"采访活动优秀作品 286a
2023 年度"新春走基层"采访活动中央新闻单位先进个人荣誉称号 280a，282b
2023 年度中国电影电视技术学会科学技术奖 189a
2023 年度中国电子学会科技进步奖 152b
2023 年度中宣部国际传播项目 191a
2023 年度中央和国家机关工委"四强"党支部称号 81a，83b，194b，224a，266a
2023 年"多彩京秋·全民赏红暨融媒体行动" 223a
2023 年"飞兔领跑行动" 480a
2023 年"根在基层"调研实践活动 162a
2023 年国际媒体巴以新一轮冲突报道重要信源 300a

589

2023年"好记者讲好故事"选拔赛暨总台青年编辑记者岗位练兵活动　161ab，162a，262b，267a

2023年"纪念抗美援朝战争胜利70周年"宣传报道　192a

2023年联合国中文日暨中央广播电视总台第三届海外影像节　155b，290a

2023年联合国中文日暨中央广播电视总台第三届海外影像节活动　483b

2023年联合国中文日暨中央广播电视总台第三届海外影像节特别节目　303b

2023年秋晚　137b，147b，221a，241b

2023年秋晚新媒体互动节目　151b

2023年全国"村晚"示范展示活动　136a

2023年全国工人先锋号　101b

2023年全国两会　110b，135a，155a，288b，303a，308b

2023年全国两会报道　85b

2023年全国两会宣传报道领导小组办公室　81b

2023年全国生态环境保护大会　127b

"2023年全国消费促进月暨京津冀消费季"　221a，223a，228a，477b

《2023年全球创新指数报告》　28a

2023年世界斯诺克国际锦标赛　184b

2023年苏迪曼杯世界羽毛球混合团体锦标赛　137b

《2023年维也纳新年音乐会》　93a

2023年熊猫巴斯和平友好论坛　155b，290b

2023年中国国际服务贸易交易会　85b，89b

《2023年中国国际服务贸易交易会报道》　168a

2023年中国国际智能传播论坛　150a，189b，501a

2023年中国国际智能传播论坛"智技术"分论坛　152b

"2023年中国互联网综合实力前百家企业"榜单　189a

2023年中国·廊坊国际经济贸易洽谈会　228a

2023年中国两会　17b

《2023年中国农民丰收节晚会》　111a，248b，249b，502a

2023年中国网络文明大会　189b

2023年中国网络文明大会·网络文明国际交流互鉴论坛　130ab

2023年中华龙舟大赛　97b，184b，490b

2023年中华龙舟大赛项目（福建·福州站）　251b

2023年"中华文化广播电视传播工程"重点项目　82b，183a

2023年中央广播电视总台春节联欢晚会　75a，92a，384a，403a，412b，473b

《2023年中央广播电视总台春节联欢晚会》　181a

2023年中央广播电视总台春节戏曲晚会　474a

《2023年中央广播电视总台春节戏曲晚会》　92b，94b

《2023年中央广播电视总台党的建设工作要点》　162b

《2023年中央广播电视总台党组理论学习中心组专题学习重点内容安排》　161ab

《2023年中央广播电视总台规章年度计划》　78b

2023年中央广播电视总台元宵晚会　196ab，475a

《2023年中央广播电视总台元宵晚会》　92b，421b

2023年中央广播电视总台职工象棋围棋比赛　163b

2023年中央广播电视总台中秋晚会　76a，384a，385a，502b

《2023年中央广播电视总台中秋晚会》　129a，421b

2023年中央一号文件发布　110b

《2023年主流媒体客户端分析报告（含榜单）》　132ab

2023年总台黄金赛事资源　471b

2023年总台文创产品发布会暨重点项目签约仪式　471b

2023"品牌强国工程"　249b

2023"恰噶南昌"消费季　189b，253a

《2023钱塘观潮》　220a

2023全国金秋购物节暨第二届中国（四川）国际熊猫消费节　500b

"2023山东夏日消费季" 255a，491b

2023上海电竞大师赛 221b

2023沈阳皇姑首届半程马拉松 235b

2023世界VR产业大会 505a

2023世界超高清视频产业发展大会 486a

2023世界超高清视频产业发展大会"8K超高清暨'百城千屏'技术产业发展"主题论坛 152b，486a

2023世界储能大会 251b

2023世界航海装备大会 251b

2023世界航海装备大会传播服务项目 251b

《2023世界互联网大会乌镇峰会》 91a

2023丝绸之路电视共同体高峰论坛 183b，476a

《2023太湖美音乐会》 93a，95a，244a

《2023网络丰晚》 111a

《2023味之道·年味》 101a

2023厦门马拉松赛项目 251b

2023新疆"中国农民丰收节"主场活动特别节目 287b

2023烟台国际葡萄酒节启动仪式暨"微醺烟台"系列活动 136b

2023烟台国际葡萄酒节启动仪式暨"微醺烟台"系列活动发布会 202b

2023央视财经论坛 513a

"2023央视财经论坛" 91a

2023扬帆远航大湾区音乐会 264b

《2023扬帆远航大湾区音乐会》 82a，92b，221b

《2023藏羚羊大迁徙》 86a，277b，494a

《2023藏羚羊大迁徙》（西藏篇） 276b

《2023藏羚羊大迁徙·探秘阿尔金山自然保护区》 286b

2023中国（开封）清明文化节 203a

2023中国（开封）清明文化节活动 257b

2023中国（开封）清明文化节开幕晚会 189b

2023中国（开封）清明文化节全媒体报道 256b

《2023中国电商年度发展报告》 91a

2023中国国际大数据产业博览会 90a，273a

2023中国国际大数据产业博览会"数智融媒"论坛 221b，273b，488a

2023中国国际数字经济博览会 228a

2023中国国际智能产业博览会 269b

《2023中国经济春季报》 90b

《2023中国前瞻》 118b

《2023中国诗词大会》 100a，185a，474a

2023中国网球巡回赛 97b

"2023中国新媒体联合公益行动案例" 109b

"2023中国影视之夜" 136b，242b，490b

2023中华书山开山大典 189b，203a，261b

2023专精特新·制造强国年度盛典 91b

2024年巴黎奥运会 303b，486a，505b，512a

2024年巴黎奥运会及残奥会 303b

2024年巴黎奥运会组织委员会 95a

2024年巴黎奥组委 303b，505b

2024年全国"村晚"示范展示活动 514a

《2024年中央广播电视总台春节联欢晚会》 80b

2024年总台春晚分会场落地新疆喀什 287b

2024年总台春晚新疆喀什分会场设立 286a

2024"品牌强国工程" 76a，146a

2024"品牌强国工程"发布活动 504b

2024"品牌强国工程"公益传播服务项目合作备忘录 286a

2024"品牌强国工程"融媒体传播服务方案 504b

《24时区》 208b

《24小时》 268b，270b

《24小时·遇见你》 254a

《24小时｜特写 让"小花"市集开在山城之春》 270a

《284条光线搭起一座桥 看什么是中美间正确的事》 289b

3.0版"中国式现代化县域实践大调研成果发布" 253a

"3·15"晚会 80b

591

3D 动画　188a

3D 复现技术　122a

3D 建模　133b

3D 智能语音助手"央小频"　205a

"4·15"苏丹武装冲突　117b，118a，200b，291b，300a

"4K/8K+AR"技术　96a

《4K/8K 超高清图像测试序列》　75b，152a

"4K 超高清电视制播系统研制"项目　493b

4K 超高清世界杯转播　29a

4K 超高清新闻制作系统　47b

《4K 影像记录｜水下千米级深度沉船遗址布放永久测绘基点　载人潜水器深入拍摄》　268b–269a

"5·18 国际博物馆日"主题图书展　177b

"5G+4K/8K+AI"　282a

"5G+4K/8K+AI"发展战略　386a，390a

"5G+4K/8K+AI"技术　493a

"5G+4K/8K+AI"科技创新　13a，21a，47a，53b

"5G+4K/8K+AI"科技创新成果　19b，251b

"5G+4K/8K+AI"科技创新赋能媒体深度融合　221b

"5G+4K/8K+AI"科技创新领域　15b

"5G+4K/8K+AI"科技创新优势　24b

"5G+4K/8K+AI"战略布局　92a，379a，391a，392a

"5G+4K/8K+AI"战略格局　3a，29a，50a，149a，380a，384a，388a

"5G+4K/8K+AI"战略专场分享会　301b

"5G+AI"互动连线　111a

"5G+AI 智慧语音实验室"建设　209a

5G 媒体应用　9a

5G 媒体应用技术　153a

5G 媒体应用实验室　384a，384b，385b

5G 轻量化融媒体技术培训　384b

5G 轻量化新媒体制作　381b

5G 轻量化移动制播系统　151a，384b，385a

"5G+云制作"　151a

《60 岁儿子陪 85 岁阿尔茨海默母亲看世界》　270b

8K 超高清创新技术　152a

8K 超高清电视高峰论坛　500a

8K 超高清电视节目制作　379b

8K 超高清电视制播技术　500a

8K 超高清视频和三维菁彩声技术标准　500a

"8K 超高清+三维菁彩声"春晚直播　185b

"8K 超高清视频制播关键技术和应用推广公共服务平台"　153b

8K 超高清外延系统　243a

8K 超高清系列景观片内容产品创作　273b

8K 超高清制作能力　379a

"8K 大屏播放+三维菁彩声"收听　150b

8K 电视频道　21a

"9·8"摩洛哥地震　200b，291b，300a

《90 秒沉浸式穿越纳西族古村落》　275a

英文字母索引

ABC　304b

AI　144a，185b，488a，493a

AIGC　124b，151b，204b

"AI 查"　151b

AI 创作助手　204b

AI 大模型　92b

AI 动画　121a

《AI 冠察》　137b

AI 横转竖服务　385a，385b

AI 横转竖技术　151b，385b

AI 横转竖能力　396a

AI 绘画　133b，188a

《AI 绘意中国》　188a

AI 技术　202b，385a，388a，396a

AI 能力　380b，395a

AI 人脸识别系统　193b

AI 诗人"少年李白"　189a

"AI 识"　151b

AI 识别　385b

索 引

AI 视频修复增强　505a

AI 算法　385b

"AI 听"　151b

AI 图像处理技术　384b

AI 图像增强及节目制作平台建设　243a

《AI 王冠"象舞指数"主流媒体短视频榜单播报（2023 年 4 月）》　487a

AI 形象　480b

AI 虚拟人生产平台　137b

"AI 译"　151b

《AI 在中秋　为月亮写诗》　151b

AI 智能辅助系统　107b

AI 智能横转竖技术　385a

"AI 主播 +AI 编辑"　207b

AI 自动化　388a

AR　111a，220a，504a

AR/VR　134b

AR 内容　383a

AR 互动海报　137a

AR 技术　29a

AR 技术包装　96a

AR 虚拟技术　49b

Audio Vivid（三维菁彩声）品牌名称　403a

BBC　45b，118a，119a，156b，289a，297b，299b，300a，305a，307b，309a，478a

BBC 阿拉伯语频道　427b，483a

"Bring The Hit Back　嗨到莓朋友"融媒体活动　212b

CBA 总决赛　137b

"CCTV-17 乡村振兴赋能行动展播"　147a

"CCTV4"新媒体矩阵　506b

"CCTV·民族匠心品牌"增发　255a

"CCTV 强农品牌计划"　185a

CGTN　37b，73a，74a，103b，107b，118a，137a，138a，151a，176b，201b，205a，237b，239a，246b，267b，268a，268b，276a，277a，286b，291a，296a，297a，307b，392b，393b，475a，477a，477b，480a，484b，486b，492b，493a，498b，500a，503a，509a，512a

"CGTN Africa"海外新媒体平台　298b

CGTN 阿拉伯语频道　426a，427b

CGTN 北美分台　509a

CGTN 编委会　202a

CGTN 多语种客户端　501a

CGTN 多语种客户端项目　501a

CGTN 多语种平台　121a

CGTN 多语种人文纪录片　246b

CGTN 多语种特稿　502b

CGTN 多语种节目制播　395b

CGTN 多语种新媒体节目　395b

CGTN 多语种新媒体节目制播　396a

CGTN 多语种新媒体演播区　395b

CGTN 多语种新媒体演播区采集制作设备　395b

CGTN 多语种新媒体移动配音设备　395b

CGTN 多语种新媒体支撑系统　396a

CGTN 多语种制作系统　151b

CGTN 俄语部　239b

CGTN 俄语频道　239a，426a，427b

CGTN 法语频道　426a，427a

CGTN 工作机制　124a

CGTN 国际传播平台　19b

CGTN 国际传播引才引智示范基地　157b

CGTN 海外网站　204a

CGTN 纪录频道　426a，427b，492b，493b，494a，497b，511a

CGTN 纪录频道"赓续文明　艺绽紫荆"中国艺术香港展播季　497a

CGTN 纪录频道、英语频道和法语频道　191ab

CGTN 精品节目　149a

《CGTN 精选播客》节目　489b

CGTN 客户端、微博、脸书、优兔、推特等平台　276a

CGTN 欧洲总站官方账号　394a
CGTN 全平台　298a
CGTN《全球财经》　284a
"CGTN 融媒体定制化服务平台"　21b
CGTN 融媒体平台　21b，54b
CGTN 生产平台和新媒体端底座运转　149a
CGTN 手机客户端　205a
CGTN 西班牙语、法语、阿拉伯语和俄语网站前端播放器　396a
CGTN 西班牙语部　296b
CGTN 西班牙语频道　295b，426a，427a，474b
CGTN 西班牙语频道和法语频道　492b
CGTN 新工作机制　200a，201b，202b
CGTN 新媒体平台　511a
CGTN 新媒体业务支撑　149a
CGTN 英语频道　74b，156b，426a，427a，477b，492b，493b，506a
CGTN 英语频道、俄语频道、西班牙语频道　279a
CGTN 英语频道高清版　493b
CGTN 英语全媒体新闻演播室平台和新媒体演播区　149a
CGTN 英语频道《热点》和《全景》栏目　292a
CGTN 英语频道《热点》栏目　293b
CGTN 英语频道、西班牙语频道、法语频道、阿拉伯语频道、俄语频道　246b
CGTN 英语频道、西班牙语频道、纪录频道　489b
CGTN 账号　394a
"CGTN 中国艺术推广计划"（第二季）合作传播项目　138b
CG 特效　40b
"ChatGPT 类 AI 产品对广电主流媒体的冲击与对策分析"　158a
China DRM 数字版权保护系统　185b
"China Zone"专区　184a
"CityWalk　杭城漫步"品牌活动　205b
CMG 冰雪演播室　239b

"CMG 观察"　159a，159b，514b
CMG 媒体云　151a，380a，380b，381a，395b
CMG 媒体云—光华路边缘节点　380b
CMG 媒体云和新闻云　9a
CMG 媒体云平台建设　380a
CMG 媒体云"云边端"技术架构　381b
"CMG 年度推荐"电影和电视剧荣誉榜单　242b
CMG 融媒影城　243b
CMG 首届中国电视剧年度盛典　75a，104b，472a
CMG 首届中国电视剧年度盛典"年度优秀电视剧"　198a
"CMG 戏曲"　94a
《CMG 乡村振兴观察报告（2021—2022）》　110b
CMG 云创论坛　160a
CNBC　45b，289a，478a，512a
CNN　45b，117a，117b，118a，119b，138a，138b，156b，289a，297b，299b，300a，302a，305a，307b，309a，478a，509a，512a
CNN 国际频道　427a
CNN 数字端　138b
《DAY 系列》　96b
FOX　294b，304b，478a
G20　295a
G20 峰会　302a
G7、G20、"一带一路"共建国家和地区　470b
G7 国家　294b
G7 和 G20 国家　181b
G7 重点国家　201b
《Great！大湾区》　114b
《HDR 电视制作操作实践指南》　402b
《High！七夕》　94a
"HK+"　308a
IMR 原创混合现实制作系统　242b
IP 化电竞转播系统　153b，382b
IP 化技术路线　149b
IP 化制播　8b

《KÙ A！酷啊未来》 133b
LOV I RIBOLOV 电视台 303a
M All Stars 国际齐舞大赛 202b
NBA 现场大屏 293b
NBA 总决赛 137b
NHK 156b，289a，307b
PBS 509a
《RCEP 生效后中国首趟开往成员国的国际货运班列开出》 266b
RT 309a，478a，512a
RT 阿拉伯语频道 427b
TikTok 126b
TikTok 平台 300b
TikTok 平台 CGTN 欧洲总站官方账号 394a
TikTok "中国故事"账号 296a
"TOSUN 记者团" 160b

《UP 青春》 185a
《UP 青春——2023 五四青年节新媒体特别节目》 136b
VR 137b，203b，220a，504a
"VR+ 超高清"论坛 505a
VR 技术 196a
VR 三维影像绘制技术 150b
VR 影像绘制 505a
XR 111a，504a
XR/AR 技术 384b
XR+ 488b
XR 技术 40b
XR 虚拟演播系统 188a
XR 虚实融合超高清制作 505a
XR 虚实融合超高清制作系统 242b
《Young 在春晚》 136a

图书在版编目（CIP）数据

中央广播电视总台年鉴.2023/中央广播电视总台年鉴编委会编.—北京：中国国际广播出版社，2024.11

ISBN 978-7-5078-5540-1

Ⅰ.①中… Ⅱ.①中… Ⅲ.①中央广播电视总台－中国－2023－年鉴 Ⅳ.①G229.2-54

中国国家版本馆CIP数据核字（2024）第068091号

中央广播电视总台年鉴（2023）

编　者	中央广播电视总台年鉴编委会
出 版 人	张宇清　田利平
执行编辑	李　卉　张娟平
责任编辑	林钰鑫　尹春雪
制　作	闫　磊　郭立丹　邢秀娟
校　对	张　娜　王秋红　郭　鑫　周文娜　刘之灵　杜嘉宾
设　计	王广福

出版发行	中国国际广播出版社有限公司 ［010-89508207（传真）］
社　址	北京市丰台区榴乡路88号石榴中心2号楼1701
	邮编：100079
印　刷	北京启航东方印刷有限公司

开　本	889×1194　1/16
字　数	1080千字
印　张	45.25
版　次	2024年11月　北京第一版
印　次	2024年11月　第一次印刷
定　价	218.00元

版权所有　盗版必究